U0789708

数学教学设计原理的构建

——教学生学会思考

涂荣豹　著

科学出版社
北京

内 容 简 介

本书通过对各类真实的高中数学教学案例的分析和评论，研究中学数学教学的特点，深入浅出地阐释现代科学的教育理念对数学课堂教学的指导，揭示教学内容的数学本质、数学教学的本质和中学生数学学习的本质，提炼数学教学设计的现代思想、策略和方法，构建数学课堂教学评价的基本原理。本书共八章，内容包括：简论教育的科学发展观，中国数学教学的基本思想与特点，数学教学二重对应之“教与学对应”，数学教学二重对应之“教与数学对应”，构建新的数学教学设计原理，数学新授课教学案例的研究，数学解题教学的原理及其运用，数学课堂教学评价的原理。

本书可作为普通高等院校数学课程与教学论专业的博士、硕士和教育硕士，以及大学数学教育专业的本科生、专科生的教学用书，也可供中学数学教师、数学教学研究专业人员参考。

图书在版编目（CIP）数据

数学教学设计原理的构建：教学生学会思考/涂荣豹著. —北京：科学出版社，2018.6

ISBN 978-7-03-057845-7

Ⅰ. ①数… Ⅱ. ①涂… Ⅲ. ①中学数学课-教学研究-高中 Ⅳ. ①G633.602

中国版本图书馆 CIP 数据核字（2018）第 129150 号

责任编辑：胡海霞 / 责任校对：张凤琴
责任印制：赵 博 / 封面设计：陈 敬

科学出版社出版
北京东黄城根北街 16 号
邮政编码：100717
http://www.sciencep.com
北京富资园科技发展有限公司印刷
科学出版社发行 各地新华书店经销
*
2018 年 6 月第 一 版 开本：720×1000 1/16
2025 年 9 月第十二次印刷 印张：27 1/4
字数：526 000

定价：69.00 元

（如有印装质量问题，我社负责调换）

序

我认真地读完了这本书。我是这本书的第一读者，也是最适合的读者之一。

作为一个从事中学数学教育几十年的人，我不能不思考这些问题：学生为什么要学习数学？学生怎样才能学好数学？数学课到底是怎样的一门课？数学教学的本质是什么？到底该怎样教数学？为什么该是这样教数学？……

对此我虽然也有自己的一些想法，但由于长期在第一线教学，工作忙忙碌碌，多是一些体会、一些想法，即使写过几篇文章，也多属于经验总结，难以上升到理论层面。读了这本书，再与自己的教学实践相结合，于是，我从理论层面有了更多的认识，似乎明白了怎么做，为什么应该这么做。

“教学生学会思考”是这本书的核心思想。

数学是思维的科学！事实上，数学教育所能做出的重要贡献、主要贡献就是发展学生的思维，使学生变得更加聪明。这就是把教“学会思考”作为数学教学的首要任务的原因。因此，该书把教“学会思考”作为构建数学教学设计原理的指导思想，是毫无疑义的。

我常听到有人评价，现在许多数学课缺少“数学味”。什么是数学味？就是思维！就是思维过程。数学是思维的体操！学习数学，能够品尝思维的乐趣。有人说，“只有把思维当乐趣的人才能学好数学”，我以为不无道理。

在这一核心思想指导之下，教师的数学教学就一定会把过程放在首位。注重“过程”这个数学教学的本质，教师就会不仅向学生讲自己怎么想到的，也会经常问一问学生“你是怎么想到的”——向学生要结果，也向学生要过程。这一问，可以帮助老师了解学生的思维过程、心理状态，便于调整教师的教学策略，提高教学的针对性、适应性，减少盲目性。学生之间也要问一问“你是怎么想到的”，在学生的相互交流中，学生之间相互学到的也是“怎样去思考”。不仅问他人是“怎么想到的”，也会经常问一问自己是怎么想到的，从而提高元认知能力。学会思考当然是学会自己思考，独立思考，不总是问别人“你是怎么想到的”，还要反思自己是怎样想到的。

这样就造就了一个师生、生生都在索要思维过程的景象，于是课堂就会具有这样的特点：了解知识的来龙去脉和发生、发展，对知识的理解更加深刻，所学到的知识、方法迁移性更好——理解了的东西才能更好地掌握它、运用它。经过这样的数学学习熏陶的学生将来就会具有这样的特质：他可以把从数学学习中获得的思考方法、解决问题的办法迁移到自己新的学习、工作中去。遇到问题时，就不再是“老虎吃天不知从何下口”，而是思维能力强，认识能力强，解决问题的能力强，刨根究底、研究问题的能力强。这正是，把所学的数学知识忘掉以后，留下的教育就是学会了思考。这才是数学学习在人的一生中所应该起到的作用——数学学习的价值所在。“学会思考”对人生的意义巨大。

这本书中提出了“以问题结构推进教学”的原理。这让我对“到底该怎么上数学课”有了进一步的认识。每节课问题化，问题结构化。形成“提出问题—解决问题—再发现问题—再解决问题……”的问题结构推进教学的过程。教学在“产生问题和解决问题”的过程中前进——问题引领，环环相扣，形成结构，逐个解决，层层推进。学习的动机源于疑惑、惊奇、好奇。孔子的启发式教学的核心是问题，关键是引导。孔子通过问题把学生一次又一次地推向“愤”与“悱”的境地，在学生解决问题需要启发时才给予适当启发。问题可以激发学习兴趣，引发学习动机。

问题是数学的心脏，是数学思想的源泉，是数学思维的动力。数学就是在问题的不断提出与解决中发展的。数学的一切概念、公式、定理，都是因解决问题的需要而产生的。数学中的一切方法都是在解决问题的过程中被总结、被发现、被创造出来的。应该让学生感受到概念产生的必要性，参与到概念的定义、方法的创造过程中来。譬如，为什么要学习几何概型，因为存在古典概型无法刻画的概型；为什么要学习指数函数，因为存在无法用已学过的函数模型刻画的函数模型；为什么要学习数学归纳法，因为出现与自然数相关的命题无法用已经学习过的方法解决。

“以问题结构推进教学”原理的一个基本要素是，首先要提出一个目标问题。问题哪里来？首先问一问学生：“今天应该研究什么问题？”“昨天学完了单项式乘以单项式，我们今天学什么？”而不是“同学们，今天我们来学习单项式乘以多项式。”（写上课题）。我如果如下发问，你会认为多此一举吗？“前面，学习了什么是集合、集合的表示、集合的分类、元素与集合之间的关系、子集等概念，接下来，应该研究什么？”实践表明，学生说：“应该研究集合之间的运算。”“你怎么想到的？”“以前，学习单项式、多项式、根式等，后来都是学习运算。”“你认为集合之间怎么运算？”学生自己定义集合的“加法”（并集）、“减法”（差集。教科书没有要求，高考也不考），在教师的引导（反问）下，学生完成了交集的定义。而不是写出两个集合，让学生找共同元素组成新集合，给交集下个定义了事。

有人说，中国学生与美国学生相比，提出问题的能力差。这可能是我们很少让学生有提出问题的机会的缘故。我认为，在课堂上，教师不要总是想着去陈述、去解释、去告诉，而要想一想怎样设问。教师要练就“提—好问题”、“提好—问题”

的本领，增强学生的问题意识，提高学生提出问题的能力。不仅要有好的问题，还要有好的结构，形成问题的结构化——一个问题的解决导致一个新问题产生。通过一系列小问题的解决，逐步达到目标问题的最终解决。这些问题联系的结构是思维结构——有思维联系的问题有利于促进学生形成良好的思维结构。

怎么解决问题？——解题教学化。这本书中有一整套有关解题教学的提示语，我不再赘述。这些提示语始终贯穿一个核心思想——教学生学会思考！在解决问题中学会研究问题的一般方法，学会思考。这才是数学解题教学的终极目的。以这样的方式组织教学，要求教师“理解数学，理解学生，理解教学”。

数学教育理论的书籍并不少，但是，关于如何把理论与实践结合起来，在实践中体现某种理论，以及运用理论指导教学的书籍则比较少。有人说得好：“你别这理念，那理念，你说说怎么做就是运用了你的理念，如果你说不出来，那就说明，你自己也不懂。”这本书不仅有完整的理论体系、心理学依据，能够自圆其说，更重要的是有许多具体的体现作者思想的教学案例。

我与涂荣豹先生是南京师范大学数学系1977级的同窗。后来，他从事数学教育理论研究，探讨数学教育理论怎样应用于数学教学实践中。我是一个中学数学教师，是数学教育的实践者，我关注的是到底怎么教好数学，关注怎样把数学教育的理论应用于我的数学教学中，使我的教学实践成为理论指导下的实践，减少盲目性。我需要的正是他有的，我有的也许正是他所需要的，这就决定了我们应该经常接触，互通有无。我向他学到了许多对数学教学有重要意义的教育观点、教育理论，帮助我提高了对数学教育的认识，提高了数学教学的立意。书中那些被批评的“让会的学生告诉不会的学生”的老师当中就有我一个，我接受他的批评。因为这等于是让学生替代教师来告诉，效果可能还不如教师自己直接告诉。关键是，那样做仍然忽视了背后的思维过程。如果增加一个反问，你（这个学生）是“怎么想到的”，让学生之间开展思维活动，就可能克服这一做法的缺陷。

我以为，什么人更懂得数学教学规律、懂得数学教育，与他具有什么职称、获得了什么荣誉关系不是很大，而是与他是否热爱数学教育，是否是个数学教学的“发烧友”，甚至“走火入魔”有关。一个数学教育的“发烧友”、“走火入魔”的家伙就会经常思考数学教学的问题，去学习、去研究，把它作为自己的事业，看作是自己生活的一部分。还是那个道理——兴趣是最好的老师，专门研究哪件事，他就是哪方面的专家。

涂老师就是这样的人。我主要敬佩的不是他有什么头衔或光环，而是他是一个数学教育的“发烧友”、“走火入魔”的家伙。就说这本书，核心是“教学生学会思考”，为什么把这个作为核心？理论依据又是什么？怎样做才是体现了这个核心——在各种类型的教学中该怎么做等等。要提出自己完整的、自圆其说的理论，从必然王国走向自由王国，不是一件容易的事。我在读这本书时，敬佩之心油然而生。

我很赞成他的研究方法，以教学实际案例为载体，从实践中来，而不是从书本到书本。从微观到宏观，关注教学活动的每一个细节，教师的表现、学生的表现、存在的问题、运用了什么理论，对若干教学案例进行研究、总结、概括，进而改善、充实数学教育理论，他的研究因为来源于真实的课堂教学实际，从而紧跟教育改革的步伐，理论更鲜活，更具时代性，对当前的数学教育改革更具指导意义。在这样的教学理论指导下的数学教学实践才能减少盲目性，让数学教育理论成为实践基础上的理论，而不是空中楼阁，这应该成为数学教育研究的共同目标。

我想，这就决定了为什么涂老师经常领着研究生出现在中学数学教学的课堂上，经常出现在公开课展示的场合中。研究案例、摆事实、讲道理、充满活力、指导优势凸显，决定了这本书很强的可读性。他的研究生中有好几个后来与我是同事，他们的一个明显特点是，对数学教育的理解更深刻、实践与理论的联系更密切、教学的立意更高、专业素质更强。这本书中收录了他的已毕业学生的好几节课，值得一读。

老同学让我写个序言，能力有限，但又不容推辞。因为我是读者，于是就写一点读书的体会，不当之处，敬请谅解。精彩内容，等你去欣赏。

南京师范大学附属中学　陶维林

2017年6月

前　言

数学教学在数学教育中是一个十分重要的研究领域。数学课程确定以后，数学课程的目标就要靠数学教学来实现。因此，构建一个为实现课程目标的数学教学设计的原理体系十分必要，本书正是旨在建立这样的原理体系。

数学是一门十分特殊的学科，我国著名数学家、数学教育家张奠宙先生指出，“数学的对象是抽象的形式化的思想材料”。[①]可见，数学最大的特殊就在于它是“思想材料”，而不像其他学科的对象基本都是“物化的形态”。人们对思想材料的学习，主要不是进行“物质实验”，而是依靠“思想实验”，也就是在大脑里进行“看不见摸不着”的“思维操作”。这就直接导致数学的学习比其他学科的学习要困难得多，这也导致数学的教学比其他学科的教学要更加特殊、更加困难。

本书构建的“数学教学设计原理”形成一个完整的逻辑结构。

其中，居于中心地位的是“教学生学会思考”原理。“教学教学”就是“教学生学”，那么教师教学生学什么？本质上说，就是要教学生“学‘提出’问题”，“学‘建构’概念”，“学‘寻找’方法”，“学‘研究’问题的一般方法”，学“这些动词”就是“教学生学会思考”。当然也要“学知识”，但最终目标是“学会思考”。这是总纲，是数学教学设计的总目标。

如何“教学生学会思考”？“用‘研究问题’一般方法”的原理，即是用“提出问题—建构概念—寻找方法—提出假设—验证猜想—语言表述”这样的一般方法教学。数学的新授课应该基本是这样的研究过程，其中第一步就是要“提出问题”。

提出什么样的问题呢？“用问题结构推进教学”的原理，其中包括“每课问题化，问题结构化，解题教学化”，每课首先提出一个目标问题，并且逻辑地产生一系列子问题，通过子问题的最终解决，从而实现目标问题的解决。

问题从哪儿来呢？也就是“如何提出问题”，尤其是“如何由学生提出问题”？因为“数学是抽象的形式化的思想材料”这一特殊性，所以完全由学生自己提出问题基本不可能，于是要运用“创设情境—提出问题”的原理，通过情境启发学生提出问题，这就需要遵循“创设情境”的基本准则和掌握“创设情境”的基本方法。

问题提出以后如何解决？用“‘从无到有’探究”的原理进行探究教学。在探究教学的“引导式探究”和“发现式探究”两种形式中，同样因为“数学是抽象的形式化的思想材料”这一特殊性，从而导致数学教学中主要的也更多的是“引导式探究”，即通过“教师引导下的学生主动探究”去解决问题。

---

① 张奠宙. 现代数学思想讲话. 南京：江苏教育出版社，1991：193.

教师如何引导呢？“用启发性提示语教学”的原理，即教师用“由远及近”和“由易到难”的启发性“问题”，启发引导学生去主动探究。这些提示语(问题)包括元认知提示语、方法论提示语、认知性提示语。

除了用“启发性提示语”引导探究教学，还需要用“反思性教学”原理，教学生学会通过“回顾、质疑、反诘、追问”进行思考。这些反思的方法属于元认知，可以达到对学生元认知能力的培养。

学会数学思考必须强调“归纳先导，演绎跟进”的原理，其原因在于“归纳体现了思考的创造性”，“演绎体现了思考的严谨性”，以期达到对学生理性思维的培养。

解题教学是用“以寻找思路为核心”的原理，“寻找思路”就是思考。如何寻找思路？本书给出的方法是用“如何着手解题”和“如何理解题意”两套启发性提示语去寻找，其中的提示语基本都是元认知的“问题”，以期让学生学会运用这些提示语引导自己寻找解题思路。这同时也是对学生元认知能力的培养。

这自然决定了数学的教学与其他学科的教学有极大的不同，因而数学教学设计的原理与其他学科教学设计的原理也应有极大的不同。也就是说，数学教学设计的原理应该有自身的特殊性，这个特殊性应该主要体现在“思想材料”教学和“物化材料”教学的差别之上，体现在数学的教学是进行在“思想实验”之上。“思想实验”实质上是用各种思维方式和方法对“思想材料”进行“思维加工”的心理活动，这种心理活动用通俗的话说就是“思考”，数学的教学活动就是学生在教师带领下进行的思维活动，所以数学教学的本质就是“教学生学会思考”。本书所构建的数学教学设计的原理力求体现出这样的特殊性，即所有的原理都立足于“教学生学会思考”之上。

一切数学教育理论的建立都应该遵循“双向建构”的思想原则①，也就是既要依据已有的教育教学的科学理论演绎推导，即进行理论演绎建构；又要从对数学教学实践的审视中归纳概括，即进行实践归纳建构。为此，本书进行了近二十年的数学课堂教学的案例研究，对大量的中学数学教学案例进行理论上的分析，同时对案例中数学教学现象归纳和抽取共同特征，并将理论分析的结果和归纳抽取的共同特征返回到教学实践中去，通过行动研究加以检验和提升，经过实践—理论—实践—理论的不断修正的过程，最终完成了这个数学教学设计原理的新构建。

为了尽可能成为一个完整的理论，本书首先对教育的科学发展观进行了初步的建构，提出教育的科学发展观应该由“培养‘人’的教育观”、“重在基础的全面发展观”和“面向未来的可持续发展观”共同构成，同时提出了“教会思考的

① 涂荣豹. 试论数学教育研究的规范性. 数学教育学报，2003，(4)：1-5.

数学教育观”，从而以此作为本书的立论之本。然后对我国的数学教学基本指导思想和特点进行了简要的概括和总结，以明本书对我国数学教育传统“继承与发展”之意志。本书理论的基础是“教与学对应”和“教与数学对应”的“二重对应原理”，这个原理是我于 2003 年发表的一篇文章[①]中所提出的，这次又对“二重对应原理”进行了比较全面详尽的阐释。

在理论奠基之后，本书对数学教学设计的原理进行了新的构建，这些数学教学设计的原理包括：“教学生学思考的原理”，“运用研究问题一般方法的原理”，“用问题结构推进教学的原理”，“创设情境—提出问题的原理”，“从无到有探究的原理”，“用启发性提示语引导的原理”，“反思性教学的原理”，“归纳先导—演绎跟进的原理”和“以寻找思路为核心的解题教学原理”。这些原理大多都是首次提出，着重于体现数学教学的独特性，也主要适用于数学教学。

理论的意义在于应用，为了阐释这些原理如何在教学设计中加以应用，本书对十个数学内容的“同课异构”的教学案例，进行了详尽的分析和中肯的评价，并用大量的解题案例阐释如何用“着手解题的启发性提示语”和“理解题意的启发性提示语”来进行解题思路的寻找，试图在理论与实践之间架设一座桥梁，使得这些教育的理论在数学教学的实践中真正有其用武之地，而不致成为一个空中楼阁。

因为数学教学设计原理是在长期对各种教学案例分析和评价的过程中构建起来的，所以本书在构建原理过程中也同时构建了一套新的数学课堂教学评价的理论，其中包括“数学教学案例研究的分析性评价”、“数学课堂教学的特征判断”和“数学课堂教学的价值判断”。

本书对数学教学设计原理的构建秉持了下述基本思想。

一是“本原性”的思想。这是指以事物发展的原初状态作为出发点的思想，在本研究中即是以真实的数学课堂教学现象作为源头，专注于数学思考的本原性——怎么想到的，数学方法的本原性——研究问题的一般方法，数学教学内容的本原性——每节课必须提出一个目标问题，意在突出强调数学的教与学并非是无本之木，而是有源之水，从而使教师和学生认识教数学和学数学的必要性，了解数学知识的来龙去脉，更重要的是教学生学会追根求源的思考。

二是“从无到有探究”的思想。这是指数学教学要坚持探究教学，让学生经历从不知到知、不懂到懂、不会到会、不明白到明白的过程，教学生用自己的“所有”去探索“所无”，从而教学生通过学知识来学思考、学创新、学创造。

三是“以动词为本”的思想。这其实是杜威的“活动教学”的思想，即在数学教学中教学生学“提出”问题，学“建构”概念，学“寻找”思路，学“研究”问题的一般方法。让学生在数学活动中获得数学的经验，在数学活动中培养和形

① 涂荣豹. 试论数学教育研究的规范性. 数学教育学报，2003，(4)：1-5.

成数学的素养。

四是“教师是教学向导”的思想。这是指在数学的教学活动中，教师应该始终是学生学习的教学向导，始终用启发的方式引导学生进行主动的探究活动。为此本书首次提出“启发性提示语”的理论和实践案例，提倡用“认知性提示语”、“方法论提示语”和“元认知提示语”引导学生的数学学习，使学生成为数学学习活动的主体，使教师成为数学教学活动的向导。

五是“反思性教学”的思想。这是指教学生用“反思”的方法进行数学学习。反思是人类一切思想进步和科技发展最根本的方法，对数学这种思想材料的学习，更是最有效的方法。反思是一种元认知活动，教学生用反思的方法进行数学学习，不仅有利于学生学好数学，还有利于提高学生的元认知能力，更有利于培养学生审辩式思维和创造性思维。

法国著名数学家亨利·庞加莱说过，“什么是最好的理论？”[①]那就是，如果随便在街上找一个人，哪怕是一个乞丐，你都能让他把你的理论听懂了，那就是最好的理论。因此，本书在写作上试图遵循这种“大道至简”的原则，致力于用通俗的语言阐述理论，用具体的课堂情境诠释理论，以期使略有教学经历的职后教师感到“其言皆若出自吾之口，其意皆若出自我之心”，使尚未谋面课堂的职前教师感到“理论与实践原来近在咫尺，理论的应用原来并非高不可攀”。

本书的完成得益于广大中学数学教师的帮助，他们无私地开放自己的课堂供我们研究，把自己的实践经验和教学得失毫无保留地奉献给我们，使我们的研究获得了实践的根基。

本书的完成也得益于我国首批正高级教师、南京师范大学附属中学数学特级教师陶维林先生长期以来的倾心协助，他以自己在教学一线的实践感悟和教学智慧使我们的研究获得了丰富的营养。

本书的完成还得益于南京师范大学的研究生们，他们对我长期教学中和各种演讲报告中的视频、音频及文字进行了收集、整理和行文，帮助我节省了大量时间，提供给我很多宝贵的建议。我要特别致意曹一鸣、杨骞、王光明、宁连华、黄晓学、宋晓平、李祎、韩龙淑、钟志华、郑庆全、温建红、常春燕、李鹏、曾小平、杨孝斌、徐柏华、沈威、金海月等诸位教授、博士，他们的支持和协助给了我巨大的写作激情和动力。

本书的最终完成，还离不开我校研究生处贺素琪老师的鼓励和鞭策，离不开科学出版社杨红老师对我拖拉陋习的一再容忍，离不开科学出版社胡海霞老师的关心和辛劳。

我谨以此作表示对上述各位贤达的由衷谢意。

---

① 引自我国著名数学家徐利治先生 1985 年 5 月在南京师范大学数学系所做“关于数学方法论”的报告.

为我国数学教育理论的构建贡献自己的微薄之力，是我投身这一事业以来的夙愿，但愿我这古稀之年的拙作能够了却自己的这一心愿。

涂荣豹
2017 年 6 月
于南京师范大学随园

目　录

第 1 章　简论教育的科学发展观

教育，现在已经是一个大众话题，几乎人人都在谈教育。对教育，高谈阔论者有之，指手画脚者有之，怨声载道者更是有之，可是教育究竟是什么？却几乎无人在乎。

科学发展观的治国理念，给改革开放的进程带来了很多重大的变化，可是教育的科学发展观究竟是什么？在教育理论界虽议论纷纷但总未见要领，在有些教育实践领域说得动听，实则背道而驰。这岂不是咄咄怪事？

教育是什么，教育的科学发展观是什么，这是关于教育的根本性问题，是绝对不能回避的大问题。世界各国都信奉一个真理：国家大计，教育为先，教育决定国家的未来！中国古话说“十年树木，百年树人”，足见人的培养是长远之计，正是教育承担着这个艰巨而弥久的神圣使命，教育才成为立国之本、强国之基，关系到国家前途和未来。

古往今来，教育从来都被视为培养人的事业，教育的根本问题说到底是培养什么样的人的问题。那么在科学发展观下，教育要培养什么样的人？笔者以为，应该是把学生培养成健全人格的“人”，全面发展和可持续发展的“人”。

教育的科学发展观的专门研究原不是本书的主要任务，但既然涉及教育就无法回避，这里只简要阐释，以作本书的立纲之本。

1.1　培育“人”的教育观

教育是培养“人”的事业，教育从来以培养“人”作为最大目标。因此所谓教育观就是“人”的培养观，那么什么是培养“人”的科学教育观呢？也就是教育应该培养什么样的“人”呢？

1.1.1　教育目标被异化

在我国千百年来的教育实践中，过分强调了“教”的功能，而忽视了“育”的主要作用，忽视了教育的根本是人自身的一种“成长”。时至今日，中国教育更是出现了“教育被异化”“教育要嫁人”“教育忘了人”“教育去人化”“教育中的人学空场”的现象。

2014 年《中国青年》第 23 期发表了对上海复旦大学附属中学一位语文特级教师的采访："'人'是怎么不见的？"指出应试教育不是在关心人的成长，而实际上是在压制人的和谐发展、健康成长，人成了分数的奴隶，独立的人格不见了，独立的思想不见了，自由的精神不见了。"人"不见了。[①]

一位中学教师曾经列举了某些学校存在的 4 个现象：一是除了上午下午上课，个把小时午饭时间也被挤占成半小时的"午自习"，学生的时间被塞得满满的；二是家长微信群成为批评表扬群，"差生"被点名，甚至被挂照，学生的心理遭受重创；三是各科作业学生不堪重负，竟发出"人生自古谁无死，来生继续写作业"的哀叹；四是各种考试多如牛毛，学生即使变成了考试的机器，也难以应付。这些现象，哪一个不触动你的痛点，你的泪点？

举一个笔者最近亲历的例子。就在今年三八节前几天，笔者朋友外孙女幼儿园的老师交给每个孩子家长一个任务，要求给孩子拍一张给女性长辈洗脚的照片。这不是公然教孩子弄虚作假吗？这种教育方式会使孩子们成为什么样的人？

为什么会出现这些令人沮丧的现象？这与几千年来"万般皆下品，唯有读书高"、"吃得苦中苦，方为人上人"的传统观念密不可分。一些舆论媒体大搞"状元榜"，宣扬"学校名牌论"、"学而优则仕"，鼓吹"成功论"、"一夜成名"、"一夜暴富"，这些有害教育的思想腐蚀着无数家长和孩子的心。这怎不令人痛心！

还有在改革实践中教学异化的现象也十分的严重[②]，"教学观念化、教学权威化、教学复杂化和教学幼稚化"。现在一些学校教育体系的实质是升学率。要命的是，升学率的蛋糕是固定的，于是压力不断升级，而最后承受这些压力的，还是孩子。一些学校充斥着急功近利的风气，导致学生缺少正确的价值观，缺少对周围事物的关心与思考，这使他们成为物质生产的工具，而这些学校就成为制造这些工具的"工厂"。

家长绑架教育也是现今不容忽视的现象。现在不少家长因为独生子女的影响，望子成龙、望女成凤的思想不是淡漠了而是变本加厉了，都希望自己的孩子不要输在起跑线上，以便将来在就业的竞争中谋得一个好的职业。如果所谓好的职业就是可以挣钱多一点，也无可厚非，但是很多人期求的是工作要舒服工资要高，最好少工作或者不工作也可以多拿钱，其实这是追求少劳而获、少劳多获，甚至于不劳而获。这是什么思想？这不正是被全人类所不耻的腐朽的寄生虫思想吗？这种思想是十分要不得的！中华民族是勤劳勇敢的民族，这种思想岂不是要把每个人培养成为一个懒虫？

有些相关的部门面对这样陈腐落后的思想，不但不批评批判，不教育引

① 黄玉峰．"人"是怎么不见的．中国青年，2014（23）：61-63．

② 陈云奔．基础教育教学改革中的四种异化．教育学报．2009（1）：66-68．

导，反而听之任之，甚至是迎合纵容，美其名曰满足群众的愿望和需求。一些教育理论家眼睛盯着国外，照搬外国的教育理念，鼓吹什么每个人都应该去实现个人的价值，这很容易滋生和助长个人至上的思想。实际上每个人的个人价值首先要体现为社会价值，个人的诉求或梦想必须要跟国家和民族的愿望和梦想保持一致，如果个人价值不能体现为社会价值，个人的梦想与国家民族的梦想相违背，这样的个人梦想和个人价值是没有意义的，那只能是自私自利。

张汝伦教授在苏州中学的演讲中指出：现代教育最大的问题就是剥去了教育的教化功能，而把它变成纯粹知识和技能的传授。[①]教育不再承担培养学生成人的责任，而只是为学生今后的就业负责。这样一来，就有问题了。学校不再告诉学生做人的道理，学生也丝毫不以此为意，成绩决定一切，学生成为一个人形机器，有知识，有技能，却缺乏人的情感和良知。

周国平认为，教育就是一个真正人的形成，就是人的精神能力的生长，成为人性意义上的一个完整的人，这是教育的目的。基本上，现在的教育只有培训没有教育。

一个国家的教育最不能缺的是人文关怀。人文，一是关心“人”，关心人类的命运，关心他人；一是关心“文”，关心人类文明，关心人类文化，合起来就是“人文”。每一个老师在课堂里不仅仅是把一个知识、一个概念教给孩子，更重要的是，把一种文化、一种文明、一种理念传授给学生。教育要能承受人类文明之重，让文明能延续，让文明能发展，要善待每一个生命，包括一草一木。一个没有理想的人不可能走得太远，一个没有理想的学校也不可能走得太远，一个没有理想的教育，更加不可能走得太远。

人是教育的归宿。人的生存和发展这一内在的目的性价值，是规定和衡量教育的基本尺度；一切外在的工具性价值都必须建立在人内在的目的性价值的基础之上。正是这两种价值在教育价值体系中的错位，造成了当今教育危机。

只有用人的眼光去看待人的生存和发展，才是人的自我生成的逻辑，也才能理解和说明教育的基本逻辑。人是生活着的人，人之生成的根源、动力以及运作机制都内在于其生活之中，不需要到生活之外的某种实体或法则中去寻找。教育正是通过知识和人性的引导，使人在自己的生活和实践活动中不断地思考和探寻，提升人性，生成为人。

1.1.2　教育要培养什么样的人

上述的现象和思考都表明，中国当前的教育出了问题。这个问题就是，教育究竟应该培养什么样的人？

---

① 张汝伦．教育的首要目的在于“成人”．文汇报．2013-05-20．

2014年11月20日《广州日报》刊发练洪洋的《教育要把“人”找回来》一文，[①]即教育终极目的就是“人的教育”：教一个大写的“人”，育一个完整的“人”。

教育的核心是教做人，教育的大目标是培养人，培养什么样人的问题是教育最重要的问题，如果这个问题不解决好，教育就会出大的偏差。

关于教育的目的是什么？教育要培养什么样的人？至今受到世界推崇的我国伟大教育家孔子说：“大学之道，在明明德，在亲民，在止于至善。”意思是，教育之道在于“明明德”，即人类对受禀于天的灵明的德行和不污的本性要加以彰明，使之自觉；教育之道还在于亲民，即在明晓自身本性的善德以后，帮助其他人祛除污染心灵的东西，使他人也能够达到心灵纯洁的境界；并以达到“至善”为目标，永无止境地追求这个目标。

蔡元培先生曾说过：“教育是帮助被教育的人发展自己的能力，完成他的人格，于人类文化上能尽一分子的责任，不是把被教育的人造成一种特别器具。”[②]

鲁迅先生则说得更加明白：“教育是要立人。”

爱因斯坦认为：“学校应当在青年人中发展那些有益于公共福利的品质和才能。学校的目标应当是培养独立工作和独立思考的人，这些人把为社会服务看作自己最高的人生目标。学校的目标始终应当是使青年人在离开它时具有一个和谐的人格，而不是使他成为一个专家。”[③]

美国心理学家卡尔·罗杰斯认为：“教育的目标应是促进作为整体的人的学习与变化。”美国心理学家马斯洛也说：“教育的重心在于人性转变、性格转变和整个人的充分发展。”

在汉语中，教育是由“教”与“育”这两个词语组成。教育是包括施教者和受教者在内的双向活动过程。“教”是教师的作用，是外因；而“育”是发育，是内在的生长力量。根据唯物辩证法的观点，外因通过内因而起作用，显然，教育的作用，关键在于“育”，即学习者内因的作用。

用一种“递进方式”从“外铄”到“内发”的观点，来表达对教育的认识和理解，那就是：教育是一种实践活动，一种不同于生产劳动、艺术创作等其他实践活动而指向人自身的实践活动，一种使人成为人的实践活动，一种主体自身建构的实践活动。学生是自身发展的主体，离开了、脱离了学生作为人的主体及其自身的主体活动，教育就是无意义的。所以教育是“完整人”的教育，是“为了人”的教育，是“人的发展”的教育。

---

① 练洪洋．教育要把“人”找回来．广州日报．2014.11.20.

② 蔡元培．教育独立议．新教育．1922，4（3）.

③ 爱因斯坦．在“美国高等教育300周年纪念会”的演讲．纽约州立大学．1936.10.15.

教育，就是教化培育。它以最客观、最公正的意识思维教化于人，让人走向最理性的自我和拥有最正确的思维。“全人教育”的理念值得崇尚。[①]“全人教育”是国际共同的教育哲学理念，其智慧来自古今中外的哲学思想、教育思想、政治思想。美国教育家 R. 米勒第一个提出了现代意义上的“全人教育”。他认为，“全人教育”就是把人之为人的教育与传授知识、和谐发展的心智教育结合在一起，形成健全人格的教育。“全人教育”旨在塑造学生的健全人格并完善其思维方式。“全人教育”把教育目标定位为：在健全人格的基础上，促进学生的全面发展，让个体生命的潜能得到自由、充分、全面、和谐、持续的发展。简言之，“全人教育”的目的就是培养学生成为有道德、有知识、有能力、和谐发展的“全人”。

当下的教育过于注重竞争，无论是考试竞争还是活动竞争，最终的结果很可能会制造出功利主义的人。人性的体现不在于竞争而在于合作，人之所以为人的重要一点在于，人是生活在相互联系的有机社会群体之中。“全人教育”鼓励自我实现，但同时也强调真诚的人际交往和跨文化的人类理解，培养人与人相互理解、相互关心的素养。只有深刻领会人格、个性与思维的重要性，才能真正培养出理性的、人文的、道德的、精神的“全人”。

教育最根本的是要培养劳动者。这在今天的中国尤其重要，教育最终一定要落在培养劳动者上，要培养学生具备成为劳动者的思想，要使每个学生树立成为劳动者的意识。要使学生明白，应该通过自己的劳动来为自己获得利益，同时为社会创造价值。因为每一个人首先都要生存，所以在为社会创造价值的同时，自己也需要获得一定的利益，这二者相辅相成，没有社会就没有个人，没有个人也没有社会，必须兼而有之。但是，必须首先要成为劳动者，要用自己的劳动来获取利益，创造价值。

培养的劳动者必须要具有一定的社会属性，就是要有高尚品德、有社会担当、有同情心和责任感。古人说读书是为了修身、养性，现在对它赋予新的解释，就是品德的修炼、同情心的养成、社会责任感的建立和能力的培养。富有社会责任感，从大的方面讲，就是心中装着国家和民族、人类和历史、现在和未来；从小的方面讲，就是具有诚信向上的精神、勇于担当的精神、集体主义的精神和正直正义的精神。教育的目标就是应当培养具有这样社会属性的劳动者。

人是教育的出发点。在人的生活中，教育因人的自我生存、自我完善而产生。捷克教育家夸美纽斯说过，“人不受教育不能成为一个人”；德国哲学家康德也说过，“人只有受过教育才能成为人”。

教育就是帮助每个人认识自己，就是帮助民族认识自己，个人和民族才有可

① 谢安邦，张东海．全人教育的理论与实践．上海：华东师范大学出版社，2011．

能掌握自己的命运，才能创造自己和国家的未来。

1.1.3 践行为了人之成长的教育

中国教育的首要问题，是如何培养真正的“人”的问题。

“回归教育的本质”，必须站在人的立场上，确立人（学生）在教育中的地位和作用。人是教育的目的，意味着教育不是直接培养劳动者，不是直接培养接班人，也不是直接培养商人，更不是直接培养诺贝尔奖获得者……而是为了培养“知情意统一”的人，为了培养“真善美统一”的人，为了培养“智仁勇统一”的人……

威廉·华兹华斯说，“儿童身上与生俱来就孕育着未来人的种子”，教育的困难在于它是面向未来的。教育必须给生命带来向未来生长的力量，为孩子生命的发展做指引，为生活做准备。

陶行知先生认为，教育的最终目的在于使学生能自学自励，走出了学校，担任工作，一直能自学自励，一辈子做主动有为的人。解放学生的空间，不把他的功课排满，不逼迫他赶考，不和家长联合起来在功课上夹攻，给他一些空闲的时间消化所学，并且学一点自己渴望要学的学问，干一点自己高兴干的事情。

苏格拉底说：“教育不是灌输，而是把心灵照亮。”[①]因此，真正的教育应该是用心灵唤醒心灵，用高尚培育高尚，用渊博造就渊博。

德国教育家卡尔·雅斯贝尔斯曾言：“教育本质是：一棵树摇动另一棵树，一朵云推动另一朵云，一个灵魂唤醒另一个灵魂。如果教育不能触及人的灵魂，未能引起人的灵魂深处的变革，那就不能成其为教育。”[②]这是多么动人的表述！

教育除了“授业、解惑”，最重要的是“传道”。这个“道”，其一是要拥有独立的人格、自由的思想；其二是肩负理想，不忘初心，勇于担当；其三是关爱他人，以诚待人。相对的自由而非压抑和封闭，带给学生的会是人格的健全。教育不是管，也不是不管，在管与不管之间，有一个词语叫作“守望”。卡尔·雅斯贝尔斯说：“树的成长是漫长的，而‘慢’恰恰是教育的一个特征。”可以说，教育是“慢”的事业。在整个社会急功近利的背景下，教育变得急于求成，整个社会关注的仅仅是成长的速度。这时候，“树”的形象正是一个警告。

为了实现培养“人”的教育，首先在国家层面应该把握大方向。有必要提出一个言简意赅的教育目标，为的是容易领会，容易把握，在这样的教育目标指引

---

① 卡尔·雅斯贝尔斯．苏格拉底 佛陀 孔子和耶稣．李瑜青，胡学东，译．合肥：安徽文艺出版社，1991：15．

② 卡尔·雅斯贝尔斯．苏格拉底 佛陀 孔子和耶稣．李瑜青，胡学东，译．合肥：安徽文艺出版社，1991：26.

下，全国上下心向一处想，劲往一处使，拧成一股绳，齐心协力，为培养人格健全的人、和谐发展的人、完整的人努力奋斗。1966 年“文革”以前，我国有一个教育方针，简单明了，把核心的意思都涵盖了。当时，可以说举国上下不分男女老幼，不管从事什么职业，无论职位高低，每个人都知道党和国家的教育方针是什么。就一句话，却为教育教学指明了方向，大家一起奔着这个方向去，对准这个方向来组织一切教育教学的活动。

确定以培养“人”为教育目标，需要大力提倡在创造社会价值的同时来获得个人利益的思想。特别要强调的是，这种个人利益必须是用自己的劳动来创造。前些年腐败蔓延，腐败现象触目惊心，跟前几十年没有把培养劳动观念放在首位不无关系。固然仅仅依靠法律制度使腐败不敢、不能是不够的，根本的是要使每个人从心底不想腐败，那就要让每个人从小就受到以腐败为耻、劳动为荣的教育，受到通过自己的劳动来获取利益是每个人天经地义本分的教育。

爱因斯坦说：“怎样来努力达到这种理想呢？是不是要用讲道理来实现这个目标呢？完全不是。言辞永远是空的，而且通向毁灭的道路总是和多谈理想联系在一起的。人格绝不是靠所听到的和所说出来的言语，而是靠劳动和行动来形成的。因此，最重要的教育方法总是鼓励学生去实际行动。”①笔者也反对把学校看作直接传授专门知识和在以后的生活中直接用到的技能的那种观点。生活的要求太多种多样了，不大可能允许学校采用这样专门的训练。学校始终应当把发展独立思考和独立判断的一般能力放在首位，而不应当把取得专门知识放在首位。如果一个人掌握了他的学科的基础，并且学会了独立思考和独立工作，就必定会找到自己的道路，而且比起那种其主要训练在于获得细节知识的人来，他会更好的进步和变化。

当下特别强调教育要以培养学生核心素养为目的。国际上把“21 世纪素养”分为三大类：①学习与创新素养，包括批判性思考和解决问题能力、沟通与协作能力、创造与革新能力；②数字化素养，包括信息素养、媒体素养、信息与通信技术素养（ICT 素养）；③职业和生活技能，包括灵活性与适应能力、主动性与自我导向、社交与跨文化交流能力、高效的生产力、责任感、领导力等。

国内有学者认为，在 21 世纪的现代社会中，一个人要取得个人成功并能对社会有所贡献，需要“新六艺”，即做事要有新意（创造性），科学精神（批判性思维），做人要善于合作（合作能力），表达、倾听和沟通（交流能力），有自知之明并有效管理自己（自我管理），不论做人还是做事都要善用信息技术（信息素养）②。

---

① 爱因斯坦．在“美国高等教育 300 周年纪念会”的演讲．纽约州立大学．1936.10.15．

② 褚宏启．国民核心素养清单与重点．中小学管理．2016，(6)：4-6.

2016 年我国正式颁布了中国学生在文化基础、自主发展、社会参与三个方面的六大学生核心素养，分别是：①人文底蕴；②科学精神；③学会学习；④健康生活；⑤责任担当；⑥实践创新。

课程作为实现育人的最重要载体，它决定着把学生培养成为什么样的人。可见课程的设置与开发至关重要。有人以学生核心素养与课程的关联一致性作为划分标准，将当前的学校课程分成六种水平。[①]水平 1：无关联的单一课程；水平 2：无关联的碎片课程；水平 3：表面关联的课程；水平 4：部分实质关联的课程；水平 5：实质关联的课程；水平 6：有质量的素养课程。显然水平 6 是最高水平，是最好的，是教育应该追求和努力的方向。

水平 6 的课程不仅在框架和单门课程上建立联结，更重要的是能够保证学校所提出的核心素养是适当的，学校中的每一门课程都指向学生的核心素养。遗憾的是在目前的课程实践中，几乎没有处于这一水平的学校。处于这一水平的学校课程是丰富的，是对特定年龄段学生的课程需求、学习兴趣、学习风格和特点最为合适的，这种丰富体现在课程类型的多样化上，而不是同一维度上课的数量增加；处于这一水平的学校课程是统整的，一门有质量的课程超越孤立的课程，建立连贯、统整的关联，帮助学生看到事物之间的联系和规律，并把所学知识与实际生活联系起来。

学科教学对学生核心素养的贡献，主要通过学科的具体化——教材与教学来实现，其中教材又具有重要的基础性作用。教材是落实国家课程标准的最重要的举措和手段，是课程标准连接教师和教学的桥梁。教材不仅是引导学生思考和探究的活动指南，也是教师、甚至是广大家长评价学习结果的重要工具。教材质量直接影响课程标准的实现程度，没有恰当的教材，不论课程标准如何充溢着核心素养，都不能保证在教学实践中得到落实。

总之，培养孩子做一个优秀的人、一个人格健全的人是第一位的，成功应当被看作优秀人生的副产品。人要把主要精力放在使自己更优秀上面来。

有必要重述苏格拉底的话："教育不是灌输，而是把心灵照亮。"但愿中国未来的教育能够把中国孩子们的心灵照亮。

1.2 注重基础的全面发展观

人的全面发展是现代教育的共同追求。所谓人的全面发展，即指人的体力和智力的充分、自由、和谐的发展。"人的全面发展"首先是指人的"完整发展"，

---

① 夏雪梅. 基于学生核心素养的学校课程建设：水平划分与干预实例. 课程·教材·教法，2013，(7)：11-16.

即人的各种最基本的素质必须得到完整的发展，通常所说的“人的全面发展”，就是培养受教育者在德、智、体、美、劳等各个方面获得完整发展。

1.2.1　教育应培养“全面发展”的人

“人的全面发展”思想萌芽可追溯到古希腊，哲学家柏拉图认为应通过德、智、体、美诸因素使受教育者养成“身心既美且善”的人。之后，亚里士多德提出适应自然的和谐发展思想，[①]主张“和谐教育”。

大教育家夸美纽斯在其名著《大教学论》中，提出了泛智教育的理想，希望所有的人“学习当前和将来生活上所需要的一切学科，并且学得十分完善”，都受到完善的教育，使之得到多方面的发展，成为和谐发展的人。

法国启蒙思想家卢梭提出，教育的目的和本质，就是促进人的自然天性，即自由、理性和善良的全面发展。

瑞士著名教育家裴斯泰洛齐倡导，教育应以善良意志、理性、自由及人的一切潜在能力的和谐发展为宗旨。

自文艺复兴以后，人的全面发展几乎为近代西方每一个进步思想家所推崇，成为贯穿在近代历史文明发展中的崇高理想。

孔子认为“君子不器”，[②]也就是不能囿于一技之长，要从万象纷呈的世界里边，去悟到那个众人所不能把握的冥冥天道，即不可片面发展。孔子这个朴素的全面发展教育思想经过两千年的积淀，逐渐形成了儒家以德为首、德智体美全面发展的教育思想传统。

中华人民共和国成立后把“全面发展”写进教育方针里。从人的素质结构来体现“全面发展”。现在大学提出的“通才教育”实际体现的就是“全面发展”的思想。1995 年《中华人民共和国教育法》颁布后，“人的全面发展”更成为国家意志和教育工作的基本准则。更为重要的是，经济的发展、社会的进步，越来越要求人成为全面发展的人。

人的“全面发展”的一般含义是什么？马克思主义认为：全面发展，是唤醒自然赋予人的各种潜能素质，使之获得最大的发展。自然赋予人的潜能素质，只是人自身“沉睡者的力量”，若不唤醒，就会萎缩泯灭。从人的潜能的丰富性看，应该使人的潜能能够得以充分的发展。

可见，马克思主义的全面发展，就是指“人的全面发展”，换作今天的理解，就是指人的体力和智力的充分发展，又指人在德、智、体、美各方面和谐的发展，而不是片面发展、畸形发展。

---

① 夸美纽斯．大教学论．傅任敢，译．北京：人民教育出版社，1957：46．

② 国学整理社．诸子集成．上海：世界书局，1935：20-21．

最近教育部颁布的文件提出，教育要培养人的核心素养，这使对人的“全面发展”的认识得到很好的澄清。教育要培养学生的核心素养，是对“全面发展”教育有了“素养”的补充，就使人的“全面发展”的目标趋于明确具体，即“全面发展”是就人的素养构成而言的，所以人的“全面发展”就是人的“核心素养”的全面发展。

现行的教育中存在一种错误的倾向，就是将教育的全面发展偏向于“智育”这一方面，而对其他方面少有关注。有很多这样的例子：一个人的成绩好了，品德就好了；成绩波动了，品德也随之起伏了。这很讽刺，也是当前教育的悲哀，教育没有真正实现“全面”发展，而更像其他方面都是“智育”的“附属品”。

在应试教育中，某些学校的教学完全围绕应试转，考什么就教什么，不考的就不教，怎么考就怎么教，学生学习的知识残缺不全，一个个都被训练成考试机器，而对未来的人生发展却找不到方向。如果只学少数几门课，必然导致学生“营养不良”，那综合素养就不够。况且，不考什么就不教什么、不学什么，这完全是投机思想作怪，你考我才教，你不考我就不教，这种投机思想和行为对学生的思想教育只会造成恶劣的影响。

1.2.2 “全面发展”重在基础

教育的科学发展观一个重要的方面，就应该是“全面发展观”，即要使学生获得全面发展。全面发展就是各方面协调发展。从表面上看，全面发展似乎是好高骛远，贪大求全，而实质上在基础教育阶段，全面发展仅仅是指在各方面奠定宽泛、适当的基础，德育方面打基础，智育方面打基础，体育方面打基础，美育方面打基础，学习这门课是打基础，学习那门课也是打基础，并不是在各方面都求深加厚，企及难以达到的高度。

通过“注重基础”的全面发展，每个人就可以通过各门学科的学习，来掌握这门学科的基础知识和基本思想方法，从而获得每个人应该拥有的综合素养。所以在中小学教育阶段，所有的学科都要学，当然只学基础的东西，只学基本的思考方法，使得他获得全面的营养，打下一个全面的良好的基础。通过“注重基础”的全面发展，学生就能具备宽阔的知识面，就使他们能够发现自己兴趣所在、特长所在、梦想所在，就能不为功利所累，而选择适合自己人生发展的方向，从而既利于个人发展，也能为国家和社会做出贡献。可见“注重基础”的全面发展观对“人”的培养十分重要。

注重学生基础的全面发展，就要求不要学的太深奥，尤其是不要考得很难，更不要考得太难，不要使大多数学生学得很吃力，那只会消磨学生的学习兴趣，挫伤学生的学习积极性，迫使他不爱学不想学。如果学习达到使学生不想学的程度，那是很可怕的，因为一旦不想学习，那一个人一生的前途将很渺茫。中国基础教育阶段传统的优势就是打基础。美国前驻中国公使麦克希尔曾在美国《时代周刊》发文，建议奥巴马向中国学习五件事，其中第二条就是向中国学习在中小学阶段打好基础，尤其在数学和科学方面。

打基础就是各门学科都教学最基础的东西，尤其是数学，数学本来就比较难学（1.4 节将专门论述），再学得深、考得难，当然就把一部分学生学怕了，学趴了。应该清醒地认识到“打基础”，就是培养学生数学的基本素养和基本观念，数学知识是基础的，数学技能是基本的，数学能力也是基本的；各个学习阶段的要求应当有所区别，知识是累积起来的，能力是发展起来的，别总想一步到位，一蹴而就，学生学习没有捷径，培养学生也没有捷径，教和学都是循序渐进的过程；当然不能忽视具有数学禀赋的人，但这是从这个基础教育的过程中发现的，然后给予特殊的培养，开设更为丰富的课程和丰富多彩的课外实践活动作为补充，不能把所有人都当作有同样禀赋的人来培养；让并非以数学智力为强项的人学得同样的多，考得一样的难，这只能使他害怕数学，厌恶数学，那就适得其反，现在这恰恰已经成为中小学很普遍的现象。

以高考为轴心的高中学习，迫使中学从高二就文理分科，这使得文理生都得不到全面学习所有学科的机会，又因为现在学生的课业十分紧张，很多学生都面临着各种各样的学习压力。语数外理化生政史地的课业任务让很多学生深陷书本与题海，除了书包里的知识外，鲜有外界的信息流入，致使文科生的数学和科学素养普遍不足，理科生的文史哲修养普遍欠缺。这使得“人的全面发展”无法得到真正的落实。

1.2.3　全面发展与个性发展是辩证统一

全面发展的教育就是要促进学生德智体美充分自由、生动活泼、积极主动的发展，就是要促进学生的各个方面才能、特长、潜能得到和谐统一的发展，同时包括学生的思想道德水平、审美情趣等方面的发展。由于人的全面发展以不断开发学生潜能为宗旨，因而全面发展包含了个性发展。

人的全面发展，最根本的是人的各种素质潜能的充分发挥，同时也包括人的志趣爱好、才情品格等方面的丰富和完满，而后者大多属于个性范围。

人的全面发展实质上就是个性的全面发展，离开了个性，就无所谓人的全面发展。“人的全面发展”中的“全面”，是就量和广度而言；而个性充分自由的发展的“充分”与“自由”，是就质和深度而言。人的全面发展教育应该是，具有不同个性特征的个体全面发展的总和。既要注重人的全面发展，又要注重个性的健康发展，把人的全面发展和个性发展结合起来，是全面发展教育的重要内容。

把全面发展和个性发展紧密结合起来，有利于激发青年的创造潜能，培养青年的创新能力。个性发展是创造活动的必然要求。个性发展意味着优势潜能的开发，意味着兴趣专长的发展，也意味着人的自然素质、社会素质和心理素质等自身素质的发展。自身素质是创造力的基础、创造活动的条件。为了让创新能力在广大青年中普遍增强，就要热情鼓励个性发展，积极营造独立思考、自由探索、勇于创新的良好环境，让创新智慧在青年中竞相迸发，创新型人才在青年中大批涌现。

个性，一般表现为兴趣、爱好、特长，发展个性是教育的灵魂。没有个性就没有人才，就没有创造性。一个拔尖的人才不是样样都强，只是在某一个方面或某几个方面有独到之处和卓越之处。如果求全，就只能助长平庸，抹杀卓越，埋没人才。

全面发展和个性发展相辅相成、紧密结合，学生的成长发展才会健康协调；片面强调其中任何一个都不适宜。没有上述意义的全面发展，人们将各行其是，社会无法和谐统一；没有个性发展，社会将千人一面，也谈不上和谐统一。

可见，个性发展是全面发展本体中的应有之意，个性发展就寓于全面发展之中，每个人的个性发展，建立在自身全面发展的基础之上，离开全面发展，就谈不上个性发展。

全面发展和个性发展是统一体。全面发展在本质上的反映是人在德、智、体、美等基本面上相对完整与和谐的发展，其对立面是片面发展。而个性发展反映的是个体素质不同于他人的稳定的特殊性，其对立面是共性。全面发展不是共性的发展，个性发展也不是片面发展。应该在全面发展的前提下发展个性，全面发展是个性发展的基础和前提。教育是要培养全面发展而富有个性的人，既德才兼备又保持个性。“全面发展”也不能曲解为“平均发展”或“分别发展”，全面发展并不排斥个性的充分发展，所以不是平均发展；全面发展追求各方面潜能和素养得到协调发展，因而不是单个孤立的分别发展。

全面发展和个性发展，都是学生成长发展的价值目标，体现着以人为本的科学发展观的价值取向。把全面发展和个性发展紧密结合起来，就是引导学生实现价值目标的均衡，在发展自我的同时，不断增强服务国家、服务人民的社会责任感，坚持个人价值与社会价值的统一，把个人成长、成才融入祖国和人民的伟大事业中去。

全面发展的教育要求按照学科体系，针对所有学生开设一般性课程，针对个性发展开设各种选修课，以满足学生的兴趣爱好，以及提升科学探索能力和实践能力的需求。

全面发展要求学校统一管理，以使学生在德智体美等方面达到作为社会人的一般性要求。而个性发展则要求给学生的兴趣和特长留有充足的空间。

全面发展要求以分数统一量化评价学生的基础知识、基本技能和基本能力。而个性发展则要求引入多元评价标准，改变过于注重考试成绩的单一评价方式，引导学生的多元发展。

“创造性”属于与“自由活动”等价的范畴。创造体现了个性的自由发展，只有对外在的摆脱，人的创造性才能被激发出来。这种创造性，是人的全面发展趋向的最高目标，是人的全面发展的一种结果。

总之，全面发展和个性发展是辩证的统一体，只有把两者相协调，才能真正培养出全面发展且保持个性的人才。

1.3　面向未来的可持续发展观

当今是一个需要终身学习的时代，教育要为学生未来终身学习、可持续发展奠定基础。所谓可持续发展，通俗地讲就是学生走出校门后自己仍然能够继续发展。要做到这一点，就要通过教学活动，使学生爱学、会学，最终发展学生的认识力。

1.3.1　使学生爱学

使学生爱学就是要使学生对学习充满热情，包括充满好奇心、求知欲、学习兴趣、探求世界的积极态度。教学中，教师应该尽最大努力去爱护、培养和激励学生的学习热情。任何教学都应该激发学生学习的热情，特别是义务教育阶段的教师，一定要使学生能够热爱学习。

著名科学家爱因斯坦说：“人最重要的是有好奇心。一个人有好奇心，又有独立学习能力，就不怕不能成长。”① 著名教育家杜威非常强调兴趣对学生有效思维的作用。他指出：“兴趣的分歧是有效思维的最大仇敌，不幸的是，这种分歧在学校里是常见的。学生表面上对教师、对功课是注意的，而他的内心最深处，却另有兴趣的所属。他的学习是被强制的，他要回答教师的问题，预备学校的考试，或要获得教师或父母的欢心。可是，所学习的材料，本身并不能吸引他的心思，他的学习不是聚精会神、一心一意的。一个人只要全心倾注于一种功课，则这功课便自会引着他前进，教材就能够摄住他的心思，鼓舞他的思维。这种热忱的态度，是一种理智的力量。教师如能激发这种求知的热忱，他的成功便非任何形式的方法所能企及的了。”②

反观现在的数学教学，这种“兴趣的分歧”正是今天很多数学教学的真实写照。学生眼睛一睁就开始竞争，忙碌于应付着各种各样大大小小的考试，每周一小考、两周一大考、单元考、月考、联考等不一而足，使得一些学生过早地产生

---

① 爱因斯坦．在“美国高等教育 300 周年纪念会”上的演讲．纽约州立大学．1936.10.15.

② 杜威．思维与教学．孟宪承，俞庆棠，译．上海：商务印书馆，1936：27.

厌学情绪。一些学生并没有从内心深处产生对数学的热爱，也不是出于对数学知识的渴求，才去学数学。随之而来的是学生天生所具有的好奇心、求知欲被扼杀了，换来的却不是儿童期的天真、丰富的想象以及对各种试验探索的爱好，这些接近于科学的思维态度也随之不断地减少和丧失。兴趣本身就是一种热情，人的热情如果被浇熄，就很难再点燃起来了。这些对学生未来可持续发展所需要的可贵品质，一旦失去，若要重新唤起时，会非常困难，甚至再也不可能。

北京大学附属中学数学特级教师张思明曾做过一次调查，让学生写出心目中的数学和数学问题是什么？[①]学生的回答是："数学是一些居心叵测的成年人为青年学生挖的陷阱！""数学问题是一些仅仅出现在课本和试卷上的，让某些老师看着学生崴脚而感到窃喜的东西。"张老师看后不无感慨：我们这些用尽心血努力教学的老师，在学生心目中无非就是一些挖坑布雷的高手，而数学也成为老师惩治学生的工具，与学生的个人发展并无太大关系。这样的结果无疑是数学教学的一种悲哀。这促使他对数学教学认真反思，发现我国数学教学对学生学习的内动力、自学能力的培养等方面关注很不够。为此，只有唤醒能促进学生自主发展的内动力，学生的学习才有可能成为一种有效的学习。学生学习内动力不足不是与生俱来的，教师的培养、挖掘和保护是使其得以养成和增强的关键因素。

孔子说："知之者不如好之者，好之者不如乐之者。"好学、爱学、乐学是学习的一种习惯，是学习的主动精神，是探索新知识的一种态度，追求的是真理。学生对学习热情的缺乏，好奇心、求知欲的流失，直接影响学生的有效学习，从而导致数学课堂教学效率不高，教学行为低效、无效。为此，只有激发学生的学习热情，使学生想学、爱学，学生的主体性、主动性才能体现出来，教师的教学指导也才会有效。

1.3.2　使学生会学

当学生有了学习的热情，爱学、想学时，如何学就成为关键的因素。教师应该意识到，学生并不是天生就会学习的，是需要有人教的，教师需要教学生如何学习。因此，在数学教学中，教师要教学生如何学习，让学生掌握一些学习方法和思维方式，学会自己独立地获取知识，学会研究问题的方法，学会思考，学会从不会、不知开始，一步一步地达到问题的核心，直至最终的构建和解决。这里需要强调，让学生会学的过程是一步一步的，不是一步到位。任何人独立学习的能力和习惯都是从小学开始培养的，只不过是由低到高、由浅入深、逐步从无到有形成的，因此使学生会学要从低年级就开始有意识培养。

联合国教科文组织在未来 21 世纪调查报告中指出：未来的文盲不是不识字

---

① 教育部师范教育司组编．张思明与数学课题学习．北京：北京师范大学出版社，2006：42．

的人，而是不会学习的人（《学会生存》宣言）。从终身学习的意义来说，每个人都要自觉地更新自己的知识结构，去适应社会发展的需要，学会学习将是每个人可持续发展的重要保证。

数学教学的任务不仅是培养学生理解和掌握课本中已有的数学知识，[①]更重要的是在学习这些知识的同时，使他们能获得独立学习的能力，以使将来能学习和掌握课本以外的更多、更高级、更艰深的知识，进而去探索、发现、创造那些尚未被人类掌握的客观真理。

美国国家研究委员会在《人人关心数学教育的未来》的报告中指出，数学教师必须引导学生自觉地学习。[②]从长远来说，真正重要的事情不是记住一些数学技巧，技巧不常用，很快就会忘记，而是树立一种自信心，即当他需要某一种数学工具时，知道如何去发现并掌握这一工具。

为此，数学教学除了教学生学什么，让学生想学，还要教学生怎么学。即通过有效的数学教学，最终使学生形成在学习上良好的行为习惯和思维习惯，掌握一套有效的学习方法。当他们离开老师后，仍能“从无到有”地进行探究，并能独立获取自身发展所需要的知识。

数学教学要使学生会学，并不是脱离数学知识孤立地去教方法，而要像“在游泳中学游泳”那样，在用一定方法教学的过程中让学生学方法，这就对教师教学时的关注点提出了新的要求。如要使学生掌握研究问题的一般方法，教师就要运用“研究问题的一般方法”去教，把要学习的新知识或要解决的问题看作一个研究课题，带领学生经历“形成问题，构建概念，寻找方法，提出猜想验证假设和语言表达”这样的过程，使学生在各种问题研究的过程中掌握诸如观察、比较、分析、综合、归纳、类比、抽象、概括、猜想等具体的思维方法。再如数学概念的学习，不是只想灌输数学概念的内容，而是带领学生去建构数学概念。学习解题时，不是会解一道题，而是要学解一类题，最终掌握解决问题的方法，把这些方法迁移到其他的问题解决中去。如果学生掌握了一定的方法，当他们面对一个未知的问题时，就会知道要解决它应该从哪里开始思考，又如何一步一步达到问题的核心，直至最终问题的解决。

1.3.3 发展学生的认识力

教育要培养全面发展的人，数学教学是以数学知识为载体展开的育人活动，学生通过数学学习，一方面是掌握一定的数学知识、技能和数学思想方法，更重

---

① 贺信淳．课堂提问方法初探．数学通报，1984，(2)：21-23.

② 美国国家研究委员会．人人关心数学教育的未来．方企勤，叶其孝，丘维声，等译．北京：世界图书出版社，1993：60.

要的是要发展学生的认识力。所谓认识力，就是人们对世界（客观世界和主观世界）各种事物的认识能力。当学生走向社会的时候，去处理一些事情，去做一个决策的时候，他的那种能力就是认识力的体现。具体地说就是科学的视角、创造力、想象力、洞察力、判断力、预见力，这些能力综合起来就是认识力。认识力是学生把所学知识融会贯通后，能对事情做出独立判断和分析的一种能力，它具有缄默性。

17 世纪英国哲学家培根曾经说过："知识就是力量。"①在当时社会环境下，知识是有限的，只要人们掌握了有限的知识就获得了所需的认识力。到了 20 世纪，爱因斯坦说："想象力远比知识更重要，因为知识是有限的，而想象力概括着世界的一切，推动着进步，并且是知识进化的源泉。"②为什么随着社会的发展，人们的认识发生了变化呢？这是因为到了 20 世纪，世界进入知识大爆炸时代，人们在有限的时间内不可能掌握所有的知识，准确地说是只能掌握已有知识中基础的那一小部分，因此，必须通过所能学习到的有限知识，使人获得想象力，在社会中去创造。爱因斯坦这里所说的想象力，就是认识力。

爱因斯坦还说："那个诙谐的人确实讲得很对，他这样来定义教育：如果人们忘掉了他们在学校里所学到的每一样东西，那么留下来的就是教育。"③也就是，当你把从学校所学的知识忘掉了，还留在身上的就是你获得的教育。那么留下来的教育是什么呢？就是人的认识力。认识力留在身上，那就是教育的成果。但是遗憾的是，现在的教学大多都是在教知识，根本没有把发展认识力放在更高的位置上。

这里强调发展认识力，并不是说知识不重要。知识有多种功能，最基本的功能是给人的生活与生存提供常识，为每个人未来专业发展提供基础。知识更为重要的功能，就是通过对它的学习，发展人的认识力。在现实生活中，没有一个专门的学科能够直接培养认识力，认识力是所有学科共同培养的，是在学习所有知识的过程中逐渐形成的。每门学科对于发展人的认识力都有各自特殊的力量，把每门学科的特殊力量都集于一身的话，人的认识力就获得了全面的发展。

当重新回味爱因斯坦这句话时，可以注意到他说的是，把从学校所学的知识忘掉以后，留下来的是教育。也就是说，首先要学到知识，然后才是忘掉知识；如果没有学到知识，那就根本谈不上"忘掉知识"。人们正是通过基础教育阶段各门学科的学习，在学会每门学科基础知识的同时，掌握了其思考问题的方法，学会了思维，从而发展了认识力，实现教育的最大目标。因此，没有知识的学

---

① 孙正聿．哲学修养十五讲．北京：北京大学出版社，2004：35．

② 同①．

③ 爱因斯坦．在"美国高等教育300周年纪念会"上的演讲．纽约州立大学．1936.10.15．

习，认识力发展就要落空。在教育中，知识学习和发展认识力两者都很重要，但从人未来的可持续发展来看，发展认识力比掌握知识更重要，因为掌握知识是用来发展认识力的一种手段，发展认识力是最终目的。如果教学中将教学目标仅仅停留在手段上，教育的最终目标就达不到。

对数学教育而言，其主要功能是发展人的思维，最大特点能够使人更聪明，所以数学在发展人的认识力上具有特殊的力量。但是不能说它是唯一的力量，或者说数学是发展认识力的最大力量。大多数学生将来走入社会，对其最起作用的就是认识力，与具体的知识关系不大。同时，将来也不可能人人都从事数学专业方面的工作，但在数学学习过程中发展起来的各种认识力，将会使其在适应社会发展方面终身受益。也就是说，掌握数学知识不是最终目的，发展认识力才是数学教育的最大目标，才是教育的最大目标。因此，数学教师应树立发展学生认识力的观念，在具体数学教学实践中，要围绕发展学生认识力去设计数学教学活动，实施教学，并在教学评价中，将其作为一个重要的指标。

1.4　教会思考的数学教育观

在教育的科学发展观下，数学教育的首要任务是什么？那就是数学教育要为把学生培养成具有健全人格的、全面发展的和可持续发展的人做出最大的贡献。数学教育所能做出的重要贡献、主要贡献，就是发展学生的思维，使人变得更聪明。思维（thought）也就是思考（thinking），即数学教学的首要任务——教“怎样思考”。

1.4.1　学生希望知道“老师是怎么想到的？”

现在中学的数学教学中，几乎所有老师都经常听到学生反映：“老师你讲的我都懂，但是我自己来做就不会了；课本上的习题我都会，但是考试里的题目我就不会了。”

这是什么原因呢？是什么原因使得老师讲的他都懂，一到他自己去解题，一到考试中自己来解题，他就不会了呢？那可能是因为，老师没有把让学生自己会的方法教给他，没有教给他离开老师他自己也能会的方法。所以学生离开老师的时候，他自己就不会了。但不是有的学生也会吗？那不同，人与人的智力强项不同，悟性高低不同，要不然学生之间怎么会参差不齐？学生的悟性与智力也一样，在这方面悟性高，在那方面悟性就低。反之，若事事完全靠自己的悟性去学习，还要老师干什么？还需要学校教育干什么？

什么是学生自己也能会的方法呢？首先要解决老师自己是怎么想到的；然后是解决怎么也让学生也能想到。在现实中，对一道题的教学，老师对学生讲怎么做往往讲得头头是道，但就是没讲自己怎么想到的。学数学，恰恰“怎么会想到”是最重要的。所以至关重要的是老师要能把自己怎样想到的讲出来，让学生领悟到了，那才能教学生怎样想到。善于此道的老师是想给学生听，想给学生看；然而很多老师只是做给学生看，或者是让悟性高的学生做给悟性低的学生看。

现在中学数学教学中有一种普遍现象，就是让好学生做给其他学生看。如果去听课，常常都是老师把问题一提，然后就让学生想一想，过了三四分钟就要想出来的学生举手。接着请举手的学生讲，这些学生也能讲得头头是道。讲完了，老师就问：“大家明白了吗？”听到的是齐声回答“明白了”。明白什么？其实什么也没明白！只是听见了，记住了。实际上是换了一张嘴，老师的嘴换成了学生的嘴，来告诉其他学生。这跟老师自己讲差不多，或许还不如老师那张嘴。为什么呢？学生讲的比老师讲的更清楚吗？这就是现在的一种普遍的现象，这种现象很不好。

这种现象实际上是在告诉，而并不是在启发和引导，并没有去教学生如何思考，还是没有解决“怎么想到”这个问题。学生迫切希望学会思考，但是数学课堂教学中却不能满足学生的愿望。

1.4.2 数学的育人功能

爱因斯坦说：“教育的目的不是学会知识，而是习得一种思维方式。”[①]数学最大的育人功能，正是在于数学也是一门思维的科学，它有利于帮助人们去学会思考，如果数学的教学不能使学生学会思考，这样的数学教学毫无意义。

苏格拉底说：“教育是从我们的内心勾引出来工具和方法。”[②]从内心引导出工具和方法，就是教思考，让学生自己也能够想到工具和方法。如果不能教学生自己也能想到，那么大部分学生就学不好数学。

爱因斯坦还说：“教育的价值，不是学习很多事实，而是训练大脑去思考。”[③]这正是针对上述教学现象的批判，教师告诉学生怎么做，实际上就是让学生去模仿，模仿可以完全不动脑筋，也就不是训练大脑去思考。

著名美国数学家、教育家波利亚认为“教会思考”是数学教学的第一位目标。“教学目标首先和主要的是必须教会青年人去思考——‘教会思考’”，[④]“教会思考”意味着数学教师应当强调由实践而得来的能力、有益的思考方式及应有的思维习惯。

按照爱因斯坦的观点，当把学校学到的知识忘掉以后，留下的是教育。那

---

① 爱因斯坦．在“美国高等教育300周年纪念会”上的演讲．纽约州立大学．1936. 10. 15.

② 百度文库．苏格拉底名言警句录．https://wenku.baidu.com/view/4888be5c804d2b160b4ec0a6.html.

③ 爱因斯坦．在“美国高等教育300周年纪念会”上的演讲．纽约州立大学．1936. 10. 15.

④ 波利亚．数学的发现（第二卷）．刘景麟，曹之江，邹清莲，译．呼和浩特：内蒙古人民出版社，1981：152.

么，当把所学的数学知识忘掉以后，留下的教育就是学会了思考。这才是数学学习的价值之所在。

何谓思考？不是人云亦云，而是独立思考。只有独立思考，才会有创造性思考，才会有批判性思考。

除了数学对人的思维价值以外，数学还具有其他的育人功能。

对人格的塑造方面，数学的价值主要体现在思想的确定性、思维的严谨性、思考的逻辑性和行动的合理性。

在提高人的素养方面，数学的价值主要体现在数学可以提升人的数学素养。数学素养是人的核心素养之一，它包括数学抽象、数学推理、数学建模、直观想象、数学运算、数据处理等一系列基本要素。

在提升人的品位方面，数学的主要价值在于用数学眼光观察世界、分析世界、理解世界，即用数学的思考方式看待世界。

教育的目的不是学会知识，而是习得一种思维方式。数学不但具有思想价值、思维价值、工具价值，还具有内在价值，其内在价值体现在塑造人格、提高素养、提升品位等丰富人生目的性的方面。

1.4.3 “教会思考”是数学学科特点使然

全社会几乎普遍认为数学难学，这是为什么？原因在于“数学的对象是抽象的形式化的思想材料”。[①]数学首先是思想材料！思想材料看不见摸不着。“2”是什么？两个手指是“2”，不是；两个茶杯是“2”，也不是。那什么是“2”？把手指拿掉，把茶杯拿掉，剩下的就是“2”。全拿掉了，看起来什么都没有剩下，其实剩下了“含义”，这个含义就是“2”。含义，是思想，看不见摸不着。看见两个手指、两个茶杯时，它们都不是“2”，拿掉了以后剩下的却是“2”。“2”在哪里？在人的思想里。它变成思想材料，留在每个人的脑子里了。尽管还是什么也没有，但你心里明白，那个就是“2”的意思。

别人怎么知道你头脑里想的就是“2”呢？于是就给它一个符号，也就是给它一个“形式”，中国字写成“二”，罗马字用“Ⅱ”表示，阿拉伯字写成“2”等，它们就代表“2”。人们一看到它，就知道是“2”了。实际上它是“2”吗？也不是，真正的“2”是思想材料，这个符号只是思想材料的一个外在形式。给它一个形式，有形了，大家就看到了。“2”就是“形式化的思想材料”。可见，表达数学的是抽象的符号。在数学里看到的那些符号、公式、解析式都是思想材料的形式，这些思想材料都是抽象出来的。刚才把手指、茶杯都拿掉，剩下的那个含义就被抽取出来了，这个过程就是抽象。抽象出来的产品是思想材料，然后

① 张奠宙．现代数学思想讲话．上海：上海教育出版社，1991：193．

给它一个形式，它就成了“抽象的形式化的思想材料”，数学的抽象性正在于此。这样才能明白，什么是抽象的形式化的思想材料。

幼儿学习自然数的过程那么漫长，原因就是在这儿；很多人觉得数学难学，原因也在这儿；数学研究的顶尖人才少，原因也正是在这儿。张奠宙先生的这句话，可能很多数学老师并未真正明白。明白这句话有什么好处？好处在于，就知道数学所学的东西都是思想材料，要把思想材料教给学生，谈何容易！你要想办法认识它的本质，再把它抽取出来，变成了一个思想材料，然后给它一个形式，使它变成“看得见”的东西。这容易吗？教数学、学数学正是这样一个过程，是一个思想的过程，一个思想活动的过程。用思想活动学思想过程、学思想材料，数学这样的特点导致数学难学。

同时这也决定了，数学学习完全要学生独立探究基本不可能。现在新课标里面讲的很多新理念，对大多数学科可能实用，但对数学的教和学并不实用。数学是思想材料，别的学科多是物化的材料，对象都是实实在在的东西，你研究它时，看得见摸得着；而数学研究的东西，看不见摸不着，你只能看到它抽象的符号形式，实际研究的是抽象符号所代表的思想，那要难得多。可见，数学学习和数学教学与其他学科有很大的不同，最大的独特性就是数学是思想材料，从而决定了不能把一般的教学方法简单地迁移到数学教学中来。这也表明，学数学是学思想，而学思想的主要方法当然是思考，所以学数学就是学思考的方法，教数学就要教学生学怎么思考。

当然，数学中的合情推理、逻辑推理、数学在生产生活中的运用，这些都是教学生“怎样思考”。这里就不再赘述。

1.4.4 在思维活动中学思考

在厘清“教会思考”对于数学教学的重要意义和价值之后，接下来需要探讨的便是“如何教会思考”的问题。人的素养要通过参与各种社会活动，参加各门学科的学习活动，培养并逐步形成。同理，数学的素养也要通过对数学活动的参与和体验而逐步培养出来，并且其过程比结果更为重要。

为什么说过程比结果更为重要？什么是教学？教学，即“教学生学”。重点在学生的“学”。“学”在这儿是动词，是“学习活动”，教师教学生“学”，是教师教学生进行“学习活动”，教师的教一定要落实在学生的“学习活动”上。学生如果没有具体的“学习活动”，只是听教师讲，那学生不可能真正学到或学会什么。可见，教学是以动词为本的教学活动，若以名词为本，教和学的是结果。而以动词为本，教和学的是活动及活动的过程。结果从哪里来的？在师生互动、交往、合作的思想活动中来，活动必然有过程，所以是在过程中教和学。没有过程，没有思想活动，教不了思考，也学不到思考，教和学的只能是结果。但结果最终大部分都忘掉了，如果思考也没学好，那岂不是白学？如果重视让学生在活动中、在过程中学会思考，即使作为结果的知识忘掉了，留下来的就是“会思考”，学生一辈子受益。

对于数学学习而言，探索、解题与论证的过程是其核心，仅仅教结果，学生是不能获得智慧的，智慧往往表现在过程中。但是现在很多的数学教学，不强调过程，不提倡思考“为什么”，只崇尚结果“怎么做”，往往强调公式或题型套路的记忆和应用，导致学习中的不求甚解，这正是“题海战术”收效甚微的根源所在。以数学中典型的“和差问题”为例：“已知 2 个大杯和 3 个小杯，一共有水 880 毫升，每个小杯比每个大杯少 240 毫升，问小杯和大杯的容量各是多少毫升？”对于此类题目，不少参考书中只给出求解公式：

“$\text{大杯容量}=\dfrac{\text{总量}+\text{容量差}\times\text{小杯数量}}{\text{大杯数量}+\text{小杯数量}}$，$\text{小杯容量}=\dfrac{\text{总量}-\text{容量差}\times\text{大杯数量}}{\text{大杯数量}+\text{小杯数量}}$。”

学生通过直接套用公式能够在较短的时间内给出计算结果。暂且不论中小学数学学习历程中此类公式数量如何众多，以及学生能否有效记忆等客观情况，如此“高效”的背后是对思考过程的忽视，是以舍弃学生思维能力和问题解决能力的培养为代价的，这显然不能成为数学教育追求的目标。

数学教学中“如何教会思考”？所谓数学中的“教会思考”，或者说“教学生学会思考”就是教学生学“提出”问题、教学生学“建构”概念、教学生学“寻找”方法，以及教学生学习研究问题的“一般方法”。

爱因斯坦曾经说过：“提出一个问题往往比解决一个问题更重要。”[①]发明创造靠什么？靠提出问题，当然也要靠解决问题。但如果没有问题，解决什么？所以要教学生学“提出”问题，学的是如何“提出”。

问题提出来要解决，那就要教学生学寻找解决问题的方法，学的是“寻找”，不是学方法。现在教这个方法、那个方法，但是这个方法怎么来的，怎么找到的，没解决。因为没有教学生学如何“寻找”。

还要教学生学“建构”新概念、新方法。学的是“建构”这个动词。没有“建构”，学的是新概念。但真正要学的是“如何建构”新概念，要学的东西在建构的过程中。

再要教学生学研究问题的一般方法。研究问题的“一般方法”，就是最基本方法，各种问题都是用这样的基本方法来研究。这种方法是本原的方法，是人类能发展到今天的最根本方法。

怎么教学生“怎么学”？教学生用研究问题的一般方法去学。这就像在“游泳中学游泳”一样，在“做中学”，在做的过程中学，在用的过程中学，在用方

① 爱因斯坦，利·英费尔德．物理学的进化．周肇威，译．长沙：湖南教育出版社，2009：35．

法的过程中学方法。

可见，教学生学，就是教学生在“提出问题的活动中”学如何提出问题，在“寻找方法的过程中”学如何寻找方法，在“建构新概念的活动中”学如何建构新概念，在“运用研究问题一般方法的活动中”学如何用研究问题的一般方法。就是要明白只有在“各种活动”的过程中，教师才能教会学生“怎样思考”，学生也才能够“学会思考”。数学材料是思想材料，数学活动主要是思想活动，所以在学数学的过程中学会思考，就是在数学的思想活动中、在数学的思维活动中才能真正学会思考。

在数学思想活动中，总是要进行观察、比较、分析、综合、类比、归纳、抽象、概括等这样的思维活动，这些思维活动就是人的心理动作，进行这些思维活动，就是进行这些心理动作的操作，只不过不是在外部操作，而是在内部操作。所以教学生学思考，就是教学生进行这些心理动作的内部操作，学生有没有思考，也是看其是否进行了这些心理动作的操作活动。所以，在数学的活动中学会思考，不能只动手不动脑，不能快需要慢，不求多要求透，不要热闹要静思，先独立思考后合作交流。在数学活动中学思考，其目的并非是想得更快或如何能够“与众不同”，而是使学生学会如何想得更清晰、更深入、更全面、更合理。

总之，数学素养是在数学活动中形成，数学思维是在思想活动中学会。

第2章　中国数学教学的基本思想与特点

我国的数学基础教育基本形成了具有中国特色的教育教学传统，尽管也有需要着力克服的陈规陋习（如“照本宣科”“题海战术”“强化训练”等），有一点无疑是可以肯定的：中国数学基础教育有诸多过人之处，是需要好好珍惜和发展的。美国前驻中国公使威廉·麦克希尔，曾建议时任美国总统奥巴马向中国学习五件事，其中第二件就是要学习中国的中小学基础教育。他说：从根本上看，中国的中小学教育做的是稳扎稳打的基础性工作，特别是数学和科学。这方面，中国的孩子已经走在了美国的前头，我们也应这么做（Fundamentally, they are getting the basics right, particularly in math and science. We need to do the same. Their kids are often ahead of ours.）。① 可以说，这是国际上重新认识中国数学教育以来，颇为中肯、客观的评价。

根植于儒家主流文化背景下的中国数学基础教育，在长期的传承与发展中形成了诸多自身的特点和传统。在这些特点与传统中，积极的作用与消极的影响并存，成功的经验与失败的教训均在。然而从总体上，国人对自己的数学教学传统褒少贬多，往往一语“传统的教学”就将其打入十八层地狱，代之以外国教学如何先进之类的种种褒扬。可如今，国外尤其欧美国家由于“中国数学教育悖论”的发现，而出现了仿效中国数学教学模式的趋势（必做性质的家庭作业、地区性的统考，乃至有地区性的排名，甚至英国引进上海的数学教材和数学教师）。这种现象引起了我国部分数学教育研究者的关注，开始了关于中国数学教育教学特点的研究。

面对“自贬和外褒”，我国数学教育工作者们需以冷静的心理、客观的态度、科学的精神从容应对，最重要的也是最根本的，是潜心研究自己的历史和现状，认真办好自己的事情。中国数学教育教学的传统中，其积极的一面在于，对学生形成良好的知识基础与基本技能、发展数学思维能力起到了有效促进的作用；其消极的一面在于，对学生培养个性品质、发展创造力产生了一些阻滞制约的影响。

深刻反思、分析和总结中国数学教学的特点，对坚持和弘扬中华数学教学的优秀传统、克服和改革我国数学教学的陈俗、对改变我国教学研究基本停留在经

① Powell B. Five Things the U.S. Can Learn from China. Time, World, 2009, (20): 1–9.

验总结层面的数学教育研究现状、形成具有中国特色的数学教育理论体系具有积极的作用。

2.1 中国数学教学的基本思想

2.1.1 加强“双基”的思想

中国数学教学一向有重视“双基”（指基础知识和基本技能）训练的传统，崇尚在良好的基础知识和基本技能的基础上，谋求学生的能力发展。这一“双基”教学思想是在中国几千年来儒家文化、科举文化、考据文化等历史文明的传承下逐步形成和发展起来的，有着自己生长的文化土壤和民族根基。

“双基”概念在我国首次明确提出，是在 1952 年 12 月颁布的《中学数学教学大纲（草案）》中指出“中学数学教学的目的是教给学生以数学的基础知识，并培养他们应用这种知识解决各种实际问题必需的技能和熟练技巧”；[①]1963 年，教育部颁布的数学教学大纲明确提出“双基”教学的目标：数学教学应当加强基本知识和基本技能的教学。[②]

在其后数学教育发展中，“双基”的概念经历了从模糊到比较清晰，从肤浅到比较深入的历史过程，并且发展为今天的“四基”。义务教育阶段《数学课程课标（2011）》则明确提出“四基”概念：基础知识、基本技能、基本思想和基本活动经验。“四基”是对“双基”的继承与发展。

华东师范大学张奠宙先生曾将数学“双基”教学的目标概括为如下几个方面[③]：

快速、准确地进行数的四则运算，并掌握算法；

快速、准确地进行式的运算，并掌握规则；

准确记忆必要的数学定义和公式，并用来解决基本问题；

逻辑地、形式地表述数学概念，并能注意到分类、数学命题的逻辑准确性；

解题过程要求符合严格的逻辑推理规则，并能够清晰、形式化地表达；

熟悉解题的套路，记住一些最基本的解题方法，并能够模仿、迁移。

这些具体、翔实的教学目标要求，为夯实学习者的“双基”确立了清晰的方向和切实可行的操作程式。

将“双基”教学落在实处的一个重要体现，是教学中明确了颇具可操作性的

---

① 课程教材研究所．20 世纪中国中小学·课程标准·教学大纲汇编·数学卷．北京：人民教育出版社，2001：47．

② 田中，徐龙炳．我国中学数学“双基”教学的历史沿革初探．常熟高专学报，1999，(4)：31-35．

③ 范良火，等．华人如何学习数学（中文版）．南京：江苏教育出版社，2005：28．

各层级目标，这一做法在新课程改革背景下继续得到了强化和发展。

“双基教学”说到底就是打好基础。掌握知识技能及其应用如同盖房要把基础打牢，在教学进程中，先让学生明白知识技能是什么，再了解怎样应用这个知识技能，最后通过亲身实践练习以巩固和加强。双基教学重视基础知识的记忆理解、基本技能的熟练掌握运用，具体到每一堂课，教学任务和目标都是明确具体的，包括教师应该完成什么样的知识技能的讲授，达到什么样的教学目的，学生应该得到哪些基本训练（做哪些题目）、实现哪些基本目标、达到怎样的程度（如练习正确率）等。

双基教学强调教师的主导作用，整个教学过程经教师精心设计，教学环环紧扣。教师将课题内容设计为一系列的问题形式，以提问方式驱动教学，让学生回顾复习旧知识，为新知识的教学奠定基础，然后不断地以提问和讲解的方式展开教学，这些提问具有较强的驱动性，促使学生思维不断地沿着教师的预设方向进行。

在教学实践中，“双基教学”思想深入人心，教师身体力行始终如一。教师为实现教学目标有效组织教学、监控课堂进程，并成为课堂上的主导者、管理者，导演着课堂中几乎所有的活动，使得各种活动都处于有序状态，课堂时间得到有效利用。课堂活动组织得严谨、周密、有节奏、有强度。课的进程，有高度的计划性，讲、练、板书，安排得井井有条，有效地利用了上课的时间。

当然，数学“双基”教学以“记诵”和“练习”为主要特点，因此在收获成就的同时，也出现了“双基异化”现象，带来了一些众所周知的负面效应。譬如，停留在经验总结层面的“死记硬背”“题海战术”“应试训练”等低效、急功近利的做法，在很大程度上加重了学生的学业负担，阻滞了学生的个性潜能和创造力的发展。但是，不能因为某些浅陋的做法而否定整个数学“双基”教学的合理性，夸大其不利的影响而对一些优良的传统妄加排斥、讳莫如深，这不是一种科学的态度。

2.1.2　培养数学思维能力的思想

“数学是思维的体操”“数学是思维的科学”是中国数学教师一致的认同。普遍的共识是，虽然其他学科或其他方式也可以培养人的思维，但在深度、广度、系统性等方面，却难以与数学相比。尤其在二十世纪八十年代国内关于数学思维的大讨论，更加坚信了数学能够启迪、培养、发展人的思维，并且提出了很有价值的发展学生数学思维的方式方法。与此同时，各地积极开展数学思维教学实验，提高了思维能力的教学的水平。

在数学教学中，无论被称之为“数学老三大能力”的运算能力、逻辑思维能力和空间想象能力，还是被称之为“数学新三大能力”的数学应用能力、数学探索能力和数学阅读能力，“数学思维能力”始终是各种能力的核心，所以发展学生的数学思维从来被视为数学教学的重要任务。在数学教学中，中国的教师常常有意识地设置疑问情境，又通过自己的释疑和解疑过程，使学生在思维能力上有所收获，有所发展。

在教学中，教师会有意识地利用数学直觉的感知、观察、猜想、发现、类比、归纳、抽象概括、演绎与证明、数学符号运用、运算与求解、数据合理分析或空间立体思维的想象等，来培养学生数学思维能力，帮助学生形成理性思维。

但是，中国数学教学中学生在思维上的培养，基本是在接受教师传授知识的过程中的副产品，学生处于被动接受的地位，主动性学习十分薄弱，学生自身的主动质疑、思考、解疑少之又少，因此对学生思维能力培养与发展的效果不明显，效率也不高。

2.1.3 坚持启发式教学的思想

孔子的启发式教学的思想，对中国的数学教育有极为深刻的影响。诸如“不愤不启，不悱不发”“举一隅不以三隅反”“温故而知新”等的思想，始终是中国数学教师在教学中所遵循的原则和方法，甚至达到根深蒂固的程度。

启发式教学无疑是最好的教学方式，不仅受到中国教育界的热衷推崇，而且在全世界范围内也是倍受好评，因此坚持启发式教学这个方向对数学教学有非凡的意义。

我国数学教育虽然重视“双基教学”，但并不排斥启发性教学。因此在强调传授双基的教学过程中，同时贯彻启发式教学原则，反对注入式教学，主张启发式教学，反对“填鸭”或“灌输”式教学。在讲解过程中，教师会“质疑启发”，即通过不断设疑、提问、反诘、追问等方式激发学生思考问题，通过释疑解惑，开通思路，掌握知识。归纳和类比是数学发现的重要方法，它们在“双基”教学中得到了较大程度的体现，教师运用对比手法以旧启新，通过不完全归纳，启示学生对新知识做出大胆猜想。

中国的教师在数学教学中，在进行启发式教学方面有很多成功的案例。例如，已故的著名中学数学特级教师、南京师大附中马明先生，堪称启发式教学的典范。他说：“用启发式，不用注入式”，“教师上课就要创造条件，使学生经常处于‘愤’和‘悱’的境地。”并且指出“教师在课堂上为学生创造出‘愤’和‘悱’的境地是一件很细致的事。”①马明先生身体力行，用启发式进行教学是他的“拿手好戏”，在他的著作《马明数学教育论文集》中有大量启发式教学的例子。

① 马明．马明数学教育论文集．南京：江苏教育出版社，1986：280-281．

虽然追求启发式教学在中国的数学课堂上蔚然成风，但是能把启发式教学方法真正用好的教师并不多，尤其是在应试教育横行的今天，在中国的中学数学教学中，真正的启发式教学已经越来越少，如果这种优良的教学传统被丢弃，那是十分可惜的，也是十分不幸的。

启发式教学方式是中国数学教学传统中的无价之宝，继承和发扬这个传统是每一个中国数学教育工作者义不容辞的义务和责任，也是提高中国数学水平的最大法宝。本书在如何进行启发式教学方面，提出了以教学生学会思考为目标的“启发性提示语”的理论和方法，主张用这样的理论与方法在数学教学中推动启发式教学，以使启发式教学这个优良传统在数学课堂上得到继承、发扬和光大。

2.1.4　贯彻数学活动教学的思想

杜威“做中学”思想与波利亚“解题思想”对中国数学教学的影响深远。陶行知先生是杜威的学生，他把杜威的实用主义教育思想带到中国，并大力推广，在中国的教育界影响很大。杜威的思想与中国传统文化中的实用思想十分相近，因而被中国的教师欣然接受，在中国的数学教学中流传甚远。

波利亚在数学教育上的研究主要是“怎样解题”、“解题教学”和“数学师资培训”。他把“解题能力”作为“做中学”数学教学的第一目的，认为“解题是最富有特征的、特殊类型的有目的的思考”，亦是说解题是培养学生思维能力的重要途径。而中国的数学教学把解题放在至高无上的地位，波利亚“怎样解题”思想与中国重视解题的思想正好一拍即合。

因此，这两种思想很快深入到数学教师的心目中，融入到中国的数学教学中，对中国的数学教育的发展和水平的提高产生了很大的影响，发挥了积极的作用。用现代教育思想描述，它们就是“数学活动教学”的思想。虽然中国数学教学中的解题训练，并不是杜威思想意义上的“做中学”，也不是波利亚思想意义上的“数学解题”，但是在提高中国的数学教学水平和质量上，还是产生了很多正面的影响。

纵观中国数学教学的指导思想，结合我国数学教育的现实，可以看到，我国数学教育教学的特点是在中国几千年历史文明的传承下逐步形成的，也有国外现代教育理念的洋为中用，因而必须以历史唯物主义的观点，对中国数学教学的具体实践做深入的研究、深刻的反思、客观的认识和理性的概括，这样数学教育教学的研究才能在继承和发扬中国的传统方面扬长避短，在学习和引进国外教育理念方面有的放矢。

2.2　中国数学教学的特点

2.2.1　目标具体，知识细化

1．课标对知识提出不同的目标要求

我国对数学教学起指导作用的纲要，过去称为教学大纲，现今借用美国的名词改称课程标准（中华民国时期也称为“课程标准”），对高考内容和要求则依据的是考试纲要。无论大纲、课标或考纲都对数学知识的掌握提出了明确要求，并突出具体的目标描述。如：《教学大纲》中不仅明确总体教学目的，而且分章节详细罗列具体教学内容和教学要求；[①]《课程标准》中对数学课程目标从横向和纵向两方面陈述，横向的课程目标包括：知识与技能目标、数学思考目标、解决问题目标、情感与态度目标；纵向的课程目标则是根据上述四个目标提出分学段的要求。

2．教学过程中对目标细化具有可操作性

为了使大纲、课程标准在教学中落到实处，各级教研部门用带有具体特征的各种行为动词对目标的具体含义作了详细的描述，从而使目标要求的实现具有可操作性。例如，用行为动词将知识与技能目标划分为“了解、理解、掌握、灵活运用”四个等级的层次，再就各个层次中每一个知识和技能的目标要求，用行为动词做出更加细致的刻画。像“了解”这个层次的目标，就用“叙述、复述、表述、默写、记住、指出、知道、识别、填写、解释、改写”等行为动词来刻画。具体地诸如复述有关数学知识的定义、定理、法则、性质、公式；指出、认识具体数学符号、图形的直接意义；正确默写有关数学公式、法则；记住重要的常用数学符号；在教材内容文字相同的条件下，模仿式地完成作业习题等。再如，通过与每个层次及水平对应的“行为动词”，以及对应的习题来达到对教学目标的落实。这样做的最大好处就是，教学目标明确、具体、可操作性强，教师一看就懂。教学中的这种落实，是能看得见的落实，在考试中可以取得立竿见影的效果。

3．每章、每单元和每节课都有细致的目标

我国在落实教学目标上对双基采取强有力的措施。教学目标细化到每章、每

① 中华人民共和国国家教育委员会．全日制数学教学大纲．北京：人民教育出版社，1988：14.

节、每课，教师严格按照这些层次的目标教学，而且为了完成教学目标，教师对课堂教学的各个环节设计切实可行的步骤，一步不落、按部就班地进行。这些做法与布卢姆目标教学（认知、能力、情感）在形式上有某种联系，似乎获得了一定的理论支撑。

课堂教学中对各个目标的落实，还体现在教学的例题和练习题中，用“模仿性练习题”“干扰模仿性练习题”“选择运用性练习题”“选择组合性练习题”“综合运用性练习题”等，体现不同目标层次的数学习题的训练，以确保各个目标要求落到实处。这些细致的目标实质上以知识、技能为主，而教学成效的检测最终仍以考试成绩来评价目标是否达到，虽然也兼顾能力目标，实际是辅而不为。在很大程度上，目标的细化还是应试的产物。

4．忽视育人的大目标

国外的数学教育更看重育人的大目标。例如，美国数学教育目标是培养有数学素养的社会成员，其数学素养包括：懂得数学的价值、对自己的数学能力有信心、有解决问题的能力、学会数学交流和学会数学推理、强调社会对教育的要求。英国 2000 年数学课程标准指出数学在学生教育上的重要性是：数学为学生理解和改变世界提供了一套独特而有力的工具，数学提供促使学生在精神、道德、社会和文化方面发展的机会。荷兰将数学课程目标确定为“获得性目标”，并分为跨学科目标、每个学科的一般性目标和具体课程目标三个目标层次，跨学科目标是总的发展目标。

比较而言，我国课标虽然也重视育人的大目标，但仅仅在前言部分作比较简短的描述，而现实的教学实践几乎把全部的精力都集中于具体的知识和技能目标，对数学教育给予人的思想启迪、精神感悟、人格塑造等发展大目标关注甚微，具体目标与人的发展大目标之间的联系基本处于割裂状态；另一方面，我国的数学教学目标主要局限于数学学科知识的内部，范围比较狭窄，而以欧美为代表的西方数学教育教学的目标，则对于与数学有联系的数学学科的外部范畴有更多的关注，范围比较宽泛。

2.2.2　复习旧知，引出新知

由旧知引出新知是我国数学课堂教学的典型方法。“温故而知新”，“通旧思新”，中国的数学教师对这样的古训耳熟能详，因而，“引入新课”环节是数学教师最为精心设计的部分。

1. 由“旧知”引出“新知”

我国的数学课堂教学中，绝大多数新知识是由旧知识引入的，这基本符合人的认识规律，也与现代认知主义理论、建构主义思想一致。课堂教学多以复习提问的形式开始，教师设计一系列问题，在学生对与新知识相关的已知内容的“温故”中，让新知识的内容意义逐渐露出端倪，自然而然地“流淌”出来。

例如，对数概念作为新知的教学，由已知的有关幂指数的知识引入：

$$\begin{cases} 2^x = 4 \Rightarrow x = 2, \\ 2^x = \dfrac{1}{2} \Rightarrow x = -1, \\ 2^x = \sqrt{2} \Rightarrow x = \dfrac{1}{2}, \\ 2^x = 3 \Rightarrow x = ? \end{cases}$$

$2^x=3$，那么 $x=$？已经学过的运算不能解决，这需要引入新的运算——求“对数”。

这个求“对数”的新运算，用数学符号表示为 $x=\log_2 3$。

一般地，有 $a^x = N\,(N>0, a>0$ 且 $a\neq 0) \Rightarrow x=\log_a N$。

由“旧知”引出“新知”导致两种可能的教学形态。一种形态是：使学生由旧知中产生困惑或新的情境形成和激发认识新知、发现新知、获取新知的欲望和行动，经历知识发生、发展的过程。这无疑是应该追求的理想的教学形态。另一种形态是：淡化从旧知识到新知识的发生发展过程，甚至会由旧知识直接把新知识告诉学生，只要所谓“会用”就行了。这很容易造成学生被动接受，成为事实上的灌输知识的容器。这当然是应该竭力避免的教学形态。

2. 用“实际问题”引入“新知”

源于欧美的西方数学教学比较注重数学新知与现实生活及其他学科间的联系，并且力求在教材编写上也体现出来，使得数学的有关内容与多门学科和社会活动建立联系，其中包括科学、艺术、地理、气象、健康、消费和生活常识等。由“实际问题”引入“新知”，本质上也是由已知引出未知，但其中不仅包括已有知识，由于带有实际情景材料的介入，还包括已有的生活经验、实践经验和元认知感悟。这样，新知的引出既来自数学知识内部，又来自数学的外部，大大拓宽了“以旧引新”的意义，从而扩大了新知与已有知识、经验联系的范围，更容易建构起新旧意义的联系。因此，中国的数学教学有必要在由“实际问题”引入“新知”方面适当予以加强。

2.2.3　夯实基础，熟能生巧

“双基教学”是中国数学教育的一个发明，实践证明，其在中国数学教学中受到重视的程度最高，重视和加强“双基”是迅速提高教育质量的有效方法。中国数学教师在自己的教学实践中不自觉地萌发了“双基”情结。

课堂教学过程基本是“知识、技能讲授——知识、技能的应用示例——练习和训练”的模式，即在教学进程中先让学生明白知识技能是什么，再了解怎样应用这个知识技能，最后通过亲身实践练习掌握这个知识技能及其应用。让学生自己练习、尝试解决问题，通过练习，进一步巩固新知，增进理解，熟悉新知及其应用技能，初步形成运用新知分析问题、解决问题的能力。

“熟能生巧”是与“双基教学”不可分离的教学措施。我国数学教学每课有练习，每节有习题，每章有复习题；课内有练习，课后有作业，单元有小考，学期有大考。基本理念是：趁热打铁，熟能生巧，拳不离手，曲不离口，百炼成钢。把一种基本技能反复进行演练，达到不假思索就能运用自如，但又不是单纯的操练，而是达到触类旁通，融会贯通。这种对基本功训练的重视，从巩固练习的角度看有一定道理，有其必要和正确的一面，但“度”很难把握，很容易走向反面。数学教学的现实已经可以证明对“双基”的强化很容易过度，并且在中国现今的中学数学教学中已经过度，如果不注意发展和创新，就会发生“基础过剩”，容易异化，变为机械学习。

双基教学有着较为固定的形式和进程，教学的每个环节安排紧凑，教师在其中既起着非常重要的主导作用、示范作用或管理作用，同时也起着为学生的思维架桥铺路的作用，由此也产生了颇具中国特色的教学铺垫理论。

新知识建立后，对新知识进行的巩固训练，是我国数学双基教学突出的特点。概念、命题、公式、法则的理解与应用基本是以各层次题目的反复训练达到的。这种夯实基本功的做法收到的效果有目共睹。

数学家陈省身先生对此也颇为认可，他说：“做数学，要做得很熟练，要多做，要反复地做，要做很长时间，你就明白其中的奥妙，你就可以创新了。灵感完全是苦功的结果，要不灵感不会来。”[①]当然，熟能生巧需要把握一定的度，避免出现低效的“机械训练”“题海战术”。

2.2.4　变式练习，深化理解

中国数学教学中十分重视加深新授知识的理解，对新知识还要作进一步辨析和深层次理解。

---

① 陈永川．怀念恩师陈省身先生．民主与科学，2005，(1)：1-5.

在新知识的意义建立起来以后，往往还要对新知识进行深入的意义辨析，以期达到对新知识的深层次理解。采用的方法：或是对新概念或新命题中关键性语句进行咬文嚼字的分析，特别对关键词的理解更是突出强调；或是利用变式教学（辨析题、变式题）深入认识新知识的本质属性，概括出新知识的要义或注意点，梳理新旧知识间的联系，在辨析中加强理解。

1．继续同化，深入理解

我国的数学教学在新知识传授以后，一般都会有一个帮助学生对新知识深化理解的过程。在这个过程中，教师往往会将新知识与旧知识做多方面的比较，对新知识的细微特点做下一步的揭示。

例如，对数定义建立以后，往往要进一步挖掘更深刻的认识。

（1）认识对数与指数之间的联系。

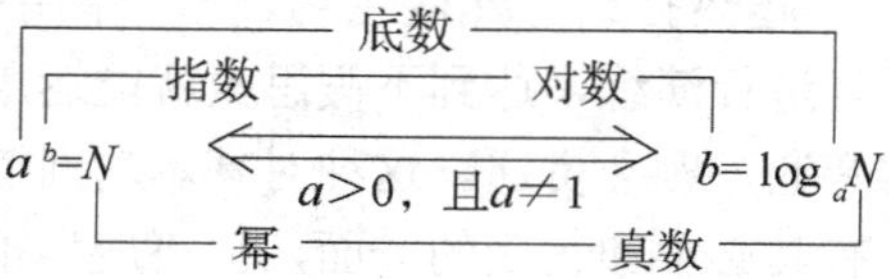

（2）认识对数是指数与幂的逆运算：

$a^b=N\to$已知 a, b 求 $N\to$“乘方运算”；

$a^b=N\to$已知 b, N 求 $a\to$“开方运算”；

$a^b=N\to$已知 a, N 求 $b\to$“对数运算”。

（3）认识对数定义中关于底数 a 和真数 N 取值范围的合理性。

例如，若 $a=1$，$N=1$，则 $\log_1 1$ 不确定（不能保证 $\log_a N$ 有意义——存在且唯一）。

这种深入理解可能导致对立的两个方面。积极方面是可以促进学生新旧知识的继续同化，加强对新旧知识内在的非人为和实质性的联系，形成良好的知识结构和网络；消极方面是仅仅局限于知识的内部，停留在字面意义的理解，脱离实际，削弱了知识对提高人的认识水平的作用，很容易演化为仅仅为掌握知识而教学，削弱对人的认识能力的培养。

2．变式教学，把握本质

中国的数学教学中，利用变式教学由来已久。变式教学，从不同背景、不同角度改变数学对象的形式，使非本质属性变化而保持本质属性不变。

辨析题是在新概念教学完成以后，用以帮助学生把握概念的本质属性与非本质属性的一种问题，这是我国数学教学常用的方法。辨析题主要通过各种概念变式之间，以及概念变式与非概念变式之间的差异与联系来认识概念的内涵与外延，实现对概念的多角度的理解。辨析题通过变换知识的各项特征，让新知与学生认知结构中已有的知识之间建立联系，在变化的过程中突出知识的本质属性，从而实现对知识多角度、全方位的理解，同时帮助学生形成融会贯通的、不断细致分化的数学认知结构，进而建构合理的新知识的意义。

仍以对数概念教学为例，在对数概念的定义的教学完成后，教师给出这样的辨析题。

例 2.2.1　求各式的值：

（1）$\log_a 1=?(0)$；　（2）$\log_a a=?(1)$；　（3）$a^{\log aN}=?(N)$；

（4）$\log_{\frac{1}{3}}\sqrt[3]{3}=?\left(-\dfrac{1}{3}\right)$；　（5）$3^{-2\log_3 4}=?\left(-\dfrac{1}{16}\right)$。

通过这种辨析题的教学，可以使学生对对数式与指数式的变化与关系产生更深刻的认识，牢固地建立对数与指数在底数、指数、幂、对数、真数上的联系。

这种深入理解可能导致对立的两个方面。积极方面是可以促进学生新旧知识的继续同化，加强对新旧知识内在的非人为和实质性的联系，形成良好的知识结构和网络；消极方面是仅仅局限于知识的内部，停留在字面意义的理解，脱离实际，削弱了知识对提高人的认识水平的作用，很容易演化为仅仅为掌握知识而教学，削弱对人的认识能力的培养。

变式题主要用于解题教学，变式题是在变换原有命题的条件、结论，或变换原有命题的背景、设问方式等基础上构造而成的。解题教学中的变式题，是中国数学教学的一大发明，这与应试教育有密切关系。教师为了使学生能够适应高考中试题的千变万化，根据高考试题变化的特点，编制各种同材题、同类题、同形题和转换题等，从而在高考中取得好成绩。所以每年高考一结束，马上就会针对高考试题中的新题、难题，编写出一大批类似的数学题供学生操练。

变式题的产生和发展，对学生数学解题能力的提高确有明显的效果。变式题变化原问题但又与原问题密切联系，似有重复却不乏新意，或外形改变却方法依旧，或表面相似却不能套用原法，将多方面的知识综合运用，利于学生构建完整合理的知识体系，利于发展学生思维的识别性、灵敏性，激活学生的多向思维，提高学生的数学解题能力。在变式题教学中，还可引导学生亲自参与到题目的变换中来，发现变式题，这样能充分调动学生学习积极性，发挥主观能动性，由被动学习变为主动学习，提高学生综合运用知识的能力和探索创新能力。

但是与中国应试教育应运而生的变式题教学，已经演变成“题海战术”，学生不堪重负；变式题演变成“押宝题”，功利性思想扭曲学生的人生价值观。如果不能及时控制、及时扭转，那么对中国的教育事业是十分不利的。

2.2.5　注重解题，模仿记忆

1．重视解题是我国数学教学的重要特点

学习数学公认的规律是必须解题，我国的数学教学一贯重视解题教学，完全符合这一规律。学数学之所以要大量解题，是因为解题必须以概念和定理为依据，因而是对概念、定理的再学习。强调解题有利于对解题基本方法的熟练掌握，这有利于夯实基础。我国还非常注重一题多解，一法多用，这些对学生思维的培养和发展也有一定的积极意义。

数学解题训练是我国数学教师比较擅长的教学活动。在解题训练中，对“模仿性练习题”进行“模板匹配”训练，通过大量形式训练而形成模板，并机械地记住模板。对“干扰模仿性练习题”和“选择运用性练习题”进行“原形匹配”训练，通过一个类别问题的概括性特征，形成一类问题的解决模式原型，以寻找原型的方式解决问题。而对“选择组合性练习题”和“综合运用性练习题”有较高难度的问题，需要通过“特征识别”来提取问题的本质特征寻找解题对策。这样的解题训练，在提高学生解题能力方面能够起到很大的作用。

但是我国的解题教学也存在较多缺陷。例如，所解的题，绝大部分是源于数学内部的常规问题、形式化问题，缺少对方法中所蕴涵的人类认识问题的基本思想规律的渗透和感悟。这种解题容易变成僵化刻板的套路，虽应试效果好，但无益于创造能力的培养。

以欧美为代表的西方数学教育，更加重视解决与生活相联系的数学问题的能力，强调对数学价值和作用的理解。因此西方的数学教材中往往提供富有挑战性的设计题作业，这些作业题是在联系现实生活实际问题的基础上设计的，在难度上要求不高，强调的是学生综合能力的培养。

对此，我国的教材中和教师的认识上都十分不足。这类问题的设计趋于鼓励学生走向社会，亲自收集信息，甄别筛选信息，分析处理信息，而后归纳总结出结论，这些实践活动和创造性活动，在我国没有得到足够的重视。因而难以使学生获得研究精神和解决问题的一般方法——大观念（big ideas）、大方法（big methods），①而长期的常规题解决只能使学生拘泥于具体操作和具体技巧。无疑，在注重操作和技巧的同时，应更加重视发展大方法，逐步实现向育人的大目标转变十分有必要。

①　约翰·D·布兰思福特，等．人是如何学习的——大脑、心理、经验及学校．程可拉，孙亚玲，王旭卿，译．上海：华东师范大学出版社，2002：317．

2. 数学教学强调记忆有法

我国的数学教学强调记忆有法。常用的记忆方法有：意义记忆、口诀记忆、图表记忆、对比记忆、联想记忆等。这些记忆的方法很多属于意义记忆的范畴，对学生牢固掌握知识是有力的措施和有效的方法，但是难在适度。把一个基础知识反复运用于解题，大量练习，达到记忆理解。例如，“九九乘法表”口算心算，记诵通向理解，速度赢得时间。过分强调记忆，即使强调意义记忆，也很容易异化为机械记忆、方法模仿、僵化操作，并会加重学生的学习负担。

以欧美为代表的西方国家练习性、记忆性的学习比较少，鼓励自由探索、个性发展。这比较有利于按照学生个人的兴趣、特长成长，有利于按照个人智力强项自由发展，为学生创造力培养搭建比较合适的平台；缺点是容易导致学生数学的基础知识不够扎实，必要的基本技能不过关，这也会阻碍学生的可持续发展。

2.2.6 数学交流，师生互动

中国的课堂人数相对较多，一般是 45 人左右，多达 60 人，开展“小组讨论，代表汇报”方式交流比较困难，为了减少教师“满堂灌”，促进课堂数学交流，师生互动是教师提出问题，学生在座位上单独口头回答，或者个别学生在黑板上演示报告、解答问题，教师和其他学生倾听、询问、纠错、评价，最后获得问题的解决。

中国课堂的数学交流自成特点：①师问生答，说写结合，板本结合，心算笔算结合；②先说再说，反复重说，互相补充，互相改正；③追问原因，反诘反例，和谐对接，达成共识。

数学交流的另一方式是把班级转化为数学学习的“团体”，不再是简单的学生个体的集合，而是相互合作、交流，活泼的相互促进的学习小组。在数学交流中，教师与学生、学生与学生意识到自己既是受到充分尊重的独立学习者，又是他人的伙伴与协作者。因此，数学交流对于培养学生互助、合作的精神，建立融洽的师生关系，形成良好的学习氛围，发展学生的交往能力具有积极意义。

在这个数学互动交流的过程中，学生的语言表达不断得到发展和提高。学生的数学语言表达从不准确到准确，从不严谨到严谨，最终达到能够把生活语言与数学语言相互转换，符号语言与图形语言相互转换。

2.2.7 渗透思想，掌握方法

渗透数学思想方法是中国数学教学的又一大发明，这主要来源于中国数学家的指导和影响。例如，华罗庚先生在 20 世纪 50 年代最早提出“数形结合”的思想，徐利治先生在 20 世纪 80 年代提出“数学思想方法”的理论等。教师要充分发掘教材中的知识点和典型例题中所蕴涵的数学思想和方法，依靠数学思想指导数学思维，尽量暴露思维的全过程，展示数学方法的运用，大胆探索，做到会一题明一路，以少胜多。

中学数学蕴涵的数学思想主要有：等价转换、数形结合、函数方程、分类讨论、几何变换、有限与无限和或然与必然等；包含的数学方法主要有：换元法、消元法、降维法、配方法、反证法、同一法和待定系数法等。

目前，中国数学教学中正在全面加强数学思想渗透和数学方法的教学。数学思想和方法又常常蕴涵于教材之中，教师在吃透教材的基础上去领悟隐含于教材中字里行间的数学思想和方法。教师渗透数学思想方法的策略是把教材中本身的数学思想和方法与数学对象有机地联系起来，在新旧知识的学习运用中渗透，而不是有意去添加思想方法的内容，更不是片面强调数学思想和方法的概念，其目的是让学生在潜移默化中去领悟、运用并逐步内化为思维品质。因而在渗透中，遵循由感性到理性、由抽象到具体、由特殊到一般的原则，使认识过程返璞归真。

在课堂教学中，教师引导学生用数学思想方法进行反思和总结，帮助学生掌握数学思想方法内涵，指导学生用数学思想方法解题，促进学生数学思维和数学能力的培养。

2.2.8　考试导向，良莠俱存

考试是中国教育的最大特点，是典型中国文化的传统。在中国，考试时间频繁，有月考、单元考、期中考和期末考，这些考试都由各学校内部组织。另外，考试的名目繁多，全国有统一高考，各省、市、区（县）都有教学质量统考等。

考试制度有诸多负面影响，也有正面的导向作用。考试对中国数学教学的正面导向主要体现在，所有考试都要考查“双基”，“双基”是各种考试的重点，以引导教师对“双基教学”更加重视；所有考试都要考查数学思维和数学能力，以利于推动教学中对学生数学思维能力的培养；所有考试都要考查数学思想方法的运用，以促进教学中对数学思想方法的渗透；所有考试都要考查数学阅读和语言表达，以加强教学中师生数学语言交流的教学。

在中国，虽然考试制度有诸多负面影响，但高考是公平公正选拔的保障，到目前为止，尚未找到更好的替代办法。

除此之外，中国数学教育存在很多其他问题。比如，学生学业负担过重，不少学生厌倦学习；高分低能现象严重，分高德下之风滋长。数学教学中也存在一系列的错误倾向。比如，重知识轻方法、重理论轻应用；重记忆轻思考、重显性轻隐性；重演绎轻归纳、重证明轻发现；重复习轻新授、重师承轻创造。这些不良倾向不同程度地侵蚀着中国的数学教育事业。

第3章　数学教学二重对应之“教与学对应”

所谓“数学教学二重对应”原理，是指“教与学对应”原理和“教与数学对应”原理①。

由皮亚杰提出的“教与学对应”的原理，源于夸美纽斯“教育适应自然”的思想，这个思想为教学理性化提供了思维方式，即教学的规则应该根据自然的运行而制定。这样，教学过程中的原则、方法的提出，不是由经验总结而得出的常识的积累，而是依据一种原理加以推导的结果。这种思维方式使得教学理论有自己的论证前提和方式，不管目的、课程怎样变化，教学作为方法和手段有其不变本质，也可以随之变化，这就使教学成为理论审视的独立实体。“教与学对应”的原理作为教学研究的方法论，奠定了近代以来的教学论研究的基础，这条理论的实质是把教师的“教”建立在学生的“学”基础之上。布鲁纳的著名命题把这个原理表述的更为清楚：“教的理论是以学的理论与发展的理论为基础。”②

3.1　课堂教学的目标——预设和生成

“教与学对应”的原理告诉我们，“教的法子必须根据学的法子来确定”，③数学教学不能“目中无人”“以教代学”，“以学定教”是教学必须遵循的基本原则。所谓“以学定教”，顾名思义，就是根据学生的“学”来确定教师的“教”，即根据学生的基本学情和课堂的实时表现，来确定教学的目标、内容、方法和流程等。为此，在数学课堂教学中，必须处理好预设与生成的关系。

3.1.1　数学教学的“预设与生成”是统一体

数学教学的“预设与生成”是统一体。一方面，数学教学是有目的、有计划的活动，要实施教学活动，首先必须进行计划和安排。教学预设对于课堂教学，犹如枕木之于绵绵铁轨，基石之于巍巍高楼，是不可敷衍、不可或缺的。另一方面，课堂是师生彰显生命活力的场所，课堂信息丰富多变，无论事先做了怎样周详的准备，仍然会有意料之外的情况出现，没有“生成”的课堂是没有生命活力

---

① 涂荣豹．试论数学教育研究的规范性．数学教育学报，2003，(4)：1-5．

② 布鲁纳．教育过程．邵瑞珍，译．北京：文化教育出版社，1982：22．

③ 中央教育科学研究所．陶行知教育文选．北京：教育科学出版社，1981：77．

的课堂。但在以往和现实的数学课堂教学中，过分倚重教学目标的预设性，而忽视了教学目标的生成性。

预设性教学观认为，教学目标是完全可预期、可重复的，它把教学目标看作是教师对于教学活动所要达到的预期结果的全部反映。教师在教学活动之前和教学情境之外预先设定目标，随后的经验选择、活动组织以及教学评价都围绕这个预先设定的目标展开。教学仅仅是实现预设目标的手段和途径，教学的效果最终依据教学结果和预设目标之间的吻合程度来评判。

生成性教学观则认为，“生成”是教学活动的基本特征，教学的目的、内容、过程等都是在预设的基础上不断生成、发展与创造的。在生成性教学观看来，“目标”的价值不在于定位，即规定学生必须到达某一终点，因为固定的终点并不存在；“目标”的价值在于定向，即明确教学过程中师生行为的性质和方向。“目标既不是精确的也不是预先设定的，目标应是一般性的、生成性的，从而鼓励创造性的、互动的转变。”①

所以，教师在教学中除了要考虑教学的预设性目标之外，还要关注在教学中生发出来的生成性目标。相对于预设性目标而言，生成性目标是一种内生的、“本原性”的目标，它使得教学目标不再是僵化、固定的，而只是提供路标式的指导。一方面，生成性目标在活动中形成，并且与活动统一，这样既考虑到了教学的计划性，又突出了教学的生成性。另一方面，生成性目标强调的不是具体、细致的行为目标，而是一般的概略性目标，就像教学生学会思考是数学教学最终目的一样，这样的目标需要教师在头脑中宏观把握，并根据教学实际情境随时调整。

3.1.2 知识型目标的生成性

所谓知识型目标的生成性，即在课堂教学推进的过程中，随着师生、生生互动的深入，通过自主探究、合作交流，生成了预设之外的知识性目标。这类知识，源于教材，高于教材，是对课本知识的拓展和深化，是对教学内容的有益补充。重视知识型目标的生成性，是教学理念由“教教材”向“用教材教”转变的重要体现。

在以下教学案例中，在教师的引导下，学生通过自主探究和积极讨论，获得了等和数列与等积数列的相关知识，这便是预设知识目标之外的生成性知识目标。

案例 3.1.1 在学习完等比数列的求和公式之后，一位学生问老师：有没有等和数列、等积数列呢？ 这个问题提得很突然，老师也未曾考虑过这样的问题。

① 多尔. 后现代课程观. 王红宇，译. 北京：教育科学出版社，2000：21.

师：这位同学问的问题很好.你们觉得到底有没有呢?

生1：常数列既是等和数列，又是等积数列。

生2：数列1，2，1，2，1，2，1，2，…，其相邻两项的和是3，相邻两项的积是2，所以也既是等和数列，也是等积数列。

师：你们能给出等和数列、等积数列的一般定义吗?

生3：仿照等差数列、等比数列的定义，可以给出等和数列、等积数列的定义：

$$a_n+a_{n+1}=d(n\in\mathbf{N}^*),\qquad a_na_{n+1}=d(n\in\mathbf{N}^*)。$$

例如：2，3，2，3，2，3，2，3，…，就有

$$a_n+a_{n+1}=5\ (n\in\mathbf{N}^*),\qquad a_na_{n+1}=6(n\in\mathbf{N}^*)。$$

师：难道任意一个等和数列都是等积数列？任意一个等积数列也都是等和数列吗?

生4：等和数列是等积数列，但反之不真.如1，0，2，0，3，0，4，0，5，…，它是等积数列，但不是等和数列。

师：对于等和数列、等积数列，你觉得有什么特征吗?

生5：等和数列、等积数列($d\neq0$)是周期数列，且周期为2。

生6：同数列，比如1，1，1，1，1，…，既是等和数列，又是等积数列，但它的周期为1。

师：所以正确的结论应是：等和数列、等积数列($d\neq0$)是周期数列，当它们不是同数列时，是周期为2的周期数列.同学们可试着进行一般性证明。

3.1.3　能力型目标的生成性

所谓能力型目标的生成性，即在预设的能力目标的基础上，随着学生深层次的思维参与和交往互动的深入，能力水平得到进一步拓展和提升，能力目标超出预期而得以延展。重视能力型目标的生成性，是课堂教学由知识本位向能力本位转变的重要体现。

在以下教学案例中，通过学生的积极思考和引导探究，学生获得了对线面平行判定定理的直接证明方法，克服了以往对“该定理的证明不易采用直接法”的认识，同时在这一过程中学生的能力得到了进一步培养和发展。

案例3.1.2　1. 课前预设

为了讲授“直线和平面平行的判定定理”，教师主要作了以下的预设和准备。

（1）定理的发现

直线与平面是否平行，可以直接用定义来检验，但“没有公共点”不好验

证，所以，我们来寻找便于验证的“判定定理”。初中学三角形全等、相似时，曾经这样做过。

观察我们的教室，侧面墙与天花板有一条交线 AB，地面 $CDEF$ 表示一个平面（图 3.1），怎样判别交线 AB 与地面 $CDEF$ 是否平行呢？当然，在教室内 AB 与 $CDEF$ 没有公共点，但无限延长到教室外部呢？我们有没有一个办法，使得通过对教室内部结构的观察而断定：无论怎么延长，线 AB 与面 $CDEF$ 都不会有公共点？学生展开讨论，发现侧面墙与地面的交线 DC 与 AB 平行，从而“发现”直线与平面平行的判定定理：如果平面外一条直线和这个平面内的一条直线平行，那么这条直线和这个平面平行。

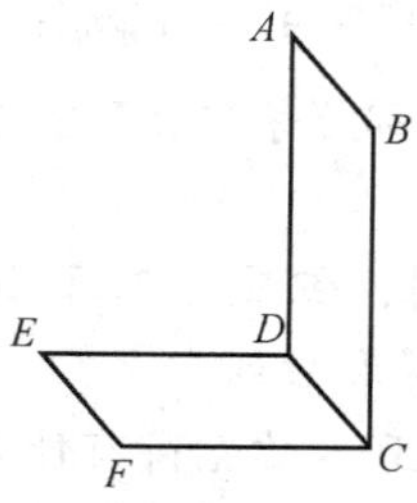

图 3.1

（2）定理的证明

已知：$a\not\subset\alpha$，$b\subset\alpha$，$a/\!/b$. 求证：$a/\!/\alpha$。

这里，教学的关键是，启发学生使用反证法。

预设证明思路：如图 3.2 所示，因为 $a\not\subset\alpha$，所以只有两种可能，$a/\!/\alpha$ 或 $a\cap\alpha=A$。若 $a/\!/\alpha$ 不成立，则 $a\cap\alpha=A$；由 $a/\!/b$，知 A 不在直线 b 上，故可在 α 内，过点 A 作 $c/\!/b$，根据公理 4，得 $a/\!/c$，这与 $a\cap c=A$ 矛盾。所以 $a\cap\alpha=A$ 不可能，只有 $a/\!/\alpha$。

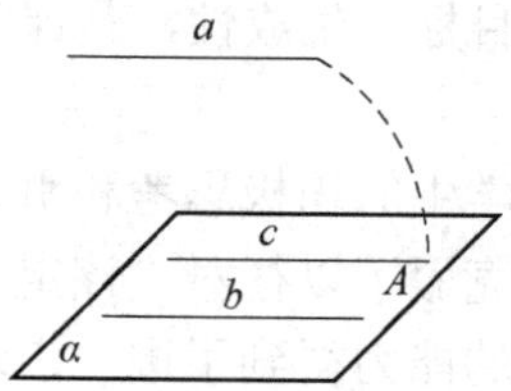

图 3.2

2. 课上生成

师：为了证明直线与平面平行，就要证明它们“没有公共点”，即直线上无穷个点中没有一个在平面上，或者平面上无穷个点中没有一个在直线上，怎么证

“无穷”与“没有”呢？这实在有点玄、有点空，不具体、太抽象。所以，根据数学思维的策略“正难则反”，我们来考虑它的反面，通过否定反面来肯定正面，用反证法，谁来说一说，反证法应如何反设？

生1：老师，我觉得问题并不玄，要证 a 与 α 没有公共点，只需说明平面 α 内的每一点 A，都落在 α 内与 a 平行的某一条直线 c 上（即 $A\in c\subset\alpha$），而在 α 上找这条平行线 c 是具体的。

师：好，直线 c 怎么找呢？

生1：任取 α 上一点 A，过 A 作直线 $c/\!/b$，由公理4便得 $a/\!/c$，这就证明完了。

师：如果 A 在 b 上怎么办？

生1：这时 b 与 c 就重合了，b 与 c 重合……

生2：由已知 $a/\!/b$ 知，A 还是落在 a 的平行线上。

师：对了。任取点 $A\in\alpha$，若 $A\in b$，则由已知 $a/\!/b$，得 A 不在 a 上；若 $A\notin b$，则在 α 上，过 A 作 $c/\!/b$，仍据 $a/\!/b$ 及公理4，得 $a/\!/c$，所以点 A 不在 a 上。按照直线与平面平行的定义得 $a/\!/\alpha$。

这个案例中，教师预设的证明思路是启发学生用反证法来证明，但这个学生所给出的方法并不是反证法，他并没有设点 A 是直线 a 与平面 α 的交点，而是平面 α 上任意一点，即没有“反设”；也没有反设的矛盾，而是直接证明了点 A 不在直线 a 上。该学生提出了与教师要求用反证法证明的不同证法，它不同于教师要求用反证法证明的思路，这就体现出课堂上能力目标的生成性。

总之，无论是知识型目标，还是能力型目标，对于课堂教学目标的设计，都必须处理好预设与生成的关系.预设是生成的基础和前提，生成是在预设基础上的实现和超越.预设是对未来教学过程的前瞻性准备，生成是对过程情境变化的灵活性顺应.没有精心的目标预设，就不会有精彩的目标生成；没有精彩的目标生成，课堂就不会焕发出生命活力和成长气息。

3.2 课堂教学的重要方式——对话与讨论

希腊著名哲学大师苏格拉底曾经说过，“没有比对话更好的教学方式了”①。课堂教学的主要工具是语言，但是传统的教学往往是教师一个人的独白，学生只要带着耳朵听就行了。显然，按照苏格拉底的思想，这样的教学方式不是一种好的方式。课堂应该是一个人人有发言权的地方，教师和学生以对话的方式对教学主题进

① 卡尔·雅斯贝尔斯. 苏格拉底 佛陀 孔子和耶稣. 李瑜青，胡学东，译. 合肥：安徽文艺出版社，1991：7.

行讨论，而且这种讨论以学生为主，教师只是组织者、引导者、调节者。

3.2.1 为什么要进行对话教学

1．对话教学反映了时代发展的要求

对话教学的历史可以追溯到古希腊的苏格拉底和中国的孔子，苏格拉底的“产婆术”是典型的对话教学，孔子的“愤悱术”是另一种意义上的对话教学，无论“产婆术”还是“愤悱术”，都是通过启发来促进学生的思维从量变达到质变。

20世纪初，美国著名教育学家杜威针对以赫尔巴特为代表的“三中心论”——“教师中心”、“教材中心”和“课堂中心”，忽视儿童、扼杀儿童个性的现象，提出了“儿童中心”的主张，认为“教育即生长”。

俄国文艺理论家巴赫金指出：对话，是指一种民主平等的、坦率真诚的、主客体之间互为主体的言语交流活动，对话的各方相对独立，各自保持彼此的自尊。换言之，对话教学提供了师生之间、生生之间、师生与文本之间的一种多元交流活动，是与民主、平等、坦诚、倾听等相伴而生的真正意义上的教学活动。

20世纪70年代，巴西教育家弗莱雷深刻批判“灌输式”教学严重压抑学生个性的弊病，指出教育和教学应该是一种对话性、创造性的活动。他甚至提出“没有了对话，就没有了交流；没有了交流，也就没了真正的教育”的观点。

进入21世纪，随着互联网的普及和各种教学方式不断涌现，人与人之间交往方式越来越便捷，人与人之间对话的需求也越来越强烈。反映在教学中就是师生之间的课堂教学与日常交流、相互沟通都越来越需要通过对话来实现。

2．对话教学可以彰显学生的主体地位

在“灌输式”教学中，教师一直是知识的施予者、代言者，这使得教学异化为教师对学生的单向传输过程。这种知识传输的方式决定了师生之间不可能有真正意义上的对话关系，学生的主体地位也不可能真正得以体现，这样的教学方式决定了学生的个性会受到严重的压抑，人格也很难得到健康的发展。

进入信息时代以后，随着互联网、慕课、深度学习等诸多现代教学手段和交流方式的出现，师生关系和教学方式都产生了深刻的变革，学生可以向身边的老师学习，也可以通过互联网向远在他处的老师学习；由于互联网时代信息获取的便捷性，学生的知识储备和学习能力都得到空前提升，学生不再是嗷嗷待哺的羔羊，而变成了跃跃欲试的雏鹰；在这样一种环境下，教学变成了相互学习、共同提高的真正意义上的教学相长的过程；在这种教学方式下，学生不仅能够获得更多的知识，而且更为重要的是他们的人格和尊严能够得到健康的发展。

3．对话教学是培养创新人才的要求

21 世纪是信息爆炸的时代，人们不可能仅仅依靠年轻时所学的知识就可以一劳永逸，而需要学生不仅要学会，更要会学，不仅要接受，而且要会创新，这样才有可能适应时代，而不轻易就被时代所淘汰。创新首先需要具有质疑和批判精神，这在教师权威的灌输式教学环境下是很难企及的，因为学生不能对老师或前人的观点提出质疑，从而很难成为敢想敢做、勇于创新的开拓者。

在对话教学环境下，由于师生之间不再是给予与获得的主客体关系，而是彼此平等的合作关系，在这种环境下，学生可以大胆思考、畅所欲言，可以充分表达自己对教师、对前人的质疑或提出自己的新主张、新见解；在这种环境下，师生之间通过相互对话甚至辩论逐渐澄清认识，发现真理；在这种环境下，学生才能通过创造性的探索活动，不断培养自己的创新精神和创新能力。

3.2.2　对话教学的内涵与基本准则

德国哲学家伽达默尔认为：“对话就是对话双方在一起相互参与以获得真理。”

人类社会的实践大致可分为生产实践和交往实践，教学就属于交往实践。人类的交往必然离不开对话，因此对话教学的本质就是一种交往实践。克林伯格认为：“在所有的教学之中，进行着最广义的对话，无论是哪一种教学方式占支配地位，这种相互作用的对话是优秀教学的一种本质性的标识。”

对话教学有其遵循的基本准则。

其一是“民主与平等”。没有民主与平等，师生之间无法进行对话。在对话教学中，师生双方不存在施与受、主动与被动的关系，师生双方是相互平等的、独立人格的个体，都可以自由地发表各自的观点。只有在民主和平等教学氛围里，才能使师生实现个体的不断发展，师生之间的教学关系才能变得更融洽。没有民主与平等，就不能实现真正意义上的对话，对话教学就是一纸空谈。

其二是“真诚与尊重”。对话教学是师生、生生之间面对面地传递真诚的声音，是师生彼此打开心扉，敞开精神，相互包容，彼此接受，真正达到心灵对话的过程。苏联教育家苏霍林斯基说过：“教育的核心就其本质来说，就在于让儿童始终体验到自己的尊严。”正如伏尔泰所说：“我不同意你，但拼命维护你说话的权利。”尊重是人与人之间对话的基础，只有彼此懂得尊重，师生之间的沟通和交往才会变得真诚。师生只有在相互尊重的前提下真诚交往，才能在对话教学过程中共同提升与共同成长。

其三是“互动与合作”。建构主义认为，知识是个体与他人经由磋商并达成一致的社会建构，科学的学习必须是通过对话沟通的方式，在交互质疑辨证的过程中，完成知识的建构，形成科学的知识。因此在整个对话教学过程中，师生之间的互动与合作就显得尤为重要，对话双方都必须积极参与合作交流，彼此之间形成一个“学习共同体”，面对不同的学习情境，相互补充和融合，达到更好的教学效果。

其四是“开放与生成”。在对话教学中，对话的对象是开放的，每一个课堂中的主体都可以与其他主体或客体发生口头或文本的对话；对话的内容是开放的，所有与主题相关的有用的内容都可以成为对话教学的资源；对话的时间是开放的，对话不仅仅局限于课堂，也可以是课前或课后。对话教学的这种开放性，造就了对话教学的生成性，由于不再完全遵循“预设”，随时的思维碰撞无法预见，不确定因素使对话超越了单纯意义的传递，随时可以建构新的意义。

3.2.3　对话教学的特点

对话教学的特点明显。

（1）对话教学使用方便、灵活

在学习新知识、复习巩固已学知识、检查学习效果等教学环节，特别是在突破难点、突出重点的教学过程中，能够取得明显的效果。研究表明，对话教学要远比“一言堂”“满堂灌”式的教学效果好。

（2）对话教学有利于启发性教学原则的贯彻

对话教学方法通过教师的循循善诱，让学生在独立思考的过程中发现新结论、获取新知识，这要比教师把现成的结论和所有的知识塞给学生好得多。这种教学方式有利于为学生营造一种良好的探究情境，激发学生的积极思考和相互交流，促进学生表达能力的提高和良好思维品质的形成。

（3）对话教学便于教师调控教学进程

使用对话教学，教师需根据每节课的教学目的、内容、重点和难点精心设计一系列问题，让学生全程参与、全身心地投入到教学活动之中。这可以让教师能够比较主动地控制整个课堂节奏、活动方式和教学过程，学生可以迅速直接的获取专业知识，教师可以及时的获得教学反馈，及时的补进和修正课堂中的问题。

（4）对话教学有利于充分体现学生的主体性

对话教学方法能充分调动学生的主动性、积极性，能打开学生的思路，通过积极思考和交流自己得出答案，而随着一个个问题的解决，可以不断尝到成功的喜悦，体会到学习的乐趣，学习积极性就会持久。这就可以变学生被动学习为主动学习，不但有利于更好地向学生传授知识，而且还有利于培养学生分析问题和解决问题的能力。

（5）对话教学有利于构建良好的师生关系

对话教学改变了单向传播信息的教学方式，在双向交流的过程中，师生可以增进相互间的了解和信任，不仅有知识信息的传递，还有情感意念上的交流。教师的身体力行和学生主动求索，不仅有利于节省教学时间，提高教学效益，而且为师生感情交流打开了通道，有利于和谐、友好、平等师生关系的构建和教学目的的实现。

（6）对话教学的不足在于耗时较多

对话教学不太适用于学生人数比较多的课堂；如果较多使用对话教学，可能会影响到教学进度；对于学生完全不了解的知识，使用对话法就勉为其难了。

3.2.4　如何进行对话教学

1．精心创设对话情境

创设对话情境，一方面是为了创设一种师生平等、融洽的和谐氛围，让每一位学生都能够积极思考、畅所欲言。获得诺贝尔生理学奖的费舍尔教授认为，给学生空间是非常重要的，因为有空间，才可能有想象力，才可以进行创造。另一方面要创设一种问题情境，能让学生在这样的情境中发现问题、提出问题。问题是对话教学最重要的“驱动力”，能够促使学生原有知识与新知识发生必要冲突，引起学生意识中的矛盾激化，在对话过程中产生问题。

2．恰当提出对话主题

设定对话主题是对话教学的关键，对话主题设计得好便能够把握住对话的重心，达到既能够使学生感兴趣、积极参与，又能够始终贯穿教学意图、完成教学计划之目的。对话教学要尽可能让每个学生都有话可说，而不是少数学生与教师进行对话。好的对话主题应符合学生的发展特点、适应学生的认知水平，能充分激发学生探究的兴趣和对话的热情，能启迪思维，引发联想和想象，唤起潜在的对话欲和表现欲，在充沛的感情投入和兴奋状态中，不知不觉地汲取知识，增长智慧。

对话教学主题的生成，教师应当具有“我爱学生的问题，更爱提出问题的学生”的情怀，鼓励学生主动提问对话主题，当然也不完全排斥教师设置对话主题。高明的教师一般会巧妙地将自己的问题糅合在对话的过程中，让学生提出的问题与教师提出的问题统一于对话之中，在二者之间达到一种“均衡”和“张力”。

3．详细编制对话提纲

对话教学的最大困难在于，在实践中如何有效实施对话教学。凡事预则立，不预则废，要想取得对话教学的成功，首先必须拟定详细周密的对话提纲。提纲不仅要对本课题可能涉及的问题有充分的估计，而且要对这些问题可能出现的各种不同回答有充分的估计；不仅要考虑对话冷场了怎么办？而且要考虑学生回答的问题五花八门时怎么办？在遇到冷场时，如果教师再三启发，学生却启而不发又怎么办？特别是如果碰到学生提出的问题自己回答不上来时该怎么办？……对于诸如此类的各种问题，教师在开展对话教学之前必须做足功课。为此，教师应在对上述问题深思熟虑的基础上，就对话的内容、目标及拟采用的教学方法编制一张关于整个对话教学过程的提纲、甚至对话教学流程图。

4. 有效掌控对话进程

对话教学设计固然重要，但关键还是如何落实。这就好比一个剧本，即使剧本写得再好，如果没有优秀演员去表现，那也很难取得理想的效果。因此，如何有效掌控对话进程并真正落实预设目标就显得尤为重要。

组织对话教学的关键在，一是要“有问题”，二是要“有方法”。

所谓“有问题”，即要通过一连串的环环相扣的问题来引导师生对话、启发学生思维。教师在进行对话教学时，应该始终具有问题意识，要像侦探小说或故事一样始终给学生留有“悬念”——问题，要大问题中有小问题、旧问题中有新问题、问题之中套问题，……一个问题解决了，又会引出新的问题，新的问题解决了，又会出现更新的问题，这样问题套问题，问题带问题，环环相扣，层层推进，让对话教学变成“问题—解决—问题—解决……”不断循环往复的过程，让学生在解决问题的过程中不断获得解决问题的乐趣和成功体验。

所谓“有方法”，第一方面是要善于启发引导，第二方面是要掌握一定的调控方法。

就第一方面而言，教师必须谙熟启发引导的各种方法，关于启发引导方法，自孔子提出“不愤不启、不悱不发”这一教学原则以来，人们已有非常成熟的研究，但本书特别提出“启发性提示语”这一启发方法，启发性提示语除了关于知识的认知性提示语外，还包括方法论提示语和元认知提示语。这两种提示语不局限于具体知识，是一种更高层次的启发方法，这种启发性提示语的优点主要体现在两个方面，一是游离于具体知识之外，可以避免告诉学生之嫌；二是当教师遇到启发困难之时，可以灵活运用方法论提示语和元认知提示语这类更高层次的方法来驾驭。关于启发性提示语，将在 3.4 节专门阐述。

就第二方面而言，对话教学在实际教学中一直很难真正落实，其最大症结就在于对话进程难以掌控。要走出这一困境，一要破除“师道尊严”的心理壁垒。教师要能够放下架子，乐于以朋友的身份在课堂上和学生开展平等讨论或争鸣，并虚心地吸取学生观点中的合理因素。二要掌握一定的调控方法与技巧。对话教学的过程是动态的、开放的、灵活的，教师要根据对话主题、对话对象、对话情境及对话生成方式的不同，灵活选择恰当的启发引导和调控方法。三要不断提高自己的教育教学水平。要想真正提高教师对话教学的驾驭能力，最根本的是大力提高自己的数学基本功，包括对数学本质的理解和数学解题基本功等。还要真正领会对话教学的本质，防止对话教学有名无实，异化为演戏作秀。

5. 深入反思对话得失

反思总结对于优化数学教学质量，提高教师教学水平具有非常重要的作用。在新知识的学习活动结束以后，应该对教学中对话的成败得失进行深入总结、反思。

首先，应该进行自我反思。应该反思本课的教学效果如何？实际对话与预设之间是否存在差距，存在什么差距？有没有很好地尊重学生的主体地位，让学生畅所欲言？有没有创设良好情境引发学生发现和提出问题？有没有充分尊重学生，耐心地倾听学生的问题并予以解答？有没有冷落甚至打断学生？学生提出的问题哪些是我没有想到的？等等。

其次，引导学生进行反思。应该引导学生自我思考：我有没有对问题充分思考并积极参与讨论？课堂上有没有提出问题？有没有把我的真实想法明确无误地表达出来？其他同学提的问题我有没有解答出来？这些问题对我有没有启发？等等。

下面是一个课堂教学中师生、生生讨论对话的片段。

案例 3.2.1 课题：$y=A\sin(\omega x+\varphi)$(片段)。

师：第一组同学研究了 A 的变化，有什么想法？

生 5：我们研究的是 $y=A\sin x$ 和 $y=\sin x$ 之间的关系。屏幕上的那个值域比较宽的是 $y=A\sin x$，这时候 $A=-3.5$，可以看到它的值域是 $y=\sin x$ 在 y 轴的方向上要拉伸了一点。然后随着 A 的绝对值的不断变小，它的值域也在不断地变小。当 $A=-1$ 的时候，值域正好和 $y=\sin x$ 相同，都是从-1 到 1。A 增大，它的值域就增大，它的图像和 $y=\sin x$ 相比是拉伸的，从图像可以看出，随着 A 的减小，它的图像也在向 x 轴、向 $y=0$ 那条直线压缩。

师：其他同学有什么问题要问的？

生 6：老师在黑板上写的就是 A 要大于 0。在讲图像和图像之间的关系的时候，应该讲它们是拉伸还是压缩，不要说值域。

生 5：哦！谢谢。就是随着 A 的增大，它的图像是拉伸的；随着 A 的减小，它的图像是压缩的。在这个函数中，随着 A 的数值的改变，改变的是它的 y 值，但是 x 不会变。

生 6：我觉得在讲压缩或者拉伸时，应该具体讲是纵向的还是横向的。

师：那你觉得呢？

生 6：我觉得应该是纵向的。

师：是这个方向吗？（演示）其他同学同不同意她的意见？

生 7：我觉得当 $A>0$ 时，实际上它的值域就是 $-A$ 到 A。

师：前面已经说了只考虑图像之间的变化。

生 7：毕竟 $y=\sin x$ 图像的值域肯定是从 -1 到 $+1$，所以 A 实际上就是个系数，所以最大值就是 A 的值。

师：你是说图像在直线 $y=A$ 和 $y=-A$ 之间，是吗？也就是图像的纵坐标 y 在变，那对应的横坐标 x 呢？

生 7：横坐标 x 始终保持不变。

师：这就是说，在这种情况下函数图像的纵坐标在变，而横坐标不变。

这个课堂讨论的片段很典型，学生的参与度很高，而且发表不同的观点，相互补充，虚心接受，教师稍加点拨，实现了学生的自主建构。

一堂成功的课堂教学，不应当仅仅满足于解决课堂上出现的问题，还应该进一步延伸到课堂之外，可以思考课堂上还有什么问题没有解决？有没有新的解决方法？还能提出什么新的问题？等等。总之，只有通过诸如此类的不断反思，才能不断优化对话教学过程、不断提高教学质量，才能真正实现培养创新型人才这一对话教学的终极目标。

3.3 课堂教学的过程——探究和启发

苏联数学教育家斯托利亚尔认为，数学教学是数学活动的教学。[①]由于数学又是一门思维科学，所以数学教学又是数学思维活动的教学。因为数学是抽象的形式化的思想材料，因而数学思维活动是一种思想活动。正因数学活动是一种思想活动，从而决定了数学课堂教学不可能是一蹴而就的过程，而是一个循序渐进的过程，在这个过程中充满了学生的探究活动，也凝聚着教师的启发引导。可以说，数学课堂教学的过程是学生进行数学探究活动的过程，这个过程伴随着教师启发引导。也就是说数学课堂教学的主要活动，是学生探究和教师启发共同参与的过程。

---

① 斯托利亚尔．数学教育学．丁尔陞，等译．北京：人民教育出版社，1985：104．

3.3.1 探究和启发的内涵

对课堂教学的进行，法国启蒙思想家卢梭说过：“问题不在于告诉学生一个真理，而在于教他怎样去发现真理。”[①]这与中国的古话：“授之以鱼，不如授之以渔”一脉相承。这就是说，在课堂教学中应当教学生怎样发现真理，教师要真正带领学生进行“再发现”和“再创造”，要以进行发明创造的方式，教学生“学什么”和“怎么学”。

教学生怎样去发现真理，立足点在“发现”。谁去发现？学生去发现。学生如何发现？要通过探究去发现。所以，要再发现、再创造，学生就必须进行探究活动。何为“探究”？顾名思义，“探究”就是探索研究，探求究竟。探究的本质是从不知到知、不懂到懂、不会到会的过程。因为不知，才要探索；因为不懂，才要探求；因为不会，才要探其究竟。如果已知、已懂、已会，那有何可探？也就无须探索，无须探究了。一言以蔽之，“探究”的本质就是“从无到有”的过程。但必须强调，最重要的是“过程”，是“从无到有”的这个过程，而绝不是从无到有的那个“有”的结果。

德国教育家卡尔·雅斯贝尔斯推崇的“苏格拉底式教育”即是探究。在这探求过程中，师生是平等的参与者，不存在权威与中心；师生双方都要进行自由的思索，善意的对话和论争，无屈从与依附的现象；教师不强制地灌输，而以反问的形式，使学生认识到自身的不足，进而唤醒其潜在的力量，探索、发现真理；学生所受的教育就不是单纯地增加知识，更重要的是学生整体精神得到成长。[②]

但是，学生并非对任何事都会发现、会探究，这就需要老师去教。学生的学，离不开教师的教。否则何其为学生，又要你教师干什么？那教师怎么去教呢？教师要作为“教学向导”去教，“教学向导”就是启发引导。所以说到底，教师的教就是启发引导。何谓“启发”？启发就是，教师启，学生发。通过教师的启迪，学生自己去发现。启发引导的要义在于不直接给出答案，只是向学生暗示寻找目标的方向，要获得暗示靠学生自己，要寻找目标也要靠学生自己。“靠学生自己”就是学生必须主动进行探究活动，不能由教师代替，如果教师交代的过多，就是替代了学生本应由自己完成的活动，就成了一种被动的接受过程，就不成为探究了，也就不成为启发了。

鉴于数学学科的特点，数学教学中的探究大多是教师引导下的探究，在学生探究活动过程中出现疑惑、障碍、困境时，教师的启发就成为必要。探究需要启发的指导，启发需要适时而生，即如孔子所说“不愤不启，不悱不发”。当下数学课堂教学中的探究活动往往流于形式，“虚假探究”和“无效探究”比比皆

---

① 卢梭．爱弥儿．彭正梅，译．上海：上海人民出版社，2011：1．

② 卡尔·雅斯贝尔斯．什么是教育．邹进，译．北京：三联书店，1991．

是；而所谓的启发引导，则往往缺乏睿智和方法，或启发不在点上，或启发不知所云，导致启而不发；急于点破玄机有之，以告诉代替启发有之，学生并无探究可言。

教师要成为教学向导，就要把学生放在探究的位置上，让学生自己思考问题，回答问题，寻找答案，教师的任务主要是启发。在引导式探究活动中，由于教师仅仅作为教学向导，而每项探究任务的完成全靠学生自己，因而学生也就成为探究活动真正的主体，这使多年来数学教育所追求的“学生是探究活动主体”的理念能够得以实现。

此即谓学生是探究活动的主体，教师是启发引导的向导。

3.3.2　为什么要进行探究教学

探究思想的渊源可以追溯到古希腊哲学家苏格拉底的问答式教学法，法国启蒙思想家卢梭的“自然教育理论”。美国哲学家和教育家杜威针对传统教学中“教师中心，从文中学”的弊端，提出“学生中心，从做中学”的思想，主张课堂教学应该是“暗示—问题—假设—推理—验证”的活动，为探究式教学的理论提供了最初的设想。

传统教学是以传授知识为核心，教师负责教，学生负责学；教学关系是你讲我听，你问我答，你写我抄，你给我收；学生基本处于被动地位。有人形容这种教学是教师讲解多，学生思考少；一问一答多，合作交流少；操练记忆多，培养能力少；强求一致多，发展个性少；知识灌输多，自主学习少；照本宣科多，随机应变少；显性内容多，隐性知识少；应付任务多，精神乐趣少；批评指责多，鼓励表扬少。

显而易见，传统教学最大弊端是学生处于被动学习的状态，忽视了学生对知识的体验过程，忽视了学生的心理需求和个性发展，束缚了学生的学习积极性、主动性和创造性，导致学生缺少质疑的能力、创新的能力。

瑞士著名心理学家皮亚杰的研究表明，数理知识除非亲历探究过程来自主建构，否则学生无法真正理解和习得，只有通过亲身探究和实践，这些知识才能在学生心中真正获得新生和意义，获得“深层理解”。杜威认为，科学教育不仅仅是要让学生学习大量的知识，更重要的是要学习问题研究的过程和方法。

克服传统教学弊端的最好方法就是探究式教学。探究式教学是“从‘无’到‘有’”的教学，是在教师引导下，学生进行由已知探索未知的主动学习，并在此过程中培养学生发现问题、解决问题能力的教学活动。

在探究式教学中，学生通过亲身探究获得知识，而自己主动建构起来的新知识，才是真正属于学生的认知结构、真正有意义和有效力的知识，这种真正属于自己的知识是不可能由其他人代替建构起来的。探究过程要求综合运用已有的知识和经验，有利于发掘学生自主学习的潜能，有利于学生将所学的知识加以整合，也有利于学生学以致用。

探究式教学有利于培养学生探究未知世界的积极态度、创新精神和实践能力。在探究式教学中，教师创设出问题情境，学生发现并提出问题，讨论交流问题如何解决，形成假说或提出解决问题的方案、共同合作实施方案、对问题形成一个合理的解释，得出结论和规律，或提出新问题。

探究式教学是科学思想与科学方法培养的主要途径，它对学生的思维构成了挑战，有利于思维能力的培养，可以使学生的思维受到最好的锻炼，是增长学生的智慧的最有效方法。

探究式教学有利于保护学生的好奇心，激发学生的学习兴趣，可使学生体验活动乐趣，获得成功的喜悦，调动学习动机，产生强大的内驱力，从而积极主动地参与探究的过程。

美国教育家 J. 施瓦布指出，“如果要学生学习科学的方法，那么有什么学习是比通过积极地投入到探究的过程中去更好的呢？”

3.3.3　数学探究式教学的类型

数学探究式教学主要有两种类型。

一种是发现式探究，是在独立活动下的学生自主探究。这种探究式教学，是学生自己去寻找线索的探究。“线索”，是侦探案件中的名词，在解决问题的时候，也需要寻找线索，学习也需要寻找线索。如果是学生自己寻找线索，不要老师帮助，那就是独立活动下的自主探究。这种探究也就是美国教育学家布鲁纳提出的“发现学习”，所以称之为发现式的探究。本书 6.5 节数学法则教学的案例研究中，有一以对数运算法则为课题的教学案例，其教师所采用的就是发现式探究。

另一种是引导式探究，是教师引导下的学生主动探究。在这种探究活动中，教师为了帮助学生，在必要时为学生提供引导寻找线索的方向，学生循着这个方向自己寻找线索，或者说，学生在教师启发下寻找线索。寻找靠学生自己，要自己主动地寻找，不是老师直接帮他寻找好了，而是启发他，然后自己去寻找，总归离不开学生自己的活动。所以教师要引导学生的探究活动，教师就要有引导探究的策略，学生就要有主动探究的方式。

引导式探究本质上是启发式教学，引导的核心是启发，所以引导式探究教学是启发式教学的一种完善和升华。探究这个名词是从外国引进来的，是美国在 20 世纪 60 年代教育改革期间，由美国教育家 J. 施瓦布提出来的。启发式教学在我国早就有了，是孔夫子提出来的。古希腊苏格拉底提出教学的“产婆术”，产婆术也是一种启发。孔夫子的启发，是“不愤不启，不悱不发”，对应“产婆术”，可以给它起个名字叫“愤悱术”。孔夫子提出来的启发式教学，是“愤悱术”，古希腊苏格拉底提出来的，是“产婆术”。

他们的这两种启发式其实有很大的不同。苏格拉底的“产婆术”特点是提问题，他的教学始终是提问题，他提问题学生来答，不管学生回答正确与否，他只管继续提问题，在不断的提问—回答—提问—回答的过程中，让学生发现问题，学会知识，学会思考。苏格拉底采用的是对话式的教学，他认为对话是最好的教学方式。这种对话方式促使学生对追问的问题深思冥想，对未尽的思索反省思辨，对未知的领域萌生兴趣，不断地深入、递进、超越，学生提升发展的是经验和智慧，获得的是激发创造性的探究意识。苏格拉底的“产婆术”的实质是用问题进行启发，用问题暗示你思考的不足，用问题引导你思考的方向。

孔夫子则不同，孔夫子的启发式是“不愤不启，不悱不发”，关键在“愤”和“悱”。“愤”就是探究，就是你自己先去琢磨，在经过一番努力仍不得要领的时候，点拨你一下，点拨即是“启”。“悱”则是似已明白却不能准确表达的时候，帮你把意思表达出来。可见，“愤悱术”与“产婆术”有异曲同工之妙。但是在《论语》中，并没有展现出孔子与其学生之间“愤启”和“悱发”的具体情节，往往表现出来的是孔子的布道式的警句和格言，而没有给学生呈现思辨的过程，没有给学生留下思考的空间，也没有留给后人可以继续探索的问题，这是探究式教学所不提倡的。

探究式教学的要素是问题，问题是探究活动的起点，探究活动始终围绕问题展开。

探究式教学最关键的是让学生有“疑”，有“疑”才可能发现问题、提出问题，学生有“疑”，才会激起一探究竟的欲望。带着问题学，才会改变“要我学”为“我要学”，学生才会积极参与，才会爱学乐学。

探究式教学的核心是活动，学生的探究总是在活动中进行。活动的本质是要“动”，活动是认识的源泉，活动是人发展的动力。皮亚杰的研究表明，学生认识的发展是通过主体与客体相互作用实现的，而主客体相互作用的中介正是学生参与的各种活动。在学生智慧、思维、认识发生发展的过程中，活动起着决定性作用。但是数学活动是思想活动，因而主要是思维活动。在数学探究活动中，学生的思维活动是主要的，外部行为活动是辅助性的，学生外部活动最终应该内化为内部的思维活动。

3.3.4 探究式教学中的启发①

在探究式教学中，教师作为教学向导的主角，其引导作用主要是通过启发来

① 涂荣豹，王光明，宁连华. 新编数学教学论. 上海：华东师范大学出版社，2006：74-75.

实现的，而学生作为主动的探究者，也离不开教师适时的启发引导，这就是说，启发是数学教学过程中教师的主要活动。启发最基本的要求就是教师要站在学生的角度，从学生的知识水平、思维水平、经验水平出发，设置合理的问题情境，提出适当的问题，去引导学生思考，使学生的思维向新知识或问题的目标靠拢，最终达成目标。

在学生的探究活动中如何启发？如何点拨？在当下的数学教学中，一些教师口口声声探究启发，现实是常常“启”而不发，原因是根本不会启发。就这方面而言，杜威的思想不妨可以作为借鉴，杜威认为当学生因疑而不得其解时，教师应该适时给予“提示和暗示”。可以认为，启发就是提示或暗示。

提示，犹如设置一个小的台阶，可以不用太大的力气即可登上台阶，但要你自己出力气去登；线索到哪里去找？手指一个方向，但具体在哪里，自己去找；线索在哪里，自己去找。

暗示比提示要隐蔽，犹如一个眼神，但此眼神是何意？自己去想，自己去感悟；初学了一元方程后见到一个二元方程组不会解，教师问“你会解什么方程啊”，其实是暗示你要从你会解的一元方程出发来寻找解法；但这个意思很隐蔽，要你自己去感悟；如何变二元为一元，要你自己想办法。

在探究式教学中，要启发学生提出这节课的问题，需要设计适当的问题情境。可以是现实生产生活中的情境，也可是数学内部的情境。但情境中一定要有“疑”，而解疑还必须有利于揭示这节课数学课题的本质。

问题提出以后，要启发学生设计解决方案。比如在6.2节余弦定理教学的案例一中，要测量隧道的长，首先需要设计测量的方案，在学生提出方案时，教师不时地质疑毛病、暗示漏洞等，帮助学生调节、弥补，最终设计出一个可行的方案。而得到的是“已知两边一夹角求夹角对边”的数学问题，这恰恰正是这节课要研究的余弦定理问题。说明教师创设的情境有利于揭示数学课题的本质。

方案设计出来后，可以用哪些方法来求出隧道长呢？需要寻找解法，学生寻找出了几个解法。在寻找的过程中，教师适时地发问，“干吗要换高呢”“你用向量解决是怎么想到的啊”“还有什么方法吗”“求 AB 两点距离，你能想到什么方法”等，这其中有提示，也有暗示，都能达到启发的效果。

在三个学生板书解法得到结论以后，需要用统一的数学符号来表示结论，此时教师不失时机地提示学生：“把三个结论观察一下能发现什么”“三个形式一个意思，那应该做一件什么事情呢”，学生自然想到要把三个形式用统一符号表示。

在探究式教学中，教师的启发是不可少的。在探究活动的过程中，要启发学生发现问题、提出问题，要启发设计解决方案，要启发寻找解题方法，要启发建构数学新概念，要启发提出猜想，要启发归纳概括结论等，都需要教师做出适时必要的启发。

启发对教师能力的起码的要求，是教师的教学基本功，启发的技巧和水平可以有高低，但是无论如何启发都是必需的，不进行启发甚至可以认为是教师的无能。要达到善于启发也绝非易事，只有当教师对教材有深刻、独到的见解，并对自己要讲的一切都烂熟于心，确信无疑，“使其言皆若出于吾之口，使其意皆若出于吾之心”，他在课堂上才拥有可供发挥能动性的自由度，真正做到游刃有余、指点有方、循循善诱，从而使课堂教学散发出磁性和魅力。这才是真正意义上的启发。

富有灵气的教师善于激疑布惑，诱导学生向着未知领域探幽觅微，把学生带进“山重水复疑无路”的困境，然后或抛砖引玉，或画龙点睛，或点拨指示，或目示点头，或取喻明理，使学生对问题心领神会，如入幽微之境，突见柳暗花明，豁然开朗。

数学探究式教学中，教师启发的手段主要是运用启发性提示语，上述教师进行提示和暗示的发问，都是启发性提示语。关于启发性提示语的具体内容，将在3.4节详细论述。

3.4　课堂教学的工具——启发性提示语

数学是抽象的形式化的思想材料，全靠学生独立探究基本不可能。学生要从无到有的探究，离不开教师的启发引导。要使数学课堂教学有效进行，需要教师运用适当的启发性提示语给学生以必要的“提示和暗示”，学生通过自己的思维活动获得提示和暗示，从而使数学知识和能力得以生长，数学思维得以发生发展。

3.4.1　启发性提示语的由来与发展

关于启发性提示语中“提示和暗示”的由来，首推美国教育家杜威在其著作《思维与教学》中提出“暗示”一说，杜威之“暗示”是指隐蔽而有启发意义的情境，“随着情境中事实的观察，可能的行动的暗示也就起来了”，这可能“引导到一个新的观点，新观点引导新的观察，新观察得到的事实又引导新的观点”，显然杜威的“暗示”其实是一种启发。[①]

美国数学教育家波利亚对数学解题理论进行了系统研究。在其著名的“怎样解题表”[②]中给出一系列提示性问题，这些问题不是别人问的，而是让解题者自

① 杜威．思维与教学．孟宪承，俞庆棠，译．上海：商务印书馆，1936：37．

② 波利亚．数学的发现（第二卷）．刘景麟，曹之江，邹清莲，译．呼和浩特：内蒙古人民出版社，1981：6，127．

己问自己，并学会用提示语自我启发。在波利亚的数学解题思想中虽然没有引入元认知的概念，但这些提示语体现出元认知的思想。①

本研究对杜威的“暗示”思维和波利亚数学解题的理论进行了比较系统的探讨，结合长期深入中学数学课堂进行研课的经历，对波利亚的提示语思想加以进一步丰富和发展，②首次提出了“元认知提示语”概念，继而提出认知性提示语和方法论提示语概念，充分肯定了它们在数学教学中的意义和作用，并把这三种提示语统称为“启发性提示语”，进而在此基础上创建了“启发性提示语理论”。这一理论将对中学教师在教学中，对学生如何进行启发提供有效的帮助。

3.4.2　启发性提示语的形式与内涵

1．启发性提示语的主要形式是问题

苏格拉底说：“问题是接生婆，它能帮助新思想的诞生。”③

启发性提示语的形式主要是发问和陈述，但陈述结束时往往还是要发问，所以也可以说，启发性提示语的主要形式是“发问”，因而启发性提示语的主要形式是“问题”。

启发性提示语就是教师问，然后由学生去回答，去寻找办法，去寻找答案。启发性提示语大都是问题，不给结论或结论含而不露，结论要靠学生自己发现。苏格拉底还说：“最有效的教育方法不是告诉人们答案，而是向他们提问。”④启发性提示语的最大特点是暂时“问而不答”，所发问题对思考的引导是指而不明，学生必须通过自己努力的独立思考，才能感悟或获得提示语的含义或意图，进而自主探索达到思考的目标。如果学生不能回答，那么这种启发性的发问就要继续，直到他自己能够回答。

2．启发性提示语的功能是提示或暗示

波利亚说：“要善用发问的技巧。”⑤这个技巧其实就是杜威所说的“暗示”。

启发性提示语的功能是“提示或暗示”，即并没有告知目标问题如何解决，但又给予了一定的方向性的指引。所谓“提示或暗示”，就是一旦获得这个暗

① 涂荣豹．数学解题学习中的元认知．数学教育学报，2002，(4)：1-5．

② 同①．

③ 卡尔·雅斯贝尔斯．苏格拉底 佛陀 孔子和耶稣．李瑜青，胡学东，译．合肥：安徽文艺出版社，1991：7．

④ 卡尔·雅斯贝尔斯．苏格拉底 佛陀 孔子和耶稣．李瑜青，胡学东，译．合肥：安徽文艺出版社，1991：23．

⑤ 波利亚．数学的发现（第二卷）．刘景麟，曹之江，邹清莲，译．呼和浩特：内蒙古人民出版社，1981：127．

示，就能引起对这个暗示本身的各种意义的探求，就能引起与这个暗示有关的经验和经历的联想，就能引起对这个暗示种种变化可能的想象，就能引起对这个暗示延伸出的事物或意义的思索。因此，要达到“提示或暗示”效果，提示语就要有“指向性”，这样才能起到“提示”的作用；但提示不能太明确，太明确了，学生自己无须思考，这就要求提示语有一定的隐蔽性，具有隐蔽性的提示才是暗示，才能留给学生自己思索的空间。

正是给学生留下自己思索的空间，才为学生提升自己的思维能力创造了机会，即使是思维上的一点点提高，也是自己付诸努力的结果，这种经历不是别人所能代替的，哪怕是微小的进步也能使自己的思维能力有所提升，还能从中获得更多的激励和更大的动力，这才真正体现了启发性提示语的价值所在。

3．启发性提示语的本质是不代替学生思考

启发性提示语是“道而弗牵”，[①]这种引导是指引而不是牵着学生鼻子走；启发性提示语是“强而弗抑”，这种引导是激励而不是强迫学生死记硬背；启发性提示语是“开而弗达”，这种引导是启发而不是代替学生思考和探索。启发性提示语是问题且不提供现成的答案，但能启迪学生自己积极思考寻找答案；启发性提示语始终指向问题目标，但是并不是直接指向目标，而是把对目标的指向隐蔽在其中，需要学生自己感悟。

一个问题是否是启发性提示语，就看这个问题是启发了思考，还是给出了结果？给出了结果，这个问题就不是启发性提示语。所以最根本的，是所提的提示语是否需要学生自己思考。教师的一个发问，如果还需要学生继续思考，那么这个发问是启发；如果一问便知，学生无须自己出力，无须思考就已明白，这其实是告诉了结果，没有启发作用。

“开而弗达则思”，启发而不告知，就利于促进学生独立思考，充分思考，学会思考。启发既是最基本的教学原则，也是最根本的教学方法。

4．启发性提示语是为学生提供“内部帮助”

苏格拉底说：“思想应当诞生在学生的心里，教师仅仅应当像助产士那样做。”[②]心理学理论指出，给学生最重要、最有意义的帮助是“内部帮助”。因此提示语为学生思考提供帮助，就要着重提供“内部帮助”。提示语代替了学生部分的思考，是属于向学生提供“外部帮助”；提示语留给了学生自己思考的一部

---

① 傅任敢．《学记》译述．上海：上海教育出版社，1981：16-17.

② 卡尔·雅斯贝尔斯．苏格拉底 佛陀 孔子和耶稣．李瑜青，胡学东，译．合肥：安徽文艺出版社，1991：20.

分，这是属于给学生提供“内部帮助”。对学生思考替代的成分越多，需要学生自己思考的余地越少，对学生的思维能力要求越低；反之亦然，替代学生思考的成分越多，给予学生的“外部帮助”就越多，“内部帮助”越少；替代学生思考的成分越少，给予学生的“外部帮助”就越少，“内部帮助”越多。

这表明，启发性提示语通过思维力度的控制和替代学生思考的程度，来向学生提供适当的“外部帮助”和更多的“内部帮助”。

3.4.3　启发性提示语思维力度的控制

1．提示语的思维力度需要因人而异

启发性提示语的最重要意义是不代替学生思考，而是引发和促进学生思考，因而启发性提示语往往是有思维力度的问题，是有一定思维挑战性的问题。思维挑战性的大小体现了思维力度的大小，不同的启发性提示语具有不同的思维力度。

不同学生有不同的思维能力，不同学生有不同的最近发展区和不同的思维空间，因而对不同的学生，需要提供不同思维力度的提示语，提示语的思维力度要与学生的思维能力相一致，能使学生依靠自己独立思考能够感悟或获得提示语的含义。如果学生凭借自己的独立思考不能明白提示语的含义，这表明提示语的思维力度超出了该学生的思维能力，或超越了该学生的最近发展区，那么这个提示语对该学生而言就是不合适的。当然，如果学生无须作什么思考就能获得或明白提示语的含义，这表明提示语的思维力度低于该学生的思维能力，那么这个提示语对该学生而言也是不合适的。

提示语要因人而异，主要是提示语的思维力度要因人而异。

2．提示语的思维力度与替代学生思考的程度有关

提示语的作用是为学生的学习提供帮助，所以提示语需要有“提示或暗示”的功能。为了达到“帮助”而不是“代替”的效果，提示语需要代替学生的一部分思考，来达到帮助的效果，这体现了“提示”的功能；但帮助毕竟不是代替，所以提示语就必须留下一部分思考让学生自己去完成，从而促进学生思维能力的提高，这体现了“暗示”的作用。部分替代学生思考是提示，部分留给学生思考是暗示。

提示语的思维力度与替代学生思考的成分有关，提示语替代学生思考的成分多，则思维力度小；替代学生思考的成分少，则思维力度大。学生的思维能力和最近发展区不同，提示语的替代成分就要不同。

提示语中的替代成分是为没替代的成分服务的，这个替代是帮助学生在未替代的部分进行独立思考。替代的成分越多，需要学生自己所付出的努力越少，替

代的成分越少，需要学生自己付出的努力越多。所以，提示语中替代成分的多少需要因人而异，这如同“对症下药”，要根据不同学生的思维能力，用替代成分不同的提示语，帮助他们完成未替代部分的独立思考。

运用提示语对学生启发引导，并不是替代思考成分越少越好，而是通过对学生的思维能力和最近发展区充分的了解来把握替代成分的多少。

3．提示语的思维力度与距离目标的远近有关

由于启发性提示语的“提示或暗示”并不直接指向目标，因而启发性提示语的启发与学生所要达到的问题目标有一定距离。提示语离目标越远，指向性越隐蔽，思维挑战性越强；提示语离目标越近，指向性越明了，思维挑战性越弱。最近发展区大的学生，对隐蔽性强的提示和暗示更容易获得启发。最近发展区小的学生只能获得隐蔽性弱的、指向性明了的提示或暗示，也就是思维挑战性弱一点的。对不同的学生要给出与他们最近发展区相适应的提示语，使得所有的学生在他自己的发展区内获得提示和暗示。所以提示语要由远及近，远了，它的隐蔽性就强，思维挑战性就高；近了，隐蔽性就弱，思维挑战性也低。

由远及近启发的要义是，能够获得离目标远的提示的学生先思而不答，从而给其他学生留下继续独立思考空间。

启发可以由易到难，也可以由远及近。由易到难启发，是开始回答容易的问题，然后再回答不太容易的问题，以后回答更难一点的问题，依次层层递进，前次问题是以铺垫的形式为后继问题提供启发。由远及近启发，则是开始在离目标远的地方启发，然后靠近一点启发，然后再靠近一点启发，依次逐步靠近目标，最后几乎就看见目标了，从而使每一层次的学生都获得启发。可见，由易到难启发和由远及近启发是不同的启发方式。

3.4.4 启发性提示语的类型

与学生数学学习的认知活动和元认知活动相对应，在数学教学中教师用于启发的提示语，主要有认知提示语和元认知提示语，还有一些提示语启发或暗示了思考问题的方式或方法，称为方法论提示语。它们都是教师在课堂中运用的教学语言，有时以陈述语气出现，但更多情况下以提问语的形式出现；有时是教师的口头语言，有时是教师以文字、图表等形式呈现的语言。通过认知提示语和元认知提示语的综合运用，引发学生的认知活动和元认知活动。

1．认知性提示语

认知是对具体知识进行学习、理解、掌握和运用的心理活动。认知性提示语以认知规律来帮助学生思考，通常是对学生的思考提供知识性的帮助，更多与学

科具体的认知内容相关。认知提示语针对学生的认知活动进行提示，指向当前的认知内容和具体知识。例如：

“回忆一下，判断一个函数的奇偶性首先要干什么？”

“你觉得指数函数和对数函数有哪些关系？”

“你们觉得这两个图像有什么关系？”

“从定义和性质出发进行研究是值得重视的思路，是否考虑过其他的研究思路？”

“直线方程是通过什么建立的？”

“在几何上，我们用什么来表示实数啊？”

“那能不能类比实数的几何意义来研究复数的几何意义呢？”

“前面我们研究了正弦函数和余弦函数，那你们说你们今天可以研究什么？”

“研究正余弦函数时我们主要研究哪些问题？现在研究正切函数怎么研究？”

……

这些就属于认知提示语的范畴。

2．元认知提示语

元认知是以认知活动为对象进行的认知，强调认知的对象是认知主体，是属于一种高级的认知学习。元认知实质是人们对认知活动的自我意识、自我体验和自我控制，是一种高级心理活动，一种高级思维。元认知活动是人的一种意识和能力，元认知意识和能力涉及元认知活动的方法和内容。元认知活动的类型主要包括：元认知监控、元认知调节、元认知预测、元认知反思和元认知评价。监控、调节、预测、反思和评价都是人的思维活动方式，可见每一种作为控制的思维活动都有其一定的方法和内容。元认知意识有强弱，元认知方法运用水平有高低，这种强弱和高低体现为一个人元认知能力的大小。

元认知提示语是针对学生的元认知活动进行提示或发问，给学生思考提供一种自我内部指引或监控，促使学生对自身的认知活动进行自我调节和自我监控，并对其思维过程、思考方法和思维策略进行引导或提示。因此元认知提示语实质上可以引发学生形成学习的基本思考方式和思维策略，反映的是思想和策略层面的内容，是对学生数学学习的思考方式或思维策略的指导。已有研究表明：专家型数学教师善于运用元认知提示语使学生经历“认知和情感”的困惑阶段，[①]感受学习内容产生的必要性和自然性，较好地渗透了启发式教学的思想。

① 韩龙淑．专家型教师与熟手教师运用元认知提示语的数学课堂比较研究．数学教育学报，2016，(4)：15-20.

元认知提示语是针对学生的元认知活动所用的引导性语言，因而它指向学生的元认知活动，指向元认知监控、调节、预测、反思和评价。

（1）指向元认知监控的提示语

元认知监控是指认知主体在进行认知活动的全过程中，对自我认知活动进行积极自觉地监视、控制的过程，包括在认知活动之前确立认知目标、制定计划、挑选策略、构建方法。例如：

“注意观察一下，你（我）能发现什么？”

“可以从哪些方面来研究它呢？”

“还有什么不能令人心服，能不能找出漏洞来？”

“你（我）这是从何分类的？”“你（我）的分类标准是什么？”

“你（我）打算怎么研究？”“要这样研究，你（我）还应该做些什么？”

“你（我）是怎样研究这个问题的？”“使用了什么材料？”“运用了什么方法？”

“解这个题已有哪些条件？”“还缺少什么条件？”

“研究了这些问题以后你（我）接着会想到什么问题？”

“再看一下，还要研究什么？”

……

这些提示语所涉及的监控方法是关注、检查、监测、盘算、筹谋（计划）；其所监控的内容是当前状况、已有进展、前景趋势等。这些提示语的目的，是为了帮助学生在长期的潜移默化中，逐步培养其元认知监控的意识，监控的意识越强，元认知监控的能力越强。

（2）指向元认知调节的提示语

元认知调节是认知主体在完成任务遇到某些困难或思考问题而思维受阻时，产生的为了跨越困难而对自己的活动另辟蹊径的意识，即对自己的活动进行必要的调整、变通、改变和转换的意识。教师为了帮助学生培养和启迪这样的意识，而设计一些提醒学生另辟蹊径的提示，让学生从不自觉到自觉地在完成任务的过程中加以运用。例如：

“你（我）能不能换一个方法来求？”

“你（我）能不能换一个角度看这个问题？”

“除了这样表示，你（我）还能怎样表示？”

“你（我）能否由此联想到别的什么问题？”

“你（我）能否转化为一个较熟悉的问题？”

“你（我）能不能换一种方法叙述这个问题？”

“你（我）还希望得到什么？”
“你（我）有没有什么更好的方式？”
“你（我）觉得还可以从哪个方面来研究？”
“它们之间到底有什么关系？要研究二者的关系该如何入手？”
……

这些提示语所涉及的调节方法是重新选择、变换角度、调整方向、变通方法；其所调节的内容是研究对象、认知策略、思想方法、隐蔽性、指向性等。这些提示语的目的，是为了使学生在教师用这样的提示语的长期熏陶下，逐步培养其元认知调节的意识，调节的意识越强，元认知调节的能力越强。

（3）指向元认知预测的提示语

元认知预测是主体在完成任务中，面临多种或不同选择而举棋不定的时候，产生的一种对最终目标或前进方向进行展望的意识，即对自己的活动做出猜测、预判的意识。教师为了帮助学生树立和培养这样的意识，而运用一些启发性提示语引导学生展望前景的提示，并让学生在完成任务的过程中自觉地加以运用。例如：

“如果这样做，前景如何？”
“你（我）觉得沿着这个思路走得通吗？”
“你（我）觉得接下来还应该研究什么？”
“如何寻找解题思路？可能有几条路径？”
“满足了什么条件，这个问题就是解决了？”
“两种方法都可以用吧，哪种方法更简单一点？”
“如果这两个表示出来会有什么关系啊？”
“你（我）来想一下，到底今天我们研究的这个问题有没有定论呢？”
“根据这种定义，能否得出一些结论来？”
如何寻找解题思路？可能有哪些思路？
……

这些提示语所涉及的预测方法是估计、判断、假设、猜想；其所预测的内容是估计前景、判断目标距离、想象可能性、提出假设、猜想结论等。这些提示语的目的，是为了通过教师自身的运用而感染学生，逐步培养学生元认知预测的意识，预测意识的加强会促进元认知预测能力的提高。

（4）指向元认知反思的提示语

元认知反思在数学教学中，是学习者对自身数学学习活动的过程，以及活动过程中涉及的有关事物（材料、信息、思维、结果等）的学习特征的反向思考。

反思是数学教学中常用的手段，但是教学中运用元认知反思的提示语，不仅是为了寻求问题的答案，更是要使反思成为学生的一种思维习惯和思想意识，然而习惯的养成和意识形成不是一朝一夕所能达到的，必须要在不同情境下的各种活动中逐步形成和迁移。教师为了帮助学生树立和培养这样的意识，而在教学中经常运用促进学生反思的一些提示语。例如：

“回顾刚才的研究过程，能不能启发我们得到一个规律？”
“考虑周全了吗？有没有遗漏什么？”
“刚才是从哪个方面来研究的？”
“这个方法还可以解决什么问题？”
“你（我）还能想到哪些问题？还能证明什么问题？”
“回顾刚才几个问题的研究，你（我）能发现什么共同点？”
“以前遇到过类似的问题吗？”
“说一下你的想法，为什么你是这样做的？为什么会这样考虑？”
“为什么是两种情况？而不是三种？如果一种呢？不分类多好呢！”
“你（我）以前遇到过类似的问题吗？”
……

这些提示语所涉及反思的方法有回顾、梳理、质疑、追问、反诘、归纳、概括等；其所反思的内容包括问题进展、思维过程、结论因果、当前认知等。元认知反思意识的提高，将有利于学生的可持续发展。

（5）指向元认知评价的提示语

在数学研究和数学学习过程中，常常会在中途遇到迷茫或者对自己先前所做工作意义不明，这时常常需要对自己已有的进展重新估量，就需要一种重新审视的意识，这就是元认知评价的意识。教师在教学中遇到这样的情况时，往往采用元认知评价的启发性提示语，来帮助学生产生这样的意识。例如：

“对他的回答，你（我）有什么需要补充的吗？”
“有人说符合，有人说不符合，到底符合不符合？”
“是不是跟我们这个有点不符啊？那你（我）能再修正一下吗？”
“你（我）觉得他做得对吗？有没有需要完善的地方？”
“你（我）同意他的看法吗？为什么？”
“你觉得他讲的有没有道理？有没有不同意见？”
“两种方法都可以用，哪种方法更好一点，为什么？”
“他举例的思路很好，你（我）觉得他的思路好在哪里？”
“他的这个想法很好，能给我们什么启发？”

“现在得到了一个中途结论，它会给我们什么好处?”

……

这些提示语所涉及评价的方法有事实判断、价值判断、验证反驳；其所评价的内容包括进展价值、前景趋势、优劣程度、语言表述等。元认知评价的意识更是一种高级思维的体现，培养学生这样的意识，对学生未来的发展无疑有着非常积极的意义。

3．方法论提示语

在认知提示语和元认知提示语中，有一些提示语启发或暗示了思考问题的方式或方法，对学生研究问题具有方法论的指导意义，故称此类提示语为方法论意义的提示语。方法论是指导方法的方法，是大方法。方法论提示语往往不直接指向任何具体认知内容。例如：

“前面我们研究问题的基本思路是先特殊后一般，那你觉得今天我们应该研究什么？”

“学习完一些知识后，我们要有一个习惯，就是能不能把这些知识横向联系起来？”

“几个题做完了，我们是不是该反思一下?”

“从联系的角度看，你觉得我们今天应该研究什么?”

“你打算如何研究?”“你是如何考虑的?”“为什么这样思考?”

“你能不能找到一个反例?”

“盯住目标，不要忘了目标。把我们的问题忘掉了，那岂不是白忙乎了半天吗?”

“既然复数是由实数扩充而来的，那大家觉得可以怎么来研究呢?”

“研究直线位置关系时，先特殊后一般，相交关系中的垂直我们也研究过了，那你们说今天我们该研究什么?”

“其实人类研究新问题、研究未知问题的一个最基本方法，就是‘由已知研究未知’，也就是利用已知的东西来研究未知东西。”

……

这些提示语蕴涵了思考问题的方式和思考方法，属于方法论提示语。

方法论提示语是向学生的思考提供蕴涵自然逻辑的策略，是人类本原的思想方法。教师方法论修养与是否善于运用方法论提示语密切相关。波利亚认为，具有方法论修养的教师才能成为好的教师。已有研究说明：专家型数学教师更注重运用方法论提示语对学生思维过程和思维策略加以引导。[①]

鉴于此，可把启发性提示语分为认知提示语、元认知提示语和方法论提示语三类，当然这不是严格意义上的分类。它们三者之间并没有非常明确的界限，各种类型的元认知提示语之间也没有严格的区分，但这并不影响教师对启发性提示语的应用。其实也没有必要严格地对其进行细致的划分，因为元认知本身即是对认知的认知，主要还是一种意识和能力的反映。教师运用提示语进行启发时，主要通过三类提示语的协同作用，引发学生的认知活动和元认知活动，启迪学生数学思维的深层参与，逐步达到和生成教学目标。

数学是思维的科学，而语言是思维的工具。数学教学从一定程度上说，也就是数学语言的教学。[②]学习数学的过程也就是数学语言不断内化、不断形成、不断运用的过程。[③]学生对数学语言的掌握直接影响其数学思维、数学表达和数学交流的成效。教学中采用启发性提示语的根本目的，是为了让学生把教师的提示语最终变成启发诱导自己思维活动的提示语，并形成一种强烈的意识，从而提高自己的元认知能力。

① 韩龙淑．专家型教师与熟手教师运用元认知提示语的数学课堂比较研究．数学教育学报，2016，(4)：15-20.

② 斯托利亚尔．数学教育学．丁尔陞，等译．北京：人民教育出版社，1985：224.

③ 邵光华，刘明海．数学语言及教学研究．课程·教材·教法，2005，(2)：23-25.

第4章　数学教学二重对应之“教与数学对应”

在“教与学对应”作为数学教学的基本原理研究中，提出“教与数学对应”的原理是很自然的了。数学教学是学科教学，是与数学不能分开的教学，其特殊性也正在于此。如果数学教学不是把“教与数学对应”起来，就不能称其为“数学”教学。因此数学教学不是仅仅研究“教学”，而是更要研究教育中的数学，即要把教育与数学对应起来。[①]

“教与数学对应”原理所包括的对应主要有：教学的内容与数学知识对应，教学的知识结构与数学知识结构对应，教学情境与数学对象的本质对应，教学的思维方法与数学思维方法对应，教学中的研究方法与数学研究方法对应，教学中的表达方式与数学的表达方式对应，教学中把握数学核心概念和教数学的“大方法”。

数学教育是利用数学来育人的教育，它的主要任务是传授数学的基础知识和基本思想方法，用数学来发展学生的思维，让学生更加聪明。因此，数学课堂的教学内容、认知活动和行为习惯等应该符合数学学科规范的知识内容、思想方法、思维形式、表达方式等，体现出数学的核心要素和独特价值取向。

4.1　把握核心概念——实质与形式

本质和形式是事物存在的两个方面，本质是事物本身所固有的根本的属性，是此类事物区别于其他事物的基本特质。形式是事物的外形，是事物内容的组织结构和表现方式。对于一个数学对象（概念、法则、公式、定理等），它的形式可能是多样的、可变的，它的本质却始终是恒定的、不变的。学习数学，不仅要学习它的形式——记住符号，更重要的是把握它的本质——理解其在特定范围内始终不变的特质。

在数学研究中，建立一个数学概念的意义就是揭示它的本质特征，即共同属性或不变属性。比如，对各种函数模型而言，就是研究它们所描述的运动关系的变化规律，也就是这些运动关系在变化之中的共同属性或不变属性，即“变中不变”的性质。

① 涂荣豹．论数学教育研究的规范性．数学教育学报，2003，(4)：1-5.

4.1.1　学习数学概念要把握其本质属性

对一个数学概念的学习，并不是仅仅能记住它、说出它的定义、认识代表它的符号，而是要真正能够把握它的本质属性。尽管在数学对象的定义里已经反映了概念的本质属性，但要真正把握它的本质属性并不是那么容易。从多年来高考数学试卷的抽样调查分析表明，在把握数学对象的本质属性方面，当前中学生的数学学习存在较多的问题，[①]主要表现为对数学对象本质属性的理解不深刻，对同一数学对象的不同表达形式缺乏系统概括。

一个研究对象的本质往往是指，能够确定这个对象并区别于其他对象的属性。一般地说，一个特定数学对象在一定的范围内保持不变的性质，就是该数学对象的“本质属性”，而其可变的性质则是“非本质属性”。

那么，如何才是把握了概念的本质属性呢？

以函数为例。函数是数学中一个十分重要的核心概念，对它的本质属性的认识和把握必须清晰，这将会影响到整个中学数学的学习，甚至会影响到大学的数学学习。

对于函数，大多数学生都能说出它的定义，但要他们举出具体的函数，很多人只会举出有解析表达式的函数，在他们的头脑里存在着一种非本质属性泛化的错误观念：“有完整数学表达式的才是函数，除此以外就都不是函数”。表面上看对“函数就是数集到数集上的映射”这句话，大多数学生都觉得自己已经理解了，实际不然，他们并没有真正掌握函数的本质特征。

当说到函数$f(x)$时，就是指数集到数集的映射f：$x \to f(x)$，其中x是定义域中的元素，$f(x)$是值域中的元素，意思是映射“f ”把定义域中的元素“x”，变成了值域中的元素“$f(x)$”。同时，“映射”是两个集合之间满足“随处定义且单值定义”的对应关系。“随处定义”是指原象集合的每一个元素 x 都有象 $f(x)$；“单值定义”则是指每一个元素 x 只有一个象 $f(x)$。满足这两个条件，那么这个映射就是一个函数，它对于映射的形式没有做出任何规定，也就是对于对应关系没做任何规定。这意味着，对应关系的表达形式对于函数来说是无关紧要的、可变的。这就是说，“数集到数集上的对应”，“随处定义”和“单值定义”是函数的本质特征，是函数不变的性质，除此以外的一切都是可变的。于是，函数$f(x)$的表达形式可以是独立的解析式，也可以是其他的形式，如数表形式的、图像形式的、箭头形式的、分段表示形式的等。无论函数关系用什么形式表示，只要具备函数的本质特征，它就是函数。至于映射或对应关系的形式，其实并不是函数的本质。

形式不是函数的本质，符号当然也不是函数的本质。即使以解析式表示的函

---

① 涂荣豹，宁连华. 数学概念本质的把握. 数学通报，2001，(11)：7-11.

数，其所用的字母也可以是任意的，并不是一定要用 x 表示自变量，用 y 表示函数。也可以用 t 表示自变量，x 表示函数；v 表示自变量，u 表示函数，等等。甚至可以用“板凳”表示自变量，“桌子”表示函数。

这才是对函数的形式和实质的真正的认识和理解。理解了函数的本质，许多困难的问题就容易解决了。

例 4.1.1　已知函数 $f\left(\sqrt{x+2}\right)=x+2\sqrt{x+2}$，求函数 $f(x)$的解析式。

对于这个问题，首先要能认识到其中的函数 $f\left(\sqrt{x+2}\right)$ 的本质是它的定义域、值域都是实数集，它的对应法则是$\sqrt{x+2}$ 与 $f\left(\sqrt{x+2}\right)$ 相对应，即自变量是 $\sqrt{x+2}$，就会把$\sqrt{x+2}$ 看作是 $f(x)$中的 x。这是对函数本质的把握，对接下来寻找这个问题的解题思路就能起到关键作用。有了这样的理解，就自然想到要对这个函数 $f\left(\sqrt{x+2}\right)=x+2\sqrt{x+2}$ 的表达式，加工成$\sqrt{x+2}$ 的结构形式，这就找到了解题思路，问题迎刃而解。

但是一些学生总以为函数自变量一定非得是 x，或者一定得是单一字母，说明他们对函数的认识只停留在形式表面，而没有理解其实质，解题时找不到解题思路就难以避免。

要真正把握数学对象的本质属性，很重要的一点是离不开对数学对象非本质属性的把握，两者都同时把握了才可能真正达到对本质属性的把握。这也就是对数学对象的变式的把握。就函数而言，只知道“随处定义和单值定义”是不变的还不够，还必须知道对应形式是可变的，表达的符号也是可变的，定义域连续不连续（分段不分段）也是可变的，等等。

把握数学对象的本质属性至关重要，有时一个数学对象的本质属性与非本质属性是交织在一起的，形式多变的非本质属性往往掩盖了本质属性，干扰了对本质属性的把握。因而要真正认识数学对象的本质特征，往往要经历概念变式的多番考察，不犯一些非本质属性泛化的错误，不在心理上经历一番周折，不经过深层次的智力参与是不可能的。

4.1.2　数学教学中要“淡化形式，注重实质”

“中小学数学不能在‘科学性’上那样完善，于是在力所能及的地方，学生也‘可能’接受的地方尽量拔高，特别对名词、术语等在形式上和细微处理上孜孜以求，出现了形式与烦琐的倾向，冲淡了实质，脱离了学生认知实际，不利于学生能力的培养。”①

① 陈重穆，宋乃庆．淡化形式，注重实质．数学教育学报，1998，2（2）：31-35.

这种现象在中小学的数学教学里比较普遍，这往往是教师的认识上出现偏差所致。一个是对数学对象的认识有偏差，即不能把握数学对象的本质；二是教师试图自编一些难题让学生练习，但又编不出来，就搞出这样一类的在形式上玩花样的题目。这类问题不但于学生能力培养不利，而且会模糊学生对数学概念的认识和理解。所以提出“淡化形式，注重实质”观点，很有必要，以引起广大中学教师的注意。

比如，代数式的定义为“用运算符号把数或表示数的字母联结而成的式子”，要说完整，漏了表示运算顺序的括号；说严密，它没有把“$1\div(a-a)$”这类被定义为空集的算式排除。其实，等式、算式这些名称是为了称呼方便，学生心中不明白的东西不必去下定义，稍加解释即可，不用花太多的时间。又如，方程的定义：“方程是含有未知量的等式。”对方程的定义有多种，不论用哪种，解释一下即可，不要把这种描述当成正式定义，否则会自找麻烦。什么叫“含有”？$x-x=0$ 算不算？$0\cdot x+1=1$，算不算含有？方程 $x+1=x+2$？能算是等式？这些疑点并未影响实际方程的教学，可见有些名词的形式定义作用并不大，要紧的是对其实质的理解和领悟。①把文字叙述看得过分“神圣”，把它作为教条，不能有违半字，其实这是不必要的。

在高中，学习指数函数的定义“形如 $y=a^x$（$a>0$，$a\neq1$）的函数，叫作指数函数”之后，有的教师让学生判断 $y=a^{2x}$，$y=a^{x+2}$，…是否为指数函数。有的学生说是，可是教师说不是，因为它不符合指数函数的定义。其实，课本上“指数函数的定义”是一个描述性定义，是指数函数的表现形式，它的本质属性在于，指数式的底数 a 是不等于 1 的正实数；指数式的指数里含有变量，即自变量在指数上，而不在于是否是 $y=a^x$ 这个形式。所以，对 $y=a^{2x}$，$y=a^{x+2}$，…这些函数而言，重要的在于是否 $a>0$ 且 $a\neq1$，在于是否具有指数函数的性质，而不是它的形式。教师让学生判断 $y=a^{2x}$，$y=a^{x+2}$，…是否为指数函数，实际是对“形式与实质”认识不足。也就是，对一个数学对象而言，重要的是实质，而不是形式。

又比如，$y=\sin x$ 是正弦函数，那么 $y=2\sin(x)$，$y=\sin(x+\alpha)$，…这些是否也是正弦函数？

这种问题与上述问题一样，从形式上来判断是否正弦函数没有任何意义，反而会引导学生关注形式，而不注重实质。正弦函数 $y=\sin x$ 的本质是，在直角坐标系中以原点为圆心的圆上，以圆与 x 轴交点为起始点，沿单位圆周旋转 x 弧度后所得点的纵坐标与圆半径的比，即为 $y=\sin x$。对这些含有正弦符号的函数与正弦函数 $y=\sin x$ 的关系，相同与不同的规律，才是重要的。如果能够与物理上的简谐运动联系起来，认识它们其中振幅、相位、初相位等的含义，从而更深层次

① 陈重穆，宋乃庆．淡化形式，注重实质．数学教育学报，1998，2（2）：31-35.

的理解和掌握它们各自的性质特征，那才是最好的。

中学数学中还有很多诸如此类的问题，要正确认识和处理好这些问题，需要教师要树立“注重实质，淡化形式”的观念。

4.1.3　把握同一数学对象的不同表达形式

在数学中，同一对象常常有不同的表达形式，能否熟悉把握同一数学对象的不同表达形式以及不同表达形式之间的联系，进而认识该数学对象的本质特征，反映了对数学概念本质属性把握的深刻程度，也直接影响分析和解决问题的能力。

比如，以椭圆的定义为例，来分析对同一数学对象不同表达形式的把握。

椭圆的定义有不同的表达形式，有椭圆的“第一定义”（两个点的距离之和是一定长）、“第二定义”（到一个顶点及到一条定直线的距离之比是一定值），还有“二次曲线的统一定义”。事实上，概念的定义就是概念对象本质属性的反映，不同的定义就是用对象的不同本质属性来刻画界定对象，但不同定义之间存在实质性的联系。

如果能把握它们的不同形式和其中的实质性联系，那么像对下述的问题：

“椭圆 $\frac{x^2}{a^2}+\frac{y^2}{b^2}=1$，$a>b>0$，其右焦点为 F_1，右准线为 l_1。若过 F_1 且垂直于 x 轴的弦的长等于点 F_1 到 l_1 的距离，求椭圆的离心率”，就可以完全不用计算，直接作答。设垂直于 x 轴的弦交椭圆于点 P_1，P_2，那么 P_1 到焦点 F_1 距离就是到准线 l_1 距离的一半；而根据椭圆的第二定义，P_1 到焦点 F_1 距离和到相应准线 l_1 距离之比就是椭圆的离心率，于是马上知道所求椭圆的离心率是 $\frac{1}{2}$。这就避免了烦琐的计算，节省了时间。

无独有偶，像双曲线、抛物线等也有类似的不同的表征方式，从不同的角度反映了各自的本质属性。不仅丰富了数学对象本身的内涵，更突出了关键属性之间的联系。

再比如，关于直线之间关系的问题中，两条直线的平行和垂直关系是中学数学的重要内容，有着十分丰富的表现形式，散见于中学数学的不同学科之中，高考中以直线平行和垂直关系为背景的问题也屡见不鲜。

在平面几何里，两直线 l_1 和 l_2 垂直指两直线的夹角是 90°，表示为 $l_1\perp l_2$。

在三角函数中，两个角 α 和 β 的终边相互垂直，体现在诱导公式中就是，如果 $\alpha=\beta+90°$，就有 $\sin\alpha=\cos\beta$。

在解析几何里，如果两直线方程用斜截式表示，即 $y=k_1x+b_1$ 和 $y=k_2x+b_2$（$k_1\cdot k_2\neq 0$），那么两直线的垂直关系就是 $k_1\cdot k_2=-1$。

如果两直线方程用一般形式表示，即 $A_1x+B_1y+C_1=0$ 和 $A_2x+B_2y+C_2=0$，那么两直线的垂直关系就是 $A_1A_2+B_1B_2=0$ 或 $\frac{A_1A_2}{B_1B_2}=-1$（A_1，A_2，B_1，B_2 均不为 0）。

重要的是，在数学学习中要能主动发现、概括出这种具有内在联系的垂直关系的本质，形成功能良好的垂直关系的网络性结构，才能利于迁移和提取。比如看到垂直关系的一种形式，马上想到相关的表明垂直关系的其他各种形式。达到这样的认识层次，就是对垂直关系深刻理解的一种标志。

解析几何是用代数方法来研究几何问题，几何问题中的基本量“长度”和“角度”，在解析几何中变成了“距离”和“斜率”。在研究圆的定义时，如果从距离的角度来研究，就是“到原点的距离等于定长 r 的点的集合”，可以利用两点间距离公式得到圆的标准方程 $x^2+y^2=r^2$；如果从斜率的角度来研究，就是“与定点 $A(-r, 0)$，$B(r, 0)$ 两点连线呈直角的点的轨迹”，即“与 $A(-r, 0)$，$B(r, 0)$ 两点连线的斜率乘积为-1”，利用斜率公式得到圆的方程 $\frac{y}{x+r}\cdot\frac{y}{x-r}=-1$。圆的这两个方程可以相互转化，因此，其本质是一样的。

事实上，许多关于二次函数 $f(x)=ax^2+bx+c\ (a\neq 0)$ 的问题，都是从上述某一个类别，或者综合几种类别而形成并展开的。学习中注意对上述各种情形进行分析、归纳、类比、融合等加工活动，不仅能加深对二次方程有两个实根的本质理解，更能够通过联系各方面知识拓宽数学思维的方式。

可见，同一数学对象的不同表达形式正是变更非本质特征的表现形式，变更观察事物的角度或方法，从不同侧面突出了数学对象的本质特征，突出了那些隐蔽的本质要素。如果在概念学习中，注意从不同角度对对象的不同表现形式进行一系列的加工处理，形成以相关属性为纽带的网络结构，那么，在不同的情景中就可以根据问题的形式和内容，提取出相应的有针对性的处理策略，就能真正把握数学对象的本质。

4.1.4 创设问题情境要揭示数学对象的本质

就数学内容本身的教学而言，学习和掌握这个数学内容的本质是第一位的。因此教学情境的创设，关键是要能揭示数学本质。情境创设揭示对象各种变化的特征，有利于学生在情境中获取学习对象直观的表象，把握数学对象的本质属性。情境的创设还需要重视与实际问题的联系。在现实教学中，有一批教师乐于创设情境，但是往往所创设的情境不能揭示研究对象的本质特征，不能引导学生进行有效的探究活动。

案例 4.1.1 以“求方程的近似解”为课题的课堂教学。

教师用“幸运 52”的一个游戏来创设情境。“现在我给你提供了两个商品，第一个商品是由废旧的螺丝和铁丝做成的一个商品，现在大家思考一个问题，我来模仿李咏，大家来猜这个价格，30 秒之内猜出来，这个就送给他。这是一个便携式电脑，精确到 100，预备，开始。”课堂气氛达到高潮，“不好意思，不能送给你了。”学生一下泄了气，对怎样求方程的近似解却是一头雾水。

其实，这节课的教学路线是：①首先有一个多项式方程没有精确解，要求近似解；②寻找解法，利用函数的“零点定理”；③根据“零点定理”，寻找有相异函数值的两点（数）；④如何找到满足精确要求的解，缩小这两数构成的区间，即逼近近似解；⑤如何缩小，如何逼近，要寻找方法。这里后两步是难点，一个要解决的问题是，引导学生去探究发现要缩小区间来逼近这个近似解，使学生领悟“逼近”这个重要的数学思想；另一个要解决的问题是，引导学生探索缩小区间的“方法”，解决如何来缩小区间。缩小区间的方法多种多样，可以让学生任意地去想，不一定要二分法，三分法、四分法、0.618 法难道不行吗？也行，不过二分法只需心算更便捷一点。

所以课堂教学的情境创设，一要蕴涵“逼近”的思想，利于学生去发现；二要引发学生对缩小方法的讨论，以从众多方法中选择“二分法”来缩小区间。[①]但是“幸运 52”猜商品价格的游戏，实际上它只与上述教学路线中的最后一步有关，即只与“用什么方法缩小区间”有关，并没有对发现“逼近”思想、从而需要缩小区间这些最重要的数学本质做出必要、合理的启发暗示，尤其对引导学生探索发现本课中最重要的数学逼近思想没有什么作用，只不过表面热闹而已。

下面是一组教学案例，介绍了能够揭示数学对象本质特征的情境创设。

案例 4.1.2 以“圆”为课题的课堂教学。

有教师创设“套圈游戏”作为问题情境，但小朋友站成一排套圈，引发学生认为这样游戏不公平，而应该小朋友站成一个圆，柱子放在圆心。利用学生亲身的生活经历，很自然的看到了情境所要揭示的问题的本质。

案例 4.1.3 以“函数单调性”为课题的课堂教学。

有教师利用现代多媒体技术构造函数图形创设问题情境。

情境中给出天气变化曲线图 4.1、一次函数图 4.2、二次函数图 4.3、数表表示的函数图 4.4 等简单函数的图像，图像按特定需要的动态变化。其中有：图像上升或下降的运动、x 轴上运动中两点及其对应函数图形位置变化的比较、某单

① 涂荣豹．提高对数学教学的认识．中学数学教学参考，2006，(1)：5-12.

调区间内 x 与 $f(x)$ 对应数值表等。所展示的函数图像中各种变化，尽量体现函数单调性各种本质特征，并潜藏着能够排除非本质属性干扰的各种情况，使学生能够通过对生动情境的感知，获得丰富的表象和信息，产生众多的联想，使学生从中比较容易地观察出这些函数图像有“在某一段上有上升或者下降”的共同的特点，从而提出“如何从数学上刻画一类函数的这种共同性质”的问题。

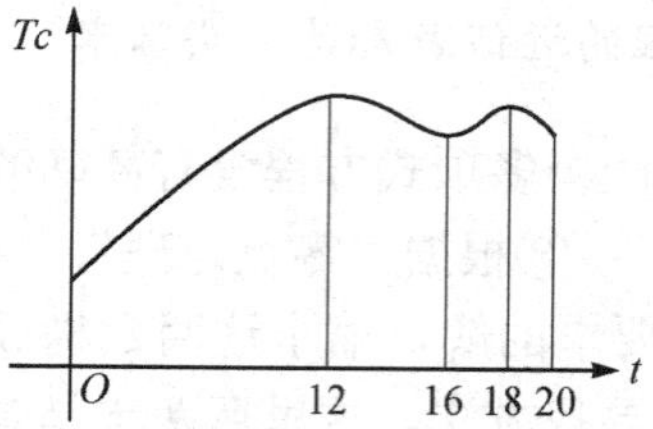

图 4.1　某地某天气温变化

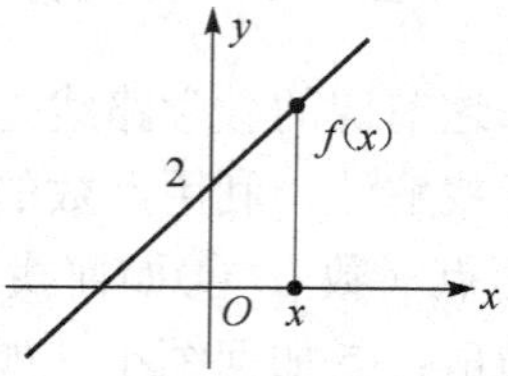

图 4.2　$y=x+2$

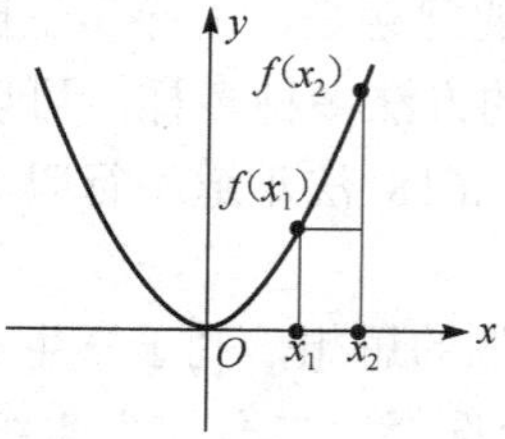

图 4.3　$y=x^2$

x	0.96<1.08<1.26<1.75<…
y	1.16<1.47<1.97<3.53<…

图 4.4　$y=x^2$ 在（0，+∞）取值

案例 4.1.4　以“复数”为课题的课堂教学。

教师用“卡当问题”作为问题情境，让学生在解决问题的过程中，得到一个没有实数解的一元二次方程，但是按二次方程的解法可以得到两个“数”，这两个数虽然不是实数解，但能够满足卡当问题。从而想到如何扩大实数集合，把满足卡当问题的“数”包括进去。

这个情境正是复数产生的历史真实，因而达到揭示问题本质的效果不言而喻。

案例 4.1.5　以“数学归纳法”为课题的课堂教学。

一教师先以“引爆一挂合格的鞭炮，应该点燃哪一颗炮仗前的引线？”为问题情境，启发学生联想到“多米诺骨牌”情境，引导学生归纳多米诺骨牌的原理：“多米诺效应：①第一块牌倒下；②假设某一块牌倒下，则它后面的一块牌必须（然）要倒下。满足上述两个条件，所有的牌都倒下。”并联想等差数列的类似情况，提出“如何证明无穷等差数列的通项”这样的问题，从而进入“数学归纳法”的探究活动。

“点鞭炮”和“多米诺骨牌”两个情境，学生熟悉，浅显易懂，其蕴涵的原理与数学归纳法联系密切，直指数学归纳法的本质，学生轻松就能领悟，对学生建构数学归纳法原理有极好的引领作用。

4.2　教育效法自然——教本原的方法

在 1.4 节中提出要教学生自己怎么想到，怎么教呢？说起来容易做起来难，究竟怎么才能做到呢？笔者认为，要教学生自己怎么想到，主要是教本原的方法，教大多数学生能想到的方法。

这是卢梭提出来的“教育效法自然”的方法，实质是“体验式成长”，以后果来引导孩子自然地朝正向发展。[①]在保证孩子安全的情况下，“自然后果”无疑是教育孩子最有效的手段之一。

德国教育家卡尔·雅斯贝尔斯说：“教育的关键全在于选择完善的教育内容，尽可能使学生之‘思’导向事物的本原而不误入歧路。”[②]他所提倡“导向本原之思”，就是教育应该把学生引导到本原的思考、本原的方法上来。

“教育效法自然”所传递的启迪是，数学的教学也应该如此，去教本原的方法，去教会学生从无到有的探究。“从无到有”的探究，是本书的一个核心的思想。

4.2.1　什么是效法自然的本原的方法

可以想一想自然界的动物是怎么教它的下一代生存的。动物是怎么教它们的下一代如何觅食、如何防范天敌、怎么躲避雨雪、怎么逃离灾难、怎么建造巢穴？它们是怎么教和学的呢？那都是原始的非常朴素的方法，所以教学生学也要教会学生最朴素的方法，最本原的方法。当然数学里面有方法、有技巧，那也要教这个方法、技巧是怎么想出来的。如果讲不出来，对多数人就不要教，为什么？那是极少数有特殊思维能力的人，他们能想到这些特别巧的东西，不是大多数人要掌握的东西。

人类现在不仅能登上月球，还要登上火星。人怎么会跑到那么远的呢？人类自古以来就梦想着能像鸟一样在太空中飞翔。古代的中国人上天的梦想，表现在神话的小说中，比如封神榜中把上天想象成哪吒踩着风火轮腾云驾雾，其实这是不可能的事情。外国人不一样，他们开始的想象，是每个人装上翅膀到天上去飞，或者在很多鸟脚上扣上绳子把人坐的椅子吊起来，鸟飞起来人也飞起来了。

---

① 卢梭．爱弥儿·论教育．2 版．李平沤，译．北京．商务印书馆，1979：208.

② 卡尔·雅斯贝尔斯．什么是教育．邹进，译．北京：三联书店，1991：124.

这种想象启发了思考，鸟是怎么飞的，人就可以模仿鸟去飞，其实是试图根据鸟能飞翔的原理，来解决人类怎么样也能飞上天。这种想法很自然，也很合乎逻辑，是现代方法论谓之合情推理的方法，是本原的思想方法。

鸟是怎么飞到天上的，当然是因为鸟有翅膀，于是人就想给自己装上翅膀，从房顶上跳下来，失败。但不死心，就想鸟有翅膀能飞，为什么人装上翅膀不能飞？研究发现，鸟的翅膀很大、很轻，而且是流线型的，于是就把翅膀也造成这样，但还是不行。再研究发现，鸟起飞前要用力蹬腿，同时拍打翅膀，从高处起飞先落下来一点再飞起来。这是什么道理？需要起始速度，把势能转化为动能，于是就给飞行器装上发动机，但还是不满意。鸟的飞翔能上升下降、左拐右拐、变换方向，它为什么能做到？进一步研究发现，鸟是用尾巴控制的，于是也给飞行器装上水平尾翼、垂直尾翼，这样一来飞机诞生了。

反思这个发现发明的过程，其每一步都是从本原的思想出发，从没有到有，这就是效法自然的最本原的方法。这种效法自然的本原方法，一部分是仿生学意义上的，另一部分则是方法论意义上的，即问题提出的原始状态，问题解决中方法的最初来源。人类解决新问题是从无到有的过程，正是这些原始状态、最初来源，为人类突破“无”提供了的思考途径。

回顾数学发展的历史，数学的理论也是在从无到有的探索中发现、发明、创造出来的。数学是思想的王国，数学最根本的方法是抽象，是把所有的研究对象都抽象成脱离一切具体的方法，这个方法的实质就是追溯本原的思想。所以提出“效法自然，教本原的方法”，完全符合数学本原的思想。

4.2.2　找解题思路——从问题的原始起点开始

要解决一个自己不会做的问题，或者比较陌生的问题时，实际上处于“老虎吃天从何下口”的困难境地。也就是要解决面前的问题，首先是从哪里开始寻找解题思路。按照教本原的思想方法，就要从问题的原始起点开始。什么是问题的原始起点？既然是要解决问题，那当然“问题”就是原始起点，所以应该从“问题”开始，也就是弄清问题是什么。厘清问题以后，就来解决问题，而解决问题必然需要条件，自然要去寻找条件。而条件在题设中、在相关知识和方法中，这些条件中，原始起点是什么？题设条件是随着问题最先给出的，所以寻找解题条件时，题设就是原始条件。

不妨从一个具体的案例来体会。

案例 4.2.1　已知函数 $f(x)=\mathrm{e}^x+\mathrm{e}^{-x}$，其中 e 是自然对数的底数，如果正数 a 满足：存在 $x\in[1,+\infty)$，使得 $f(x)<a(-x^3+3x)$ 成立。试求 a 的取值范围。

解决一个问题，它的起点在哪里？当然是问题，即“求（证）什么？”所以要解决问题，首先从“问题是什么”开始。

“它是一个什么问题？”——是一个求值问题，与自然对数底数、不等式有关。

“具体求什么？”——求 a 的取值范围。

“求 a 的取值范围是什么意思？”——“$?\leqslant a\leqslant ?$”.

厘清“问题是什么”时，也要从原始起点开始。可以看到在厘清问题的过程中，每一步都是寻思最初的疑问，是很自然想到的或者最容易产生的疑问。

“a 是什么？”——到题设中去找。

在题设中，$a>0$，a 是不等式 $f(x)<a(-x^3+3x)$ 中的参数。

“不等式中 $f(x)$ 是什么？”——由题设，$f(x)=\mathrm{e}^x+\mathrm{e}^{-x}$。

“‘存在 $x\in[1,+\infty)$，使得 $f(x)<a(-x^3+3x)$ 成立’是什么意思？”——在 $[1,+\infty)$ 中有一个 x，能满足这个不等式。

“怎么求 a 的取值范围？”

“a 在哪里？”——只在这个不等式中，只能从这个不等式来想办法。

“怎么想办法呢？”——仔细分析这个不等式 $f(x)<a(-x^3+3x)$。

“$f(x)$是什么？”——$f(x)=\mathrm{e}^x+\mathrm{e}^{-x}$，$x\in[1,+\infty)$。

代入到不等式中，得到 $\mathrm{e}^x+\mathrm{e}^{-x}<a(-x^3+3x)$，整理得 $\mathrm{e}^x+\mathrm{e}^{-x}-a(-x^3+3x)<0$。

“这个不等式还能表示什么意思？”——“x 是 $[1,+\infty)$ 中任意的数，对这个不等式还能怎么理解？”

——不等式左边就是一个以 x 为变量的函数。设 $g(x)=\mathrm{e}^x+\mathrm{e}^{-x}-a(-x^3+3x)$。

——于是可以通过研究 $g(x)$ 的性质，来寻找 a 的范围。

“什么性质？”——函数单调性。

“怎么研究？”——利用函数求导，判断函数单调性。

到这里解题的思路已经出来了。在这段过程中，由于题设条件是寻找解题条件的原始起点，于是就在题设中逐字逐句地寻找。可以看到，寻找时也是思考每句话、每个表达式、每个符号直接的疑问，这种直接疑问实际就是思考每个对象原初的意义。而且寻找时始终盯住目标 a 和 a 唯一所在的不等式，这是原初问题的所在，思考中是要紧紧盯住的。

$g'(x)=\mathrm{e}^x+\mathrm{e}^{-x}+3a(x^2-1)$，当 $x>1$ 时，$\mathrm{e}^x+\mathrm{e}^{-x}>0$，而 $x^2-1>0$，$a>0$，得知 $g'(x)>0$；所以，$g(x)$ 在 $[1,+\infty)$ 上单调递增，在左端点取得最小值，即在

$[1,+\infty)$ 上，$g(x)_{\min}=g(1)=\mathrm{e}+\mathrm{e}^{-1}-2a$。

“接下来怎么办？有什么条件没有利用？”——存在 $x\in[1,+\infty)$，有 $g(x)<0$ 成立。这个条件没有用到。因此，$g(1)<0$ 成立。

“这只是充分性，必要性是否成立？”

“即当 $g(1)<0$ 时，是否在 $[1,+\infty)$ 上有 x 使不等式成立？”

$g(1)<0$，也就是 $g(1)=\mathrm{e}+\mathrm{e}^{-1}-2a<0$，即表示 $1\in[1,+\infty)$，能使 $\mathrm{e}^{x}+\mathrm{e}^{-x}-a(-x^3+3x)<0$ 。

于是由 $\mathrm{e}+\mathrm{e}^{-1}-2a<0$，得 $a>\dfrac{\mathrm{e}+\mathrm{e}^{-1}}{2}$。所以这就是 a 的取值范围。

在后面部分，利用求函数的导数判断函数的极值或最值，是属于基础知识和基本技能的范畴，只要基础知识掌握牢固、基本技能熟练就能完成。

4.2.3 新授课教学——尽可能还原到原始问题

案例 4.2.2 以“复数的引入”为课题的问题情境设计。

如何提出本节课的问题？

创设情境 卡当问题：如何将 10 分成两数，使两数之积等于 40？

设问：卡当问题的解是什么？——列方程 $x(10-x)=40$——$x^2+10x+40=0$——没有实数解。

但是 $5\pm\sqrt{-15}$ 虽然不是方程的实数解，但却能回答卡当问题。为什么出现这样的矛盾呢？

原因是负数不能开平方——$\sqrt{-15}$ 不是实数。

这说明什么？——负数开平方在实数集不能表示，实数集不够用。

问题：实数集不能表示负数开平方，怎么办？（提出本课的核心问题）

“复数的引入”这节课，高中教材是以“$x^2=-1$ 没有实数解”作为问题情境。这显然是一个伪情境，因为它不真实，数学史上并不是因这个情境来探究“复数”的。在数学史上，导致复数研究的原始情境是“卡当方程”，卡当方程是由一个简单的数学问题产生的，这个问题就是：如何将 10 分成两数，使两数之积等于 40。由这个真实的数学问题得到卡当方程，不但还原了历史真实，而且非常自然，尤其这还并不是一个复杂困难的问题。这个原始情境可以使学生获得数学问题产生的真实感，看到“复数”发现、发明创造的源头。这不仅可以引起学生的兴趣，能感受数学知识从无到有的发展过程，还培养学生的创新精神和创新意识，其作用无疑是很大的。

案例 4.2.3 以“圆”为课题的课堂教学设计。

下面是以“圆”为课题的一个完整的教学设计，可以看到这个设计是如何将“圆”这节课的目标问题还原到一个原始问题的。

案例 4.2.3　以“圆”为课题的课堂教学设计

		教 学 进 程
活动一	创设情境 旧知新问	**情境一**　套圈游戏 **设问**　游戏站成一排公平吗？怎样站才公平？ **设问**　你对圆有哪些了解？（圆心，半径，面积，轴对称，中心对称） **问题**　圆究竟有怎样的特点？（提出本节课要解决的核心问题）
活动二	自主画圆 抽取本质	**学生活动**　用给定工具画圆。（操作并思考） 工具一　一根两端打结的棉线；　工具二　一根两端打结的皮筋。 **设问**　两种工具画圆有何感受？——用皮筋不好画。 **设问**　皮筋不好画，为什么？——皮筋有弹性，会伸缩。 **设问**　皮筋有弹性怎么不好画？——半径不确定。 **设问**　用棉线画，半径就确定吗？——确定。 **设问**　要确定棉线保持什么样状态？　“绷直”棉线，旋转一周。
活动三	从感性到理性 从具体到抽象 概括定义	**讨论活动**　问题引导学生讨论，概括圆的定义。 启发思考，只问不答。 **设问**　依据刚才画圆过程，圆是什么样图形？ **设问**　把棉线一端固定是表示什么？ **设问**　把棉线绷直表示什么？ **设问**　另一端旋转一周表示什么？ **结论**　画圆三部曲——（一点）固定——代表？定点（O）； ——（二线）绷直——代表？定线段（OA）； ——（三旋转）一周——代表？端点（A）——圆。 **设问**　什么是圆？根据“画圆三部曲”用自己语言作一个总结。 **定义**　线段 OA 绕固定的一个端点 O 旋转一周，另一个端点 A 所画出的图形叫做圆。
活动四	另法画圆 发现关系又变情境 深究关系	**学生活动**　用圆规再作一个圆。（操作并思考） **设问**　两圆一样吗？怎么不一样？——大小不同，位置不同。 **设问**　圆的大小，位置由谁决定？ （半径决定大小，圆心决定位置。） **设问**　为什么围成圆形游戏就公平？ ——圆上所有点到圆心距离等于半径。　点在圆上→$d=r$（定长）。 **情境二**　甲、乙站在⊙O 的 A, B 处游戏，丙、丁也来参加，站在图中 P，Q 处（圆内，圆外）。 **设问**　能用数量关系表示这几种位置关系？　　形（位置）数（数量） 点在圆上——到圆心距离等于半径　　点在圆上：$d=r$ 丙在圆内——到圆心距离小于半径　　点在圆内：$d<r$ 丁在圆外——到圆心距离大于半径　　点在圆外：$d>r$

续表

		教学进程
活动五	再变情境	**情境三**　又有小明来参加游戏，站在 M 点，但地上的线几乎看不清了。小明怎样能知道自己恰好站在圆上呢？——必须 $OM=r$。
		追问　为什么？——到圆心距离为半径的点一定在圆上。
		追问　为什么？如果不在圆上，它可能在哪里？——在圆外或圆内。
	准确定义	**追问**　这可能吗？——不可能！
		追问　为什么？——否则，$OM \neq r$。
		结论　圆上的点到圆心距离等于半径，到圆心距离等于半径的点在圆上。
活动六	再变情境	**情境四**　全年级，全校乃至更多的人参加游戏，点越来越多，它最终变成什么图形？——圆。
		设问　那么圆可以看成什么集合？——无数个点的集合。
		追问　无数个满足什么条件的点的集合？——到圆心距离为半径。
		设问　能否重新定义圆？——圆是到圆心距离等于半径的点的集合。
		追问　能否换种说法？——圆是到定点距离等于定长的点的集合。
		追问　两种说法哪一种更准确？——第二种说法更准确。
		追问　为什么？为什么要把圆心换成定点，半径换成定长？
	准确定义	**设问**　定义就是要确认圆是什么，确认以前有没有圆？——没有。圆还没有呢，哪里来圆心、半径呀？所以是定点、定长准确。
		设问　圆的内部、外部怎样定义呢？——圆的内部是到圆心距离小于半径的点的集合。圆的外部是到圆心距离大于半径的点的集合。
		追问　为什么这里说圆心、半径，不说定点、定长？——圆已经有了。

此教学设计，把“套圈游戏”作为原始情境，不断变化游戏人数和人的位置，贯穿于课堂教学始终。把“套圈游戏”这个学生成长中的常见游戏作为问题情境，返回学生生活的成长过程之中，利用游戏情境展开对圆的定义的学习，这也是一种效法自然的形式。在学生生活的自然情景中，又以游戏的规则作为研究的方法，发动学生展开讨论。游戏的规则对学生而言，就是一种本原的方法，它来源于学生的实际生活之中。把这种游戏方法的运用贯穿探究活动的始终，由浅入深，层层递进，先得到圆的构造性定义，再得到点与圆不同图形位置的数量关系，进而沿着游戏情境变化，一直用游戏规则作为方法，最终得到圆的准确的“集合定义”。这样的设计，生动有趣，引人入胜，学生犹如在游戏中探究数学，数学的概念以及蕴涵其中的数学思想在不知不觉中自然地在学生的头脑里产生了。

4.2.4　解题有技巧——要教技巧是怎么想到的

数学还有一个特殊性，就是解决某些问题时，有其特殊的技巧，这在数学发展的历史上屡见不鲜。比如，数学家康托尔在证明有理数集是可数集的时候，他在证明有理数集与自然数集一一对应的时候，采用了一种“对角线”方法，①这个方法是非常有技巧性的。

在中小学数学学习中，也常有一些数学题的解题方法非常有技巧性，如果要教学生学，就要尽可能教“怎么想到的”。如果不能教“怎么想到的”，而这个方法有比较大的迁移性，可以用来解决很多其他的问题，那就一定要把过程中每一步的内在数学关系或逻辑关系讲明白，以利于将来迁移解决别的问题。如果这个技巧迁移范围很小，又讲不清来龙去脉，就不必去教了，当然如果从数学欣赏的角度，也未尝不可。

现在一些城市小学二年级学生就去学“奥数”，一进校就要做这样一个题：“求 1+2+3+……+100 的和。”

这是很有技巧性的问题。从 1 一直加到 100，对 2 年级孩子多难啊！这时，老师就会给孩子们讲高斯小时候的故事：别人还在做呢，高斯早早就解决了。他是怎么做的呢？告诉你们，“首尾相加乘以项数除以 2”，以后你们遇到这样的问题就要这样去做。请问，这是教学生怎么思考吗？不是，这是教一个简单的操作方法，让他们依样画葫芦。这种简单的操作，没有任何“怎么思考”的内涵，更没有什么本原的思想。

这道题怎么教才是有本原的思想呢？

下面这样一种方法也许比较合适：

“现在 1+2+3+……+100 你不会加，或者是加得很慢，原因是什么？”

“数字太多了吧，怎么办？数字少一点，减少到 90 个怎么样？”——不会。

“减到 80。”——还是不会。

“再减，减少到你会。”——减少到 10 能加出来了，减到 20 也能加出来。

“这好像太繁了吧？”

“能不能找到一个简便的方法啊？”——学生心想怎么找啊？

“你能不能换一种方式来加呢？”

悟性高的学生立刻就能想道：要换一种方式加，就是要跟原来的方法不同，那原来是怎么加的？一观察，是从小加到大的，要换不同方式，很容易想到倒过来从大加到小。但是多数人想不到，不过也不要告诉他们：倒过来从 10 加到

① 克莱因．古今数学思想．北京大学数学系数学史翻译组，译．上海：上海科技出版社，1981：62．

1。而必须进一步启发：

“什么才是换一种方式啊？”

这比前一个发问明白了一点，有一些学生因此获得启发的会想道：是啊，什么才是换一种呢？不就是要跟原来方法不同吗？那就先看看原来怎么加的，一看，是从 1 加到 10，换不同的方法，倒过来加不就是吗？

但还会有不少学生想不到，那就继续启发，总之不告诉他结论。

“你先想想刚才是怎么加的，再想能不能换一种方式加呀？”

这比前一个发问又明朗了一点，多了“刚才是怎样加的”，这时又会有些学生获得了暗示，就来想“刚才是怎么加的”呢？这一看，发现刚才是从 1 加到 10，要换一种方式，容易想倒过来从 10 加到 1。

可能仍然有一些学生想不到，那就更进一步启发：

“看看刚才你是从哪个数加到哪个数？”
“那你能够不能换一种方法呢？”

发问中提示越来越明朗，这样几次下来，就会不断使不同智力层次的学生获得启发，并通过自己的努力，想到可以倒过来从 10 加到 1。

最后，还是有极少数想不到的人，你只能告诉他了：

“你原来是从小加到大的，要换了一个方法，能不能倒过来加呢？”

虽然近乎告诉他了，但“什么是倒过来加”“能不能倒过来加”，还要他自己去想清楚，自己动手去试一试。

到此，问题还没解决，需要继续启发。

“两种方法都加过了，你看出什么特点来啦？”
“它们之间有什么规律啊？”
“能不能从不同的角度来看呀？”
“两个算式要排列好，对齐了，书写的习惯要好。”
“只能从横的方向看吗？”
“什么是对齐了？就是上下一个数对一个数。”

有人一下就看出来，这头是 1+10，那头是 10+1，都是 11。

“再往中间看看呢？”

学生顺着往中间看，有规律！上下每个加起来全都是 11。

“全都是11，这下你还会算啦？”

“总共几个11啊？”——10个11，算出来是110。

“但这是你要求的结果吗？”——不是，多了一倍上去了。

“什么原因多一倍？”——多加了一个算式，还要除以2。也就是$(1+10)\times 10\div 2$。

“用这种方法看看1加到20呢？”——$(1+20)\times 20\div 2$。

“比较一下有什么规律？”“括号里是什么？”——首项加末项。

“10和20是什么？”——项数。

“为什么除以2？”——因为多了一倍。

“用语言概括规律是什么？”——首项加末项乘以项数除以2。求和公式就找到了。

上述启发过程中的提示语就是“由远及近”的启发性提示语，它们让不同层次的学生都获得了启发。

但有人会说，这是牵着鼻子走。什么是“牵着鼻子走”？把眼睛蒙起来牵着走到某个地方，告诉他“目的地到了”，被牵的一直不知到哪去。而这里的启发，目标始终明确——“改变加的方式”“它们有什么规律”。目标是“改变”和“规律”，怎么“改变”，怎么“找”，有什么“规律”，启发你，办法自己去想。要过河（目标），怎么过，启发你，但办法自己去想。是游泳游过去，还是划船过去，还是搭座桥过去，还是用别的法子过去，你自己想，自己做。可见这完全不是“牵着鼻子走”，那种没有目标被领着跑，到了某处，被告知“到了”，被牵者完全不知道到哪去，怎么去，糊里糊涂跟着走。那才是牵着鼻子走。

这些发问都是启发性提示语，是为学生提供线索，是用线索引导他探究。其实这并不是真正的线索，而是暗示了寻找线索的方向。寻找，还是要靠他自己，只不过是有了一个寻找的方向，增加了让他找到的可能。

这就是在教他本原的方法，这的确是很费劲，但是将来他就会想了：遇到复杂的问题，可以把复杂的变为简单，多的变少，这是第一步；第二步就是，用一种方法做了以后，再想能不能换一种方法做？换了以后与原来比较观察，能不能看到有什么特点？这些特点中间最重要的是共同特点，那有什么共同特点？人的各种思维方法：观察、比较、分析、类比、综合、归纳、抽象、概括都使用到了。这不是在教学生学思考吗？这些东西就是本原的方法。这是真正要让学生学的东西，至于“首尾相加乘以项数除以2”，那只是通过方法得到的结论公式。

其实结论并不重要，公式可能多年后都忘掉了，真正需要知道的是：在结论之前的过程中是怎样去思考的，怎么从不会变成会的，等等这样一系列思维方法才是要学的。这样才是在教学生学思考，才是他将来学习任何东西都需要的。所以，教怎么思考，教怎样才能想到，是数学教学的首要任务。

这是本书的基本观点，在这个观点下，就可以来讨论在数学新授课和解题教学中，教“怎么思考”，教“怎么想到的”，教“学会思考”了。

4.3 教学之魂——科学方法论的修养

教学设计是数学教学研究的重要内容，任何一堂成功的数学课都离不开精心的教学设计。数学与其他科学的研究都蕴涵着丰富的科学方法论思想，这导致数学的学习还应学习科学方法论的思维方法，而教学生学习数学当然要运用科学方法论的思想。所以数学教师要胜任教学生学好数学的工作，自然应该具备一定的科学方法论的修养，数学教学设计中也自然要渗透科学方法论的思想。

4.3.1 什么是科学研究的方法

科学研究的方法是人们为达到认识客观世界这一基本目的而采用的手段和途径，它既包括科学活动的方式（如实验）及使用的仪器等物质方面的规定，也包括逻辑推理、数学方法及各种抽象思维方法和理论方法等。①

按照理解层次和角度的不同，科学研究的一般过程可以划分为各种不同的阶段。著名数学哲学家拉卡托斯提出了科学研究的“猜想—证明”二阶段模式，而著名哲学家波普尔则提出“猜想—反驳”二阶段模式；美国当代著名创造学奠基人奥斯本与美国兰德公司的特里戈分别提出“寻找事实—寻找构想—寻找解答”“发现问题—分析原因—最终决策”两种三阶段模式；英国心理学家沃勒斯和美国数学家波利亚则分别提出了四阶段模式，沃勒斯认为科学研究一般要经过准备期、酝酿期、明朗期、验证期四个阶段，波利亚则将解决问题划分为理解题意、拟定计划、实施计划、解题回顾四个阶段；而美国著名教育学家杜威则把科学研究的过程划分为“暗示（问题情境）—问题—臆说（提出猜想或假说）—推理—试证”这五个阶段。

纵观各派的观点，尽管存在差别，但有一点却是有共识的，那就是都认为需要经过“问题—猜想—验证”的过程。

4.3.2 为什么要用科学研究的方法指导教学

1．数学学习本质上就是科学研究的过程

学生学习数学的过程实质上是一种科学研究的过程。学生在这个研究中体验

---

① 张巨青．科学研究的艺术——科学方法导论．武汉：湖北人民出版社，1988：14.

科学过程，理解科学本质、领会科学方法论思想和培养科学思维能力。

其操作过程其实与科学家在解决问题时基本相同，在数学教学这个特殊的科学认识过程中，科学方法论是能够起到有效的指导作用的。义务教育《数学课程标准（2011 年版）》指出：“学生的学习应当是一个生动活泼的、主动的和富有个性的过程。认真听讲、积极思考、动手实践、自主探索、合作交流等，都是学习数学的重要方式。学生应当有足够的时间和空间经历观察、实验、猜测、计算、推理、验证等活动过程。”①其实，在数学学习的过程中，经常要运用诸如比较、分析、综合、归纳、抽象、演绎等一般思维方法，如果教师能自觉地运用这些方法于教学，并有意识地培养学生掌握这些科学思维方法，那么将使学生不仅可以有效地掌握数学知识，而且可以学会思考，增强解决问题的能力。

这说明，真正的数学学习不应该采用老师告诉学生现成结论，学生死记硬背、反复操练的方式来进行，而应该充分还原数学知识产生与发展的历史，让学生像数学家那样去感受和体验数学知识的发生发展过程。因此，在数学教学中应注重科学思想方法的渗透，不仅教师要用科学思想方法教，而且要让学生用科学思想方法来学，只有这样才能从根本上提高数学教学的质量，促进学生的有效学习。

2．它是培养学生科学素养的需要

之所以要让学生像数学家那样去感受和体验数学知识的发生发展过程，这既是时代发展的需要，也是信息社会发展的需要，更是学生可持续发展的需要。21 世纪是知识经济时代，这一时代的最明显特征是不仅知识增长非常迅速，而且知识更新速度也异常惊人。这就决定了人们不可能再像过去那样仅仅依靠年轻时所学的知识便可以一劳永逸，而需要不断学习，不断创新，才有可能适应时代，不轻易被时代所淘汰。

体现在学习上就是学生不仅要学会，更要会学，不仅要接受，更要会创新。反映时代要求的国际教育评价项目“PISA”（The Programmer International Student Assessment）提出：“评价的目的是了解学生在阅读、数学和科学素养方面为成人生活所做的准备情况，科学素养的测试包括三个方面：科学基本观点、科学实践的过程和科学场景。”义务教育《数学课程标准（2011 年版）》明确指出：“学生学习数学的目的不仅仅是获得知识与技能，获得对客观事实尊重的理性精神和对科学执着追求的态度。”②“要通过数学学习让学生具有初步的创新

① 教育部基础教育课程教材专家工作委员会．义务教育《数学课程标准（2011 年版）》．北京：北京师范大学出版社，2012：6，71．

② 同上：6，72．

意识和科学态度。”[①]即将颁布的高中《数学课程标准》提出的三大核心素养“会用数学的眼光观察世界，用数学的思维思考世界，用数学的语言表达世界”[②]不仅深刻揭示了科学研究的一般过程，而且充分体现了科学思维的一般方法，它从科学素养的高度对学生创新能力和创新意识的培养提出了非常明确、具体的要求，可以说三大核心素养的本质就是科学素养。

3．科学方法可以提升教学设计的科学性

（1）科学方法可为教学设计指明方向

一个好的教学设计离不开正确方向的指引，许多教师在进行教学设计时往往依靠自己的已有教学经验来进行指导。从表面上看，好像是教师缺乏科学的教学理论或灵活运用教学理论的能力，但归根结底还是教师缺乏基本的科学方法论素养，使得教学设计缺少科学方法论的指导。比如，没有科学方法指导的教师在设计课堂提问时往往仅凭个人的喜好或经验来进行，他既不思考为什么要提问，也不思考该不该提问，更不去关心该问谁怎么问，一个懂得“5W+H”这一科学方法的教师在设计课堂提问时就不会漫无目的地随意而为，他可能就会按照“5W+H”这一思维框架去深入思考“问什么？”“问谁？”“谁问？”“怎么问？”“为什么问？”“何时问？”等一系列问题。教师一旦能够这样思考问题，那么他在进行教学设计时就可以少走弯路，就会极大地提升教学设计的效果。

（2）科学方法可以优化教学设计过程

首先，教学设计的过程应符合科学认识的一般规律。教学设计一般包括分析教材地位与作用、分析学情、设计教学目标、确定教学重难点、设计教学过程等环节，不仅这些环节的提出及次序的安排都要有科学根据，而且每个环节内部的设计也要有科学依据,都要符合人类思想认识的一般规律。如果在教学设计时没有完全遵循甚至违背这些规律，那么就很有可能会造成教学设计的错误并最终导致教学的困难甚至失败。

其次，可以为教学各环节的设计提供方法论指导。在教学设计中，无论是教材地位与作用、学情的分析，教学目标、教学重难点的确定，还是教学内容、教学理论、教学方法、教学手段的合理取舍与优化组合，教学情境、课堂提问以及课堂板书的设计等都离不开科学方法的指导。比如，在引导学生进行数学探究时，可以充分发挥元认知这一科学思维方法的优势，利用元认知提问这一方法来对探究过程进行调控。在这方面，美国著名数学教育学家波利亚有非常深入的研

---

① 教育部基础教育课程教材专家工作委员会．义务教育《数学课程标准（2011 年版）》．北京：北京师范大学出版社，2012：6，72．

② 史宁中，等．关于高中数学教育中的核心素养——史宁中教授访谈之七．课程·教材·教法，2017，(4)：1-5．

究，他在《数学的发现》和《怎样解题》中提出了很多非常实用的元认知提问用语，如在面对一个新问题时，解题者可以通过运用“你以前见过它吗？见过同样的题目以一种不同的形式出现吗？你知道或你能设想出一个类似的问题、一个更一般的问题、一个更特殊的问题吗？题目的未知量是什么？条件是什么？条件是否足以确定未知量？条件是否不够？是否多余？甚至是否矛盾？”用一系列元认知提问不断进行自问自答，来逐步接近目标，求得问题的解决。

再次，科学方法可以评价教学设计优劣。数学新课程标准倡导数学教育评价的多元化，但不管教学评价如何多元化，有一条铁律就是评价不能违背科学规律。或者说科学对教学评价具有一票否决的作用，很难想象一个不符合科学的教学设计会是好的教学设计。因此，在对教学设计进行评价时，要充分运用科学方法来指导数学教学的评价过程。比如，在评价对某一教学情境是否合适时，就应该思考情境的设计是不是符合知识发生发展的内在规律，有没有很好地考虑学生的学情与认知特点，能不能让学生充分经历知识的探究与发现过程。再比如在评价教学过程的设计是否合理时，应该考虑有没有充分突出学生的主体地位？是不是遵循了启发性原则？是否做到了因材施教和循序渐进？等等。总之，只有借助于这些科学思维方法的不断调控与指导，才能保证整个教学设计始终沿着正确的轨道向前推进。

4.3.3　怎样用科学方法论指导数学教学设计

1．牢固确立科学思维的意识

首先，要充分认识到科学思想方法在指导数学教学设计中的价值。即不仅要认识到数学教学过程本质上就是科学研究的过程，因此在整个数学教学过程中都会渗透着科学思想方法，从而在教学过程中不论采用什么样的教学方法，都要受科学思想方法的指导；而且还要认识到随着社会的不断发展，科学思想方法对未来人才的教育功能将会日益凸显，应该充分彰显科学思想方法在现代教学中的育人功能；同时还应认识到只有真正认识科学思想方法的价值，才能在数学教学设计中形成乐于学习科学思想方法、乐于运用科学思想方法的态度。

其次，要让运用科学思想方法成为教师的自觉行为。虽然教师在教学中都可能会不自觉地运用过符合科学思想方法论的手段，也能取得较好的教学效果。但“不自觉”必然缺乏明确的目的性、主动性和系统性，带有很大的随意性，从科学方法论的角度看学生受到的训练是支离破碎的，能力的形成与发展势必受到一定的影响。为了使学生在获得数学知识的同时又能受到良好的科学思想方法的训练，教师在进行教学设计时应自觉地运用科学思想方法论指导数学的探究活动，才能取得良好的教学效果。

2．强化科学思维方法的训练

首先，要系统学习科学方法理论。要通过科学方法论的学习深入了解科学研究的一般过程、常用的科学方法有哪些？有什么适用条件？这些方法对数学教学设计及学生的发展有什么促进作用等？

其次，要深入学习数学方法论。数学方法论是科学方法论在数学教学中的具体运用，同时，数学方法论也是了解和认识科学方法论的一个重要窗口，许多重要的科学思维方法如归纳与类比、分析与综合等既是科学思维方法同时也是数学思维方法，因此，深入学习数学方法论不仅可以深化对科学方法论的理解，提升运用科学方法论指导数学教学设计的能力，同时也可以为在数学教学设计中渗透科学思想方法提供一个重要的桥梁。当然最重要的还在于数学方法论既是数学教学的一个重要思想内容，而且也是使学生获取数学知识和学会思考的一个重要途径。

再次，要广泛研读数学发展史。科学研究表明，人类认识数学的过程与数学发展的历史之间存在惊人的相似，因此，要想进行合理的教学设计，让学生像数学家那样去进行数学探究，就必须深入了解数学发展的一般规律，了解所设计教学内容在数学发展历史上的产生与演变过程，了解前人在认识和发现这些知识时，曾经遇到过哪些困难？曾经的数学家是采用什么方法来解决的？这些方法对学生的学习有没有指导意义？这样，才能使教学设计更具针对性，避免重走前人的弯路。

3．运用科学方法指导教学设计

运用科学方法论来指导数学教学设计，绝不是单纯的应用或者讲讲几种科学方法就行了，而是要把科学方法论作为教学设计的一个指导理论，与现代教学理论、心理学和认识论等科学理论相结合，全面考虑它在数学教学设计中的作用，并将它运用于数学教学设计之中，以提高数学教学的水平和效率。

据于此，教学设计要把教学生学习科学思想方法作为一个目标。把科学思想方法的培养作为教学情境设计的目标，就应该从发展学生科学思维的高度去认识教学情境设计的作用。美国教育学家杜威提出的“情境—问题—假设—推论—验证”这一“五步教学法”，是一种值得大力提倡的教学科学方法论方法，它不仅是一种教学过程模式，更是一种科学研究的过程模式，这一过程模式充分反映了科学研究的一般规律，其本质是为了创设一种问题情境来培养学生的提出问题、建构概念、寻找方法、提出和验证猜想的能力，采用这种教学方法特别有利于帮助学生学会思考，特别有利于帮助学生学习和掌握研究问题的一般方法。

教学设计还要充分运用科学研究的一般方法指导数学探究，让学生充分经历科学探究的一般过程。数学教学的本质绝不仅仅是让学生掌握知识，前已指出，数学学习本质上就是科学研究的过程。数学教学应让学生有充分的活动过程，有足够的时间和空间经历观察、实验、猜测、计算、推理、验证等活动过程。因此，在进行数学教学设计时，要按照科学研究的一般过程来进行教学设计，让学生经历“问题—猜想—验证（反驳）”这一核心过程（差别只在于问题究竟是由谁提出来，要不要进行反思总结等）。这就是说，在进行教学设计时，教师要按照“问题—猜想—验证（反驳）”这一过程来设计教学过程，要创设有利于培养学生提问能力的良好情境，让学生在这样的情境中主动提出问题、提出研究方案、研究方法，进而提出猜想、验证猜想、解决问题。

教学设计要充分利用科学研究方法进行指导。教师在进行教学设计时要自觉运用科学思维方法指导教学设计。比如，在进行情境设计时，教师可以在深入分析新旧知识之间逻辑关系的基础上选择合适的教学情境，如果新旧知识之间存在类比关系，那么往往适宜创设类比情境；如果新旧知识之间是特殊与一般的关系，那么可以创设归纳情境。又比如，在进行提问设计时，教师可以设计方法论和元认知提示语来进行启发引导，提出“由此你会想到什么？”“你打算怎么研究？”“要解决这个问题你拥有什么？缺少什么？”“通过这些你能发现什么规律？”等问题，通过这一系列提问使教师的课堂提问逐步实现从“跟着感觉走”向“跟着理性走”的转变。

第 5 章　构建数学教学设计原理

有了前面关于数学教育的基本理论，就为构建数学课堂教学设计原理奠定了坚实的基础。然而，本书要构建的不是一般的课堂教学设计原理，而是关于数学的课堂教学设计原理。数学是一门非常特殊的学科，它没有物化的材料而是一种抽象的思想，人们能看见的只是它的形式化的符号，符号本身并不是数学材料，隐藏在符号背后的思想才是真正的数学。

因而数学教学与其他学科的教学有很大的不同，甚至是本质的不同，因为实际是在教学生学看不见摸不着的“思想”。正因为数学是抽象的形式化的思想材料，因而数学的学习实际上是在人的头脑里进行，即使数学教学中常常运用直观化的方法，但那些直观化的材料也仅仅是数学思想材料的指代物，是用来帮助学习者最终在头脑里形成抽象的思想认识的中介。说到底，数学的教是教思想材料，数学的学是学思想材料，最终数学教学生学会的是“怎样思考”。

数学的这种教学特点，使得数学教学具有很大的特殊性，使得它本身具有不同于其他学科教学的独特的规律，这当然也使得数学课堂存在独特的教学设计原理。笔者经近 40 年的数学教学实践研究和数学教育理论研究，逐步构建起一套数学课堂教学设计的原理，可以说只是适用于数学教学的原理，对其他学科未必适用，至多是有借鉴作用。

这套数学课堂教学设计原理是根据数学的特点和数学教育的价值取向而构建的，其每一个原理都把“教学生学会思考”作为最终的目标，以实现数学教育的最大价值。

5.1 “教学生学思考”的原理

在 1.4 节“教会思考的数学教育观”中，提出数学教学的首要任务就是，要为把学生培养成具有人格的、全面发展的和可持续发展的人做出最大的贡献。数学教育所能做出的重要贡献、主要贡献，就是发展学生的思维，使人变得更聪明，所以数学教学的首要任务是教“怎样思考”。

因而，把“教学生学思考”作为数学教学设计的基本原理，是理所当然的。

什么是教学？教学就是教学生“学”，对“教学”这个名词应该这样来理解。教学是教学生学，那就一定要教他“会学”。这就是说，教学不是简单的传授知识，而是同时要教学生“会学习”。

教师怎样教，才能教学生会学习呢？

首先是教学生学什么？是学知识，还是学思考？当然是教学生学思考，但是知识是通往认识力发展的必经之路，也就是说，学知识是学会思考的必经之路。因此实际上是，教学生通过学习知识来学思考。怎么通过知识教学生学思考呢？就是教学生学“提出”问题，学“建构”概念，学“寻找”方法，学“研究问题”的一般方法。这就是教学生学思考了。

5.1.1　教学生学“提出”问题

爱因斯坦说：“提出一个问题，比解决一个问题更重要。”[①]要通过知识教学生学思考，第一位的是教学生学提出问题，是学“提出问题”。“中国学生不善于提出问题”，是众所周知的现象。其原因是，中国的教育长期以来，对“教学生学提出问题”认识不足，因而没有把“教学生学提出问题”放在重要的位置。然而，“问题”是数学的心脏，“问题”也是一切研究的源泉，没有问题就没有创造，没有问题人类就失去了活力，人类的发展就要停滞不前。可见，“教学生学会提出问题”是何等重要。

怎样教“提出问题”？当然不是仅仅教师不断地出问题，重要的要让学生会提出问题。“学提出问题”最重要的，是要学“提出”，如果把“提出”两个字拿掉，那就是“学问题”了。不是！数学教学的根本任务是教学生学“提”问题，教他会“提”问题。这就是说，教师要教的是“提出”这个动词。所以数学教学本质上应该是“以动词为本”教学，而不是“以名词为本”的教学。“以动词为本”的教学，不但能学到“名词”本身，还能学到这个“名词”是由什么原因产生的，更能学到发明创造这个“名词”的原理和方法，体验到得到这个“名词”的发明创造的过程，实现既学“动词”又学“名词”两不误。

培养创新精神，培养创造能力，是教育的重要目标。但是发明创造靠什么？靠“问题”！首先要靠提出问题，当然也要靠解决问题。但是如果没有问题，解决什么？创造什么？所以数学教学要为教育目标做出贡献，就要教学生学“提出”问题。

5.1.2　教学生学“建构”新概念

问题提出来以后，问题中很可能出现新的对象，这个新的对象是什么？于是就要“建构”新概念，那就要学“建构新概念”。学的是什么？学的是“建构”新概念，动词。把“建构”拿掉，就成了“学新概念”，学“名词”。那以后如果遇到新的对象，怎么才能知道它的意义呢？不会。因为老师教的时候，没有教

---

① 孙正聿．哲学修养十五讲．北京：北京大学出版社，2004：34．

“怎么才能知道”。要使学生离开老师以后，也能知道新对象的意义，那就要教他学“建构”新概念。

学“建构”新概念，学生就会知道，新概念是问题里产生的，要解决这个问题，就必须搞清楚这个新概念的意义，怎么才能搞清楚？建构！从无到有的建构。

学“建构新概念”，那就要把一类对象拿出来，经过观察、比较、分析、综合一系列思维活动，找出它们的共同特征，再通过去伪存真，抽象概括出这一类对象的本质属性，并经过对与这类对象似像非像的一些对象辨析，把本质属性与非本质属性区分开来。经过这样一个在思想上的艰难曲折的思考，才能真正建构起这个对象的概念意义。

这里给出一个建构“分式”概念的教学片段，可以来看看如何建构一些概念。

在初中阶段，分式是一个很简单的概念。教学中，往往是教师直接告诉学生的。因为简单，老师一讲，学生就明白。但是这里讲的仅仅是知识，是名词。很久以后这个名词的含义可能会忘掉，那不是什么也没学到吗？如果给学生一个概念建构的过程，而且每遇新概念总有建构的过程，那么学生就能学会如何建构新概念。这样，学生离开学校以后，当需要的时候，就会自己独立地建构新概念。

案例 5.1.1　如何教建构新概念——分式。

要建构这个“分式”概念，先根据几个简单的实际问题来列方程解应用题。目的是创设情境、提出问题、解决问题。比如列出了这样几个方程：

$$\frac{1}{5}x+50=\frac{1}{4},\quad \frac{1000}{x}-\frac{1000}{x+50}=1,\quad \frac{36}{x}-\frac{36}{(1+50\%)x}=0.2。$$

“这三个方程会解吗？”——学生稍加观察就会发现，右边两个不会解。

“为什么不会解呢？你们发现了什么呢？”——并不问哪个方程不会解，反正一定有不会的。实际是其中有没见过的符号。

“是不是有哪些符号没见过？哪些没见过？”——把方程式中含有字母的式子留下：$\frac{1}{5}x$，$\frac{1000}{x}$，$\frac{1000}{x+50}$，$\frac{36}{x}$，$\frac{36}{(1+50\%)x}$。

“它们有什么不同，能不能对它们做个区分？”——这里的区分不难，学生很容易办到。

“它们分别有什么特点呢？”——未知量 x，一组不在分母上，一组在分母上，在分母上的式子没见过。

“能不能给未知量 x 在分母上的代数式或者给它一个描述？下个定义？”——实际上已经把共同特征提取出来了：分母上有未知量。这是分式的本质，即除式

里有未知量，这就是分式的本质特征。给分式下个定义：

“分母上有未知量的这些代数式叫做分式。”

可以注意到，上面讲“区分”，而没讲分类。分类作为名词，是可以用的，但这里如用“分类”就是动词了。作为动词的“分类”，一般是有专门标准的，不同的标准会得到不同的分类结果。对初一学生用“区分”更通俗易懂，因为相对来讲，说“区分”，就可以随便怎么区分，允许学生做各种选择，当然在这里别无选择。

还应该注意到，讲到特点和共同特点时，实际就是抽象的开始，也是学生学抽象的开始。使学生在学思考中学会抽象，是数学教育的很重要的任务。

5.1.3　教学生学“寻找”方法

问题提出来就要解决，用什么方法解决？于是就要“寻找”解决问题的方法，那就要学“寻找方法”。注意，这里学的是什么？学的是“寻找”方法，动词。把“寻找”拿掉，就是“学方法”了。因为没有把重点放在学“寻找”上，教师就教这个方法、那个方法，但是这个方法怎么想到的，学生并不明白。怎么找到的，没解决。所以要学“寻找”！

如何教寻找方法呢？从最简单的开始。下面给出解二元一次方程组代入法的教学片段，可以来看看如何寻找方法。

解二元一次方程组代入法，这么简单，还要教如何寻找方法吗？那就是前面已经提到的，新授课可以培养学生的创造性。要学建构、学创造、学寻找。并不是一定要复杂的问题，才能培养创造性。要知道这个东西对你教师很简单，但对学生来说未必简单，或者说对大部分学生来说未必简单。很多教师有一个不好的习惯，总喜欢说“这个问题很简单”，先把这个“很简单”说出来，那就很打击学生的信心，老师说这个问题很简单，但是我不会做，看来我笨，不是学数学的料子。对学生的这样一类心理特征，教师要充分认识。任何东西对初学的学生来说都是很难的，所有的知识都是从无到有，从不知到知，从不会到会，不明白到明白的。学生走进教室之前是不会、不懂、不明白，教师的任务就是把他变会、变懂、变明白。

案例 5.1.2　如何教寻找方法——解二元一次方程组（代入法）。

现在有一个二元方程组 $\begin{cases} x+y=132, \\ 2x-y=39。\end{cases}$

“这个方程组怎么解？”——这种方程组的解法没学过。

“大家尝试解解看，要独立思考。”（停顿）

“看来有人不会。那你会解什么方程？”（停顿）

这个提示语是暗示你会解什么方程，你就要朝那个方程的方向去想。

“你会解什么方程？它与你会解的方程有什么不同？你打算怎么办？”（停顿）

打算怎么办，既然它们不同，那就要把它变成相同的你会解的方程。这是在暗示“二元变一元”，但是不明说，让你自己获得暗示。怎么变，也不告诉你，你自己去想。

“能不能变成自己会解的一元方程？”（停顿）

前面教师没明说要变成会解的一元方程，是希望你自己想到。现在靠近目标一些来提示，直接告诉变成一元方程。但是怎么变？不告诉。

“试一试。二元变一元，要消去一个元，怎么消？”（停顿）

又靠近目标提示，怎么变也告诉你了，消去一个元。但怎么消去，自己去尝试。

“你把一个方程变形之后会怎么样？能不能利用它呢？”（停顿）

提示把方程变形看能不能消去一个元。具体怎么变形，自己尝试。

于是学生就把未知量 x，y 移过去移过来，把方程这样一变形，发现可以用一个未知元表示另一个未知元，代入另一方程就行了。这就是帮助、启发学生找到了代入法。

启发暗示越来越靠近目标——消去一个元。这是由远及近的启发。

“现在请哪个讲一讲？”——回答由弱到强。然后进行反思性教学，反诘，追问。

“你怎么想到的？你是怎么想到代入的？”——因为要消去一个元。

“为什么消去一个元？”——化成一元一次方程。

“为什么要化成一元一次方程？”——一元一次方程学过了，会解。

“这对你有什么启示？”——把不会的变为会的。解决新问题可以转化成已经学过的问题。这是最重要的思想。

这是一个教师运用由远及近启发性提示语，教学生寻找解题方法的过程，采用的是“引导式探究教学”（参见 3.3.3 节）。从“不会—会什么—怎么变成会的—必须要做什么—对它做一些变形—尝试”，这样的对寻找方法的思考，就是在教学生学“寻找”，教他从不会开始，一步一步地这样思考，最终找到了方法。如果长期的教学中都是这样的教学生学“寻找”，那么学生不仅解题能力会提高，更重要的是他学到的是一种极有迁移价值的思考方法，会使他们受用终身。

5.1.4　教学生学“研究问题一般方法”

所谓研究问题的“一般方法”，就是做研究的基本方法，什么样的问题都可以用这个基本方法来进行研究。这是一种方法论的思想方法。这种方法是本原的方法，是人类能发展到今天的最根本方法。美国数学教育家波利亚认为，学生学习数学是一个“再发现”过程，荷兰数学教育家弗赖登塔尔也认为，学生学习数学是一个“再创造”过程，这说明学生学习数学在一定程度上是一种“研究工作”，因此在数学教学中要尽可能地使用“研究问题的一般方法”，使学生的数学学习处于一个“研究状态”。

怎么教学生学提出问题、建构新概念、寻找方法和研究问题的一般方法？这个教的方法，就是教学生用研究问题的一般方法去“学”。不是要教学生“学”研究问题的一般方法吗？怎么又是“用”研究问题一般方法去“学”研究问题一般方法呢？对的！这就像在游泳中学游泳一样，在“做中学”，在“做”的过程中学那样，在“用”的过程中学，在用方法的过程中学方法。这就是说，在用方法同时也在学方法，并不仅仅只是用方法，用的目的是为了学，又通过学来学会用。关于具体如何用研究问题一般方法来教学生学，将在 5.2 节中作详细说明。

在新授课教学中，要教学生学“提出”问题、“建构”概念、“寻找”方法、研究问题“一般方法”这样的一些东西，学这些东西就是教学生学“怎样思考”。可见在新授课教学中，是完全可能来教学生学思考的。

5.2　“运用研究问题一般方法”的原理

数学教学活动是学生在教师的指导下从对新知识的“不知”变为“知”的活动，本质上是一种对数学问题的研究活动。既然是一种研究活动，那必然要运用研究问题的方法，其中最基本的方法就是 5.1.4 节中提出的“研究问题的一般方法”。从教学生学思考的角度，不仅要运用研究问题的一般方法教学，更重要的是教学生学研究问题的一般方法。什么是研究问题的一般方法？为何要运用研究问题的一般方法设计教学？怎样运用研究问题的一般方法设计教学？这些都是需要思考和解决的问题。

5.2.1　什么是研究问题的一般方法

研究问题属于认识活动，为了给出研究问题的一般方法，首先需要弄清认识活动，特别是科学认识活动的一般方法。弗里德曼在《中小学数学教学心理学原理》中指出了科学认识活动的一般方法。认为创建研究对象的概念、分析研究对象的性质、寻找研究对象运动变化中的不变性质、把若干不同对象联系起来概括出它们之间的关系——是科学认识活动的一般方法，也是现代的科学理论思维的本质特征。

现实问题或数学活动作为特殊的认识对象，其研究的一般方法，本质上可概括为如下六阶段的思维模型：形成问题—构建概念—寻找方法—提出猜想—验证猜想—语言表述。

首先，提出或形成一个问题。研究问题，没有问题怎么研究？所以首先要发现问题，提出问题，产生问题。有了问题才有了研究的目标。

然后构建这个问题中某些对象的概念或者关系。这个要研究的问题中间，有些对象是不明确的，是新的，没见过的，是已有知识所不能解释的。那怎么办？那就要构建新对象的概念，或者构建对象之间的新关系。

然后要探索解决问题的方法。如果解决这个问题没有现成的方案或方法，那就要设计新方案，寻找新方法。

一旦设计出新方法或寻找出新方法，就可能要对问题解决的前景或结论提出假设或猜想，可能是这样的假设、那样的猜想，可能有这样的前景、那样的结论。究竟是哪种，尚无定论。

于是要验证猜想或结论，在验证过程中可能发现猜想不完善，那就要修正猜想，最终达到问题的解决。

在数学研究中，最后还要用数学的语言来描述问题的结论。这是跟其他学科最大的不同，要用数学语言去表述新的概念或者新的关系。

通过这样的过程，建立解决原先问题的理论或方法。其实不管大问题还是小问题，最后都是要建立解决问题的理论或方法。

因此概括地说，所谓研究问题的一般方法就是：形成问题、构建概念、寻找方法、提出假设、验证猜想、语言表述这样一个过程，其实是一个探究活动的过程。在数学教学中，应该尽可能运用研究问题的一般方法去进行教学。

5.2.2 为何要用研究问题的一般方法设计教学

通过研究问题和学习研究问题的过程所要达到的学习目的，具有极大的重要性。科学研究的发现表明，在数学课堂里所学到的研究问题的一般方法，在某些情况下能够迁移和运用到其他场合的问题之中。

教育的本质在于传承文化、创新知识和培养人才。在当下知识锐增的时代，作为未来社会的劳动者仅仅掌握一定数量的知识已经远远不够，更要学会独立地充实自己的知识，不断更新自己的知识，才能在科学技术和生产生活的千变万化中思明常在。因此，在教学中使学生掌握研究问题的一般方法，可使学生受益终生。

认识方法与认识经验是不能分开的，数学学习不仅要学习数学中的具体方法、特定方法，更为重要的是掌握认识活动的一般方法，即获得包含数学具体方法、特定方法的一般方法，更进一步获得研究问题的一般方法，这是认识活动更一般的方法。为此，必须改造现行的教学过程，停止使用消极讲解型的教学，逐步过渡到积极创造型的教学，既要形成学生有充分价值的概念，又要形成学生用这些概念进行智力活动或研究问题的一般方法。这就意味着，学生应当从所学习的概念中看到各种问题的本质和特点，并且理解它们对于解决相应问题的意义。

为了形成有充分价值的概念，心理学理论指出了两种有效方法：一个是把所学概念用以识别对象变式的方法，一个是学习概念时就与运用该概念解题结合形成导向结构的方法，可简称为变式法和导向法。变式法依据的原理是，只有当概念的本质特征和变形了的非本质特征同时被认识时，本质特征才能被正确地认识。在实际概念教学中如果缺少变式，必然会导致非本质特征泛化为本质特征，变式教学意在突出对“变”的识别。

导向法源于认知心理学的智力活动导向结构的概念，即在每一个智力活动中都有导向、执行、检查三个成分，导向结构的方法意在突出对“导”的蕴意。根据概括程度和适应范围，智力活动的导向结构可以分为三类：模板匹配、类型匹配和特征分析。模板匹配导向结构是个别问题与具体方法对应；类型匹配导向结构是某类题型与具体方法对应；特征分析导向结构是针对一切问题的一般思考方法。前两种导向结构在特定的学习阶段有其相应的地位，但后一种导向结构才是主要的，也是最有效和最具发展力的。本研究提出的“研究问题的一般方法”教学设计原理，正是揭示和遵循了“特征分析的导向结构”的蕴意。要使学生掌握“特征分析的导向结构”，需要形成解决任何形式问题的图式或模型。这就要求教师教给学生一些分析对象或研究问题的一般方法，使学生运用这些方法学会自己独立地组成完全的活动导向结构。这无疑是数学教育教学最有意义之举。

数学教学对学生的期待，在于理解教材的内容、寻求解题的途径、分析解题的过程和揭示学习的一般方法，以及全神贯注地、顽强地和目标明确地思考。在数学教学中用研究问题的普遍方法来设计教学路线图，目的是使学生知道，研究问题的一般方法是一种对现实现象进行数学研究，也是一种对现实现象产生的现实问题进行数学解决的普遍方法。

运用研究问题一般方法的原理具有方法论意义。运用该原理设计教学，明显地规定了形成概念、生成命题、寻求解法的模型性质，这有助于从心理上改变学生对数学的态度，改变学生对数学的看法，有助于学生形成科学理论思维。事实上，运用研究问题的一般方法进行教学，引导学生发现一个真理（概念、原理、解法）就是以一种独立的、可靠而且理性的方式相信这个真理。由此，学生可以遵循一般方法重新发现他的老师已经“知道”的事物。

5.2.3 如何用研究问题的一般方法设计教学

研究问题的一般方法是从问题提出开始的，但是如 5.1 节中所述，数学教学中的一个重要任务是“教学生学提出问题”。因此，有必要添加一个创设情境的过程，即首先创设情境，然后进入研究问题一般过程。关于如何创设情境，将在 5.4 节中做详细论述。

问题不是凭空产生的，也不是天上掉下来的，即使有了情境，问题也未必就自然产生了。“事实上，没有一个情境会带着问题同时出现；更没有一个问题会脱离了它的情境。”[①]教学生学提出问题，就是要启发学生找到情境中的疑问，根据疑问发现问题，进而提出问题。但在数学中这还不够，还要进一步用数学语言描述问题，建立问题的数学模型。

在问题数学化之前或之后，可能有新概念要建构。建构概念是要澄清研究对象的本质特征，要从众多的对象中抽取共同特征，并与非本质属性经变式结构的辨析才能完成。可见用研究问题一般方法教学中的每一过程，还需要经过引导式探究才能完成。

在设计解决方案或寻找解决方法时，重要的活动是试探，一蹴而就地找到一个方案或方法的机会很少，如果遇到比较困难的问题，也需要带领学生进行引导式探究，用数学解题的启发性提示语帮助学生寻找思路，或者提出问题结论的猜想。关于数学解题的启发性提示语，将在 7.1 节做详细论述。

如果是找到了思路，直接实施就行了。如果是提出猜想，就要验证猜想。无论是实施思路还是验证猜想，都是推理的过程，都是将题设中条件和已有的数学知识通过逻辑推理关联起来，最后达到问题的解决。这个过程应该也需要教师做出必要的启发引导。

研究问题的一般方法不是僵化的教条，可以根据情况灵活变通，只要形成合理地解决问题的过程就行了。研究问题一般方法的每个步骤，又可能是一个问题解决的过程，因此教师运用启发性提示语，引导学生进行探究活动是不可避免的。

5.2.4 用研究问题一般方法设计教学的案例

下面，以“函数单调性”为例，表说运用研究问题一般方法原理的教学设计[②]。

---

① 杜威．思维与教学．孟宪承，俞庆棠，译．上海：商务印书馆，1936：96.

② 涂荣豹．“教与数学对应”原理的实践．数学教育学报，2004，11（4）：1-6.

案例 5.2.1　函数的单调性

阶段	内涵	解析
提出问题	观察数学情境、提取数学信息、进行质疑联想、发现并提出问题。	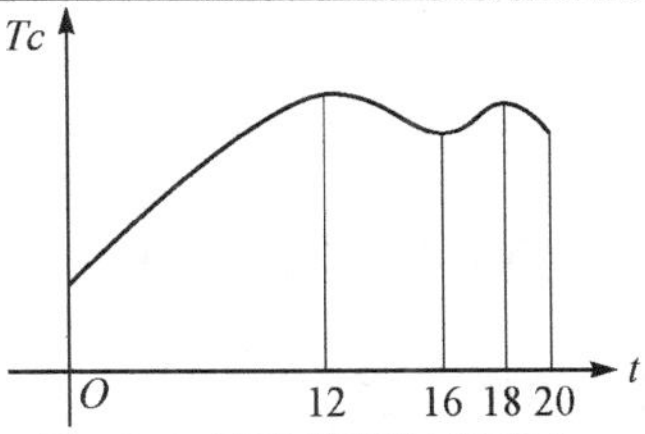 图 5.1　某地某天气温变化 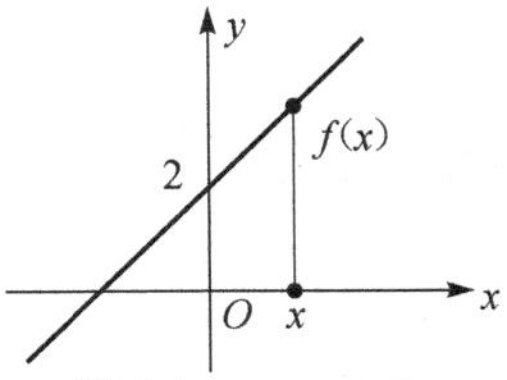 图 5.2　$y=x+2$ 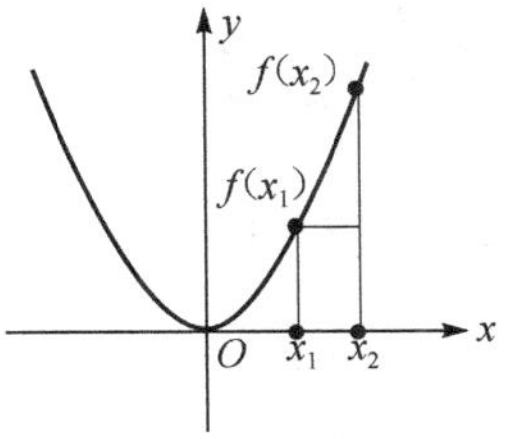 图 5.3　$y=x^2$ x　0.96<1.08<1.26<1.75<… y　1.16<1.47<1.97<3.53<… 图 5.4　$y=x^2$在（0,+∞）取值 观察上述四个函数（图 5.1～图 5.4），容易发现共同特点：函数在某个范围内是“上升”或者“下降”的。图像的上升或下降表明了函数在变化中一种普遍性质，如何用数学语言来刻画这种性质呢？即，如何定义函数单调性？——提出本节课的课题。
构建概念	建构与问题相关的数学概念、法则、结论和工具，为解决问题做前期准备。	数学上把函数的这种“上升”或者“下降”的性质称之为“函数的单调性”。把上升称为“单调增”，把下降称为“单调减”。 讨论问题： 用“上升、下降”这种日常语言描述“单调增”“单调减”这样的数学性质是不够准确的．那么，能不能用数学的语言来描述这种特点呢？如果能的话，又该如何来描述？
寻找方法	在已有概念、法则、结论等基础上，寻找合适的方法解决问题。	图形化符号的表述“函数$f(x)$随着 x 的增大而增大/减小”。 {上升：函数$f(x)$随x的增大而增大；下降：函数$f(x)$随x的增大而减小 —用图形符号“↗”表示“增大”→ {上升：x↗，$y=f(x)$↗；下降：x↗，$y=f(x)$↘ 对“↗”“↘”这种图形化符号，仍然会出现歧义。经验证明，数量最不容易产生歧义。那么，能不能用代表数量意义的符号描述“x↗，$y=f(x)$↗”？ 进一步思考发现“增大”“↗”必然是两个数比较的结果，要反映“增大”就需要有大小两个数，可以用 $x_1<x_2$ 表示，对应就有两个函数值$f(x_1)$和$f(x_2)$，它们也可以形成如下关系。 {上升：x↗，$y=f(x)$↗；下降：x↗，$y=f(x)$↘ —用数字化符号表示“↗”→ {上升：$x_1,x_2\in(a,b)$且$x_1<x_2\Rightarrow f(x_1)<f(x_2)$；下降：$x_1,x_2\in(a,b)$且$x_1<x_2\Rightarrow f(x_1)>f(x_2)$ 由此能提出函数单调性定义的一个猜想吗？

续表

阶段	内涵	解析
提出假设	产生关于问题的一个解答，猜测一种可能的结果。	提出函数单调性定义的猜想： 对 $x_1, x_2 \in (a, b)$，且 $x_1 < x_2$，如果有 $f(x_1) < f(x_2)$，那么就称 $f(x)$ 在 (a, b) 上是单调增函数。 对 $x_1, x_2 \in (a, b)$，且 $x_1 < x_2$，如果有 $f(x_1) > f(x_2)$，那么就称 $f(x)$ 在 (a, b) 上是单调减函数。 这个猜想能作为函数单调性的定义吗？
验证猜想	对给出的猜想，用已有数学概念、法则等，经过一系列分析过程，验证猜想或反驳猜想，产生正确结论。	图 5.5 是函数 $f(x)=x^2$ 的图像．在如图 5.5 所示的区间 (a, b) 上，取两数 x_1，x_2 且 $x_1 < x_2$，并有 $f(x_1) < f(x_2)$，那么 $f(x)$ 在 (a, b) 上是单调增函数吗？ 图形已经表明 $f(x)$ 在 (a, b) 上不是单调增函数。毛病出在哪里？ 结合图 5.2 和图 5.5 进行讨论，容易发现 x_1，x_2 只是 (a, b) 上某两个点．要反映“总有”同样的性质，必须是从 (a, b) 上任意取两点 x_1 和 x_2，且 $x_1<x_2$，都有 $f(x_1) < f(x_2)$。 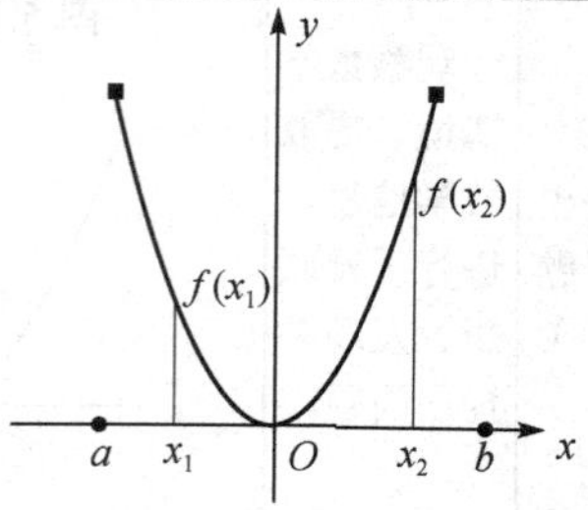 图 5.5　二次函数 这样有了 x_1 和 x_2“任意性”，并“都有” $f(x_1) < f(x_2)$ 或 $f(x_1) > f(x_2)$，才得以把函数的这种“单调地”增或减的性质准确地刻画出来。 现在可以给出函数单调性概念的准确定义了吗？
语言表述	用数学语言将解决问题的过程和结果准确表达出来。	对假设进行修正，并概括到一般情形，得到结论： 对任意的 $x_1, x_2 \in (a, b)$，且 $x_1 < x_2$，如果都有 $f(x_1) < f(x_2)$，那么就称 $f(x)$ 在 (a, b) 上是单调增函数。 对任意的 $x_1, x_2 \in (a, b)$，且 $x_1 < x_2$，如果都有 $f(x_1) > f(x_2)$，那么就称 $f(x)$ 在 (a, b) 上是单调减函数。

这个对函数单调性概念的教学案例，是按照研究问题一般方法对教学过程进行的设计，每个阶段都有一个探究的过程，六个阶段的全过程也是一个不断深入探究的过程，整个教学过程充分展示出科学方法论的思想和魅力。当然应该认识到，研究问题的一般方法在用于具体问题时，其步骤或过程不是一成不变的，对于特定的问题，可以且应该根据需要进行适当的调整或改变。

5.3 “用问题结构推进教学”的原理

案例 5.2.1 的教学是用问题研究一般方法设计的，从中可以看到，其每一个阶段的最后都产生了一个问题（除最后一个阶段外），前一个问题解决了，又自然产生新的问题，这些问题环环相扣，形成一种导向、思维的导向结构，所有问题都解决了，函数单调性的定义就构建起来了。可见要运用研究问题的一般方法去教学，就必须要有一个个的问题，教学中要用这些问题推进教学，而这些问题形成了一定的思维导向结构，这种结构将学生的思维导向问题最终解决。数学教学中需要有这种具有思维导向作用的问题结构，然后运用这样的"问题结构"推进教学。这些问题之间的结构，实际上是一种思维结构。也就是说教学中所有的问题要形成结构，形成能够促进学生思维发展的结构，所以是一种思维结构。

本书所言及的推进教学中的问题结构，是以推动教学进展为目的的，具有思维导向和一定逻辑联系的问题结构。形成这种数学课堂教学问题结构的基本方法是：每课问题化，每课问题结构化，每课解题教学化。

5.3.1　每课问题化

"问题是数学的心脏"，这是美国数学家哈尔莫斯的名言，此言揭示了数学这门学问几千年来生生不息、发展不止、生命力无限的实质，得到数学界的一致认同。可见，数学的发展离不开问题，数学研究首先要提出一个问题（研究问题的一般方法）。当学生开始数学新知识学习的时候，就进入了数学的一个未知领域，实质上也是开始一种数学研究，那么作为数学的新授课教学，同样也是首先要提出一个问题。这个引领新授课教学的问题，可以称之为"目标问题"，然后围绕这个目标问题展开研究活动。有了目标问题，一节课的数学活动就有了明确的目标。在案例 5.2.1 中，其第一个阶段最后提出的："如何定义函数的单调性？"就是这节课的目标问题。

在数学课堂教学中，首先要提出一个问题的意义还在于让学生明白，数学的一切概念、公式、定理、方法，都是为了解决问题的需要而产生的，不是数学家想当然的，更不是数学老师人为杜撰出来的。它们都是为了解决问题的需要而产生的，既然是解决问题需要，那么当然就要来学习这些数学内容。这个问题为什么需要这样的概念或方法呢？在一个新的问题中，往往会出现新的数学对象，而原有的知识不能刻画这个新的对象，原有的概念或方法不够用了，就不得不去创造——构建新的概念，创造新的方法。原来的不够用了，怎么办？那就只有一条路，创造！也就是必须要去构建新的概念、新的方法。因此，每节课首先要提出一个问题。这是一个基本原则。这样做的好处在于，因为要创建新概念、新方法，因而对培养学生的创新意识和创造能力做出了贡献。

同时，问题是数学思想的源泉，是数学思维的动力。每节课都有一个目标问题要解决，这个目标问题是一个与课题有关的基本问题，它有利于学生认识到学习数学新概念、新方法的必要性，说明正是这个问题才产生了今天要学习的那个概念、那个方法。还可以激起学生的求知欲，激发学生学习兴趣，鼓舞学生的学习热情，推动学生向着数学学问前进。

每节数学课从一开始就都要努力形成一个目标问题，这就是所谓的“每课问题化”。

在每一个数学内容教学之始，首先应该问一问学生：“今天应该研究什么问题？”也就是解决“为什么要学习这个内容”“怎么会想到要研究这个内容”的问题。但是现实的数学教学中，教师注意力一般都放在“具体内容是什么”上。① 这就容易造成学生只知道吸纳知识，而不知道为什么要吸纳这个知识，实际是不知道提出问题。突出课题的提出，就是重视科学研究思想和方法的蕴涵和渗透，任何科学研究都是从问题开始的，因此首先要想到问题、提出问题，没有问题也就没有问题的解决。这也是数学由来的重要方面。

在第 6 章将给出的数学教学案例中，大多都是首先形成本节课的一个目标问题，然后学生围绕这个目标问题开展探究学习。少数案例没有这样做，于是两种课例中出现了不同的景象，一种景象是问题带着学生前行，另一种景象是老师牵着学生走。前者教师教得轻松，学生学得愉快；后者教师教得不知所措，学生学得一头雾水。可见，每课首先提出一个目标问题，学生就有了学习的目标，有了学习的动力，而且在探究的过程中不断地产生新的问题，这些问题吸引着学生朝着目标问题的解决层层深入，步步推进，学生获得成功的喜悦，教师也能分享其中的乐趣。

5.3.2 每课问题结构化

数学课堂教学中的问题结构，是为帮助学生学习、理解、掌握教学内容所设计的一系列问题，而这些问题之间形成层层递进、步步深化、具有内在逻辑联系的问题结构。它不同于一般意义的“问题串”，“问题串”可以是毫无关联的一串问题。问题结构是数学知识结构的表现形式，问题结构化是以构成思维导向的问题为主线，以发现问题—解决问题—再发现—再解决问题为全过程，以适应客观世界运动变化和数学严谨逻辑思维之需要为目的的数学思维方法。

提出一个目标问题，为了解决它，就很可能要提出一系列的子问题，每解决一个子问题就向着目标问题的解决前进了一步，子问题全部解决了，那个目标问题就解决了。或者说在解决一系列的小问题过程中，最终的把那个目标问题解决掉了。问题的解决，是通过解决一系列的小问题逐步达到的。所以是跟着问题前进。这样就形成了“问题—解决—问题—解决……”的问题导向结构推进教学的过程。教学就应该在“产生问题和解决问题”的过程中前进。解决一个问题，产生一个新的问题，再解决问题，再产生新问题，全部问题解决了，原来的那个目标问题也解决了。这样就形成问题导向、形成结构、环环相

① 张奠宙．走进“大数学”视野的教育．数学教育研究，2004，13（1）：2-5.

扣、逐个解决、层层推进的过程。教学设计就是要达到这样的一个目标。要提出问题，提出一系列问题，而这些问题要引领导向、环环相扣、形成结构、逐个解决，这样来推进教学。美国著名心理学家布鲁纳指出：“教学过程是一种提出问题和解决问题的持续不断的活动。”①

每节课的问题设计，应按照其内在的认知逻辑、思维导向、秩序化为问题结构。一节课设计几个问题需要在深入分析教材和学情的基础上，根据课标对该内容的要求，凝练出问题 1、问题 2、问题 3、…、问题 n。

比如，“正弦定理”一则内容可设计如下问题结构：

问题 1　月球离地球有多远距离？——数学化为课题“任务一：寻找三角形的边角关系”。

问题 2　直角三角形存在怎样的边角数量关系？

问题 3　其他三角形是否存在类似的关系？

问题 4　你能否大胆地做出合理的猜想？

问题 5　如何证明猜想？——进而呈现“任务二：证明猜想”。

问题 6　正弦定理能解决哪些问题？

问题 7　你会用正弦定理求解地月距离吗？——进而引入“任务三：小定理大应用”。

由上述 7 个问题构成的问题结构，揭示了正弦定理的发现、证明和应用的主要内在逻辑结构，将正弦定理的教学逐层推进。该问题设计体现数学教学是数学活动教学的思想，围绕定理教学的三个要素，问题结构化为 7 个子问题，步步为营，环环相扣，导向清晰，目标明确。

5.3.3　每课解题教学化

一节新授课的目标问题提出来了，当然要去解决它。这样就把这个新授课转变成一个解决新问题的过程。不是纯粹地讲概念的过程，也不是纯粹地教方法的过程，而是解决新问题的过程。怎么解决这个新问题呢？于是就可以用“如何着手解题的提示语”和“如何理解题意的提示语”（将在 7.1 节详细阐述）对新问题进行解题探究。这就进入了解题教学的过程，一节新授课就变成了新问题的解题教学课。

解决新问题意味了什么？创新，创造！于是就把学习活动转变成一种具有开创性的工作，为培养学生的创新意识和创造能力做出了贡献。常常会听到一些教师抱怨说，在教学中怎么来培养学生创新意识，培养他们创造能力？其实有的是

① 布鲁纳．教育过程．邵瑞珍，译．北京：文化教育出版社，1982：34．

机会，就看你有没有很好的利用。

新授课转变成新问题的解题教学课，教师就可以用“如何着手解题”和“如何理解题意”的两套启发性提示语，来教学生学解新问题了。这两个提示语提供了如何思考解陌生问题的思考程序和思考内容，可以按部就班地层层深入去寻找解题的思路和方法。

例如，在 6.2 节中关于余弦定理的教学案例一中，得到“已知两边一夹角边求夹角的对边”这个数学问题后（p162），进入解题教学环节，教师就开始用两套启发性提示语（7.1 节）来启发学生解题了。

“碰到一个数学问题你先干什么？”
“接下来作高的目的是什么？”
“AB 是$\angle C$的对边，它怎么表示？”
“AB 是什么？它怎么表示？”
“干吗要换个高啊？你要过哪一点作高呢？”
“这个方法大家赞同吗？还能求啊？”
“还有什么方法吗？”
“怎么想到向量的呢？”
“要求的目标怎么表示？接下来呢？”
“三条边向量有什么关系呢？”
“接下来干什么？”
“这个方案肯定能解决的吧？”
“还有什么别的方法吗？”
“建立直角坐标系后怎么来表示 AB？”
“建系是什么呀？”
“你肯定要从已知到未知吧？”
“你想用什么办法来表示 AB 呢？”
“这些点的坐标怎么表示？表示出来就行了吧？”

新授课转化为解题教学过程，就可以把解题的启发性提示语灵活地运用到解题中间，使学生能够树立起通过理解题意来寻找解题思路的意识，通过长期的运用对学生潜移默化，逐步提高学生分析和解决新问题的能力，培养学生创新意识和创造能力。

5.3.4 “用问题结构推进教学”的设计案例

如何设计问题结构，从而实现“用问题结构推进教学”？这里不妨先来看一个教学案例——“复数的引入”中的问题结构。

如何提出本节课的问题——教学生提出问题。

问题情境　卡当方程 $x(10-x)=40$ 的解是什么？

$5\pm\sqrt{-15}$ 两个数满足原来的方程。实数集不能表示 $\sqrt{-15}$ 这样的数。

（1）实数集不能表示负数开平方，怎么办？——这节课要解决的目标问题。

如何寻找解决问题的方法——教学生学寻找解决问题的方案。

（2）有没有见过类似的问题？

（3）如果遇见过，遇见的是什么问题？怎么解决的？

（4）解决的过程有什么共同特点或规律？

（5）这些特点对于现在要解决的问题有什么借鉴作用？

如何引进新数（虚数）建立复数概念——教学生学建构新概念。

（6）引进什么样的新数？

（7）能不能对新数做出猜想？怎么猜想呢？

（8）有没有类似于 $\sqrt{-15}$ 的数？

（9）所列举的这些数中哪个最简单？—— $\sqrt{-1}$。

（10）$\sqrt{-15}$ 还可以怎么表示？$\sqrt{-1}=1\times\sqrt{-1}$，$\sqrt{-15}=\sqrt{15}\times\sqrt{-1}$。

（11）那引进什么新数呢？

（12）对 $\sqrt{-1}$，$5\pm\sqrt{-15}$，…，能不能得到它们的一般化形式？

在这个案例的问题结构中，不难看到这个问题序列的确存在逻辑联系，且具有思维导向功能。

首先在问题情境到目标问题（1），存在逻辑联系和思维导向。$5\pm\sqrt{-15}$ 这两“数”，按实数运算法则，它们之和为 10，它们之积为 40。仅仅因为它们不是实数，就不承认它们是该方程的解，这不符合逻辑；这两个“数”符合卡当方程的条件，但不能表示为实数，怎么办？从思维的角度，顺理成章地会想到这个问题。这样这节课的目标问题就提出来了。

目标问题提出来了，就得“寻找解决问题的方案”。于是当然要想“如何寻找？”但没有现成办法，从方法论角度，人类解决问题都是从已知去探求未知，就去联想“过去有没有见过类似的问题？”所以一连串的问题（2）～（5）就应运而生。而这三个问题之间的逻辑联系和思维导向关系，也是比较显而易见的。

解决这三个问题后得到了一系列规律，其他类似问题的解决都是要先引进一个新数，从逻辑上讲，解决当前问题也应该引进一个新数，这就是问题（6）。接下来的所有问题，在逻辑方面、思维方法上都有这样那样的联系，这里就不赘述。

在这些问题中，三个“如何”的大问题，除了有逻辑联系和思维导向功能，还体现了一种教学思维，那就是这三个“如何”反映出的教学生学会思考的教学理念。

这个案例提供了一个范例，可以很清楚地看到，用以推进教学的问题结构是什么样的一种结构。

5.4 “创设情境—提出问题”的原理

研究问题的一般方法中需要首先提出问题，教学生学也是首先要学提出问题，那么问题从哪里来呢？一节数学课的目标问题是怎么提出来呢？

布鲁巴克有句名言：“教学艺术遵循的最高准则是学生自己提出问题。”为什么要学生提出问题，因为学生自己发现问题，提出问题，他就会追究“为什么”，就能提高探究的积极性，才能激起思想的火花。自己提出问题，他就有一种内需愿望，自发地去追求解决问题，问题意识越强烈，思维就越活跃、越深刻，就越富有创造性，所以最好是学生自己提出问题。

但是在数学学习中，因为数学是思想材料，完全要学生自己提出问题几乎不可能。那怎么办？要学生提出问题，在数学教学中离不开教师的引导，这是数学教学和其他学科教学的本质差别（1.4.3节）。那么怎样让学生自己提出问题呢？教师引导！通过教师的引导来让学生提出问题。怎么引导？“创设情境—提出问题”是最有效的方法。

5.4.1 什么是“创设情境—提出问题”原理

长期以来，我国各级学校的教学对提出问题普遍忽视，在数学教学中更为突出，把主要力量投入在“讲、听、仿、练、考”上，教师对于培养学生提出问题的能力几乎从未想过，我国学生的问题意识薄弱、提出数学问题的能力不足在所难免。诺贝尔奖获得者、著名物理学家李政道指出，求学问，先学问；只会答，非学问。这说明，会提问题，是求学问的第一要义，只会答，不会问，学生就不能获得真正的学问。

为了培养学生提出问题的能力，就需要在数学教学中采取“创设情境-提出问题”①的方法来引导学生提出问题。“创设情境-提出问题”中的情境，不是一般的教学情境，它是能够帮助学生提出问题的情境。这种情境，是能够启发学生去发现问题、提出问题的适当情境，其实质是一种“问题情境”。这种情境是为帮助学生提出问题而设置的情境，所以一定要蕴涵问题，而且不是太费力就能找到其中的疑问。

因为引导提出的是数学问题，所以创设的情境就不能复杂，要适合学生去理

① 吕传汉，汪秉彝．论中小学“数学情境与提出问题”的数学学习．数学教育学报，2001，4：9-14.

解，便于他抽象。特别要注意的是，情境创设更要指向课堂教学的内容、指向数学对象的本质。所提出的问题必须有助于学生理解和掌握将要学习的数学知识，因而其所含问题与所要教的数学内容有本质联系。便于学生理解而提出问题，利于学生把握数学的本质，这是数学教学中“创设情境—提出问题”的两条基本原则。

这样的情境没有什么是现成的，需要教师自己去寻找、发掘和创造。也就是说，要让学生提出问题，就需要教师创设适当的问题情境，这时教师的创造性尤为重要，既要适合学生又要揭示数学本质，不能像曾经那样照本宣科，“教师必须创造性的教，学生才能创造性的学”。[①]

创设情境，多数情况是用于提出一节课的目标问题。但有时在数学课堂教学中，为了寻找数学问题的解法也需要创设情境，这时创设的情境并不是产生问题，而是提供了方法。

如何来创设引导学生提出问题的情境？创设这样的情境有哪些方法呢？

5.4.2 “创设情境—提出问题”的基本原则

应该创设什么样的情境？为引导学生提出问题而创设情境的基本原则是什么？原则可能很多，但是有几个基本标准。按照“教与学对应的原理”和“教与数学对应的原理”，创设的情境应该是直观明了、简单易懂、源于生活、贴近学生、生动有趣、节省时间、设疑于内、寓数学本质于其中。

情境直观明了，即是指情境应直观形象、清楚易见。情境的抽象层次应在学生抽象思维能力的范围内，直观则有利于学生对情境的把握。

情境简单易懂，即是情境应比较简单，没有横生枝节，语言简练，图形清晰，易于理解，一目了然。切忌语言晦涩、画面杂乱、场景无序，以免产生歧义。

情境源于生活，即指情境应生活化，可以源于实际生活，也可以来自学习生活。情境并不一定要拘泥于实际生活，学生已有的数学知识或其他学科知识也是生活的一部分，还可以是引起学生质疑或认知冲突的任何普通日常素材。

情境贴近学生，是指应为学生所熟悉的、与学生的生活实际有联系的。要考虑不同年龄学生的差异、城乡学生的差异、不同地区学生的差异，还有不同民族学生的差异，切忌张冠李戴，生搬硬套。

情境生动有趣，是指情境的情节有趣、画面生动、引人入胜、激发兴趣、引起求知欲。但切忌花里胡哨，冲淡主题，分散学生的注意力。

情境节省时间，是指提出问题环节仅仅是一节课的开始，尽管重要，但不能费时太长，要尽快进入主题，从而将最多的时间用于解决问题的过程。

情境设疑于内，是指情境应具有问题性，易于学生发现和提出问题。

---

① 涂荣豹．试论数学教育研究的规范性．数学教育学报，2003，(4)：1-5.

上述的这些要求都是遵循了“教与学对应”的原理。

情境寓数学本质于其中，即指情境应具有指向性，要指向本节课数学内容的本质。这是数学情境创设最为重要的原则，没有这一条，则无数学可言。这是遵循了“教与数学对应”的原理。关于创设数学问题情境要揭示数学本质的问题，可参见 4.1 节的内容。

把握创设情境和提出问题两者的关系也十分重要。提出问题无疑是创设情境的目标和核心，创设情境仅仅是提出问题的前提，是基础。两者不可本末倒置，不能为情境而创设情境，不要让学生的注意力聚集在情境上，而没有集中到“提出问题”上。创设情境不能“去数学化”，“去数学化”是指教师没有把主要精力对准“数学”问题，而是在追求情境的华丽、离奇、热闹的外部表象上。“数学问题”是创设情境的根本目的和核心，偏离了这个目的和核心，情境不但不能为数学课堂教学带来有力的支撑，反而会干扰教学，干扰学生对数学知识的建构和理解。

5.4.3 创设数学问题情境的方式及其案例

新课改以来，在数学教学中创设情境已被教师所重视，出现很多创设数学问题情境的方法，比如“以旧引新”情境、“数学问题”情境、“习题点评”情境、“实际生活”情境、“经济生产”情境、“趣闻史话”情境、“假想模拟”情境、“破绽悬念”情境、“技术构造”情境。还有一些其他的方式，这里仅提供几种较常用的方式，以抛砖引玉。

1.“以旧引新”情境

创设“以旧引新”的情境，是我国数学教学中最常用的方法。它是利用学过的数学知识来启发学生发现和提出问题，因为要学习的新知识往往与学过的知识之间存在比较密切的联系。“以旧引新”是奥苏伯尔有意义学习理论的典型应用。

案例 5.4.1 课题：三角函数的诱导公式。

设问 1 学习了任意角三角函数的定义以后，接下来你想研究什么？或者你会提出什么要解决的问题？（应该是有最自然联系的问题，有自然承接关系的问题）

答 想研究怎么求任意角的三角函数？

设问 2 求任意角是什么角？你究竟想求任意角中的哪个角？

答 比如求 3825°的三角函数，正弦、余弦、正切。

本课目标问题 怎样求任意角的三角函数？比如 3825°。

点评 任意角三角函数定义与求任意角三角函数是紧密相连的两个课题，

有内在的必然联系，用“以旧引新”方式创设数学问题情境非常自然。有时两个知识不在同一教学时间段里，也可以用“以旧引新”的方式创设问题情境，比如“任意角的三角函数”如何定义，就是利用初中阶段学习的“锐角三角函数”（锐角三角比）的有关知识创设问题情境来引出的。只要先前知识与当前知识有一定的内在联系，就都可以用先前知识创设当前知识的“以旧引新”的情境。

2.“数学问题”情境

利用“数学问题”创设情境也是数学教学常用的方法。

案例 5.4.2　课题：奇函数与偶函数。

问题　请用图形计算器做出下列函数的图像，观察并概括图像特征：

（1）$f(x)=x$；　（2）$f(x)=x^2$；　（3）$f(x)=x^3$；　（4）$f(x)=x^4$。

设计意图　初中时所学习过的轴对称图形和中心对称图形是构建新知识的认知基础。学生通过作图，可以直观感知函数奇偶性的几何特征。

学生活动　学生利用图形计算器，画出函数图像（图 5.6～图 5.9）。

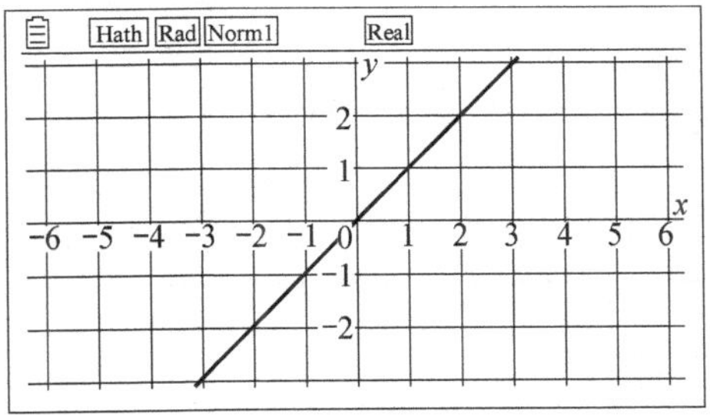

图 5.6

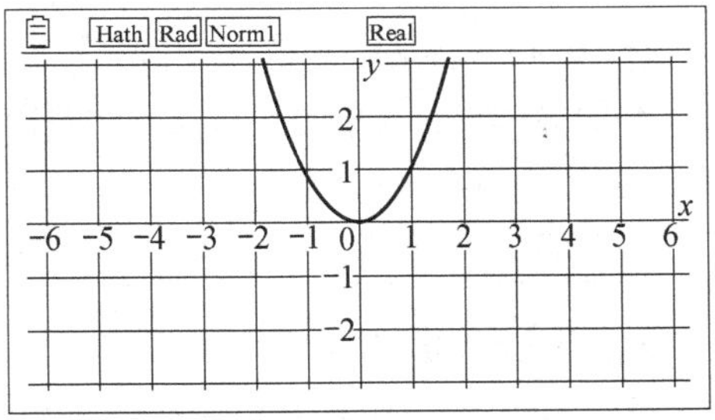

图 5.7

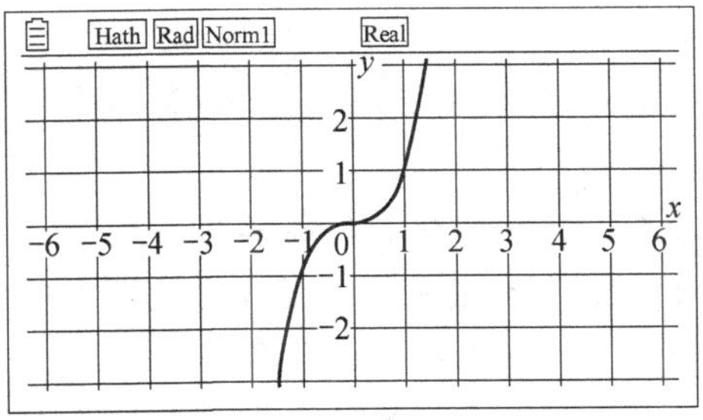

图 5.8

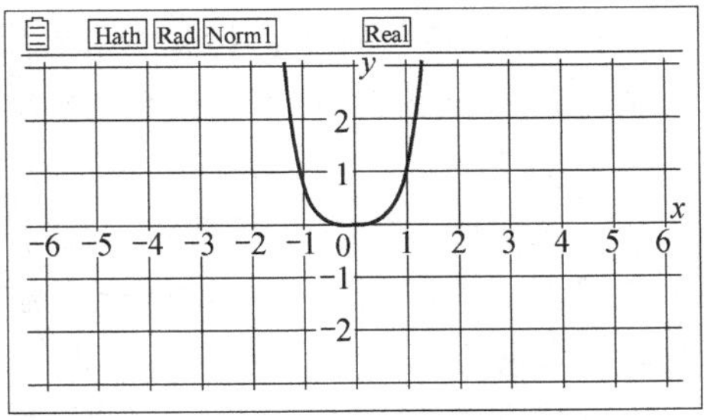

图 5.9

教学预设　依靠初中的基础，学生不难发现所画的函数图像或关于 y 轴对称，或关于原点对称。顺势从图形的角度提出偶函数和奇函数的概念。

设问　现在大家认为这节课需要研究什么问题？

本课目标问题　怎样用数学的符号语言来刻画偶函数和奇函数的对称性？

点评　用手持技术创设数学问题情境，在需要画图形、图像、观察动态图形、进行复杂数据计算等方面有很强的优势，还能够节省时间，让学生把更多精力用于数学的建构和理解上。

关于用图形计算器创设数学问题情境的案例很多，可以参见《图形计算器与数学新课程整合教学设计》[①]一书。

3．“习题点评”情境

“习题点评”情境，就是用学生解答错误的习题作为背景，引出问题。这种方法，因为错解是学生常常遇到的情况，为了搞清楚正确的解法，学生容易接受，也乐意探究。

案例 5.4.3　课题：线性规划问题。

问题情境　师：这是一道习题和解答，大家对其中的解法有什么看法？

> **引例**　若实数 x, y 满足 $\begin{cases} 4 \leqslant x+y \leqslant 6, & ① \\ 2 \leqslant x-y \leqslant 4, & ② \end{cases}$ 求 $z=2x+y$ 的取值范围。
>
> **解**　①+②得 $6 \leqslant 2x \leqslant 10$，③
>
> 由②得 $-4 \leqslant y-x \leqslant -2$，将上式与①同向相加得 $0 \leqslant y \leqslant 2$。④
>
> ③+④得 $6 \leqslant 2x+y \leqslant 12$。
>
> 以上解法正确吗？为什么？

生：这种解法是不对的。

师：为什么？解法中哪一步是错的？

生：③+④那步是错的。

师：③+④这步错了，错在哪里？

生：如果 x 由③取最大值 5，同时 y 由④也取最大值，那 $2x+y$ 取得最大值 12，但 $x+y=7$ 不满足第①式。

师：说明这种解法是错误的。说得很清楚，正确解法我们在解不等式那一章已经介绍过，我们是把 $x+y$ 看成一个整体 u，把 $x-y$ 看成一个整体 v，然后分别用 u 和 v 来表示 $2x+y$，然后根据 u 和 v 的范围来求出 $2x+y$ 的范围。

这道题有没有其他的解法？上节课我们学过了二元一次不等式用平面区域来表示。那对这道题你们有什么想法？

本课目标问题　能不能也用平面区域表示二元一次不等式组，然后再来求 z 的范围？

① 涂荣豹，陶维林，宁连华．图形计算器与数学新课程整合教学设计．福州：福建教育出版社，2014．

点评　解线性不等式组问题，因为对不等式的同解变形不容易掌握，学生常常会出现错误，这里正是利用相关习题的错误，启发学生从一次不等式组可用平面区域表示这一思想出发，提出利用平面区域的思想来另觅解法。

4.“实际生活”情境

在学生的实际生活中，有许多问题或现象与数学知识密切相关。比如生活中的各种几何图形、商品打折销售中的数学问题、银行贷款中的数学问题、温度计与数轴等，凡此种种不胜枚举。

案例 5.4.4　课题：任意角的三角函数。

引语　请同学们看问题和图片（图 5.10）。

某游乐园摩天轮的中心离地面的高度为 h_0,它的半径为 r,它沿逆时针方向匀速转动，转动一周需要 360 秒钟。

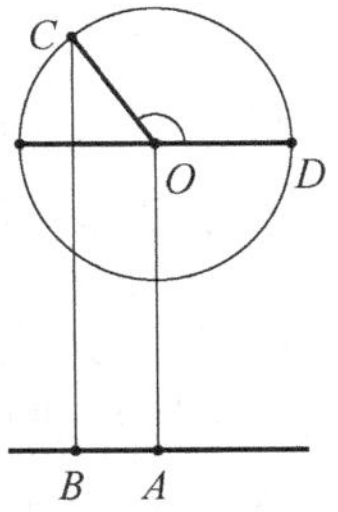

图 5.10

设问 1　大家看图片，你们知道这是什么吗？摩天轮大家有没有玩过？没玩过也没关系，今天就让我们在数学的世界里面，登上摩天轮，开始我们的数学之旅。

设问 2　如果你的一个同学在摩天轮上，要你提一个数学问题，你会想到什么问题？

答　他现在的位置有多高？

设问 3　如果旋转了 30 秒钟，请问这时他离地面有多高？（讨论）

答　需要知道 $\angle DOC$ 正弦函数。但是它是钝角，我们不知道。

设问 4　它不一定是钝角吧？

答　可能是任意角。

设问 5　那你们想到我们需要研究什么问题？

本课目标问题　任意角的三角函数是什么？

点评　摩天轮比较贴近学生生活，情境蕴涵的问题容易发现，也比较明显地指向数学本质。但是情境稍显复杂，离目标问题有点远，发现和提出最终的目标问题的历程比较曲折。

还有类似的情境。比如，学习立体几何“直线与平面的垂直”，可以用“植树节栽树如何判断树与地面垂直”作为问题情境；“异面直线”课题可取“立交桥”作为问题情境；“面面垂直”课题可选“旋转门”作为问题情境等。

5.“经济生产”情境

案例 5.4.5　课题：指数函数。

引语　从这张图上（图略）可以看出，NJ 城蛮漂亮，楼房是越盖越高。你认为这几年 NJ 城市的人最关心房的什么？是房价。

师：关于房价，假设从今年开始，每年房价平均升高 10%，如果原来的价格为 1，指的是 1 个单位，那么第 1 年、第 2 年、第 3 年的价格应该各是多少？

生：1.1，1.1^2，1.1^3。

师：如果现在是第 x 年，假设第 x 年的价格为 y，那么 y 应该等于多少呢？

生：$y=1.1^x$。

师：$y=1.1^x$。x 有没有范围？取到哪些数？

生：x 是自然数。

师：如果 x 是实数，你认为 $y=1.1^x$ 是什么？

生：函数。

师：凭什么说它是函数？

生：它符合函数定义。

师：那大家认为我们今天可以来研究什么问题？

本课目标问题　$y=1.1^x$ 是什么函数？这个函数的定义、图像和性质是什么？

点评　类似的情境还有：“线性规划”可取“企业生产”作为问题情境（6.10 节教学案例 2）；“余弦定理”可以用“测量铁路隧道长”作为问题情境（6.2 节教学案例 1）等。

6.“趣闻史话”情境

案例 5.4.6　课题：复数的引入。

问题情境　卡当问题：如何将 10 分成两数，使两数之积等于 40？

得卡当方程 $x(10-x)=40$，它的解是什么？

$5\pm\sqrt{-15}$ 两个数满足原来的方程。实数集不能表示 $\sqrt{-15}$ 这样的数。

本课目标问题　实数集不能表示负数开平方，怎么办？——这节课就要解决这个问题。

点评　用数学史的材料和故事创设问题情境，真实有趣，可以激起学生的好奇心，可以让学生了解所学数学知识的来龙去脉，感受数学家发现、发明的思想。但是数学史的故事往往比较冗长，需要教师精心改编、创造性地运用。

7.“模拟实验”情境

在数学教学中，恰当地开展数学活动、设计数学实验，可以很好地实践杜威所倡导的“做中学”的理论，达到让学生“在做数学中学数学”的目的，帮助学生积累足够的数学活动经验，感悟数学思想方法和科学研究的一般方法。

案例 5.4.7　课题：三角形内角和为 180°。

实验情境　如图 5.11 所示，$l // l_1$，它们被 l_2 所截得的同旁内角互补，$\angle 1+\angle 3=180°$。

实验　若以 A 点为中心，旋转 l_1 到 l'，并仔细观察。

设问　发现什么？能提出什么猜想？

答　$\triangle ABC$ 内角和为 180°。

本课目标问题　能证明你的猜想吗？能找到证明的思路吗？

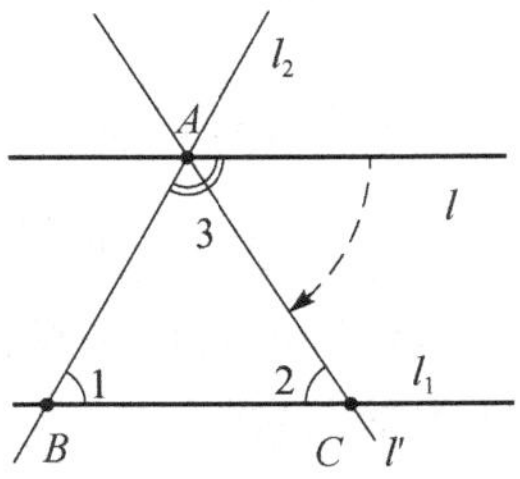

图 5.11

点评　这样的实验情境，使学生在实验操作中研究课题与平行线性质定理之间的关系，揭示了数学知识之间的内在联系，让学生经历数学猜想活动，自然引出三角形内角和定理的证明，实现从猜想到论证的顺利过渡。

又比如，“数学归纳法”可以利用“多米诺骨牌”创设问题情境；“化 $a\sin x+b\cos x$ 为同名三角函数”可以利用物理学中两个有相同周期的波叠加后还是一个波来创设问题情境。

8.“破绽悬念”情境

创设“破绽悬疑”的问题情境，是利用情境中设置的破绽，制造疑点，引导学生发现和提出问题；并且在情境中制造悬念，利用学生的好奇心，诱使学生产生一探究竟的迫切心理。

案例 5.4.8　课题：直线与圆的位置关系。

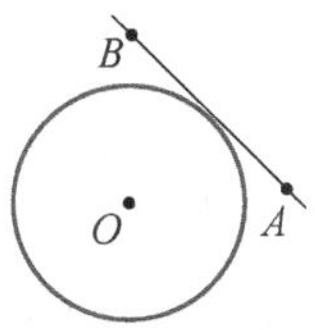

图 5.12

问题情境　如图 5.12 所示，有一直线 AB 与一圆 O，若即若离，似相切似相离，不易分辨，如何判断它们的位置关系（用几何画板演示）？

教学预设　学生有可能仍然提出通过观察得出结论，教师可以用启发性提示语对学生进行引导。

师：改变画面的单位长度，观察发现其实是相离，可见仅凭观察来判断并不可靠。看来用几何的方法来研究这样的图形问题有困难，那能想到什么其他办法？

生：用解析几何的方法。

师：是用解析几何的什么具体方法？前面我们是如何研究直线和圆的？

本课目标问题　如何用曲线的方程判断它们之间的位置关系？

点评　制造悬疑创设数学问题情境，可以提高学生的学习兴趣，激发学生内在的学习动机，产生强烈的求知欲，积极智力参与，主动进行思考，达到学会思考的目的。

9.“技术构造”情境

随着现代技术的迅速发展，数学教学大量地运用多媒体技术，近年又进一步使用各种手持电子技术，比如图形计算器等。运用图形计算器等现代技术工具创设数学问题情境已经屡见不鲜。

案例 5.4.9　课题：三棱锥的体积。

情境　用几何画板演示三棱柱 $ABC\text{-}A'B'C'$ 中（图 5.13），将三棱锥 $A''\text{-}A'B'C'$ 和三棱锥 $B_1\text{-}A_1B_1C_1$ 分别向左右动态移动（多次），让学生观察三棱锥 $A''\text{-}A'B'C'$、三棱锥 $B_1\text{-}A_1B_1C_1$ 与未移动的三棱锥 $B\text{-}A'CC'$ 的关系。

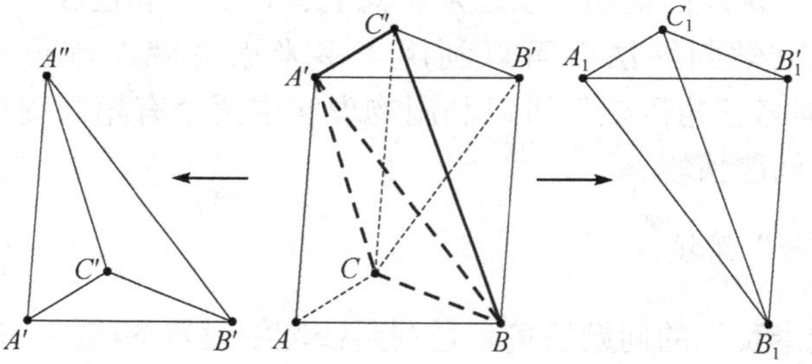

图 5.13

设问 1　同学们发现了什么？

答　左右两个三棱锥应该体积相等。中间剩下的三棱锥体积可能与它们也相等。

设问 2　那你们能提出什么问题？

本课目标问题　三棱柱体积是同底等高的三棱锥体积的 3 倍。怎么证明？

点评　几何画板的动态演示功能是创设数学问题情境的极好工具，可以给学生产生图形动态变化的直观感受，有利于揭示很多数学对象的“变中不变性”，而数学的这类变中不变的性质，学生发现和理解非常困难，有了动态的演示，使得高度抽象走向直观，大大降低了学生探究发现的难度。

在数学课堂教学中使用现代技术，需要注意以下问题：

（1）要知己知彼，既要充分了解数学学习的需要，又要充分了解现代技术能够做什么；

（2）要有先进理念指导，理念不同，使用的方法就不同，效果也就不同；

（3）要把握好“度”，做到恰时恰点，恰到好处。要找准“切入点”，明确“必要性”，做好“平衡性”，明确现代技术只是数学教学的辅助工具；

（4）学数学，发展学生的理性精神很重要，不能把利用技术发现的结论作为数学结论，这种结论属于猜想，还需要严格的演绎证明；

（5）现代信息技术作为一项技术必然有它的局限性，在实际运用时需要充分考虑。①

5.5 “从无到有探究”的原理

提出数学问题之后，就要考虑解决，怎么解决呢？正确的方式就是要引导学生自己去寻找解决问题的办法，这个过程实质上是探究的学习过程。

5.5.1 “从无到有探究”的含义

什么是探究？很多教师常常声称,“自己带着学生探究”“我这是探究教学”，要问他什么叫探究？说不清道不明了，如果连什么是“探究”都不清楚，又如何能进行探究教学呢？所谓“探究”，顾名思义就是要“探”要“究”。何为“探”，试探、摸索、探索，不知前方深浅曲折，摸索前进，“摸着石头过河”。何谓“究”，深究、追究、穷究，非得搞个明白，搞个水落石出不可，不达目的誓不罢休。这是“从无到有”的过程，这个就是“探究”。原来没有，现在把它变成有，这个过程就叫做“探究”。一目了然，不假思索就能知道的东西不是探究。

近年广泛流行的“导学案”“讲学稿”，其实弱化了学生课堂上的探究学习过程。学生依据预习的材料自己回家看看书，然后在导学案上做几个题，一知半解地学习了知识，第二天上课时根本没有机会再去探究。北京第 22 中学已故著名的特级教师孙维刚老师，所教的班上有百分之五十以上学生考取北京大学和清华大学，而学生来源仅是北京海淀区的中流学生，孙老师从初一带到高三，教学时要求不预习，也要求其他学科老师不要让学生预习。为什么？为的就是要让孩子从无到有的去探究，自己去寻找问题，去发现解决问题的方法。试想，如果教学时把什么都直接教给学生，学生缺乏自主探究的深度学习，仅是依样画葫芦地照搬照抄，没有个人的探索和深入思考，所学的东西也只能是浅层次的。

① 涂荣豹，陶维林，宁连华．图形计算器与数学新课程整合教学设计．福州：福建教育出版社，2014．

数学教学应当遵循“从无到有探究”的原理来开展探究教学。所谓“从无到有”，就是逐步地从不懂到懂，不会到会，不明白到明白的过程。但这是一步一步地前行，是逐渐明朗的过程。要试探、摸索、探索，要深究、追究、穷究，就不可能一蹴而就，一下子就完成。一下子就从不懂到懂了，那是告诉学生；一下子从不会到会了，那是模仿；一下子从不明白到明白了，实际是假明白。要探究，必然要经过一步一步的探索，所以是“逐步地”从无到有的学习过程。

如何进行数学的探究教学？数学教学中从无到有的探究主要有两种类型。

一种是发现式探究，一种是引导式探究。

5.5.2 发现式探究教学

发现式探究是指学生在“独立活动下的自主探究”，是学生自己去寻找解决问题线索的探究。“线索”，是侦探案件中的名词，在解决问题的时候，也需要寻找解题的线索，学习也需要寻找学习的线索。如果是让学生自己寻找线索，老师不加任何帮助，那就是独立活动下的自主探究，与布鲁纳的“发现学习”基本一样，所以称之为“发现式的探究”。

这里来略举一例：如何教创建新方法。用发现式探究教“解二元一次方程组”。

案例 5.5.1 课题：解二元一次方程组。(代入法)

创设情境 初一年级 3 个班，共 132 人，其中女生人数的 2 倍比男生多 39 人。据此能提出什么问题？

从提出问题的环节就放手让学生自己发挥，可以充分调动学生参与的积极性。因为刚学过一元一次方程及其解法，问题本身是寻常问题，学生很快提出问题：求男生多少人，女生多少人？接着列出的方程，也是一元一次方程。

教师变化要求。

“如果设男生人数为 x，女生人数为 y，怎么列方程？”——列这样的方程学生力所能及。列出方程组 $\begin{cases} x+y=132, \\ 2x-y=39。\end{cases}$

“得到两个方程，一个不能少，所以叫二元一次方程组。”

“接下来大家想干什么？”——无疑，想求方程的解。这个想法实际是提出问题。

“怎么来解这个方程组？”——提出了本节课的目标问题，接下来开始探究教学。

“会不会做啊？大家自己试试看。”——自己试试看，发现式探究开始。

问题比较简单，大部分学生应该能自己解决。教学的关键是要在学生发现

“代入消元法”“加减消元法”两种解法后，不失时机地进行追问、反诘。

“你是怎么想到的？”——两个元的方程我不会，所以要消掉一个元。

“为什么消掉一个元你就会了呢？”——因为可以化成一元一次方程。

“为什么要化成一元一次方程？”——因为一元一次方程学过了，我会解。

“这给我们什么启示？”要解决一个新问题，可以把它转化成已经解决过的问题来解决。（案例 5.1.2 是此课题的引导式探究教学）

这是一种数学思想，方法论的思想。新问题可以转化成已经解决过的问题，将来遇到新问题，他就会想，能不能转化成已经做过的问题呢？表面上看，就是一个“简单的”的解二元一次方程组，通过寻找解决问题的方法探究，获得了一种思想。这个正是人类解决问题最根本的思想：把不会的问题转化成会的问题。这就是发现式探究。

5.5.3　引导式探究教学

另一类型的探究教学是引导式探究，是教师引导下的学生主动探究。那是教师暗示一个寻找线索的方向，引导学生去寻找线索，学生循着这个方向自己寻找线索，去探究线索，或者说，在教师启发下寻找线索，寻找靠学生自己，要自己主动地寻找、探究。不是老师帮他寻找好了，而是启发他，然后自己去寻找。但要紧的是，总归离不开学生自己的活动，教师只是启发暗示，不可代替。

数学探究是一个思维活动的过程。什么是活动，活动的本质是要“动”！但是数学活动，大部分是思维活动，因为数学是思想材料，只能在头脑里通过心理活动来进行加工，如果把心理活动看作心理动作，那就是用心理动作来对思想材料进行加工。这个过程基本在头脑内部进行。不要看表面手舞足蹈，手舞足蹈并不代表大脑也在活动。

来看一个余弦定理的教学片段。

案例 5.5.2　课题：余弦定理。（片段）

创设情境　要测量一个火车隧道 AB 的长，用什么办法？

经过设计方案的讨论，确定在山体外找一点 C，构成$\triangle ABC$，可以测量出$\angle ACB$，AC 和 BC 的长。怎么求 AB 的长？

在学生寻找用几何法解题时，教师采用了引导式探究教学：

“碰到一个数学问题，我们先干什么？”（元认知-方法论提示语）

“先尽可能画一个图，把这些条件全部都集中在图上……”（方法论提示语）

“AB 是$\angle C$ 的对边，它怎么表示？”（方法论提示语）

“碰到一个问题呢，先把条件弄清楚。”（方法论提示语）

“哦，这些是确定的值，三角形就确定了，那肯定能求出 AB 来。我们就有信心了。”

“AB是什么？”（方法论提示语）

“是$\angle C$的对边，是线段的长，是距离，那么它怎么表示呢？”（方法论提示语）

“你们自己思考一下，怎样表示AB。”（方法论提示语）

“哦，用勾股定理。那像他这样作高好不好？”（元认知提示语）

“换个高？干吗要换个高啊？”（认知性提示语）

“那么换一个高，过哪一点作高呢？”（认知性提示语）

“也就是你想通过直角三角形的角和边，是吧？”（认知性提示语）

“在直角三角形里面，反正有勾股定理，有了角和边的关系，就有办法。”

于是就把一个解决思路找出来了。

引导式探究的关键就是让学生一步步地根据教师的引导、启示，逐步寻找到解决问题的线索和办法。引导式探究的根本在启发性提示语，启发性提示语是一种创造，教师的提问应该主要是启发性提示语。但是这个启发性提示语没有现成的，要结合教学对象，自己来创造。

探究出结论后，还要进行反思性教学，进一步反诘、追问学生探究的过程。

教师引导学生进行探究活动，除了主要运用启发性提示语以外，还可以用质疑、追问、反诘、动态画面引导、肢体语言暗示、实例比喻、就学生思维因势利导等一些方法。

5.6 “用启发性提示语引导”的原理

关于启发，中国最早的教学理论著作《学记》中给出了很好的诠释：“君子之教，喻也”，[①]“喻”即启发诱导之意。教师如何善喻？应“道而弗牵，强而弗抑，开而弗达”，意即善于教学的人在于诱导学生，指引而不强加，鼓励而不强迫，启发而不简单告诉或提供答案。概括起来就是，教师在教学中的主要角色是“引导者”，启发是教师教学的基本方法。

因为数学是抽象的形式化的思想材料，全靠学生独立探究，基本不可能，所以学数学离不开老师的启发引导。教师怎么启发、怎么引导？就是用启发性提示语去启发引导。也正因为数学是抽象的形式化的思想材料，就决定了数学探究的主要方式是引导式探究，也决定了数学的探究式教学与其他学科有很多的不同且具有较大的难度。

教师在数学课堂教学中，通过适当的启发性提示语给学生以必要的提示和暗

① 傅任敢.《学记》译述. 上海：上海教育出版社，1981：16-17.

示；学生通过自己的思维活动获得提示和暗示。如果教师简单地直接告诉学生，那学生就不需要进行思维活动了。所以，即使用启发性提示语教学，最终还是学生自己去发现问题、寻找办法、求得答案。

5.6.1　如何用启发性提示语引导

数学的引导式探究教学的根本在于启发性提示语的适时而合理运用。

数学启发性提示语的主要形式是问题，是能够引发学生积极思考的问题。"直白"的问题不是启发，是直接告知了探究的思路，没有促成学生寻找思路的积极思考，对学生的思维能力的培养没有任何意义。启发性的问题要能够引起学生思考动机，并给予学生思维指向，从而引起学生的认知冲突，使启发性提示语成为促进学生数学理解的动力。

启发性提示语要自然贴切，既在学生的最近发展区内创设启发性提示语，又与新学习的数学内容自然衔接；既基于学生原有的数学认知结构，又是原有认知结构的自然发展和完善。启发性提示语是让学生以已有知识和经验为生长点生成新知识，从而使数学学习内容与学生的思维活动融为一体。

用于引导探究的启发性提示语需要有一定的指向性，它必须始终指向问题目标，但并不是直接指向目标，而是把对目标的指向隐含其中，是含而不露，指而不明，引而不发，开而不达。

启发性提示语要有利于化解学生的疑难或困惑，使其在迷茫中看到一点"闪烁的星光"，从而引导学生向着那个方向努力思考；启发性提示语要以适当的思维力度和强度引领学生探索，使启发性提示语成为学会思考的突破口。

启发性提示语应该相对准确，如果启发的目标不准确，就容易产生歧义；启发性提示语需要言简意赅，如果提示语拖沓冗长，就难以抓住中心；启发性提示语还需要尽可能通俗化，如果把抽象的学术名词混杂其中，就会适得其反，给启发帮倒忙。

运用启发性提示语的最终目的在于，使学生学会用启发性提示语引导自己，逐步学会提炼适合自身认知特点的提示语，以便当教师淡出时能够自我提问和自我启发，从而学会不断开发学会学习的潜能（关于启发性提示语详见 3.4 节）。

5.6.2　面向全体学生探究的启发性提示语

面向全体学生，使人人都能获得良好的数学教育，不同的人在数学上得到不同的发展是数学课程的一个基本理念。[①]在当前班级授课制的教学形式中，教师的任务应该是面向全体学生的探究，使全体学生都获得发展，而不是面对少数人

① 中国教育部．义务教育数学课程标准（2011 年版）．北京：北京师范大学出版社，2012：2.

的探究，只顾及少数人拔尖。

怎么面向全体启发？《学记》中有段名言：“善待问者如撞钟，叩之小者则小鸣，叩之大者则大鸣，待其从容，然后尽其声。”此叩钟之喻，可理解为：善于提问的教师如同撞钟，发问为叩，领悟为鸣。教师的问题简单直接或一目了然，学生自主领悟的空间就小，思维挑战性弱，则学生的收获就小，获得的感悟也少；教师发问如果旁敲侧击或开放性大，学生自主领悟的空间就大，思维挑战性强，则学生的收获就大，获得的感悟也多。

美国心理学家加德纳的多元智力理论表明，每个人的智力强项不同，数理智力的高低客观存在。[①]由于学生在知识和智力等方面的发展水平本身存在着个体差异，因此认识水平不同的学生，其最近发展区也有差异，从而体现出最近发展区的个性特点。

所以，要面向全体启发引导，就要兼顾不同层次学生的潜在发展水平，通过“由远及近，分级提问”，给出不同的提示和暗示来实现。也就是针对各种层次学生的最近发展区和思维水平，设计不同层级的启发性提示语，由远及近按序用于对学生的启发引导，从而使每个学生在自己的现有水平上获得发展。

用于由远及近启发的提示语的层次，由其所做的暗示与距离目标的接近度来决定。离目标远的提示语能激活较高层级学生的思维，然后选择离目标稍近一点的提示语启发，使得下一层级学生的思维被激活，按此依次进行下去。可见，由远及近的启发，就是由离目标远的提示语逐步过渡到离目标近的提示语，来适应不同学生的需要。

由远及近启发时，要求只问不答。如果回答了，其他学生就无须再想，也就不可能接受与他们能力相应的思维挑战。所以要问而不答，这是“由远及近”启发的关键。若需回答，先弱后强，避免知道者告诉不知道者。教师如果在每节课上都能用启发性提示语来给学生以提示和暗示，经过长期的潜移默化，最终学生也学会了自己用提示语来启发自己，引导自己，这就可以达到“教学生学会思考”了。

5.6.3 用启发性提示语教学的案例

具体如何用“由远及近”启发性提示语进行引导下的探究教学，不妨看一看下列的教学案例片段。

案例 5.6.1 用代入法解二元一次方程组 $\begin{cases} x+y=132, \\ 2x-y=39。\end{cases}$

---

① 加德纳．我是怎样提出多元智力理论的——《智能的结构》出版 25 周年纪念．人民教育，2008，9：6-7.

大家能解这个问题吗？看来有人不会解，那你会解什么方程？

意图 提出目标，暗示用会解的方程去解不会解的方程。

它与你会解的方程有什么不同？你打算怎么办？

意图 靠近目标暗示，根据不同点把不会解的方程变成会解的方程。但怎么变，自己去想。

能不能变成自己会解的一元方程？怎么变？尝试一下。

意图 更靠近目标来暗示，变成一元方程。但是怎么变？自己去想。

二元变一元，要消去一个元，怎么消？尝试一下。

意图 进一步靠近目标暗示：需要消去一个元。怎么消，学生自己去尝试。

你把一个方程变形会怎么样？能不能利用它？尝试一下。

意图 提示学生将方程变形去看一看。具体怎么变形，学生自己去尝试。

把方程变形怎么变啊？一般用什么方法？试试看。

意图 暗示去回忆方程变形的方法，而且是一般的方法。具体是什么方法，让学生自己去想。

把方程变形一般是移项吧？移移看。

意图 这个提示几乎是告诉了，但具体怎么移项，还是要学生自己去尝试。最后才明白的个别学生就把未知量 x，y 移过去移过来，结果方程一变形，可以用一个未知元表示另一个未知元，代入另一方程就行了。这就帮助、启发学生找到了解二元一次方程组的方法——代入法。这是由远及近的启发提示，越来越靠近目标，使每个学生都能够通过自己的努力完成探究。

现在请哪位同学讲一讲？你是怎么想到代入的？——消去一个元。

为什么消去一个元？——化成一元一次方程。

为什么要化成一元一次方程？——一元一次方程我们学过了，会解。

这对我们有什么启示？——把复杂变简单，把不会的变为会的，新问题可以转化成已经学过的问题解决。

意图 渗透由复杂变简单、未知转化为已知的策略，蕴涵有方法论意义的本原思想。采用反思性教学的方法进行追问，学生的回答由弱到强。

案例 5.6.2 课题：指数与对数函数关系。

前面我们学习了指数函数和对数函数。学习完一些知识后，我们要有一个习惯，就是能不能把这些知识横向联系起来。

从联系的角度看，你觉得我们今天应该研究什么？

意图 借此引导学生提出本节课的目标问题：指数函数与对数函数之间有什么关系？

“它们之间到底有什么关系？”

“要研究二者的关系该如何入手？”

意图　此提示目的在引导学生思考研究的方法。

“你手头有哪些工具或材料？”

意图　此提示目的在使学生明确，研究一个新问题总是要利用已知来研究未知，从而引导学生搜索与本课题有联系的已经学过的知识和方法。

“你觉得首先要明确哪些基本问题？”

“你打算如何着手研究？”

意图　这些提示在于提醒学生首先要搞清楚问题是什么，这就是波利亚强调的：盯着目标弄清问题，并暗示既然要弄清问题，当然要回到它们的定义、性质。

“是否考虑过回到定义去？”

“回忆了指数、对数函数的定义和性质以后，你打算怎样研究？”

意图　这些提示语试图暗示学生从定义和性质出发，能不能为你启发研究的方法。

“有没有想法，你是如何思考的？”

“我们是如何研究函数性质的？有没有借助直观材料？”

“利用了什么工具？”

意图　这些提示语意在暗示学生研究函数的一个有力工具是函数图像，从而启发学生从两个函数的图像入手来研究。

“你是怎么研究的？”

“通过图像，你能发现指数函数和对数函数有哪些关系？”

意图　至此，本节课要研究的问题和研究的方法都找到了，接下来学生只要按照着一个思路去尝试、猜想、验证、讨论就行了。

这些启发性提示语形成了一个有着内在思维联系的提示语链，包含了很多方法论提示语。方法论提示语的意义很大，它启迪的是研究问题的一般方法，可以应用的范围很广，可以大大开阔学生的思维空间。

案例 5.6.3　课题：正切函数的图像和性质。

在这节课中，教师设计了下列由远及近的启发性提示语进行教学。

“前面我们研究了正弦、余弦函数的图像和性质，那你们说今天我们应该研究什么？”

意图　以此引导学生自己提出目标问题：正切函数的图像和性质是什么？

“你打算如何研究？”

“以前见过类似的问题吗？”

“我们可以从哪些方面来研究它呢？”

“前面研究正、余弦函数时我们是怎么研究的？”

意图　以此启发学生研究问题的方法：先画图像，再研究性质。

“怎么来画正切函数的图像呢？”

“当初我们是怎么画正弦函数图像的啊？”

“为什么要借助正弦线画正弦函数的图像？”

“你是如何用正弦线画正弦函数图像的？”

“画正弦函数图像的过程对你有什么启示？”

“如何利用画正弦函数图像的思想画出正切函数的图像？”

意图　这些提示语始终指向一个目标：如何画正切函数图像。它们构成了一个由远及近的启发性提示语链，以便当有学生对此问题的思考受阻时，再从隐蔽性较强过渡到隐蔽性较弱的提示语启发下，最终找到正切函数图像的画图方法：用正切线画图。

通过这样的启发，使学生反思画正弦函数图像的思维过程和思维方法，获得对自己思维的启迪，并把此思维过程和思维方法类比迁移到正切函数中，从而以正弦函数图像的画图方法为生长点生成新知识，主动探究借助正切线画正切函数图像的方法。

5.7 “反思性教学”的原理

用反思进行教学，在数学教学中是一种比较常见教学形式。本书把各种反思性思维方式用于教学活动的教学方式，称之为“反思性教学”。也就是说，“反思性教学”是一种教学形式，是在课堂教学中使用的一种教学方式，是教师与学生通过反思性的思维活动进行教与学的过程。因而“反思性教学”与“教学反思”是不同的两个概念。

5.7.1 “反思”和“反思性教学”

何谓“反思”？“反思”，就是回过头、反过身来思考的意思。它是近代西方哲学中广泛使用的概念之一，意为反省思维、反身思维。反思是一种特定思维形式，是针对发生过的事件的思维活动，而其思维活动结果却是指向尚未发生的前方。反思是一种反向思考，它是对已经发生过的事件进行思考，是为了对已发生的事件更加明了，并从中产生新的思想认识。反思可以更好地理解事物的本质和规律，把握事物的内在联系，形成新的判断，获得新的启迪，产生新的知识。反思是智慧的源泉，反思可以使人脑聪明。

反思性思维不同于逆向思维，逆向思维是针对顺向思维而言的，是思考顺序意义上的正和反，比如，假若从左向右思考是顺向思维，那么从右向左就是逆向思维。

在教育心理学中，反思是一种元认知活动，是指自我反思、自我反省。孔子曰："吾日三省吾身。"还说："学而不思则罔，思而不学则殆。"希腊哲人苏格拉底说："没有反省的生活不值得过。"①他们所说的"思"和"反省"就是自我反省，是针对人的修身、养性、德行的自我反思。他们的反思、反省之意还指，人需要形成、养成自我反思的意识，要使反思成为人的思维习惯。

知识的积累有助于智慧的提升，但智慧的源头却依赖于对知识的反思。把反思与教学结合，进行"反思性教学"，对学生智育的发展可以起到巨大作用。苏格拉底教学方式的一大特点，就是引导学生不断的反思，对思考过的对象在反思中细化、完善、质疑、批判、升华。因此，在教学中采用反思性教学，有利于学生学会思考，有利于提高学生的思维能力。

反思性数学教学可以是对思考对象的反思、对思考过程的反思、对变化的反思、对方法的反思、对结论的反思、对策略的反思，还可以是反思后的反思，从而不断超越，日臻完善。教师可以通过反思性教学，引导学生敢于反思、勤于反思、善于反思，不断地强化学生的反思意识，增强学生的反思毅力，培养学生的反思能力。

反思性数学学习是学习者对自身数学学习活动的过程，以及过程中涉及的有关的事物（材料、信息、思维、结果等）的特征进行反向思考，从而拓宽思路，举一反三，触类旁通，推广引申，扩大视野，深化理解，完善知识结构。

把教学中的反思，提升为"反思性教学原理"，就是为了让反思性教学成为一种教学形态，成为教师的教学意识，并使学生养成反思性思维的习惯。

5.7.2　反思性教学原理的建构性

"反思性教学"是教师指导学生通过反思性思维活动，不断对各种知识信息进行加工转换，使获得的知识更加清晰和完善，同时教学生"学会思考"。反思性教学是教师引导学生进行的反思性思维活动，主要是学生的思维活动。可见"反思性教学"不是"教学反思"，不是今天教完了课，教师来反思总结一下，教学反思是教师自身的反思性思维活动。两者思维活动的主体完全不同。反思性教学是，教师在教学中运用"反思性教学"的方法，帮助学生深刻理解数学对象、形成数学推论、完成数学检验，以此来建构新的数学知识。

"反思性教学原理"旨在促进学生的数学思维活动，这是一种建构性的思维活动。因为数学研究的直接对象是思想材料，是摆脱了具体内容的形式化的关系

---

① 沈文钦，Timothy．成为反思型教师．北京：中国轻工业出版社，2005：1．

结构，因此，数学思维活动的展开，必须在思想中构造出相应的形式结构为必要前提。[①]作为一种抽象的理性思维，数学思维活动总是从概念出发，运用判断、推理等思维形式，逐步揭示相应概念所界定的对象的本质属性，以及此概念与彼概念之间的本质联系，并由逻辑推理确认的命题系统构建整个理论体系。

皮亚杰指出，“逻辑的数学体系正是通过我们的行为在这个根源之内加工完成，其形式是一系列不断的反身抽象和一系列更新的自我调节的建构”。[②]从这个意义上说，不仅数学思维本质上是一种建构活动，而且通过知识学习形成数学思维的过程也是一种建构过程。皮亚杰这个论断表明，数学的这种思维建构活动是在不断地反身抽象和更新的自我调节过程中完成的建构，即是在对客体进行一系列反身思维的过程中，不断地更新调节这一过程，来建构抽象的数学思想材料。因此，数学反思性教学的建构性主要体现为两点：一是数学教学结果的建构性，二是数学教学过程的建构性。

第一，教学结果的建构性，可以由学生通过反思性思维活动形成的数学知识表现出来。比如，函数概念是学生对生活中大量的“对应”实例，如“学生”与“座位”、“信件”与“信箱”等的感受和观察，经过反身思维抽象出“对应”的概念；并进而在反复地反思中，发现对应中的“一对一”和“多对一”的情况，提炼成“映射”概念；然后进一步反复反思数字运算中的数字关系，从而将数字间的对应抽象为数集之间的映射关系，这样一步一步经历了反复多次的反身抽象和包括归纳、分析等多种心理活动的更新调节，逐渐建构起了函数概念，而并非直接由识记定义得到函数概念。

第二，教学过程的建构性，可以由师生通过反思性教学形成的思想方法来说明。比如，学生掌握数形结合的数学方法，一定要通过解题实践，在对“数”与“形”之间的各种转换进行不断的反身思维过程中，不断更新调节对这些转换的认识，并且在此实践的过程中添加自己的理解认识，才能在自己的思想上建构起数形结合的数学方法。这样得到的数学方法或思想就体现了一种建构的过程。

5.7.3　反思性教学的方法

反思性教学的方法主要有：回顾，质疑，反诘，追问。

1．回顾

“回顾”是反思中“反”的本体意义，就是回过头来对已经发生的事情或过程进行思考。“回顾”可以表现为回顾往事、回顾知识、回顾方法、回顾活动过

---

① 范叙保．论数学反思在宏观层次上的思维方式．科学技术辩证法，2001，(2)：32-35.

② 皮亚杰．发生认识论原理．王宪钿，译．北京：商务印书馆，1997：103.

程，体现在反思性的教学过程中，就是教师启发学生对于所学知识进行有目的的回忆，并从中确立与当前教学内容相关的联系。

这一方法在教学中比较常见，除了解题教学中经常运用以外，在新授课教学中也比较常用。

比如，在复数的引入这个课题的教学中，教师启发学生回顾以往的学习，考查是否出现过类似的情况，提出一些引导学生回顾反思的启发性提示语，学生根据这些提示语，进行回顾，思考提示语中的问题，经过观察、比较、分析、分类、综合、归纳、抽象、概括、特殊化、一般化等一般思维方法的运用，从“自然数集、整数集、有理数集和实数集”的扩充过程，归纳出数集扩充的共性，最终抽象概括出数集扩充的原则。

提示并思考

（1）以往学习中有没有遇见过类似的问题？

（2）如见过，解决了什么问题？怎样解决的？

（3）解决的过程有什么共同的特点（规律）？

（1）自然数集减法运算不够用（例），引进负数形成整数集→减法运算得以实施。

（2）整数集除法运算不够用（例），引进分数形成有理数集→除法运算得以实施。

（3）正数开方运算不够用（例），引进无理数形成实数集→正数开方运算得以实施。

数系扩充的规则

（1）原数集有某运算不能的问题；

（2）引进新数（原数集包含于新数集）；

（3）使不能运算总能进行;

（4）原有运算及其性质在新数集仍然保持。

启发：如果原有运算不能了，这个规则能利用吗？

然后根据这个数集扩充的原则，引进新数，解决实数集运算不能的“负数开方”问题，逐步完成复数集的建构。如果在教学过程中，教师没有启发学生完成如上的回顾反思，学习者就无法形成对复数本质的认识，可能只会理解为方程“$x^2+1=0$”的解。

2. 质疑

在回顾中如何发现问题，主要依靠批判性的“质疑”方法，围绕“凭什么这样认为？凭什么这样想？果真如此吗？这样解决可行吗？”等这样的问题进行反思。

要在教学中引导学生质疑，首先教师和学生应该有一种“怀疑的精神”。教师可以对教材的内容和编排产生怀疑，学生可以对教师的讲授内容产生怀疑，可以对讨论中出现的观点和想法产生怀疑，只有“疑”才可能有深层次的认识和理解。

如在“指数函数的概念”的教学中，教师介绍指数的定义时，强调 $y=a^x$ 的底数 $a>0$ 且 $a\neq1$，如果教师不解释，很少有学生质疑“$a>0$ 且 $a\neq1$”，大多数学生认为，这是一个定义，而且是书上规定的，只要记住就行而不加追问。如果教师解释了如果 $a=1$ 就得到 $y=1$，$y=1$ 是一个常函数，没有研究的意义，这时更没有学生会质疑。这样就会导致学生失去一次又一次质疑的机会。

3. 反诘

对于“质疑”中的问题，要反复思考“还有什么疑问？能够完善它吗？有没有漏洞？有漏洞怎么办？能够修正吗？如何克服？要是这样（提出反例）怎么办？”这就是进行反思性教学时，运用“反诘”的方法所经常问的问题。

在“数学归纳法”教学中，下述片段就是不断地运用“反诘”，来帮助学生思考。

案例 5.7.1　课题：数学归纳法（教学片段）。

师：“刚才的解释过程中，有没有漏掉一项？”（反诘）“有没有遗漏？”（反诘）“是不是把一个无限的等差数列的每一项都已证明了？”（反诘）“有没有少一项？”（反诘）没有吧？没有！

师：那么？你们说它是不完全归纳，还是完全归纳法呢？（反诘）

生：完全归纳法。

师：这种证明一个与自然数有关的命题的方法，就称之为数学归纳法。

反诘是一个帮助学生进行自我反馈的过程，而且反馈的过程由怀疑问题而起，自生怀疑，自觉解答，学生因疑而不惑，不满足于成法，善于思考正反两方面的论据，找出理解的歧义、错误之因，寻找更合理的学习之法。教师应善于引导学生调控思维，及时地进行自我反馈，减少盲目性。这既有助于学生深化知识学习，又有利于反思性思维的培养。

4．追问

“追问”，源于哲学中的“追问思想”，究其本质而言，就是哲学对“自明性”的分析和追问。在数学的反思性教学中，教师也需要指导学生进行这样的“明知故问”、“明知再问”和“不知当问”。因为“追问”往往从一个简单的数学结论或数学事实开始，对其本质从不同的角度进行深究，持续不断的追问，追寻过程中的漏洞，反问其中“陌生”的信息，追问事实成立的依据。比如：怎么想到的？为什么这样想？有不同意见吗？这样做有什么好处？等等。

即如下面的案例 5.7.2 中就是采用追问的方式，引导学生对“动点轨迹”进行反思活动。

案例 5.7.2　课题：抛物线（教学片段）。

教师首先对椭圆和双曲线的统一定义进行复习：平面内与一个定点 F 的距离和它到一条直线 l 的距离之比是一个正常数 e 的点的轨迹。

（1）当 $0<e<1$ 时，是椭圆。

（2）当 $e>1$ 时，是双曲线。

（3）设问：那么当 $e=1$ 时，又是什么曲线呢？（追问）

生：抛物线。

师：你怎么知道它就是抛物线，能说出理由吗？（追问）（学生摇头）那么在解析几何中，我们通常是用什么方法研究曲线的？（追问）

生：坐标系。

……

在上述片段中，教师让学生对动点的轨迹进行不断的追问，都是对同一个问题的多次反思，通过对这些追问的解答，层层推进了认识，让学生认识到其“标准”体现在选取了一个合适的坐标系，才使方程得以简化，从而使学生理解了抛物线及其标准方程的概念和意义。

5.7.4　如何进行数学反思性教学

目前数学教学中，反思性教学正是比较薄弱的环节，但它却是数学教学活动中很重要的环节。由于数学是抽象的思想材料，使得学生不可能一次性地直接把握数学对象的本质，必须要经过多次地反复思考，坚持反思性数学学习，才可能洞察数学对象的本质特征。学生的反思性数学学习，要通过教师的反思性教学来实现，那么如何进行反思性教学？

1. 引导学生对数学活动所涉及的知识进行反思

对大多数学生而言，对某一个数学对象的认识，不是在一次数学活动中就能完成的，那就要教师引导学生反思而经历了这一数学活动后，自己对所涉及的知识是否有了新的认识，有些什么新的认识，原有的认识有什么欠缺之处，这种欠缺是如何造成的，如果需要补救必须及时进行。

反过来，放弃对活动中所涉及的知识的反思，那么对数学对象的认识就难免停留在肤浅的、片面的、隐含着错误危险的水平上。

2. 引导学生对活动中有联系的问题进行反思

在数学活动中必然要与一些已曾相识或似曾相识的问题有所联系，因而在活动进程中，教师有必要引导学生对那些有联系的问题进行反思。反思与哪些问题有联系，有什么样的联系，是与问题的情境（知识、表述方式、图形等）有联系，是与问题的方法（包括策略、数学思想等）有联系，还是与问题的结论有联系。所有这些联系之间能否概括出某种规律或经验，经过这样的联系对原问题是否有新的认识。

通过这种反思，让学生学会举一反三，对前后知识、各类问题、各种方法达到触类旁通，融会贯通。

3. 引导学生对自己的思考过程进行反思

引导学生对自己的思考过程反思，就是在一个数学活动阶段完成以后，要尽力回忆自己从开始到结束的每一步心理活动，一开始是怎么想的，出现过哪些差错，碰到过哪些钉子，走过哪些弯路；反思自己为什么会出现差错，碰到这些钉子，走过这些弯路，有什么经验可以吸取。

千万不要小看引导学生对自己思考过程的反思，这是一种元认知能力的培养，这是一种学会思考的能力的培养，是一种学习潜能的培养，是可持续发展的人的素养的培养。

4. 引导学生对所涉及的数学思想方法进行反思

中学数学中蕴涵的思想方法主要有：转化的思想（等价的和不等价的）、函数与方程的思想、分类讨论的思想、数形结合的思想等；消元、降次、换元、配方、待定系数、数归法和反证法等。

但数学的思想方法往往蕴涵在具体内容之中，或伴随在具体的数学活动的过程之中。

因此反思性教学的一个重要内容就是，引导学生反思活动中涉及了哪些数学的思想方法，这些思想方法是如何运用的，运用的过程中有什么特点，这样的思想方法是否在其他情况下运用过，现在的运用和过去的运用有何联系、有何差异，是否有规律性的东西。有了这样的反思，对数学思想方法的认识、把握、运用的水平才会不断提高。

5．要求学生对理解题意的过程进行反思

就学生的解题学习活动而言，“理解题意”无疑是最为重要的。杜威说，理解了题意，问题就解决了一半。很多学生找不到解题思路的根本原因，正是“理解题意”这一环节存在问题。如何学会“理解题意”？一个十分重要的途径是在解题的“反思”中来学。

引导学生对理解题意反思，就是引导他思考自己遗漏过什么信息，为什么会遗漏；其中的哪些信息是自己不很明了的，为什么会不明了；无论是被表面形式所迷惑，还是遗忘了，都要对其原因追根究底；反思自己对题设的条件之间、条件与目标之间有哪些关系没有发现，关系的转化是否有错误，是什么原因导致的；反思自己对题意的理解存在什么其他的偏差，造成这种偏差的原因是什么，等等。

6．对解题思路、推理的过程、运算的过程、语言的表述进行反思

对这一内容的反思，目的在于追求对解题的思路、推理的过程、运算的过程、语言的表述进行“优化和简缩”。就是在完成了某一个数学活动以后，对活动中思维的合理性、推理的严谨性、运算的简便性、表述的简洁性、书写的规范性进行反思、修改、简缩，从中归纳、概括，总结出形成简缩思维结构的经验和规律。经过长期训练形成简缩的思维结构，逐步提高用简缩的思维结构进行思考的能力。

学生反思性数学学习的形成，要靠教师的示范和引导，但重要的是教师要教会学生反思，并在数学学习中自己自觉地进行反思，逐渐形成一种反思的意识和习惯。

5.8 “归纳先导，演绎跟进”的教学原理

数学思维活动的基本方式有两种：归纳与演绎。爱因斯坦说：西方科学发展的两大支柱是归纳与演绎。西方科学技术在世界处于领先地位，中国的科学技术需要和正在迎头赶上，就是因为西方的科学研究依赖两大支柱，我国古代的科学技术领域是归纳的多，演绎的少。但到了近现代，西方的数学和科技被引进来以后，中国的数学却变成演绎的多，归纳的少。也就是说，我国曾经在学习西方的

同时，把自己的传统的东西丢掉了。

杨振宁说：我在中国学到了演绎，我在美国学到了归纳。这就反过来了，本来中国以归纳为主，没什么演绎。西方的东西引进以后，就变得崇洋媚外，对归纳重视不够，丢掉了传统。中国是什么时候开始有数学教育的？自从数学从西方引进以后，就开始走上重演绎轻归纳之路，造成中国数学教学普遍存在“重演绎，轻归纳”的现象。

那么，在归纳和演绎之间，怎么样能找到一个平衡？这是数学教学中需要重新认识的重要问题。

5.8.1　关于“归纳与演绎”的认识

在西方，毕达格拉斯是第一个发现并证明勾股定理的人，因此勾股定理被称为毕达格拉斯定理。据说，他是在观察地板上的方形图案时，发现直角三角形斜边上的正方形面积恰好是两条直角边上正方形面积之和，受此启发，进一步找到一般证明的。

近代数学的发展也表明，归纳与演绎总是数学的基本活动，许多重要的发现与发明都是在归纳与演绎的思维活动中产生并建立起来的。

例如，1637 年费马在对 $x^2+y^2=z^2$ 和 $x^3+y^3=z^3$ 这样的方程验证了若干的正整数以后，归纳提出了著名的费马大定理的猜想：不定方程 $x^n+y^n=z^n$，在 $n>2$ 时不存在正整数解。他说自己给出了证明：“我有一个对这个命题的十分美妙的证明，这里空白太小，写不下。”[①]这样，费马大定理就成了悬案，到 20 世纪，数学家希尔伯特把它列为 20 世纪的 23 个数学问题中的第 10 个问题。1994 年英国安德鲁·怀尔斯这个在地下室栖身七年，几乎隐姓埋名的数学家把费马大定理证明了。数学史上这样的例子屡见不鲜。

所以说，数学不是堆砌起来的符号和公式，而是生动有趣的智力活动，是归纳和演绎的辩证统一，是猜想与证明的辩证统一。波利亚说，“用欧几里得方式提出来的数学是一门系统的演绎科学，但在创造过程中的数学却是实验性的归纳科学。”“事实上，在数学家的工作中，猜测几乎总是走在证明的前头。”[②]证明是通过合情推理、通过猜想发现的，先猜想而后证明，这既自然又合理。他还说：“关于科学、‘科学方法’及‘归纳法’等的本质的认识上，科学家究竟做了些什么呢？他们不外乎设计出各种假设性的解释，然后让这些解释去经受实践的检验。假如希望用一句话来说明什么是科学的方法，那么我提议它是：猜测

---

① 西蒙·辛格．费马大定理——一个困惑了世间智者 358 年的迷．薛密，译．上海：上海译文出版社，2005：55．

② 波利亚．数学的发现（第二卷）．刘景麟，曹之江，邹清莲，译．呼和浩特：内蒙古人民出版社，1981：16．

和检验。”①

但是数学中的猜想往往是不完全归纳的结果，归纳产生了猜想，是一种创造，但还需要演绎证明。

费马发现的猜想很多，1640 年他发现：设 $f(n)=2^{2^n}+1$，则 $f(n)$ 与 n 的对应值列成表 5.1。

表 5.1

n	0	1	2	3	4	…
$f(n)$	3	5	17	257	65537	…

于是他归纳提出猜想：对于 $n\in\mathbf{Z}^+$，$f(n)=2^{2^n}+1$ 是素数。

1732 年，也就是费马提出猜想的 92 年后，著名的瑞士数学家欧拉发现：当 $n=5$ 时，$f(5)=2^{2^5}+1=2^{32}+1=641\times6700417$，是一个合数。否定了费马的这个猜想。

数学家用归纳法发现问题，用演绎法论证结论。归纳给数学提供了发明和创造，演绎保证了数学发明和创造的确定性。

归纳是从若干特殊情形得出一般性结论的思维过程。这里所说的归纳法，不是完全归纳法或数学归纳法，而是不完全归纳法，即不是对问题的所有可能情况进行归纳，而是从若干个别的事实中看到真理的端倪或身影，从中受到启发，从而提出假说或猜想②。也可以说，归纳是对事实进行升华的过程，其结果是形成超越事实的创造性猜想，由点及面、由表及里、由感性认识到理性认识，乃至发生认识上的质变。

归纳和演绎是数学的两翼。归纳和猜想有助于发现问题、启发思路，没有归纳和猜想，几乎不能有任何发现。而演绎和证明是数学推理的严格形式，能够保证数学结论的正确性，缺少演绎和证明，数学也就丧失了确定性。在完整的数学活动中，归纳与演绎是不可或缺、同等重要的。为了把数学教学中的归纳和演绎处理好，有必要找到两者之间的一种平衡，对此本书提出教学设计的“归纳先导，演绎跟进”原理。

5.8.2 “归纳先导，演绎跟进”原理的内涵

数学是人类智力的创造物。通常认为，数学具有高度的抽象性、严谨的逻辑性和广泛的应用性。抽象是数学最主要也是最基本的特点，对象是抽象的，理论

---

① 波利亚．数学的发现（第二卷）．刘景麟，曹之江，邹清莲，译．呼和浩特：内蒙古人民出版社，1981：16．

② 涂荣豹．数学教学认识论．南京：南京师范大学出版社，2004：122．

是抽象的，方法也是抽象的，而且抽象水平还会随着数学的发展不断提高。严谨的逻辑性在很大程度上源自高度的抽象性，因为正是数学的抽象性，才使得对数学活动结果的检验只能采用逻辑推理的方式，并且与其他学科相比，数学在逻辑上的要求更加严格。

不过，数学还具有探索性特点。[①]与其他实验科学一样，数学科学中也有观察、实验、想象、直觉、归纳、猜测、反驳、验证等探索性活动，也会经历发现问题、提出假设、验证猜想等不同的探索过程，从表面的、经验的认识逐步发展成为本质的、理论的认识。探究性特点体现了数学活动的创造性和不确定性。提出猜想的方法有很多，由归纳提出猜想，只是提出猜想众多方法中的一种方法。

因此，数学不仅是演绎的科学，也是归纳的科学，“是集抽象性、逻辑性、严密性、精确性、想象力、创造力于一身的一门科学”。[②]

数学教学是师生数学活动的过程。对大多数的数学知识来说，先猜想再证明，或者先探索再论证，是符合数学活动规律的。但是在我国的数学教学中，往往把演绎推理置于最高地位，把数学教学组织成一个完全演绎的过程，舍弃或削弱了数学发明发现的探索过程，这就不符合数学活动的规律，不利于学生正确理解数学、形成正确的数学观，也不利于培养学生的认识力。

卢梭有句名言：“问题不在于告诉他一个真理，而在于教他怎样去发现真理。” 归纳主要在于发现问题、提出问题，提供了发明和创造，因而要发明创造，就要学归纳。演绎是论证结论，提供了科学性、严谨性和理性思维。两者都是必要的，缺一不可。那就要在归纳与演绎之间寻找一种适当的平衡。有人提出，要既重归纳，又重演绎。什么是“既重，又重”？还是不清楚。因此本书提出：“归纳先导， 演绎跟进”。即先归纳，然后进行演绎论证。

“归纳先导”指的是数学教学中，先通过特殊到一般、具体到抽象等的过程，用归纳推理的方法，让学生探究以发现规律、提出猜想。接着对猜想进行理性思考，主要是通过演绎推理来证明，如果证明猜想是正确的，那么这个猜想就被承认。这就是“演绎跟进”。毕达哥拉斯由观察地板上的方形图案提出勾股定理的猜想，接着又给出了这个猜想的证明，是“归纳先导，演绎跟进”的过程。

其实“先猜想，后验证”，这也是研究问题的一般方法。由特殊到一般进行归纳，再到猜想；由具体到抽象进行归纳，再到猜想；由多到一进行经验性归纳，再到猜想；由合情推理这样一种自然逻辑提出猜想。最后，还要进行演绎推理、论证反驳，达到理性的检验。

所以在数学教学中要归纳先导、演绎跟进。在数学教学实践中，要贯彻这个

---

① 涂荣豹．数学教学认识论．南京：南京师范大学出版社，2004：122．

② 涂荣豹．数学教学认识论．南京：南京师范大学出版社，2004：56．

思想。

5.8.3 “归纳先导，演绎跟进”的教学案例

在数学教学中如何遵循“归纳先导，演绎跟进”原理设计教学？这里按照归纳的几种形式，列举几个教学设计案例，以作说明。

1. 特殊 $\xrightarrow{\text{归纳}}$ 一般——猜想 $\longrightarrow$ 演绎推理证明

案例 5.8.1　课题：正弦定理（片段）。

问题情境　在三角形中，大边对大角，小边对小角。如图△ABC，固定边 AB，当∠A 变大时，边 a 也变大，当∠A 变小时，边 a 也变小。那么∠A 的大小与边 a 的大小有怎样的关系呢？能否用一个式子把这种关系表示出来呢？

特殊情形 1　不妨从熟悉的直角三角形开始试一试，能不能把∠A 与边 a 的关系表示出来。如果可以的话，其他的角和对边的关系是不是也能表示出来。

$a=c\sin A$，$b=c\sin B$。边 c 呢？是不是也有这种关系？$c=c\sin 90°$。

将这些关系式改写，并排列整齐，得 $\frac{a}{\sin A}=\frac{b}{\sin B}=\frac{c}{\sin C}=c$。

特殊情形 2　画一锐角三角形，度量三个角大小和三条边的长，分别计算 $\frac{a}{\sin A}$，$\frac{b}{\sin B}$，$\frac{c}{\sin C}$ 的值，发现它们几乎相等；同样对钝角三角形做相同的测量、计算和比较，也有相同的结论。

猜想　任意的三角形，是不是也有这样的关系呢？

从而提出猜想：任意三角形中，也有 $\frac{a}{\sin A}=\frac{b}{\sin B}=\frac{c}{\sin C}=c$ 这个关系。

证明猜想（略）。

2. 具体 $\xrightarrow{\text{归纳}}$ 抽象——猜想 $\longrightarrow$ 演绎推理证明

案例 5.8.2　课题：数学归纳法（片段）。

师：我们来看一个多米诺骨牌的视频。这是网上下载的视频。

师：这个例子中，为什么所有的骨牌都倒下了？你认为要让所有的骨牌都倒下，该具备哪一些条件？

生 5：首先保证第 1 块骨牌能倒下来。

师：保证第 1 块骨牌倒下（板书）。

生 5：然后，前一块牌倒下，后一块牌必定倒下。

> **多米诺效应（原理）**
>
> （1）第一块牌倒下；
>
> （2）假设某一块牌倒下，则它后面的一块牌必定倒下。
>
> 满足上述两个条件，所有的牌都倒下。

师：应该是如果某一块牌倒下，那它后面的一块牌必会倒下。

生5：如果这两个条件都符合的话，应该所有的牌都能倒下。

师：这个现象叫做多米诺骨牌原理。可以看到，这些骨牌的倒下是通过“递推”来实现的。上课开始的时候，我们有一个无限等差数列的问题，那能不能利用这个原理来解决这个问题呢？如果把这个与正整数有关的命题叫做$f(n)$，把每一个骨牌看作一个命题，用骨牌倒下来表示命题正确，那我们来看看，这个$f(n)$必须满足什么条件，就可以保证它是正确的了？

生：（1）当$n=1$时，命题正确。

师：也就是$f(1)$正确，是吧？$f(1)$在多米诺骨牌里代表什么？

生：第一张骨牌。

（2）假设$n=k(k\geqslant 1)$时结论正确，能够证明当$n=k+1$时结论也正确。

> **数学归纳法**
>
> 如果$f(n)$是关于正整数的命题：
>
> （1）$f(1)$正确；
>
> （2）假如$f(k)$正确，证明$f(k+1)$也正确，那么$f(n)$对一切正整数正确。

师：假设$n=k(k\geqslant 1)$时结论正确，就是假设$f(k)$正确。它代表什么？

生：第n张骨牌。

师：当$n=k+1$时结论也正确，也就是$f(k+1)$正确。满足了（1）和（2），那么对于一切$n\in \mathbf{Z}^{+}$，结论$f(n)$正确。

多米诺骨牌游戏是社会生活中的一种具体的现象，从这个具体现象中一张张骨牌的倒下，归纳出全部骨牌倒下的条件，抽象出多米诺骨牌效应，再把这个具体现象的效应进一步抽象成证明关于正整数的无限命题成立的原理或公理，这正是由具体到抽象的归纳推理的结果。这个从具体到抽象的归纳，提出的并不是一个猜想，而是确确实实的数学归纳法这个数学公理。

又如，由

$$\left.\begin{array}{l} y=\sin\left(x+\dfrac{\pi}{3}\right)\text{图像与}y=\sin x\text{图像的关系} \\ y=3\sin x\text{图像与}y=\sin x\text{图像的关系} \\ y=\sin 3x\text{图像与}y=\sin x\text{图像的关系} \end{array}\right\}\xrightarrow{\text{归纳出}} y=A\sin(\omega x+\varphi)\ \text{图像与}$$

正弦函数$y=\sin x$图像的关系。

这是从几个具体函数的图像与正弦函数$y=\sin x$图像的关系，归纳推出关于一般形式函数$y=A\sin(\omega x+\varphi)$图像与正弦函数$y=\sin x$图像关系的猜想，就是从若干具体结论归纳出一个抽象的一般结论的猜想。猜想提出后，又用图像中坐标的变与不变关系对这些猜想加以论证。这也是一个“归纳先导，演绎跟进”的过程。

3．多到一 $\xrightarrow{\text{归纳}}$ 经验性归纳——猜想 ⟶ 演绎推理证明

案例 5.8.3　课题：对数的运算（片段）（表 5.2）。

表 5.2　对数的运算

	M				
	N				
1	$\lg M$				
2	$\lg N$				
3	$\lg M+\lg N$				
4	$\lg M-\lg N$				
5	$\lg M \lg N$				
6	$\dfrac{\lg M}{\lg N}$				
7	$\lg(MN)$				
8	$\lg\dfrac{M}{N}$				
9					
10					

实验要求：

（1）自选第一、第二行中 M，N 的数值；

（2）用计算器计算空格中的数值；

（3）观察计算结果，对其中的关系提出猜想；

（4）证明你的猜想。

根据计算出来的 4 列数值，对其中的关系提出猜想，就是一种“多到一”的归纳。比如，对第 3 行和第 7 行 4 列计算数值观察比较，猜想运算公式：

①$\lg M+\lg N=\lg(MN)$。

又如，对第 4 行和第 8 行 4 列计算数值观察比较，猜想运算公式：

②$\lg M-\lg N=\lg\dfrac{M}{N}$。

再如，对第 6 行 4 个计算数值观察分析，猜想运算公式：③$\dfrac{\log M}{\lg N}=\log_N M$。进而想到乘方运算，计算数值观察比较，猜想运算公式：④$\lg M^n=n\cdot\lg M$。接着还对猜想进行证明，下面是对猜想的公式①，②的证明（③，④的证明略）。

证明　令$p=\lg M$，$q=\lg N$，则 $M=10^p$，$N=10^q$。就有

$$\lg(MN)=\lg(10^p\cdot 10^q)=\lg(10^{p+q})=p+q=\lg M+\lg N。$$

所以$\lg M+\lg N=\lg(MN)$。

同理$\lg M-\lg N=\lg\dfrac{M}{N}$。

在这个教学过程中，学生从具体问题出发，尝试有限的几个数字计算，摸索发现规律性的结果，提出了对数运算公式的猜想。这是典型的“多到一”的归纳猜想。然后紧接着对这些公式猜想进行演绎推理的证明。这也是“归纳先导，演绎跟进”的过程。

关于本书构建的“数学教学设计原理”的逻辑结构，见下图 5.14。

“数学教学设计原理”的逻辑结构

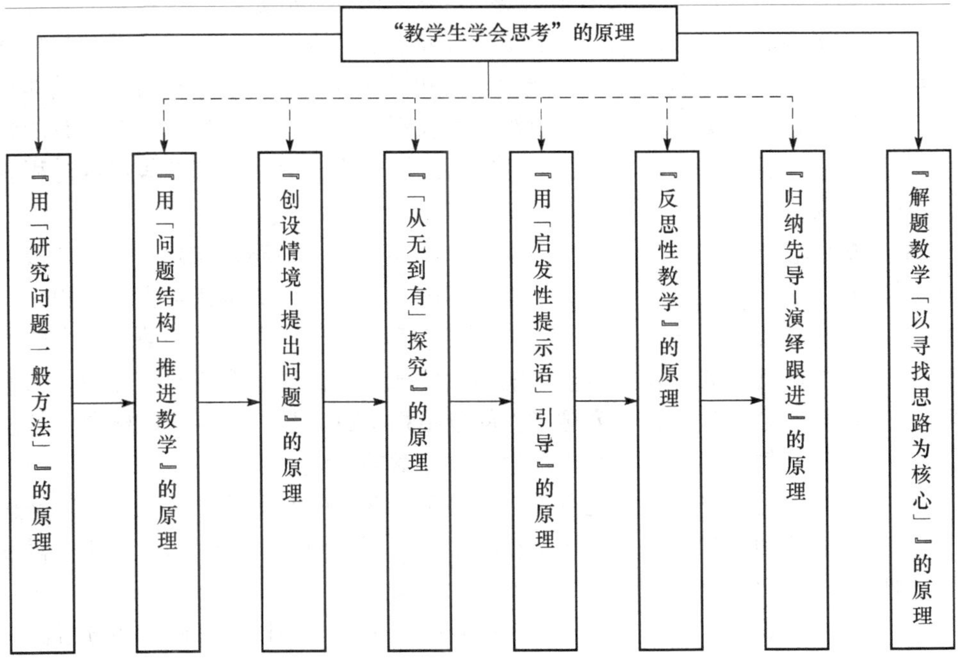

图 5.14

第 6 章 数学新授课教学案例的研究

理论的意义在于应用，那么第 5 章所构建的数学教学设计原理究竟应该如何应用，什么样的数学课堂教学才是符合这些原理要求的，什么样的数学课堂教学才是依据这些原理设计的，这些与理论实际应用相关的问题才是最重要的。本章将对十个数学教学内容的同课异构教学案例进行研究和分析，这些源自真实数学课堂教学的案例提供了丰富的材料，从这些案例中可以对如何贯彻数学教学设计原理获得参考和启示。

6.1 数学概念教学的案例研究

概念是反映事物本质属性的一种思维方式，数学概念反映了事物在数量关系、结构关系、空间形式的本质属性。学习一个概念，最基本的是要把握这个概念的本质属性、例证、名称和定义，熟悉概念的内涵和外延，记住概念的名称，了解概念间的逻辑关系，理解概念的定义以及认识其意义。从认知心理学的角度分析，学生获得概念的基本方式是概念形成和概念同化。前者是从实例和具体经验出发，通过比较、归纳、概括等思维过程获得概念的意义，后者是在已有的知识经验基础上，直接揭示概念的关键特征，通过联系、分析、综合等思维过程获得概念的意义。

数学概念教学一般包括：概念的建构、内涵外延的明确、概念的应用。教学过程不应立足于让学生接受、记忆、模仿和练习，更重要的是让学生自主探究，通过动手实践、智力参与、主体体验、合作交流等活动，“再创造”数学概念的意义，积累数学活动经验，使数学学习成为发展智力、提高一般科学研究能力的锻炼过程。数学概念教学设计需遵循“以问题结构推进教学”的原理，树立“教学生学会思考”的教学观念，提升概念学习与理解的质量。

对数的概念有着丰富的历史背景，来源于生活实际又服务于生活实际，是解决现实问题的一种数学模型。在概念教学中，教师应当遵循“再创造”和“再发现”的思想，让学生经历知识发生发展的本来顺序。

本节将对以高中“对数的概念”为课题的两个教学案例进行研究和分析。其中案例 1 曾获得 2014 年全国高中数学优质课评比一等奖。

“对数的概念”教学过程的重点在于引导学生基于朴素的、直观的认识，归纳、概括出对数的概念，把握概念的本质属性，从而使学生感受研究问题的一般方法。教学中能否处理好这个问题是个关键，也是本节案例研究的目的和价值所在。对数的概念对学生来说是全新的，需要教师引导学生利用指数与指数函数的相关知识理解对数的概念①。在教学过程中，力求使学生体会运用从特殊到一般、类比等思维方法来理解对数式与指数式之间的内在联系，将对数这一新知识纳入到已有的认知结构中（以下案例均为每课 40 分钟）。

6.1.1　课堂教学案例 1 及点评

课题：对数的概念	点　　评
师：同学们回忆一下，学习指数函数的时候，曾见过这个问题[1]。（投影） 某种放射性物质不断变化为其他物质，每经过 1 年，这种物质剩留的质量是原来的 0.84%。(该物质的最初质量为 1) **问题 1**　你能由此情境提出一个数学问题吗？（重述问题） 师：你能由情境提出一个数学问题吗？请将你的问题写在草稿本上。写好的同学请互相交流一下。(02′27″) 生 1：我提的问题是：“5 年后这个物质的剩留量会变为多少？” 师：大家听清楚了吗？是多少呢？　生 1：不知道。 师：你提的问题是：5 年后这个物质的剩留量会变为多少，是吗？不知道是多少，那 1 年以后呢？[2]　生 1：(板书) 0.84。 师：两年以后呢？　生 1：0.84^2。 师：那你的问题，5 年以后剩下多少？　生 1：0.84^5。	[1] 创设情境，提出问题，回忆旧知，引出新知是中国数学教学比较常用的方法，但这里教师引出的是一个新的数学问题，而且是由学生根据旧知情境自己提出问题。每节课首要任务是提出本课要研究的问题，这十分重要。这可以使学生明白数学知识总是从问题开始的，从而明白本节课知识学习的目的；这也可以使学生学会自己提出问题，提出问题往往比解决问题更重要，从而提高学生提出问题的能力。 [2] 这是用启发性提示语启发，由复杂变简单，有方法论意义，更多涉及具体知识，属于有方法论意义的认知性提示语。可以看到，5 年不会求，于是启发，由 1 年再 2 年，5 年很

① 张萍．“对数的概念”教学设计．数学通报，2014，(4)：28-30.

续表

<table>
<tr><th>课题：对数的概念</th><th>点　评</th></tr>
<tr><td>
师：把这一结果记作 N。（板书）$0.84^5=N$。有不同的问题吗？
生 2：我的问题是：需多长时间该物质剩留的质量是原来的一半？
师：这个问题怎么解决呢？想一想。
生 2：0.84^x。
师：你的 x 是什么？噢，是衰减的时间。0.84^x 等于多少？（板书）
$0.84^x=0.5$。同学们提出了很好的问题[3]，这两个问题都与前面学过的什么有关？　　众：指数 $a^b=N$。

$0.84^5=N$。
$0.84^x=0.5$。
$a^b=N$。

师：我们来看一下，生 1 提出的问题是，这个指数函数 $y=0.84^x$ 中，① 已知 x，求 y。生 2 提出的问题是，已知 y，求 x。如果这个底数 0.84 是未知的，还可得到已知 x，y 求底数的问题。②这两个问题本质上，都是在 $a^b=N$ 中，已知两个量求第三个量。之前我们已经研究过了已知 a，b，求 N。比如说，已知 $3^2=9$，$5^3=125$，……；还研究过已知 b，N，求 a。比如 $a^5=32\Rightarrow a=2$，$a^3=5\Rightarrow a=\sqrt[3]{5}$，……那我现在还可以研究怎样的问题呢？已知 a，N，求 b。比如说，
$2^b=1\Rightarrow b=0,$
$2^b=2\Rightarrow b=1,$
$2^b=3\Rightarrow b=?$
$2^b=4\Rightarrow b=2,$

（1）已知 a，b，求 N。
（2）已知 b，N，求 a。
（3）已知 a，N，求 b。

$a^b=N$
$2^b=1\Rightarrow b=0$
$2^b=2\Rightarrow b=1$
$2^b=4\Rightarrow b=2$

这里的指数 b 有没有呢？想一想。（投影）
问题 2　$2^b=3$，这样的 b 有没有呢？[4]
师：你说说看。　　生 3：应该是没有。
师：他说应该没有。其他同学同意吗？有人摇头了，你为什么觉得没有？噢，你还没有找到。你说说看。
生 4：我觉得有。根据 2^b 的图像，当 $y>0$ 的时候，应该有一个对应的 b。
师：你说根据前面学过的 $y=2^x$ 的图像，是吧？我要是把这个图像做出来，然后呢？　　生 4：根据 $y=3$ 找出 x。
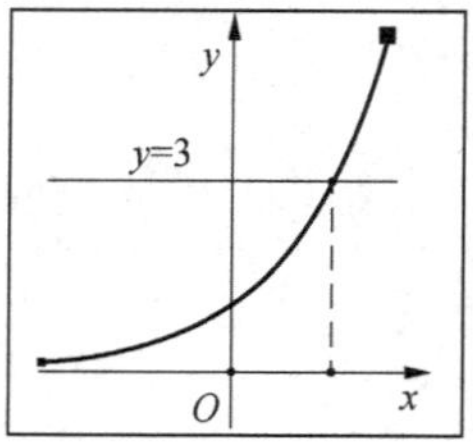

</td><td>
自然的就水到渠成了。而且教师只启发，回答解决是学生自己，没有代替，这是真正的启发。其实最好提示：5 年不会，几年你就会了？让他自己想到由复杂变简单，提示语更具开放性。这种由易到难的启发，往往用于针对一个学生的情形。
[3] 引导发现这个关系很关键，这才能引出下面要用到的“由其中两个变量求第三个”的重要思想。问题是，确定了与指数有关，但究竟有什么关系？①这里与指数的关系是教师告诉学生的，如果这样来问是否更好：“与指数是什么样的关系？”这是让学生自己去寻找发现关系，他就要反复观察、比较、分析、综合、概括，进行一系列独立的思维活动，这就促进了学生学会思考。②这里做了阶段小结：都是由其中两个求第三个。
[4] 问题 2 其实是这节课的目标问题，前面的过程是为提出这问题而创设的必要情境。“b 有没有”，这不是个别学生不知道，所以教师这里要对全体学生启发。而不是让生 4 来告诉大家，这是让知道的告诉
</td></tr>
</table>

续表

课题：对数的概念	点　　评
师：$y=3$ 在哪里呢？可不可以画出 $y=3$ 的图像？　众：能。 师：可以。那 b 怎么找呢？　生 4：$y=3$ 与图像的交点。 师：图像交点与指数 b 是什么关系？ 生 4：交点横坐标就是 x。 师：大家听懂了吗？他借助前面学过的指数函数 $y=2^x$ 的图像，做出 $y=3$ 与图像的交点，b 就是这个交点的横坐标。看来这个 b 是有的，而且呢？　众：只有一个。 师：只有一个。但是我们又不能把它表示出来，那应该怎么办呢？ 生 4：可以用一个符号来表示它。 师：哦，用一个符号来表示它。这个想法好不好？　众：好！ 师：其实数学家也是这么想的。[5]大家看一下，当 $a^3=5$ 的时候，这个 a 是多少？不知道，数学家就用根号“$\sqrt[3]{\ }$”来表示它。a 是由 3 和 5 来决定的，把 3 和 5 写在相应的位置上 $\boxed{\sqrt[3]{5}=a}$。现在这个 b 怎么办呢？数学家就用这样一个符号来表示它：$2^b=3\Rightarrow\boxed{b=\log_2 3}$。log 就是对数英文单词的前三个字母。2 作为底数写在下方，3 写在与 log 平行的位置。这样，b 就叫作“以 2 为底 3 的对数”。念作“以 2 为底 3 的对数”。 $a^b=N$。 $2^b=1\Rightarrow b=0$。 $2^b=2\Rightarrow b=1$。 $2^b=3\Rightarrow b=\log_2 3$。 $2^b=4\Rightarrow b=2$。 有了这个记号，一开始提出的这问题，现在就解决了。我们来看，$0.84^b=0.5$，这个 b 怎么表示啊？[6]　众：$\boxed{b=\log_{0.84}0.5}$。 师：如果 $3^b=10$，这个 b 怎么表示呢？ 众：$\boxed{3^b=10\Leftrightarrow b=\log_3 10}$。 师：像这样的式子，你能再举一些吗？[7] 生：以 2 为底 5 的对数，$\log_2 5$。 师：这个对数是怎么得到的呢？ 生：由 $2^b=5$ 得到的。 $0.84^b=0.5\Rightarrow b=\log_{0.84}0.5$。 $3^b=10\Rightarrow b=\log_3 10$。 $2^b=5\Rightarrow b=\log_2 5$。 师：$\boxed{2^b=5\Rightarrow b=\log_2 5}$。还有吗？　生：$\boxed{4^b=6\Leftrightarrow b=\log_4 6}$。	不知道的。可以这样由远及近启发：要知道 b 有没有，你有什么办法？“$2^b=3$ 是什么？还能表示什么？$2^b=3$ 是 $y=2^b$ 的一个函数值，你想到什么？这个函数还能怎么表示？由图像表示，你想到什么办法？用图像怎么能知道 b 有还是没有？在图像里 $y=3$ 指什么？能画出来吗？画出来能不能知道 b 了？b 是什么？是不是交点的横坐标？b 有没有？”只问不答，问完后所有学生都已经会回答了，然后再让这个学生继续回答，不到万不得已不换同学回答。既让全体学生受到启发，又保护了没答出来学生的尊严，保护了他的学习积极性。换一个学生回答，是让想到的告诉没想到的，并没有解决让没想到的自己也能想到。教学生学会思考，处处要留心，要成为数学教师根深蒂固的意识。 [5] 这是在具体问题的层面逐步地解决了目标问题，也提出了一个新的概念“对数”，但还没有达到新概念的最终建构，还要进一步进行从具体到抽象的过程。

续表

课题：对数的概念	点　评
师：其实像这样的例子还有很多很多。请大家想一想，根据这些例子，在一般情况下，对数该怎样表示呢？[8]（投影） **问题 3**　一般地，什么是对数呢？ 我们由这些式子得到了 b，一般情况下，对数怎么表示呢？ 生 5：$a^b=N$，那么 $b=\log_a N$。（板书）$a^b=N \Leftrightarrow b=\log_a N$。 师：怎么想到的？　　生 5：找规律。 师：找规律。刚才有了好多具体的例子，由这些例子就能看出来，$a^b=N \Rightarrow b=\log_a N$。这就是一般情况下对数的表示形式。根据前面指数函数的学习，这里的 a 是有要求的吧？什么要求呢？应该是 $a<0$，$a\neq 1$。这就是今天我们要学习的对数。这就是今天我们和大家一起学习的新的概念，新的符号——对数符号。 对数是 17 世纪数学家纳皮尔发明的，有兴趣的同学可以查阅相关的数学史资料。根据对数的概念，我们发现对数其实就是一个数。[9]大家看我们从这边得到了这样的表示。那大家看看 $2^1=2$，这里的 1 能不能用对数表示呢？能。写作 $2^b=2 \Rightarrow b=\log_2 2$。 同样地， $2^b=4 \Rightarrow b=\log_2 4$。 这个呢？ $2^b=1 \Rightarrow b=\log_2 1$。 （1）对数式与指数式是相互联系的。 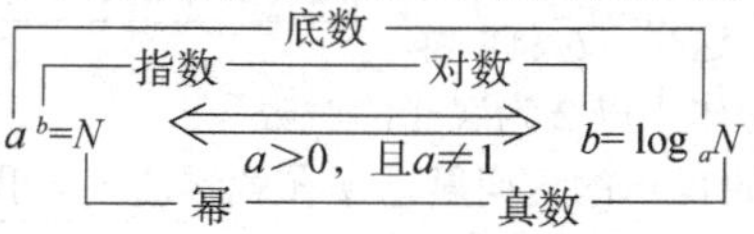 （2）对数实际上是幂运算的逆运算。 （3）对数式中底数 a 与真数 N 的取值要求。 根据这些式子我们发现，它们都是与 $a^b=N$ 这个式子有关系的，只是表现形式不太相同而已。在指数式中每个字母都有名称，到了对数式里，有的名称要发生变化，原来的底数 a 还叫底数，指数 b 现在叫对数，幂 N 现在叫真数。[10] 现在我们学习了一个新的概念，知道对数实质上就是一个数。比如 $\log_2 4=2$，又比如 $\log_2 3$ 就是满足 $2^b=3$ 这个条件的指数。 请同学用草稿纸，[11]写两个对数与旁边的同学交流一下。（23′51″）	[6] 探究的目的就是为了解决问题，回到原问题解决很有必要，否则探究失去了意义。 [7] 学生参与举例是重要的数学活动。各自举出例子虽然不同，但背后所反映的数学本质是一致的，各自以不同的“具体”理解相同的“抽象”。这是了解学生对知识理解掌握情况的手段，也是教学生学会思考的好办法。 [8] 构建新概念。前面通过对大量具体例子的探讨，到这里，概括出对数这个新概念已经是水到渠成。在此过程中，教师有意使用了大量的具体例子，因为概念形成的核心是概括，要抽象概括出新概念，必须找出新概念的共同特征，而通过一定数量的具体例子，才利于对共同特征的寻找。从学生回答的“规律”一词，就能看到正是这样由具体到抽象、特殊到一般的探究过程中，新的概念从无到有的建构起来。 [9] “对数是一个数”这个认识，学生往往是模糊的，因此还是通过启发让学生自己发现更好。“知道了对数的概念，你们对于对数有没有什么疑问？”“对数究竟是个什么东西？”

续表

课题：对数的概念	点　评
我看到两个同学写了这样一个对数，大家认识他写的对数 $\log_2 8$ 吗？认识，是 3。你怎么知道它是 3 的呢？ 众：因为 $2^3=8$，所以 $\log_2 8=3$。 师：有同学写了这个对数 $\log_{\frac{1}{3}}9$，这个对数你认识吗？　众：−2。 师：你们怎么知道等于−2 的呢？因为？　众：$\left(\frac{1}{3}\right)^{-2}=9$。 师：因为 $\boxed{\log_{\frac{1}{3}}9\Leftarrow\left(\frac{1}{3}\right)^{-2}=9}$，所以我就认识这个对数了 $\log_{\frac{1}{3}}9=-2$。 对于一个对数，只要根据这个指数，我就可以认出来了。那我也写一个吧，$\log_9 26$ 你认识吧？　生 6：大约是 1 点多。 师：为什么？[12]你怎么知道的呀？ 生 6：因为 $9^1=9$，$9^2=81$，26 在 9 和 81 之间。 师：他是怎么来认识它的呢？还是把它转化成指数式来认识它的。我们知道对数是一个数，虽然我们暂时不知道它是多少，但是我可以让它等于某一个数，由 $\log_9 26=x\Rightarrow 9^x=26$，就知道了。哎，转换成指数式以后，就比较容易认识这个对数了。 看来，要认识同学们写出的对数，只要把它们转化成相应的对数式就能认识了。[13]指数式与对数式实际上是可以等价转换的。 同学们写了很多对数的例子，黑板上也写了不少例子，你们发现这个对数是 3，这个对数是−2，那个对数呢在 1 到 2 之间。[12]看来一个对数，它可能是正的，也可能是负的，那么它会不会为 0 啊？有没有一个对数等于 0 啊？可不可以为 0？ 生 7：我觉得可以。 师：你能不能举个例子说说？ 生 7：比如第三个例子 $9^0=1$，所以有对数等于 0。 师：我们写出来看看，$\boxed{\log_9 1=0\Leftarrow 9^0=1}$。他说的有没有道理呀？我们刚才有没有见过 0 的对数啊？　众：有。 师：咦！上面那个 $\log_2 1=0$ 不就是吗？那还有吗？ 生 8：任何数为底的 1 的对数，它都等于 0。$\boxed{\log_a 1=0}$，当然 $a>0$ 且 $a\neq 1$。	“是数学研究的一个什么对象？”“数学中有哪些研究对象？”“那对数是什么对象？”引导学生看已有的例子。让所有学生自然地发现“对数是一个数”“是一个实数”。这能使学生更牢固地确立“对数是一个实数”的认识，也比直接告诉学生更有利于全体学生学会思考。 [10] 这个图的好处在于，通过新旧概念表达形式的比较，来帮助学生认识对数的表达形式，认识对数与指数的内在联系，从而加深理解指数与对数的相互转化关系，提高利用指数来研究对数的意识。从下面学生都知道“由指数找对数”，就可以看出这样的效果。 [11] 在得到对数概念的一般性定义以后，继续通过师生不同的举例，用各种变化形式来帮助学生辨析对数概念的本质属性。尤其 $\log_9 26$ 的例子，更使得学生确信对数是一个数，只不过不能用已有的表示数的方法表示而已。 [12] 这个话接得好。一是，从后面“他是怎么来认识它的呢？是不是还是把它转化成指数来认识它的。”可以看出，教师问“$\log_9 26$”，

续表

课题：对数的概念	点　评
师：噢，要有这个要求。我们在讲对数的时候，一定要注意这个条件。她的结论是，只要任何数为底的 1 的对数，其中底数 $a>0$ 且 $a\neq1$，那么它都等于 0。对不对呀？　众：对。 师：为什么对呢？　生 9：它们都可以转换成指数式。 师：$\log_a 1=0 \Longleftrightarrow a^0=1$。0 是一个比较特殊的数，还能找出其他比较特殊的数吗？　众：1。 师：那你能找一个等于 1 的对数吗？　生 10：没有。 师：她认为没有，找不到等于 1 的对数。 生 10：哦，有。 师：又有了，怎么找到的呀？ 生 10：$\log_2 2$。 师：有没有呀？有了。就一个吗？ 众：不是。 师：有多少个？　众：无数个。 师：无数个。怎么表示？　众：$\log_a a=1$。 师：$\log_a a=1\Leftrightarrow a^1=a$⑤。我们找到了这么多等于 1 的对数。对数可正、可负、可为 0。那对数是不是可以取到一切实数呢？研究对数就看指数是吧？你看对数是不是可以取到一切实数？⑥　众：可以。 师：怎么知道的？　众：指数的定义域是一切实数。 师：那对数式里 a 有要求，b 有要求，这个真数 N 有没有要求呢？ 众：真数要大于 0。 师：为什么？你怎么知道的？ 众：因为指数的定义域大于 0。 师：同学们学得很好。经过我们的讨论，认识很多特殊的对数。在认识的过程中知道可以把对数与指数结合起来看，发现对数是可以取到一切实数的，⑦但真数必须大于 0。[13] $a^b=N\Leftrightarrow b=\log_a N$ ($a>0$，$a\neq1$)。 $\log_a 1=0\Leftrightarrow a^0=1$。 $\log_a a=1\Leftrightarrow a^1=a$。 在对数式 $\log_a N=b$ 中， （1）底数 $a>0$，$a\neq1$； （2）对数 b 可取一切实数； （3）真数 N 大于 0。	原意是引导学生回到指数来认识 $\log_9 26$。但这学生却另种理解，“你让我认识”，估计它的大小和范围也是一种认识。这时候，对于来自学生的想法与自己的预设不一致时，教师怎么办被凸显出来。教师并没有把学生的“偏离”强行拉回到预设的轨道上来，而是顺着学生的话往下说，这考验着教师教学的基本功，体现出教师的学生观。教学要民主，一要尊重学生的认知特点，认知个性。二是不对学生的认识正确与否表态，而是向学生要过程“为什么？你怎么知道的呀”。该学生说出了自己的思维过程，回答得也很精彩：“因为 $9^1=9$，$9^2=81$，26 在 9 和 81 之间。”“大约是 1 点几”虽然并不准确，却是在利用对数与指数的关系解释自己的估计，这时教师再回到自己的教学意图上来。这在整个教学过程中是出彩之点。 [13] 是阶段小结——研究对数的方法：对数问题可以化为指数来研究。 [12] 在这一段教学中，教师用对数可以是 3，−2，1 到 2 之间的数以及对数可正可

续表

课题：对数的概念	点　评
下面看几个练习，请大家独立完成。说结果，第一个。　　众：6。 求下列各式的值： （1）$\log_2 64$； （2）$\log_{10}\frac{1}{100}$； （3）$\log_9 27$。 师：第二个-2。第三个？ 生 11：$\frac{3}{2}$，因为 $9=3^2$，$27=3^3$，有 $27=9^{\frac{3}{2}}$，得 $\log_9 27=\frac{3}{2}$。 师：他一下子就看出 $9^{\frac{3}{2}}=27$。要看不出来咋办呢？ 生 11：设 $\log_9 27=x$， $9^x=27\Rightarrow 3^{2x}=3^3\Rightarrow 2x=3\Rightarrow$ $x=\frac{3}{2}$，就得到 $\log_9 27=\frac{3}{2}$。 （1）解：由 $2^6=64$，得 $\log_2 64=6$； （2）解：由 $10^{-2}=\frac{1}{100}$，得 $\log_{10}\frac{1}{100}=-2$； （3）解：$9^{\frac{3}{2}}=27$，得 $\log_9 27=\frac{3}{2}$ 师：如果一下子看不出来它等于$\frac{3}{2}$，我也可以把它设为 x，然后转化为指数式，就能求出来。大家回头看一下，可以看到，要求对数值，我们可以转化为指数式，就能求出来了。[14]如果写成： $\log_2 64=\log_2 2^6=6,\ \log_{10}\frac{1}{100}=\log_{10}10^{-2}=-2,$ $\log_9 27=\log_9 9^{\frac{3}{2}}=\frac{3}{2},$ 大家可以发现真数的指数就等于对数值。那么这是偶然的还是必然的呢？　　众：必然的。 师：如果是必然的，那么这个式子 $\log_a a^b=b$ 也是必然的。为什么是必然的？就一定对呢？想要认识这个对数式，怎么办啊？ 众：化成指数。 师：化成指数就是什么？　　众：就是 $a^b=a^b$。 师：$a^b=a^b$ 这个式子是不是肯定对呀？是的！[15] $\boxed{\log_a a^b=b\ \Leftrightarrow a^b=a^b。}$ 大家有没有发现，这个变化过程中有一个字母消失啦？是不是 N 没有啦？这相当于把 $a^b=N$ 代到 $b=\log_a N$ 中的 N 里去，是不是同样也能得到 $\boxed{\log_a a^b=b\Leftrightarrow a^b=a^b}$ 啦？ 那么如果把 $b=\log_a N$ 代到 $a^b=N$ 中的 b 里去，是不是就得到了 $\boxed{a^{\log_a N}=N}$？这样的代入成立吗？　　众：成立。	负，很自然的过渡到“对数可不可以是 0”；又由具体的等于 0 的对数，过渡到等于 0 的对数的一般形式；又从 0 是个特殊的数过渡到另一个特殊的数 1；最终过渡到对数可以取一切实数。整个过程层层推进合理自然，得到结论顺理成章。教师用各种变式反复引导学生把对数的研究归结到指数，使得这一研究对数的基本方法在学生的心目中深深扎根。正是这个基本方法的反复使用，使得在说明为什么对数可以取到一切实数以及对真数的限制要求时，学生就能轻车熟路地用指数函数的定义域和值域来说明，体现出很好的教学效果。⑤～⑦完成了对数各种取值的讨论。 [13] 到这里就对数而言，学生有了完整的认识，对数的概念完全建构起来了。下面进入新知运用和巩固的阶段。三道练习题形式各不相同，有的真数是分数，有的真数与底数不是整数幂，增加了思维力度。而对 $\log_9 27$ 的处理，引导学生寻找解决的一般方法很有意义，因为一眼就能看出结果来的人毕竟是少数，

续表

课题：对数的概念	点　评
师：我们要想认识这个指数式，怎么办啊？　　众：转化为对数。 师：转化为对数，就是 $a^{\log_a N}=N \Leftrightarrow \log_a N=\log_a N$。在研究的过程中，能够发现对数式和指数式之间总是可以互相转化的，它们是等价的。我们在第（3）小题的解题当中又有什么发现呢？其实对数中有很多有趣的性质，大家可以继续研究。 在第（2）小题当中，有一个以 10 为底的对数，我们通常把它叫做“常用对数”。它有一个简单的记号，把 $\log_{10}N$ 记为 $\lg N$，比如说 lg2 就是 $\log_{10}2$，lg3 就是 $\log_{10}3$。 将来在高等数学和物理学中还会碰到一个对数记号，就是以 e 为底的对数 $\log_e N$，我们也有一个简单的记号 $\ln N$。比如说 ln2 是以 e 为底 2 的对数，ln8 是以 e 为底 8 的对数。这个 e 象 π 一样是一个无理数，e=2.71828…是无限不循环小数。 两种特殊的对数。 （1）常用对数：以 10 为底的对数 $\log_{10}N$ 简记为 $\lg N$。 （2）自然对数：以 e 为底的对数 $\log_e N$ 简记为 $\ln N$（其中 e=2.71828…）。 现在请大家回顾一下。（投影） **问题 4**　回顾一下，什么是对数？[16] 生 12：……　　生 13：如果 $a^b=N$，就称 b 是以 a 为底 N 的对数。 师：这是对数的概念。这位同学也来说说看，你对对数有什么印象？⑧对数就是什么？　　生 14：（茫然） 师：我们在学习对数的过程中发现对数其实是什么？ 众：指数。 师：其实就是指数式中那个指数 b，就是指数式当中的那个指数 b。实际上它就是一个数，它可能是 1，可能是 0，也可能是 1 到 2 之间的数。我们研究对数的基本方法是什么？（投影） 生 13：把它转化为指数式来研究。 师：那就是说，遇到对数的问题，我们可以把它转化为指数的问题来解决。我们一起来看一下，我们从开始的一些具体的例子得到了对数的一般的定义，又通过大家的举例、求值，认识了一些特殊的对数。在认识的过程当中，我们体会到对数式和指数式是可以互相转化的。刚才生 13 讲得好，对数问题通常把它转化为指数问题来解决。 我们知道对数就是一个数，那么下面我们应该研究什么呢？它既然是一个数，它就可以做什么？　　众：运算。 师：哦，可以进行运算。那对数的运算又该怎么去研究呢？我们留在下节课来研究。（作业）	而教师的任务应该是教多数学生能够学会，能够想到的方法。 [14] 教师对例题和练习题的精心设置，很自然地引导学生来发现一些特殊的对数和对数的一些特殊性质。 [15]将 $a^b=N \Leftrightarrow b=\log_a N$ 反向推导就能得出这个结论，接着又由 $a^b=N \Leftrightarrow b=\log_a N$ 正向推导来得到同样结论。让学生体会这个表达式的等价关系，以及对这个关系式正反运用。 [16] 这个问题与问题 3 差不多，作为回顾总结不很合适，意思不明确，所以生 12 没答出来。生 13 的回答，教师似乎也不满意。又问⑧“对对数有什么印象？”学生更觉不解，所以生 14 依旧“茫然”。从后面师生对话可以看出，教师想问的，不仅包括对数定义，还包括更多的认识以及研究的过程和方法。教师的本意其实是想问“你们对对数有什么了解”，所以这里的问题可能这样提出更好：“回顾一下，你们对对数和研究方法有哪些了解？”设置问题的时候一定要尽量准确明白，不能让学生摸不着头脑。

6.1.2　课堂教学案例 2 及点评

课题：对数的概念	点　评
师：前面几节课我们学习了指数函数。先来看几个与指数函数有关的方程。[1]这几个方程都与指数有关系：未知数位于指数位置。这样的方程在实际生活当中我们经常会遇到。 课本上提出了这样一个具体的例子。 ……假如说，国内生产总值每年平均增长率是 8%。请问经过多少年，国内生产总值是 2003 年的 2 倍？ 这样的一个问题，怎么思考呢？年平均增长率是 8%。问，经过多少年，国内生产总值是 2003 年的 2 倍？把课本合起来，独立思考。要学好数学，就要学会独立思考。这样的一个问题，你能列出什么样的式子？××说。　生：$(1+8\%)^x=2$。（板书） 师：她是把 2003 年的国内生产总值看作 1。根据题目的意思列出这个方程，与我们前面列出的方程属于同一个类型，也就是 $1.08^x=2$。下面，我们进一步关心一下这几个方程是否有解？ 第一个方程 $2^x=4$？　$x=2$。 第二个方程 $2^x=\frac{1}{2}$？　$x=-1$。 第三个方程 $2^x=\sqrt{2}$？　$x=\frac{1}{2}$。 第四个方程 $2^x=3$？　有没有解？　生 1：有。 师：到哪里找解？解为多少呢？××说。 生 1：考察函数 $y=2^x$ 的图像。这个函数的图像是连续的，而它的值域是所有的正实数，它又是单调增的，必与 $y=3$ 这条直线有一个交点，有且只有一个交点。所以说，有一个解。 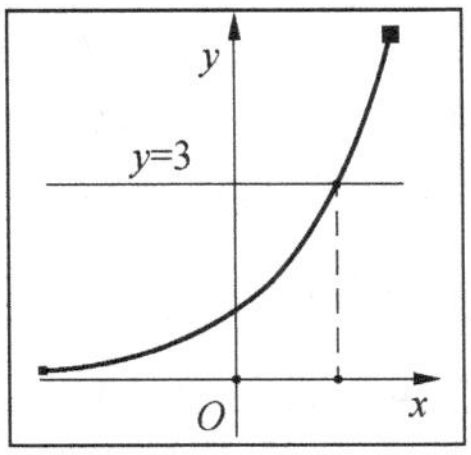 师：他采用数形结合的方法，把这个代数问题化为图像处理，作出 $y=2^x$ 与 $y=3$ 的图像。从图像上发现有交点。从图像看，这个交点的横坐标就是方程的解，交点的横坐标使得 $2^x=3$。想不想知道 x 的值是什么数？　众：想。 师：是多少？[2]　众：不知道。	[1] 这节课的课题若试图直接让学生提出，基本不可能。课题引入可从“国内生产总值”这个问题情境开始，得到 $1.08^x=2$。这可以向学生暗示，接下来研究的问题——对数概念，与实际生活是密切相关的。但方程中 x 究竟是什么数，不知道。于是多写几个类似指数方程例子，有不能直接知道 x 的准确解的，也有能知道准确解的。(制造悬念)“这些方程的解是多少呢?”(设疑)“想不想知道 x 的值是什么数？”这个问题问得好，激发学习兴趣。 [2] 探究：把它们“如何表示”出来可以这样启发：这些 x，它们都是确定的，但用已经学习过的数又表示不出来，怎么办？（元认知提示语）大家想一下，我们曾经有没有遇到过类似的问题？（方法论提示语）如，小学 1÷3，除不尽 → $\frac{1}{3}$；初中 $x^2=2$，x=? → $\sqrt{2}$；圆周率 3.1415926··· → π。现在遇到 $2^x=3$，x=？怎么办？（是对探究的一

续表

<table>
<tr><th>课题：对数的概念</th><th>点　评</th></tr>
<tr><td>

师：那么，我们给它一个记号。这个值是由底数 2 和 3 唯一确定的，所以把这个值记作 $x=\log_2 3$。log 是拉丁文 logreth 前三个字母。读作以 2 为底 3 的对数。请注意，在方程 $2^x=3$ 中求指数 x，就是已知底数与幂求指数。这一类问题就是这节课要研究的问题：（板书）对数问题。

下面我们首先讨论给对数下一个定义。

我们给对数下一个定义。这个定义怎么下呢？

请同学们看这儿（指 $2^x=3$）。这个式子 $x=\log_2 3$ 是由 $2^x=3$ 得来的。那么，一般地，你怎么给对数下一个定义呢？想一想。除了 $2^x=3$，还有大量的、其他的，如 $1.08^x=2$，……[3]

这儿把它变一变。然后，给对数下一个定义。你说把它叫做对数。怎么定义？想一想。一般形式 $a^b=N$，那么，a 有要求。下面怎么样？把数 b 叫做以 a 为底 N 的对数，记做 $b=\log_a N$。

如果 $a^b=N$，（请注意）$a>0$ 且 $a\neq 1$，那么数 b 就叫做以 a 为底 N 的对数，（把它记作什么呢？）记作 $b=\log_a N$。（这个数 b 就叫做以 a 为底 N 的对数）其中 a——对数的底数，N——真数。

说明：[4]

（1）对数式与指数式是相互联系的。

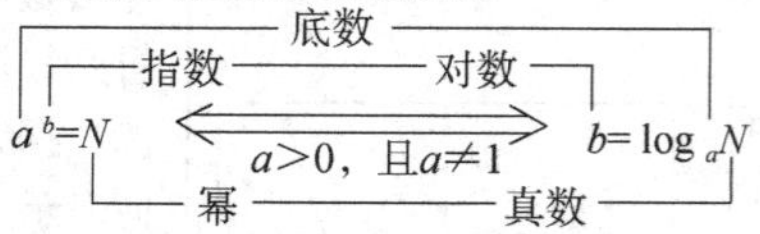

（2）对数实际上是幂运算的逆运算。

（3）对数式中底数 a 与真数 N 的取值要求。

这样就从一个特殊的指数式对一般的对数下了一个定义。(9′17″)怎么理解这个定义呢？首先从定义当中发现什么？这个式子 $a^b=N$，叫指数式。这个式子 $b=\log_a N$，叫对数式。

这两个式子之间有联系吧？从定义当中可以知道，对数式与指数式是相互联系的。对数是从指数那儿来的。

在这两个式子中，有相同的底 a，对数式的真数就是指数式的幂，对数式中的对数就是指数式中的指数。这个关系可通过一个图反映。

两者是等价的，反映了三个量之间的关系，是不同的表达形式。这是第一点。对数式与指数式是相互联系的。

（1）$2^x=4$；
（2）$2^x=\frac{1}{2}$；
（3）$2^x=\sqrt{2}$；
（4）$2^x=3$。

</td><td>

种暗示，方法论意义）启发学生想到：用一个什么符号来表示它。用适当的符号表示一个研究对象，是数学的一个基本思想方法，这其实也是人类认识和刻画世界的朴素的方法，各民族也并不相同。事先没有什么约定，但却是全人类本原的思想方法，只不过不同民族，不同学科采用的符号不同，就连最初表示数也是共同采用的思想方法。这也就是所谓的“素朴”“本原”的思想。

[3] 这里提到“有大量的”，就应该在前面多写几个例子（可学生提出）。用一个什么符号表示呢？可以让学生随意提出各种设计。很可能是五花八门的，而且每个人都可以对自己设想的符号说出种种道理。这时又提出：如果大家都用自己的符号行不行？——讨论，不行怎么办？统一符号（数学哲学思想）到什么符号呢？对具体情形，（数学界统一）$2^x=3\rightarrow x=\log_2 3$，$1.08^x=2\rightarrow \log_{1.08}2$。

……

</td></tr>
</table>

续表

课题：对数的概念	点　　评
第二点，从运算的角度来看。在这个式子中，$x=\log_2 3$，已知底和真数，来求指数。与前面哪种运算有关系？你前面学过哪些运算？ 众：加、减、乘、除。 师：还有？　　众：乘方…… 师：比如说，求 2^3，叫什么运算？指数运算，求幂。我们现在做的是什么？实际是反过来，已知底数和幂，求指数。所以对数实际上是指数运算的逆运算。这样的运算我们叫对数运算。 第三点，对数式中底数 a 与真数 N 允许取值。定义中 $a>0$，且 $a\neq 1$。有没有道理？为什么这样规定？假如 $a<0$，$a=0$ 或 $a=1$ 是不是保证这个记号有意义？换句话说，这个值要存在，且是唯一确定的。 下面看一看，如果 a 的取值不像定义中所说的：[5] 1° 如果 $a<0$，a 取 -2，N 取 8，$\log_{(-2)}8=b$，即 $(-2)^b=8$。b 不存在。$a<0$ 不可能。 2° 如果 $a=0$，$N\neq 0$，$\log_0 5=b$，则 $0^b=5$。不存在。$N=0$，也没有意义。 3° 如果 $a=1$，取 $N=5$，$\log_1 5=b$，不存在。取 $N=1$，$\log_1 1=b$，b 无数个不确定。 师：比如 1°中，把 $\log_{(-2)}8=b$ 还原，是什么式子？ 生 2：指数式，$(-2)^b=8$。 师：发现什么问题？ 生 2：这个式子不成立。 师：……所以我们规定 a 既不能小于 0，又不能等于 0 和 1。即"$a>0$ 且 $a\neq 1$"。注意啊，这是对于对数当中底数的要求。下面再看看对数式中的真数 N 的要求？请思考好的同学说一说。N 可以取哪些值？ 生 3：我觉得 N 应该大于 0。 师：为什么？ 生 3：本身 $a>0$，它的任何次的幂都应该大于 0。所以，N 大于 0。 师：底数的范围定下来，回到指数中 $N=a^b$，换句话说，正数的任何次幂都是正数。这说明什么问题？对数中的真数必须大于 0，那么，请问，零和负数怎么样？　　生 3：不存在对数。 师：零和负数没有对数。（重复三点注意）这样，从这几个方面加深对对数的理解。在后面运用当中，这是两种常用的对数。（板书） （1）常用对数。$\log_{10}N$ 简记为 $\lg N$。这个符号就是常用对数。 （2）自然对数。$e\approx 2.71828\cdots$，$\log_e N$ 简记为 $\ln N$。称为自然对数。	考虑一般情形， $a^b=N\rightarrow b=\log_a N$。 这就是一个用研究问题的一般方法进行数学探究的过程，由这个过程很自然地得到对数的符号和名称。然后确定符号的意义——下定义。什么是一般情形？首先应是"指数一般情形"，然后自然才有"对数一般情形"。给对数下定义时候，需特别注意，由于对数完全是由指数确定的，因此底数 a 的取值范围，真数 N 的取值范围，当然都要与指数中的要求一致。于是就有：$a>0$ 且 $a\neq 1$，$N>0$。但 a，N 取值范围的这些要求都是由指数来的，那么在对数意义下这些范围是否必要呢？这就是三点说明第三点所探讨的。根据第三点说明的讨论，可以更加清楚地认识到——对数由指数而来，因而对数的性质"受制于"指数，即受到指数性质的制约。对数可以看作是指数的另一种表示，一种等价表示。在这个意义上，对数的性质是"天生的"。这也说明对数是一个"派生"概念

续表

课题：对数的概念	点　评
为了进一步弄清对数的概念，我们看一些问题。下面来运用。这个会化吗？脑筋动一动，就出来了。以哪个为底？以 2 为底，$\log_2\frac{1}{64}=-6$。第二个。这个化为对数式？什么样子？那么刚才是把指数式化为对数式。也可以反过来，把一个对数式化为指数式。这是对数式化为指数式，是怎样的结果？ **例 1**　将下列指数式化为对数式。 （1）$2^{-6}=\frac{1}{64}\Rightarrow\log_2\frac{1}{64}=-6$。（生） （2）$\left(\frac{1}{3}\right)^m=5\Rightarrow\log_{\frac{1}{3}}5=m$。（生） （3）$\log_2 128=7\Rightarrow 2^7=128$。（生） （4）$\lg 0.01=-2\Rightarrow 10^{-2}=0.01$。（生） 师：好。第二个。再来一个。我想类似的问题大家能解决吧？看一个复杂点的问题。以 a 为底数 1 的对数。　　生 4：0。 师：你怎么发现的？把过程说清楚。为什么是 0？ 生 4：先把对数化为指数的形式。 师：怎么化？　　生 4：先设 $\log_a 1=x$。 师：先设 $\log_a 1=x$。然后呢？　　生 4：$a^x=1$。 师：$a^x=1$。 生 4：由于 $a>0$，且 $a\neq1$ 的…… 师：$a>0$，且 $a\neq1$，所以怎么样？ 生 4：所以只有 $x=0$ 时，它才为 1。 师：从前面可以看到，这个指数方程的解就是 0。假如说底数不变，仍为 a，真数换为 a，$\log_a a$ 这个等于什么？　　生 5：1。 **例 2**　求下列各式的值。 （1）$\log_a 1$=?（0）。 （2）$\log_a a$=?（1）。 （3）$a^{\log_a N}$=?（N）。 师：什么道理？　　生 5：这个……可以这样想。 师：可以这样想。怎么想？　　生 5：可以写成…… 师：可以写成什么？　　生 5：和刚才一样做。 师：你来和刚才一样做，设这个等于什么？　　生 5：x。	而不是“独立”概念。根据对数的由来——从指数而来，所以对数问题往往转化为指数来研究，这就产生出“把对数交给指数”的生活化法则。这个“法则”很好，暗示了一种思想方法或者思考策略。这可以看作是一种数学方法论意义的提示语，也是有元认知意义的。对数的这种“指数由来”，在中学阶段的最重要意义在于给出了“反函数的模型”。这种“由来”实际上保证了“一一映射”关系的存在，从而保证二者互为反函数的关系。 [4] 三点说明反映了中国数学教学的一个重要特点，是关于对数概念本质特征的提炼概括，对学生掌握本质属性有良好的促进作用。如果能启发学生来提炼概括，那么就更加可取。如说明的第一点就可以启发引导学生自己探究概括。这也起到教会学生学习的作用。什么是教学生学会学习？这就是教学生学会学习。

续表

课题：对数的概念	点　评
师：$\log_a a=x$。然后把它化为什么？　　生 5：化为指数式。 师：从对数式化为指数式，得到什么？得 $a^x=a$，$x=1$。注意，我们现在处理问题要紧紧抓住定义，把对数问题化为熟悉的问题。什么问题？指数问题。下面再看一个。第三个，$a^{\log_a N}=$？注意，指数是对数，底数是 a。结果是多少？有人在下面猜？想想理由？为什么是这个结果呢？　　生 6：设 $\log_a N=x$。 师：设 $\log_a N=x$，然后呢？　　生 6：转化为 $a^x=N$。 （4）$\log_{\frac{1}{3}}\sqrt[3]{3}$。 （5）$3^{-2\log_3 4}$。 师：得到 $a^x=N$。然后呢？ 生 6：把 x 代入就得到了。 师：把 x 代入就得到。先设 $\log_a N=x$，然后转化为指数式，然后代换，经过了这样一个过程。请注意，这三条很重要。我们称为对数的性质。我们以后在求值的过程中可以用。特别是第三条，称为对数恒等式。 注意特征啊，对数的底数与指数幂的底数相同。 下面请同学们动脑筋完成这样几道题：这两道题稍微有些难度了。 **解**（4）设 $\log_{\frac{1}{3}}\sqrt[3]{3}=x$，$\left(\frac{1}{3}\right)^x=\sqrt[3]{3}$，$3^{-x}=3^{\frac{1}{3}}$，$-x=\frac{1}{3}$，$x=-\frac{1}{3}$。 **解**（5）$3^{-2\log_3 4}=(3^{\log_3 4})4^{-2}=\frac{1}{16}$。 如果想好了可以到黑板上来演示。（31′13″～33′09″）第 4 题有没有想好的？（两同学板书） **例 3**[6] 若 $\log_2(\log_3(\log_5 x))=0$，求 x。 我们一起看黑板？第 4 题。下面的写法稍微改变一下，所以根据指数函数的单调性可以知道。第 5 题。这个地方−2 这样写，把−2 提到外面。这样，就可以用对数恒等式了。下面再来看另外一道题。 注意分析一下。先把已知条件很好地观察一下，这里出现多层对数符号，“$\log_2$”，中括号，“$\log_3$”，小括号，“$\log_5$”，这个式子是 0，要求 x。 拿到一个复杂的问题，怎么办？能不能把这个问题变得简单一些？最简单的问题是什么问题？假如 $\log_3(\log_5 x)=0$。比刚才那个问题简单些吧，你会求吗？ 有人说，不会。那再简单一些，变成什么样的问题？$\log_5 x=0$。 这样的话，这个会求吧？$x=$？应该脱口而出，$x=1$。这个会做了。	[5] 对底数和真数取值范围的讨论，也就是三点说明的第三点，蕴涵了对分类讨论思想的学习和分类方法的学习，以及讨论中对反例选取和运用的学习。这里可以启发引导学生先独立进行分类讨论，然后交流，从而让学生获得进行分类讨论的方法和体验，学习反例的选取和运用。这些都属于研究方法的范畴，是学生数学学习的薄弱环节，教师要有明确的意识，尽可能多的为学生提供学习和运用这些方法的机会。然而现实的教学中，教师往往既没有这样的意识，也不重视这种研究方法的教学，使得学生对方法的学习远远落后于对知识的学习。如果士兵只有子弹而没有枪，那么拥有再多的子弹也没有用。对学生而言，方法好比枪，知识好比子弹，没有方法，拥有再多的知识也没有用。如此，整个教学过程实际是由几个局部的探究活动构成： （1）探究课题； （2）探究对数的表示和名称；

续表

课题：对数的概念	点　评
那这个呢？—— $\log_3(\log_5 x)=0$？应该怎么做？这个式子满足条件，这个 x 等于几？与刚才不一样了。$x=1$。是不是等于 1？如果 $x=1$，$\log_5 1=0$，成了 $\log_3 0$，就麻烦了。知道啦？这个式子中 x=？ $\log_3(\log_5 x)=0$， $\log_5 x=1$， $x=5$。 生 7：我觉得 $\log_5 x=1$…… 师：$\log_5 x$ 这个数等于多少？$\log_5 x=1$，于是 $x=5$。那么，把 $\log_5 x$ 看作它的真数，化为 $\log_5 x=1$。下面回到原来的题目。现在多一层符号，一样吗？把思路理一理，就清楚了。从内向外看还是从外向内看？ 生：从外向内看。 师：采取先退后进的策略，遇到问题可以这样处理。好。最后，再回顾一下我们这节课学习的主要内容：对数的概念[7]。对数是怎样定义的？（重复定义）怎样把握其概念呢？从与指数的联系，与幂运算的逆关系。另外，在解题当中，对数的定义很重要，是对数与指数互化的依据。以后在处理对数问题时，通常进行适当的转化，化为指数问题来解决。今天的课后作业，……。下课。 由已知得 $\log_3(\log_5 x)=1$ $\Rightarrow \log_5 x=3$， $\Rightarrow x=5^3=125$。	（3）探究对数的定义； （4）探究三点说明：指、对数定义关系 a，N 的取值范围； （5）探究 3 个例题（例 3 可以不要）。在一节课中，这些探究活动并不是每个都必须进行的，而是视具体情况而定，在不同的条件下，选取适当的探究活动。 [6] 这题在本课时不合适，解决这道题，应突出“换元的思想”，所以任何提示性或暗示性启发，都应以此为目标，突出策略性、思想性。从理解题意入手，而不是直接去思考方法，这道题是“理解了题意，方法就自然出来了”的典型案例。“它是什么？”“还可怎么表示？” $\log_5 x$ 是 $\log_3(\log_5 x)$的真数；$\log_3(\log_5 x)$ 是 $\log_2(\log_3(\log_5 x))$ 的真数。要使对数=0，就要怎样？真数=1。 如果这样启发，很容易发现这个问题复杂在何处——真数。再结合“化复杂为简单”策略，第一想到的自然就是“使真数简单”，最简单是 $\log_2 N=0$，即真数 N 最简单，$N=1$。

续表

课题：对数的概念	点　评
	$\log_2(\log_3(\log_5 x))=0\to\log_3(\log_5 x)=N\to\log_2 N=0\to N=1\to\log_3(\log_5 x)=1\to\log_5 x=M\to\log_3 M=1\to M=3\to\log_5 x=3\to x=5^3=125$。于是解题的思路就是倒过来。整个问题迎刃而解。而这里教师的处理，思路相反，目标不明确，问题的答案是得到了，但学生没学到这类问题的数学思想和思考的规律。 [7] 对课堂小结的处理，往往比较马虎，前松后紧，虎头蛇尾是普遍现象。其实课堂小结不仅利于强化本节课学习的内容，更重要的意义还在于学会概括，以及学会善于概括总结的学习意识和方法。

6.1.3　两个案例的教学路线图

1. 教学案例 1 的教学路线图

Ⅰ 创设情境提出问题　　以指数函数中一个问题条件创设为本课的情境。

↓　问题：由这个情境能提出什么问题？

↓　讨论得：5 年后该物质剩留量多少？得到 $0.84^5=N$。

↓　由 $0.84^5=N$，引出 $a^b=N$ 中已知两量求另一量问题。

↓　研究：已知 a，N 求 b 的问题，得一组指幂关系式。

↓　提出本课问题：$2^b=3$，这个 b 有没有？

Ⅱ 学生解释建构概念　　建构对数概念。

↓　学生解释：b 是 $2^b=3$ 和 $y=3$ 两图像交点的横坐标。

↓　问题：b 唯一存在，怎么表示？得表示 $b=\log_2 3$。

↓　推广 $b=\log_2 3$ 为一般表示 $b=\log_a N$，得到对数定义。

Ⅲ 大量举例理解概念　呈现关系图和具体例子，深入认识对数概念。
↓　用指数与对数的关系图认识指对数的等价关系。
↓　学生写出对数，辨认对数，强化认识指对数关系。
↓　估计 $\log_9 26$，确认对数是一个实数。
↓　启发认识对数可以是一切实数。
Ⅳ 例题教学运用巩固　教师引导解答例题，巩固对数概念的理解。
↓　学生解决三个不同形式的例题。
↓　引申例题得出对数一些特殊关系式和对数式。
Ⅴ 引导归纳反思总结　总结全课教学内容和研究方法。
↓　基本是教师总结。
下课

2. 教学案例 2 的教学路线图

Ⅰ 创设情境提出问题　由几个指数方程引出一实际问题，作为问题情境。
↓　写出若干指数方程，引出一实际问题。
↓　讨论得指数方程：$1.08^x=2$。
↓　讨论已有指数方程的解。
↓　提出本课问题：$2^x=3$ 有没有解？
Ⅱ 学生解释建构概念　建构对数概念。
↓　生 1：$2^x=3$ 和 $y=3$ 图像交点的横坐标是方程的解。
↓　问题：x 唯一存在，怎么表示？得表示 $x=\log_2 3$。
↓　推广 $x=\log_2 3$ 为一般表示 $b=\log_a N$，得到对数定义。
Ⅲ 分析关系深入理解　呈现分析关系图，深入理解对数。
↓　呈现指数与对数的关系图，教师详细分析指对数关系。
↓　关系一：指数式与对数式存在等价关系。
↓　关系二：对数是 $a^b=N$ 中，已知 a，N 求 b。
↓　关系三：真数 N 和底数 a 取值范围，教师详细讲解。
Ⅳ 例题教学运用巩固　教师引导解答例题，巩固对数概念的理解。
↓　讨论 4 个基础性对数式的值。
↓　讨论 3 个特殊对数式的值。
↓　讨论 2 个有难度的对数式的值。
↓　讨论 1 个有相当难度的对数式的值。
Ⅴ 教师概括简单小结　课堂教学总结。
↓　教师小结简单扼要。
下课

6.1.4　对两个案例的研究

这两个教学案例选自新老教材的教学，可以发现两课教学设计在结构上大同小异，但是两个教师在教学的理念上有较大差别，具体教学过程也有很多不同。

1. 情境创设和课题引入

两个案例创设的情境差不多，都是一个实际问题情境，试图引导学生由这个实际问题来引出本课的课题。因为学生的学习起于“疑”，因而数学教学应当从问题开始。两个实际问题共同特点在于，都是曾经在学习中见过的问题。“回忆旧知，引出新知”是中国数学教学比较常用的方法，不过，这里是“回忆旧知，引出问题”，实际上是由一个“旧”问题引出问题。

但是，两者由问题引出问题的设计思路并不一样。

案例 1 在实际问题情境中并没有提出问题，而是让学生自己由情境提出问题。由学生提出指数形式 $0.84^5=N$ 和 $0.84^x=0.5$，引出指数式 $a^b=N$ 中已知两个求第三个的问题，得到一系列 $2^b=2$；…；$2^b=4$；由 $2^b=3$，引出 $b=$？这正是本课要解决的问题，问题的提出水到渠成，“这里的指数 b 有没有呢？”这本可以由学生提出来，但实际教学中却被教师代替了。其实教师只要问一句“到这儿，同学们会有什么问题”，即可自然地由学生自己提出问题。问题可以由教师提出，但最好引导学生提出。虽然总说“提出问题往往比解决问题更重要”，但是教师很少给学生提出问题的机会，机会常常让教师剥夺了，这里就是这种情况。

案例 2 中的实际问题本身带着问题，通过解题，由学生得出一个指数方程 $1.08^x=2$，与情境问题之前提出的几个指数方程联系起来，也是水到渠成地引出 $2^x=3$，这个方程的解是什么的问题。同样，问题本可以由学生提出，“到哪里找解？解为多少呢？”却也被教师包办了。案例 2 这里的设计有一个缺点，那几个指数方程不应放在情境问题之前，而应放在之后，放在之后由 $1.08^x=2$ 引出更自然。

两个案例的思路相比，各有千秋。案例 1 的优点在于只给情境不给问题，让学生出问题，具有开放性，容易激发学习兴趣和学习动机。案例 2 的优点在于由解指数方程引出来，方程 $2^x=3$ 的解是什么，这使得问题的提出更自然更合理。

2. 关于 $2^x=3$ 中 x 的存在性教学

首先要指出，用 $2^b=3$ 的形式就不如用 $2^x=3$ 的形式好，后者学生易于当作方程，自然产生求方程的解的想法，并且在判定 $x(b)$是否存在时，更便于想到用函数图像来解决，但这点并不重要。

“$2^x=3$，这个 x 有没有？”这是本节课的重点和难点所在。怎么突破难点，尤其是如何引导学生来突破这个难点，对教师是一个挑战。可以看到两课中的这个难点，都是一下子就被知道的学生说出来了。这就出现了由个别知道的告诉多数不知道的常见的现象，这种现象是不应提倡的，要让多数乃至全体学生能够想到，才是教师的首要任务。

要不要考虑“x 有没有”？这不是个别学生不知道，而是多数学生都想不到或者认为无须考虑。学生已经由问题提出的过程中感受到要解决问题就要找出 x，但 x 有吗？对于“x 的存在性”，教师可对全体学生使用由远及近的提示语进行启发。

“要知道 x 有没有，你有什么办法？”推迟判断，让其想一想。

如果学生有困难而不能联系学习过的指数函数说明问题，则进一步启发：

“$2^x=3$ 是什么？还能表示什么？”

这种暗示就容易引导学生想到：把 $2^x=3$ 与指数函数联系起来。

但是，学生未必想到联系指数函数的图像，利用数形结合的方式说明问题。可以接着问“这个函数还能怎么表示？”“由图像表示，你想到什么办法？”“用图像怎么能知道 x 有还是没有呢？”“在图像里，$y=3$ 指什么？”“能画出来吗？画出来能不能知道 x 了？”“x 是什么？是不是交点的横坐标？”“x 有没有？”

每一步启发，留出时间，等待学生思考。教师只问不答。问完以后，经过学生的思考，不仅是一两个学生，而是所有学生都已经知道答案了。不到万不得已不换同学回答（如长时间冷场）这既让全体学生受到启发，又保护了没答出来学生的尊严，保护了他的学习积极性。换一个学生回答，是让想到的告诉没想到的，并没有解决让没想到的自己也能想到。教学生学会思考，处处要留心，这要成为数学教师根深蒂固的意识。

3. 关于 x 怎么表示

“$2^x=3$，x 是一个实数。”这个 x 的存在性问题已经解决。但是“x 怎么表示”的问题，两个案例中，都是教师告诉学生的。

这个问题是新概念的形成过程，也是这节课的一个核心。这个 x 怎么表示？不能简单地告诉学生数学家是怎么做的就完事儿了。其实，数学家用一个符号表示的办法也不是从天而降的。所以还是应该启发学生去想怎么表示，尽管表示可能五花八门，但最终可以统一表示，这正是数学符号的由来。怎么启发？设置一个问题，对解决问题的方法做出启发，因为学生有这方面的知识、经验。

怎么设置问题？仍然围绕 a^x 做文章，可以改变其底数为变量，其指数为常数。提出 $a^3=8$ 得 $a=2$，$a^3=27$ 得 $a=3$，$a^3=5$ 得 $a=?$，当时是怎么表示 a 的？是 $a=\sqrt[3]{8}=2$，$a=\sqrt[3]{27}=3$，$a=\sqrt[3]{5}$。它们有什么共同特点？开始时，已知的数都保留，只不过在两数之间添加了个符号，什么符号？“$\sqrt[3]{\ }$”——根号。这个是新知识、新方法之“源”，今天可一脉相承，启发学生用这个“源”来“同化”即将出现的表示方法。今后还要迁移到$a^2=-1$时 a 的表示问题，也是用了一个符号，这是“流”。这正是教“本原的方法”。

其实这并花不了多少时间，但把数学的“味道”表现了出来。数学语言是符号语言，“符号意识”的培养也是学习数学的价值之一。这正是“教与数学对应原理”的体现。不怕学生给出多少种稀奇古怪的表示，最后都可以统一到一种表示，数学史上符号的演变也是如此，也是数学同一性的体现。可见，处处是数学的思想啊！

4. 关于对数概念的深化理解

概念建构起来以后，继续深化理解这个新概念，是教师十分重视的环节，也是中国数学教学的重要特点之一。这符合有意义学习理论中“同化还要继续”的原理。两个案例在这方面都给予了高度关注，并提供了很多的时间。但是两课对如何深化理解处理，指导思想和方法却是大相径庭。

案例 2 是教师拿出指数函数与对数函数的关系图，然后教师发表“长篇讲话”，指出关于对数的三点说明，第一如何；第二如何；第三如何。教师滔滔不绝，学生两耳聪聪。学生只是接受，却得不到主动探究，学生经历不到主动寻找、识别、提取、概括的过程，获得不到理解由浅入深的活动经验。作为结论的三点要义只能用于眼前做题，而自己亲身经历和获得的直接经验却可以受用终身。

案例 1 则不同，教师让学生继续列举形形色色对数的各种实例，并结合黑板上已有的教师所举的例子，进行辨认、讨论、概括，从而发现这个对数是 3，那个对数是−2，另一个对数在 1 到 2 之间，对数可能是正的，也可能是负的，会不会为 0，可不可以为 0。让学生直接参与这些思考的活动，让学生在对数的本质属性与非本质属性的交织中，自己对关系图揭示的特点做出概括，亲历对数概念外延和内涵分析、辨别的过程，在对其深刻的体会中获得数学活动的经验。

实际上，一个新的数学对象产生之后，接着就是对这个数学对象性质的认识，由初浅到深入，由内涵到外延。教师可以更加宏观地提出“如何认识”这一问题？前面教师已经提到“大家都在积极地写对数，认识这个新朋友。”是否可以在认识方法（怎样认识）上加以引导，提出一个的问题：“如何认识我们的新朋友呢？”

比如，从“特殊化角度”认识，这可以解决“1”的对数问题，“它会不会为0”问题 ，“底数 a 的对数等特殊值”问题，就可以由学生自己提出。

再比如，从“函数角度”认识，这可以解决真数 N 取值的范围、对数的范围；如果这个数学对象有“几何意义”，那么几何意义是什么；如果是一个公式，可以从“方程角度”认识，就能够自己获得各种变形等；如果这个对象可以运算，则要研究其运算法则（已经设置为课后作业）。

这样不仅可以引导学生自己主动地深入理解对数概念，还可以帮助学生体会数学学习内容之间的联系，认识教材的逻辑体系。数学教学就是要教学生学会“学”数学。当然，学生的研究能力不同，教师可以降低难度设置一些“台阶”帮助学生来认识新对象，这总比教师直接传授、直接告诉更有利于学生的主动学习，最重要的是更有利于教学生学会思考。

5. 关于例习题的配置

例题教学是数学教学的重要组成部分，是把知识、技能、思想和方法联系起来的一条纽带①。通过例题教学，要达到掌握三基、寻找方法、揭示规律、启发思想、培养能力的目的。

（1）关于两个案例的例、习题配置

这两个教学案例在例、习题的配置上存在很大差异。

可以看到，案例 1 只配置了 3 个例题。它们形式各不相同，有的真数是分数，有的真数与底数不是整数幂，增加了思维力度。而对 $\log_9 27$ 的问题，同学一下子就能看出 $\log_9 27=\dfrac{3}{2}$ 后，引导学生寻找解决的一般方法很有意义。因为一眼就能看出结果来的学生毕竟是少数，而教师的任务应该是教多数学生能够学会、能够想到的方法。所以教师追问该生“你是怎么想到的”，让该生把自己的思维过程展示出来，使全体学生受益。其过程也就是进行一系列的等价变形，归根结底还是“把对数交给指数”这个思想，这个对数的“本原”。

案例 2 例题的配置，可说是一多二难。共 10 个例习题，4 个“基础题”的难度也比案例 1 的题难度稍高；3 个特殊对数中，2 个是案例 1 中学生在“深化理解”中师生讨论的问题，而第三个 $a^{\log_a N}=?$，案例 1 根本没有涉及，估计是案例 1 的教师认为其较难，不宜在本课中研究。

接下来两题（8）$\log_{\frac{1}{3}}\sqrt[3]{3}$，（9）$3^{-2\log_3 4}$，显然就更复杂了，对于刚刚学过对数概念的学生而言，无疑是难以解决，虽然也有学生对答如流，但毕竟是少数。即使更多人能解决，也不必在新概念初始课中安排这样难度的例习题。更有甚者，最后的例题（10）若 $\log_2(\log_3(\log_5 x))=0$，求 x。难度更大，以至学生无言以对，教师不得不自己讲解。尽管教师的讲解很到位，但是这道题实在太不适合作为初始课的例题了。

① 涂荣豹. 数学教学认识论. 南京：南京师范大学出版社，2003:351.

（2）例习题配置的基本原则

数学课堂教学中例习题的配置，总是要遵循一定的原则。其原则包括以下五点。

（a）目的性原则：教材的每个例题都比较具体的反映了教学的有关内容及学生应掌握的程度，但各个例题的目的和作用不一样，有的为了引入某一个概念；有的为了推导某一个公式；有的为了揭示某一公式或法则的运用；有的为了让学生掌握某种解题技巧；有的用来强调书写的格式和解题规范；有的则用来突出某种数学思维的方法。[①]由于它们被安排在不同的特殊教学环节上，其目的也就有所侧重。因此教师必须根据教学的实际和需要，深入钻研例题，领会和认识例题的意图，突出重点，兼顾其他，充分发挥例题的作用。

（b）接受性原则：例题教学首先要保证学生能听得懂，接受得了。[②]要做到这一点，教师此前必须做到“吃透两头”，一头是“吃透例题”，即对例题的内容、知识范围、与前后知识的联系、技能水平、难易程度等要一清二楚；另一头是“吃透学生”，即对学生的知识水平、能力水平、经验水平、年龄特征等要心中有数。对于一些难度较大、估计学生很快接受有困难的例题，要减缓坡度，搭好适当的台阶，使学生感到只要自己“跳一跳”就能达到。

（c）启发性原则：例题教学中的启发，要贯彻“以寻找思路为核心”的思想，运用“如何着手解题”和“如何理解题意”的启发性提示语（7.1 节），教学生如何寻找解题思路，而不是把解法讲一遍，学生回答“听懂了”就完事的。其实学生根本不是听懂了，而是记住了，遇到比较陌生的题，还是不能独立完成。只有把“让他自己会做的方法”教给他，并经过长期的运用和熟练，才能达到“没有老师我自己也能独立做题了”的效果。例题教学中启发的关键是，不能脱离学生的知识储备、思维起点，不能置学生的心理、能力于不顾，强制学生按教师的要求去思考和解决问题。

（d）示范性原则：例题，顾名思义是起“范例”作用的问题，这就要求例题本身要能真正具有示范功能。[③]例题的示范性就是问题内容典型、思路探索典型、解决方法典型、推理过程典型、运算步骤典型。这里的典型，特别是指在“问题的一般性”“方法的常规性”“思维的启迪性”“推理的严密性”“步骤的规范性”等方面具有代表性，可以成为学生的“心灵鸡汤”。

（e）延伸性原则：学生在学习新知识的同时，也掌握了某种解题模式，在一定阶段内他们往往会机械地照搬这个固定模式解题。[④]对此如果不随时予以注意，

① 涂荣豹．数学教学认识论．南京：南京师范大学出版社，2003：351．

② 涂荣豹．数学教学认识论．南京：南京师范大学出版社，2003：352．

③ 涂荣豹．数学教学认识论．南京：南京师范大学出版社，2003：354．

④ 涂荣豹．数学教学认识论．南京：南京师范大学出版社，2003：356．

学生很可能形成某种心理定式，造成思维的呆板和僵化。因而在例题教学中，当学生获得某种解题的基本方法以后，应及时以原题的各种变式题作为补充，使学生进一步理解和掌握例题所阐述的概念、原理、规律、数量关系或解题方法，从而极大的开拓学生的思维空间，达到培养创造性思维的目的。

6. 对两课其他方面的思考

（1）关于课堂教学中的启发

在课堂教学的任何时候，对学生的启发引导都是第一位的，不要怕时间不够，急着出一个结果，后面的那些计算少一点没有关系。孰轻孰重？教师要做出“取”与“舍”，舍得在关键点上花时间。

案例 1 中第一个学生回答时就出现卡壳，学生有了困难，但教师并没有直接告诉答案，而是用“启发性提示语”启发学生思考。“5 年不会求，那 1 年呢？2 年呢？”由 1 年再 2 年，2 年再 3 年，“小马过河”，别说 5 年，n 年都会求了，水到渠成，很自然。这种化复杂为简单、变特殊为一般、使抽象变具体的做法，具有方法论意义，是对学生有重要意义和价值的思想方法。教师只启发，解决靠学生、不代替学生，这是真正的启发。

当然，最好的提示是“5 年不会，几年你就会了？”这样问不仅更具开放性，重要的是启发他“自己想到”由多变少。教师问“那 1 年呢？”是教师自己懂得“化多为少”，而这正是学生所缺少的思想方法。什么是“教会学生思考”？这种具有方法论的提示就是在教会学生思考。教会学生面对一个复杂的问题，如何解剖它。

总之，一个合格的数学教师一定要增强“启发意识”，钻研启发的方法，设计各种有效的启发性提示语，在课堂上始终扮演好“教学向导”的角色。

（2）关于两课教育教学的理念

这两个案例所反映出的教育教学的理念有很大的不同，因而各自所采用的教学方式和方法也有较大的差异。

案例 1 的教师是一位有数学教育研究型硕士学位的，并有近十年教龄的“年轻教师”，拥有较多先进的教育理念，更关注学生的活动，更关注学生学习的过程，或者说更重视“以动词为本”的教学。课堂上，学生独立思考，学生间、师生间的思想交流活动时间更多，内容更丰富；教师插话不多，主要是必要的启发引导，更多是起组织、主持的作用；整个教学的过程，基本是以教学引导下的探究活动模式进行。在较大程度上改变了学生的学习方式，学生发言的机会增多，课堂讨论的时间加长，主动探究的成分大大增加，学生被动学习的成分大大减少。

案例 2 的教学发生在 2002 年，距今已 15 年，而此教师当时已有 20 年教龄，数学功底深厚，教学经验丰富，但接受的现代教育理念相对较少。所以其采用的教学方式主要是讲授式，教师讲演多，学生活动少，互动虽然有但不多；学生的学习方式基本是被动的，学生独立思考的机会较少，学生主动学习的成分不多。但是教师教学设计精细，考虑周全，面面俱到，滴水不漏，讲解详细，表达清晰，以考试成绩衡量其教学效果也是相当好的。然而从长远来讲，从可持续发展来看，当知识忘掉以后留下的教育也许就不多了。

当然，不能一味褒贬，尤其不能崇洋媚外。中国优秀的教学传统要继承，要坚持，要发扬光大；同时国外真正先进的教育理念要借鉴吸收，为我所用，对所谓“新理念”绝不可套用照搬。数学教学是一门学问，也是一门艺术，教学有法而无定法，教师只有孜孜以求，方能不误人子弟，成为学生的良师益友。

6.2　数学命题教学的案例研究

数学命题是表示概念具有某个性质或者概念之间具有某种关系的判断，是人类对客观世界“数量关系和空间形式”方面的规律性认识。从逻辑上看，命题是能够判断真假的语句，或者真，或者假，二者必居其一，且只居其一。中学数学中常见的命题是反映数学基本事实且具有一定认识功能、实用功能的真命题，它们构成了中学数学知识结构的核心，主要形式是公式、定理、原理、法则。

命题学习以概念学习为基础，是比概念学习更高级的学习类型，主要过程是命题的获得、命题的证明和命题的应用。数学命题的学习可以分为三种形式：上位学习、下位学习、并列学习。无论哪种形式，“当学习者能够恰当地和正确地把一个命题运用于一些不同的条件时，他就学会了这个命题”。①

命题学习是以一系列的心理动作（见 7.4.1）对某个数学对象的属性或条件做出反应的心理活动，对促进学生养成有效连贯的行为能力有突出的价值。所以，命题教学在数学教学中一直受到特别的重视。

余弦定理是揭示三角形边角关系的重要定理，是描述三角形中三边长度与一个角的余弦值之间关系的数学定理，是勾股定理在一般三角形情形下的推广，在数学三角知识系统中处于最基本、最重要的地位。余弦定理有着较广泛的应用，可直接用以解决一类已知三角形两边及其夹角求第三边或者是已知三个边求角的问题，若对余弦定理加以变形并适当迁移于其他知识，又可用以解决与现实生产生活联系的实际问题。由于余弦定理所概括对象的关系比较隐蔽，学生不容易从个人经验中发现、概括出它的基本内容，所以教学过程的重点在于引导学生发现它的基本特征，建立清晰且系统的知识结构，发展数学表达和数学应用的能力。

余弦定理教学属于较高层次的数学命题中的公式学习。建构一个数学公式需要学生以一系列的心理活动对某个数学对象的属性或条件做出心理反应，因此，

① 贝尔．中学数学的教与学．许振声，译．北京：教育科学出版社，1988：138.

这节课的学习心理比较复杂，认知过程要经历问题解决、关系判断、原理创建、算法形成、情境应用等多种的活动。

上好余弦定理这样看似简单、实则复杂的数学课并不容易，对教师有着多方面的考验。一是要准确把握数学知识的本质和课程要求，让学生掌握定理的本质和应用；二是要准确把握学生的认知特点，设计适应学生心理的课堂活动，让学生在探索研究中锻炼数学思维，发展数学建模、数学表达、数学交流等“数学化”的能力。

这两个教学案例的研究目的就是从“教与数学对应”和“教与学对应”的二重原理，来考察课堂教学的得失成败，为进一步优化、提高教学效率提供支持。

6.2.1　课堂教学案例 1 及点评

课题：余弦定理	点　评
师：前面我们学习了正弦定理，用它来解决什么问题啊？[1] 众：解斜三角形。 师：下面，我给大家看这样的问题。在铁路建设中，要修建过山隧道。我们来画座山啊。这是山的前视图，现在过山隧道口选取在 A 点到 B 点。 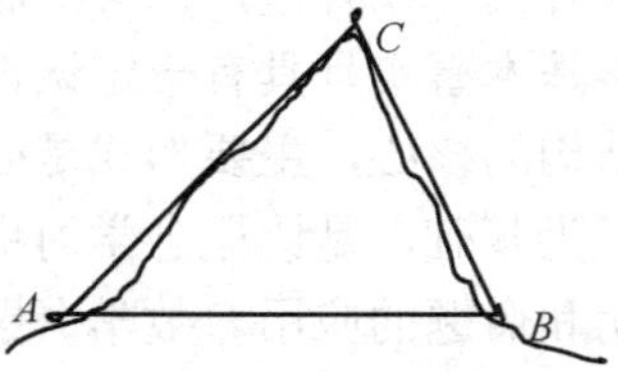 下面我们将做什么事情呢？看 A 点到 B 点这段隧道有多长？我们手头有软尺，可以测量的是长度，测量可视两点线段的长度。还有量角器可以测量角度。 请你设计一个方案，求出 A,B 两点的距离。[2]问题听清楚啦？我再画一个山的俯视图，画的是山的等高线。你设计一个方案，求出隧道的长度。怎么解决这个问题？(1′55″～2′40″) 生 1：在 A 点，用量角器测 A 点到山顶的角度。 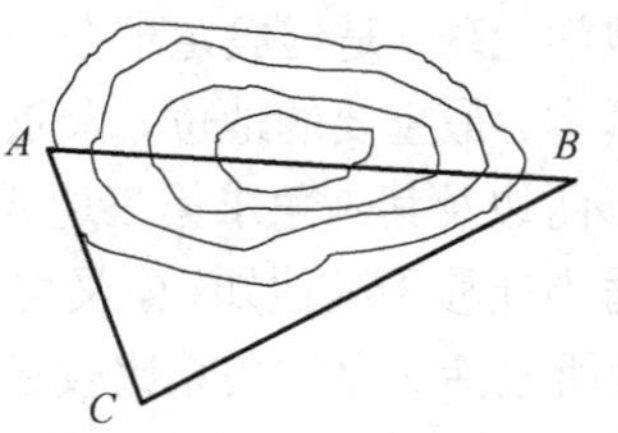 师：A 点到山顶能看到吗？假如能看到，就放这儿为点 C。 生 1：测出 A 点的仰角，B 点的仰角。量出 AC，BC 距离。利用三角形内角和 180°，求 $\angle ACB$，利用正弦定理，可以求出 AB 的长度。 师：大家觉得他的方案怎么样啊？你是怎么认为的？(4′50″) 生 2：我觉得他的方案理论上可行，实际上不好操作。 师：哪里不好实际操作啊？ 生 2：仰角太高，量角器没法量。	Ⅰ创设情境，提出问题 [1]“前面学习了正弦定理……”这句话应视为“情境话题”，用以自然地引出真正的问题情境，否则问题情境怎么会刚开始上课就能想到呢？ 而且也暗示这节课的问题能否联系正弦定理的解决方法。 [2] 测量可视两点距离——请你设计一个方案。这个情境设计很有意义，可以让学生自己寻找解决问题的方案，经历自主探究的过程。可以看到在实际讨论中，由于教师耐心的启发引导，学生提出了多种方案，并对不同方案提出自己的看法，几乎考虑了所有的可能性。虽然方案不都可行，但在此过程中，不仅要探

续表

课题：余弦定理	点　评
师：仰角不好量。这是一种看法，还有吗？ 生 3：我不认为这是问题。如果 C 点不可视，A，B 两点可以向两边延伸一下，就可以看到 C 点了。减去移动的距离，照样可以测量 AB。 师：噢，C 点不可视不要紧，可以把 A 点向这边拉，B 点向那边拉，总能拉到 C 点可视。那这个方案有没有问题呢？ 生 4：A，B 的连线不一定是水平的。 师：也就是说，构成的是不是一个三角形啊？测量的这个 $\angle A$，$\angle B$ 未必是同一个三角形里的角。那么，用三角形内角和 180°减去两个角，求到的是不是 $\angle ACB$ 啊？不是。这是不是个问题啊？ 生 4：从下面看，A，B 两点不是在同一条等高线上吗？ 师：那倒也是啊。[3]如果我们在同一条等高线上，那还是可行的。可是地形很复杂哎，怎么办呢？还有没其他的方案？生 1 这个方案经过生 3 的补充，把 A，B 点向两边拉，似乎克服了生 2 的质疑，而生 4 提出如果 A，B 在同一水平线上，测量的两角才可以用。现在地形非常复杂，不能保证这样的条件。那你们还有什么方案吗？ 生 5：可以在 AB 的山之外取一点，三点确定一个平面。 师：山之外是什么意思？　　生 5：在山外面，但不在 AB 上。 师：那样 A，B，C 三点一定共面，是吧？ 生 5：然后测出 $\angle ACB$，AC 和 BC。然后取 AC 中点和 BC 中点一连。 师：然后取 AC 中点和 BC 中点一连。　　生 5：就是中位线。 师：用中位线，然后算出 AB，是吧？ 生 6：我觉得这时可以量出 $\angle ACB$，这个三角形就确定了。 师：三角形就确定了。怎么确定啦？　　生 6：两边一夹角。 师：两边一夹角，三角形就确定了。　　生 6：就可以求出 AB。 师：有了两边一夹角，这条边就确定了。至于要用什么方法求，还要动脑筋。生 6 说的对不对啊？这个方案是可行的吧！刚才生 5 的方案，用中位线这个想法也很好。问题在于实际操作中可能有一点问题，这两个中点是不是可视？还很难说，对吧？同学们提出的这些方案都挺好的，但是在实际操作中呢，还要考虑到现实条件的限制。(11′09″)	索提出方案，而且要考虑到现实条件的限制，因而是一种对学生实际应用能力的培养。学生对方案的设计是在想象中进行的，所以也是对想象力、创造力的培养。可见探索测量方案的活动很有必要。 [3]“那倒也是啊……”这段话教师说的很巧妙，对学生不准确的回答似乎肯定，却又暗示未尽人意，要进一步思考。稍后对生 5 的方案，教师的“用中位线……”这段话，用婉转的语言指出其中不足，采取不直接否定的方式，使学生参与的积极性得到充分保护。 Ⅱ启发解题，探索思路(11′40″) [4] 将课题文本化——“我先把题写下来噢”。从而提出了本节课真正要解决的问题。第一个教学阶段结束。在新授课中，一定要提出真正要解决的问题，还要特别注意把问题明确表示出来。明确表示问题的有效办法就是文字化显示，这样学生印象深刻，目标明确，且可随时回顾问题。这是

续表

课题：余弦定理	点　评
现在我们已经把它转化成数学问题，也就是，如果已知两边一夹角，要求 AB 的长。能求出来吗？　　众：应该可以。 师：应该可以，还能肯定啊？能，肯定能求出 AB。(11′40″) 那么你怎么求呢？要解决已知两边一夹角，要求 AB 的问题，你先干什么？我先把题写下来噢。[4] （板书）已知三角形 ABC 中，AC，BC，$\angle C$，求 AB。(12′40″) 想一下，碰到一个数学问题你先干什么呢？ 生 7：先画图。 师：先画图，把三角形画出来。然后呢？　　生 7：然后作高。 师：大家看一下，碰到一个数学问题，我们先干什么？尽可能先画一个图，把这些条件呢，全部都集中在图上，AC，BC，还有这个角。接下来作高的目的是什么？ 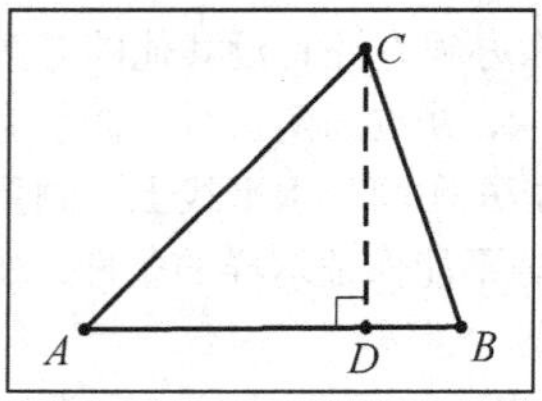 生 7：构造直角三角形。 师：构造直角三角形。怎么作高？过点 C 作 AB 垂线，构造出直角三角形。要求什么？要求 AB 的长。AB 还可看作是什么？ 生 7：AB 是 $\angle C$ 的对边。 师：AB 是 $\angle C$ 的对边，它怎么表示？现在呢，我们看一下，碰到一个问题呢，先把条件弄清楚。这些是确定的值，三角形就确定了，那肯定能求出 AB 来。这我们就有信心做了。 接下来呢，根据条件，两边一夹角，要求 AB。AB 是什么？是 $\angle C$ 的对边，是线段的长，是距离，对吧？那么它怎么表示呢？它怎么表示就可以引导我们解决这个问题呢？请同学想一下，要解决这个问题，你怎么办？像他这样作高好不好？我把他的影响擦掉，你们自己思考一下，怎样表示 AB。(15′07″～16′10″) 师：我看了一下，同学们思维非常活跃，想得非常好。那么，还要再讨论一下吗？还是先把方案提出来，然后各自实施来交流一下？[5]　　生 8：换个高。 师：换个高？干吗要换个高啊？ 生 8：刚才画的高把 $\angle C$ 分开了。	新授课教学的一个基本原则。这方面本课教师做得很好，另一案例就做的有欠缺，教学案例二有文字，但不明确，不完整（缺角，边的后面跟着具体数字）。其结果，是要求一般化时，前者学生不知所云。 这段师生、生生间的 15 分钟交流，集中于通过启发引导讨论，来教学生学会思考，是数学教学真正目的之所在。 [5]“先把方案提出来，然后各自实施。”该教师每每在问题伊始让学生先设计解决方案。先提方案的意思其实就是先找解题思路，而不急于解决。这也是在教学生学会思考。找思路正是学思考，具体解决只是操作性的工作。但是一般教师只是关注具体解决，却忽视思路的寻找。该教师的处理方式是把三个方案先找到，然后实施方案同时进行，这样既把学思考作为学习的重点，也可节省教学时间。

续表

课题：余弦定理	点　评
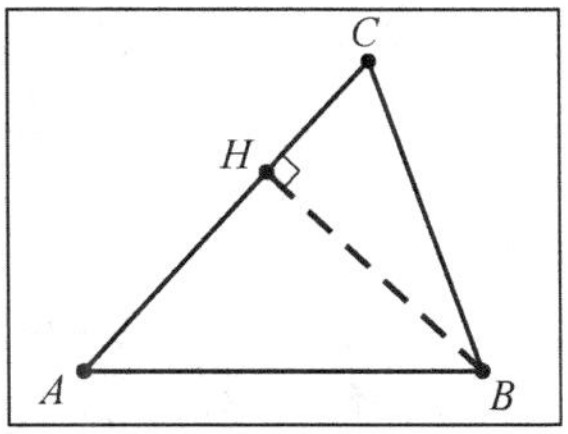 师：他说，已知的是∠C，现在这么一分，完了，下面怎么办啊？∠C这个条件就比较难用了。那么换一个高，过哪一点作高呢？ 生 8：过点 A 或 B。 师：A 和 B 是一样的吧？譬如，过点 B 做 AC 的垂线，垂足为 H。做完之后呢？怎么能求出 AB 啊？ 生 8：$BH=BC\cdot\sin C$。 师：你讲的是具体的。$BH=BC\cdot\sin C$，也就是你想通过角和边，是吧？在直角三角形里面，反正有勾股定理，有了角和边的关系，就有办法。生 8 是一种方案，是方案 1。（板书） 方案 1：直角三角形。 这个方案大家赞同吗？[6]还能求啊？把 BC 表示为 a，就可以把 CH 和 BH 表示出来。表示出来之后呢，AH 就出来了。AH 出来了，BH 出来了，那 AB 是不是出来啦？这是他的方案。最终呢，也找到我们的目标了。还有什么方案吗？（18′05″） 生 9：因为已知 AC，BC，要求∠C 嘛，就联想到了向量。 师：他联想到向量。怎么想到向量的呢？[7] 生 9：因为正弦定理是由向量证明的。若用向量表示，就可构造$\lvert\overrightarrow{a}\rvert$，$\lvert\overrightarrow{b}\rvert$，它们的夹角也知道了。（板书）方案 2：$\lvert\overrightarrow{AC}\rvert$，$\lvert\overrightarrow{BC}\rvert$，∠$C$。 师：知道了$\lvert\overrightarrow{AC}\rvert$，$\lvert\overrightarrow{BC}\rvert$，还有它们的夹角∠$C$。 生 9：要求的是$\lvert\overrightarrow{AB}\rvert$。 师：我们要求的目标怎么表示？表示成向量的模。接下来呢？ 生 9：在三角形中有向量关系 $\overrightarrow{AB}=\overrightarrow{AC}+\overrightarrow{CB}$。[8]（板书） $\overrightarrow{AB}=\overrightarrow{AC}+\overrightarrow{CB}$ 师：有了这样的关系 $\overrightarrow{AB}=\overrightarrow{AC}+\overrightarrow{CB}$，目标和已知条件就联系起来了。接下来呢？　生 9：要求 $\overrightarrow{AB}$ 的模，就要平方。 师：要求模就要两边平方。 生 9：平方以后，右边都是已知的。 师：右边是已知的，AB 的长就能求出来了。（板书） $\lvert\overrightarrow{AB}\rvert^2=\left(\overrightarrow{AC}+\overrightarrow{CB}\right)^2$他这个方案肯定能解决吧？　众：肯定能。	[6]“这个方案赞同吗？”——这段对方案 1 思路的小结很精彩，全部都是抓住具有连带关系的线段“如何表示”来层层推进。 [7]“怎么想到向量的？”——这部分应该注意，启发全体学生思考。应该继续利用启发性提示语引导，然后再让学生回答。可以发问：AB 是三角形的边，三角形的边还能怎样表示？可不可以联想前面学过的知识？如果联想到正弦定理证明，从而想到用向量；这样有利于不同层次的学生都想到这个方法，使更多学生的思维能力得到提升。 [8] $\overrightarrow{AB}=\overrightarrow{AC}+\overrightarrow{CB}$——$\overrightarrow{AB}$ 这种表示是生 9 提出的，如果要引导全体学生能想到，教师可以这样启发：$\overrightarrow{AB}$ 还能怎样表示呢？AB 是△ABC 的边，它还能怎样表示呢？把其他的边也看作向量，$\overrightarrow{AB}$ 还可以怎样表示？平面向量加法的平行四边形法则能不能利用？

续表

课题：余弦定理	点　评

师：怎么样呢？Very good！我们要表示基本的量，生 8 的表达是用线段的长，通过直角三角形用线段的长表示。生 9 呢，用向量的模来表示，就可以把未知的和已知的直接建立关系。下面具体操作就行。对吧？非常好！

刚才问他怎么想到的？他说想到正弦定理就是这么来的，所以他就往用向量表示的方向想。还有什么别的方案吗？（20′20″）

生 10：我觉得可以以 A 点为原点，建立直角坐标系。

师：（板书）方案 3：建系。

建直角坐标系怎么来表示 AB？[9]

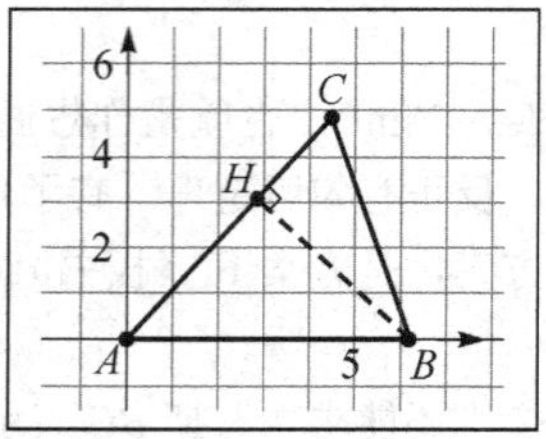

生 10：可以求出 A，B，C 三点的坐标。

师：现在知道的是 BC，AC 和这个 $\angle C$，可以求出三个点的坐标。建系意思是干什么呢？你肯定要从已知到未知，对吧？最终还是要表达 AB。你想用什么办法来表示 AB 呢？

生 10：用两点间的距离公式。

方案 1：直角三角形。
方案 2：$|\overrightarrow{AC}|$，$|\overrightarrow{BC}|$，$\angle C$。
方案 3：建系，两点间距离公式。[10]

师：表示 AB 呢？她用的是两点间的距离公式。那么只要能表示出来，AB 就能求出来了。（板书）

好，要用两点间距离公式呢，像现在这样画坐标系，好像比较麻烦。应该怎样画坐标系？

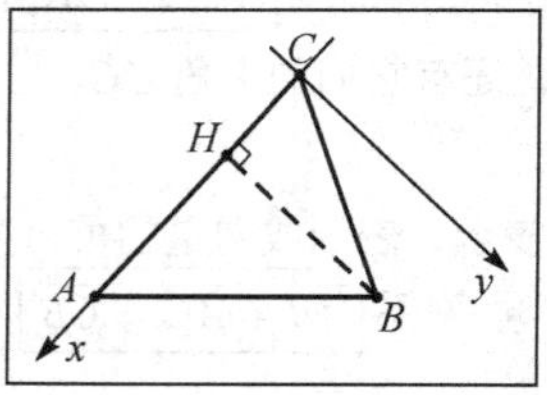

众：以 C 点为坐标原点。

师：以 C 点为坐标原点建系。这样，应该说就可以解决了吧？这样画还习惯啊？不习惯你们自己可以改图哦。C 点是原点，坐标可以表示。B 点坐标可以表示吧？表达出来，就行了吧？

她想的怎么样？也行。同学们思路真的是非常的开阔。那么我们就各自实施方案，我请同学上黑板。（23′10″）

$$|\overrightarrow{AB}|^2=(\overrightarrow{AC}+\overrightarrow{CB})^2$$
$$=|\overrightarrow{AC}|^2+|\overrightarrow{CB}|^2+2AC\cdot CB\cdot\cos C。$$

师：实施的时候，一定要细心哦，条件，还有结论。（插话）（24′20″）算好的同学看看，这个表达式长的像什么，见过没有？（27′22″）

---

[9]“建系怎么表示 AB？……”这段的启发分析很到位。学生不是回答用两点距离公式表示，而是提出“建系”。教师仍然抓住“怎样表示”来启发，而且强调“最终还是要表示 AB”，既强化盯住目标，又突出要寻求对象的表达形式。

[10]“方案 1……方案 3……”，教师在引导学生寻找出解题思路的三种方案以后，作为这段教学的小结，把三种方案明确而有条理地板书出来，利于学生用不同方案迅速把问题解决。解题过程是程序性操作和基本运算，学生熟悉，不构成教学的重点，而真正重要的是思路寻找和余弦定理的基本形式。三种方案的探索用了 11.5 分钟。

Ⅲ实施解题，讨论解法

学生各自选用不同的方案，用 4 分钟就完成了解题。继而师生讨论向量解法——学生共同研讨三个解题过程的后半部分的错误，一写成了点乘，二向量夹角搞错，讨论中一一作了很好地处理。

续表

课题：余弦定理	点　评
师：大家看一下黑板上的结论。这个是用建立坐标系解决，这个是用向量，那个是直角三角形。大家看一看，感觉如何？（28′25″） 生 11：我感觉用向量的方法比较简单，比较直观一点。 师：向量的方法比较简单，比较直观。你也选的这个方法，对吧？ 生 11：她那里写错了，应该是 $\lvert\overrightarrow{AC}\rvert\cdot\lvert\overrightarrow{CB}\rvert$。 师：这些地方要写准确，$\lvert\overrightarrow{AC}\rvert\cdot\lvert\overrightarrow{CB}\rvert$，你不写成模就是点乘了。[11] 现在对了吗？ $\lvert\overrightarrow{AC}\rvert^2+\lvert\overrightarrow{CB}\rvert^2+2\lvert\overrightarrow{AC}\rvert\cdot\lvert\overrightarrow{CB}\rvert\cdot\cos C$。 生 11：应该 $-\cos C$。 师：应该是 $-\cos C$，为什么？ 生 11：因为这两个向量的夹角不是∠C，是∠C 的补角。 师：因为 $\overrightarrow{AC}$，$\overrightarrow{CB}$ 的夹角是∠C 的补角，应该是 $\cos(\pi-C)$。对吧？ 生 11：$\lvert\overrightarrow{AB}\rvert^2=\lvert\overrightarrow{AC}\rvert^2+\lvert\overrightarrow{CB}\rvert^2-2\lvert\overrightarrow{AC}\rvert\cdot\lvert\overrightarrow{CB}\rvert\cdot\cos C$。 师：现在还对啊？表示成了 $\lvert\overrightarrow{AC}\rvert^2+\lvert\overrightarrow{CB}\rvert^2-2\lvert\overrightarrow{AC}\rvert\cdot\lvert\overrightarrow{CB}\rvert\cdot\cos C$，要注意夹角。再来看这位同学怎么表示的？ 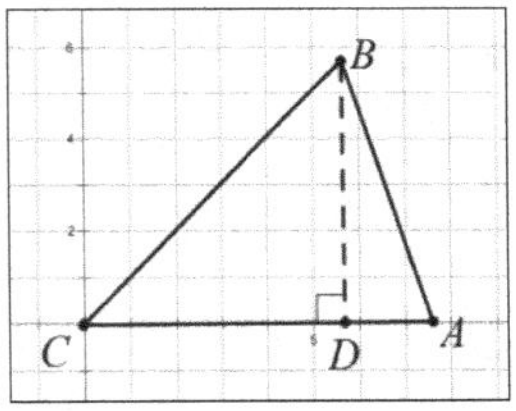 生 12：两点间的距离公式。 师：两点间距离公式，你看他表示怎么样？ $AC=a$，$BC=b$，则 $CD=b\cdot\cos C$，$BD=b\cdot\sin C$， $\therefore B$ 坐标为 $(b\cdot\cos C,\ b\cdot\sin C)$，又 A 坐标为 $(a,0)$， $\therefore AB=\sqrt{(a-b\cdot\cos C)^2+(b\cdot\sin C)^2}=\sqrt{(a^2+b^2-2ab\cdot\cos C)}$。 这儿对不对啊？他是用小写字母表示，[12]形式上与平方公式有点像哦。a^2，b^2，$2ab$，多了 $\cos C$，形式还是很好记的。对的吧？对的。（29′30″） 这个表达（向量）与这个（距离公式）比起来哪个更容易记忆？[13] 从结果上看，两种表达哪种容易记一些？差不多吧？（31′55″） $AB=\sqrt{(BC\cdot\sin C)^2+(AC-BC\cdot\cos C)^2}$ $=\sqrt{BC^2(\sin^2C+\cos^2C)+AC^2-2AC\cdot BC\cdot\cos C}$。 $=\sqrt{BC^2+AC^2-2AC\cdot BC\cdot\cos C}$。 看一看，这位同学是用直角三角形，这个结果看起来与那边基本是一样的。[14]	[11]“你不写成模就是点乘了。”此说明很到位，强化了向量数量积的本质。 [12] 讨论建坐标系解法时，指出“他是用小写字母表示”，表面上不经意的话，其实暗示了与上一种解法的结论相同，只是大小写不同而已。 [13]“……哪个容易记忆？”带根号不利于记忆，教师试图引导学生把根号去掉，但发现学生还不能意识到就暂时放下，用后面一种方式处理。这反映出一种教学机智。 Ⅳ 概括结论，拓展公式（31′55″） [14]“这个结果……基本一样。”提示三种解法得到的结论形式基本相同。这样，学生只要稍作符号变换，就很容易概括出余弦定理的基本形式，而且由于是用不同方法得到相同的结论，也有利于学生加深对定理的理解和印象。这与案例 2 形成明显对照，案例 2 学生在公式一般化时受阻。

续表

课题：余弦定理	点　评
这样看来，对同一个问题无论怎样解决，并不影响问题结果。 这是已知两边一夹角求夹角对边的问题，[15]以后凡是碰到了这类问题，是不是都能解决啊？都能解决吧？那么把中间过程全省略了，这就形成了一个公式，我们只要记一个结论。我们称之为余弦定理。（板书）余弦定理（32′55″） $\triangle ABC$ 中，$\angle A$，$\angle B$，$\angle C$ 所对的边分别是 a，b，c！则 $c=\sqrt{a^2-2ab\cdot\cos C+b^2}$。 这个结论呢，叫余弦定理，我们把它写下来，怎么用符号记啊？[16]数学为了要追求形式上的简洁和统一，往往把它写成平方的形式，$c^2=a^2+b^2-2ab\cdot\cos C$。这个呢，我们称为余弦定理。（34′45″） 用它可以解决这样的问题：知道了 a，b，$\angle C$，可以求 c 边。如果知道的是 a，c 还有$\angle B$，要求 b 边呢？会求吗？是一样的吧？请个同学说说看，怎么写？ 生 13：（板书）$b^2=a^2+c^2-2ac\cdot\cos B$。 师：还有一个一样的呢？ 生 13：（板书）$a^2=b^2+c^2-2bc\cdot\cos A$。 师：这就是三角形中的余弦定理。（35′40″）我们得到了这个结论，大家好好观察一下，从结构上看是什么样子的，做一定的识记。 这个余弦定理除了两边一夹角求边之外，还有什么其他用处呢？ 生 14：还可以已知三条边求任意一个角。 师：已知三条边求任意一个角，这个怎么求？比如，已知 a，b，c 各边，要求$\angle C$。怎么求呢？ 生 14：（板书）$\cos C=\dfrac{a^2+b^2+c^2}{2ab}$。[17] 师：把它看作方程，得到这个公式。它告诉我们三角形中的哪些量之间的关系？告诉我们三角形中间一个角，还有三条边之间的等量关系。刚才我们知道的是两边一夹角，第三边能求出来。 反过来，知道三边又能求任意角。这里面这四个量，实际上构成了一个方程吧？只要知道其中三个量就能求出其他的量，就可以用解方程的方法把它求解出来。[18]（38′25″）	[15] 这个阶段小结很准确，指出它解决了数学中的一类问题，就成了一个数学公式、一个定理，“凡是碰到这类问题都能这样解决”。 [16]“这个结论……怎么用符号记啊？……”这段话也很精彩，解释了数学问题研究的特点，即对得到的结果用数学的符号语言作出形式化表示。 [17] 在得到余弦定理变形形式后，是否可以以此为契机，利用定理的变形形式，讨论三角形的形状。这既是对余弦定理本质的一种拓广的认识，又体现了余弦定理的价值。当然放到下一节课去处理也无妨。 [18]“把它看作方程，这个公式……”——这段讲解很精彩，是以方程的思想看待余弦定理，把公式看作方程，把其中一个量看作未知量，不仅可以用解方程来求出这个未知量，从而带来定理运用的灵活性，更重要的意义是渗透了“方程”的数学思想，即把不是方程的等式看作一个方程并加以运用。

续表

课题：余弦定理	点　　评
那么，你能利用这个公式来解什么样的三角形问题？你能出什么题？[19]出的题就作为今天的作业。这一列同学一人出一个。 生 15：已知 a=5，b=9，c=13，求∠A，∠B，∠C。 生 16：已知 a=3，b=4，∠C=60°，求 c。 生 17：已知 a=8，b=12，c=14，求最小角。 生 18：在一个水塘旁边有 A，B 两点，测 A，B 两点间的距离。 师：水塘两边有 A，B，设计求 A，B 距离的方案对吧？（板书） 生 19：刚上课那道题目，测山的两点间的距离。 师：测山的两侧之间的距离是吗？就是山的两边 A，B，测两点的距离是不是？那是设计方案呢，还是给出数据？ 生 19：在山外取一点 C，然后给出 AC，BC 的长度，求 AB。 师：已知 AC，BC，∠C，求 AB。这个就用书上例 2，可以吧？ 你们一般布置几个题啊？现在五道差不多了！然后呢，其他的还有些应用，那就待你们老师继续加深了。好，下课。[20]（42′18″）	Ⅴ自编问题，运用公式（38′25″） [19]“……你能出什么题？”让学生根据对公式的理解出题，这种教学设计，可以帮助学生对定理进行进一步内化，使对定理的理解更加分化和综合贯通。这与奥苏贝尔有意义学习理论相符合。 [20] 这节课教师运用研究问题的一般方法，从提出问题，到设计解决方案，再到寻找思路，实施解题，最后编题运用，设计成五个阶段的活动，是比较典型的“教师引导下的学生主动探究”。基本贯彻了第 5 章中所构建的数学教学设计的原理。本节课教师的语言十分简练，问题、评论都很准确，还善于运用启发性提示语引导学生“从无到有”的探究。

6.2.2　课堂教学案例 2 及点评

课题：余弦定理	点　　评
师：我们来看这样一个问题。[1]（画图）如果现在有一个△ABC，给你边 AB 的长度和边 AC 的长度，分别是$\sqrt{3}$和$\sqrt{2}$，并且告诉你∠A 这个内角是 45°，是怎么求 BC 这条边？（1′25″）（板书） 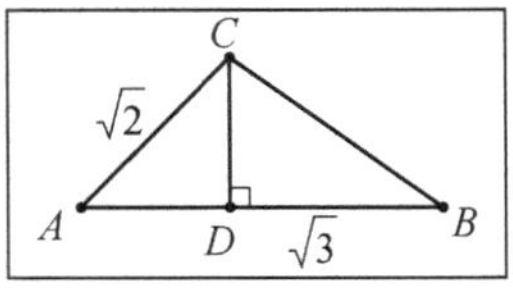 	Ⅰ. 教学第一阶段直接提出具体问题例 1。 [1] 刚开始就抛出一个问题，为什么？怎么想到的？应该创设一个问题情境，引导学生

续表

课题：余弦定理	点　评
例 1　△ABC，$AB=c=\sqrt{3}$，$AC=b=\sqrt{2}$，$\angle A=45°$，求 BC。 怎么求？[2]有方向吗？（3′05″）请位同学给我们指引一下方向。 生 1：过 C 作 AB 边上的高，因为 $\angle CAB$ 是 45°，然后由△CAD 是等腰直角三角形，AD 就可以求出来了。 师：这个方向可不可以？可以的。通过内角和斜边 AC，算出直角边 AD 和 CD 的长度，都可以算的。下面再利用 CD 和 BD 的长来求出 BC 的长。算好了吗？是多少？　　生 1：$\sqrt{5-2\sqrt{3}}$。 师：（板书）$BC=\sqrt{5-2\sqrt{3}}$，是这样吧？再看生 1 的解法：过点 C 作高，借助已知边上的高，进行边角之间的转化。是这样吧？这是生 1 的方法，很好。过 C 作 $CD\perp AB$，然后通过边角关系来求。（板书）解法一：过 C 作 $CD\perp AB$。（6′00″） 那么你们看一下，现在是 45°。[3]假设是 50°，还能否这样做？可能要用计算器，可惜我没有。要求 BC 长度有没有另外的办法？ 实际上求的就是……[4]你可以换另外一个角度来考虑，求的就是……。[5]（比划边 BC）我们前面刚讲过……？[6] 众：三角函数。 师：三角函数和……向量，对吧？那么 BC 的长度还可以看作什么？$\overrightarrow{BC}$ 的模？那怎样求 $\overrightarrow{BC}$ 的模呢？解法二：$\lvert\overrightarrow{BC}\rvert$。（6′50″停顿） 能不能想办法把向量的运算转化成模的运算？[7]（8′12″） 没想好？再想想看啊，现在我需要的是向量的模，那么向量的运算怎么转化成向量模的运算？向量怎么到实数？怎么通过向量的运算到实数的运算？来，你来说说看？（8′42″） 生 2：数量积。 师：跟谁做数量积？要找它的什么？跟它垂直的。要么跟它成已知角度的向量，这儿有没有可以跟它做数量积的？这有没有？（9′20″） 生 2：$\overrightarrow{BC}=\overrightarrow{BA}+\overrightarrow{AC}$，所以 $\lvert\overrightarrow{BC}\rvert=\lvert\overrightarrow{BA}+\overrightarrow{AC}\rvert$。 师：$\overrightarrow{BC}=\overrightarrow{BA}+\overrightarrow{AC}$。那么它的模怎么求？ 生 2：就是 $\lvert\overrightarrow{BC}\rvert^2=\lvert\overrightarrow{BA}\rvert^2+\lvert\overrightarrow{AC}\rvert^2+2\lvert\overrightarrow{BA}\rvert\cdot\lvert\overrightarrow{AC}\rvert$。	提出与本节课教学相关的问题。这样才能使学生明白学习内容的必要性。 [2] 教师的本意是“有思路吗”，但是却不断追问“多少”，这就违背了原意。“方向”“思路”只是一种解题的思想路线，应该不涉及具体；而“多少”则是微观的具体化的细节。更大的问题是，只有数据结果，不利于后面一般结论的抽取。 [3] 教师提出如果夹角不是特殊角，解法一就不灵了。这是错误的，恰恰正是夹角是任意角才能创建余弦定理。研究解法二启发向量法时，教师试图启发却不知如何启发。如[4]~[6]这些问话表明教师启发不得要领，学生不知所云。当学生回答并非教师所期盼的结果时，教师只好直接告诉学生，这是启发失败。 [7] 关于向量法思想，首先是把对象看作向量，进而用向量的意义来审视它，如向量的模表示长度，长度已经是实数。表明教师这里有

续表

课题：余弦定理	点　评
师：要求向量的模是通过什么来求？考虑向量的什么？ 生 2：平方。 师：那么，这个向量的平方实际上应当是 $\|\overrightarrow{BA}+\overrightarrow{AC}\|$ 的平方，还对呀？那这个向量的平方是什么呢？ $\|\overrightarrow{BC}\|^2=(\overrightarrow{BA}+\overrightarrow{AC})^2=\overrightarrow{BA}^2+\overrightarrow{AC}^2+2\overrightarrow{BA}\cdot\overrightarrow{AC}=3+2+2\sqrt{3}\cdot\sqrt{2}\cdot\cos135^\circ=5-2\sqrt{3}$。 生 2：$\|\overrightarrow{BC}\|^2=\overrightarrow{BA}^2+\overrightarrow{AC}^2+2\overrightarrow{BA}\cdot\overrightarrow{AC}$ $=3+2+2\sqrt{3}\cdot\sqrt{2}\cdot\cos135^\circ$ $=5-2\sqrt{3}$。 师：你先告诉我这个角是什么角？　　生 2：$\overrightarrow{BA}$ 和 $\overrightarrow{AC}$ 的夹角。 师：是 $\overrightarrow{BA}$ 和 $\overrightarrow{AC}$ 的夹角。那么这俩之间是什么关系啊？是不是 45°？ 生 2：不是，应该是它的补角。 师：是它的补角，是 180°−45°。这样我们算出来的 $\|\overrightarrow{BC}\|$ 是 $5-2\sqrt{3}$。啊！那么看一下，生 2 是通过什么方式求 BC 长的呢？他把这段线段长看作向量的模。通过什么来进行向量模的运算？通过向量分解，考虑模平方来进行相应的运算。这样 $\|\overrightarrow{BC}\|^2$ 求出来了，$\|\overrightarrow{BC}\|$ 也可以求出来。这是一种用向量解决问题的办法吧？平面向量学完了，还要知道平面向量怎么用。后面很多问题也可以用向量来进行解决。(12′50″) 　两种方法，还有没有？试一下噢！看这线段的长，再换一个角度，我还可以理解成什么？　　众：两点之间的距离。[8] 师：两点之间的距离。那需要这两点的什么？　　众：坐标。 师：那么还需要？　　众：建立坐标系。 师：可不可以？当然，建要建最……？　　众：简单的。 师：怎么建呢？原点和 x 轴取在哪里？这是【解法三：建系。】(板书) 是课本第 17 页的探究和拓展，可以回去试一下。(14′10″) 　我们回到黑板上。看一下，从刚才解决这道题的过程看，解法一也好，解法二也好，其实解法二当中，你能不能从解题的过程中，提炼出一个一般性的结果？[9]比如说，AB 的长度可以变，AC 的长度也可以变，但不管它们的长变成多少，反正 AB 的长始终是 c，AC 的长是 b，BC 的长就是 a。它们的夹角 $\angle A$ 也可以变。	概念上的模糊，致使接着的一系列问话反而误导了学生。 [8] 解法三的教学过程过于匆忙，放弃对此法的使用并非明智，因为那样就多了一个具体的例子，更有利于实现该教师“从具体到一般”的设计思想。 Ⅱ. 教学第二阶段 (14′10″) 抽取余弦定理的一般形式 [9] 由“能不能……提炼出一般性结果？”明显看出，教师意图是：通过特定问题的解决提炼出余弦定理一般形式。在实现这个意图时，教学中存在下述问题： (1) 要实现“从特殊到一般”，前面具体问题解决过程就要为此做好铺垫，以利于学生提炼。这里学生是从向量法提炼，因为其中有接近于定理的 $\overrightarrow{BA}^2+\overrightarrow{AC}^2+2\overrightarrow{BA}\cdot\overrightarrow{AC}$ 这个形式，而几何法中没有。在前一教学案例中，也有“给出统一表示”过程，但那里三种解法都出现了几乎相同的形式，学生得出统一形式轻而易举。这些似乎是细节，但细节往往决定成败。

续表

课题：余弦定理	点　评
那么，对应的 a，b，c 和 $\angle A$ 之间有什么样的一般性的关系？ 你能不能根据这道题的解题过程，找到任意的 $\triangle ABC$ 当中，a，b，c 和 $\angle A$ 之间的关系？可不可以？能不能找到？（15′10″） 生 3：就是 $\angle A$ 所对应的边的平方，等于 $\angle A$ 两边的平方再减，加上个两倍的它的两边的……加上两倍的两边相乘再乘以两边的夹角…… 师：我听你这段话，很累的。学数学，你要学会借助数学符号，用数学语言来表达。　生 3：那就是 $b^2=a^2+c^2+2ac\cos B$。 师：（板书）$\boxed{b^2=a^2+c^2+2ac\cos B。}$ 大家同不同意？ 众：不同意。 生 4：他说 $\cos B$，但 $\angle B$ 是 $\triangle ABC$ 中的角，而前面用到的是 $180°-\angle B$。 师：这里应该是两个向量所成的角，与三角形的内角之间有什么关系？　生 4：应该是互补的。 师：互补的。那这个 $\angle B$ 应该是什么？ 生 4：应该是 $180°-\angle B$。 师：当然我们可以用诱导公式写成 $\boxed{b^2=a^2+c^2-2ac\cos B。}$（板书）这是从这道题当中提炼出来的吗？我觉得我要从这道题中提炼出来，应该是关于 $\angle A$ 的。那有没有关于 $\angle A$ 的关系式？ 众：$\boxed{a^2=b^2+c^2-2bc\cos A。}$（板书） 师：如果知道的是 C 呢？　众：$\boxed{c^2=a^2+b^2-2ab\cos C。}$（板书） 师：对于任意的三角形而言，一个角和它相应的三条边之间，由这道题的解题过程，可以提炼出这样一个一般性的结论。这组结论体现了三角形当中的边、角之间的关系。我们把它们称为三角形的余弦定理。（板书）$\boxed{1.2\quad 余弦定理}$（20′00″） 大家看，余弦定理的每个算式中出现了几个量？ 众：四个。 师：哪四个？三条边，一个角。这是一个等式吧？相当于这四个量中，只要知道三个，一定可以求出另外的一个。（21′00″） 例 2 中，已知什么，求什么？我先问一下，你用什么来解决这个问题？[10] **例 2**　在 $\triangle ABC$ 中，若 $a=\sqrt{3}+1$，$b=\sqrt{10}$，$c=\sqrt{3}-1$，求 $\triangle ABC$ 的最大内角。	(2)本课因为设计是“由特殊抽取一般”，所以解题中不宜过早代入具体数值，而应保留符号到最后再代入数字。例如，几何法中，需要出现 $BC^2=AC^2+AB^2-2AB AC\cdot\cos A$；向量法中，一定要出现 $\lvert\overrightarrow{BA}\rvert^2+\lvert\overrightarrow{AC}\rvert^2+2\lvert\overrightarrow{BA}\rvert\cdot\lvert\overrightarrow{AC}\rvert\cos A$；然后再代入数值。因为对提炼一般形式来说符号表达式比数值结果更重要。 Ⅲ. 教学第三阶段（21′00″）余弦定理的运用。 从这阶段的教学活动可以看出，教师试图继续用特殊到一般的方法来拓展余弦定理得到求角的形式。 [10] 教师问话意图是什么？学生的回答领会教师意图吗？教师经常打断学生回答，这个习惯不好，要让学生把话说完，不要打断学生的思路。

续表

课题：余弦定理	点　　评
生 5：最大角对应的边是最长的，然后…… 师：最大角对应的边是最长的，换句话说，这道题首先要解决的是……？要求的是哪一个角？ 生 5：$\angle B$，$\sqrt{10}$ 所对的角。 师：$\sqrt{10}$ 所对的是最长的一条边，所以我们要求的是$\angle B$。怎么求？ **解**　由已知，$\angle B$ 是$\triangle ABC$ 的最大角，$b^2=a^2+c^2-2ac\cos B$，$\cos B=-\frac{1}{2}$，$B=120°$。 生 5：把数值代进去，求出 $\cos B$。$b^2=a^2+c^2-2ac\cos B$。（板书） 师：$\cos B=-\frac{1}{2}$，对不对？　　生 5：所以$\angle B$ 是 120°。 师：是不是这个？　　众：是。 师：确实是这个。说明什么呢？这个$\angle B$ 是……？这个三角形是……？　　众：钝角。钝角三角形。 师：这个三角形是钝角三角形是吧？那么对于三角形的内角而言，要余弦值等于$-\frac{1}{2}$，B 应该是 120°。对吧？这最好再把这个条件补一下啊。那么，看一下啊，我们用余弦定理来解决这种问题，非常方便。（26′35″） 　下面，请大家回顾一下这道题的解题过程，[11]以及我们余弦定理三个式子的形式。对于余弦定理的应用，你觉得应该注意什么问题？ 　比如，它有什么样的形式？甚至特殊的形式？[12]再比如，什么时候用？它能解决什么样的问题？大家能不能总结一下？（28′40″） 生 6：应该注意的是当某个角是 90°的时候，那个角的余弦就等于零。然后…… 师：停。大家看一下啊，有的同学没往这方面想，她现在提示我们，如果某个角是 90°，你想到了什么？比如这个算式 $b^2=a^2+c^2+2ac\cos B$，如果$\angle B$ 是 90°，你想到了什么？ 生 6：90°的余弦值是 0，就是勾股定理了。 师：那么，勾股定理应该是余弦定理的……？ 生 6：特殊形式。 师：一个特例，余弦定理就是勾股定理的一个推广。（板书） 注：（1）勾股定理是余弦定理的一个特例。　还有什么？ 生 7：知道三角形的三个条件，就可以求出其他的边和角。 师：实际上你归纳的是，余弦定理是可以用来解决什么问题吧？	Ⅳ．教学第四阶段（26′35″） 　对余弦定理有什么想法——这段教学设计基本不准确。 [11]“请大家回顾一下……对余弦定理有什么要注意的？”—— （1）这段引导语回顾的内容与其后的问题毫无关联，而且问题匪夷所思，导致学生没有反应，教师不得不补充。 [12] 这段是解释，但这个解释也不得要领。因为没有得到定理拓展求角形式，自然说不清接下来研究什么。 （2）第四阶段的教学内容表明，例 2 原意是从具体问题出发，利用余弦定理既可求边又可求角，从而拓展定理得到求角形式。教师还有意设计为钝角，试图为利用定理讨论三角形形状做好铺垫。但教师并未由例 2 的解决顺势拓展定理得到求角形式，反而用几段不得要领的引导语[10]，[11]误导学生，急于让学生用定理判断三角形的形状。对三角形形状判断的直接依据应该是

续表

课题：余弦定理	点　评
生7：是。可以解决已知两边和一夹角，求出其他的边和角。 师：大家同不同意？已知三角形的两条边，比如说刚才的 AB 和 AC 知道了，$\angle A$ 知道了，第三条边可不可以求的出来？ （2）余弦定理可以解决： (a)已知两边和一夹角，可以求其余的边和角。 (b)已知三边，可以求所有角。 众：能。 师：第三条边求出来了，另外两个角是不是也求出来了？只要继续利用余弦定理就行。（板书）但我刚才看到她在看书。还有没有可以解决的问题？ 仔细看看这道例题，我知道了三角形的三条边，可以把最大的角求出来。那么，余弦定理还可以解决什么问题？ 众：已知三边，求所有的角。 师：已知三边，求所有的角吧？（板书）这儿求的什么角？ 众：最大角。 师：这个最大角是……？钝角。刚才我们说余弦定理可以有三个条件求另一个边或角。比如有三条边，就可以判断一下……？ 众：形状。 师：三角形的什么啊？锐角、钝角、直角。锐角、钝角怎么判断？（板书）如果等于就是直角三角形。锐角、钝角三角形怎么判断？归纳一下。 （3）余弦定理可以用来判断三角形的形状。 $c^2=a^2+b^2 \Longleftrightarrow$ 直角三角形 $c^2>a^2+b^2 \Longleftrightarrow$ 钝角三角形 $c^2<a^2+b^2 \Longleftrightarrow$ 锐角三角形（c 为最大边） 生8：如果最大角的余弦值是负数，就是钝角三角形。 师：大家同不同意？就是把最大角的余弦值求出来，来看它的符号，是不是？实际上它的符号就是由谁来定的？ 生8：是由 a^2，b^2 和 c^2。 师：实际上看的不是这个，而是把这个算式进行了变形吧？[13]只看定理是不行的。$\cos B$ 实际上是由谁控制的？在余弦定理的应用中，还可以写成什么？$\cos B=\dfrac{a^2+c^2-b^2}{2ac}$ $\cos B$ 的符号是不是由 $a^2+c^2-b^2$ 的符号确定吧？分母肯定是正的，假设最大的边是 b，那么 $b^2>a^2+c^2$ 说明是钝角三角形，$\angle B$ 是钝角。什么时候是锐角三角形？ 生8：$b^2<a^2+c^2$。	定理拓展的求角形式，而不是定理本身。 （3）数学教学的一个重要目的是发展学生的抽象思维能力，所以要尽可能在抽象的层次进行数学活动。当学生不易实现抽象时，可以通过直观化、特殊到一般，用归纳的方法帮助学生从具体上升到抽象，但不能总是采用这样的方法，否则始终停留在直观的水平上了，如何使学生抽象能力得到发展呢？ （4）比较合适的方法是，渗透方程的思想，把定理由等式引向方程，以更高的数学观点审视定理，促进学生对数学思想认识的提高。 [13] 这段话表明直到这里教师才醒悟过来，要用定理拓展的求角形式来判断三角形的形状。从教师在这个教学阶段结语中不难看出她的真实意图，但由于教学思路不清晰，导致教学产生了较大的偏差。可见一节课的教学路线何等重要。这也是本节课在“问题引领，环环相扣，层层推

续表

课题：余弦定理	点　评
师：这个算式是只能说明……？　生 8：$\angle B$ 是锐角。 师：能不能说明$\angle C$，$\angle A$ 是锐角呢？　生 8：不能。 师：这儿只要保证什么？保证 b 为最大边就可以了。大家看到没有？也可以把余弦定理形式写成这个样子，这有利于求什么？ 众：角。 师：是不是求角？当我知道三条边的时候，我可以用这个算式来求角。 余弦定理一般可以写成这样的两种边、角的关系。通过这种变形，能够发现，余弦定理可以用来判断三角形的形状。锐角、直角还是钝角三角形。(38′25″) 下面做一个简单的练习。[14]（读题） 师：找个同学说一下。(41′34″) 在$\triangle ABC$ 中，$BC=a$，$AC=b$，且 a，b 是方程 $x^2-2\sqrt{3}x+2=0$ 的两个根，且 $2\cos(A+B)=1$。求 AB 长。 生 9：用韦达定理，$a+b=2\sqrt{3}$，$ab=2$。 师：两根之和，两根之积。（板书） $2\cos(A+B)=1\Rightarrow\cos C=-\frac{1}{2}$ 师：现在这个 $\cos C$ 有了，ab 有了，还缺 a^2+b^2。能不能用 $a+b=2\sqrt{3}$，$ab=2$ 把它表示出来？它跟 $a+b$，ab 之间有没有关系？　生：$(a+b)^2=a^2+b^2+2ab$。 生：再减 $2ab\cos C$。（板书） $AB^2=c^2=a^2+b^2-2ab\cos C$ $=(a+b)^2-2ab-2ab\cos C$ $=(a+b)^2-2ab(1+\cos C)$ 师：再把两根和、两根积代进去。多少？　众：10。 师：所以 AB 的长就是$\sqrt{10}$。(44′35″) 最后，我们把这节课所讲的东西整理一下啊。[15]我们介绍了一个三角形当中边与角之间关系的定理——余弦定理。我们把它看做是解三角形的左膀右臂中的左膀，下一节课介绍右臂。 但是，通过余弦定理我们学会了什么？ 第一，余弦定理的基本形式以及它相应的几种变形。 第二，余弦定理的一种特例应该是勾股定理，以及余弦定理用来判断三角形形状的步骤。 最终，余弦定理可以解决问题。 实际上，我们研究了由余弦定理解决的三角形中三边和一角的动态关系。回去以后呢，大家再自己好好整理一下。布置下作业，…… 下课。(46′15″)	进”方面做的不够所造成。教学的每个阶段都应该首先提出一个目标问题，由问题引路，并在心中把握住问题的设计意图，然后朝着目标步步深入，就不容易出大的差错。 Ⅴ．教学第五阶段(38′25″) [14] 这道练习题显得多余，有冲淡主题之嫌。 Ⅵ．教学第六阶段(44′35″) [15] 因为第四阶段的失误，课堂小结就有欠准确了。课堂小结本应由学生来做，才能了解学生的学情，而这里被教师代替了。 从这节课的教学大致可以看出，教师是分成 6 个阶段来进行的，其中第三、四两阶段也可以看作是同一个阶段，教师试图进行探究教学，但是对什么是探究教学，特别是如何进行探究教学，头脑里没有明确的概念，也没有掌握方法。该老师有启发的意图，说明对此有一定的认识和追求，但教学中却没有真正去实现这个意图。这与教师在这方面的修养欠缺有关。

6.2.3 两个案例的教学路线图

1. 教学案例 1 的教学路线图

Ⅰ 创设情境，提出问题　讨论隧道问题测量方案。(11′40″)

↓ 生 1：C 点–山顶–仰角。

↓ 生 2：C 点–等高线–中位线。

↓ 生 3：C 点–等高线–$\angle ACB$。

↓ 提出本课问题：已知两边一夹角，求第三边。

Ⅱ 启发解题，探索思路　讨论解决方法。(8′30″)

↓ 教师启发引导，学生寻找解题思路。

↓ 法 1：几何法。

↓ 法 2：向量法。

↓ 法 3：解析法。

Ⅲ 实施解题，讨论解法　学生解题，完善解法。(8′45″)

↓ 独立解题，三人上黑板。(5′15″)

↓ 讨论方案 1：几何法。

↓ 讨论方案 2：向量法。

↓ 讨论方案 3：解析法。

Ⅳ 概括结论，拓展公式　建构余弦定理公式。(6′10″)

↓ 概括余弦公式基本形式。

↓ 讨论余弦公式拓展形式。

Ⅴ 自编问题，运用公式　编题运用。(3′30″)

↓ 学生编题。

↓ 布置课后作业。

结束　(40′47″)(缺少课堂小结)

2. 教学案例 2 的教学路线图

Ⅰ 创设情境，提出问题　例题 1：已知两边一夹角求第三边。(14′10″)

↓ 寻找和实施解法一：过 C 作 $CD\perp AB$。

↓ 寻找和实施解法二：$\left|\overrightarrow{BC}\right|$。(启发不得要领)

↓ 寻找和实施解法三：两点间距离。(带过)

Ⅱ 探究讨论，构建公式　建立余弦定理一般形式。(6′50″) 解题方法。(12′55″)

↓ 讨论得到一般形式。(不明确)

↓ 讨论公式三种形式。

↓　提出余弦定理，板书课题。

Ⅲ 巩固运用，例题练习　例题 2：已知三边求最大角。（5′35″）

↓　讨论例题 2 解法。

Ⅳ 继续探究，深入理解　运用余弦定理应注意的问题。（11′10″）

↓　讨论得结论 1：勾股定理是余弦定理特例。

↓　讨论得结论 2：已知两边一夹角求其余边和角。

↓　讨论得结论 3：已知三边求所有角。

↓　讨论得结论 4：可用来判断三角形形状。

↓　讨论得余弦公式的拓展形式。

Ⅴ 巩固练习，知识运用　解练习题。一学生答题。（6′10″）

↓　学生解题。

↓　讨论解练习题涉及根与系数的问题。

Ⅵ 课堂小结　（1′40″）

↓　教师作简短课堂小结。

结束　（46′15″）

6.2.4　两个教学案例的比较

1. 教学设计分析

案例 1 的最大特点，是用研究问题一般方法教学的原理设计教学过程。首先创设了一个问题情境——测量隧道的长度；接着设计测量的方案；由测量方案提出了一个问题——已知两边一夹角求夹角的对边；然后寻找解决问题的方法，解决后发现余弦定理的结论；最后用数学语言描述所得到的问题的结论——余弦定理的公式。研究问题的一般方法是人类研究问题的普遍方法，学习和掌握这样的方法，可以用于解决各种问题，不仅可以解决知识学习中的问题，也可解决社会实践中的问题。提出问题往往是中国学生的薄弱环节，这与长期忽视对学生提出问题能力的培养不无关系，提出问题在研究领域最为重要，人类社会正是在发现问题解决问题的过程中发展前进的。如果教师能抓住机会经常性地采用研究问题的一般方法教学，对提高学生提出问题的能力有十分重要的促进作用。

案例 1 的另一特点，是运用问题结构推进教学。教师首先提出一个情境问题，接着要求学生设计一个方案来解决这个问题；方案设计完成后，自然产生了本节课真正要解决的问题，接着“那你怎么求呢”，又一问题顺势而出；在提出解决问题的三种方法并得出结论后，又提出问题“这个结论……怎么用符号记呢”；在得到定理的公式表达式后，不失时机地提出“余弦定理除了两边一夹角求边之外，还有什么其他用处呢”。可以看到，这些问题一环套一环，环环相扣，使教学在“问题—解决—问题—解决……”过程中推进，学生的思维也随着自然地流淌。

案例 2 的教学进程就显得磕磕绊绊，这与教师的教学思路不清晰，教学设计缺少一条明确的主线有关。案例 2 不分青红皂白在一开始就抛出一个具体数学问题；接着让学生解决；解决后即要求“能不能从解题的过程中，提炼出一个一般性的结果”，而前面的解题只是得到具体数据，几种解题过程也没有出现共同特征，却要“提炼出一个一般性的结果”，显得十分牵强，不是由前面过程自然能够想到的问题；生拉硬扯搞出了余弦定理公式后，又莫名其妙地问学生对这个公式“你觉得应该注意什么问题”。虽然教师也试图用问题推进教学，但所提问题与教学任务缺乏联系，问题不是教学过程中的自然产物，问题之间没有逻辑关系，这就使得学生完全被牵着鼻子走，处于明显的被动学习状态。

2. 教学信念分析

教学信念是指教师所信奉的教学理念。教师的教学信念不同，其所实施的数学教学也不同。一般中学教师并没有什么明确的教学信念，但由于自己的学习经历和其他因素的影响，在潜意识里实际上有一种思想在支配他的教学，这就是一般教师所具有的教学信念。

案例 1 的教师是能看出其明确教学信念的，就是他试图让学生主动学习，他的问题都要学生自己去探索。让学生自己设计方案，自己提出问题，自己寻找解法，自己探究符号表示，自己发现公式可以变形等，让学生在主动的思维活动中学习怎么思考，这是先进教学理念在其教学中的反映。数学教学中知识固然重要，但是教学生学会思考，发展学生的思维能力，更为重要，知识是要忘记的，但在知识学习过程中所学会的思考方法，将会留下来让学生受用终身。

还可以看到，案例 1 的教师并不完全注重结果，而更看重过程。整节课学生都在经历活动，这不是以名词为本的教学，而是以动词为本的教学，因为只有在“发现”“提出”“设计”“寻找”“实施”这些动词意义下的活动经历，才能真正让学生学会思考，培养和提高学生研究问题、解决问题的能力。

案例 2 则反映教师的教学信念模糊，既注重知识结果，又有培养学生探究能力的意愿，但没有设计学生的有效活动来发展学生的思维。教师在教学中不断地问答案，问“多少”，不断地“告诉”学生做什么，这些具体做法都与发展学生思维背道而驰。

这些也是教师教学思维的反映，教学思维是教学信念的必然结果，有什么样的教学信念，就会导致什么样的教学思维。所以总是强调教学理念重要，因为无论是有明确的还是潜意识的教学理念，它一定在支配着教师的教学行为，从而对教学产生影响。

3. 探究活动分析

探究活动是探究教学的重要组成部分，因为探究的目的是由不知到知、不懂到懂、不会到会，因而探究活动是一个“从无到有”的过程，只有经历这样的活动过程才是真正意义上的探究。探究活动的主体是学生，教师只是一个探究向导，在必要的时候给予适当的提示或暗示，启发学生探究的方向，而不是代替学生自己的探索。

案例 1 中，教师就是扮演了一个十足的教学向导。可以看到，在设计研究方案中间，在寻找解法之中，在实施解法完成解答之时，在寻求数学符号表示的时候，教师只是不断地发问一些启发性提示语，回答靠学生自己，剩下的任务全由学生自己完成。学生进行了充分的自主活动，在必要时教师用似乎不经意地点拨，让学生自己找到前进的方向。真正体现出“学生是探究活动的主体，教师是教学向导的主角”。

在案例 2 中，虽然也有学生的活动，但是学生不是真正意义上的探究，因为看不出什么“从无到有”的过程，当学生思考卡壳的时候，教师不能进行适当的启发，往往直接告诉学生怎么做，也就是代替学生思考，学生只要照着做就行了。例如，要学生换一个角度思考时，经过几个不得要领的发问而学生没有反应时，教师则说“前面刚讲过……向量，对吧”，直接告诉学生用向量方法去解；在要学生从解题过程中提炼一般性结果时，经几番启发无效后，就问“能不能……找到任意的$\triangle ABC$当中，a，b，c和$\angle A$之间的关系”，又相当于直接告诉学生用符号去替换相应的对象即可；在问学生对余弦公式应注意什么时，又用几个“比如……”告诉学生具体是注意什么。这样，启发成了告诉，引导成了照搬，学生被动地跟在教师后面亦步亦趋，看不出学生的学习主体地位，教师成了教学的主宰。

4. 启发性提示语分析

启发性提示语是探究教学的重要组成部分，往往决定探究教学的成败。启发性提示语需要教师在教学设计时就要深思熟虑，要针对教学内容的难易和学生心理特点，精心设计细致的提示语，以应对可能出现的各种不测。

案例 1 中，教师运用了大量的启发性提示语。例如，“大家觉得他的方案怎么样啊？”“这个方案有没有问题呢？”“山之外是什么意思？”“碰到一个数学问题你先干什么呢？”“像他这样作高好不好？”“干吗要换个高啊？”“他联想到向量。怎么想到向量的呢？”“建直角坐标系怎么来表示AB？”“你肯定要从已知到未知，对吧？”“大家看一看，感觉如何？”“以后凡是碰到了这类问题，是不是都能解决啊？”“大家好好观察一下，从结构上看是什么样子的，做一定的识记。”“它告诉我们三角形中间的哪些量之间的关系？”“能利用这个公式来解什么样的三角形问题？你能出什么题？”这其中，有认知性提示语，也有元认知提示语，又有方法论提示语；监控的、调节的、预测的、反思的、评价的提示语都有，这种对启发性提示语驾轻就熟的运用，体现了该教师深厚的数学知识功底和教育理论修养。

在案例 2 中可以看到，案例 2 的教师不是不想用启发性提示语，而是不知道如何设计启发性提示语；不是不想进行探究教学，而是不知道如何做才是探究教学。所以对案例 2 中的教师而言，他需要在这方面加强学习，潜心领会，反思运用，不断进取。

5. 课题引入分析

数学新授课必须要提出本节课的目标问题，而且它一定又是一个数学问题。这是数学新授课的一个基本原则。这样做，一个极重要的意义在于，使学生明白本节课学习的必要性，明白数学的一切概念公式、定理、法则都是因为解决问题的需要而产生的；另一个重要的意义，在于新授课就转变为解决数学新问题的过程，从而让学生学习如何去解决新问题。

但是问题怎么提出？由谁提出？当然最好是由学生提出，因为由学生提出，他就容易产生一种迫切想知道结果的心理，从而激发起内在的学习动机。然而，数学是抽象的形式化的思想材料，果真要由学生提出问题谈何容易，但又要尽可能让学生自己提出，这就需要教师创设适当的问题情境，让学生从情境中发现问题，提出问题。

案例 1 正是这样做的，教师从刚学过的用正弦定理解决斜三角形问题入手，提出一个“测量隧道长”的实际情境，以期学生从中发现和提出一个数学问题，但是这个数学问题并不是一蹴而就，是学生在经过多个方案的研讨中，逐步发现并提出了“已知两边一夹角求夹角对边”的数学问题，而这也是一个解斜三角形的问题。可见，这个情境的引入是自然地，与旧知是相关联的。解决了这个问题即可产生本节课所要建构的余弦定理，于是提出问题后的教学，就变成为解题教学的过程。

案例 2 中则没有课题引入的过程，直接抛出一解斜三角形的带数据的具体问题，使学生的学习产生盲目性，不知道这节课要干什么，为什么老师带自己去解决这个问题。即使得到了余弦定理，但对学习余弦定理的必要性缺少深刻的认识，因为问题似乎是从天上掉下来的，所以也容易使学生疑惑余弦定理似乎也是无中生有的。现在学生对数学有很多的误解，很可能跟教学中的这类现象有一定关系。

6. 解题教学分析

在解题教学方面，案例 1 中运用了大量的“如何着手解题”和“如何理解题意”的启发性提示语。

比如在学生寻找用几何法解题时，教师运用了这样一些提示语：

“碰到一个数学问题，我们先干什么？”（元认知–方法论提示语）

“尽可能先画一个图，把这些条件呢，全部都集中在图上……”（方法论提示语）

“AB 是 $\angle C$ 的对边，它怎么表示？”（认知–方法论提示语）

“碰到一个问题呢，先把条件弄清楚。”（方法论提示语）

“这些是确定的值，三角形就确定了，那肯定能求出 AB 来。这我们就有信心做了。”（认知–方法论提示语）

“AB 是什么？”（方法论提示语）

“是 $\angle C$ 的对边，是线段的长，是距离，那么它怎么表示呢？”（方法论提示语）

“你们自己思考一下，怎样表示 AB。”（方法论提示语）

“像他这样作高好不好？”（元认知提示语）

“换个高？干吗要换个高啊？”（认知性提示语）

“那么换一个高，过哪一点做高呢？”（认知性提示语）

“也就是你想通过的是角和边，是吧？”（认知性提示语）

“在直角三角形里面，反正有勾股定理，有了角和边的关系，就有办法。”（认知性提示语）

在学生试图用向量法解题时，教师又用了如下提示语：

“他联想到向量。怎么想到向量的呢？”（元认知提示语）

“他说想到正弦定理就是这么来的。”（方法论提示语）

“我们要求的目标怎么表示？他说表示成向量的模。接下来呢？”（元认知提示语）

“有了这样的关系 $\overrightarrow{AB}=\overrightarrow{AC}+\overrightarrow{CB}$，目标和已知条件就联系起来了。”（方法论提示语）

“他这个方案肯定能解决吧？”（元认知提示语）

在学生提出用解析法解题时，教师用了下列的提示语：

“建直角坐标系怎么来表示 AB？”（元认知提示语）

“建系意思是干什么呢？你肯定要从已知到未知，对吧？”（方法论提示语）

“你想用什么办法来表示 AB 呢？”（元认知提示语）

“她用的是两点间的距离公式。那么只要能表示出来，AB 就能求出来了。”（认知性提示语）

“像现在这样画坐标系，好像比较麻烦。应该怎样画坐标系？”（认知性提示语）

“这样画还习惯啊？不习惯你们自己可以改图噢。”（元认知提示语）

“C 点是原点，坐标可以表示。B 点坐标可以表示吧？表达出来，就行了吧？”（认知性提示语）

可以看到，教师总是强调，“怎么表示？”“××怎么表示？”“怎么表示”的目的就是找到对象适当的表达式，实质上是进行转换，因为往往转换到某个表达式时，这个表达式能够直接用来解题。这实质上也是引导学生运用数学的“等价转换的思想”。此外该教师对各类提示语的运用都是比较准确有效的。

案例 2 的教师就没有解题启发性提示语的运用。原因是案例 1 教师参加过解题启发性提示语的专门培训，而案例 2 教师没有这样的经历。关于“解题的启发性提示语”将在第 7 章有专题论述。

7. 学生学习特点分析

在两个教学案例中能够发现一些学生学习的特点，这些特点可以为其他数学教学设计提供借鉴。

可以注意到，两案例中学生在解斜三角形时，首先想到的都是几何法，“过 A 点作 BC 的垂线”。为什么呢？因为学生在初中阶段就学习几何，对用几何法解题驾轻就熟，对自己熟悉的东西最先想到符合心理学的观点。

无独有偶，在案例 2 中，教师希望学生使用向量法，要学生“换另外一个角度来考虑”时，比划着边 BC，问“我们前面刚讲过……”，结果众多学生都说“三角函数”而不是“向量”。原因也是三角函数从初中就接触，高中又进行了充分学习，印象深刻，呼之欲出；平面向量刚学过不久，头脑里还没留下什么难忘的印记。

这表明，学生总是先想到自己最熟悉的知识、最熟悉的方法，即使是刚学过的，只要不是自己最熟悉的或最熟练的，他都不会首先想到它。

还可注意到，案例 2 中教师试图用“从特殊到一般”的思想，让学生“从刚才解题过程中，提炼出一般性的结果”，这时几经周折，学生才从向量法中找到余弦定理一般表达形式。为什么呢？原因是，问题的结论是用数字表示的，几何法的解题过程没有出现与余弦定理相关的表达式，而解析法被教师一笔带过未加讨论，唯有向量法的解题过程有相关表达式。由特殊到一般的归纳，应该有较多的具有共同点的例子，才有利于学生实现“多到一”归纳。案例 1 中也有类似的归纳，为什么学生归纳的很轻松呢？因为三种解法中都有类似的相关表达形式，所以学生的归纳一蹴而就。

这些学生学习数学的心理特征、思想方法，教师都需要潜心钻研，适时运用。

6.3 数学公式教学的案例研究

数学公式是数学的重要组成部分，也是数学最重要的特点。数学公式往往揭示了数学对象之间的某种规律，而且用数学特有的符号表示。学习数学就必然要学习数学公式，因而数学公式就成为数学教学的极为重要的内容。

加权平均数是中学数学的重要概念和公式，是在学生已经熟悉的算术平均数的基础上由于解决问题的需要自然而然生长出来的新知识，旨在使学生体验加权平均数产生的必要性和优越性，理解加权平均数的意义，掌握加权平均数的计算公式，感悟加权平均数这一思想方法的价值。

因此“加权平均数”是一节“建构新概念、新公式、新方法”的新授课。如何启发学生“提出问题”“发现新的研究对象”“如何给新的对象下定义”“探索新的对象如何计算”“如何给新概念或新方法一个数学的表达公式”，这样就纳入“运用研究问题的一般方法”去探索的轨道，需要学生经历形成问题、构建概念、寻找方法、语言表述等“从无到有”的数学探究活动过程，用研究问题的一般方法去进行教学，从而促进学生的思维发展和科学探究精神与方法的培养。因此教师应把“怎样研究问题”放在核心地位，这样才能把握住本节课真正的教学要义。

本节从两个教学案例出发，来探讨、分析该内容的课堂教学情况。

6.3.1　课堂教学案例 1 及点评

课题：加权平均数	点　评
师：（演示图片）这是我们学校的“五一歌会”，我们班同学参加的图片。[1] 我们班参加“五一歌会”，5 位评委给我们班的打分如下：9.60 分、9.60 分、9.62 分、9.64 分、9.64 分。你知道我们班最后的得分吗？ 你知道我们班最后的得分吗？（1′20″～1′40″），怎么列式？ 生：用 9.60+9.60+9.62+9.64+9.64，再除以 5，就得到它们最后的平均分。 师：这是我们刚学过的“算术平均数”。（2′30″）（演示幻灯片）看这个问题。怎么来解决这个问题？ 生 1：把 80，85，90 相加再除以 3，就是这 15 个同学的平均得分。 活动一 **问题一**　国庆节前，学校举行了一次知识竞赛，我们班派 15 个同学参加竞赛，共有 3 种得分：80 分，85 分，90 分，你能求出这 15 个同学的平均得分吗？ 师：他说把 3 个得分加起来除以 3。（板书）$\frac{80+85+90}{3}$。好，出现了这样一种观点。还有没有不同的解法？ 生 2：需要知道 3 个成绩在人数里占的比例。	[1] 以问题复习算术平均数，利用校园活动创设问题情境，自然且贴近学生。用解题方式复习旧知，比单纯记忆背概念公式更有效，把知识与运用情境结合，可以使知识情境化。 **活动一**意在探索新概念，新方法。 **问题一**意在引导学生发现在一定的情境下必然会出现加权平均数，而不是人为生造出的。 [2] 教师说概括出现两种观点，实际是三种观点，第三种观点是教师自己的。生 2 的“成绩在人数中所占的比例”与教师的“成绩所对应的人数”并不是一回事，只是生 3 把生 2 不

续表

课题：加权平均数	点　评
师：噢，她认为，需要知道3个成绩在人数里面所占的比例，那就是这3个成绩所对应的人数吧？[2]现在出现两种观点，一种是把3个成绩相加，一种说这个成绩与人数有关。把我都搞糊涂了，你们来帮我解释解释？我们分组讨论一下。(5′00″～6′00″)请这个小组的代表说一说。 生3：就是生2的方法，先找出每个分数对应的人数，把分数与对应的人数乘起来，相加，再除以总人数，我觉得这样比较公平。 师：我们再请一个小组的代表，你们讨论的结果怎么样？ 生：我们也是同意生3的观点。 师：你们就还是认为，这3项成绩要知道它对应的人数。那这样吧， **问题二**　你来分配一个人数，给每个成绩分配一个人数，这时候怎么来求平均成绩？你来分配一下。 生4：假如是15个人的话，我就分配3个成绩，正好都是5个人。 师：他把这三项成绩都分配5个人，(板书) 5，5，5。能求平均分吗？ 生5：85×5+80×5+90×5，它们的和除以15。(板书) $\frac{80\times5+85\times5+90\times5}{5+5+5}=85$。 师：15就是刚才的3个5相加。[3]还有什么其他的分配方法？ 生6：我们分配成9，4，2。 师：分配成9人，4人，2人。他们把15个同学分配成：(板书) 9，4，2。这时候按照她的分配方案怎么来求出平均数呢？ 生7：把80×9+85×4+90×2，再除以9+4+2。(板书) $\frac{80\times9+85\times4+90\times2}{9+4+2}$。 师：在这个列式中，9，是80分在这组数据中出现的次数；4，是85分在这组数据中出现的次数；2，是90分在这组数据中出现的次数。[4]我们对各个成绩数据出现次数，给它一个名称——“权”，那么“9，4，2”分别就是“80，85，90”这三个成绩的“权”，用这种方法求出的平均数叫做“加权平均数”。 这就是我们今天要学习的(板书课题) 加权平均数。(11′15″) 我们来计算一下，(板书) $\frac{80\times9+85\times4+90\times2}{9+4+2}\approx82.7$。根据这种人数分配的方案，80分对应的权是9，85分对应的权是4，90分对应的权是2。我们保留一位小数，结果约等于84.3。(12′38″)再请一个组的代表。	完善的表达变通为自己的意思，这是知道的告诉不知道的。合适的做法应是让学生进一步思考，通过追问启发来实现教师的意图。比如：“成绩在人数里所占的比例是什么意思？”“究竟需要什么？”“是人数还是比例？”“是人数的话，是什么人数？”“人数与3种成绩是什么关系？”(对应) **问题二**是自创新问题，让学生自行分配人数，实际是一种数学实验，既可促进学生主动学习，又让学生亲历实验过程，体验从无到有探究的过程。这个设计很有创造性，通过学生自主加权的实验，发现人数与“权”的关系，领会“加权”的含义，并抽取“权”的本质。体现出教师对“加权”数学本质的理解和把握，反映教师的教学思维以及与教材不同的教学思路。 [3] 生4作555分配，讨论求平均数时，教师特地把分母上的15改成5+5+5，这很必要，它与求加权平均数的方法有紧密联系。 [4] 生6作942分配。教师借机启发学生理解成绩与对应人数的

续表

课题：加权平均数	点　　评
生 8：我们分成 4，5，6。（板书）$\frac{80\times4+85\times5+90\times6}{9+4+2}\approx85.7$。 师：这时候，80 的权就是 4，85 的权就是 5，90 的权是 6。[5]三种不同分配权重的方案，大家发现它们的结果怎么样？ 众：不同。 师：这告诉我们，当权改变的时候，最后的结果也就随之改变了。所以，权的变化对结果是有影响的。 再看一看这两个式子的结果怎么样？ （板书）$\frac{80+85+90}{3}=\frac{80\times5+85\times5+90\times5}{5+5+5}=85$。 众：是一样的。 师：等号左边是算术平均数的方法，等号右边是加权平均数的方法。这里它们为什么相等？算术平均数与加权平均数在什么条件下是相等的？ 生：我发现权相等的时候，算术平均数与加权平均数是相等的。 师：他说，当权相等的时候，算术平均数与加权平均数就是一样的了。所以，刚才我们第一位同学的方法，你也不要说他错。在特定的情况下，它也是可能产生的。在什么情况下相等啊？ 众：权相等。 师：所以第一位同学要给自己一点信心。在权相等的时候，算术平均数就是加权平均数。（17′00″）大家来看这样一个问题： **问题三** 平时成绩是 88 分，期中 90 分，期末成绩是 82 分，按照 30%，30%，40%计算，他的学期成绩是多少呢？ 尝试一下，怎么列式？（17′17″～18′17″） 生：88×30%+90×30%+82×40%，它们的和除以 3。 师：（板书）$\frac{88\times30\%+90\times30\%+82\times40\%}{3}$。分母是 3 吗？ 生：我觉得应该除以 100%，因为 30%+30%+40%就等于 100%。 师：刚才这位同学，现在你感觉怎么样？ 生：我觉得应该是 100%。 师：那就是说，分母是 30%+30%+40%，也就是 100%，那就是 1 了。[6] $\frac{88\times30\%+90\times30\%+82\times40\%}{30\%+30\%+40\%}$， 所以有的时候分母可以省略。	关系，引导学生建构“权”的概念，讨论求加权平均数的方法。而 555 是平均分配，对概念不易阐述清楚，而 942 分配很随机，是启发学生理解的很好材料。 [5] 生 4 作 456 分配，教师再次解析把数据出现次数作为“权”的含义，不失时机地强化学生对“权”的认识。接着教师顺势利用 3 种不同加权的结果，引导发现“权改变，最后结果也随之改变”，使学生清晰认识“加权”的作用，意识到可以利用权的变化来影响结果，从而为我所用。这段讲解貌似平淡，实则精彩，把“权”的意义表述得很透彻，使学生轻松地明白“权”的含义。 **问题三**是活动一的第二部分，讨论“权”的另两种形式（权的变式）：百分比和比例。 [6] 教师对“百分比之和为 1，从而分母常常省略”的处理很自然，学生理解很轻松。这个教师是很有经验的。

续表

<table>
<tr><th>课题：加权平均数</th><th>点　评</th></tr>
<tr><td>
这里 30%，30%，40%就是这三个成绩所占的比例。根据所占的比不同，说明它们的重要程度也不同。根据重要程度不同，我们就把 30%，30%，40%叫做平时成绩、期中成绩、期末成绩的权。由此可见，“权”它表示在一组数据中的某个数据出现的次数，或者所占的比重。“权”在这时候我们称它为“权重”。那么实际上这个 30%，30%，40%也可用 3:3:4 来表示，[7]对吧？那么换成比例的形式，你怎么来求平均分？
生：88×3+90×3+82×4，除以 3+3+4。（板书）
$\frac{88\times3+90\times3+82\times4}{3+3+4}$。
师：这里的 3:3:4 实际上就是这三个成绩所占比例，那就是它的权。（22′20″）现在我们来归纳一下，假如我知道一组数据和它对应的权，那么我们怎么来求加权平均数呢？你能归纳一下方法吗？
生：用每个数据和它相对应的权相乘，再把它们相加，然后除以权的和。
师：（板书）将每个数据乘以各自权的积之和，除以权的和。（24′38″）
现在我们理解了“权”的意义，也知道了怎么求加权平均数，那么我们就要用它来解决一些实际问题。
活动二　一年一度的校园艺术节就要拉开帷幕，同学们正在踊跃参加主持人的选拔，有三位同学参加了初选，三人的成绩分别如下：
<table>
<tr><th></th><th>举止仪表</th><th>语言能力</th><th>才艺表演</th></tr>
<tr><td>小明</td><td>70</td><td>70</td><td>86</td></tr>
<tr><td>小亮</td><td>90</td><td>75</td><td>51</td></tr>
<tr><td>小丽</td><td>60</td><td>84</td><td>78</td></tr>
</table>
（1）如果分别计算他们各项成绩的算术平均数，那么谁会胜出？
如果计算三项的算术平均数，谁会胜出？[8]第一排同学算小明的，第二排同学算小亮的，剩下同学算小丽的。（25′50″～26′30″）好了吧？
众：小明 75.3。小亮 72。小丽 74。小明胜出。（26'55"）
</td><td>
[7] 三个百分比就是 3 种成绩在学期成绩中占的比重，同时也给出了三者之间的比例 30%: 30%:40%=3:3:4。使“权”由百分比形式过渡到比例形式就很自然。教师这里再次把“权”定义为表示数据在一组数据中出现的次数，体现对“权”本质的准确把握，强调“重要程度”不是本质。事实上“人数不同”“行驶时间不同”“颜色搭配比例不同”等，都不反映“重要程度”，所以把“重要程度”看作“权”是不正确的。
活动二是新知的运用巩固。同时理解“加权”如何可以为我所用。所以这里的运用，一是新知本身的运用，二是说明“加权”思想可以为我所用。为我所用往往是根据目的需要。实际上，“加权”可以是无目的地任意加权，如活动一中的问题二，做加权实验；也可以有目的地加权，如活动二中为选拔不同人才而选择各种加权。
</td></tr>
</table>

续表

<table>
<tr><th>课题：加权平均数</th><th>点　评</th></tr>
<tr><td>
师：这是主持人的选拔。你觉得用算术平均数作为选拔的标准合理吗？
生 9：我觉得用算术平均数选拔不合理。因为这三项成绩的权重不很合理。
师：按照你的思路，如何确定三项得分的权重？
生 9：应该 4:4:2。
师：他分配权重是 4:4:2，是侧重于举止仪表和语言能力。这合理吗？既然合理，我们就用他的权重再算一下，这时又是谁胜出啦？我们还是分工合作。（29′20″～30′20″）算好了吗？
生：小明 73.2。小亮 76.2。小丽 74.2。小亮胜出。（31′10″）
师：假如是中学生时装模特选拔，你对这三项成绩的权重又会怎样考虑？
生 10：4:2:4。因为模特选拔，举止仪表和才艺表演更重要。小明 76.4 胜出。
师：如果是选一位同学参加星光大道的海选呢？你怎么考虑？
生 11：2:4:4。星光大道海选，语言表达和才艺表演更重要。小丽 77.4 入选。
师：大家看到，在这个问题中，不同的选拔不能采用同一种权重。实际问题中，不同的背景对哪一方面的侧重是不一样的。也就是它们的权重不一样。我们再运用所学的知识来分析社会现象。[9]（33′30″）（演示图片）大家看，这是谁啊？　众：赵本山。
<table>
<tr><td>总经理</td><td>总工程师</td><td>技工</td><td>普工</td><td>杂工</td></tr>
<tr><td>6000 元</td><td>5500 元</td><td>4000 元</td><td>1000 元</td><td>500 元</td></tr>
<tr><td>1 人</td><td>1 人</td><td>2 人</td><td>14 人</td><td>2 人</td></tr>
</table>
师：要招工了。赵经理说啦，我公司的收入是很高的，月平均工资 3400 元。赶快来面试。范先生看了招聘广告有点心动了。我们从提供的相关数字，你认为这个广告可信吗？　众：不可信。
师：为什么？ $\boxed{\dfrac{6000+5500+4000+1000+500}{5}}$ 。这是算数平均数。
生：因为不同工作的工资相差很大，算术平均数不能够代表真实情况。
师：好，这是一个想法。其他同学有没有自己的想法、自己的观点？大家想，这 5 个岗位的重要程度一样吗？　众：不一样。
</td><td>
[8] 这是真正数学的合作学习，每个数据都算是重复操作，费时间；而各算一个数据，既有必要的运算，又节省时间。思考时的“合作”是不切合实际的，思考只能独立进行，思考时的合作应该是“启发”，但启发不能给出结果，给出结果是“告诉”，合作变成“知道的告诉不知道的”，就没有任何意义和价值。活动二意在让学生充分体悟“加权”作为数学思想的意义和价值，“加权”本身是数学思想，而且在很多方面可为我所用。
[9] 分析社会现象这个创意很好，但选择不能脱离学生生活，背景材料应是学生容易明白的。招工广告与加权平均确实有直接联系，这个案例浅显易懂，也比较典型和有趣味，是对加权平均数的简单应用。分析社会现象有一个例子就可以了，不要太多。第二个关于 CPI 的例子显得多余，其与加权平均数没有直接关系，且很复杂，
</td></tr>
</table>

续表

课题：加权平均数	点　评

师：所以，与什么有关啊？　　　　众：权！

师：那么在这个问题中这 5 个岗位数所对应的什么？　　　　众：权。

师：这里的权就是对应它的岗位数。岗位数不同，也就是权重不同。因此，平均工资应该是加权平均数。来算一算，这时候的平均工资到底多少？（板书）

$$\frac{6000\times1+5500\times1+4000\times2+1000\times14+500\times2}{1+1+2+14+2}=1725(\text{元})。$$

1725 元远远低于他所说的 3400 元。赵本山又在忽悠范伟了。（36′10″）电视剧《春光灿烂猪八戒》看过没有呀？

众：看过。

师：今年，猪八戒又闯祸了。都说 CPI 新高是被猪拱上去的。我先解释一下 CPI，CPI 就是某一个时期物价上涨的水平。CPI 的构成，大家看表格。表中是每一项所占的百分比。你们看哪一项所占的比例最大？

CPI 构成	各项所占比例
食　品	34%
日用品	5%
衣　着	9%
家庭设备及维修	4%
医疗保健	11%
娱乐教育文化	9%

众：食品。

师：还有哪位同学知道现在的猪肉价格？我告诉大家，到今年 6 月底，这个猪肉价格达到一个最高点。生猪每公斤将近 20 元，你知道前年最低是多少吗？8 元。去年 6 月份每公斤还是 12 元呢。那为什么说 CPI 新高是被猪拱上去的？哪位同学来简单地试一试？

> 今年 6 月份 CPI 同比涨 6.4%，又创新高。猪肉上涨 57.1%，导致食品类价格同比上涨 14.4%，影响 CPI 上涨约 1.37 个百分点。

我们畅所欲言，来，这位同学说说看。

生：……（听不清）

师：这是他的想法。其他同学呢？

生：……（听不清）

点评：

学生很难明白，有画蛇添足之嫌，应舍去。把时间留给课堂小结，课堂小结可进行得更充分。

提出问题让学生思考时，教师应适时适当启发，不能只靠学生想、学生讲，即使讲出来了，那也只能是知道的告诉不知道的，没有让每个学生都出了力，都接受了思维挑战，并在不同程度上战胜了挑战。

续表

课题：加权平均数	点　　评
师：我觉得这位同学的分析非常好。一下子就抓住了问题的关键。首先猪肉价钱上涨得快，导致了食品类价格上涨得快，而食品在 CPI 的权重是怎么样的啊？很高。是最高的。所以对 CPI 的影响就特别的大。所以猪××要反思啊，不能再涨价了。讲到这里，我们要进入到“丰收园”里。经过这节课的学习，你学习了哪些知识啊？ 生 12：我知道了什么叫“加权平均数”，知道怎么求加权平均数；还知道了加权平均数与算术平均数什么时候相同和不同。 师：她首先提到了加权平均数。那你来告诉大家，怎么来求加权平均数？ 生 13：把各个数据乘以它们各自的权，把它们的积加起来除以所有权的和。 师：生 12 总结的过程中，提到了在权相同的情况下，算术平均数与加权平均数相等。这就是说，算术平均数实际上是一种特殊的加权平均数，在权相等时，可以用算术平均数来算，一般情况就是算加权平均数。今天这堂课你最难忘的是什么？[10] 生：最难忘的是怎么求加权平均数，是每个数据与权乘积之和除以权的和。 师：今天这堂课，我们理解了“权”的意义，知道了怎么求加权平均数。同学们生活中也隐含着数学，希望我们用所学的知识，去分析社会现象，刻画社会问题，一起来学数学、用数学，在数学的天地中翱翔。	[10] 课堂小结中“最难忘的”提法牵强，这不是文学作品。应该直接说收获。 收获：概念——加权；方法——加权平均数公式；性质——加权平均数与算术平均数关系；思想——加权可以为我所用。小结要尽可能“具体化”，特别对初中学生，不能笼统地说、泛泛地说，还要写下来，“文字化”。 这节课无论是教学设计、教学过程、教学效果，都表明总体上是成功的。

6.3.2　课堂数学案例 2 及点评

<table>
<tr><th>课题：加权平均数</th><th>点　　评</th></tr>
<tr><td>师：前面我们学会了如何去计算一组数据的算术平均数，下面请同学们根据已有的知识，来看这样一个问题：（00′35″～01′13″）

活动一　学校举办英语竞赛预赛，小明、小亮和小丽的四项比赛成绩如下：
<table>
<tr><th></th><th>阅　读</th><th>作　文</th><th>听　力</th><th>口　语</th></tr>
<tr><td>小明</td><td>90 分</td><td>80 分</td><td>80 分</td><td>60 分</td></tr>
<tr><td>小亮</td><td>80 分</td><td>90 分</td><td>70 分</td><td>80 分</td></tr>
<tr><td>小丽</td><td>70 分</td><td>80 分</td><td>90 分</td><td>80 分</td></tr>
</table>
问题 1　谁的四项成绩的算术平均分高？</td><td>活动一复习旧知，引入新知。
问题 1 用以复习算术平均数。
问题 2 意图是丢个包袱，来说明解决这个问题需要另找办法——“加权”。</td></tr>
</table>

续表

课题：加权平均数	点　评

师：哪一位同学说一下？

生 1：小亮和小丽四项平均成绩一样高。

师：你是怎么算的？　　生 1：把四项成绩加起来后再除以 4。

师：小亮平均得分怎么算？

生 1：（板书）$\overline{x}_{小亮}=\dfrac{80+90+70+80}{4}=80$。

师：大家认为小明的成绩不高，他得多少分？　　众：77.5 分。

师：根据大家刚刚计算的三人的平均成绩，考虑第二个问题。（3′15″）

> **问题 2**　如果想在这三名同学当中选一名同学去参加最终的决赛，依据上述平均成绩，你能决定谁去参加决赛吗？

如果选一名去决赛，依据刚才的成绩，能决定谁去吗？

众：不能！

师：困难在哪里？

生 2：要选拔一名去决赛，计分比例应该不同。

师：为什么？依照他们的算术平均分，就不能判断出来吗？

生 2：不能，因为小亮和小丽的成绩相同。

师：是啊，成绩相同选谁啊？那是不是就没有办法去选拔呢？其实在生活当中，有许多数据由于它们的重要程度不一样，我们就给某些数据赋予不同的重要程度，然后来进行计算。[1]如果把某些数据赋予不同的重要程度之后进行计算，能不能帮助解决这个问题呢？

> **问题 3**　如果按 20%，20%，30%，30%的比例计算总分，小亮和小丽谁可以参加决赛？

大家算一算。讨论一下。（05′48″～07′21″）

生 3：小丽可以参加。

师：为什么？你是怎么计算小丽和小亮两位同学的？

生 3：把各项成绩按比例算出来，再相加，得出小亮 79 分，小丽 81 分。（板书）

师：小丽得分=70×20%+80×20%+90×30%+80×30% =81 分。

按照同样方法，另外两人得分有没有比她高？　　众：没有。

师：大家想一想，他俩算术平均分一样高，而用这样的比例去计算，就能判断出小丽可以代表大家参加决赛。那么如果小明成绩也按这样的比例计算，能不能参加决赛？（09′29″～09′45″）

众：不能。

点评：

[1]“给某些数据赋予不同的重要程度”，能赋予吗？还不是一定要用数据来反映，所以根本是赋予它一个“数值”！由这些数值的大小可以看出重要程度或者其他。这说明“权”是数，而不是“重要程度”。教师是教教材，不是依样画葫芦地用教材，要用你大学知识来审视教材，纠正教材的错误，否则不是误人子弟吗？案例 1 中教师就没犯这个错误。

问题 3 用百分比表示“权”。问题提出来以后，就应按解题教学来进行。“求什么？”平均分！（不是谁能参加决赛）“按比例怎么求？”接着理解题意：“按百分比计算是什么意思？”

阅读占的百分比 20%。

作文占的百分比 20%。

听力占的百分比 30%。

口语占的百分比 30%。

平均成绩怎么算？

续表

课题：加权平均数	点　　评
师：那是不是小明永远没有机会参加决赛呢？我们换个比例试试看。 **问题 4**　如果将 4 项成绩分别按 40%，30%，20%，10%的比例计入总分，那么三人中谁可以参加决赛？ 按这样的比例计算，谁可以参加比赛？（10′34″） 生 4：小明。 师：具体怎么算？ 生 4：90×40%+80×30%+80×20%+60×10%=82。 师：另两人呢？　生 4：小亮这样的比例得 81 分，小丽得 78 分。 师：按这样的比例计算之后，小明平均分是不是最低的？ 生：不是。 师：前面调整比例时，虽然发现结果有了变化，但好像对结果影响不大，但是这次的比例调整，对结果影响大不大？　生：大。 师：大到什么程度？大到连算术平均值最低的同学这时候都能参加决赛。那么这是因为我们在这些数字上重要的程度决定的。那么今天我们就来重点研究一下这些数据的重要程度。（14′42″）我们以小丽的得分为例：小丽得分=70×40%+80×30%+90×20%+80×10%=78。 师：我们是将每个数据乘上相应的百分比之后然后相加，那么这个百分比是相当于这个数据的什么？重要程度。对不对？那么这个重要程度是不是相当于这些数据一定的权限啊？[2]所以，它是反映了这些数据的权，计算出来这个得分，就叫这些数的（板书）加权平均数。（15′23″） **问题 5**　如果按 25%，25%，25%，25%的比例计算总分，谁能参加决赛？ 师：有的同学可能还有点模糊，模糊不要紧，我们再来看一个问题。[3] 师：我们把比例再变一下。（15′48″～16′21″） 师：好，首先能不能判断出谁可以参加决赛？能还是不能？ 众：不能。 师：为什么呢？小明得分多少？　众：77.5。 师：77.5 分，是不是与前面算术平均分一样吧？（板书）算术平均数。这是不是它好像跟算术平均成绩有一点的联系吧？有什么联系？ **思考：**算术平均数和加权平均数的区别和联系是什么？　（19′07″） 生 5：我认为计算算术平均数，是每个数都以这组数的数量分之一的比例进行计算，而加权平均数是改变其比例，可以改成任意的比例。[4]	乘积相加。接着马上下定义：每个百分比就叫做相应成绩的“权”；算出的平均数叫做加权平均数。一下子两个概念都解决了。 **问题 4** 完全多余，仅仅百分比换了一下，没有意义。舍去问题 4，可直接转入权的比例形式。教师用问题 1～问题 4 试图说明赋予各个数据不同的百分比就会改变平均分结果，但一是受到教材对“权”解释误导，二是教师自身语言素质较低，使得自己的意图不能有效地传达给学生。从问题 4 到问题 5，教师所说话的意图，是想说明百分比分配不同计算的结果也不同。但表述的不清楚，因为“权”的定义不明白，导致把这节课任务都说错了。这节课究竟要研究什么？教材写的不对，只能误导！ [2] 这个“权”是“权限”的意思吗？教师不能随意发挥，治学态度要严谨。

续表

课题：加权平均数

师：当然也要按照实际需要，对吧。那有没有相同的？

生 6：如果加权平均数它的各项比例相同的话，就变成算术平均数了。

师：这就是说，算术平均数与加权平均数的区别，在于算术平均数是将每个数据除以同样的一个比例，也就是乘以相应的比例，对不对？它的区别实际上是乘上同样的一个比例，除以一个 4，或乘上 25%，对吧？是不是同样的一个比例啊？这是算术平均数。那加权平均数未必是同样的比例吧？它们的联系在于，如果把加权平均数的比例变成相同就变成算术平均数了。（21′21″～21′50″）

好，借助这样的认识，我们来看这样一个问题。

活动二　广播站要招聘 1 名记者，小明、小亮、小丽报名参加了 3 项素质测试，成绩如下。

	采访写作	计算机	创意设计
小明	9 分	7 分	8 分
小亮	8 分	9 分	7 分
小丽	7 分	8 分	9 分

（1）问：如果计算各项成绩的算术平均分，谁将被录取？

（2）问：如果按照 5:2:3 的比例计算平均成绩，那么谁会被录取？

师：问题（1），你能判断出谁将被录取吗？　　众：不能。

师：为什么不能？平均分都是 8 分。不能判断。（22′31″）问题（2）呢？我们刚学了加权平均数，按照比例算一下，会是谁？

众：小明。

师：大家判断了是小明，为什么？为什么你直接能判断出是小明？

生 7：因为采访写作占的比例最大，而小明在采访写作方面得的分数最高，所以说小明是占优势的。

师：那大家计算一下，看到底是不是小明。不过这里给出的权是比例形式，[5]你如何对它进行计算呢？（24′36″～26′30″）前面我们看到的权是百分比形式，这里不是以百分比形式，怎么办？

生 7：9 乘以 50%。

师：乘以 50%，这个 50%哪来的呢？　　生 7：5 除以(5+2+3)。

点　评

[3] 教师已经看出有学生没明白，却再看一题，像这样误导，看的题再多，学生也不可能明白。

活动一中的问题 3～问题 5 都选择百分比表示“权”，这是一个败笔。教师头脑里根本不知道“权”有三种形式，而且好像“权”用百分比表示才是最好的。因为始终没有给出“权”的其他形式，尤其没有给出数据出现次数，所以始终不能给出一般的计算加权平均数的公式。

[4] 教师应追问“数量分之一”是什么意思？与“任意的比例”有什么不同？前者应是相同比例，后者应是不同比例。

活动二讨论比例形式的权。但其过程存在很多问题。

（1）问求算术平均数多此一举，教师没搞清教学的主题。

（2）问权是比例形式，怎么会突然冒出“权”是比例形式的问题来呢？前面没有任何涉及，让学生怎么办？这太突然了，有点莫名其妙。

续表

课题：加权平均数	点　评
解　小明得分 $=9\times\frac{5}{5+2+3}+7\times\frac{2}{5+2+3}+8\times\frac{3}{5+2+3}=8.3$（分）。 小亮得分 $=8\times\frac{5}{5+2+3}+9\times\frac{2}{5+2+3}+7\times\frac{3}{5+2+3}=7.9$（分）。 小丽得分 $=7\times\frac{5}{5+2+3}+8\times\frac{2}{5+2+3}+9\times\frac{3}{5+2+3}=7.8$（分）。 所以小明会被录取。 师：赋予这样的权之后小明得分最高，所以小明会被录取。（29′44″）虽然这个权的形式换了，但转化成百分比后就不陌生。来看这道题。 （3）问：如果把采访写作、计算机和创意设计按成绩 1:2:3 比例计算三个人的素质测试平均成绩，那么谁将被录取呢？ 这个比例形式跟上一问中的比例形式有什么不同？就不方便把它转换为百分比了吧？怎么办呢？先自己做，再大家探讨。[6]（32′51″）这个比例不能直接写成百分比了，怎么办？化成什么？ 众：分数。 师：化成分数形式，那第一项采访写作占的份额是多少？也就是这个数据的权是多少？　　生 8：$\frac{1}{6}$。 师：那计算机呢？　　生 8：$\frac{2}{6}$。 师：也就是 $\frac{1}{3}$，最后一个？　　生 8：$\frac{3}{6}$。 师：那按这样的计算，三个人的成绩分别是多少？ 生 8：小明 4.6。 生 9：将每个分值直接乘上这个比 1:2:3，得到的结果就是他们的分数。[7] 师：生 9 说将每个分值直接乘上它的这个比 1:2:3，得到一个结果就是生 8 算的分数，对不对？有没有不同意见的？权是等于 $\frac{1}{6}$，$\frac{2}{6}$，$\frac{3}{6}$，那生 9 你觉得生 8 跟你算的结果会一致吗？ 生 9：应该是一致的。 师：没有区别？为什么？　　生 9：有区别。 师：有区别？区别在什么地方？　　生 9：…… 师：那这样，生 8 用你的方法算一下他们的得分分别是多少？ 生：小明 $9\times\frac{1}{6}+7\times\frac{2}{6}+8\times\frac{3}{6}\approx 7.8$；小亮也是 7.8；小丽是 8.3。	[5] 这就是一开始用百分比表示“权”的弊端，因为事先没有得到求加权平均数的一般公式，学生只能化成百分比来计算，这样就完全颠倒过来了，百分比作权时由于分母是 1，所以运算式时才不显示分母。把比例化成百分比形式就很难得到求加权平均数的一般公式，特别“权”是次数时，也要化成百分比形式就增加了运算量，很麻烦且有时除不尽，既不方便，思维上也不顺。 [6] 没有导出求加权平均数的方法公式，导致一系列的麻烦。教师是希望把权化成百分比形式来计算平均数，遇到 1:2:3 化为百分数不能除尽，就转化成分数形式计算加权平均数，而不是归结为课本上的一般公式，而且根本没有打算建构这样的公式。这不但与教材又不一致，而且也不能得到真正求加权平均数的概念和方法。学生不能真正掌握有关

续表

课题：加权平均数	点　评
师：那我们再回到生 9 的方法，他说把每一个数值直接乘以 1，2，3 再加起来，也是判断小丽录取。他这种算法对不对？可能有同学觉得不理解。大家想，如果按照百分比来算，它应该除以分母，对不对？但是这题转换为百分比时，要除的分母是 6。这时除出来的数不方便表示为百分数，可能会有近似值。所以他就考虑，既然分母都是除以 6，干脆就不用除以 6，只考虑分子就行了。 现在请同学们再来考虑一个问题。（37′00″） （4）问：假如小亮最终被录取，那么计算时各项数据权的比例可能是多少？那么谁将被录取呢？ 刚才前面有可能是小明或者小丽被录取，假如要让小亮最终被录取，你觉得各项数据权的比例可能是多少？ 生：我觉得，8:9:7。 师：8:9:7，她觉得小亮可能会被录取。能不能被录取要干什么？计算。请同学们课后去计算下。还有没有其他例子？ 生：2:3:3。 生：2:3:1。 生：3:4:2。 师：希望大家课后去计算验证。但是我们发现三个例子中有一个共同的特征，大家有没有发现？有没有人发现？有没有人发现？你说说看。 生：小亮的比例最高。 师：小亮的比例最高？注意，这个比例是对这三项数值而言。这些比例有什么共同的特征？ 生：因为采访计算机是小亮成绩最高，因而安排的比例是最高的，小亮写作成绩也较高，所以安排比例也较高，创意设计最低。 生：如果想要他最终被录取，那么他得分最高的一项就要占比例最高，得分最低的那项就要占比例最低，另外一项取它的中等。 师：这几个权的比例是不是能使小亮被录取，请大家回去验证一下。下面，根据加权平均数来计算一个问题。（41′12″～42′00″） **巩固练习** 小明本学期平时作业、期中考试和期末考试的数学成绩分别是 90 分、85 分和 88 分，如果这 3 项分别按 30%，30%和 40%的比例计算，那么小明本学期的平均成绩是多少？ 生：87.7。（板书）90×30%+85×30%+88×40%=87.7。	加权平均数的概念和方法。 [7] 生 9 的意思表述的不清楚。教师虽然费了很大的劲来解释，学生仍然搞不明白。还不如用生 9 的方法算一下，小明 9×1+7×2+8×3=47，小亮 47，小丽 50，要不要除以 6，都能判断小丽录取。但教师没有指出生 9 的方法求出的不是加权平均数，只能用来判断谁能录取。这个方法与本节课主题加权平均数并无关。 根本原因还是“加权”“加权平均”含义以及“求加权平均数公式”的教学设计和教学过程存在严重问题。如果先有数据出现次数做权，得到加权平均数的公式，再过渡到百分比和比例形式做权就归结为课本的一般公式形式，就不会出现这样的情况，学生几乎没有明白什么是求加权平均数的一般方法和公式，也不明白“权”的数学含义和本质。

续表

课题：加权平均数	点　　评
师：通过今天的学习，能不能请大家谈一谈你对加权平均数有哪些认识。对加权平均数有什么印象，还有什么困惑？（43′00″～43′50″） 生 10：我觉得加权平均数要更准确，……[8] 师：准确？那算术平均数不准确？ 生 10：可以按照需要来计算。 师：哦，他说按照需要来计算。 生11：加权平均数是通过对算术平均数的权的改变，从而改变算术平均数的值（听不清）。 师：因为时间关系，我来小结一下。（45′05″） 　　第一，我们在计算算术平均数的时候呢，发现有些生活当中的实例已经不能用算术平均数去解决，需要引入对于每一些数据赋予一定的权来解释，在赋予一定的权之后来进行加权平均数的计算，来达到我们选择的效果。 　　那么加权平均数和算术平均数的区别和联系呢，就是在于它们一个是赋予了相等的权，算术平均数是不是相等的权啊？然后呢，加权平均数它的权不一定相等。 　　好，那么最后有一个思考题请大家课后回去思考。（45′50″）	**（4）问：**教师的意图是反过来让“加权平均”为我所用，但他只顾不停地让学生提出对“权”不同的分配，如果能带领学生分析要使“加权”能够达到自己的需要，分配“权”的规律应该是什么，那么既可检验学生对新概念、新方法理解掌握的情况，也可以及时弥补教学的欠缺。 [8] 课堂小结很仓促，从两个学生的回答看，学生甚至不知道这节课学了加权平均数，也说不清“加权”是什么，而且有明显的错误。教师自己的总结也不全面，更不准确，甚至对什么是“权”，什么是“求加权平均数的计算公式”只字未提，而且留给课堂总结的时间也不够。其实这个巩固练习题可以删去，前面已经接触很多类似的问题，省下的时间用于课堂总结。 　　总体来说，本节课的教学比较失败。

6.3.3 两个案例的教学路线图

1. 教学案例 1 的教学路线图

Ⅰ 解题练习，复习旧知　　情境：自创问题求算术平均数。(2′30)
↓　　问题："五一歌会"，5 个评委打分后求平均分。
Ⅱ 提出问题，探索新知　　[活动一] 问题一　15 人三成绩，如何求平均分？
↓　　讨论：方案 1：三成绩之和除以 3。(4′45″)
↓　　方案 2：需要各成绩所对应的人数。
↓　　问题：有两种观点，能帮我解释吗？
Ⅲ 实验探索，归纳定义　　[活动二] 问题二　学生自主分配人数。(9′45″)
↓　　分配 1：5，5，5 分配，计算。
↓　　分配 2：9，4，2 分配，计算。
↓　　归纳定义：权的含义和求加权平均数方法。
↓　　分配 3：4，5，6 分配，计算。强化理解和运用。
↓　　发现：权相等加权平均数与算术平均数相等。
Ⅳ 加权引申，形式拓展　　问题三　求学期平均成绩，引出权的其他形式。(7′38″)
↓　　引申 1：权可以是百分比形式。
↓　　引申 2：百分比又可看成比例形式。
↓　　归纳：权的三种形式和加权平均数的计算公式。
Ⅴ 新知运用，深化理解　　[活动三] 问题四　艺术节选拔主持人。(8′02″)
↓　　(1) 用算术平均数谁胜？
↓　　(2) 选主持人怎样加权才合理？(4′42″)
↓　　(3) 选时装模特怎样加权？(4′42″)
↓　　(4) 星光大道海选怎样加权？(2′44″)
Ⅵ 课堂练习，知识巩固　　分析社会现象 (9′20″)
↓　　(1) 赵经理招工广告可信吗？
↓　　(2) CPI 上涨的原因。
Ⅶ 师生归纳，课堂小结　　问题：你学习了哪些知识？(2′15″)
↓　　学生 1：什么是加权平均数，怎样求。
↓　　学生 2：具体怎么求加权平均数。
结束　　(45′05″)

2. 教学案例 2 的教学路线图

Ⅰ 问题引入，复习旧知　　**活动一** 问题情境：招聘记者，三人三项成绩。(3′15″)
↓　　问题 1 三人参赛求各人 4 项算术平均分。

Ⅱ 发现问题，探索新知　问题 2 能否选出一人参加决算？选不出。(8′42″)
↓　讨论：怎样才能选出一人参赛？
↓　概括：赋予数据不同重要程度就能够选出一人决赛。
↓　问题 3 按 20%，20%，30%，30%计算。选出小丽。
↓　概括：用百分比赋予重要程度的计算平均数的方法。
↓　问题 4 按 40%，30%，20%，10%算平均分。选出小明。
↓　提出课题：研究百分比的重要程度。
Ⅲ 归纳定义，揭示联系　定义：加权平均数。(15′23″)
↓　问题 5 按 25%，25%，25%，25%计算。
↓　思考：算术与加权平均数有什么区别与联系？
↓　生 5：算术平均数是按这些数据的数量分之一计算。
↓　加权平均数是改变其比例。
↓　生 6：如果加权平均数各项比例相同就是算术平均数。
↓　师：算术平均数是将每项赎金乘以同样的比例。
↓　加权平均数未必乘以相同的比例。
Ⅳ 讨论加权，比例形式　**活动二** 问题情境：招聘记者，三人三项成绩。(21′21″)
↓　(1) 问按算术平均分录取谁？
↓　(2) 问按 5:2:3 算平均分录取谁？
↓　(3) 问按 1:2:3 算平均分录取谁？
↓　(4) 问要录取小明该如何加权？(41′12″)
Ⅴ 巩固练习　练习。(41′12″)
↓　按百分比计算学期成绩。
Ⅵ 课堂小结　问题：大家对加权平均数有什么认识？有什么困惑？(43′50″)
↓　学生回答，教师总结均不得要领。
结束　(45′50″)

6.3.4 两个教学案例的比较

1. 课题提出

案例 1：通过问题求解复习旧知，提出新问题，探索新知。

教师通过学生熟悉的“五一歌会”，5 个评委给班级打分后求平均分的情境，回顾了平均数的意义和公式。用解题方式在运用中及时复习旧知，比单纯记忆概念公式更有效，把知识与运用情境结合，使知识情境化和条件化。之后通过 15 个同学 3 种成绩，如何求平均分？使学生经历疑难，发现问题，感悟到平均数解决问题不够用了，在一定情境下必然会出现加权平均数，而不是人为生造出来的。

案例 2：通过解题复习旧知，以此提出新问题，探索新知。

教师通过创设三位同学四项成绩的例子，判断谁的四项成绩的平均数高的情境，通过解题复习了平均数的意义和公式。由于有两名同学平均数相同，派谁去参加决赛，以此提出新问题，探索新知。

2. 时间分配

从教学路线图来看，两个案例的教学任务展开各有特点，各环节的用时也不相同（表 6.1）。

表 6.1　各教学环节用时比例分布

教学过程	案例 1（用时 45′00″）	案例 2（用时 45′50″）
探究概念、公式	24′38″	42′32″
练习	18′12″	01′18″
课堂小结	02′10″	02′

由表 6.1 可知，案例 1 将 55%的时间用于探究活动，给学生足够的时间去思考、讨论，注重概念、公式发现的过程。用 40%的时间用于对概念、公式的理解和拓展，注重概念和公式本质的理解。

案例 2 尽管用 94%的时间进行概念和公式的探究，但并没有实现对加权平均数概念、公式的建构，教学内容的组织混乱，不得要领，学生基本没有理解加权平均数概念和公式，存在严重的错误认识。

两节课课堂小结仓促，总结不够充分。这说明教师普遍对课堂总结不够重视。所谓要充分，就是要引导学生自己来归纳总结本节课的收获，包括知识和方法两方面，知识要落到实处，方法应包括“问题哪里来的”。绝不能应付一下，敷衍了事。

3. 课堂练习

案例 1 主要以情境问题的形式，引导学生抽象加权平均数的含义和计算公式，并用情境问题进行加权平均数运用，进一步深化拓展对“权”和加权平均数公式的认识。

案例 2 主要以问题和例题的形式引导学生学习，并安排了一个巩固练习。对“权”的本质的理解有偏差，没有引导学生概括出加权平均数的一般公式，练习的效果打了折扣。

4. 教学方法

案例 1 采用师生对话、合作学习和问题探究教学法，探究活动基本属于“教师引导下的学生主动探究”，总体上探究活动开展较好。

案例 2 采用讲授、问答和问题探究教学法。很多探究活动属于“发现式探究”，即“独立活动下的学生自主探究”，教师对学生的活动很少有启发引导，即使想启发，也没有有效的启发性提示语，甚至说得越多，学生越糊涂。

5. 教学目标

本课题的教学目标为理解加权平均数的意义，基本掌握计算加权平均数的方法。

案例 1 重视对加权平均数本质的理解，引导学生对“权”的三种形式进行研究，实现加权平均数公式的概括，重视学生探究能力的培养。通过学生自主加权的试验，探究和感悟“加权”的含义，并抽取“权”的本质——数据在一组数据中出现的次数，达到了预期的教学目标。

案例 2 注重用百分比表示“权”，并把“权”的比例形式化成百分比形式来求加权平均数，这样无法得到求加权平均数的一般公式。教师错误地把“权”解释为比的权限和重要程度，致使学生对权、加权平均数公式的认识模糊，使教学目标的达成大打折扣。

6. 启发性提示语的运用

在运用启发性提示语方面，案例 1 的教师比较善于运用认知性提示语引导探究，如：“现在出现两种观点，你们来帮我解释解释？”“他是 555 分配，还有什么其他的分配方法？”“三种不同分配权重的方案，大家发现它们的结果怎么样？”“这里它们为什么相等？在什么条件下是相等的？”“所以，前面生 1 的方法，也不要说他错，生 1 要给自己一点信心。在特定的情况下，它也是可能产生的。在什么情况下相等啊？”“换成比例的形式，你怎么来求平均分？”同时也运用一些方法论提示语，如：“你怎么考虑？”“你准备怎么列？”“怎么来求加权平均数，你能归纳一下方法吗？”

案例 2 的教师运用的认知性提示语指向问题结果的较多，如：“这个百分比相当于这个数据的什么？重要程度对不对？”“得分是多少？”“有什么区别？”也有一些元认知提示语和方法论提示语运用，但比较少。如，“你觉得用算术平均数作为选拔的标准合理吗？”“权可以是百分比形式，怎样加权才合理？”“你打算如何计算平均成绩？”“算术平均数与加权平均数有什么关系？”“对加权平均数到底如何认识？”等。

启发性提示语的设计是一个创造性的工作，对不同的教学内容、不同的学生，要使用不同的启发性提示语，但基本没有现成的，要靠教师自己去创造。可见教学中包含着教师的创造，只有教师创造性的教，学生才能创造性的学。

6.3.5 两个教学案例的启示

1. 让学生感悟新知识产生的必要性

数学概念、公式、定理、方法等不是从天上突兀地掉下来的，而是由于解决问题的需要自然而然产生的，其中包括现实的需要和数学的需要。如加权平均数是由于解决问题时已有的算术平均数不够用了，才自然需要引入的概念和公式。

教学中需要教师创设启发性的问题情境，使学生经历必要的疑难和困惑而形成问题的过程，来感悟新学习内容“从无到有”产生的现实需要和数学需要。使学生体会到已有的数学概念、命题、思想方法不够用了，才需要自然引入新概念、新命题和新方法，以此产生内在的学习需求，认识到数学知识的生长是必要的、自然的、合乎情理的。这样，才能使鲜活的数学概念、命题和数学思想方法等自然而然地流淌出来。这里的“自然”主要包括：情境创设的自然、课题引入的自然、知识生长的自然、思路和方法获得的自然、教学环节衔接的自然和信息技术运用的自然等。

2. 创造性地运用教材把握数学本质

“教与数学对应”的原理要求教师很好地把握数学对象的本质，从数学知识的特性上做好教学设计与教学实施。[①]而数学教材是数学教学的基本材料，是师生学习活动的重要载体和资源。数学教师需避免的，是把教材视为不可逾越的范本，需提升对教材的认识力、判断力和鉴赏力。教师可在理解和把握数学教材的基础上，围绕教学目标和学情，把握数学内容的本质，创造性地运用教材。

目前初中数学某些版本的教材中把“权”当作了“重要程度”，致使一些任课教师为服从教材，都把“权”当作了“重要程度”，案例 2 中的教师甚至把权解释为权限。反映出教师的数学功底和驾驭教材的能力需要提升。什么是权呢？有两组数据，第一组数据是需要求平均数的对象，另一组数据是第一组数据中每个数据出现的次数，这个次数是相应数据的权。把“权”描述为“表示数据在另一组数据中出现的次数”，这样的权的定义是对本质的准确把握，“重要程度”不是“权”的本质。事实上“人数不同”“行驶时间不同”“颜色搭配比例不同”等，都不反应重要程度。颜色搭配，根据视觉效果，可以让这种颜色多点，那种颜色少

---

① 涂荣豹，宁连华，等. 中学数学教学案例研究. 北京：北京师范大学出版社，2011：150.

点，与重要程度无关。可以根据需要来分配权重，但权重本身不代表重要程度，它就是一个数据。

3. 充分认识启发性提示语的教学价值

教师在创设了富有启发性的问题情境后，常常需要给出一些引导性提示语，以进一步激发学生的思考和探究活动。要使启发、设问指向学生的思维过程和思维方法，使学生学会数学思考，教师需要提炼相应的启发性提示语，特别是元认知提示语和方法论提示语。[①]这两节课的案例中，教师运用元认知和方法论提示语偏少。研究发现，专家型数学教师尤其注重运用元认知和方法论提示语，注重对学生思维过程和思维策略的引导，启发学生感悟数学结论获得的思维过程和思考方法；而元认知和方法论提示语运用较少的成熟教师，更注重学生思维结果的获得，忽视思维过程和思考方法的启发。因此教师需要提高和深化对元认知和方法论提示语教学价值的认识，为启发学生学会数学思考做出应有的贡献。

元认知和方法论提示语的教学价值主要体现在：第一，元认知和方法论提示语是对学生自身的思考方式、思维方法和思维策略进行引导的提示语，注重启发学生遇到问题如何思考，有利于学生形成研究问题时有益的思考方式和良好的思维习惯。第二，元认知和方法论提示语作为学生的“认知路标”，有利于调节和监控自身的认知活动，从而间接地促进认知活动的进程。第三，教师如果注重运用元认知和方法论提示语对学生思维过程和思维方法的点拨，教学则体现为启发引导的态势，若只借助认知性提示语启发学生，对学生的引导则多是指向数学内容或思维结果，而对思维过程和思维方法启发较少，则教学容易坠入缺乏思维力度的简单告诉的泥潭。

数学教师需注重元认知和方法论提示语的合理运用，从而使学生产生疑难、困惑和问题，引发数学思维的深层参与。运用元认知和方法论提示语，最终要使学生学会运用提示语自我启发，逐步学会提炼具有自身认知风格的元认知提示语，从而学会数学思考，学会自我调控，以此发展学生的元认知能力。

4. 合理把握数学复习的时机和方式

数学知识的系统性和连续性比较强，数学学习是在学生已有知识、经验基础上的主动积极的有意义学习过程。为了使新学习内容与学生头脑中的适当观念建立非人为、实质性联系，需要教师以复习提问的形式设计一系列问题，从而激活“新知”有意义学习的生长点。使学生在“温故”的过程中，让新知识的内容、意义在学生的头脑中自然而然地流淌出来。如何复习提问？目前有以解题方式复习

① 韩龙淑，涂荣豹．数学启发式教学中的偏差现象及应对策略．中国教育学刊，2006，（10）：66-68.

旧知和单纯复述旧知两种方式。加权平均数的两个案例中有一个是问题导引复习，一个是单纯复述平均数的含义与公式。其中一个在解决问题的需要中及时复习旧知，避免了单纯记忆背诵平均数的意义和公式的简单复述，有利于知识的情境化和条件化。教师需要在明确复习目标的基础上灵活运用复习的方式，避免为复习而复习，从而激活新知的生长点，自然生成新知识。

5. *尽量给数学课堂总结留有充分的时间*

数学课堂总结是数学教学的重要环节之一，旨在对所学知识进行梳理归纳和系统化。对于巩固当堂所学知识、启迪学生有条理地思维、形成数学知识网络结构和促进数学迁移方面具有重要的作用。这两个案例中对课堂总结重视不够，课堂总结的时间分配较少。

加权平均数的两个案例中，两位老师的课堂小结仓促，给人留下课堂总结不够充分的感觉，这说明教师轻视课堂总结有一定普遍性。所谓要充分，就是教师通过启发性提示语引导学生自己来归纳总结本节课的收获，包括知识和方法两方面，知识要落到实处，方法应包括“问题哪里来的”。绝不能草草了事，应付一下。总结要尽可能具体化，不能笼统的说，泛泛的说，还要辅以文字、图表等搭建知识结构网络图。如加权平均数课题的学习收获了“权”和“加权”的概念，“权”(权重)的三种形式；收获的方法为加权平均数公式；收获了性质、加权平均数与算术平均数的关系；收获了思想，加权可以为我所用。因此，尽量给学生的课堂总结留有充分的思考时间，使学生建立新旧知识间的实质性联系，形成组织良好的数学知识结构网络。

6.4 数学方法教学的案例研究

数学方法的教学是中学数学常见的教学内容。这节选用“数学归纳法”教学的两个案例来研究。

我国著名数学家华罗庚先生在他的一本小册子《数学归纳法》中，这样指出数学归纳法的本原：先从少数的实例中摸索出规律来，再从理论上证明这一规律的一般性，这是人们认识客观法则的方法之一。以识数为例，小孩子识数，先学会了1个、2个、3个；过些时候，能够数到10了；又过了些时候，会数到20，30，…，100了。但后来却不是这样一段一段地增长，而是飞跃前进。到了某一个时候，他领悟了，他会说：“我什么数都会数了”，这一飞跃，竟从有限跃到了无穷！怎样会的？首先他知道从头数；其次，他知道一个一个按次序地数，而且不愁数了一个以后，下一个不会数。也就是他领悟了下一个数的表达式，可以由上一个数来决定，于是，他也就会数任何一个数了。设想一下，如果这个飞跃现象不出现，那么人们一辈子就只能学数数了。而且人生有限，数目无穷，就是学了一辈子，也绝不会学尽呢！解释这个飞跃现象的原理，正就是数学归纳法。数学归纳法大大地帮助我们认识客观事物，由简到繁，由有限到无穷。

华罗庚先生的举例表明，数学归纳法是一种客观存在，客观事实，不证自明的公理。学习数学归纳法对培养学生从有限的对象中获得无穷的认知具有重要意义，由此，数学归纳法的教学显得特别重要。数学归纳法来源于人们生活实践，数学归纳法的形成过程揭示了人们从有限理解无限、用有限的数学语言刻画无限的数学思想的思维历程。研究数学归纳法的教学，主要关注教学过程是否揭示了数学归纳法的形成历程及其数学本质的表征，教学过程是否以数学归纳法的形式进行数学归纳法的教学。

6.4.1　课堂教学案例 1 及点评

课题：数学归纳法

师：一个人要想有所发明、有所创造，就必须善于观察事物，更要善于归纳。[1]（板书）归纳

许多科学家、数学家之所以成为科学家、数学家，是跟他们善于观察、善于归纳分不开的。

早在两百多年前，有一位数学家观察了下面一组算式：（板书）

6=3+3，8=3+5，10=3+7，12=5+7，14=3+11，16=5+11，…

得到了一个猜想，同学们，他的猜想是什么？

生 1：一个偶数可以写成两个奇数的和。

生 2：一个偶数可以写成两个奇素数的和。

师：对了。他猜想：每一个不小于 6 的偶数都可以表示成两个奇素数数的和。这是谁的猜想？　　众：“哥德巴赫猜想”。

师：对。这是著名“哥德巴赫猜想”，即“1+1 问题”。这事发生在 1742 年。1640 年，法国数学家费马发现：设 $f(n)=2^{2^n}+1$，则 $f(n)$与 n 的对应值列成下表：

n	0	1	2	3	4	…
$f(n)$	3	5	17	257	65537	…

（师生共同计算，并说明 2^{2^n} 的意义）

于是，他猜想：对于 $n\in\mathbf{Z}^+$，$f(n)=2^{2^n}+1$ 是质数。

“千里之行，始于足下”，我们也来猜想一下，试试。[2]看下列问题。

点　评

[1] 创设数学史上几个关于正整数的无限命题的猜想，引导学生提出自己的关于正整数无限命题的猜想，进而提出这样的无限命题如何证明的问题，从而提出了本课的目标问题。

数学史中许多动人的事例，不仅能激发学生学习动机，明确学习的要求，使学生积极思维，而且也是数学教学中“寓德于教”的好材料。它使学生看到任何一项科学的发现和发明，都需要经过艰苦的努力，付出巨大的代价，才能成功。

[2] 让学生参与探索问题结论的过程，既可以调动学生的学习积

续表

课题：数学归纳法	点　评
已知数列$\{a_n\}$中，$a_{n+1}=\dfrac{1+a_n}{3-a_n}, a_1=0$，计算$a_2$，$a_4$，$a_5$，$a_6$，并猜想通项公式。 师：同学们都算好了吗？我请一个同学来填写下表。 生3：n：1，2，3，4，5，6，… a_n：0，$\dfrac{1}{3}$，$\dfrac{1}{2}$，$\dfrac{3}{5}$，$\dfrac{2}{3}$，$\dfrac{5}{7}$，… 师：你猜想的数列的通项公式是怎样的？也就是每一项与它所在的项数有何联系？ 生3：……（观察，归纳）我猜想：$a_n=\dfrac{n-1}{n+1}$。 师：你是怎么猜出来的？ 生3：这个数列的各项都是分数，我先看它们的分母。第二项分母是3，第四项分母是5，第六项分母是7，于是把各项改写成：0，$\dfrac{1}{3}$，$\dfrac{2}{4}$，$\dfrac{3}{5}$，$\dfrac{4}{6}$，$\dfrac{5}{7}$。这样，就猜出来了。 师：刚才，我们由这个数列的前n项猜测这个数列的通项公式，像这样由一系列有限的特殊事例得到一般结论的推理方法，叫（板书）归纳法。[3]（在“归纳”二字后加上“法”字，写成：归纳法（特殊→一般） 由于我们观察的毕竟只是有限的几个数，而结论却是一般性的。结论可靠不可靠呢？“哥德巴赫猜想”至今未得到证明，虽然有人验证到3.3×10^7，我国著名数学家陈景润取得了震惊中外的世界领先结果：每一个充分大的偶数都可以表示为一个奇素数与不超过两个奇素数积的和。即证明了“1+2”。许多数学家称赞他“移动了群山”。他为祖国争得了荣誉，这个问题的最终解决是谁呢？也许还是陈景润，也许在我们中间！那“费马猜想”呢？92年以后的1732年，细心的欧拉（瑞士数学家）发现： 当n=5时，$f(5)=2^{2^5}+1=2^{32}+1=641\times6700417$，是一个合数。[4]上面所说的“归纳法”，我们又称为“不完全归纳法”。 它既有善于发现问题的长处，也有所得到的猜想不一定可靠的弱点。它不是一种严格的论证方法．那么，我们的猜想对不对呢？该怎样证明呢？这就是我们要学习的一种新的证题方法——（板书）数学归纳法。 师：这种与正整数有关的数列问题，一个成立，后面一个也成立。在我们生活中有没有类似的情况？谁能举出例子？[5] 众：多米诺骨牌。	极性，又有利于学生在探索的过程中，学习探索的方法。 [3] 这里先提出“归纳法”，实际是不完全归纳。为提出完全归纳法埋下伏笔。 [4]“问题”是“认识”的先导。利用三个生动的实例，指导学生运用“不完全归纳法”探索这些问题的结论。让学生发现不完全归纳法的缺陷，从而提出了本节课的目标问题——数学归纳法。这里看似是教师提出了目标问题，其实所有同学也都发现了问题：“有什么方法来解决呢？”教师只不过提出了目标问题的名称而已。 [5] 引导学生联想生活中的现象，提出与无限命题相联系的多米诺骨牌现象。为寻找解决问题的方法提供了思路。这是用形象思维引导抽象思维，来发现多米诺骨牌现象的本质，进而发现数学归纳法的本质特征——递推。

续表

课题：数学归纳法	点　评
师：对。这里有许多骨牌，把每一块骨牌看成一个命题。对于我们的猜想，当 n=1 时，公式正确，则将第一块骨牌倒下；当 n=2 时，公式正确，则将第二块骨牌倒下；……现在有几块骨牌已经倒下了？　生：有 6 块骨牌已经倒下了。 师：把骨牌竖起，排成一排，成|||……，这里有多少块骨牌？（手指门外）　生：可以看作有无数块。 师：是的，这里可以看作有“无数块”骨牌——这要靠同学们的想象。我们能够使所有骨牌都倒下吗？ 生：……，首先要让第一块倒下。 师：（把第一块骨牌推倒，有意拉开第一块骨牌与第二块骨牌间的距离，使第一块倒下时未打着第二块[6]）再将第二块推倒，好不好？ 生：不好。如果第一块骨牌倒下时，能把第二块骨牌也打倒，就好了。 师：（重新演示，使第一块倒下时能打倒第二块，……而使第六块倒下时，打不着第七块）这样行不行？　生：也不行。 师：要怎样才行？ 生：不仅使第一块倒下，而且所有骨牌中，只要前一块倒下就可以使后一块也随着倒下，这样就能断定所有骨牌都倒下。 师：要说明所有骨牌都倒下，只要说清两点：（板书） （1）第一块已经倒下； （2）“如果前一块倒下，则后一块也一定倒下”是正确的。 为什么讲清了这两点，就说明所有骨牌都倒下了呢？ 生：首先，第一块已经倒下。又由于“如果前一块倒下，则后一块也一定倒下”是正确的，那么第二块就跟着倒下；同样出于“如果前一块倒下，则后一块也一定倒下”是正确的，所以第三块就跟着倒下了……这样所有骨牌都倒下了。 师：非常正确，同学们请看演示。（把所有骨牌都排成一排，然后推倒第一块，这样，所有骨牌都相继倒下，同时发出“哗啦啦”的声响，同学们都站立起来了） 师：（手指教室外）外面还在响呢！是吗？　众：（点头大笑） 师：这些骨牌的倒下是通过“递推”来实现的，如果把每一个骨牌看作一个命题，用骨牌倒下来表示命题正确，那么我们就能得到一个证明一个与正整数有关的命题的方法，它就是“数学归纳法”。它需要满足什么条件，就行了呢？假如这个与正整数有关的命题是 $f(n)$，那么它必须满足什么条件，就可以保证它是正确的了？　生：（1）当 n=1 时，命题正确。	[6] 这里的改变情境，让第一个骨牌碰不到第二个骨牌，来说明第一个骨牌倒下时必须推倒第二个骨牌，否则后面的骨牌都不会倒下；接着又改变情境，让第六个骨牌碰不到第七个骨牌，来说明任意一个骨牌倒下，都必须推倒后一个骨牌，否则后面的骨牌都不会倒下。这样，就把骨牌倒下的原理或本质揭示得一览无余。

续表

课题：数学归纳法	点　评

> 数学归纳法：
> 如果$f(n)$是关于正整数的命题：
> （1）$f(1)$正确。
> （2）假如$f(k)$正确，证明$f(k+1)$正确，那么$f(n)$对一切正整数都正确。

师：也就是$f(1)$正确，是吧？$f(1)$在多米诺骨牌里代表什么？

生：第一张骨牌。（2）假设$n=k$（$k\geqslant 1$）时，结论正确，去证明当$n=k+1$时，结论也正确。

师：$n=k$（$k\geqslant 1$）时，结论正确。也就是，假设$f(k)$正确。它代表？

生：第k张骨牌。

师：当$n=k+1$时，结论也正确。也就是$f(k+1)$正确。满足了（1）和（2），那对于一切$n\in\mathbf{Z}^+$，结论都正确。也就是$f(n)$正确。[7]

师：现在来用数学归纳法，证明前面生3猜想的公式是正确的。

师、生证明：（师问，生答，教师规范板书）

（1）当$n=1$时，$a_1=\dfrac{1-1}{1+1}=0$，从而已知公式正确。

（2）假设$n=k$（$k\geqslant 1$）时，公式正确。即$a_k=\dfrac{k-1}{k+1}$。

要证明$n=k+1$时，公式正确，即证明$a_{k+1}=\dfrac{(k+1)-1}{(k+1)+1}$。

师：明确第二步中，已知什么，要证明什么？……当你算出第四项时，是怎样计算第五项的？……

$\because\ a_{n+1}=\dfrac{1+a_n}{3-a_n}$，$n\in\mathbf{Z}^+$。（题设）

$$\therefore\ a_{k+1}=\frac{1+a_k}{3-a_k}=\frac{1+\dfrac{k-1}{k+1}}{3-\dfrac{k-1}{k+1}}=\frac{2k}{2k+4}=\frac{k}{k+2}=\frac{(k+1)-1}{(k+1)+1}\text{。}$$

$\therefore\ n=k+1$时，公式正确。

综合（1），（2）得对一切$n\in\mathbf{N}$，公式正确。

练习题　求证：$1+3+5+\cdots+(2n-1)=n^2(n\in\mathbf{Z}^+)$。（学生板演）

师：这一节课，我们学习了一种新的证题方法——数学归纳法，它是用来证明与正整数有关的命题的一种方法。

正确使用这个方法主要要证明两点：

（1）要证当$n=1$时，结论正确；

（2）在假设$n=k$（$k\geqslant 1$）时结论正确的条件下，去证明$n=k+1$时，结论也正确。

完成了这两步证明以后，不要忘了下结论："综合（1），（2）知，对一切$n\in\mathbf{Z}^+$结论正确。"

点评：

[7] 这里是运用形象思维，通过"类比"，把感性认识上升到理性认识，并概括出数学归纳法。

续表

课题：数学归纳法	点　评
它的证明是通过递推来实现的。实际的证明过程可以表示为 由（1）$f(1)$ 正确 $\xRightarrow{\text{由(2)}}$ $f(2)$ 正确 $\xRightarrow{\text{由(2)}}$ $f(3)$ 正确 $\xRightarrow{\text{由(2)}}$ $f(4)$ 正确 $\xRightarrow{\text{由(2)}}$ $f(5)$ 正确 $\xRightarrow{\text{由(2)}}\cdots$ 证明过程中的第（2）点，一定要分清此刻什么是已知的，什么是要证明的。 师：布置作业（略）。	1987 年南京市青年教师赛课中获一等奖。

6.4.2　课堂教学案例 2 及点评

课题：数学归纳法	点　评
师：同学们从小学到现在，一直在学数学，通过数学学习，到目前我们也能感受得到，数学的许多思想、方法，以及数学理论的建立，都是我们通过对实际中的一些问题以及生活中的感受总结得出来的。[1] **问题 1**　美食节前，班主任老师想在办公室单独了解班上每一位同学对本班参与美食节的组织建议，请帮助老师设计一个面见同学的程序。 下面请大家也来看两个生活中的问题：我们刚过美食节，历年来，我们都有美食节，美食节对我们学校的学生是个美好的节日。（停 10″） 生 1：我认为应该是按照学号，班主任从第 1 号到最后来询问学生。 师：见过 1 号以后呢？　生 1：见了 1 号之后再见 2 号。 师：我怎么见的 2 号？　生：让 1 号学生把 2 号学生叫来。 师：见过 2 号呢？2 号把 3 号喊来。这样呢，见过每一位同学以后，这位同学要把他后面号码的同学给我请过来。看第 2 个问题。（2′29″） **问题 2**　一挂合格的鞭炮，要引爆所有的炮仗，应该点燃哪一颗炮仗前的引线？ 生 2：我认为应该点燃最下面的炮仗，因为它爆炸以后能引爆上面的炮仗，接下来依次往上引爆，最后整个鞭炮都会炸掉。 师：是的。其实这两个问题都有连锁反应的味道吧？请大家想想，在你们的经验中，有没有见过类似的事件？ 生 3：比方说多米诺骨牌。	[1] 本课伊始缺少课题提出的环节，应该首先引导学生提出本课的问题。否则学生不明白为什么要研究问题 1 和问题 2，为什么要学习数学归纳法。上课伊始一定要尽快提出本节课的目标问题，这个观点对任何新授课都是极为重要和必须贯彻的思想。其实只要用一个无穷递推数列求通项公式问题，就能引导学生发现本课的课题。 **问题 1** 情境从经验层面蕴涵了数学归纳法公理的本质特征：①第一个会发生；②一个发生紧接的一个也要发生。教师归纳，但无任何揭示——距离要发现的目标较远，是稍远启发。

续表

课题：数学归纳法	点　评
师：多米诺骨牌是类似的。有没有其他的想法？ 生4：我想的是考试，比如说考试考好多门，第一门没考好，就会影响第二门的心情，第二门就会影响第三门，结果第一门没考好，顺次下去，整个考试自己感觉都很不好。 师：在生活中，我们把这种连锁反应叫做什么效应？ 众：多米诺骨牌效应。[2] 师：我们来看一个多米诺骨牌的视频。这是网上截下的视频。（4′30″） 师：这个例子中，为什么所有的骨牌都倒下了？你认为要让所有的骨牌都倒下，该具备哪一些条件？ 生5：首先保证第1块骨牌能倒下来。 师：（板书）保证第1块骨牌倒下。 生5：然后，前一块牌倒下，后一块牌必定倒下。（5′40″） 多米诺效应（原理）： （1）第一块牌倒下。 （2）假设某一块牌倒下，则它后面的一块牌必须(然)要倒下。 满足上述两个条件，所有的牌都倒下。 师：应该是如果某一块牌倒下，那它后面的一块牌必会倒下。 生5：如果这两个条件都符合的话，应该所有的牌都能倒下。[3] 师：你们想，满足两个条件跟牌的数目有没有直接关系？（7′30″） 众：没有。 师：如果这个牌有无数多个也可以的吧？这是由自然数什么性质决定的[4]？　　生6：我觉得应该是自然数的无限性决定的。 师：自然数的无限性。某一个牌倒下，它后面的一个牌也必倒下。自然数是无限的，每一个自然数后面都有一个后继数。这样，如果牌是无限个，所有的牌都能倒下。这个例子其实隐含了与自然数的一个内部特征。[5] 　　你们想一想学过的知识中，哪一块知识跟这有联系？（9′30″） 生8：我觉得数列跟这个有关系。 师：数列也跟自然数有关吧。我记得我们学数列内容的时候，曾经谈到等差数列的通项公式。等差数列的通项公式是由 $a_1=a_1+0d$，$a_2=a_1+d$，$a_3=a_2+\ d=a_1+2d$，就推出通项公式 $a_n=a_1+(n-1)d$。这是用一种什么方法得到的？ $a_1=a_1+0d$ $a_2=a_1+d$ $a_3=a_2\ d=a_1+2d$ $\vdots$ $a_n=a_1+(n-1)d$ 生：不完全归纳。	**问题 2**　蕴涵数学归纳法本质特征，教师做有保留揭示——用“连锁反应”来暗示本质所在，使得距离要发现的目标更接近一点，但未明确何为本质——“第一个一定发生”和“连锁一定发生”。 生4这个例子虽然不很好，但仍能反映“由第一个开始按序连锁反应”之意。 [2] 本课的开始是师生共同创设了三个真实情境问题，得出了“多米诺骨牌效应”，从而为探索数学归纳法公理奠定了基础。但是研究的目的是什么呢？教师平白无故怎么会来研究多米诺骨牌呢？这是本课教学设计的致命伤，这造成学生在上课的一段很长的时间里漫无目的地被牵着鼻子走，直到证明了数列通项公式以后才明白教师的真正意图。 [3] 由于几个情境对原理有层层深入地揭示，从而使得学生能够对情境进行由表及里，去粗取精的分析，使得原理的本质特征被逐步揭开面纱，经过内部

续表

课题：数学归纳法	点　评
师：归纳法分为两种，一种是完全归纳，一种是不完全归纳。不完全归纳法由于没有对每一个对象进行论证，因此它有不可靠性。今天能不能用多米诺骨牌中隐含的这个道理，来解释等差数列的通项公式？ 生 9：先证明 $n=1$ 时，$a_n=a_1+(n-1)d$ 是成立的。 （1）$n=1$ 时，$a_1=a_1+(1-1)d$，即 $n=1$ 时，公式成立；即 $n=k+1$ 时，公式成立，$a_{k+1}=a_1+(k+1-1)d$。 师：就是先，第一步，先 $n=1$ 时，$a_1=a_1+0d$，这个 0 可以把它写成什么？ 生：（1–1）。 师：这个地方写成（1–1）。说明 $n=1$ 时成立的。 生 9：第二步，设 $n=k$ 时公式成立，也就是说 $a_k=a_1+(k-1)d$。再去证明 $n=k+1$ 时，公式也成立。 师：我希望证明，当 $n=k+1$ 时，…… 生 9：希望证明，$n=k+1$ 时，$a_{k+1}=a_1+(k+1-1)d$ 成立。 师：希望 $a_{k+1}=a_1+(k+1-1)d$，不晓得是不是成立。是不是成立呢？a_{k+1} 等于什么？你怎么证的？　生 9：$a_{k+1}=a_k+d$。 （2）假设 $n=k$ 时公式成立，即 $a_k=a_1+(k-1)d$，则当 $n=k+1$ 时，$a_{k+1}=a_k+d=a_1+(k-1)d+d=a_1+kd$ 成立，即 $n=k+1$ 时，公式成立，$a_{k+1}=a_1+(k+1-1)d$。 师：这是根据等差数列定义，$a_{k+1}=a_k+d=a_1+(k-1)d+d=a_1+kd$。（$a_k$ 是前面的假设）　生 9：就是说 $n=k+1$ 时，公式成立。 师：根据这两步，就可以证明结论关于所有的 n（$n\in\mathbf{N}^*$）都成立。 师：在刚才的解释过程中，有没有把这个无限数列中的每一项都证明一遍呢？没有。有没有漏掉一项？[6]有没有漏？没有漏。虽然并没有对每一项都进行了证明，但一项都没有漏掉。一项也没有漏！ 你们说它是不完全归纳，还是完全归纳法？这是完全归纳。我们把这种证明与自然数有关的命题的方法，称之为数学归纳法。这就是今天要学习的数学归纳法。(15′50″)（板书）2.3 数学归纳法 通过这个问题的解决，能不能说明，对于一般的与正整数 n 有关的命题，要证明它正确，它应该满足什么？能不能概括一下？[7] 生 10：先要证明 $n=1$，这个命题是正确的。 师：假如这个命题叫做 $P(n)$ 的话（板书）。先要证明它关于 $n=1$ 是对的。那就是 $P(1)$ 是真的。对不对？第一步证明 $P(1)$ 是真的。 生 10：第二步，假设 $P(k)$ 是真的，k 是某一个正整数，要说明 $P(k+1)$ 也是真。然后综合这两步，可以证明 $P(k)$ 对于所有的正整数都是真的。[8]	和外部语言的转换，最终把多米诺原理归纳提炼出来。 [4] 这个问题完全是无中生有，明显是在告诉学生，把它与自然数联系起来。上课开始没有提出本课课题，这个严重性的缺陷使得教师跨不过“如何与自然数联系”这道坎儿，不得不直接告诉学生。再说，多米诺骨牌效应本与自然数无关，而是自然现象的客观存在，不证自明。这里利用多米诺骨牌效应，只为了将其类比数学归纳法公理，便于学生理解数学归纳法的思想。 [5] 因为开始没有先创设无穷数列情境提出课题，致使现在要过渡到无穷数列通项的证明，很牵强。 [6] 用“反思性教学”再三反诘：有没有漏。就是为了达到“穷举”的要求，穷举是完全归纳，数学归纳法是完全归纳，实现问题解决的目标。 由于学生亲自探索，领悟了多米诺骨牌效应的实质，因而证明数列通项公式时，能轻松完成。这正是“知识从学生头脑里自然流淌出

续表

课题：数学归纳法	点　评
一个命题是 $P(n)$， （1）$P(1)$真。 （2）假设 $P(k)(k\in\mathbf{N}^*)$真，证明 $P(k+1)$也真，综合（1），（2）可知，对一切 $n\in\mathbf{N}^*$，$P(n)$真。 师：现在来看一下，你们想想看，这个 $P(1)$真，如果万一它不是呢？我们能不能把这一步舍掉？能不能舍？　　众：不能。 师：肯定不能。就像多米诺骨牌，如果第一张牌不倒，后面的牌还能倒吗？这个第一步不能省，是显然的。第二步假设 $P(k)$也成立，否则你这个假设就可能不是真的，这个假设有没有可行性？有没有？ 众：有。 师：是谁保证的？$P(1)$是真的嘛。我的假设就有可行性了。没有 $P(1)$是真的，能不能假设？能不能？不能。[9] 第三个。你们看，在这个地方，与正整数有关的命题 $P(n)$，刚才说，要先证明 $P(1)$是真的，也就是从 1 开始。非得从 1 开始吗？ 为什么要从 1 开始？不是从 2 开始，3 开始？有没有这种可能？有没有？有的吧。就像平面几何里的，一个正多边形，它的内角之和是什么？内角之和是 $A_n=(n-2)\times180°$。（板书）假如要证明这个公式，这个时候应该从几开始？　　生：3。 师：所以它不一定要从 1 开始。那么，实际上只要满足条件的第一个整数是成立的。这样，我们就得到了一个数学归纳法公理。[10] 师：有了这个公理，我们对于前面的一些已经归纳过的与自然数有关的命题，如果还没证明的话，那么就可以用数学归纳法进行证明。 这个时候，我提个问题。假如这个多米诺骨牌，倒下来的不是第 1 块，而是第 5 块，后面的牌一定倒下。实际上倒下的是哪些牌？ 是从第 5 块开始的吧，前 4 块没有倒下。 数学归纳法公理： 对于一个与正整数有关的命题，如果 （1）当 n 取第一个值 n_0（如，$n_0=1, 2$ 等）时结论正确； （2）假设当 $n=k$（$k\in\mathbf{N}^*$，且 $k\geqslant n_0$）时结论正确，证明当 $n=k+1$ 时结论也正确。 那么，命题对于从 n_0 开始的所有正整数 n 都成立。 同样地，等差数列，假设我验证的不是从 a_1 开始，是从 a_5 开始，假设 $n=k$ 时公式成立，推导 $n=k+1$ 时成立，实践证明的是，等差数列的通项公式从第几项开始是正确的？	来”，这使人觉得非常“巧合”，其实是教学设计成功之处，只有符合学生心理特征，把教建立在学生学基础上，“教育适应自然”，才可能产生这种“巧合”。 于是，一个新的方法找到了，原来不能解决的问题现在解决了。学生完成了数学新方法的探索和建构，实现了再发现再创造。 [7] 这时似乎找到了一个方法，并用来解决了一个有关无穷数列的具体问题，但是这个方法究竟是什么一个方法，到目前为止还没有真正找到。还没有把（1），（2）所运用的方法表明，还没有形成一个数学的一般方法，还没有形成一个数学的命题。因此数学的探索发现工作还没有结束，还要向数学的纵深去探索发展。如何向数学的纵深探索发展呢？ 为了让学生比较顺利地概括出数学归纳法公理，可以用回顾反思的方式，用表格的形式把各自的步骤对应排列起来，从而让更多的学生能够从中感悟出数学归纳法公理的本质（见 P215）。

续表

课题：数学归纳法	点　评
生 11：第 5 项。 师：第 5 项。由此可知，我们验证的是第一步，一定要把第 1 个数给它选好了。选这么多数字，验证那么多结论干什么？选几个和选一个是一样的。 这个第一步呢，称之为“奠基”；第二步呢，称之为“归纳推理”。要注意，这个时候假设 $P(k)(k\in\mathbf{N}^*)$成立，证明 $P(k+1)$也成立，这个地方有个证明过程。（22′30″） 下面请同学们来看一个例题。 **例 1**　用数学归纳法证明： $1^2+2^2+3^2+\cdots+n^2=\frac{n(n+1)(2n+1)}{6}$，其中，$n\in\mathbf{N}^*$。 你想想，构思一下，要证明这个等式，应该需要哪几步？应该怎么做？设计一个理论框架。（23′30″） **证**　（1）当 $n=1$ 时，左边$=1^2=1$，右边$=\frac{1\times(1+1)(2+1)}{6}=1$， ∴当 $n=1$ 时，等式成立。 生 12：先证当 $n=1$ 时，这个公式是成立的。然后，假设当 $n=k$ 时等式是成立的，然后用它来证明 $n=k+1$ 时等式是成立的。 师：那你来尝试一下，好不好？[11]（学生板演） （2）假设 $n=k$ 时，等式成立； $1^2+2^2+3^2+\cdots+k^2=\frac{k}{6}(k+1)(2k+1)$， 当 $n=k+1$ 时， $1^2+2^2+3^2+\ldots+k^2+(k+1)^2$ $=\frac{k}{6}(k+1)(2k+1)+(k+1)^2$ $=\frac{k+1}{6}[k(2k+1)+6(k+1)]$ $=\frac{k+1}{6}(2k^2+7k+6)$ $=\frac{k+1}{6}(k+2)(2k+3)$ $=\frac{k+1}{6}[(k+1)+1][2(k+1)+1]$。 即 $n=k+1$ 时，等式成立。 根据（1），（2）可知，对一切 $n\in\mathbf{N}^*$，等式成立。 师：最后 $n=k+1$ 时，还要化到 $\frac{k+1}{6}[(k+1)+1][2(k+1)+1]$ 这个样子。然后根据（1），（2）可知，对一切 $n\in\mathbf{N}^*$，等式成立。（31′20″） 那么通过这个问题的解决，我们要注意，其实从表面上看，用数学归纳法证明一个命题，它是分两步。第一步是“奠基”，即在第一个整数时成立，第二步是“归纳推理”，要进行严格的证明。然后在这两个情况下得出结论，即两个步骤、一个结论。 而且在证的过程中，它具有显示化的特点，这个	[8] 这个概括总结十分必要。其一，在运用研究问题一般方法解决一个数学新问题时，其最后一步就是对结论用数学的语言进行描述。这是一个由具体到抽象，特殊到一般的思维过程，是学生通过学习数学知识学会思考的重要体现，也是数学的思维价值和数学教育功能所在。其二，在每一个数学阶段的结束进行适当的概括总结总是必要的，而且要根据情况尽可能引导学生自己概括，并让学生尽可能完善表述的语言，从而培养学生的数学表达能力，用新课改时髦的话讲是培养学生的数学交流能力。 [9] 此问题无意义，这里“假设 $P(k)$真则能证明 $P(k+1)$也真”，是一个命题，条件和结论不能分家，重要的是要能证明这个命题。 没有必要问这个问题。可以问为什么要证明这个命题？因为有了 $n=1$ 成立，再有这条，$n=2$ 就成立；进而 $n=3$ 成立；于是它保证了“连锁反应”的“生生不息”，从而保证了无限命题的成立。$P(1)$

续表

课题：数学归纳法	点　评

是从两个地方体现出来。一个是这个地方，你必须把归纳假设亮出来。第二个是最后的结论，中间说明它在 $n=k+1$ 时成立，所以在第二步证明结束以后，对证明下个结论，$n=k+1$ 时结论也成立。（32′36″）

好，下面请同学们看一小题。这里暂时称之为数学归纳法证明，你们看一看我这个证明过程中存在问题吗？

> **例 2**　分析下列证明中的错误。
>
> （1）设 $n\in\mathbf{N}^*$，求证：
>
> $2+4+6+\cdots+2n=n^2+n+1$。
>
> **证**　假设当 $n=k$ 时等式成立，即 $2+4+6+\cdots+2k=k^2+k+1$，那么，当 $n=k+1$ 时，有
>
> $2+4+6+\cdots+2k+2(k+1)$
>
> $=k^2+k+1+2(k+1)$
>
> $=(k+1)2+(k+1)+1$，
>
> 即当 $n=k+1$ 时，等式成立。
>
> 因此，当 $n\in\mathbf{N}^*$时，等式 $2+4+6+\cdots+2n=n^2+n+1$ 成立。

生 13：我感觉存在问题。因为 $n=1$ 的时候，等式成立就不知道。

师：你觉得少了一个步骤，这个证明可行不可行？

生 13：不可行。就像多米诺骨牌似的，第一块牌没倒，后面的牌就倒了。

师：假设第 k 块牌倒了，后面的牌都倒，这个假设有没有用上？

生：没用。

师：这说明第一步不能少。再看一个问题。（33′27″）这个例 3 能不能验证？

> **例 3**　求证：当 $n\in\mathbf{N}^*$时，$1+3+5+\cdots+(n-1)=n^2$。
>
> **证**（a）当 $n=1$ 时，左边 $=1=1^2$(右边)，等式成立。
>
> （b）假设当 $n=k$ 时等式成立，即
>
> $$1+3+5+\cdots+(2k-1)=k^2,$$
>
> 那么，当 $n=k+1$ 时，有
>
> $$1+3+5+\ldots+(2k-1)+[2(k+1)-1]$$
>
> $$=\frac{(1+2k+1)(k+1)}{2}(*)=(k+1)^2,$$
>
> 即当 $n=k+1$ 时，等式成立。
>
> 因此，对于当 $n\in\mathbf{N}^*$时，$1+3+5+\cdots+(2n-1)=n^2$ 成立。

生：我观察的是等式左边 $1+3+5+\cdots$，它每两项间的差是 2，而它后面验证的是 $n=k+1$ 情况，这不符合这个式子给定的条件，应该验证 $n=2k+1$ 的情况。搞错了。

师：是不是搞错了？因为这个通项公式 $2k-1$，那 $n=k$，$n=k+1$，这个没问题吧？他搞错了。

生：我觉得他这一题的问题在于证明 $n=k+1$ 式子成立的时候，它没有用到上面的关于 k 成立时的 k^2。

点评：

是真，这是必需的，是数学归纳法证明的前提之一，这在多米诺骨牌效应的概括总结时已认识清楚了。这是教师认识模糊，忽悠自己，也忽悠学生。

[10] 本课教师多次使用反诘来向学生发问，这是一个很好的发问方式。反诘是苏格拉底常用的一种教学方式。反诘有利于引导学生反思，反思是思考的重要方式，培养学生反思的习惯，是教学生学会思考的重要一环。这里的反诘则有利于带动学生对数学归纳法本质的探索、领悟和把握。

[11] 尝试，是波利亚十分推崇的方法。它既是一种重要的数学学习方法，也是研究问题的最基本方法，哪种研究没有尝试，不需要尝试？“摸着石头过河”就是尝试！尝试还是任何研究的先导，第一步。可见“尝试”之重要。其次，对学生说“尝试一下”，是对学生的自尊心和积极性的一种保护，言外之意，你只管大胆地想，大胆地做，错了也不要紧，不仅缓解了学生的拘谨，更重要的是有利于形成良好思维习惯，即学习习惯的形成。

续表

课题：数学归纳法	点　评
师：他的意思是说它这里没有用归纳假设。有没有怀疑的？ 生：他的证明过程中，使用的是等差数列的求和公式（*）。这样的话，即使 $n=k$ 不成立时，它也可以证明 $n=k+1$ 成立。 师：他进一步把××刚才提出来的问题讲出来了，××刚才说证明过程中根本没有用到归纳假设。在 $n=k$ 时成立，证明 $n=k+1$ 成立这个过程中，根本用不到归纳假设。写的步骤是归纳假设的步骤，证明过程中还是用的等差数列的前 n 项和公式吧？你们看 $\frac{(1+2k+1)(k+1)}{2}$，是首项加末项乘以项数除以 2。 所以这个看起来像模像样的证明，事实上根本就没有用数学归纳法。这给同学们一个启示，在用数学归纳法证明问题的时候，一定要将归纳假设作为条件，在这个条件下证明这个结论是正确的。(38′50″) 这节课呢，我们通过我们生活中的例子和我们的一些感受，学习了数学归纳法，同时也讲了与自然数有关的证明一些方法。 数学归纳法呢，对许多和自然数有关的命题都可以用它来证明。 **回顾总结** 数学归纳法是一种重要的数学证明方法，它通常用于证明和正整数有关的命题，证明过程分两个步骤完成。不需注意两个步骤缺一不可，且 $n=k$ 时的假设，是 $n=k+1$ 时证明的依据。 证明过程分两步骤，这两个步骤都必须完成，而且这里要注意的是 $n=k$ 时的假设，是 $n=k+1$ 时证明的依据。(39′35″) 今天作业，同学们做 88 页第 4 题，好，下课。	此教学案例是 2011 年江苏省中学数学专业委员会年会公开课。

6.4.3 两个案例的教学路线图

1. 教学案例 1 的教学路线图

Ⅰ 数学史上两个猜想　　学生参与形成一个关于正整数的无限数列问题。

↓　　课题：寻找关于正整数无限命题证明方法。

Ⅱ 探究多米诺骨牌效应　　发现骨牌全部倒下的条件。

↓

Ⅲ 总结数学归纳法　　类比骨牌效应条件，提出数学归纳法本质属性。

↓

Ⅳ 巩固练习　　用数学归纳法证明课初学生 3 猜想的命题。

↓

Ⅴ 课堂总结　　由(1) $f(1)$ 正确 $\xRightarrow{\text{由(2)}}$ $f(2)$ 正确 $\xRightarrow{\text{由(2)}}$ $f(3)$ 正确 $\xRightarrow{\text{由(2)}}$

$$f(4)\text{正确}\xRightarrow{\text{由(2)}}f(5)\text{正确}\xRightarrow{\text{由(2)}}\cdots$$

2. 教学案例 2 的教学路线图

Ⅰ 两个情境　归纳共同特点——连锁反应（1′00″～）

↓

Ⅱ 学生举例　举出类似情境的连锁反应的例子，提出多米诺骨牌效应。

↓

Ⅲ 多米诺骨牌效应　探究骨牌效应的条件。

↓

Ⅳ 证明 $a_n=a_1+(n-1)d$　类比骨牌效应，完成证明，归纳概括证明步骤。

↓

Ⅴ 数学归纳法公理　仿上述证明步骤，概括数学归纳法公理。

↓

Ⅵ 巩固联系　运用数学归纳法解题。

↓

Ⅶ 错题辨析　利用变式，深入理解数学归纳法本质属性。

↓

Ⅷ 全课总结　教师对这节课进行了简短的回顾总结。

6.4.4 两个教学案例的比较

这两节课都是课堂教学比较精彩的案例，相对而言，案例 1 的教学设计更加完满。

由两课的教学路线图可以看出，案例 1 在教学的前半部分处理得更好，而案例 2 在后半部分的处理也独具特色。

1. 课题的提出

案例 2 没有明确地提出本课的目标问题过程。作为新授课开始所创设的情境，明确地提出本课的目标问题既必要也必需，它可以帮助学生弄清楚数学归纳法是怎样产生的，为什么要建立数学归纳法。没有明确地提出问题的过程，学生学习的目的就不明确，就不知道为什么要学习数学归纳法，只能糊里糊涂地跟在老师后面走。

探索发现任何概念、方法、原理都应源于某个问题的需要，原来的概念、方法、原理不足以解决当前问题了，就产生了探索新的概念、方法、原理的需要，于是本课的问题（数学归纳法的课题）就自然提出来。这个观点对任何新知识起始课都是极为重要和必须贯彻的思想。

案例 1 在提出本课的课题方面做得很好。利用数学史上的哥德巴赫猜想和费马的质数猜想创设情境，引导学生自己提出类似的猜想，并且两个著名猜想一个至今未完成证明，一个后被证明是错的，从而学生就理所当然地提出：有什么方法能够证明一个有关正整指数的无限命题呢？于是这节课的核心问题、目标问题就很自然的提出来了。这种情境创设的一个好处是，有一定的育人功能，寓意科学研究的成功没有捷径可走，不仅要有创造性，而且要付出巨大代价。另一个好处是给学生留下了一个念想，我们提出的猜想能够用新方法解决吗？这就激发了学生的学习动机。

2. 教学阶段的过渡

案例 1 提出了本课要研究的目标问题，就顺理成章地来寻找解决问题的方法，并启发联想与无限命题类似的实际生活中现象，学生立刻就想到多米诺骨牌的游戏。多米诺骨牌游戏，令人惊奇，比较风靡，学生兴趣浓烈，他们能够联想到是意料中的。所以在找寻数学归纳法的现实模型过程中，几乎没花时间，很快进入多米诺骨牌效应原理的研究。

案例 2 则因为没有提出本课要解决的目标问题，而是一上课就忙于带领学生研究一些生活中的现象，虽然这些现象是可以作为数学归纳法公理的现实模型，但是在已经概括出多米诺效应本质特征以后，要转入一个数学问题的时候，遇到了麻烦。教师只好发问一个直白的问题："这是由自然数什么性质决定的？"等于告诉学生——这是自然数的无限性决定的，可以把它用来帮助我们证明数学中的无限命题。著名的法国启蒙思想家伏尔泰说："令人讨厌的艺术是把什么都说出来了。"①

其实作为对没有提出课题的补充，是可以启发学生来发现与自然数无限性关系的，只要把案例 1 中"由数学的无限命题联想现实中的实际现象"反过来就行了。就像案例 2 中教师后来问的："这与我们学过的哪块知识有联系呀？"学生立刻就想到等差数列。这样既可以此时提出课题，也可以完成自然过渡。

3. 情境的创设

案例 1 是用数学史的故事创设情境，可以帮助学生了解数学归纳法的来龙去脉，明确学习数学归纳法的必要性，还能引起学生的兴趣，激发内在学习动机。创设寻找解决问题方法的情境时，一个多米诺骨牌就足够了。多米诺骨牌是理解数学归纳法的最好模型。它一能充分揭示其中蕴含递推关系，二能揭示满足这些条件就可以穷尽无穷，就能够把原来解决不了的无限问题解决了。其实，多米诺骨牌全部倒下的两个条件，既是全部倒下的必要条件，也是全部倒下的充分条件。

---

① 波利亚. 数学的发现. 第二卷. 刘景麟，曹之江，邹清莲，译. 呼和浩特：内蒙古人民出版社，1981：178.

案例 2 中用两个情境试图帮助学生找到多米诺骨牌这个现实模型，再用多米诺骨牌作为探究数学归纳法的公理的情境，显然就不合适了。既然任何数学方法都是解决问题需要而产生的，那么数学归纳法是为解决什么问题而产生的呢？因而上课伊始，就要创设情境来启发学生提出这样的问题，即“如何证明一个与正整数有关的无限命题”？然后才是为了寻找证明的方法，进而启发学生去联想到多米诺骨牌。其实多米诺骨牌学生不难想到，无需专门创设情境来启发学生。

4. *后半部分的处理*

在教学的后半部分，案例 2 不仅与案例 1 一样有对数学归纳运用的证明练习，而且用两个错误证法作反例，来帮助学生更深刻认识到，公理的两个条件一个不能少，从而使学生能够更好地把握数学归纳法的本质。这是变式教学，可以帮助学生把握数学对象本质属性的最佳方法，有利于学生辨析本质属性和非本质属性，只有同时把握数学对象的本质和非本质属性，才能对数学对象真正理解。

案例 1 在课堂总结时，再次回顾了数学归纳法的原理，以及运用时应该注意的事项。指出，用数学归纳法对问题的证明，是通过递推来实现的。实际的证明过程可以表示为（见 p204 表）：由（1）$f(1)$正确$\xRightarrow{\text{由(2)}}f(2)$正确$\xRightarrow{\text{由(2)}}f(3)$正确$\xRightarrow{\text{由(2)}}\ldots\xRightarrow{\text{由(2)}}f(k)$正确$\xRightarrow{\text{由(2)}}f(k+1)$正确$\xRightarrow{\text{由(2)}}\cdots$，如果只保留两个部分，即是$f(1)$正确$\Rightarrow\cdots\Rightarrow f(k)$正确$\xRightarrow{\text{由(2)}}f(k+1)$正确$\Rightarrow\cdots$。对证明过程中的第（2）点，一定要分清此刻什么是已知的，什么是要证明的。

5. *两课的独到之处*

案例 1 中，教师在带领学生探索多米诺骨牌现象时，两次改变情境通过追问暗示此现象的本质特征——前一个牌倒下必须使后面一个牌倒下，而且是任意的相邻两个牌。这两个情境改变很巧妙，也很重要，因为一部分学生也许心里明白这个关系，但不知如何用语言表达这层意思；而另外一部分学生可能还没有发现这个关系；经过这样的变化，前部分学生知道了如何来描述这层意思，后部分学生则终于发现了这层关系。

案例 2 中，在引导学生探究多米诺骨牌效应的原理时，运用反思性教学的原理启发学生发现多米诺骨牌现象的本质特征。每当学生概括出一个特征时，教师都要追问“为什么”，引导学生以缜密的思维向探究的纵深前进。

下面框图是这段教学中教师教学生思考时的思维模式和学生心理运演分析。

同一个教学情境在不同的教师那里会产生不同的处理方式，而不同的处理方式又会产生不同的启发效果，这体现了教师对数学对象本质把握的水平，也体现出教师的教学智慧和教学机智。这也充分表明教学是一项创造性的工作，教师要创造性地教，学生要创造性地学，教师和学生都可以在教学中各自发挥自己的聪明才智。

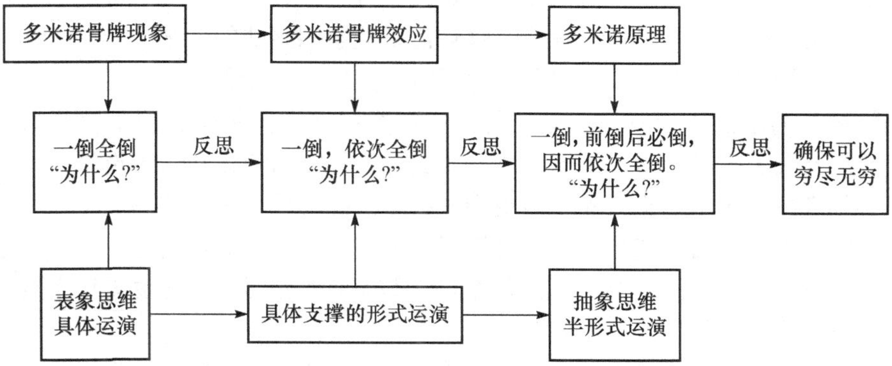

6.4.5 认识数学归纳法的本质

1. 数学归纳法的本质

（1）数学归纳法是一个公理。公理是什么？公理是一种客观存在，公认事实，不证自明。这说明数学归纳法是一种人类普遍经验的结果，无须证明。

（2）数学归纳法的两条基本准则。

（a）归纳基础——对一个起始正整数而言命题是成立的。

（b）归纳假设——假设命题对任意的某个正整数而言成立，那么命题对它的后继数也成立。

（3）为什么满足了数归法公理，一个与正整数有关的无限命题就能成立呢？

要证明"一个与正整数有关的无限命题"，按正向思维，必须用穷举法，但要人类穷尽无穷，绝无可能。转而寻找一种方法能够保证穷尽无穷。数学归纳法的（a）归纳基础和（b）归纳假设（命题）的作用，正是在于保证了能够穷尽无穷。

它是从反面来保证的——一个命题如果满足数学归纳法公理，那么任意给一个正整数，都能保证命题对于这个数成立。

2. 认识本质的意义

（1）创设情境时，就不是到数学内部去找，而是从人类的经验中寻找合适的情境。

数学理论体系本身就是由已有的公理推演出来的，到数学内部找只能找出一个由公理推演得到的对象。而现在要探究的也是一个公理，它不证自明，无须推演证明。因此在数学的内部去找，不可能找到，必须要到经验世界中去找。

本课创设的情境正是来自数学外部，说明教师把握了数学归纳法的本质。

（2）创设的这个情境要能揭示数归法的本质条件——归纳基础和归纳假设。

不言而喻，应该说“多米诺骨牌”是经验世界中数学归纳法最佳的原型，是最佳发源情境。但是“多米诺骨牌”只解决了数学归纳法的由来。

（3）归纳基础和归纳假设保证了满足数学归纳法的命题是真命题。

数学归纳法的思想方法实际还是源自于穷举法，穷举法的要义就是穷尽所有，但是要人类穷尽无穷，绝无可能。怎么办？只能另辟蹊径（创造）。

于是产生另一个思想：能不能找到一种方法能够保证穷尽无穷？

实际上“皮亚诺自然数公理”的第五条公理正是出自这样的思想，它保证了自然数从叫做“1”的数开始，规定每个自然数都有后继数，于是循着这个规定就可以确保自然数无限延伸到无穷。

而数学归纳法的两条公理——归纳基础和归纳假设（命题）的作用，正是在于保证了能够穷尽无穷，与上述自然数第五公理完全相同。

为什么说归纳基础和归纳假设就保证了能够穷尽无穷呢？这就是前面提到的反过来理解（反向思维）。

（4）数学归纳法思想的精髓在于它实际是一个递推系统，这个系统由两个条件“归纳基础”和“归纳假设”组成，满足这两个条件，这个系统就成立。

由（1）$f(1)$成立$\xRightarrow{\text{由(2)}}f(2)$成立$\xRightarrow{\text{由(2)}}f(3)$成立$\xRightarrow{\text{由(2)}}\cdots\xRightarrow{\text{由(2)}}f(n)$成立$\xRightarrow{\text{由(2)}}\cdots$

这是一个递推归纳的过程，是一个连锁反应的过程。一个无限命题达到了这个递推系统的要求，这个命题就是真命题。

6.5　数学法则教学的案例研究

数学中有很多数学法则，数学法则的教学应该如何遵循第 5 章的数学教学设计原理进行设计，本节将结合的教学案例进行评说。本节选取的课题是“对数运算法则”。这节课的任课教师采用“数学实验”的方法进行“发现式探究”，让学生自己去发现提出对数运算法则的猜想，进而加以证明。可以说别具一格，别开生面。此课教学时间虽然在 2002 年，但至今仍有极好的示范和借鉴意义。

大凡是“数”都有其运算法则或运算性质，对数也不例外。但是对数作为“数”与学生过去学过的数有很大的不同，首先它在形式上与学生业已习惯的那些“数”有很大的不同，其次对数的意义是从指数转化而成的，因而学生在把握对数本质属性上也有一定的困难，以致很多教师都有口头禅“认识对数找指数”。正是这样的不同，对数的运算也产生了很大的不同，虽然对数本质上还是实数，也可以进行各种代数运算，但在形式上却有了巨大改变，比起指数运算的改变更不容易发现，也更不容易理解。所以关于对数运算的教学就有其很大的特殊性，即应该让学生知道对数运算是如何建构起来的，为什么对数的运算要如此规定。

但是，以往的数学课堂在对待运算法则和运算性质教学的时候，往往单纯偏向于强调对法则和性质的记忆，而忽视法则、性质本身的建构过程。这就使得学生失去了一次感受新的数学对象建构的经验过程，也使学生少了一次接受创新意识、创造能力培养的机会。其实对数运算作为简化复杂数据运算的原有作用已经不大了，但是对数函数作为一个基本初等函数，在数学里仍然有很重要的意义。因此现在教学生学习对数时，应该更看重它对培养学生思维能力和创新意识方面的价值所在，从而要求教师在对数运算的教学中，以一种新的思路进行，把教学的重点放在让学生经历对数运算法则和性质如何发现的过程中。

本节课，教师采用一种数学实验的方法，让学生自己来提出关于对数运算的法则和性质的猜想，然后再对自己获得猜想进行证明，从而使学生在运用“提出问题、寻找方法、猜想结论、验证假设”的研究问题一般方法中，经历进行数学发明创造的过程。同时也可以使教师认识到，数学实验未尝不是一种好的数学教学方式，实验在数学教学中可以让学生经历“再发现”“再创造”的过程。从这个层面上看，其意义就不容小觑。

6.5.1　课堂教学案例及点评

课题：对数的运算性质

师：我们刚刚学习了什么是对数，知道对数也是实数。那么接下来同学们会想到什么？或者说接下来应该研究什么？[1]

生：对数既然是数，我想知道对数怎么运算。

师：这个想法很好，很自然。对数怎么运算？这节课我们就来研究这问题。怎么研究呢？我想请同学们做一个实验，通过实验你们来看看对数应该怎么运算。首先，这是一张表，叫数学实验表，请同学们按照试验要求，用计算器完成这个试验。[2]

M				
N				
$\lg M$				
$\lg N$				
$\lg M+\lg N$				
$\lg M-\lg N$				
$\lg M\lg N$				
$\dfrac{\lg M}{\lg N}$				
$\lg(MN)$				
$\lg\dfrac{M}{N}$				

点　评

[1] 以旧知为情境，引导学生提出本节课的课题：对数怎么运算。

[2] 创设数学实验，让学生做数学实验来研究。这是一个教学上的创造。这个数学实验的目的是，试图让学生从具体对数算式出发，尝试数字运算，摸索规律法则，得到一般的对数运算公式。仅从 4 列数据寻找规律，推得运算公式，这是典型的归纳推理过程。但这是不完全归纳推理，结论未必可靠，必须通过演绎推理的证明。利用归纳“再发现”运算公式，

续表

课题：对数的运算性质	点　评
实验要求：[3] （1）自定第一、第二行中 M，N 的数值，用计算器计算空格中的数值。 （2）观察计算结果，对其中的关系提出猜想。 （3）证明你的猜想。 （4）实验心得。 师：第一个要求，前后四个人一个小组。第二个要求，每个小组推选一个代表作个汇报。第三个要求，自己确定第一行、第二行中 M，N 的数值，算出各列的数值，填写在相应的表格中。当然 M，N 由你自己选取，你可以把你的生日作为数字，也可以用 π 的近似值、e 的近似值等，都可以。（2′15″～7′50″，学生分组活动）[4] 师：后面还有心得，能写几句写几句，现在各组来汇报。[5] 生 1：我们随便选了 8 个数字作为 M，N 的数值，每人负责一列，用计算器算出表中所有数值。然后就想找出它们中间有什么关系，猜想有哪种关系，就得到这样的猜想：$\lg(MN)=\lg M+\lg N$，$\lg\dfrac{M}{N}=\lg M-\lg N$。然后我们在 $M=4$，$N=32$ 这一列里面，发现 $\dfrac{\lg M}{\lg N}$ 的数值是 0.4，也就是 $\dfrac{2}{5}$，然后…… 师：你这样讲，我们听不懂，你上来讲，大家看着。[6] 生 1：（投影作业）我们发现在第 2 列 $M=4$，$N=32$ 这一列中，$\dfrac{\lg M}{\lg N}$ 的数值是 0.4，也就是 $\dfrac{2}{5}$。然后我们就想 32 的 $\dfrac{2}{5}$ 次方不就是 4 吗？也就是 $\log_{32}4=\dfrac{2}{5}$，所以我们在下面空格添加了 $\log_N M$，就是猜想可能 $\log_N M=\dfrac{\lg M}{\lg N}$。然后我们对其他三列计算，比如说像第 1 列，$M=2$，$N=8$，就有 $\log_8 2=\dfrac{1}{3}$，$\dfrac{\lg 2}{\lg 8}=0.333\cdots$，它们相等。通过计算得出的结果确是这样，其他两列也是相等的。于是就猜想出这个等式。 师：猜想 $\lg(MN)=\lg M+\lg N$，$\lg\dfrac{M}{N}=\lg M-\lg N$。还有一个，$\log_N M=\dfrac{\lg M}{\lg N}$。证明了没有？[7] 生 2：（同组）前两个证了，第 3 个还没证。	又是一个典型的创新过程。但是对这种“再创造”并不信以为真，进而用演绎推理来严格证明，这是运用“归纳先导，演绎跟进”原理的典型体现。 [3] 明确实验要求，对做实验是必要的，学生才能按照要求来完成。没有要求，就可能出现混乱，达不到试验的目的。 [4] 学生实验探究，进行了 5 分半的时间，使用计算器计算很快，如果分工合作还能节省更多时间。探究时间比较充分，但要完成证明和写心得，时间有点偏紧。 [5] 师生交流讨论。在汇报交流的过程中可以看到，活动的主体是学生，学生自己讲解，自己证明，教师的话不多，只是起到组织和引导的作用。这体现了“学生是活动的主体，教师是教学的向导”这一思想。 [6] 数学有自身的符号语言，表述的过程中如果不以文本形式展示出来，听者很难理解，所以数学教学中适时地把表述的数学内容文本化十分必要，尤

续表

课题：对数的运算性质	点　评
师：前两个怎么证的？你是怎么想到用这种方法呢？ 生 2：根据幂的运算法则，两个幂相乘，指数相加。 师：听懂了没有？在幂的运算当中，两个幂相乘，两个同底幂相乘，指数相加。换句话说，她是换成指数来看。研究对数怎么研究？ 生 2：转化成指数。 师：对数就是指数的另一种表示形式，已知幂和底数，求指数，这种运算就是对数运算。我看你的心得一点也没有嘛？ 生 2：还没有来得及写。 师：还没来得及写，那怪我太早了。同学们看一下，她们得到了三个结论。你们这组得到几个结论？证明过没有呀？ 生 3：我们这组，实验方法和结论和她们比较相似。但是我们这个组还有一个成果，就是除了表示以 10 为底数的对数关系式外，可以把这个结论合理外推为一切正数。[8] 师：那你的结论是什么？你上来写，不要我们两个演双簧。 生 3：（1）$\log_a M+\log_a N=\log_a(MN)$，（2） $\log_a M-\log_a N=\log_a \dfrac{M}{N}$，（3） $\dfrac{\log_a M}{\log_a N}=\log_N M$。（序号是教师加上的） 师：刚才第一小组的汇报，只是以 10 为底的对数。我们的计算器也有局限性，只能算以 10 为底的常用对数和自然对数。但是，这个猜想能不能往前走呢？他们就提出了这个结论，把对数的底换成 a，并不是仅仅以 10 为底。大家赞同吗？ 众：赞同！ 师：当然，我们赞同的还仅仅属于猜想，没有进行严格证明的结论不能算对，它不能算作数学结论。 师：还有你这个心得有些什么，你的心得好像不少嘛。 生 3：我的心得就是：团结协作，善于归纳总结，从大量数据中经仔细观察，大胆猜想，严密推理，发现客观的数学结论、规律，实验是检验真理的唯一方法。[9] 师：刚才这个同学讲得很好，还有吗？你的心得是什么，你发现了几个结论？你的结论是你们自己发现的呢，还是他们发现之后经过你的推演才有的呢？ 生 3：他们发现了以后才有的，但是我们自己证出来了。 师：你们证出来了，不过我们先看看这是个什么结论呢？大家看公式（3）$\dfrac{\log_a M}{\log_a N}=\log_N M$，右边本来是以 N 为底、M 是真数，那么到了左边，用了同一个底 a，真数做了分子的真数，分母的真数用的是右边的底数。那两个证出来了吗？	其是问题、关键的概念和推理更要以不同的形式文本化。 [7] 第一组猜想出以 10 为底的对数的运算法则 3 个公式：两对数之和、差和商的运算法则。教师强调对猜想地证明。 [8] 第二组把对数运算的猜想从以 10 为底推广到以 a 为底的一般对数形式。并明确的板书出来，给予编号。从而把本节课重点结论清晰地展示出来，明确本节课的知识目标。 [9] 学生的心得体会很有特点，教学中的这种处理体现出数学教育的育人功能。数学教学中不仅要教知识，要教思考，更要促进人格的健全发展。

续表

课题：对数的运算性质	点　评
众：证出来了！ 师：好不好证，你上来写一下。 生 4：我证的是狭义的，不是广义的。 师：就是说不是以 a 为底，而是以 10 为底的，你上来写一下。其他组呢？有什么特色的地方，你们这个组呢，哪位汇报？ 生 5：我们这个组除了书上有的，没有发现什么新的规律。 师：没有发现什么新的规律，我仅仅是让你汇报规律吗？还有什么别的，比如说活动你是怎么组织的呀，是每人搞一例，然后互相抄一抄，还是怎么的。你总有话可说的吧？[10]	
生 5：我们是每个人把自己的表格全部填满，然后再相互交流。 师：哦，要相互交流，你们的心得体会是什么呢？ 生 5：数学规律的形成源于实践，在学习数学的过程中要注意观察，抓住现象，求其本质。 师：现在，大家看黑板。看看生 4 怎么证明的。 证明的对不对？他的证明就是利用了对数定义的特点，转化对数为指数就简单清楚了。如果换成以 a 为底的公式会不会证？你说说看。 **证明**　令 $p=\lg M, q=\lg N$, 则 $M=10^p$，$N=10^q$。 $\lg(MN)=\lg(10^p\cdot 10^q)=\lg(10^{p+q})=p+q=\lg M+\lg N$。 所以 $\lg M+\lg N=\lg(MN)$。 同理 $\lg M-\lg N=\lg\dfrac{M}{N}$。 生 6：只要把底数 10 换成 a，就行了。 师：换汤不换药吧？把底数 10 换成 a，狭义的就变成广义的了。是吧？请问生 4，现在这个 $\log_N M=\dfrac{\lg M}{\lg N}$ 还会不会证明啦？ 生 4：会了。 师：就不麻烦生 4 证了。请生 7 来证怎么样？（生 7 板书）	[10] 鼓励学生勇于发言，展示自己的实验探究的情况，这是着意培养提高学生的表达能力和数学交流能力。学生能力的培养是多方面的，每个学科都要为学生各种能力的提高做出应有的贡献。
这几个结论都是我们共同发现的。你们注意了没有，我这个表格还留了两行，干吗？你们想到了什么没有？你们刚才都算的是什么，算了两个对数相加，算了对数相减，或者说真数相乘、相除都算了。你们想想还有什么可算？[11] 众：乘方、开方。 师：对了。乘方、开方为什么不算一算呢？有计算器嘛！请注意，我这个表格没有……有谁想到这些？请生 8 上来把结论和证明写到黑板上（板书）。 生 8：（板书）　$\lg M^n=n\lg M$。	[11] 启发学生发现和提出更多的对数运算的猜想。但教师自己绝不直接说出来，而是让学生完成，这是启发引导的底线。同时也体现了教师的教学向导的作用，教师的主导作用的“主导”，表现为教师是教学向导的“主角”。

续表

课题：对数的运算性质	点　　评
师：大家也用计算器一起检验一下。M，N 的表格往下填，还有两行往下填。他得到了这样一个结论：$\lg M^n=n\lg M$。当然同样可能有这样一个结论：（4）$\log_a M^n=n\log_a M$。（板书）有没有？不过还是要证明！[12] 师：我们来看生 7 这个证明，对不对？请一个同学评价一下。你认为他证的对还是不对？ 求证：$\dfrac{\lg M}{\lg N}=\log_N M$。 **证明**　设 $\lg M=p$，$\lg N=q$，则 $10^p=M$，$10^q=N$，$\dfrac{\lg M}{\lg N}=\dfrac{p}{q}$。 设 $\log_N M=m$，得 $M=N^m$，替代得 $10^p=N^m=(10^q)^m=10^{mq}$， 则 $10^p=10^{mq}$，即 $p=mq$，$m=\dfrac{p}{q}$， 所以 $\log_N M=\dfrac{\lg M}{\lg N}$。 生 9：对的。他先设 $\lg M=p$，$\lg N=q$，然后把对数交给“指数”。 师：指数我们前面已学习过了，对指数的运算特别是比较熟悉的，把不知道的、陌生的化成比较熟悉的[13]。证明的第二行后面的等式对不对？ 生 10：对。 师：为什么对？说说看。[14] 生 10：因为 $\lg M=p$，$\lg N=q$，所以 $\dfrac{\lg M}{\lg N}=\dfrac{p}{q}$。 师：来看生 8 证明对数的乘方公式。第二行等式对不对？ **证明**　设 $\lg M=p$，则 $10^p=M$。 $\lg M^n=\lg(10^p)^n=\lg 10^{np}=np=n\lg M$。 所以 $\lg M^n=n\lg M$。 生 11：对，根据对数定义。 师：根据对数定义，他这个推导是成立的。如果底数是 a 会不会证？ 生 11：把底数 10 换成 a 就行了。 师：那这个结论（1），（2），还有（3）和这个（幂的对数），就是这节课要学习的对数运算法则。对数的运算法则就是指这三个。第（1）个：两个对数的和等于这两个对数真数的积的对数。这一定要注意！这两个数乘积的对数，就是两个数的对数的和。那么两个数商的对数，就是这两个数的对数的差。这个（3）呢，没想到我们同时发现了这个结论。你们说，这个应该叫什么呢？[15] 众：换底公式。	[12] 教师不断地强调对猜想的证明，力图使学生形成强烈的意识：归纳猜想可以发现发明，但绝不能轻易相信和承认这个猜想的结论，一定要加以证明。这正是“归纳先导、演绎跟进”教学原理的体现。 [13] 这是方法论思想的启迪，把陌生的化成熟悉的，把不知道的化成知道的。这种一般思想方法的引导，其实比具体的数学思想方法更重要。 [14] 教师对学生证明中的关键性步骤给予高度重视，尽量兼顾到所有学生，使所有学生都能明白。教师一定要明白，教师的任务是面向全体学生的教学，教师有责任让所有学生都有机会获得教师的指点。 [15] 本课的小结是教师自己做的，没有让学生来完成，可能课堂讨论的时间多了。还是应当留出时间让学生对这节课的学习收获自己来做一个小结，可以使学生更加明确本节课的各方面的目标。

续表

课题：对数的运算性质	点　评
师：对，这个叫换底公式。因为从这里知道，它把底换掉了。而且这个换底公式，刚才我们已经证明了，但是证明有一个缺憾，它是以什么为底的证明呀？　众：以 10 为底。 师：以 a 为底会不会证？刚才说了，把底数换成 a 就行了。课外去证，我们现在不去证了。有一些同学想得很好，既然算了两个数乘积的对数，两个数商的对数，因此就想到了去算幂的对数，也就是说，乘方的对数。接下来解决几个问题。请把书打开到 84 页，第三题。 要求口答，看看我们心算能力怎么样。第 1 小题，哪个说？（略）最后还有一个问题，请大家研究一下。难道 $\lg(M+N)$不等于 $\lg M+\lg N$ 吗？肯定不等吗？下面的问题请课后思考。[16] 研究性课题： （1）在什么条件下有 $\lg(M+N)=\lg M+\lg N$? （2）在什么条件下有 $\lg(M-N)=\lg M-\lg N$? （3）在什么条件下有 $\lg\lg\frac{M}{N}=\frac{\lg M}{\lg N}$?	[16] 这个课后的思考题，延续了本节课的研究思路，意在向学生暗示研究还可以继续，要善于追究、深究，这才是真正科学的态度。

6.5.2　本案例的教学路线图

根据课堂活动情况，本课的教学路线图如下：

Ⅰ 旧知引新　提出问题　　提出本节课的课题：对数怎样运算？

↓

Ⅱ 设计实验　提出要求　　呈现数学实验表，让学生明白实验要求和实验目的。

↓

Ⅲ 计算数据　尝试猜想　　让学生自选数字计算结果，填表，观察，归纳，发现规律，提出猜想，以数学语言的形式呈现出来。

↓

Ⅳ 汇报猜想　交流论证　　学生汇报交流实验探究的猜想。

↓

教师引导讨论，得出 10 为底的对数运算的性质：

↓

（1）$\lg M+\lg N=\lg(MN)$，（2）$\lg M-\lg N=\lg\frac{M}{N}$，（3）$\lg\frac{M}{N}=\log_N M$。并由学生证明（1），（2）两个公式。

↓

↓

Ⅴ 启发思考　交流心得　　引导学生深入探究，得出对数运算的一般性结论：

↓

（1）$\log_a M+\log_a N=\log_a(MN)$，（2）$\log_a M-\log_a N=\log_a\frac{M}{N}$，

↓　（3）$\dfrac{\log_a M}{\log_a N}=\log_N M$　（4）$\log_a M^n=n\log_a M$。

↓　学生证明以 10 为底的运算公式（3），（4）。

↓

Ⅵ 巩固练习　课堂小结　学生运用运算法则解决简单问题。

↓　教师进行简要的课堂小结。

↓

Ⅶ 布置作业　启发创新　引出对数运算公式的更多问题，引导学生课后的思考。

↓

下课

6.5.3　对本课教材的重新认识

对数运算的法则在教材中是通过对数与指数的关系引入的，这是一个从数学到数学的演绎过程。没有展示出“对数运算法则是怎样发现的”这个要义。通过演绎固然可以发现对数运算性质，但不能体现数学发现的真实过程和科学发明的精神。[①]

教材直接把对数运算公式呈现出来，也就是把数学的结论直接告诉学生，强调了运算公式的证明，而忽视了运算公式的发现过程。以往的数学教材的基本特征，就是常常“没有来龙去脉”，也即“斩头去尾，烧中段”，这里就是典型的“斩头”即没有“来龙”。正如弗赖登塔尔在对教材分析时所描述的：“语言和数学的静态解释将教的内容作为现成的产品加以分析，分析的结果则以综合的方式提供给了学生。”[②]

从这个意义上讲，教师就是要把课本上缺失的这个“分析”过程弥补出来，也就是常说的“还原数学创造的本来面目”，虽然数学史上不是由数学实验发现对数运算公式的。但是，本课在教学的时候，教师不能仅仅局限于表面教材，更要发掘教材中深层次的内容，证明公式当然也很重要，但与让学生自己去“再发现、再发明”公式相比，就是微不足道的了。

6.5.4　对本案例的整体评析

本教学案例是一节典型的数学实验课，学生在通过对表格内容的计算试验中体验对数运算性质的发现过程。由教学路线图可以看出，本节课主体可以分为三个阶段，第一阶段是创设数学实验的情境，给学生发放实验表，并提示实验要求；第二阶段学生分组合作探索，提出猜想；第三阶段是教师和学生共同交流论证，

① 涂荣豹．数学教学认识论．南京：南京师范大学出版社，2003：114．

② 弗赖登塔尔．作为教育任务的数学．上海：上海教育出版社，1998：107．

得出对数的运算性质并尝试证明。通过实验环节的设置，使学生最大限度地发挥主观能动性与创造性，像真正的数学家那样去尝试数学的发明发现，从而获得发明创造的体验。

从整体上讲，这节实验探究课主要有以下几个特点。

1. 教师的引导下学生的实验探究

探究可以分为两种，一种是独立活动下的学生自主探究，即发现式探究；另一种则是教师引导下的学生主动探究，即引导式探究。本课前段属于前者，后段偏向于后者。首先，课堂开始教师给出实验表格其实就是提供了一个研究问题的情境，然后又出示了一些具体的要求，并对要求作进一步的解释和强调，避免了学生的盲目探究和无序探究。然后，由学生自选数字运算，进而提出猜想，验证猜想，并对猜想进行了初步证明，并在整个讨论过程中充分暴露学生探究中的思维和合作过程。

教师在交流讨论过程中运用了很多元认知和方法论的启发性提示语，对学生进行引导：

“你猜想之后，有没有再去验证一下呢？”

“那你刚才汇报的应该是先猜想，后验证啊！”

“这个是你们自己发现的结论，还是你们在他们的基础上推算的？”

“比如说你们小组活动是如何组织的呀？……你总要有个说话的地儿吧？”

在后面引出乘方运算法则的时候，教师更是由远及近地进行了引导启发：

“我这个表格还留了两行吗，对吧？那么你们刚才都算的是什么？”

“看一看……加法算了，对数相加算了，对数相减或者说真数相除算了，真数相乘算了。乘法、除法，有人想到过算高次运算吗？回忆一下。”

“哦，乘方，乘方为什么不算一算呢？这不是应该你考虑的事情吗？”

这些启发性提示语，是教师教学向导作用的体现，教师的主导地位的主要体现在教师是教学向导中主角，这是教师主导作用真正含义。

2. 实验中的“再发现”

本教学案例中，学生完全不是被动地聆听教师的说教，而是积极主动的探究，并与全班同学进行交流。教师所扮演的角色完全是学生的“向导”，所起的仅仅是引导、协调、衔接、串联、中介的作用，发端于实验的整个教学过程，学生是真正的主角，教师只是学生的“陪衬”。从学生的实验报告中可以看到这样的实验活动包含了许多再创造的成分。

（1）大多数学生体会到：数据越具有任意性，得出的结果越是有一般性，特殊值往往缺少真实性。对猜想验证的次数越多，越能提高对猜想的信心。

（2）很多学生认识到：以 10 为底时，对数运算性质的推导是狭义的，以任意非 1 正数为底时对数运算性质的推导才是广义的，具有最大范围的实用性。这是建立了一种对特殊性和一般性的理解。

（3）所有的学生都发现了对数的和与差的运算性质，绝大部分学生自己发现了换底公式，少数学生发现幂的对数运算性质。

这些都可以看作是学生自己再创造过程中的数学经验。学生所获得的这些课本以外的知识，是对课本学习内容的超越，是对教师教学情境设计的超越，是学生主动学习过程中自己生成的知识。学生自己的这种生成性知识是学生自己的体验，属于学生自己生成的数学，绝不是外部嵌入的孤立体，而是与学生自己已有知识、经验、认识形成实质性、非人为联系的，具有网络式结构的“活的”组成，是真正建构意义上的学习。

3. 对实验过程的体验

实验教学法有一个很重要的特点，即学生通过实验过程会得到一些非认知因素的心理体验。为此，本节课教师在设置实验表格时加设了“实验心得”这一栏目。粗略地看，这种做法有些不切实际，有表面做秀之嫌。但是结合案例所在班级实施的实际情况，可以看到这种方法对学生非智力因素的发展是着实有效的。反映在如下几个方面。

（1）学生尝到了数学创造的滋味，感受到发现发明的乐趣，享受到科学研究成功的喜悦，增强学习数学的信心。

（2）整个活动既有个人建构，又有集体建构，使学生体会到团队合作的精神。如果能更加突出合作的意义就更好，如单干不如合作有效，就能更好的体现相互补充，互相协调，互相启迪，互相鼓励的合作学习的优势。

（3）很多同学感受到：科学实验中需要极大的耐心、坚持不懈的努力、坚韧不拔的意志力。

（4）有的同学觉得：科学发明创造也需要巨大的勇气，同时要刨根究底，不能人云亦云，科学来不得半点虚假。冒险的精神和严谨的态度相结合，是科学发明创造的保证。

（5）有学生提出：要勇于创新，勤于实验，实验是检验真理的基本（唯一）方法。

4. 学生的发展被放在了首位

（1）这个教学过程重在发展学生的思维，能力的提高，创新意识的培养，知识成为思维培育的副产品和必然结果。

（2）这样的实验教学没有把精力放在大量的解题演练上，而是让学生数学再发现、再创造的经历中，获得数学素养的提升。

（3）这个教学设计建立在建构主义观念之上，体现了数学学习的建构过程。

（4）这节课还很好地体现了以人为本的教育思想。

6.5.5 对本案例的局部评析

1. 实验情境的创设

本节课教师首先以方法论提示语引导学生自己提出本节课的课题：“对数怎么运算”，从而导入数学实验。如果一上来教师便让学生根据表格做数学实验，那就欠妥当了，一些学生可能会产生这样的疑问：为什么要填充这样一个表格？这样的数学实验有什么具体的意义？弗里德曼在他的主动学习理论中强调，只有当学生把实现教学的目的作为自己个人目的的时候，才能真正激发学生的学习动机。[①]即使学生能从实验表格中发现对数运算法则的蛛丝马迹，但是，归根结底，整个过程仍然是教师让学生去做，而不是学生自己想到要做的。那样，在看似主动学习的背后学生还是有被动接受的成分。

在实际教学内容上，稍前刚刚学习了“指数及其运算性质”，上一节课也才完成了“对数概念”和“求对数值”的学习，在这样的基础上引入这节课的“对数运算研究”是可以很自然的。除了本课引入方法外，还可有其他方法。

一种方法是，由指数及其运算性质“类比引入”。因为在指数内容的学习中，就是先学习概念再研究运算法则，进而研究指数函数的。比如引导回顾“指数”中研究的各类问题，然后通过适当的引导让学生自己提出本节课所要学习的课题（运算法则实际就是运算的定义，如什么是幂的乘法：同底数幂相乘指数相加；运算性质是运算的特点，有了运算的定义进而才有运算性质）。

另一种可以由“问题情境”引入。比如设计一道简单的应用题，数学化以后建立的数学模型就是“两个或者多个对数相加”，然后“对数怎样进行加、减、乘、除等代数运算”这样的问题就应运而生。如：$\log_a A+\log_a B+\log_a C+\log_a D+\log_a E+\log_a F$ 等。

根据这样的情境，很自然地让学生提出问题，并提出解决问题的方案。

产生问题：“对数加、减、乘、除等运算的法则是什么？”
提出解决方案——做实验！
怎么做实验？——用一些具体的数算一算！
算过了以后呢？——这样算一算有什么好处呢？——形成猜想和证明猜想。

① 弗利德曼．中小学数学教学心理学原理．北京：北京师范大学出版社，1987：99．

然后把事先设计好的“实验表格”发给学生，表格上第 2 个要求可以改为“观察计算的结果，提出你的猜想(越多越好)”(表格还可以做进一步的修改)。这就是研究问题的最基本方法。这样不仅可以达到知识学习的教学目标，更有意义的是，这种数学发现发明的过程经历对学生具有心灵启迪的潜在价值。我国的学生过去在这方面的经历太少了，其实这才是学生真正要学的东西。

2. 教学重点的把握

本节课教师重点是通过数学实验让学生离开体验数学知识的发现发明过程，从而让学生对所学内容有一个更为深刻的认识。在整个实验活动中，学生必须亲自去做：他们要自己设定数据，用计算器计算数据，在表格中填写数据，既要动手，又要动脑；有个人独立的工作，也有与同学的合作交流。除了要完成技能性的运算，还要调整思路提出概括性的猜想，进而证明猜想，不仅有行为的操作活动，而且有理性的思维活动。这就真正实现了以学生为主体、在“做”中学数学，有利于学生的数学再创造，有利于学生建构自己对数学对象的理解。

但是，本节课同时也存在一些缺陷，教师在重视实验过程的同时过于忽略了性质的证明，仅仅是让学生陈述一下思路，或是黑板上板演，没有做详细的分析和证明。当然，本节课教师之所以这样处理还存在着一定的客观原因，因为所选案例的班级是所在学校同一年级当中最好的，所以对大部分学生来说，法则的证明是没有什么难度的。但是，如果推广至一般情况，教师还是要重视这部分证明内容的。发展学生的认知力是首要的，但是基础知识的掌握也是必须的。

对于对数运算性质的证明可以按“解题教学”的模式和要求来进行教学。关键是如何按波利亚倡导的，用元认知提示语帮助学生找到一个“好念头”——一个解题的思路，其中“帮助学生找到思路”是第一位的。

要证明 $\log_a M+\log_a N=\log_a MN$（$a>0$，$a\neq 1$）。

首先按“着手解题”和“理解题意”的启发性提示语（见本书 7.1 节）：

“我该从哪里开始？”——从理解题意开始。

“我有哪些条件？”——对数的定义和指数的运算规则。

“它是什么？它怎么表示？还能怎么表示？”——$\log_a M$ 可以用指数表示。

——根据对数定义，$\log_a M=p$，$\log_a N=q$ 就是 $a^p=M$，$a^q=N$。

“我这样做会有什么好处？”——就可以得到：

$\log_a M+\log_a N=p+q$。

由 $MN=a^p a^q=a^{p+q}$，就有 $\log_a MN=p+q$。

于是 $\log_a M+\log_a N=\log_a MN$。

至此，一个“好念头”就可能已经产生了。这实际是运用解题的元认知策略。

6.5.6　本案例的启示

1. 教学要依据教材而高于教材

教材是教师教学的依据与参考，但是并不是唯一的标准，对于本节课，教材在某些内容的处理上可能就有所欠缺。

一是，所谓“对数运算性质”之说欠妥，这时对数运算（“+、−、×、÷”等）尚未建立，其性质从何谈起？再说运算性质也应是指运算的交换律、结合律之类。所以称为“对数运算公式”或“法则”为宜。

二是，运算法则写成“$\log_a MN=\log_a M+\log_a N$”形式也不妥。既然是对数运算，就是对数的“加、减、乘、除”等运算，因此等式左边首先是对数的“加减乘除”，右边才是它的结果。课本这种书写方式实际表示“两数积的对数是什么”，并非对数的运算。

这种书写方式也给学生进行证明带来不便。从上述思路探究过程，由 $\log_a M=p$，$\log_a N=q$，追溯到 $a^p=M$，$a^q=N$；才找到 $MN=a^{p+q}$，进而才能得到 $\log_a MN=\log_a M+\log_a N$ 的；而直接从 $\log_a MN$ 入手，不易进入这个思路。从这节课实验活动的探究顺序，也说明这种书写不可取。足见，这种表述方式既不合逻辑，也不利学生，脱离教学实践。

所以，这就要求教师在教学的时候能更准确地把握教材内容的本质，不但要从教师“如何教”的角度，更要从学生“如何学”的角度出发来设计教学。

2. 实验法在数学教学中的应用

数学教学中是否需要“实验”，对此还存在着认识上的争论。但是，弗赖登塔尔早就提出：“要实现真正的数学教育，必须从根本上用不同的方式组织教学，否则是不可能的。在传统的课堂里，再创造方法不可能得到自由的发展。它要求有个实验室，学生可以在那儿个别活动或是小组活动。”①

其实，在目前的条件下不可能真正形成实验室式的教学。而且，对于数学实验教学的定义也不应该太过于局限。比如这个案例，在数学课堂中合理地植入一些实验性的活动，通过实验情境的创设，让学生在自主实验性活动的过程中体验知识的发生发展过程，使他们加深对数学知识的理解，从而提高数学课堂教学的效率。

在提倡这种实验性教学的同时，我们也需要明确，学生数学能力的发展，需要诸如实验的这些过程性知识，但同时，作为数学能力发展的载体——数学知识，也是不可或缺的，这是基础，学生只有在掌握知识的基础之上才能进一步提高他们的数学认知力。

---

① 弗赖登塔尔．数学教育再探．上海：上海教育出版社，1999：151.

6.6　数学关系教学的案例研究

数学是什么样的一门科学有多种解释，其中一种解释就是数学是研究“各种关系”的一门科学。这里只是借用这样一种观点，而无意对这种观点进行论述。从现代数学的观点看，数学的对象应该扩大到关系，大小是关系，集合的包含是关系，直线的平行垂直是关系，图形的全等、相似、射影也是关系，微分、积分、同构、同胚、同余等也都是关系。

数系的扩充也是一种关系，是数集为了解决运算不能而不断扩充的过程中形成的一种关系。比如复数的引入，就是从实数集扩充到复数集的过程，为了这个扩充，要厘清数集每一次扩充的基本原则，为此就要引导学生对各个数集之间的关系进行一系列的研究，找出数集扩充的一般原则，然后利用这个原则想方设法把实数集扩充到复数集。

复数不仅在数学发展史上有着重大的历史意义，而且对科学的认识论和方法论产生深远的影响，同时它在现代科技中也有着广泛的应用。在高中数学课堂教学中，复数的教学是“易学难懂”的难点课。一方面教材内容是代数形式化的叙述，使学生对复数概念及其运算可以较轻松的获得识记和应用，这就是复数内容表面上相对易教的原因；另一方面，正是教科书以复数的历史结果为出发点，以代数形式表示复数及形式化定义复数运算，掩盖了复数概念及复数运算产生的本原性问题，导致不利于复数及其运算的数学本质和思想方法的揭示。

6.6.1　课堂教学案例 1 及点评

课题：数系的扩充与复数的引入	点　评
师：（略去与外甥关于梦想的对话）(00′00″～00′45″) 师：看屏幕，走近大师卡当（1501—1576），意大利数学家、医生。[1] 他曾试图解决一个问题，请大家也来试一试。 将 10 分成两部分，使两者的乘积等于 40。(01′10″～01′50″) 师：你说说看。 生 1：设一个数为 x，另一个数为 $10-x$。 生 1：然后得到 $(x-5)^2+15=0$ 这样一个等式。 师：你把它配方了。也就是，（板书）$x\cdot(10-x)=40$，$x^2-10x+40=0$。[2]	[1] 创设情境。本课的情境创设是提出卡当问题。这节课真正的问题是“实数集不够用，怎么办？”解决了它就产生复数集。数学教学第一基本原则——每节课都要尽可能提出一个核心目标问题。 如“为什么要学这个知识？”如何提出问题？这是要教学生学的。教学是“教学生学”，学什么？首先要“教学生‘学提出’问题”。怎么教？通过

续表

课题：数系的扩充与复数的引入	点　评
生 1：$(x-5)^2+15=0$。因为$(x-5)^2\geqslant 0$，加正数 15 等于 0，不可能。 师：也就是说这个方程是……　　生 1：无解。 师：在实数集范围无解。大家得到的结论和卡当的想法一致。 生 1 采用配方，其实计算一下判别式Δ，发现Δ是？ 生 2：小于 0。 师：也就意味着这个方程？　　生 2：无解。 师：但是卡当没有放弃，他继续思考这个问题，将 10 分成两部分，有没有这样的两个数之和为 10 的？ 生 2：有。 师：两数之积为 40 的，有没有？　　生 2：有。 师：那怎么就找不到方程的解呢？卡当撇开Δ的情况，尝试用求根公式把两个根表示出来，请大家也表示一下。（04′25″～04′55″） 生 3：$x=5\pm\sqrt{-15}$。 师：（板书）$5+\sqrt{-15}$，$5-\sqrt{-15}$。她写的形式和卡当写的形式一样。但是大家发现这两个数之和是多少？[3] 众：10。 师：之积呢？ 众：40。 师：这正好是卡当想要找的两个数。他把这两个数称之为是两个怪东西。实数集当中有没有这样的数？ $\left(5+\sqrt{-15}\right)+\left(5-\sqrt{-15}\right)=10$。 $\left(5+\sqrt{-15}\right)\times\left(5-\sqrt{-15}\right)=40$。 瞧，这两个怪东西正是要找的数！ 众：没有。 师：那也就是说实数集中的数够不够用？ 众：不够。 师：怎么办？这就是这节课要研究的问题：（板书）数系的扩充。[4]（6′20″）数的历史源远流长，现在我们沿着历史的足迹看看数集这一家族是如何发展、壮大的。大家回顾一下，数集经历了哪几次扩充呢？（板书）数集经历了哪几次扩充呢？[5]（07′25″）	适当的情境启发帮助学生提出问题。这个情境靠教师创设，这就是教师创造性的体现。教师创造性地教，学生创造性地学。 [2] 学生已经得到$(x-5)^2+15=0$，并且学生说$(x-5)^2\geqslant 0$，再加上一个正数等于 0，从已学知识来说这样一个式子应该不成立；教师还要再化简得到$x^2-10x+40=0$，又继续算出Δ，并用求根公式表示出来，硬要把学生思维纳入自己的思想轨道。教师应待生 1 说完后，再引导学生移项得$(x-5)^2=-15$，进而产生疑问。 [3] 这个问题对引出本课问题很有帮助。正是发现满足卡当方程的这两个“怪物”，才使人感觉到应该来解决这个问题。 [4]“怎么办？”其实就是本课的核心目标问题。但是教师一转变“数系扩充”成了这节课的问题，这就不对了。实际上不引进复数，也没有必要研究数集的扩充，而是因为要引入复数，才想到要从过去数集扩充的规律，来帮助解决复数的引进。所以这节课的主要任务是建立复数集，建立了复数集从而实现了“数系扩充”，“数系扩充”是建立复数集的副产品。当然这与教材的标题“数系的扩充”有关，说明教材编写有问题，不严谨，误导

续表

课题：数系的扩充与复数的引入	点　评
生 4：书上写了四次扩充，（读书）是为了技术的需要产生了自然数，后来又是为了测量的需要产生了分数，为了刻画具有相反意义的量产生了负数，后来又有了为了解决度量正方形对角线长产生了无理数。 师：还有吗？　　生 4：还有现在要研究的那个复数。 师：他表达了这样一层意思，就是学过了哪些数呢，学过了最开始接触的什么数？　　生 4：自然数…… 师：然后是负数、分数、无理数。最后他又大胆地说出了一个数。　　生 4：虚数。（08′35″） 师：现在就在学习过的这些数的基础上，重新建构一下所学习的这些数集。我们最先接触的是什么？ 众：自然数。 师：在自然数基础之上又学习了一系列的数，把这些数重新建构一下。在自然数的基础之上扩充到了什么？　众：整数。 师：然后由整数基础上又扩充到了？　　众：有理数。 师：在有理数基础之上又学习了什么？　　众：无理数。 师：在有理数基础上又扩充到了什么？　　众：实数。（09′45″） 师：现在所建构的这样一个数的发展体系，自然数、整数、有理数，然后到实数。那我们看，由自然数扩充到整数，怎么扩充的？引入了什么数？　　众：负数。 师：准确地说应该是负整数。由整数如何扩充到有理数的？ 众：引入分数。 师：由有理数怎么扩充到实数的？　　众：引入无理数。（11′10″） 师：数集可以说在新的建构体系下经历了这样几次扩充，那么每次扩充分别解决了哪些问题呢？由自然数扩充到整数集，解决了什么样的问题？　　众：小数不能减大数。 师：小数不能减大数。那也即是说，从数学的内部需要来看，不够减了，我们就引入了负整数，扩充到整数集。刚才大家说引入了负整数，从社会的发展来看它其实也是为了刻画具有相反意义的量，所以说从自然数扩充到整数既有社会发展的需要，也有数学内部发展的需要。	教师。但教师不应该是教教材，而是用教材，那就要能够用自己对数学的理解，来修正教材的问题。 [5] 为什么要研究这个问题呢？实际是因为满足卡当方程的两个“怪物”用实数不能表示，就认为卡当方程无解，那怎么办？于是引导学生从已知的知识中寻解决未知的问题，从已知寻找未知，从已经解决的问题寻找解决新问题的方法。从而去联想已学过的知识中有没有类似的情况，如果有，能不能加以借鉴？这样才想到曾经的几次数集的扩充。这才有必要研究这个问题。没有“怎么办”这个问题，就无须探究已有数集是怎么扩充的。接下来的过程是，对这个问题，学生基本是看书的，把书上的内容重新表述了一遍。然后围绕数系已经经历的三次扩充：自然数集—整数集—有理数集—实数集，来寻找共性，找出扩充规律。但这个过程还是教师主导了学生的思维，教师边讲边问，没有学生自己探究的过程，学生完全被牵着鼻子走。这个已有数集扩充规则完全可以交给学生来探究完成，不用教师讲授，教师问的基本是假问题，因为学生全知道，既然学生知道，还有必要问吗？从已有的几次数集扩充

续表

课题：数系的扩充与复数的引入	点　评
在自然数集中能够解决哪些运算，也就是哪些运算总可以实施，比如说加法是不是总可以实施的？ 众：可以。 师：乘法呢？　众：可以。 师：乘方运算可不可以？　众：可以。 师：扩充到整数集之后加法是不是总可以实施？ 众：可以。 师：乘法呢？　众：可以。 师：乘方呢？　众：可以。 师：那么在原来基础之上这些运算在整数集内都总可以实施的，除此以外，哪一个运算也是总可以实施的？ 众：减法。 师：刚才从自然数扩充到整数，解决了两大类问题。现在请大家类比刚才研究的方式，能不能写出由整数到有理数，由有理数到实数，它们分别解决了哪些问题？可以合作讨论交流。（板书）每一次扩充分别解决了哪些问题？[6]（13′35″～14′50″） 生 5：扩充到有理数集时，加法、乘法，减法、除数不为 0 的除法。 师：也就是说，除数不为 0 的情况下，除法总可以实施。 生 5：扩充到实数集的时候，可以满足加法、乘法、乘方、减法、除数不为 0 的除法，还有是正数的开方。（15′45″） 师：她强调了正数的开方总可以实施，那么负数开方呢？ 生 5：在实数集的范围内不能开。 师：在实数集的范围内，不是总可以开方的，但是开奇次方可不可以？　生 5：可以。 师：那我们把它具体化，在实数集范围内开奇次方总是可以实施的，还有吗？　生 5：没有。 师：其实刚才是从内部发展的需要来看的，每一次扩充都是解决了相关的问题。从社会发展的角度来看，刚才讲了自然数。其实引入分数在生活当中也是很有需要的，比如说，测量、平均分配，是不是都需要有理数？引入了无理数，引入了无理数就可以测量边长为 1 的正方形对角线的长度。	要得到什么才是主要的、有用的。回顾扩充过程，并没有难度，重要的是由扩充过程能寻找到什么规律，寻找规律永远是任何研究的目标。所以教师的任务，是如何引导学生去探究这个规律。要学生探究，就要把学生放在探究的位置上，让学生自己去探究，教师只需稍加启发引导，而不是包办代替，不敢放手，否则就会制约着学生的自主思考。 [6] 这个问题意在，让学生以回顾的方式进行反思，每一次扩充解决了哪些问题？怎么解决的？引导学生从社会发展和数学内部发展需要即数学运算的角度进行思考。然而虽然要学生类比教师对第一次扩充的讲解，思考后两次扩充，但只给学生 1′15″很短时间，思考时间不足，所以学生只回答了有理数到实数的扩充，而整数到分数的扩充就没说。而且教师还是急于把话接管，自己一人演讲，也没发现少了一次数集扩充，就径直自己总结一番。

续表

课题：数系的扩充与复数的引入	点　评
所以每一次数的扩充，其实是从社会的发展需要，数学内部的发展也是需要的，而且在数学内部需要的基础之上发展的，都是在原来运算满足的情况下，又进一步使得某些运算也变得总可以实施了。（板书）这几次扩充有共同的特点吗？[7]（18′35″） 生 6：它们共同的特点，是每一次扩充都引入了一种新数。 师：简言之就是引入新数。还有吗？[8] 生 6：还有数的每一次扩充，它的运算方法都是增添了新的方法，而原来的方法依然可以继续使用。 （板书）共同的特点。（1）引入新数。（2）在新的数集中原有的运算及其性质仍然适用，同时解决了某些运算在原来数集中不是总可以实施的矛盾。 师：每次引入了新数，而且原有运算及其性质在新数集中仍然适用，也解决了某些运算在原数集中不总能实施的矛盾。（19′35″）然而历史在前进，社会在发展，生活中的矛盾是不断涌现的，400 多年前一个怪东西摆在了卡当的面前，$\sqrt{-15}$，怎么办？[9]那也就是说现在要引入什么？ 生 6：新数。 师：新数，引入一个什么样的新数，就能解决这个矛盾呢？要想解决 $\sqrt{-15}$ 的问题，其实就是找一个数，使得它的平方等于多少？　　生 6：-15。 师：找什么样的数，它的平方等于-15呢？现有的实数集中已经有了 $\sqrt{15}$ 。现在把-15 写成 $15\times(-1)$。（板书）$(\quad)^2=-15=15\times(-1)$。 $\sqrt{15}$ 的问题有没有解决？ 生 6：解决了。 师：那现在就是解决什么问题？　　生 6：-1。 师：说得具体一点就是找一个数的平方等于-1。（板书）$(\quad)^2=-1$。 师：引入一个什么样的数呢？　　生：虚数。 师：引入一个虚数单位 i，这个 i 叫虚数单位，并规定 i 的平方是多少？ 生：-1。（22′00″）	[7] 这个问题所问的特点，教师前面已经讲述过了，再要学生回答，他只重复就行了。学生实际是先接受，再重复。这不是典型的被动学习吗？ [8] 这是对共同特点的归纳，但包括后面的[10] 在内都存在一个共同的问题，就是没有强调应该是在“原数集”上引进新数，是把新数加入到原来的数集里而形成新的数集。也就是原来数集里的数也在新数集中。这容易造成学生误以为新数集与原数集是无关的数集。突出这点的好处，能够使得后面讨论复数 $a+b\mathrm{i}$ 的分类时，容易理解 $b=0$ 时的实数也是复数。下一个案例中在这个地方就出现了错误。数集扩充的共同特点，要写成学生容易掌握的形式，应写成： （1）在原数集上引入新数，原数集$\subseteq$新数集; （2）在新的数集中，解决了原数集运算不能的问题; （3）原有的运算及其性质在新数集仍然保持。 [9] 有了以上数系的扩充经验，就可以解决卡当问题了，怎么解决？即怎么解决负数开平方的问题。教师接下来从-15 过渡到-1×15，从而顺利过渡到$(\quad)^2=-1$，这样的引导应该讲是有效的。对于新数，最好还是先用 $\sqrt{-1}$ 表示，然后用 i 表示。这比较自然，

续表

课题：数系的扩充与复数的引入	点　评
师：而且实数可以与 i 进行四则运算，进行四则运算时，原有加、减运算律仍然成立。为什么用 i，i 是一个英文 *imaginary* 的第一个字母，这个英文单词的意思就是虚幻的、虚无缥缈的。是谁引入的？是瑞士著名数学家欧拉，卡当只是这个问题的提出者，i 引入的时间是 1777 年，从 16 世纪卡当提出问题到 18 世纪，历经了 200 多年，可见科学上每一小步的迈出是多么的艰辛。(25′00″) 引入 i 之后，你能不能写出卡当要找的数呢？(25′40″～25′50″) （板书）引入新数 i，叫做虚数单位，并规定： （1）$i^2=-1$; （2）实数可以与 i 进行四则运算，进行四则运算时，原有加、减运算律仍然成立。 生 7：$5\pm\sqrt{-15}\,i^2$。 师：$5+\sqrt{-15}$ 什么？　　生 7：i^2。 师：i^2？ i^2 是多少？　　生 7：-1。 师：这个地方应该是什么？　　生 7：i。 师：有同学说是 i。那另外一个数就是 $5-\sqrt{-15}\,i$。这就是卡当想要写出来的数（板书）$5+\sqrt{-15}\,i$，$5-\sqrt{-15}\,i$。 师：那能不能列举出其他含有 i 的数呢？　　生：$5+\sqrt{2}i$。 师：$5+\sqrt{2}i$，还有哪位同学？　　生：$-3i$。 师：$-3i$。你再说一个。　　生：$1-2i$。 师：$1-2i$。看来可以列举出很多类似这样的数，那你能不能写出一个形式把刚才写的数全部包含在内呢？[10] 生：$a+bi$。 师：$a+bi$，这里的 a，b 是什么数？　　生：实数。 师：$a+bi$，这里的 a，b 是实数。从这个形式看出来 i 可以和实数相乘，再加上一个实数，这些形式的数通常用小写的字母 z 来表示。（板书）$z=a+bi\ (a,b\in\mathbf{R})$。 师：$a+bi$ 这个数一定是，a，b 是实数，i 是虚数单位。这个形式的数 $a+bi$ 一定是虚数吗？[11]　　众：不一定。 师：不一定，为什么？ 生 8：当 $b=0$ 的时候，$z=a$ 是实数。	也符合历史。符号 i 是 200 年后欧拉才想出来的，欧拉为了表述自己研究的问题而提出用 i 来表示虚数单位。但是不必强调“虚数单位”，虚数单位也是虚数，就像“1”是实数单位一样，而且所有教科书中从来也没说过“1 是实数的单位”，学生就不理解这个“虚数单位”的意思，容易理解为像“米”“公斤”这样的单位，造成误以为虚数单位不是虚数。 [10] 这个问题提得比较好，学生容易理解，但更多的教师喜欢问“一般形式”，中学生中很多人并不懂什么“一般形式”，就会不知道，答不上来。下一个案例中，就出现了这样的问题。 [11] 这个问题引出复数的分类。教师让学生练习了三个例题，考察了学生对数集的关系是否掌握以及复数的分类的理解。

续表

课题：数系的扩充与复数的引入	点　　评

> 复数的代数形式：
>
> $z=a+b\mathrm{i}\ (a, b\in\mathbf{R})$，
>
> i 称为虚数单位，a 称为实部，b 称为虚部。
>
> 当 $b=0$ 时，z 是实数；
>
> 当 $b\neq0$ 时，z 是虚数；
>
> 当 $b\neq0$ 且 $a=0$ 时，z 是纯虚数。

师：如果 $b=0$，那 z 就是什么？

生：a。

师：而 a 是什么？

生：实数。

师：b 如果为 0，$0\times\mathrm{i}$ 等于什么？

生：0。

师：0，大家认不认同？　　众：认同。

师：那如果 $b\neq0$ 呢？　　生：$b\neq0$，z 还是虚数。

师：它就是一个虚数。如果 $b=0$，这个 z 是实数。$0\times\mathrm{i}=0$。$b\neq0$，z 是虚数。如果 $b\neq0$，$a=0$，这个 z 就叫做纯虚数。我们就把具有形式的数 $a+b\mathrm{i}$ 叫复数。这个形式是复数的代数形式。

在这个形式当中，还有 a，b，i 叫虚数单位。我们把 a，b 也取个名字，a 叫什么呢？　　生：实部。

师：b 呢？　　生：虚部。

师：a 叫复数 z 的实部，b 叫复数 z 的虚部。所有的复数构成一个集合，这个集合就称为复数集。复数集也给它一个符号，通常用大写的字母 **C** 来表示。

那么在实数集基础之上，将这个扩充表进一步完善，由实数集扩充到了复数集，扩充时引入了什么？生：虚数。

师：引入 i。这也是我们中学阶段最后一次数系的扩充。（32′50″）

自然数	$\xrightarrow[\text{负整数}]{\text{引入}}$ 整数	$\xrightarrow[\text{分数}]{\text{引入}}$ 有理数	$\xrightarrow[\text{无理数}]{\text{引入}}$ 实数	$\xrightarrow[\mathrm{i}]{\text{引入}}$ 复数
+	+	+	+	
×	×	×	×	
乘方	乘方	乘方	乘方	乘方
		−	−	−
			除法	除法
				开奇次方

我们已经学习了实数，学习了复数，现在给出下列几个数集，你能不能说出这几个数集之间的关系呢？（33′25″）

续表

课题：数系的扩充与复数的引入	点　评
例 1　请你说出下列集合之间的关系：**N**，**Z**，**Q**，**R**，**C**。 生：应该是 $\mathbf{N}\subseteq\mathbf{Z}\subseteq\mathbf{Q}\subseteq\mathbf{R}\subseteq\mathbf{C}$。 师：是“⊆”的关系，再确切一点，是真包含于。自然数集扩充到整数集，整数集扩充到有理数集，又扩充到实数集，最终扩充到复数集。 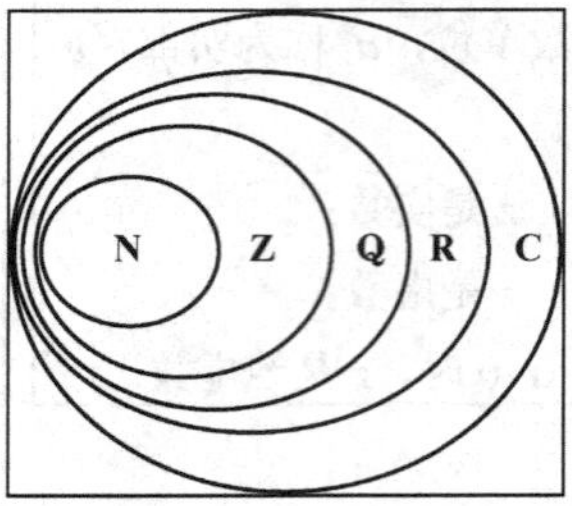 师：那给你一个具体的复数，你能不能做出判断？（34′15″～35′30″） **例 2**　写出下列复数的实部与虚部，并指出哪些是实数，哪些是虚数，哪些是纯虚数。 $4，2-3\mathrm{i}，0，-\frac{1}{2}+\frac{4}{3}，5+\sqrt{2}\mathrm{i}，6\mathrm{i}，2\mathrm{i}^2$。 生 10：实数有 4，0，$2\mathrm{i}^2$，虚数有 $2-3\mathrm{i}$，$-\frac{1}{2}+\frac{4}{3}\mathrm{i}$，$5+\sqrt{2}\mathrm{i}$，纯虚数有 6i。 师：纯虚数是不是虚数？　生 10：是。 师：然后实部、虚部呢？ 生 10：4 的实部是 4，虚部是 0；$2-3\mathrm{i}$ 的实部是 2，虚部是 -3；0 的实部是 0，虚部是 0；$-\frac{1}{2}+\frac{4}{3}\mathrm{i}$ 的实部是 $-\frac{1}{2}$，虚部是 $\frac{4}{3}$；$5+\sqrt{2}\mathrm{i}$ 的实部是 5，虚部是 $\sqrt{2}$；然后 6i 的实部是 0，虚部是 6；$2\mathrm{i}^2$ 实部是 0，虚部是……，哦，实部是 $2\mathrm{i}^2$，虚部是 0。 师：$2\mathrm{i}^2$ 可以计算出来吗？　生 10：-2。 师：i^2 是多少？　生 10：-1。 师：-1，实部是 -2，虚部为……？　生 10：0。（37′10″） 师：现在给你一个具体的复数，你可以作出刚才的判断。现在给一个复数，能不能解决下面三个小问题呢？（37′20″～38′15″） **例 3**　实数 m 取什么值时，复数 $z=m(m+1)+(m-1)\mathrm{i}$ 是（1）实数？（2）虚数？（3）纯虚数？ 生 11：当它是实数的时候，必须满足 $m-1=0$，即 $m=1$；要使它是虚数，它必须满足 $m-1\neq0$，即 $m\neq1$；（3）它是纯虚数的时候，要满足 $m(m-1)=0$，而且 $m-1\neq0$，所以 $m=0$。	[12] 这节课从知识的角度，的确没有什么好总结的，从考试的角度更是无足轻重。问题是数学教育的目的是什么？数学教育的功能是什么？所以，学生的回顾中有这样的感悟也是不错的。但是教师需要反思，我的教学在教会学生思考方面有何贡献？本来，这节课就是在教学生如何研究解决新问题方面也可以有所作为，在教学生面临一个陌生的问题时应该如何借助已有的知识，从中寻找规律，谋取方法，如何从已知去研究未知，即使其中的具体过程忘掉了，但这些思想方法在以后也绝对是有用的。但在这节课中，我们却没有看到，这不能不说是一件十分遗憾的事情。如果所有的教学都是如此，在教学生学会思考方面无所作为，那只能说这样的数学教学是无意义的，是失败的。

续表

课题：数系的扩充与复数的引入	点　评
师：$m=0$ 的时候。(39′00″）现在给出两个复数，你认为在什么情况下相等呢？(39′10″～39′25″)一起告诉我，什么情况下？ 众：$a=c$，$b=d$。 复数 $z_1=a+bi$，$z_2=c+di(a，b，c，d\in \mathbf{R})$在什么情况下相等呢？ 师：两个复数相等的充要条件是 $a=c$，$b=d$。也就是说，实部和实部对应相等，虚部和虚部对应相等。它的符号形式，大家看。 $a+b\mathrm{i}=c+d\mathrm{i}\Leftrightarrow\begin{cases}a=c,\\b=d。\end{cases}$ (40′20″) 师：这就是复数相等的充要条件。那现在告诉你这两个复数相等，你能求出 x，y 的值吗？(40′15″～41′50″) 已知$(x+y)+(x-2y)\mathrm{i}=(2x-5)+(3x+y)\mathrm{i}$，求实数 x，y 的值。 生 12：两个复数相等，$x+y=2x-5$，$x-2y=3x+y$，可以解出 $x=3$，$y=-2$。 师：解得 $x=3$，$y=-2$。(41′15″)请大家回顾一下，通过本节课学习，你有哪些收获？[12](41′30″) 生 13：我觉得收获很大，我们对自然科学的研究，对社会的研究在不断地深入，因此以前的一些科学，也在不断地发展。 生 14：我认为，在解决一些数学问题的时候，通过这堂课的学习，如果在实数范围内无法解决，可以在虚数的范围内把它解决。 生 15：还有拿到一道题目，如果无法解决不要随便地放弃，像科学家一开始看到那个怪物数字 $\sqrt{-15}$ 的时候，他没有放弃，而是继续地研究，然后才有了现在这样的成就。 师：非常好，看得出大家通过本节课学习，感受到更高层次，或者站在比较高的角度表达出自己的收获，是思维层次的收获。 回顾一下刚才的历程，卡当是这个问题的提出者，欧拉是 i 的引路者，卡当啊，虽然不是引路者，但他是问题的提出者，有时候发现问题比解决问题更重要，问题是数学的心脏。 正如生 13 所总结的那样，科学是不断发展的。有的同学还会有疑问，除了复数以外会不会还有其他的数呢？数学是无穷的科学，我们就像海洋上的一页舟，探索永无止境。用屈原的一句话，“路漫漫其修远兮，吾将上下而求索”。最后用这两句话和大家共勉一下，当然探索不是一句空话，我们要从身边做起，从小做起。(作业略)下课。(42′40″)	这节课，总体上是讲授型的教学模式，以教师的讲解为主，问题的设置除了一处外，基本上是自然产生的，有一定的思维结构，教学过程也比较顺利，没有出现卡壳的情况。这节课的难点不在内容，而在如何解决实数集负数开方运算不能的问题，其中研究方法的提出和研究的过程是重点。教师没有组织学生通过探究的方法，来研究负数的引入是一重大的不足，本来这节课是完全可以用“研究问题一般方法教学”的原理设计教学，这使学生失去了一次自己探究学习、感悟研究问题一般方法的机会。 尽管如此，这节课比起下一个案例的教学还是要更胜一筹。

6.6.2　课堂教学案例 2 及点评

课题：数系的扩充与复数的引入	点　评
师：今天我们一起来研究一个重要的数学问题。我们知道在世界范围内最通用的语言是数学语言，而数字是数学中一个很重要的基本概念，数学家对于数的研究一直都没有停止过。16 世纪有一学者叫卡当，遇到一个问题，一起来分析一下。[1] **问题**　将 10 分成两部分，使两者的乘积等于 40，这两部分分别是多少？ 生 1：设其中一个数为 x，另一个为 y，得到 $x+y=10$，$x\cdot y=40$。 师：得到什么结果？是一个二元二次方程组。 $\begin{cases}x+y=10，y=10-x,\\ x\cdot y=10，x(10-x)=40\end{cases}\Rightarrow x^2-10x+40=0$，$\Delta<0$。 生 1：把 x 用 $10-y$ 代入，得到 $y(10-y)=40$。就有 $y^2-10y+40=0$。 师：这个式子的判别式 $\Delta<0$，这个一元二次方程无实数解。有的一元二次方程有两个实数解，有的一元二次方程却无实数解。这是不是就说明这个方程始终无解呢？ 生 1：不是。 师：是不是无解？　　生 1：不是。 师：不是。应该是这个方程如果有解，它无法用实数来表示。是这样的吧？[2]$(03'50'')$ 我们回顾以前是否也发生过这样的情况呢？结合一下图片，(图片略)看看大家对数的发展有多少了解。我们曾学过哪些数？这些图片都说明了我们要用到哪些数？ 师：第一个，叫它什么？　　生：打结。 师：噢，打结，结绳计事。 生：第二个是分数，第三个是$\sqrt{2}$。 师：$\sqrt{2}$是个什么数？　　生：第四个是负数。 师：为什么是负数？　　生：有海平面以下，海平面以上。	[1] 关于创设情境。教师用卡当问题创设情境，但是没有提出这节课要研究的问题。通过卡当问题发现什么呢？发现卡当方程没有实数解，那没有实数解，这个方程就没有解了吗？这就是情境所隐含的疑问。接着就应该把这个疑问变成一个数学的问题。这才是创设情境的目的，如果没有形成一个数学问题，就是为创设情境而创设情境，那这个情境是一个无用的情境。由这个疑问，其实很容易得到一个数学问题：如果这个方程有解，而不能用实数表示，那总应该解决吧？于是，怎么解决？这样就产生了这节课的问题。 每节课一定要提出一个核心的目标问题，那么这节课就是奔着这个目标去，来解决这个问题。学生才明白学习的必要性，才能明确这节课学习的目标。 [2] 其实到这里就应该自然产生了问题：无法用实数表示，怎么办？这样就提出了本节课的目标问题，而且也自然地引出了下面的问题。否则要考虑下面的问题干吗？有了“怎么办”这个问题，接着提出下面的问题就比较合乎情理了。提出下面的问题，目的

续表

课题：数系的扩充与复数的引入	点　评
师：有海平面以下，海平面以上，就有了相反意义的量。因此，为了计数就产生了自然数，为了解决分配和测量引入了分数，为了表示相反意义的量引入了负数。最后，为了解决不可公度的问题引入了无理数。[3]无理数本质是无限不循环小数，像 π 和 e 吧？因此数的发展解决了很多实际需要问题。(05′35″) 通过图片看到数学与客观实际的联系，实际上数学往往还有自身内部的矛盾，推进了它的发展，这些矛盾主要体现在运算上。下面（板书）从运算的角度来看一看数字是怎样发展的？[4](6′05″) 先来看自然数，从视图看到一个集合，如果从这个集合中任取两个数，请个同学，你来。任取两个数，请问它们的和还在这个集合吗？　生 2：在。 师：在，那它们的差呢？　生 2：不一定。 师：不一定，你能举个例子吗？　生 2：1 减 3。 师：噢，1 减 3 不再是自然数了。我们想想，对于减法而言在自然数集中不能做，怎么办？　生 2：−2。 师：引入了一个负数，−2。负整数。引入了这些数以后，变成了什么集合？　众：整数集。 师：那就是说在自然数集中引入负整数，就将自然数集扩充为整数集。在整数集中来看一下减法的矛盾有没有解决？没有问题吧？这样减法运算的矛盾就得到了解决，这样加法运算能不能做？ （运算 **N⟶Z**；加法 √ √；减法 ？ √） 生：可以。 师：任意两个整数的加法仍可以做，因此发现引入负整数将自然数集扩充为整数集后，减法矛盾得到解决，同时原来的加法运算以及它的运算律依然保持。(9′05″)来到了整数集之后，继续考虑下面的运算。在整数集中乘法运算能不能进行？　生 3：能。 师：除法运算呢？　生 3：不能。 师：举个例子？　生 3：1÷3 等于 0.33…… 师：那它就不是整数。那我们需要做什么？ 生 3：有理数。 师：引入了什么？　生 3：分数。	是看看对解决当前问题是否有帮助。这样才能回到前面问题怎么解决。其中这个“怎么办？”很重要，它实际是这节课的真正问题。有了“怎么办”后面这个问题就自然了，它是用来启发解决这个“怎么办”的。怎么解决？想想前几次数集扩充解决了什么问题，怎么解决的。这样这节课就可以顺利展开了。 [3] 现在的教材上没有“不可公度”的问题，说“无理数的本质是无限不循环小数”也是无稽之谈，π 和 e 是超越数，并不是代数运算产生的问题。这些都是节外生枝，干扰数系扩充的研究，也暴露了教师对一些基本数学知识的一知半解。超越数是不能满足任何整系数代数方程的实数。反之整系数方程的根就是代数数，有理数，虚数 i 都是代数数。卡当方程、方程 $x^2=-1$ 都是整系数方程，根本就不应该扯进超越数。这点老师应该知道，但并不要学生知道。历史上数系的扩充的确是因为数学内部运算的矛盾产生的。超越数的发现和证明已经很晚了，而且至今也只发现这两个，要证明一个数是超越数是非常困难的。 [4] 首先在这个问题中，“数”和“数字”混淆了，“数”是

续表

<table>
<tr><th>课题：数系的扩充与复数的引入</th><th>点　评</th></tr>
<tr><td>
师：就刚才说的0.3…是一个循环小数。引入分数以后变成有理数，除法运算怎么样？得到解决了。原有的加法和减法呢？依然是成立的。引入了新的数，数集又一次被扩充了。(10′45″) 那么在有理数集当中又会发生怎样的变化呢？你来说说。乘方运算呢？一个有理数经过乘方运算。　　生4：可以。
师：那什么运算会遇到矛盾？　　生4：开方。
师：开方，开方运算遇到什么矛盾？
生4：出现根号。
师：为什么会出现根号的？　　生4：2开方就等于$\sqrt{2}$。
师：$\sqrt{2}$，出现根号。这是什么数？　　生4：无理数。
师：在有理数集中要进一步变化的话，要扩充进无理数，扩充为实数。在实数集中还看到π和e，那运算的矛盾有没有解决？　　生：解决了。
师：开方运算都得到解决。这里是什么数开方？
生：正整数。
师：是所有的正数。正数开方运算得到了解决。再回来看前面的所有运算呢？在实数集中怎么样？也依然是成立的。(12′25″)通过一步一步地分析，发现数系就这样不断地扩充起来了。每一次扩充的时候，都引入了一个很重要的符号，不是随意的吧？比如有负号、分数、根号等，最后无理数的本质并不是因为根号，而是因为它是一个无限不循环小数。
　　已经有了三次经验，每一次扩充的细节都有所不同，但是同学们总结一下，在扩充的过程中，有什么固定的规则和要求？[5]比如说每一次扩充时，新的集合和原来的集合你觉得需要满足什么样的关系？　　生：原来的集合满足新的集合。
师：什么叫满足，注意两个集合之间……
生：包含。
<table>
<tr><th>运算</th><th>N→</th><th>Z→</th><th>Q→</th><th>R</th></tr>
<tr><td>加法</td><td>√</td><td>√</td><td>√</td><td>√</td></tr>
<tr><td>减法</td><td>?</td><td>√</td><td>√</td><td>√</td></tr>
<tr><td>除法</td><td></td><td>?</td><td>√</td><td>√</td></tr>
<tr><td>开方</td><td></td><td></td><td>?</td><td>√</td></tr>
</table>
师：应该是原来数集要包含于新的数集中。刚才是从运算的角度分析问题，在什么情况下要扩充呢？有了需要是吧？运算上出现矛盾吧。扩充以后会怎样？从这个问号到这个打成“√”了，说明了什么？　　生5：解决了矛盾。
</td><td>
类，“数字”只是类中个别的数。应该是“数”的发展，而不是“数字”的发展。这是概念性差错。这是一个重要问题，它引导了解决问题的思路，但这个“怎样发展”指向性不明，学生不知道“发展”指什么，主动探究无从谈起。要让学生明白问题的意思是：“什么运算能进行？什么运算不能进行？怎么解决的？最后是否达到了目的？”明白了这些问题，学生就完全可以自己去探究出数集扩充的原则，根本不用教师讲那么多。这个思路，教师清楚了，引导才可能有效；学生清楚了，才能主动探究。否则学生只能被老师“牵着鼻子走”。到数系扩充规则产生，实际正是这样，整个这段教学的过程都是教师在说，把需要学生思考的都说出来了，学生没有什么实质性的思考、探究。教师要带领学生探究，关键是让学生自己探究，教师只要引导，给出目标，提出启发探究的问题，用问题向学生提供探究的线索，学生循着线索，自己去独立思考，发现结论，达到目标。教师本来的设想是启发学生从熟悉的、简单的问题着手研究，结果教师包办代替了，这个设想就落空了。
[5] 这个问题不准确，应该是“有什么规律和要求”，是研究规律，然后循着规律去解决问
</td></tr>
</table>

续表

<table>
<tr><th>课题：数系的扩充与复数的引入</th><th>点　评</th></tr>
<tr><td>师：解决了矛盾。在新数集中解决了原数集中运算的矛盾。不仅从？到√，解决了问题，原来的运算在新的数集中都保持。强调这么多，就是要告诉大家，数系扩充的每一步不是随意的，都要满足一定的要求。(16′35″)
回到课堂开始同学们所遇到的这个问题，来看这个式子。通过判别式分析，从运算的角度看，它又可以化成这样的形式（板书）$(y-5)^2=-15$。[6]。

扩充的规则：
（1）原数集⊆新数集。
（2）在新数集中解决了原数集中运算的矛盾。
（3）原有的运算规律在新数集中仍然通用。

从运算的角度，遇到了什么问题？现在是一个负数要开平方，是不是这样的一个矛盾啊？这个矛盾在实数范围内不能得到解决吧？这样的方程有很多吧？负数要开根号，在这么多方程中同学们能不能找出最简单的一个？　　众：−1。
师：什么−1？　　生 6：$x^2=-1$。
师：$x^2=-1$，是不是也是要分析一个负数开平方啊？这个方程在实数范围内都无法解决。是不是觉得很气愤。其他都有解，这一类没解。是不是就不管它了？现在有这么多扩充的经验，同学们想想解决这个问题应该怎么办？
生 7：扩充。
师：扩充，在原有的实数集中，怎样来扩充？
生 7：添加新数。
师：添加新的数干什么？　　生：解决运算的矛盾。
师：我们有了一个研究的方向。[7]只要自己操作就可以解决 $x^2=-1$，那什么样数的平方会等于−1 呢？这个数肯定不会是实数，后来人们经过总结，约定俗成把这个新的数记为 i。当然 i 最起码要满足它的平方要等于−1，$i^2=-1$。这个 i 的引入，是为解决这个方程的解的问题出现的。所以它是一个数，我们规定这个 i 与原来的实数进行加减乘除运算都一样保持。比如 0×i=?　　生：0。

复数集的扩充，引入一个新数 i[8]，并规定：
（1）$i^2=-1$。
（2）实数可以与 i 进行四则运算。</td><td>题。问题刚提出来，学生未及思考，教师马上就来解释，把需要学生概括的东西都告诉了学生，这还叫“问题”吗？还要学生概括吗？正是学生不知道，才需要学生探究，你告诉他，他还需要探究吗？教师不明白探究是“从无到有”的过程。其实这是培养学生的概括能力的一个机会，但教师始终在插话，不聆听学生的陈述；这些插话都是在“告诉”。学生探究，教师要少讲，只是点拨。首先是教师闭嘴，让学生讲完，让学生补充；教师只需说“接着呢?”“更准确点行吗?”“再完善一下行吗?”“重新说一遍呢?”就足够了，这同时也培养了表达能力。
[6] 回到开始问题以后，应该及时启发学生把当前要解决的问题与扩充规则联系起来。提出 $\sqrt{-15}$，$\sqrt{-1}$ 不能实数表示后，马上应提出问题：刚才得到的扩充规则对解决这个问题有什么启发？能不能利用这个规则？你打算怎样利用？然后完全可以放手让学生探究讨论，去提出解决方案，能不能提出 i 不是重要的，只要承认用 $\sqrt{-1}$ 或任何一个符号表示新数也可以。
两个老师都不同程度地存在这个问题，没有及时利用扩充规则，那忙了半天不是白忙了吗？这说明教师对教学内容之间的内在关系缺乏清晰的认</td></tr>
</table>

续表

课题：数系的扩充与复数的引入	点　评
师：0 乘以任何数还是 0。这就叫运算一样保持。于是可以创造出一些数，比如 2i，2+i。你们也试试看，用 i 和实数还能写出哪些数？[9]自己动手写一写。(21′00″～23′35″，两学生板演) 师：大家写了很多，把你们写的和黑板上同学写的分分类。这么多数，能不能给它分分类？(24′05″) 师：其中有两个我们看一下，都是$\frac{1}{i}$，不会算。刚才我们讲的这个 i 有一个最关键的条件就是 $i^2=-1$，又讲了 i 是满足原有的加法和乘法运算律的，因此这个分子和分母怎么样？如果同时乘以 i，那分母就变成 i^2 了。那它最终是什么？噢，$-i$。这么多数，给它分分类。(25′20″)（学生板演)下面同学可以讨论。(26′45″) 师：这个同学画了一下，你画的标准是什么？红色代表什么？ 生 7：是无理数然后加上 i。 师：是黄色的吧？黄色的是无理数和 i 组合的进行运算的结果。而红色的表示有理数吧？包括这个$-i$，是不是啊？生 7 分类标准是按有理数、无理数和这个 i 组合以后的结果。都是这样的吗？ 我也来画一下(教师画)，跟大家有什么不同，看我分类的标准是什么？我用绿颜色笔画出波浪线的数，$\sqrt{2}+i$，$\frac{2}{3}+i$，$\pi+i$，$1-i$；或者看看剩下的这些数，$\frac{1}{2}i$，πi，i，$\frac{i}{\pi}$，$-i$，$\frac{1}{3}i$。分类的标准找到了吗？　　生 7：加减运算。 师：剩下的呢？　　生 7：乘除运算。 师：如果在前面加一个数，怎样才能还是这个数呢？ 生：0。 师：这样一来，你能用统一的形式来表示这些数吗？(学生思考)一个数加上数 i，如果只有乘除运算，也可以给它加一个 0，是不是？这样能用统一的形式来表示它们吗？ 生 8：我感觉如果像$\sqrt{2}+i$，它就是这种形式，如果是 $1-i$，它们就可用那种 $1+(-i)$。 师：好的。然后还有 $0+\frac{1}{3}i$。　　生 8：中间用加号。	识，至少不明确。把数系扩充和复数引入分割开了，所以在教学设计中才会反映出相应缺陷。 [7] 其实不是到这儿才有了研究的方向，数系扩充规则产生以后，这个规则就已经给出了研究的方向。“是不是很气愤”，这简直是笑话，其实应该是“是不是很有问题”？有问题才需要解决。而且复数也完全不是数学家“很气愤”才引入的，根本原因是解决问题的需要。教师始终在思路不清楚的状态。 [8] 这个复数集扩充的规定，存在漏洞，首先是必须强调“在实数集里引进新数”，从而让学生建立这样的认识，即是实数与新数一起构成了新的数集，这样学生就会认识到新数和实数都是复数，而不是把实数和新数分家。 [9] 接下来是探究复数统一形式。这是本节课最糟糕的地方。从 21′00″～34′45″花费了 13′45″时间，教师绕了很多弯子，学生始终找不到统一形式。“能不能给它分分类”是最大的败笔，给学生了一个错误的导向，没有统一分类标准，学生只能按各自的标准分类，所给的复数形式过多，过于零乱，于是得到的所谓分类结果完全达不到教师的预设。尽管教师按自己的想法进行分类，并明确要求“用统一的

续表

课题：数系的扩充与复数的引入	点　评
师：中间用+号，然后呢？　生 8：两个数。 师：两个数随便取。　生 8：就取个 1+(–i)。 师：都是常数。能不能更一般化。你说。　生 9：。 师：$a+b$i，还对啊？这个 a 和 b 更加一般化，但 a，b 有什么条件？　生 9：a，b 都是实数。 师：a，b 都是实数。还有什么条件？[10] 生：b 不能为 0。 师：我是用这个 i 对吧？是它们组合的，都带有 i，所以这个 $b\neq0$。这个一般的形式在 $b\neq0$ 时，就给它一个名称，称为虚数。这时候我们终于知道这个 i 叫什么了，i 叫做虚数单位。既然 $b\neq0$，那如果 $b=0$ 呢？　生：实数。 师：大家很自然就想到了实数。因此这个 $a+b$i 其实不仅仅可以表示虚数，它也可以表示实数，它把以前学过的数都包含在内。因此以后就把形如 $a+b$i 的数统称为复数。这个复数通常用字母 z 来表示，$z=a+b$i，其中，a 叫做 z 的实部，b 叫做 z 的虚部。 复数 $a+b\mathrm{i}(a,b\in\mathbf{R})\begin{cases}实数(b=0),\\虚数(b\neq0)。\end{cases}$ 形如 $a+b$i (a，$b\in\mathbf{R}$)的数，叫做复数；复数通常用字母 z 表示，即：$z=a+b$i (a，$b\in\mathbf{R}$)；其中 a 叫做复数 z 的实部，b 叫做 z 的虚部。 引入了新的数，这个？变成了√，它和原有的实数共同构成了一个新的集合。既然这个数($a+b$i)统称为复数，那么这个数集叫做什么呢？　生：复数集。 师：叫做复数集。用字母 **C** 表示。(34′45″) 有了这个新的数集，再来看看刚才的分类，用波浪线画出来的这些数，它是实部、虚部。没有画波浪线的这些数，它具有什么特征？　生：虚数。 师：都是虚数，它的实部为 0，这样的数叫做纯虚数。纯虚数应该是虚数中的一部分。如果 a 和 b 都是实数，当 $a=0$ 的时候，$a+b$i 就是纯虚数吗？ 思考：设 a，$b\in\mathbf{R}$，当 $a=0$ 时，复数 $z=a+b$i 为纯虚数吗？[11] 生 10：要 $b\neq0$，才是纯虚数。	形式表示”，但学生依然不得要领，即使教师不得不说得很直白：“都是常数，能不能更一般化？”才算把 $a+b$i 形式找到；又因为所给的都是复数特殊形式，归纳复数扩充原则时也没有强调新数集要包含原数集，这使得学生产生 $a+b$i 中必须 $b\neq0$ 的错误认识。因为这里以及其他很多无谓的话占用了大量时间，致使课堂小结都无法完成了。 [10] 教师这里强调 a，b 有什么条件，是犯了严重的概念性错误，把一般的复数和纯虚数搞混了。没有认识到是把 i 添加到实数集里，不是另建一个数集，无论 a，b 是否为 0，都不影响 $a+b$i 仍在新数集内，仍是一个复数。如果是问纯虚数的条件，那才是要求 $b\neq0$。 这样强调的结果，很可能造成学生没把 $a+b$i 看作是一个整体，教师非但没强调复数 $a+b$i 是一个整体，反而在这里强化复数不是一个整体的错误印象。后面[11] 又提出“何时为纯虚数”的问题，好像对这个纯虚数的条件情有独钟，其实是不是纯虚数并不是要点，形式要淡化，实质才是重要的。教师完全抓不住要点，经常节外生枝，始终把教学的重点放在枝节问题上，其结果是错误和漏洞。

续表

课题：数系的扩充与复数的引入	点　评

师：对吧？也就是说判断纯虚数必须有两个条件。首先是 $b\neq 0$，再满足 $a=0$，它就是纯虚数。注意条件范围的限制。(35′35″)

这么多式子，它们之间满足怎样的关系呢？今天学了一个新的数集，它跟以往的数集之间有什么样的关系呢？

生：复数包含实数，实数包含有理数，有理数包含整数，整数包含自然数。

师：那么，每一次数的范围的扩充，它都是满足这样的一个要求的。我们这一次的扩充仍然是成功的。(37′25″)

运算	$\mathbf{N}\xrightarrow{\text{负整数}}$	$\mathbf{Z}\xrightarrow{\text{分数}}$	$\mathbf{Q}\xrightarrow{\text{无理数}}$	$\mathbf{R}\xrightarrow{\text{虚数}}$	$\mathbf{C}$
加法	√	√	√	√	
减法	?	√	√	√	
乘法		?	√	√	
正数开方			?	√	
负数开平方				?	

有了上述的经验，我们来判断一下。第一个。

练习　判断下列复数是实数，还是虚数？并指出该复数的实部与虚部。

4，$2-3\mathrm{i}$，0，$5+\sqrt{2}\mathrm{i}$，$6\mathrm{i}$。

生 11：是实数。它的实部是 4。虚部是 0。

师：第二个。

生 12：是虚数。2 是实部，−3 是虚部。

师：哎，虚部是−3。

生 13：0 是实数，实部、虚部都是 0。

生 14：$5+\sqrt{2}\mathrm{i}$，5 是实部，$\sqrt{2}$是虚部。

师：后面一个。

生 15：是虚数，实部是 0，虚部是 6。

师：这个数它不仅是虚数，还是……？

生：纯虚数。

师：接下来看这样的一个问题。(38′55″～39′45″) 你说说看。

例　试确定实数 m 的值，使复数 $z=m(m+1)+(m+1)\mathrm{i}$ 是

（1）实数？

（2）虚数？

（3）纯虚数？

续表

课题：数系的扩充与复数的引入	点　　评
生 16：实数是 $m=-1$。 师：为什么 $m=-1$，有什么要求？ 生 16：$m+1=0$。 师：然后呢？ 生 16：虚数是 $m+1\neq 0$。 师：也就是 $m+1\neq 0$，即 $m\neq -1$ 的时候，z 表示虚数。 生 16：$m(m+1)=0$ 且 $(m+1)\neq 0$，即 $m=0$。 (40′50″) 师：z 表示纯虚数。如此可以发现对于一个复数的分析，通常是对它的实部和虚部进行讨论。如果现在拿到了一个复数，就可以用有序实数对 a，b 来表示[12]，反之，如果给了你一个有序数对 a,b，也可以唯一的表示一个复数。因此虚数、复数就是用实数 a,b 来进行刻画的。如果两个复数的实部与虚部分别相等，那么就说这两个复数是相等的。 如果两个复数的实部与虚部分别相等，那么就说这两个复数相等，即： $a+b\mathrm{i}=c+d\mathrm{i}\Leftrightarrow\begin{cases}a=c,\\b=d\end{cases}(a,b,c,d\in\mathbf{R})$ 也就是说，两个复数相等的充要条件是它们的实部和虚部分别相等。 研究复数相等实际上是为后面解决在复数范围内运算的需要，今天只是引入了一个虚数，至于它的运算问题，要在后续的学习中来参与进去。(42′00″) 虚数是奇妙的人类精神寄托，它好像是存在与不存在之间的一种两栖动物。　——莱布尼茨 师：其实虚数的引入经历了很漫长的过程，数学家莱布尼茨说过这么一段话。从同学们一开始帮助卡当来解决那个问题开始，一直到 1637 年，笛卡儿才给出了虚数的这个名称；再到 1777 年，欧拉才首次用 i 来表示它；最后是由高斯在 1831 年才想到了用 $a+b\mathrm{i}$ 来表示。这个过程经过了几百年，而我们只用了几十分钟就讲完了整件事情。实际上一开始从方程，然后到运算，都是在数学自身的范围内进行讨论的吧？	[12] 初学复数的学生对复数的二元数形式很不习惯，明明是两个数，非说是一个数，很难接受，这与当初的数学家不愿接受有类似之处，现在先学了向量，可能要好一点。所以对复数的教学要有耐心，不要自己以为简单，就认为学生也会感到简单，要知道任何人在面临一个全新对象时，他的认知水平要回到起点，也就是最低点，但是因为有其他领域的经验，他在新领域的认知水平能够很快提高，甚至恢复到原来的水平。所以教师要有耐心，要允许学生对二元数的认识有一个过程。要让学生领悟到，a 不能真正加到 $b\mathrm{i}$ 上去，它始终是两部分，两部分的整体看作是一个数。可见复数是一种全新的数，完全打破了我们对数的传统习惯认识。 ☆总体上，这节课问题不明确，造成目的不明确，也造成后面的每一步也目的不明确，学生不知道教师究竟要干什么，只能跟在后面，走到哪是哪，完全处于被动学习状态。而且教师在教学过程中，始终不得要领，节外生枝，产生一系列的差错，反映了教师数学基础薄弱，把握不住数学对象的本质。此外教师的语言功底欠缺，词不达意，措辞累赘，问题不准，为了控制篇

续表

课题：数系的扩充与复数的引入	点　评
但是我们刚才也讲过了数的研究应该与实际也有关系，这个虚数什么时候才被人们所接受呢？是在空气动力学的实际学科中加以应用了，这个虚数就被大家所承认了，所谓的虚数不虚啊。那么也是同学们在政治课堂上所学过的一句话叫做“实践是检验真理的唯一标准”，实践和理论相结合才能更加充实这个理论。 今天这一节课主要就是让同学们一起感受一下虚数发展的过程，它是在实际生活当中有需要而产生的，然后在运算当中我们又不断地去研究它、完善它。(42′50″)	幅已经删去了很多多余的话、语句不通的话，留下的也做了很多调整。即使如此，在语言上仍然存在很多不足。最后对数学史介绍，也显得啰嗦。

6.6.3　两个案例的教学路线图

1. 教学案例 1 的教学路线图

Ⅰ 创设情境提出课题　情境话题：与外甥的梦想对话。（案例中被略）(5'40")
↓　卡当问题　学生思考。(40″+30″)
↓　卡当方程。(4'30")
↓　解 $\sqrt{-15}$ 不能实数表示?
↓　问题：实数集不够用，怎么办？
↓　课题：数系的扩充。
Ⅱ 数集扩充与共同特点　问题：数系经历了几次扩充？(8'25")
↓　学生思考。(30″) 一生回答。(40″)
↓　粗略讲解扩充过程。(30″+1′10″+1′25″)
↓　问题：每次扩充解决哪些问题？
↓　讲解第一次扩充解决的问题。(2′15″)
↓　类比解决第三次扩充解决的问题。(2'20")
↓　问题：几次扩充有什么共同特点？
↓　思考，回答与归纳。(30″+1′00″)
Ⅲ 探究建构复数概念　问题：$\sqrt{-15}$怎么办？(13′15″)
↓　引导引入新数。(2′15″)
↓　引导并明确复数建构原则。(3′00″)
↓　引导复数一般形式。(4′40″)
↓　问题：$a+bi$ 一定是虚数吗？
↓　引导复数分类讨论。(3′10″)

Ⅳ 例题和练习　例题。

↓　例题 1：判别新旧数集关系。(50″)

↓　例题 2：判别实、虚、纯虚数。(2′55″)

↓　例题 3：m 取何值…… (2′30″)

Ⅴ 复数相等概念　问题：两复数什么情况下相等？

↓　讲授复数相等充要条件。(1′20″)

↓　例题 4：复数相等求系数未知量。

↓　解题。(55″)

Ⅵ 课堂小结　问题：你有哪些收获？

↓　师生讨论。(1′25″)

Ⅶ 结束

2. 教学案例 2 教学路线图

Ⅰ 创设情境提出课题　情境话题：数学是通用语言。(1′00″)

↓　卡当问题：学生思考、回答。(2′45″)

↓　问题：卡当方程解不能实数表示。

Ⅱ 数集扩充与规则　问题：以前是否发生过这样情况？

↓　看图片，答问题：学过哪些数？(1′45″)

↓　问题：从运算角度数字怎样发展？

↓　三次扩充。(6′50″)

↓　问题：扩充有什么固定的规则？(4′10″)

Ⅲ 探究建立复数概念　问题：如何解决负数开平方矛盾？

↓　引导引入新数 i。

↓　引导并明确复数集建构原则。(4′25″)

↓　引导建立复数一般形式和概念。(13′45″)

↓　思考：$a=0$，$z=a+b\mathrm{i}$ 是纯虚数吗？

↓　讨论纯虚数的条件。(1′30″)

Ⅳ 例题和练习　例题

↓　例题 1：判别实·虚·纯虚数。(1′30″)

↓　例题 2：m 取何值…… (1′55″)

Ⅴ 复数相等条件

↓　讲授。(1′10″)(没有从问题引入)

Ⅵ　课堂结束语

↓　复数小史。(50″)

结束

6.6.4 对两个教学案例的分析

现在中学复数的内容很少，而且复数的引入这一部分，编写也很简单。但为什么教材中专门列出一节来研究呢？

它的重要性不在于知识方面，而在于复数产生的数学思想和数学方法方面。所以这节课的主要任务不仅仅是认识掌握复数的基本概念、定义、分类、相等的条件等，而主要是复数建立的数学方法。这个建立概念的数学方法过程，才是学生真正需要认识和掌握的东西。因此教师应该把主要精力放在数学方法上面，而不要局限在知识层面上。

下面以两位教师的教学设计路线为例，来看数学方法教学中的应用与改进。

1. “提出课题”的教学方法——怎么想到的？

首先明确这节课的主题应是“复数的引入”，而不是“数系的扩充”。实际上数系的扩充在这节课中仅仅是作为工具，为了复数的引入，通过寻找数系扩充的规律，来启发如何引入复数，最终的目标是要引入复数。

其次，需进一步明确“数系的扩充”和“数集的扩充”的异同点。如果仅仅对一个数集的扩充研究，那叫做“数集的扩充”；如果把几个数集的扩充联系起来作为一个整体研究，就叫做“数系的扩充”，它不是一个而是多个数集的问题。这个概念教师要清楚，学生不必涉及。

再次，这节课真正的问题不是“卡当问题”，而是“卡当方程‘解’找出来以后，$5\pm\sqrt{-15}$ 是个什么数的问题？负数不能开平方，于是就产生了——“实数集不够用，怎么办？”“这个解不能用实数表示，怎么办？”这样一些问题。这才是这节课要解决的真正的问题。

接下来，这个问题怎么用数学方法提出呢？案例 1 为了得到这个问题，创设了一个引出问题的情境话题，就是与小外甥对话（案例中被略），比较自然，但是最后的衔接还是有些不尽人意。建议改为“做科学家是痴人说梦，果真是这样吗？我们就不能做到了吗？历史上有很多这样的故事——以为做不到，但是最后做到了。比如说，意大利数学家卡当……”从而提出“卡当问题”，进而引出卡当方程，引出“实数集不够用，怎么办”的课题。这样就会使教学达到衔接过渡自然的要求，更接近复数概念的本质。

2. “课题解决”的教学方法——怎么办？

“实数集不够用，怎么办？”这个目标课题提出后，接下来不应是“数系怎么扩充”，而应该是解决“怎么办”，那就要寻找解决的办法。

这里必须明确“怎么办”与数系扩充的关系，它们之间没有任何逻辑关系，但有某些自然联系，如数集扩充的历史上的类似问题，可以启发“怎么办”的思考。但是问题又来了，由“怎么办”怎么会想到“历史上有没有类似的问题”来呢？所以教学设计中一定要解决好“你怎么想到的？”

从案例 2 的教学设计路线图看到，它提出卡当方程的解不能用实数表示以后，接着提出一个问题——“以前是否也发生过这样的情况？”这个问题本来提的很好，也就是以前是否也发生过“原数集运算不能”的情况？然而，教师接下来的处理是“看图片，答问题”，然后又提了个问题——“学过哪些数？”这个问题就不对了，因为看图片看的是外部问题，所以学生会不假思索地谈外部需要。但实际上，引起数系扩充的真正原因在数系的内部而不是外部。这样就会与“以前是否也发生过这样的情况？”没有明显的联系。建议更换为“曾经有哪些数集出现过不够用的问题”，或者说“有过哪些类似的情况”，而不是“学过哪些数”。

值得注意的是，两个课例的记录稿中，每一个问题都打上一个方框，这些问题正是这节课里重要的探究线索。教师应把这些问题明确地投影出来，或在黑板上写出来，不是仅有口头的提问。在案例 2 中，有些问题教师一说而过，没有明确地把它写出来。而案例 1 中所有的问题基本上都文字化了，不仅提出了问题，而且写出了问题。

为什么强调这点？这些线索只有清晰地呈现给学生，他们才会明白探究什么，他们才能知道自己要干什么。教师要引导学生抓住其中几个关键的地方，让学生领略感悟，知道知识是怎样的一个发展历程，学生经历这样一个解决问题的过程，才会更好的体悟其中的数学思想方法。

3. “建构复数概念”的教学方法——从无到有的探究

在得到数系的扩充规则以后，两个案例都想采取“探究”的方法建构复数的概念，但具体处理又有很大不同。

案例 1 提出问题——“$\sqrt{-15}$，怎么办？”这个时候学生很自然会想到，既然刚才已经总结了数系扩充的共同特点，其中第一条就是引进新数。但问题是引进什么新数？这个地方的引导案例 1 做法比较好。其把 $\sqrt{-15}$ 拆成 $\sqrt{15}\times\sqrt{-1}$。这样一来，所有这种类型的数都可以拆成这样的形式：一个实数乘上一个 $\sqrt{-1}$。于是应该引进什么样的新数呢？自然引进 $\sqrt{-1}$ 就行了，然后再用符号 i 表示它。

然后根据刚才总结的各种特点或规则，检验新数集是否包含原来的数集，是否解决不能运算的问题，是否保持原来的运算和性质。再引导学生探究，如何用一个统一的形式来描述复数。不过这个地方案例 1 没有进行探究，是一个遗憾。

这种没有经过探究的知识将来要忘记的，探究得到的知识将来也要忘记，但是不同。通过探究过程获得的知识即使忘掉了，这个探究的过程，过程中研究问题的思路、方法寻找的过程，新概念建构的过程都不会忘记，这些东西是受用终身的。

案例 2 是怎么进行建构复数概念的呢？到这里教师提出这样的问题：“如何解决负数不能开平方的矛盾呢？”实际上，她这个问题跟前面卡当方程的问题还是有联系的，这里她有一句话说得很好：“我们再回到一开始……”，明确了“复数概念的建构”是为了解决一开始提出的问题——“卡当方程的解不能用实数表示。那么如何来解决这个矛盾呢？”这样复数引入与数系扩充的关系就可见一斑——主题与工具的关系。

现在有了这个数系扩充的规则，自然就想到要引入一个新数。案例 2 采取的是直接告诉学生引入一个新数 i，i 的平方就是-1。但这里一定要对引进新数进行检验，这是必不可少的科学研究方法。

因为引进虚数，建构复数，这些新的对象实际是猜想，猜想要引进一个$\sqrt{-1}$。这个猜想是不是正确呢？是不是科学的呢？所谓科学就是要符合这个数系扩充的原则，对此要逐一验证。提出了猜想，这个猜想究竟对不对？要通过验证确定。

这就是“研究问题的一般方法”——提出问题，寻找方法，建构概念。如何建构概念？提出假设，提出猜想，进行验证。验证合理，就给它一个数学表示，然后把所有的理论建立起来。这就是研究问题一般方法的运用过程。

因此这个复数集的扩充原则很重要，应该用这个原则逐一验证新数集。实际上这节课最后一条规则“保持原有运算和性质”还没有得到验证。对于复数运算，加、减是可以的，那乘法、除法，乘方、开方是不是还能继续保持？这个要到下节课定义了复数运算以后，再来验证它，只有这样建构的复数概念才算完整，才能跟原来的数集比较全部是一样的。所谓“一样”，就是高等数学的“同构”，这样新的数集与原数集是同构关系，只不过是引进了一个新的数。

经历了这样从“无”到“有”的探究学习，建构出的复数概念，不仅为学生进一步的数学学习打好了知识基础，更重要的让学生学习和领会研究问题的一般科学方法。

6.6.5 本课的核心知识和大观点

“复数的概念”是高中阶段“易学难懂”的典型内容之一。它的本质是引入一个平方为-1 的基底 i，即由 1 和 i 两个基底张成的 2 维空间。这就可以将复数与平面向量（或平面内的点）相对应，使得代数运算的对象扩展到二元数范围，从而推动复数理论的发展，这些都与平面上的力学问题和直线运动及旋转运动的研究与应用密切相关。

“复数的概念”可以采用“概念同化”的方式进行学习，要求学生对已掌握的数系概念及其扩充原则进行回顾反思，采用“观察、比较、分析、综合、归纳、概括、抽象”等思维方法，建构新的复数概念，其中关键的知识点和方法有：探究数系的扩充规则和引进新数“i”建立复数概念。

在“复数的概念”引入过程中，“提出问题”和“解决问题”是“运用研究问题一般方法教学”的原理的典型体现。第一，“如何教学生提出本节课的问题”，需要教师创设情境，在数学中，很多是从数学内部问题的产生而发展的。复数就是一个典型的例子，正是数学家对意大利数学家卡当提出的卡当方程的质疑和研究，在数学中引进了复数。第二，“如何教学生寻找解决问题的方法”，需要教师使用元认知和方法论提示语，来启发学生从已有知识中寻找办法。诸如“以往学习中有没有遇见过类似的问题？如果遇见过，遇见了什么问题，怎么解决的？解决的过程有什么共同特点？可能遇见过好几次，那它们有什么共同的特点、规律？这些特点对于解决当前的问题有什么借鉴作用？”学生思考这些问题，就可能获得寻找解题线索的方向，同时在寻找中因为必须不断地运用“观察、比较、分析、综合、归纳、概括、抽象”等一般思维方法，这使得这种“线索”的寻找更有价值，使学生在掌握更一般的方法、最本原的方法方面获得更多的体验。

由此可知，本课的核心概念是：复数；应该掌握的方法是“提出问题、解决问题、建构新概念和新方法”的研究问题的一般方法；需要培养学生学习和运用一般思维方法。

6.6.6　对本课教学设计的研究

下面通过七个教学环节的思考，对数系扩充和复数的引入这节课做一个整体剖析，试图进一步明晰“数系的扩充”与“复数”这一数学关系在教学过程中的实施。

1. 如何提出课题

首先要教学生学“提出”问题，不是学问题，而是学如何“提出”问题，那么怎么来教“学”提出问题呢？要提出一个问题，就要构建一个适当的引发问题的情境。

这节课的源头是什么？要学生学什么？这涉及对数学内容的认识和理解。特别要注意的是，这节课要学的是“复数引入”不是“数系扩充”。也就是说怎么想到要学习复数引入的呢？实数集不够用了，因为负数不能开平方。那“负数不能开平方”又是怎么想到呢？这个时候把“卡当问题”提出来，对卡当问题的探究出现了 $\sqrt{-15}$，这就产生了“负数不能开平方怎么办”的问题。那怎么想到卡当问题的呢？……这就是哲学上的追问。追问就是不停地问“怎么想到的”。

数学教师最重要的任务就是解决“你怎么想到的”。在教学的过程中，头脑里始终要有这根主线“你是怎么想到的？”

回到课题，那怎么才能想到卡当问题的呢？两位老师各有办法。

案例 2 创设了“数学语言”的情境，引出意大利数学家卡当的问题；案例 1 创设“跟小外甥谈话”的科学家话题（案例 1 中被略去），顺势把卡当问题提出来。可以看出两位老师各显神通，创设了不同的情境，实现了创造性的教，从而促进学生创造性的学。这是数学教学的前提。

在这个过程中，教师需要始终问自己，“我是怎么想到的”，同时不断的追问学生怎么想到的，长此以往，学生才能养成同样的追问意识，这才能把这种想问题的方法迁移到新的问题上去，这就学会了如何“提出”问题。

2. 如何寻找解决问题的办法

问题提出来了，怎么解决？这是“教学生学会思考”的第二个目标，教学生“学”寻找解决问题的方法。学“寻找”，不是学方法。“怎么找到的”才最重要。

如案例中提出问题“实数集不够用怎么办？”解决问题方案是什么？回顾已有数集扩充的过程。那又怎么想到要“回顾”呢？

这个就要对学生进行启发，这是方法论意义的启发。人类解决问题最本原的方法是什么？从已有知识寻找未知知识，从已有方法寻找未知方法，从已经解决的问题寻找解决新问题的方法。既然如此，要想把实数集扩充，就到已知的知识和方法中去寻找。即使这点，也不是大多数学生能想到的，因此也需要启发，于是提出启发性提示语：有没有见过类似的问题呢？从而促使“大家去想”。

怎么去想呢？在你想的过程中，请思考几个问题：

（1）以往学习中有没有遇见过类似的问题？

（2）如果遇见过，解决了什么问题？怎样解决的？

（3）解决的过程有什么共同的特点（规律）？

（4）这些规律对解决当前的问题有什么借鉴作用？

……

其实这些问题也是启发性提示语。围绕这些问题层层推进思考，就会明白：自然数扩充成整数的过程，通过添加“新数”解决了减法不能运算的问题。这些问题就是提供给学生寻找解决方法的线索。

3. 如何探究数集扩充的规则

这个过程是教学生学“探究”规律。是学“探究”，即学探究的方法，而不仅仅是学规律。怎么教学生学“探究”规律的方法呢？可以从以下问题进行尝试。

首先从“以往学习中有没有遇到类似问题呢？”开始。如从自然数到整数，再到分数，再到有理数，又到实数，学生可以很轻松地就梳理出来“数集的扩充”

过程。

其次，“如果遇见过类似的问题，要明确它们是什么问题？又是怎么解决的？”如自然数集因为遇见“减法不能”问题，需要引进负数，扩充成新的数集整数集，使得减法得以进行，并且新数集包含自然数集，原来的运算加法、乘法仍然能够进行；整数集因为遇见“除法不能”问题，需要引进分数，扩充成新的数集有理数集；有理数集因为遇见“正数开方不能”问题，需要引进无理数，扩充成新的数集实数集。从而发现每次扩充时的共同特点，数集的扩充是通过“引进新数”解决了运算不能的问题，同时在新数集中原有的运算及性质能够保持。

再次，“解决问题的过程有什么共同特点？规律是什么？”其实共同特点就是规律，只不过需要进一步归纳，抽象为数学中的规律。学生在寻找数集扩充的规律中，必然要观察、比较、分析、分类、综合、归纳、抽象、概括、特殊化、一般化，这些都是一般思维方法的运用，这也就是在教学生学思考的过程。另外在得到数集扩充规律以后，一定要把它作为引入“复数”的方法看待，不要把它甩到一边去了，要充分利用数集扩充的方法。

4. 如何建构复数概念

这是教学生学什么？教学生学“建构”新概念。这个过程要做的是教学生“学建构”新概念。过去是教学生“学新概念”，把新概念拿出来，解释一番，目标就是学知识。现在“学建构”，就是学习新概念是如何产生、如何构建的，学的是“动词”，是建构的过程，这个过程意味着认识力的发展和创造性的培养。

那怎么教学生“学”建构新概念呢？

回到一开始的问题：$\sqrt{-1}$，$\sqrt{-15}$ 都不能表示为实数，卡当称之为“怪物”，那么这样的“怪物”很多吧？最简单的是什么？$\sqrt{-1}$。

$\sqrt{-1}$，$\sqrt{-15}$ 有什么共同特点？要使实数集运算保持，它们都可以写成 $\sqrt{1}\times\sqrt{-1}$，$\sqrt{15}\times\sqrt{-1}$，都可以写成一个实数乘上一个 $\sqrt{-1}$。这个 $\sqrt{-1}$ 就是一个“新数”。欧拉首次把 $\sqrt{-1}$ 表示成一个简单的符号 i，称作虚数单位。这样 $\pm\sqrt{-15}$，$\pm\sqrt{-1}$，$5\pm\sqrt{-15}$ 等都可以用 i 表示，称其为复数。

接着来探究复数的统一的形式。

把前面的新数列成表，观察它们在构成上有什么特点？$5\pm\sqrt{-15}$ 有什么特点？一个实数加上一个虚数，其他的数能不能也像它们那样组成呢？比如说，i 可表示成 0+i，$\sqrt{2}$i 可表示成 $0+\sqrt{2}$i，5 可表示成 5+0i。把这些数一一写下来。这些数有什么的共同特点？能不能用统一的形式表示？这个时候学生找到统一形式顺理成章。这个过程离不开一般思维方法的运用，这是数学抽象的过程，具体的数变成了抽象的数，用符号表示了。这样通过复数的概念学习，学生就经历了“建构新概念”的完整过程。

5. 如何探究复数相等的定义

在这个过程中教学生学什么？教学生学“归纳概括”的思维方法。在前面的过程中不断地在进行归纳、概括、抽象，它们是数学研究和学习的最基本方法。

在“例 2：m=？时，$z = m(m-1)+(m-1)\mathrm{i}$ 是：实数，虚数，纯虚数”中，如何探究复数相等？必须明确依据是什么？工具是什么？现在只有定义这一个工具。那么要使它为实数的话，就要虚部等于 0。下面根据这题的结果来探究复数相等的充要条件。

实部中$(m-1)$建议不考虑，即探究 $z=m+(m-1)\mathrm{i}$ 的等式就可以，要使复数 z 是纯虚数，还必须 $m=0$ 且 $m\neq1$，因为仅仅 $m=0$，并不能保证 $m\neq1$，也就不能保证 z 是纯虚数。

这就是规律——实部与实部对应相等，虚部与虚部对应相等。从三个等式中间抽象出来复数相等的充要条件。这里体现了“从无到有”的探究思想，从原来不知道什么是复数相等，到明确两个复数相等的充要条件，学生经历了复数相等的概念建构过程。

6. 如何处理例题

首先，要明白例题、习题的设计意图。从课例中的 3 个例题分析：第 1 个例题，是一个概念题，定义出来了，直接应用。第 2 个题，既是概念的应用，又是对复数相等定义的启发引导。第 3 个例题是对复数相等定义的应用。可以看出教材的设计采用小步子原则，每给出一个定义就安排一个应用，化解学生的认知难度。

其次，要有解题回顾和反思。回顾什么，总结什么。解题的过程，一步一步是怎么进行的，回顾这个过程很重要，要特别注意以下四点：

一要把这个过程回顾清楚，然后对这个过程归纳、梳理，寻找思路的历程。

二要弄清楚难点是什么，什么原因导致它成为难点。

三要明白主要思想方法是什么，主要用了哪些思想方法。切记牵强附会。

四要总结有什么经验教训。主要的经验是什么，主要的教训是什么，这些经验和教训可以运用到哪类的问题上去。

7. 如何进行课堂教学的总结

这两节课中，一个教师有总结，一个教师没总结。但是这些总结都不是很好。那么一节课要总结什么？主要是两个方面：知识层面和思想方法层面。

第一，知识层面，要保证每节课的知识落到实处，确定学生是掌握还是基本掌握。不能因为要培养学会思考，发展能力，就不要知识。没有知识，怎么发展，怎么培养能力？怎么培养运用解决问题的一般方法？要明确是在运用研究问题一般方法解决问题的过程中学习一般方法，解决什么问题呢——与知识相关的问题，所以脱离不了知识，如果知识掌握不好，方法也一定运用不好。

第二，思想方法层面。这节课的重点就是思维方法，所以总结要包括思维发展和研究问题的一般方法。具体而言指：

提出了什么问题？由卡当问题提出了实数不够用的问题。

如何寻找解决问题的方法？回顾已经解决的类似问题，从中寻找解决问题的方法。概括已有数集扩充的经验和规律，迁移解决当前的问题。

怎么解决的？建构复数新概念。在建构的时候，添加一个新数$\sqrt{-1}$，提出新数集的猜想。那么扩充后的数集，能不能成为理想中的数集呢？根据规则，按照三条规则验证一下。

（1）实数集是不是复数集的子集？是的。

（2）负数开平方的问题解决了没有？解决了，所有负数开平方都可以用复数表示。

（3）原来的运算和性质还能不能继续保持？原来的运算性质是不是还能保持？交换律、结合律行不行？行。但是这节课还不能验证，所以实际上这节课结束不了，这节课建立了复数，验证了前面几个规则，但是原来运算和性质是否封闭，还没有真正验证，因为复数的运算要到下一节课才研究，到那个时候再来验证。

整个教学过程经历了——形成问题、构建概念、寻找方法、提出假设、验证猜想、语言表述、构建理论的过程。这个过程就是运用研究问题一般方法的过程。所以这节课是典型的运用研究问题一般方法解决新问题过程。

教学生"怎么学"——在运用研究问题一般方法过程中学习研究问题的一般方法，在运用中学习运用，在游泳中学游泳，在做数学的过程中学数学。

6.7　数学模型教学的案例研究

数学研究的对象都与现实世界有着联系，它研究这种联系及其性质和特点，就得出数学方法，表现为对现实世界的关系的特征的研究——模型。与其他学科不同，数学研究的不是现实世界的事物的模型本身，而是研究模型的模型，即一般模型。数学研究中最简单的模型是数量模型，比较复杂的模型是关系模型，很多其他学科的模型最终归咎于数学模型——几何的、数表的、代数的、分析的、概率的模型等，也就是这些模型的更一般模型。

几何概型是一类特殊的概率模型，著名的"贝特朗悖论"就是基于几何概率模型的定义提出的。虽然"贝特朗悖论"由苏联数学家柯尔莫哥洛夫建构的概率公理化体系使其获得合理的解释，但是人们在对几何概型的认知与理解过程中，依然对与几何概型有关问题的直觉与认知等存在困难。有研究指出：古典概率和几何概率是高中概率学习的重点，其中几何概率更是难点。即使有公理化体系的解释，作为几何概率的一个典型问题，“贝特朗悖论”却一直是广大一线教师讨论的热点问题。比如，在“贝特朗悖论”中，同一个随机事件为何会有三个不同的概率？是否违背了概率是随机事件客观属性这一性质？三种解法能否统一？三种解法是否都正确理解了原题意？是否还有另外的解法存在？既然成人对认识与解决几何概型问题存在困惑，学生作为正在发展中的未成年人，对几何概率模型数学意义的建构与理解可能会存在“历史相似性”，因此几何概型的课堂教学就成为高中数学教学研究的焦点之一。

由于不同老师对几何概型的数学本质理解各有不同，这种不同必将反映在其数学教学的预设与生成过程中。本研究选择 2 个几何概型的教学案例，通过 2 个案例直观展示老师对几何概型预设与生成的各自所重。

6.7.1　课堂教学案例 1 与点评

课题：几何概型	点　评
师：前面我们学习了特殊的概率论模型——古典概型。在学习了这样一类概型以后，大家有没有想到什么新的问题？[1]（停顿）就是解决了这么一类概率问题，有没有想到什么新的问题？（停顿）大胆的想，大胆说，已经有同学自告奋勇了。（停顿） 生 1：我在想，古典概型的基本事件是有限个，但是很多问题中基本事件有无数个，那当基本事件是无数个的时候怎么求概率？ 师：大家听到了吗？那就是说古典概型只解决了一类概率问题，它还不能解决所有随机试验的概率问题。那么你现在能举个不是古典概型的例子吗？[2]（停顿）有同学举手了，我们再等一下暂时还没有想出来的同学。没想出来的同学可以想一想，我要举的不是古典概型。（1′45″）怎样才能写出不是古典概型的例子呢？我们怎样来考虑这个问题？可以与同座位同学互相交流一下。（3′40″）现在我们找一个同学，来分享一下他的思考成果。 生 2：比如说吃西瓜，吃一口会吃到瓜子或者不吃到瓜子。（笑） 师：我们把这个例子写一下。（板书） （1）吃西瓜，（求）吃到子或是吃不到子（的概率）。 生 3：我想到的一个例子是，比方说，这块黑板，往上面投	[1] 本课创设的问题情境是在问学生学过古典概型以后，大家有什么新的问题？意图在引导学生自己来提出本节课的课题。虽然这个问题很开放，但仍然具有一定的指向性——“学过古典概型以后”，就暗示了这种新问题应是由古典概型延伸出来的：古典概型是万能的吗？有没有与古典概型不同的概率模型呢？要不同的话，应该是什么不同？很幸运，学生的回答很给力。然而即使学生回答不令人满意，其实上述问题也可以作为启发性提示语来启发学生，经过这样的启发，学生并不难回答。通常的教学大多是先复习旧知，然后提出一个非古典概率问题。其实前面刚刚详细研究过古典概型，学生很熟悉，仍在古典

续表

课题：几何概型	点　　评
一块磁铁，这也不是古典概型。 师：这块黑板就作为一个？我没听清楚你后面说的什么。[3] 生 3：我的意思是，有一块磁铁，在黑板上画一个圆形区域，然后把磁铁扔过去，磁铁落入圆形区域或落不到这个区域的概率。 （2）黑板上圆形区域，磁铁是否可以落入圆形区域。 师：一起看两个同学的例子，是否都不是古典概型？ 众：不是。 师：都不是。（停顿）你怎么想到举这样一个例子的？[4] 生 2：吃西瓜的时候，咬一口有时吃到子，有时就吃不到子。而吃到子它是一个面积概念，面积上有无数个…… 师：我想让你举的不是古典概型例子，你是怎么想的？ 生 2：我想，如果它的基本事件的概率不相等的，那它就不是一个古典概型的例子。 师：基本事件的概率是不相等的，也就是它不满足古典概型的特点，那古典概型有哪些特点？ 生：基本事件等可能。 师：一个等可能。还有呢？　　生：基本事件有限个。 师：（板书）古典概型特点：等可能，有限个，概率公式。 $P(\text{A})=\dfrac{\text{事件A所含基本事件数}}{\text{基本事件总数}}$ 他的例子很对，但是我更欣赏他的思路。[3]他说要举出不是古典概型的例子，要先考虑古典概型的两个特点，只要不符合它的特点，它就一定不是古典概型，没有问题吧？那这两个特点是不是都要不符合？（停顿） 众：只要一个就行了。 师：你想保留哪一个？[5]（停顿）看这两个例子，生 2 保留的是哪一个？　　众：有限个。 师：有限个，吃到或者吃不到，只有两个。生 3 举的这个例子，符合哪个特点？　　众：等可能。 师：那如果要计算它的概率的话，保留哪一个特点比较好？(停顿)　　众：等可能。 师：等可能。那我们保留等可能。为了方便计算概率，我们就把“有限个”改掉，换成（板书）“无限个”。 (8′00″) 我们来把生 3 的例子提炼一下[6]，看问题 1。它和生 3 的例子非常相似。取一个边长为 2 的正方形及其内切	概型上花时间没有必要，也激发不起学习兴趣，而直接要求学生思考这样的问题，就能打破认知平衡，产生认知冲突，使学生感受学习新知识的必要性。 [2] 接下来让学生举出不同于古典概型的例子，这也是比较有挑战性的问题，但是能促进学生积极思考，激发学生的学习兴趣和学习积极性。学生举例时，必然要思考哪些方面要与古典概型不同呢？这时自然就回顾古典概型的方方面面，这样复习旧知就成为学生主动的回顾，成为解决问题过程中必要的思维活动。这是这节课的一大亮点。让学生举例是极其重要的教学方法，学生通过各自的实例来承载对新概念的理解，就使得学生参与到新概念的建构中。 [3] 教师使用的评价语很值得借鉴。如“我没听清楚你后面说的什么”，实际是学生回答不很到位，而学生重述回答时，就对前次回答作了修正，使回答更加完善。又如“更欣赏他的思路”，并顺着他的思路，引导学生认识到“只要一个特点不符合就行了”。教师这类评价学生回答的语言，既充分保护了学生自尊心，提升了成就感，又能调动学习积极性，激励学生提高自信心。 [4] 要求学生举例并非仅此而已，还要求说出例子背后的

续表

课题：几何概型	点　评
圆，随机向正方形内丢一粒豆子，求豆子落入圆内的概率。(停顿) **问题 1**　取一个边长为 2 的正方形及其内切圆，随机向正方形内丢一粒豆子，求豆子落入圆内的概率。 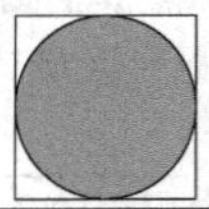 生 4：我算出来的结果是 $\frac{\pi}{4}$。 师：大家还同意她这个结果？　众：同意。 师：同意。那你怎么算的？ 生 4：先算正方形面积，边长用 a 表示，就是 a^2。圆的面积就是 $\frac{\pi a^2}{4}$。 师：现在告诉你边长是 2。 生 4：那这个正方形面积就是 4，圆的面积是 π，算出来概率是 $\frac{\pi}{4}$。（板书）$P(A)=\frac{内切圆面积}{正方形面积}=\frac{\pi}{4}$。 师：你就是用圆的面积比上正方形的面积，是吧？ 生：是。 师：你用这样一个公式算出概率是 $\frac{\pi}{4}$。我想问这个公式是古典概型的计算公式吗？[7]　生 4：不是。 师：为什么？ 生：古典概型的概率计算公式，是用符合条件的基本事件数除以总的基本事件数。 师：所以这个计算公式不是古典概型的计算公式，那为什么可以用这样的公式，来计算这个概率问题的概率？而且计算出来的结果是 $\frac{\pi}{4}$，大家都认为是正确的？这个例子不是古典概型，我们用这样一个公式计算出，大家都认为是正确的这么一个概率。 　这就是今天我们这堂课要研究的一个问题。(10′55″) 　大家可以来分析下我们刚才讨论的过程。 $P(A)=\frac{事件A所含基本事件数}{基本事件总数}$，$P(A)=\frac{内切圆面积}{正方形面积}=\frac{\pi}{4}$。 　看这两个式子（停顿），它们在形式上面（停顿），是不是有一种对应关系？如果两边的分子与分子对应，分	思维过程，这就是教学生学思考。对吃西瓜这个例子，教师追问“你怎么会想到这个例子呢？”也可以反问：你凭什么说你所举的例子不能用古典概型计算它的概率？那么，你的例子中概率怎么计算呢？这自然导出了本节课的课题。 [5] 吃西瓜这个例子为什么不是古典概率，师生的讨论明白了基本事件只有两个：吃一口有子或者没有子，保留了有限个特点。对于为什么不是等可能，讨论可以更深入一点：西瓜被咬一口的机会是不是均等？随机吃一口就能吃到瓜心吗？不能。随机试验的基本条件发生等可能，是指发生的机会均等，可见例子不是等可能的。同时能够发现，不等可能甚至会导致无法计算概率。对实例特征的分析最为重要，这样能够帮助学生区分数学对象的非本质特征和本质特征，从而加深和提高对新概念的理解和掌握。 [6] 教师借助学生的举例提炼成问题 1，进入本节课真正要研究的非古典概率问题。但是这里还是没能明确提出本节课的课题。实际上到这里通过对学生举例的讨论，已经提出了一类非古典概率问题，教师就可以顺势引导：你会想到什么问题？学生容易提出，它们是一类非古典概型的问题，是什么样的概率模型呢？怎么来求它们的概率呢？这

续表

课题：几何概型	点　评
母与分母对应的话，那也就是说，我们把古典概型计算公式中的分母——基本事件总数用什么来代替了？哦，正方形的面积。事件 A 所包含的基本事件数，用什么来代替？哦，内切圆的面积。 那这儿的“代替”又是什么意思啊？我们分析一个随机试验的概率问题，要首先考虑什么？[8](停顿)要研究一个随机试验，先来看概率的什么问题？有同学说基本事件。那我们来看看这里基本事件是什么？（停顿） 生 5：基本事件应该是落入正方形内的任意一个点。 师：（板书）基本事件：落入正方形内任一个点。我们把豆子看作一点可以吧？那所有基本事件数是什么？ 生 5：所有基本事件数应该是，嗯—— 师：不着急。（停顿）基本事件就是我们做试验的一个基本结果，是这样吗？现在我们看所有的基本事件可以构成什么？ 生 5：所有基本事件构成的是正方形。 师：（板书）所有基本事件构成的是正方形及其内部。 那我们要求的符合条件 A 的基本事件又构成什么？ 生 5：嗯，构成了一个圆。 师：噢。（板书）符合条件 A 的基本事件又构成内切圆及其内部。说得很对。这里就用内切圆面积比上正方形面积，得到了概率。我发现一个问题，所有基本事件数是无限个，这个无限个怎么刻画？这边是用什么刻画的？ 众 ：面积。 师：面积，为什么可以用面积来刻画？所有的基本事件构成的是什么？是面积吗？　　众：是正方形。 师：噢，是正方形。要度量一个正方形的话，使用什么来度量？　　众：面积。 师：面积。因此我们就用面积得到了这个黑板上的公式，是这样吗？ 哎，解决了这个问题，我们也可以用几何画板模拟[9]。(演示) 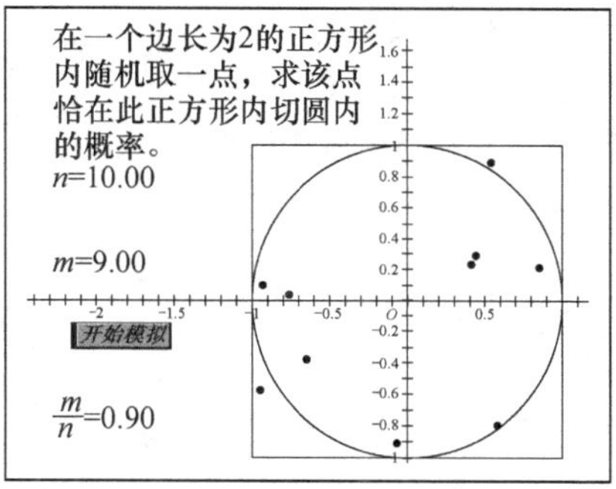	就是这节课我们要研究的问题。”然后提出问题 1，这就明确提出了本节课的目标问题。 [7] 教师这里的多次追问，很自如地运用反思性教学原理，引导学生进行更深入的思考：“这是不是用的古典概率计算公式?”“为什么不是?”“为什么可以用这样的公式计算概率？而且是正确的?”“这儿的‘代替’又是什么意思?”这种刨根问底的追问，是人类思维的重要方式，教学中经常运用这种思维方式，不仅有利于教学的展开，而且学生会受到潜移默化的影响，逐步学会这种思考方式，从而达到教学生学会思考的目的。 在这一系列追问和答问的过程中，教师引导学生对两个公式进行类比分析，提出了“为什么这个非古典概型问题的概率能用这样的公式计算”的本节课的难点问题。 [8]“这儿的‘代替’是什么意思?”是本节课的重点和难点所在，接下来教师以此为研究目标，通过一系列认知性提示语循循善诱，从“分析一个随机试验的概率问题首先考虑什么”入手，用充分的时间与学生一起讨论，步步深入，层层推进，逐渐找出计算这个新问题概率方法的意义——基本事件是正方形内任一点，所有基本事件构成正方形，符合条件 A 的基本事件构成圆，正方形

续表

课题：几何概型	点　评
此时，n 表示豆子的颗数，m 表示落入内切圆的豆子的颗数，那么此时 $\frac{n}{m}$ 表示什么？ 众：概率。 师：概率吗？ 师：有同学补充了，是落入圆内的点的概率。是概率吗？ 众：频率。 师：噢，频率！当丢豆子数 n 很大的时候，会发现这个频率会在 0.785 附近波动，而且趋于稳定。因此它的概率是多少？0.785。0.785 其实就是什么？就是 $\frac{\pi}{4}$。从而就说明了刚才用这个计算公式计算出来的概率也是正确的。(15′30″）解决了这个问题，大家还能想到其他的例子，[10] 也不是古典概型？刚刚这个是在正方形内取点吧？范围再广一点可以在哪儿取点？（停顿）正方形范围再宽一点还在哪儿取点？　　众：平面。 师：除了在平面上取点，还可以在哪儿取点？ 众：空间。 师：噢，空间，还可以在哪？　　众：直线。 师：噢，直线。[11]我们依次看两个问题。先看这个问题。（停顿）谁来说这个问题的解决思路。 **问题 2**　在[0,4] 内任取一个数，求这个数在[1,2] 内的概率。 生 6：把[0，4] 区间画出来以后，就画的一条线段，端点是 0 和 4。 师：你考虑在[0，4] 内任取一点，因为这是什么？一个随机实验的？　　生：是这个随机试验的基本事件。 师：基本事件，[0，4] 内任一点。来画一个示意图。这个线段用 MN 表示，[1，2] 用 EF 来表示。基本事件是在[0，4] 内任一点，它相应的应该是在哪里的一点。 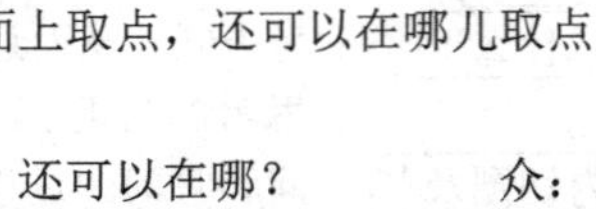 生：基本事件就是[0,4] 内一个具体数。 师：好，你接着说。　　生：符合条件的基本事件数就是 EF。	和圆的度量是面积。这段师生对话很精彩，有提示，有反诘，有调节，使整个过程充满了数学的思考，不仅弄懂了知识，还学习了如何思考。 [9] 这个模拟很有必要，学生可以更加直观地看到这个随机试验的过程，增加对古典概率计算的理解和认可。这个几何画板的模拟是多媒体技术的运用，使抽象的数学对象变得更加直观，更加便于学生理解，体现了现代技术在数学教学中的作用和意义。 [10] 学生所举的例子用完了，接下来如何引出新的例子？一般情况是教师直接抛出另一个例子，但这里教师仍然要学生举例，思考怎样才能举出其他的例子？教师继续用启发性提示语进行引导，由正方形扩大到平面，由平面扩大到空间，由三维空间又联想到一维直线，于是接着提出关于线段和正方体的例子很自然，学生会觉得是自己提出的。 [11] 有了前面问题 1 的细致深入的讨论，学生类比着对两个新例子进行讨论，只用了很短的时间，显得十分顺畅。重要的是，强化了学生如何研究解决一个概率问题的思维程序，从而使学生能更扎实地掌握正确解决概率问题的基本方法。这是在学会思考的同时，使知识落到实处的极好体现。

续表

课题：几何概型	点　评
师：好。（板书）符合条件的基本事件线段 EF。那么所有基本事件就构成……？　　生：线段 MN。 师：好。（板书）所有基本事件线段 MN。那因此上面这个基本事件你说是[0,4] 内任意一点，也可以把它看作是（板书）基本事件线段 MN 上一点。因此概率是怎么算？ 生 6：概率就是（板书）$P(\mathrm{B})=\frac{\text{线段}EF\text{长度}}{\text{线段}MN\text{长度}}$。 师：其他同学同意他的思路和结果吗？很好。(68′25″)再来看刚才同学们也都想到的，可以在空间取点。同样找位同学来分析一下解题的思路。(停顿) **问题 3**　在棱长为 2 的正方体内随机取一点，求该点恰在此正方体内切球内的概率。 生 7：基本事件是在正方体内随机取一个点；所有基本事件是棱长为 2 的正方体；满足条件的基本事件是正方体内的内切球。（板书） 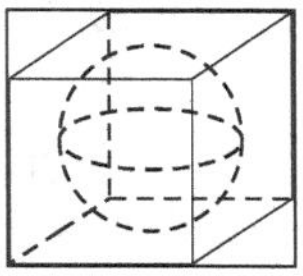 基本事件正方体内一个点 所有基本事件正方体 满足条件的基本事件内切球 师：从而满足条件的概率？ 生 7：$P(\mathrm{C})=\frac{\text{内切球体积}}{\text{正方体体积}}$。 师：内切球体积除以正方体体积。结果算出来了？具体的式子，没有最后结果也没有关系。分子是 $\frac{4\pi}{3}$，分母是 8，因此落入内切球的概率是 $\frac{\pi}{6}$。很好。(21′20″) 那么，到现在我们解决了三个问题。接下来我们可以做件什么事情？[12]有同学讲总结，有同学讲找规律，我们希望把三个问题提炼一下，可以提炼出什么？我们怎样解决的？这三个问题有什么共性？我们在解决这三个问题的时候有什么共同特征呢？（停顿）有同学举手。我们稍微等一下其他同学。(21′50″)[13]	[12]“接下来可以做件什么事情？”这是一个有方法论意义的启发性提示语，它可以使学生养成一个良好的习惯，在做完一件事后，就会自动地想到——接下来我该做什么，可以做什么。能做什么呢？要学生自己想！实际上接下来是一项重要的工作——在前面三个例子解决的思维基础上归纳概括出几何概型的定义和概率的计算公式。这里也体现了教知识的同时教学生学会思考的数学教学思想。 [13] 教学板书的良好设计给这里的归纳概括提供有力的帮助——解决问题纵向排列，概括共性横向比较。

续表

课题：几何概型	点　评
基本事件：问题 1 正方形内任一个点；问题 2 线段 *MN* 上任一点；问题 3 正方体内任一点 所有基本事件：正方形及其内部；线段 *MN*；正方体 符合 A 基本事件：内切圆及其内部；线段 *EF*；内切球 概率计算公式 $P(\mathrm{A})=\frac{\text{内切圆面积}}{\text{正方形面积}}=\frac{\pi}{4}$，$P(\mathrm{B})=\frac{\text{线段}EF\text{长度}}{\text{线段}MN\text{长度}}$，$P(\mathrm{C})=\frac{\text{内切球体积}}{\text{正方体体积}}$。	
生 7：首先，它们的基本事件是无数个；其次它们的概率可以转化为平面内的图形，或者空间内的几何图形来进行求解。 师：哦，都可以转化成平面上图形或空间上图形，那就是这些事件可以用几何图形表示。就是这个，所有基本事件，正方形，线段，正方体，都是一个几何图形，那符合条件 A 的基本事件是什么？ 生 7：也是一个几何图形。 师：符合条件 A 的基本事件也是一个几何图形。　　生 7：是的。 师：还发现什么共性了吗？　　生 7：没有了。 师：很好。我们发现所有基本事件和符合条件 A 的基本事件都构成了一个几何图形。我们看共性的时候，本来是一个问题一个问题这样看(纵向)；找共性的时候，刚才那个同学是这样找(横向)，是横着一行一行找的。第一个，基本事件就有共性了，这三个问题有什么共性？都是什么？(横着比划)都是几何图形上的一个点，是吗？ 众：是。 师：这是它们共性。而且刚才生 7 还说了，这三个问题都符合等可能和无限个，最终是把这个事件的概率转化成一个几何图形来研究。因此呢，就可以给这个概率模型取一个名字吧？我们把它称为，（板书）几何概型。它符合这两个特点。它的计算公式是什么？有同学马上就说出来了。 生 8：这个公式是，符合条件的基本事件所代表的几何图形，除以所有基本事件的几何图形。 师：图形除以图形？	

续表

课题：几何概型	点　评
生 8：它的面积，或者是线段的长度，或者是几何图形的体积。 师：那就是说如果是线段的话，应该是度量线段的长度；如果是平面图形它应该就是面积；空间呢就是体积。生 8 刚才前面说的很准确，所有基本事件对应的那个几何图形。为了说的时候方便一些，比如把所有基本事件构成的几何图形用区域 D 来记，而符合条件 A 的基本事件（板书）所有基本事件构成的几何图形区域 D 构成的图形 符合条件 A 的基本事件构成的图形区域 d 用区域 d 来记，这样我们在说的时候就方便多了。来看它的计算公式，就是生 8 讲的。大家一起说，分子是什么？ 众：区域 d。 师：d 可以是长度(面积、体积)；然后分母是区域 D 的长度(面积、体积)。（板书） $P(\mathrm{A})=\dfrac{\text{区域}\,d\,\text{的长度（面积、体积）}}{\text{区域}\,D\,\text{的长度（面积、体积）}}$。 这三个几何图形线段、面积、体积的度量比较长，可以把度量叫做“测度”，就可以写作（板书） $P(\mathrm{A})=\dfrac{\text{区域}\,d\,\text{的测度}}{\text{区域}\,D\,\text{的测度}}$。(27′35″)	
师：计算公式我们就研究好了。这个事件的概率与什么有关呢？有什么关系啊？[14]谁能尝试给几何概型下个定义吗？(停顿)所求事件的概率与什么有关？如果有关的话，它是一种什么样的关系？我们找一个同学尝试一下。 生：我觉得应该是相当于，符合条件 A 的基本事件，它所对应区域的测度与整个基本事件对应区域的测度之间的比值，就应该是这个基本事件的概率。 **定义**　如果每个事件发生的概率(只)与构成该事件区域的长度(面积或体积)成比例，则称这样的概率模型为几何概率模型，简称几何模型。 师：他说这个比值就是我们所说的概率，大家同意吗？ 众：同意。 师：请坐。课本上的定义与这位同学说的非常相似。（读题） 师：为了深化对几何概型的理解，我们来看几个例题。(29′20″)来看例 1。（停顿）	[14] 三个问题的共性归纳出来了，把它们概括为同一类问题的本质特征，可以给这个新的概型起名字下定义了——“几何概型”破茧而出。

续表

课题：几何概型	点　评
例 1　射中圆盘上的每一个点都是等可能的，则射中黄色区域的概率是多少？ 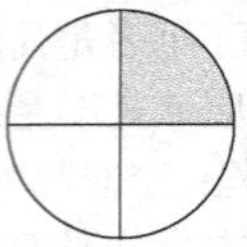 生 9：是 $\frac{1}{4}$。它说是所有的点都是等可能的，黄色区域组成的图形是一个扇形，然后用扇形占总面积的四分之一，所以概率就是 $\frac{1}{4}$。 师：你第一句话我听的不是很清楚，[15]你说的是圆上的每一点是吗？你讲这句话是想告诉我们什么？ 生 9：试验是事件是等可能的。 师：事件是等可能的，而且？　　生 9：而且是无限个。 师：因此告诉我们什么？　　生 9：它是几何概型。 师：很好。（板书）解：射中圆盘上每个点等可能。 为了计算方便，用 A 表示射中的黄色区域，这个概率就是 $P(\mathrm{A})=\frac{扇形面积}{圆面积}=\frac{1}{4}$。作为应用题解答，还要做什么？ 众：答。 师：非常好。（板书）答：射中红色区域的概率为 $\frac{1}{4}$。解决了这个问题之后，我们来看看解决一个几何概型的问题，首先要考虑什么？[16]要解决一个概率问题，先要考虑什么？ 众：概率模型。 师：到现在我们学了两种概型。古典概型和几何概型。那么要确定这个问题到底是古典概型还是几何概型。因此这里一定要先判断概型，为了方便，第一个我们记事件；接下来用概率公式计算概率，最后作为解答题还要写上答案。将数学问题还原为原来的实际问题。（32′35″） 我们再来看这样一个问题，大家来做一次设计师，如果要保持概率不变，在原盘大小不变的前提下，你还可以如何设计这个黄色区域呢？想到方法没有？（停顿） **变式题**　如果要保持概率不变，在原盘大小不变的前提下，你还可以如何设计红色区域呢？[17] 生 10：我想把圆盘等分成等面积的 8 个扇形。 师：8 个扇形，而且他强调等面积。 生 10：这 8 个扇形里面每隔 3 个扇形涂一个黄色。	[15]“我听得不很清楚，你的话其实想告诉我们什么？”教师这样的回应，没直接提出异议，而是留出回旋的余地。可以看到，学生正是利用这样的机会修正了自己回答，把“所有的点是等可能的”修改成“试验的事件是等可能的”。教师对学生的态度对学生有着很大的影响，所以教学中教师一定要以爱护学生，尊重学生，激励学生为出发点，来规范自己的一切言行。 [16] 这里我们再一次看到教师对概率问题解题的引导，应该先考虑什么，后考虑什么，最后又应该做什么。虽然没有像案例 2 那样把解题程序单独罗列，但是由于在前三个问题和这道例题中，不断的重复强化，学生对这个解题程序已经了然于心。当然为了使知识落到实处，如能单独罗列出来可能更好。 [17] 这又是一个开放性问题，让学生来设计符合条件 A 的基本事件构成的几何区域，从而让学生通过具体问题变化，来进一步发现事件的概率与集合区域的形状、位置无关而“只与”几何区域的测度有关。这种设计，实际是让学生自己来变换形状、位置，要比下个案例中由教师来变换，更能形成深刻的认识和印象。这也就说明，要尽量调动学生通过自己的思想活动来形成对数学的认识。

续表

课题：几何概型	点　评
师：那最终涂了几个？　　　　生 10：涂了 2 个。 师：大家还同意啊？再给你出个难题，再让你设计一个，你会吧？ 生 10：也可以按上面的方法分成 16 个，32 个，甚至更多。 师：甚至更多。那你一下抢走了其他同学很多机会。其实你可以说多少个？　　　　生 10：无数个。 师：那你是不是有一个什么原则啊？你为什么能分这么多种？ 生：黄色的面积从开始分成 4 份，到后面分成 64 份，或更多份，涂成黄色的面积都相等。 师：黄色面积都相等，只要是一个圆盘的多少？　　生：$\frac{1}{4}$。 师：$\frac{1}{4}$。他设计了那么多，其实跟它的形状没有关系的吧？现在把这个黄色区域摆在右上方，摆在左下方行不行？都可以。这说明与它的位置也没有关系吧？因此课本上几何概型的定义非常严谨，可以这样完善一下。（将“与”改成“只与”）课本上定义还有这个，它说一个事件的概率如果“只与”该事件区域的长度、面积或体积成比例，就称它为几何概型。（35′05″） 我们再来看例 2（学生看题）。 **例 2**　某人午休醒来，发觉表停了，他打开收音机想听电台整点报时，求他等待时间短于 10 分钟的概率。 这次我想问一下有了解决方案的同学。举手的先放下，等一下这边的同学。这个问题跟前面的几个问题还有什么相似的，或者什么不同的？如果有同学遇到困难的话，那你想想困难在哪边？或者其他同学来讲思路的时候你来听听，那个同学怎么突破那个难点的。给这边同学一个机会，你们有没有想出这个问题的方法？(37′20″) 生 11：可以把表看作是一个圆面。他睡觉可以在圆面的任意一个时刻醒来。[18] 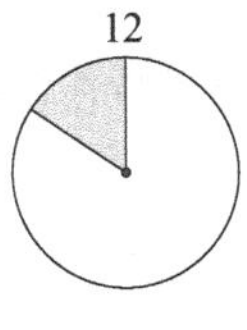 师：可以在任意时刻醒来，她的意思是先判断概型。 生 11：要整点报时就是时针指向 12。 师：在这儿？ 生 11：嗯。他要想等的时间少于 10 分钟，应该是从 50 分到整点之间。所以符合这个条件的基本事件是整个面积的 $\frac{1}{6}$。所以它的概率应该是 $\frac{1}{6}$。	[18] 这个问题的特点是，事件构成的几何区域可以有多种选择，这与前面讨论的问题有一定的差别。可以看到，这给学生辨识特征制造了一些困难，有的学生虽然知道怎么计算概率，但是为什么这样计算，公式中的分子分母各代表什么几何区域却不能确定。这道题，可以用扇形面积与圆面积作比，也可以用弧长与圆周长作比，还可以用短线段长与长线段长作比，只要能根据几何概型定义给出合理的解释都是可行的。这个变式的变化与几何概型定义直接相关，在第一次课中采用这样的变式是可取的。这可以与案例 2 中最后的例题，过三角形顶点与对边上一点做射线，及过三角形顶点与其外接圆内一点作射线做比较就可以看出。

续表

课题：几何概型	点　评
师：很好。前面这位同学，你同意她的思路吗？ 生 12：我的结果是跟她一样的，但过程不一样。[19] 师：结果跟她一样，但思路不跟她一样。 生 12：思路也差不多。 师：差不多，有一点点差别在哪儿？ 生 12：我想一个圆面，一共 60 分钟，它要小于 10 分钟，所以是 $\frac{1}{6}$。 师：你也是一个比值是吗？是用的什么比的什么？ 生 12：所有的事件比上短于 10 分钟。 师：你是想讲，最终的几何概型转化为一个几何图形来考虑。刚刚生 11 的思路是，这个事件记为 A，她相当于是 $\frac{1}{6}$ 圆的扇形，这个扇形的面积比上一个的圆面积，$P(\mathrm{A})=\frac{\frac{1}{6}\text{圆的扇形面积}}{\text{圆面积}}=\frac{1}{6}$，时针绕过这么一个圆的面积。那么你想用的是什么样的几何图形？你觉得反正是 $\frac{1}{6}$，是这个意思吧？用什么比什么说不清楚？(生点头)同座位同学能帮她一下吗？ 生 13：应该是用一个小时的时间，因为他醒来的时候必然是在某一个小时里，所以用 1 小时比上…… 师：这个 1 小时时间用什么几何图形来刻画？ 生 13：用线段。 师：用线段，也可以。这个图，比如这里是 0，60，然后符合的这个 50，还是用 M，N，E 来记，那么此时你也可以用一个，MN 的长度，上面就是 EN 的长度，$P(\mathrm{A})=\frac{EN\text{长度}}{MN\text{长度}}$，很好。生 12 想出来这个圆盘还可以看成什么？　　生 12：弧长。 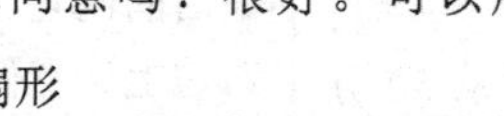 师：弧长。大家同意吗？很好。可以用弧长，也就是 $P(\mathrm{A})=\frac{\frac{1}{6}\text{圆的扇形}}{\text{圆周长}}$。它这个时间，相当于在圆弧上面任取一点。我们做完这个例 2，回过头来看一看。刚才这个也是	[19] 教师敏锐地发现学生“结果跟他一样，但思路不一样”的回答，追问“有一点点差别在哪儿”，目的是以此为契机，搞清楚学生解题背后的思想，也试图从学生的解答中找出选择不同几何区域的解法，从而达到设计这个例题的意图。

续表

课题：几何概型	点　　评
几何概型，这个几何概型跟前面处理的那几道题目，还有一定区别啊？我们要做的什么工作啊？　　众：转化为几何图形。	
师：转化为几何图形。所以大家要注意这个问题。(41′50″)[20]听完了这节课，大家有什么收获啊？要想收获，可以想这么几点，比如内容方面有什么收获啊，或者在解决一个几何概型问题的解题的思路啊，或者在处理一类新问题的时候，我们可以用什么数学方法来处理？(43′10″) 生 3：听完这节课，我的收获主要有三个方面。第一个是，我们本堂课的引入，是当有些问题古典概型解决不了的时候，可能有其他方案来解决，通过这点可以知道几何概型适用范围和基本特征，那就是说几何概型的特征是等可能和无限个基本事件。第二个是这节课得到了几何概型的解题公式，有了这个公式，如果古典概型无法解决，就可以考虑它是否符合几何概型，这样可以解决更多的概率方面的问题。第三个是对于像刚才那个时间题，它表面上并不完全符合几何概型面积的要求，那可以想方法把问题转化为几何图形，可以通过这种方法来解决更多的概率方面的问题。所以把解决概率问题的方案扩大了很多。(掌声！) 师：说的太好了。大家听清楚了吗？　　众：听清楚了。 师：我就不重复生 3 说的了，她说的非常好。她从三个方面来谈的。好，这是我们这堂课的作业。(演示 ppt)下课。(44′50″)	[20] 笼统地问有什么收获，缺少指向性，不利于多数学生概括总结，当然也会有同学明白问题的含义，做出较好的回答，像本节课这个学生回答的很好，这要看学生的情况，一般还是问的具体一点更好。所以教师应该接着将哪几方面收获具体化。从学生的回答可以看到，本节充满了学生的独立思考和积极参与，虽然中途遇到一些意外，但是本节课整体是成功的，教学过程各个阶段的问题设计、探究引导、师生讨论，由于启发性提示语的准备充分，都能使学生最终完成每一个探究活动。当然这与学生的认知能力是分不开的，可以看出这个班学生的学习能力非常强，回答问题每每比较到位，尤其最后这个学生总结得几乎滴水不漏，确实有些出人预料。据了解，这是当地最好学校的一个最好班级。
作业[21]： （1）在等腰直角三角形 ABC 的斜边 AB 上任取一点 M，求 $AM<AC$ 的概率。 （2）在等腰直角三角形 ABC 中，在三角形 ABC 内任取一点 N，连接 CN 并延长，与线段 AB 交于点 M，求 $AM<AC$ 的概率。 （3）在等腰直角三角形 ABC 中，过直角顶点 C 在 $\angle ACB$ 内部任取一条射线 CM，与线段 AB 交于点 M，求 $AM<AC$ 的概率。	[21] 这个作业题正是案例 2 里的最后的例题，本节课教师把它放在作业里，让学生课后思考，这样的处理似乎更好。

6.7.2 课堂教学案例 2 与点评

课题：几何概型	点　评

师：同学们喜欢玩掷飞镖的游戏吗？[1]今天我们就来看看掷飞镖掷出的数学问题。

> **问题 1**　将圆盘等分成四个扇形区域。现向圆盘投掷飞镖，假设飞镖都能射中圆盘，且射中圆盘上的每一个扇形都是等可能的，则射中红色区域的概率是多少？
>
> 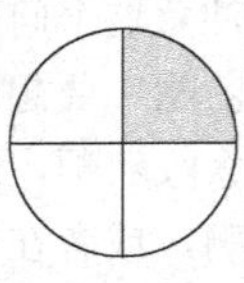

师：射中红色区域的概率是多少？　　众：$\dfrac{1}{4}$。

师：怎么得到的？

生 1：因为有 4 个扇形，每一个扇形是相同的，所以是 $\dfrac{1}{4}$。

师：因为飞镖射中每一个扇形都是等可能的。在这个问题一共有多少个基本事件？　　众：4 个。

师：那么如果把射中红色区域设为 A 的话，那么这个 A 中包含多少个基本事件？　　众：1 个。

师：用事件 A 包含的基本事件数，除以基本事件的总数，就等于事件 A 的概率。也就是说，这道题是用学过的哪一种概型来计算的？　　众：古典概型。

$$\frac{1}{4} \leftarrow \frac{\text{事件A包含的基本事件数}}{\text{基本事件的总数}}。$$

> 1. 古典概型的两个基本特点：
>
> （1）所有的基本事件只有有限个；
>
> （2）每个基本事件发生都是等可能的。
>
> 2. 古典概型的概率公式：
>
> $$P(A)=\frac{m}{n}=\frac{\text{事件}A\text{包含的基本事件数}}{\text{基本事件的总数}}。$$

师：把古典概型复习一下。你还记得吗？古典概型有哪些特点？

生 1：基本事件有有限个，每个都是等可能的。

师：所有的基本事件只有有限个，而且每个事件都是等可能的。满足这两个条件，就可以用古典概型公式求解了。在解决这个问题的过程中，可以体会到，研究一个概率问题，常常研究它的……？　　众：基本事件。

点评

[1] 创设问题情境的目的是什么？其根本目的应是为了提出这节课要研究的问题，问题！那这节课的问题情境是什么？由此情境创设而提出的问题是什么？这节课问题情境设计是通过“飞镖问题”进入旧知复习，然后提出一个变式的飞镖问题，从而产生本节课真正要研究的问题两个例子是相同的概率问题吗？不同，不同在何处？怎样求它的概率？这其中实际包含两个问题：先是不同在何处？后是怎样求它的概率？这是比较传统的引出课题的方式。况且怎么会想到那个变式的？学生不会明白。所以创设这样的情境仍然没有达到启发学生提出课题的目的。所以即使从旧知出发，最终还是要回到案例 1 开始时提的问题：学了古典概型以后，你们有什么想法？所有的概率问题都可以用古典概型解决吗？有不是古典概型的概率问题吗？否则很难提出目标问题，这节课要做什么？为什么要做？相比而言，还不如像案例 1 那样直接提出这样的问题。所谓问题情境是以问题作为情境来引出一节课本身的问题。不要以为有问题就是问题情境，这是对问题情境的误解。所谓问题情境是指能够引出目标问题的问题，而不是给出一个问题就是问题情境了。问题情境

续表

课题：几何概型	点　　评
师：基本事件，非常好！ 我们把这个问题稍稍地变化一下。(投影)变式 1 概率是多少？ **变式 1**　将圆盘等分成四个扇形区域。[3]现向圆盘投掷飞镖，假设飞镖都能射中圆盘，且射中圆盘上的都是等可能的，则射中红色区域的概率是多少？[2] 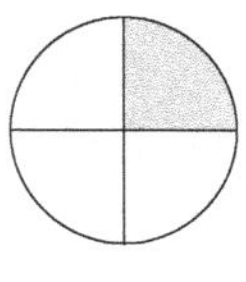 众：$\frac{1}{4}$。 生 2：它每一个点都是等可能的，这些点落在每个扇形里也是等可能的。 师：看来生 2 是把点与扇形区域建立了联系，因为射中圆盘上每个点都是等可能的，因此就能推出射中圆盘每个扇形也是等可能的。可以用红色的扇形面积比上 4 个扇形面积。[3]非常好。那是不是类似的问题都可以这样解决呢？下面把问题变化一下。（投影）概率是多少？众：$\frac{1}{4}$。 **变式 2**　飞镖盘由两个半径分别为 10cm 和 20cm 的同心圆组成。现向圆盘投掷飞镖，假设飞镖都能射中圆盘，且射中圆盘上每个点都是等可能的，则射中红色区域的概率是多少？ 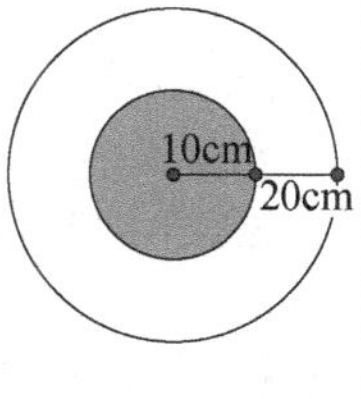 生 3：小圆面积与大圆面积的比是$\frac{1}{4}$。 师：这个$\frac{1}{4}$是用红色区域的面积比上总面积。 $\frac{1}{4}\leftarrow\frac{\text{红色区域的面积}}{\text{总面积}}$有没有道理啊？为什么用面积的比？请你帮他解释一下。 生 4：射中圆盘上每一个点是等可能的，小圆和圆盘是点组成的，它们的面积代表点的多少。 基本事件： 射中圆盘上的每一个点 事件 A 发生的条件： 这一点射在红色区域内	的意义，是使学生通过这个问题能够产生新的疑惑、疑问，并把自己的疑惑或疑问提炼成一个问题，这样能够引出新问题的问题，才是真正的“问题情境”，其外在特点是先有一个作为“引子”的问题，然后产出这节课的目标问题。 [2] 问题 1 与变式 1 基本相同，所以变式 1 似乎多余。 [3] 这里已经可以引出本节课真正问题了，但是教师没有抓住这个时机，而提出的是一个似是而非的不明确的问题。其所说的“与变式 1 类似的问题”是什么样的问题？这一类问题的特征是什么？因为尚不清楚，于是学生对这节课的任务也就不会明白。原因是没有及时带领学生探讨这个问题的特征，即与古典概率的异同。这个探究特征的活动被放在解决变式 2 的活动中。这不是很合理，影响了本课课题的提出，课题应尽早提出。况且，问题 1 与变式 1 的设计本来已经提供了很好的契机，两个问题仅有微小的差别，“射中圆盘的一个扇形”与“射中圆盘上每个点”，而算出的概率都是$\frac{1}{4}$，这恰好可以很自然地引出不同于古典概型特征问题的讨论。也就自然产生本课要解决的问题：“随机事件等可能，基本事件无数个，这样的‘一类’随机试验的概率问题怎

续表

课题：几何概型	点　评

课题：几何概型

师：因为这些点组成了这个区域，因此那这些点的数量就可以用区域面积的大小来表示。[4]回忆一下，刚才讲过了，研究一个概率问题常常首先要研究它的基本事件。那这个问题的基本事件是什么呢？　　生：射中圆盘上的点。

师：射中圆盘上的每一个点。这样的点有多少个？

众：无数个。

师：射中每一个点是等可能的吗？　　众：是。

师：事件 A 发生的条件是这一点要射在红色区域内。大家想一下，这个问题还是古典概型吗？　　众：不是。

师：为什么？　　众：无数个基本事件。

师：有无数个基本事件，这跟古典概型不一样，它们有没有共同点？

众：有，等可能。

师：基本事件的发生都是等可能的。既然这问题与古典概型都是等可能的，那能不能把这里无限个基本事件用一个有限量来刻画呢？用什么？　　众：面积。

师 ：面积。既然用面积，那我把这个红色区域再变大一点，概率会怎么样？　　众：变大。

师：变小一点呢？　　众：变小。

师：我把红色区域拉偏右一点，概率会怎么样？

众：不变。

师：如果我把红色区域变成四分之一的扇形呢？

众：不变。

师：这问题中的概率是红色区域的面积与圆盘面积成正比，而与红色区域的形状、位置无关。这样我们就解决了这个飞镖的问题。(08′00″) 接下来看一个剪绳的问题。[5]

> **问题 2**　取一根长度为 3m 的绳子，拉直后在任意位置剪断，那么剪得两段的长都不小于 1m 的概率有多大？

生 5：绳子总共 3 米，从 A 到一个点，它与 A 的距离要大于 10 米，从 B 到一个点，它与 B 的距离也要大于 10 米。

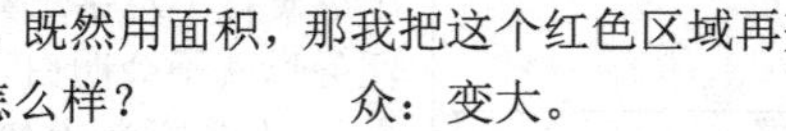

师：我点了两个点，你指的是哪个点？　　生 5：中间两个点。

点　评

么解决？”教师这里采取的处理方式，使得这节课要解决的问题没有被明确和及早地提出，而提出要研究的目标问题是每节课的第一要务，也是教学设计的一个基本原则。它能使学生明白学习的必要性和学习的目标，学生就会明白有一类与古典概型不同的概率问题需要研究解决。对此，该任课教师显得认识不足，其后果就是学生懵懵懂懂地被牵着鼻子走，为什么要这么走？走到哪里去？一概不知道。这种现象就是通常我们所不屑的“灌”，但很多教师却乐此不疲。这节课的基本思路是：首先发现存在非古典概率的一类问题，然后用一、二、三维几何区域问题寻找求这类概率问题的公式，每一个维度有一个例子即可。

[4]“点的数量可以用区域面积的大小来表示”，这里的点不是欧几里得意义上的点，而是概率问题意义上的点。这个点不仅有位置，还有大小。当然这不必解释给学生，但是教师自己要知道。这个问题要用柯尔莫戈洛夫关于概率的公理化体系才能真正解决。

[5] 这个问题感觉像是天上掉下来的。为什么研究完飞镖问题就要来研究剪绳问题呢？问题提出得很突兀，又是牵着学生鼻子走。其实在变式 1 解决以后，如果再要求学生

续表

<table>
<tr><th>课题：几何概型</th><th>点　　评</th></tr>
<tr><td>
师：中间两个点。当且仅当剪掉这一段。是不是啊？你怎么计算？
生 5：10 除以 30。
师：也就是说，这位同学使用（板书）【线段 CD 的长度比上总长度。】之所以这样做，再回忆一下，[6]这个问题的基本事件是什么？
众：绳上的一点。　【$\frac{1}{3} \leftarrow \frac{\text{线段}CD\text{的长度}}{\text{总长度}}$】
师：基本事件是在绳上随机的取一个点，基本事件有多少个？　　众：无数个。
师：基本事件发生是等可能的吗？　　众：是。
师：事件 A 发生的条件是什么？　　众：在 CD 上。
【基本事件：
在绳上随机的取一个点事件 A 发生的条件：
这一点处在线段 CD 上】
师：这一点处在线段 CD 上。这样就可以用这一段的长度除以总长度来求解了。在这个问题中，把剪绳子的问题转化为在绳子上取点的问题，事件的发生使得这一点恰好在线段 CD 上，因此长度的比就是要求的值。再来一题。(11′20″～13′05″)概率是多少？
众：$\frac{\pi}{6}$。
【**问题 3**　一只小虫在一个棱长为 20cm 盛满水的正方体容器中游动，假设小虫出现在容器中的任一个位置均为等可能的，记“它所在的位置举例正方体中心不超过 10cm”为事件 A，那么事件 A 发生的概率是多少？】
师：你是怎么做的？
生 6：用球的体积除以正方体的体积。
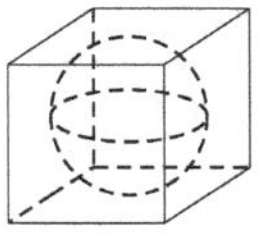
师：是用球的体积比上正方体的体积。（板书）【$\frac{\text{球的体积}}{\text{正方体的体积}} \rightarrow \frac{\pi}{6}$】。也就是说，在这个问题中，事件 A 要想发生的话，这个小虫的位置与球中心的位置不超过 10 米。再回忆一下，这个问题的基本事件是什么？
</td><td>
举出类似的例子，然后顺着学生的例子接下去研究就很自然了。或者启发学生：刚才变式 1 是在圆面上取点，那还可以在什么区域上取点？圆面是二维的，那还可以在哪里取？学生自然想到还可以在线段上、在空间上取点，然后教师提出问题 2 就顺理成章了。所谓课堂教学中的问题应该形成“问题结构”，就是问题与问题之间应有一定的内在联系，前一个问题的解决，自然或必然地产生后一问题，且最好是学生自己能够想到，能够提出的问题。经过这样的“问题→解决→…→问题→解决”的过程，使新知识如同从学生的头脑里自然地流淌出来。这样学生学会的不仅是知识，还有思考方法、研究方法，而后者才是学生需要学习掌握的终身受用的才智，也才能从中获得学习的乐趣。
[6] 问题 2、问题 3 以及例 1 都存在一个共同的缺点，就是在先计算过概率以后，再引导学生“回忆”问题具有基本事件无数个且等可能的几何概型特点，甚至回忆也不完整。其实这个工作应该做在前面，首先要判断是什么概率模型，这是用什么概率模型解决问题的依据，也正因为此，在书写解题过程时，才要先写依据，再写算式和结论。这种倒
</td></tr>
</table>

续表

<table>
<tr><th>课题：几何概型</th><th>点　评</th></tr>
<tr><td>
生 6：在正方体内随机取一个点。
师：这样的点有多少个？
生 6：无数个。
师：事件 A 发生条件呢？
生 6：这个点处在球的内部。

基本事件：
在正方体内随机取一点事件 A 发生的条件：这一点出在正方形内部。

师：也就是说，我们把这个小虫在正方体中游的问题，转化为在正方体内随机取点的问题，而事件的发生恰好使得这点处在球的内部。因此用球的体积比上正方体的体积，就能得到答案了。三个问题解决了，我们来看一看。这三个问题还是古典概型吗？
众：不是。
师：这三个问题都不是古典概型，但我们都把它们解决了，而且还给它们一个合理的解释。思考一下，这三个问题有什么共同点吗？[7]

问题　上面三个随机试验有什么共同特点？

问题 1　一个飞镖盘如图所示，现向圆盘投掷飞镖，假设飞镖都能射中圆盘，且射中圆盘上每个点都是等可能的，则射中红色区域的概率是多少？
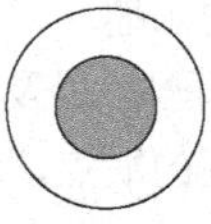
$P(\text{A})=\frac{\text{红色区域的面积}}{\text{总面积}}$

问题2　取一根长度为3m的绳子，拉直后在绳子上随机选择一点，在该点处剪断。记“剪得的两段的长都不小于1m”为事件A,那么事件A发生的概率是多少？

$P(\text{A})=\frac{\text{线段}CD\text{的长度}}{\text{总长度}}$

问题3　一只小虫在一个棱长为20cm盛满水的正方体容器中游动，假设小虫出现在容器中的任意一个位置均为等可能的，它所在的位置距离正方体中心不超过10cm的概率是多少？
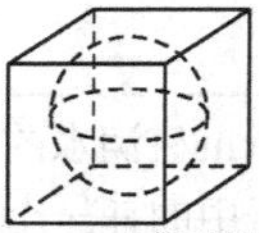
$P(\text{A})=\frac{\text{内接球体积}}{\text{总体积}}$

生 7：它们的分母上都是可量度的区域，它们（板书）基本事件的发生都是等可能的，而且有无限多个。[8]

基本事件→在区域 D 内随机地取点①
问题 1　射中圆盘上的每一个点
问题 2　在绳上随机的取一个点
问题 3　在正方体内随机取一个点事件 A 发生条件→在 D 内特定区域 d 内
</td><td>
置的程序容易使学生养成一种不好习惯，即先不去认真理解题意，就匆忙动手计算，而一旦遇到什么疑点，就慌不择路，错误频频。
[7] 前面是用同一类概型的不同案例，为建构新概念、新方法提供了丰富的归纳基础，到这里就进入抽象概括结论的阶段。教师把三个问题及其概率计算并列投影出来，让学生思考讨论，以寻找概括它们的共同特点。这样的设计有一定可取之处，它便于学生进行观察、比较、分析、综合、归纳、概括这样一些思维活动。但是，相较于案例 1，其缺点是没有把解决问题的思考过程展示出来，这就不便于学生的概括。原因在于，教师对三个问题解决过程的板书设计①的条理性存在缺陷，其板书不是把三个问题解决过程横向独立排列，而是把三个分析过程按类纵向混合排列，而且分类中也缺少所有基本事件这一类。可能该教师主观以为这样板书更便于学生的概括，但实际效果恰恰相反。
[8] 这段由学生概括定义的过程显得凌乱而缺乏条理。原因正是教师板书中的缺陷和遗漏，以及解题分析时没有按序对基本事件、所有基本事件、所有符合条件 A 基本事件、概率计算等进行有条理的
</td></tr>
</table>

续表

课题：几何概型	点　　评
问题 1　这一点射在红色区域内 问题 2　这一点处在线段 CD 上 问题 3　这一点处在球的内部 师：谁补充一下。 生 7：它们都是把无限多个等可能的基本事件问题转化为有限的可测量的区域的问题。 师：他说，把无限的等可能问题转化为有限的可测量的问题，也就是我们看到，这三个题在计算方法上，都采用的是有限的量，这反映了什么呢？都是长度呀，面积呀……都是什么呀？ 生 7：几何图形。 师：他的意思是它们都与几何图形有关，在计算方法上都转化成几何图形大小的度量，把长度、面积、体积这些标识及图形大小的量称为测度。给它一个名称。我们看黑板上，要研究一个概率问题，首先要看它的基本事件和事件 A 发生的条件。这里有没有共同点？ 再看一看这里(指板书)，射中圆盘上的每一个点，在绳上随机的取一个点，…… 生 7：它们的概率与形状无关。 师：还与什么无关？　　生 7：位置。 师：与什么有关系？　　生 7：与测度。 师：还有什么？ 生：事件 A 的概率是这点在整个区域内的概率。 师：这是什么意思啊？我刚才一直在说这个东西(指板书)，这是什么？是研究一个问题的出发点吧？从中我们能概括出什么共同点呢？　　生 7：基本事件都是在区域内取点。 师：怎么取？　　众：随机地。 师：这些事件都是什么？　　众：等可能的。 师：那么事件 A 的发生，怎么样？ 生 8：事件 A 是指定的区域。 师：你觉得这个指定区域跟上面的区域有什么关系？ 生 8：被包含。	研究所造成，这导致学生在定义归纳概括阶段思维的讨论凌乱，缺乏条理，丢三落四。这从教师的发问和学生的回答中就可见一斑，教师用于引导的发问、追问不得要领，一个接一个学生的回答、补充也往往答非所问，说不到点子上。这与案例 1 形成了明显的差别和不足。

续表

课题：几何概型	点　评
师：那也就是说，这个点在区域 D 内的某个特定区域 d 内的。这几个问题都跟几何图形有关。它们有很多相似之处，我们可以把它归为一类，取个名称，就叫做……（板书）几何概型。 师：好！我们把这些共同之处稍加整理就得到几何概型的定义。	
1. 几何概型的定义：[9] 设 D 是一个可度量的区域(例如，线段、平面图形、立体图形等)。每个基本事件可视为从区域 D 内随机地取一点，区域 D 内的每一个点被取到的机会都一样；随机事件 A 的发生可以视为恰好取到区域 D 内的某个指定区域 d 中的点。这时，事件 A 发生的概率与 d 的测度（长度、面积、体积）成正比，与 d 的形状和位置无关。我们把满足这样条件的概率模型称为几何概型。	[9] 这个定义显得很冗长，无须照着课本依葫芦画瓢，课本是书面语言，教学中要用最易于学生理解带点口语化的语言。重要的是把最关键点表述出来：事件发生的概率只与构成该事件的区域的测度成正比，这样的概率模型就称为几何概型。抓住这个核心才是重点。
我们一起看一下。那同学们能不能概括出几何概率的计算公式呢？　众：**几何概型的概率公式：** $P(\text{A})=\dfrac{d\text{的测度}}{D\text{的测度}}$。 师：同学们从射飞镖、剪绳子、小虫在容器中游，归纳出一个一个新的概率模型，叫做几何概型。我们能不能稍稍上升为理论用于实践呢？来看一个例题好不好啊？(25′40″～26′25″) **例 1**　取一个边长为 $2a$ 的正方形及其内切圆(如图)，随机地向正方形内丢一粒豆子，求豆子落入圆内的概率。 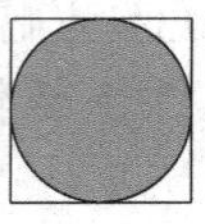 **解**　记豆子落入圆内为事件 P（A） 因为随机丢入正方形内， 所以丢入是等可能的。则 $P(\text{A})=\dfrac{\text{圆的面积}}{\text{正方形的面积}}=\dfrac{\pi}{4}$。 **答**　事件 A 的概率是 $\dfrac{\pi}{4}$。	

续表

课题：几何概型	点　评
生 9：概率是 $\frac{\pi}{4}$，是用圆的面积比上正方形的面积。[10] 师：圆的面积对应计算公式里的什么？　　众：d 的测度。 师：正方形面积呢？　　众：大 D 的测度。 师：要找到小 d 和大 D，你首先要知道什么？首先基本事件是什么，可以构成哪些区域，事件 A 是什么，构成哪个区域。是不是啊？那么这个问题中的基本事件是什么？ 生：豆子投在正方形内一个点上。 师：有多少个？　　众：无数个。 师：是不是几何概型？　　众：是。 师：我们要求的叫什么？　　生 9：事件 A 的概率。 师：用记号标示出来，一个规范的解题过程，首先记豆子落入圆内为事件 A，因为是随机地丢入，所以豆子落在正方形内任一点都是等可能的，然后这是算式，最后不要忘记写“答”。一个完整的解题过程，第一步是什么？记事件 P(A)，然后要判断它是一个几何概型，然后是解，最后是答。有事件 A，有判断概型，有解，有答，其实就是一个完整的思考过程。我们再看一个题。(29′20″～30′25″) **例 2**[11]　在等腰直角三角形 ABC 中，在斜边 AB 上取一点 M，求 $AM<AC$ 的概率？ 生 10：可以用圆规把 AC 在 AB 上取一点。 师：也就是说，在 AB 上截取一点 C'，使得 $AC'=AC$。 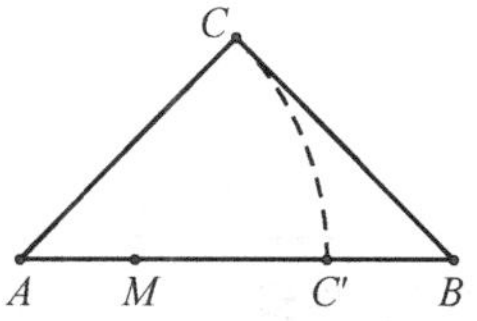 生 10：这样小于 AC 长度的点都在 AC'上，再用 AC'长度比上 AB 长度，这样就求出概率。 师：那我问基本事件是什么？ 生 10：是线段 AB 上任意一点。 师：而且是？　　生 10：等可能的。 师：没问题吧？看一下解题过程。来，变一变。(31′55″～33′45″)	[10] 教师对问题总是一上来就向学生要答案，而不是引导学生先判断概率模型和分析概率问题的基本要素，殊不知套用公式计算结果是必然结果。这样长此以往，就会使学生养成不重视分析题意、只追求答案的不良解题习惯。 [11] 例 2 及下面的变式应该是这节课以后更深入的问题，放在几何概型的第一节课似有不妥。作为几何概型的第一次课，其任务应该是发现几何概型一类概率问题和寻找这类问题解决的方法，而这个例题与几何概型的本质关联不大，反而会干扰对本节课主题内容的理解、掌握。这两个题的意义在于强调，既然是随机试验，那就要重视试验过程！两个题随机事件产生的过程不同，使得随机事件构成的几何区域不同，从而选择用于计算概率的几何区域就不同，概率计算的结果也就不同。但是它们随机事件产生过程的差别十分隐蔽，造成它们表面上背景十分相似，而产生过程不同十分隐蔽，如果不能识别(确也很难识别)从而在正确的几何区域上取点，就很容易误入歧途。这个例题在说明随机事件产生过程的重要性方面很典型，而与几何概型本质特征及计算方法的理解和掌握上没有太多联系，反而干扰和冲淡了教学重点和主题。

续表

课题：几何概型	点　评

解　M 在 AB 上截取一 $AC'=AC$，记“$AM<AB$”为事件 A。

点是随机的，故是等可能的。则 $P(\mathrm{A})=\dfrac{AC'}{AB}=\dfrac{\sqrt{2}}{2}$。

答　事件 A 的概率是 $\dfrac{\sqrt{2}}{2}$。

生 11：$\dfrac{\sqrt{2}}{2}$。　　　生 12：$\dfrac{3}{4}$。

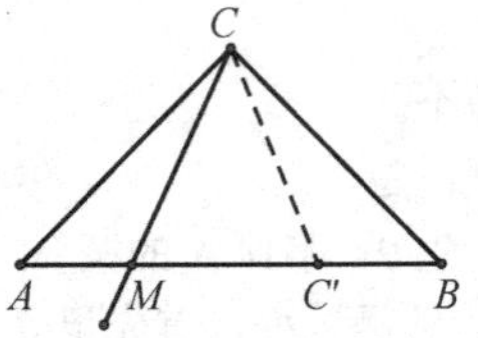

师：还有啦？那同意 $\dfrac{\sqrt{2}}{2}$ 请举手，同意 $\dfrac{3}{4}$ 请举手。

变式　在等腰直角三角形 ABC 内过点 C 任作一条射线，与线段 AB 交于点 M，求 $AM<AC$ 的概率？

生 11：基本事件是在 AB 上任取一点，这些点是等可能的，概率 $P(\mathrm{A})=\dfrac{\sqrt{2}}{2}$。

生 12：作 $\angle ACC'$，$P(\mathrm{A})=\dfrac{\angle ACC'}{\angle ACB}=\dfrac{67.5^\circ}{90^\circ}=\dfrac{3}{4}$。

生 12：基本事件是在 $\angle ACB$ 内部作射线 CM。

记“$AM<AB$”为事件 A，在 $\angle ACB$ 内任作一射线 CM，该射线在角内是等可能。则 $P(\mathrm{A})=\dfrac{\angle ACC'}{\angle ACB}=\dfrac{67.5^\circ}{90^\circ}=\dfrac{3}{4}$。

答　事件 A 的概率是 $\dfrac{3}{4}$。

师：也就是说，像这样在 $\angle ACB$ 内作的射线是等可能的。所以 $P(\mathrm{A})=\dfrac{3}{4}$。请说说你的想法。

生 12：在 $\angle ACB$ 内部作射线，与在 AB 取点是一回事[12]。

师：在 $\angle ACB$ 内部作射线，与在 AB 上取点是等价的。大家想，这样的转化是等价吗？(38′50″～39′45″)

生 13：要取角的正弦值。

师：为什么？我给大家看一个动画，请注意观察。在 $\angle ACB$ 内部取点，如果把这条射线以匀角速度移动的时候，大家注意 M 点的变化，M 点在 AB 上是匀速变化的吗？

点评

[12] 学生的这个回答提供了一个很好的契机，可以展开讨论：既然等价，为什么算出的结果不同？但是在生 12 回答不得要领后，教师就急于抛出动画投影，直接告诉学生结果，而不是通过启发来让学生自己找到原因所在。可以引导用学生画出两个图形进行比较，来发现它们的差异：弧等分则边不等分，边等分则弧不等分，要满足“射线在角内等可能”条件，就应该在弧上取点。然后再用动画在直观上看出弧上取点的正确性。该教师在教学中，往往告诉学生的多，启发学生的少。

续表

课题：几何概型	点　　评
众：不是。 师：不是匀速变化的。那么等可能的在角内作射线，等可能的在 AB 上作射线，是不是等价的呢？　　众：不是。 师：我现在把这个角六等分，等分以后这些点把整条线段分成六条线段，如果等价就应该是什么？  众：等分。 师：应该等分，但它们相等吗？ 众：不等。 师：那么这些点在 AB 上出现是等可能的吗？　　众：不是。 师：两边比中间要大点。这样看来，这个 $\frac{\sqrt{2}}{2}$ 答案有问题。答案 $\frac{3}{4}$ 的同学是不是有底气啦？听得懂吗？有同学不服气，几何概型不就是在某一个区域内取点吗？我找的就是在区域上取点。你们想想，既然在角内等可能地作射线，不等价于在线段 AB 上等可能的取点，那你觉得应该在哪里取点？　　生 13：在圆内。 师：是整个一个圆吗？　　生 13：在扇形里面。 师：是扇形吗？是什么？　　众：弧。 师：弧。大家看投影。这个时候弧长是不是等分的啊？ 众：是。 师：我们再借助刚才运动的图像，看一下。当把弧作出来以后，下面这个点变化就不一样了吧？这个点是怎么运动的？同学们注意，这个点在移动的过程中，它所构成的区域其实就是这个角的什么？角度。因此我们可以用角度来得到答案。既然等可能的在弧上取点，那应该用什么来作为度量？　　生 13：弧长。 师：我们讲角度与弧度可以……？　　生 13：一一对应。 师：一一对应。这样就解决了这个疑问。现在，大家是不是都同意了？今天这节课，我们研究了古典概型之外的另一种等可能基本事件的概率模型——几何概型。它有哪些特点？第一个？[13] 生 14：基本事件有无限个，而且是等可能的。 师：第二个是怎么计算的？ 生 14：小 d 测度除以大 D 的测度。 师：很好！今天的课就上到这儿。(课后作业略)	[13] 这节课总体感觉，教师表演的成分过多了，虽然该教师驾驭课堂的能力很强，但是表演过头了，就会忘乎所以，丢三落四，讨论中不是少了等可能，就是少了无限个，或者少了全体基本事件对应的几何区域，不一而足。把教案看作剧本，教师按照教案教学，的确有演员表演的意味，但表演一定要把握好分寸，尤其不能变成“灌输”。

6.7.3 两个案例教学路线图

1. 教学案例 1 的教学路线图

Ⅰ 创设情境引出质疑　由对旧知发现新问题。(0′00″～1′30″)
↓ 问题：学了古典概型是否想到想问题？(1′30″～6′50″)
↓ 问题：能否举出不是古典概型的例子？
↓ 讨论学生两个例子的特点：
↓ 吃西瓜——基本事件有限个，不等可能。
↓ 投磁铁——基本事件无限个，等可能。
↓ 提炼非古典概型特征：基本事件无限个，等可能。

Ⅱ 利用举例提出课题　利用学生的举例讨论解题方法。
↓ 讨论丢豆问题，得到计算公式。(6′50″～10′20″)
↓ 讨论新公式与古典概型公式的差别。(10′20″～11′20″)
↓ 提出本课问题：非古典概型概率问题如何解决？(11′20″～13′48″)

Ⅲ 启发分析提取特点　分析“丢豆试验”概率模型的特点。(13′48″～19′30″)
↓ 比较古典概型与丢豆问题的公式。
↓ 发现所有基本事件是豆子落入正方形。
↓ 发现符合条件 A 基本事件落入内切圆。
↓ 提取新公式特征：面积比面积。
↓ 几何画板模拟丢豆试验。

Ⅳ 推广举例寻找共性　推广举例，分析同质不同形问题。
↓ 讨论一维图形几何概型问题。(19′30″～21′20″)
↓ 讨论三维图形几何概型问题。
↓ 讨论寻找三个问题概率模型共同属性。
↓ 提出几何概型定义和概率计算公式。

Ⅴ 求解变题加深理解　运用新知识解决变式题，强化要素分析。(21′20″～30′40″)
↓ 讨论解决射中圆盘问题。
↓ 让学生讨论设计并举上题的变式题。
↓ 讨论时钟报时问题解决的不同几何模型。

Ⅵ 回顾总结归纳收获　课堂小结，有什么收获。
↓ 学生归纳总结，完整全面。(30′40″～31′55″)

下课

2. 教学案例 2 的教学路线图

Ⅰ 创设情境旧知引新　解题复习旧知，引出变题。(0′00″～1′30″)
↓ 问题 1：古典概型的飞镖问题？(1′30″～6′50″)
↓ 复习回顾古典概型定义和公式。
↓ 变式 1：同心圆飞镖问题的求解公式。
↓ 讨论分析变式 1 概型特点。基本事件无限个，等可能。
↓ 讨论解题公式特点——面积之比。
Ⅱ 多题解决提取特点　利用多个问题讨论解题，寻找共性。
↓ 变式 2：四等分圆的投标问题。
↓ 问题 2：剪绳问题。(6′50″～10′20)
↓ 问题 3：立方体内切球问题。(10′20″～11′20″)
↓ 讨论寻找三个问题概率模型共同属性。(11′20″～13′48″)
↓ 提出几何概型定义和概率计算公式。
Ⅲ 例题教学提取特点　简单例题巩固理解，复杂例题解题深化。(13′48″～19′30″)
↓ 例题 1：正方形内切圆问题。
↓ 例题 2：等腰直角三角形斜边取点问题。
↓ 变题：等腰直角三角形内作射线问题。
↓ 讨论变式题的正解与错解。
Ⅳ 简单总结匆匆下课　课堂小结。
↓ 问题：特点是什么？怎么计算？(30′40″～31′55″)
下课

6.7.4 对两个教学案例的分析

几何概型是一种不能用以往的概型刻画的别类概型，研究的必要性正在于此。从这两个教学案例中，可以引发更多的思考。

1. 提出本课目标问题

案例 1 引导提出课题的情境比较新颖，让学生质疑古典概型提出非古典概型的具体例子，打破学生的认知平衡，促使产生认知冲突，既复习了古典概型，又提出了要研究的新问题，一举两得。同时由学生自己举例，引发了学生的兴趣和求知欲，激发了学生的探究积极性。最重要的在于，由学生自己举的例子提出目标问题，学生就成为主动的探究者，而不是被动的学习者。

案例 2 开始即用求解问题，复习古典概型的相关概念和公式。接着变化求解的问题，直接进入非古典概型的研究。没有提出本课要干什么的，也就是没有提出本课的教学任务和学习目标。学生漫无目标地跟着教师走，被动地接受教师的讲授，最后才明白老师要带着自己干什么，这样的弊病在于学生不能主动学习，只能成为接收知识的容器。提出了目标问题也就有了教学的重点，把重点突出，教学就围绕重点展开，教师教得不累，学生学得也轻松。

复习回顾不一定由教师主动提出，最好是在提出问题解决问题时，学生发现要联系已学知识，主动去复习旧知。这样，复习旧知就成为寻找解决问题的一种方法，就成为学生寻求解决问题一种策略，是解决问题过程中必要的思维活动，而不是把它看成单纯的复习旧知而已。此即孔夫子所谓“温故知新”道理所在。

2. 关于学生举例

由学生举例是极其重要的教学活动，学生通过各自的实例来承载对新概念的理解，从而参与了新知识建构的过程。

案例 1 要学生找例子，学生会怎么想？怎么找例子？要与古典概型不同，那就要破坏古典概型的条件呀。而条件就两个，只要破坏一个就行，破坏哪个呢？基本事件不等可能，很难计算(甚至无法计算)，从而破坏基本事件个数的有限性——基本事件无限个。

要相信学生能够举出各种例子。如果学生想不到，教师该怎么启发？一部分学生想到了，剩下的没想到的学生该怎么启发？学生的思维水平是有层次的，对不同层次的学生如何分别启发？这才是教学的艺术，才是教学的创造。

如果学生不能举例，教师可以引导：“要举出不同于古典概型的例子，应该怎么想呢？”“满足古典概型的条件是什么？”“要不满足条件，怎么办？”只有打破它。但又必须等可能，那只能变有限为无限。若学生还不能提出，可进一步启发：“生活中什么活动是属于随机试验中有无限基本事件的？”“我国奥运会第一枚金牌是什么项？”“想到怎么举例了吗？”这时学生已经不难想到例子了。

教会学生思考：如何面对一个陌生的问题？该怎样去想？把对古典概型的复习(如果需要)揉进解决新问题的过程中，变成讨论新问题的必要过程，这显然要比先复习古典概型有价值、有意义得多。

不仅要学生举例子，还要向学生要例子背后的思维过程。例子举出后，反问：“你为什么找这个例子？”“你的例子与古典概型有什么不同？”“你为什么说你所举的例子不能用古典概型计算它的概率？”“那么，你的例子中概率怎么计算？”这样的反思性教学，正是在教学生如何思考，就有助于达到教学生学会思考的目的。

3. 关于教学中的问题结构

用“问题结构推进教学”是本书提出的数学课堂教学设计的一个原理。在这两个教学案例中，都选用了很多的数学问题，但是一堆问题未必能形成推进教学的“问题结构”。平时多提倡用“问题串”进行教学，但是问题串不能形成有内在联系的结构，问题反而成为累赘。而且两个教学案例都使用不少变式题，但是变的方式大不相同，其效果也相形见绌。

从案例 1 的教学路线图，即可以明显看出问题间的内在联系结构：

（1）“对古典概型你们有什么想法？”

（2）“你能举出不是古典概型的例子吗？”

（3）“你的例子与古典概型有什么不同？”

（4）“那我们就用生 2 的例子稍变一下来研究它。”“生 2 的例子怎么求它的概率？”

（5）“你还能举出什么不是古典概型的例子？”

（6）“刚才的例子中正方形是平面图形，要更宽一点还可以在哪儿取点？”

（7）“来看一个在直线上取点的问题。”

（8）“再来看一个在正方体内取点的问题。”

（1）～（3）三个问题形成的内在联系是，质疑古典概型→列举非古典概型的实例→所举实例有什么不同特点。显然它们每一个问题都是从前一问题深究、延伸出来的，后一问题都来自前一问题，而且是自然逻辑的结果。这就形成了有自然逻辑关系的问题结构。

（4）～（8）这 5 个问题形成的内在联系，则是既有自然逻辑关系，又有数学关系的结构。问题（4）、（6）是由学生举例来推进教学是自然逻辑关系，让问题尽可能来自学生；其中由（4）的二维几何图形联想（6）的一维和三维几何，这是属于数学内部的联系。问题（7）、（8）则是（6）自然产生的问题。而问题（4）、（7），（8）所涉及的三种不同的几何图形，则正是研究几何概型的典型问题的类型。

这种关系结构的好处是，一是由学生自己能够想到，不是天外飞仙，学生感兴趣；二是三种维度的图形都研究到了，全面，不多也不少。多了，多此一举，抓不住重点，降低效率，还可能形成干扰；少了，更不可取，学生会少认识与一种几何图形相关的几何概型。可见，案例 1 选取问题是独具匠心的。后面例题的选择也是类似的，有一定内在联系的问题结构。

案例 2 所选取的问题就没有明显的内在联系。变式 2 与变式 1 有联系，变式 1 与问题 1 却是重复，虽有关系但不可取，它们同是平面图形的问题，多余；问题 2 是一维线段图形，虽然不同于变式 1、变式 2 的几何图形，但怎么想到的？来路不明，在教师的头脑里，而学生并不知道。这是两个案例的明显差别之一。问题 3 尽管也是天外来物，不过有了平面的、直线的图形，再来个立体图形，亦属在理。毛病在于这些问题全是老师提出来的，学生没有任何参与的成分，学生不能真正参与到新理念、新公式的建构中去，失去了学习“如何建构”的机会。案例 2 后面的例题设计也存在同样问题，表面上是一个个问题的解决，然而相互之间缺乏联系，相互孤立，学生不能形成系统认识，难以构建良好的认知结构。

所以“问题串”与“问题结构”是不完全相同的，有内在联系的“问题串”形成了问题结构，没有联系的“问题串”形成不了问题结构，没有联系的问题串在教学中的价值不大。

4. 两个案例板书设计

案例 1 的板书

	问题一	问题二	问题三
基本事件	正方形内任一个点	线段 MN 上任一点	正方体内任一点
所有基本事件	正方形及其内部	线段 MN	正方体
符合 A 基本事件	内切圆及其内部	线段 EF	内切球
概率计算公式	$P(\mathrm{A})=\dfrac{\text{内切圆面积}}{\text{正方形面积}}=\dfrac{\pi}{4}$	$P(\mathrm{B})=\dfrac{\text{线段}EF\text{长度}}{\text{线段}MN\text{长度}}$	$P(\mathrm{C})=\dfrac{\text{内切球体积}}{\text{正方体体积}}$

案例 2 的板书

	基本事件 → 在区域 D 内随机地取点
$\dfrac{1}{4}\leftarrow\dfrac{\text{红色区域的面积}}{\text{总面积}}$	变式 1　射中圆盘上的每一个点
$\dfrac{1}{3}\leftarrow\dfrac{\text{线段}CD\text{的长度}}{\text{总长度}}$	问题 2　在绳上随机的取一个点
$\dfrac{\pi}{6}\leftarrow\dfrac{\text{球的体积}}{\text{正方体的体积}}$	问题 3　在正方体内随机取一个点
	事件 A 发生条件 → 在 D 内特定区域 d 内
	变式 1　这一点射在红色区域内
	问题 2　这一点处在线段 CD 上
	问题 3　这一点处在球的内部

可以看到，两个板书设计在行与列的布局上明显不同。

案例 1 的每一行每一列都对应同类对象，分类清晰，布局了然，全面合理，学生很容易从各行各列中观察、寻找、归纳、概括各个问题在每个要素上的共同特点，有利于学生抽象、概括出几何概型求解的本质属性。从实际教学过程中也可以看到，学生在提炼几何概型定义时是比较自然顺利的。

案例 2 的板书每一行每一列都不同类，描述对象特点的语言也欠准确，而且缺少“所有基本事件”这一类别，这使得学生在观察、比较时产生困难，从每一行中不易寻找共同点，从每一列里也不易发现共同点，这导致学生在提炼几何概型定义时，难以抽象概括出共同属性，以至定义无法从学生的回答中产生，教师不得不自己给出定义。教师在分类上的混乱问题，一方面是如何选择分类标准存在问题，另一方面也与自己对概念的本质属性把握不准不无关系。

6.8　运用现代技术教学的案例研究

现代信息技术发展迅猛，对数学课堂教学产生越来越大的影响，把现代技术用于数学课堂教学正在成为一种趋势。很多学校建立了数学实验室，引进各种现代技术设备。很多数学老师对数学教学中现代技术的运用进行了积极的尝试，给数学课堂教学带来了新鲜的空气。本节选取了将现代技术运用于三角函数内容的教学案例，运用本书第 5 章构建的数学教学设计原理，来分析这两个同课异构案例的教学设计。

三角函数的图像从图形角度直观表征了三角函数的关系，掌握三角函数的图像对深刻理解三角函数有重要帮助。函数 $y=A\sin(\omega x+\varphi)$的图像既是对特殊正弦函数图像的一般化，又是学习其他一般三角函数图像的基础。从学生数学思维发展的角度看，建构函数 $y=Asin(\omega x+\varphi)$的图像知识过程是学生学习 $y=\sin\left(x+\dfrac{\pi}{3}\right)$，$y=3\sin x$，$y=\sin 3x$ 等特殊正弦函数的抽象概括过程，是发展学生聚合思维的良好机会，同时又是作为建构余弦、正切、余切等三角函数一般表达式认知的生长点。因此，函数 $y=A\sin(\omega x+\varphi)$的图像这节课对学生学习三角函数具有重要意义。函数 $y=A\sin(\omega x+\varphi)$图像对学生完善数学认知结构具有重要意义，从而决定了其课堂教学所承担的责任，课堂教学开展的好，函数 $y=A\sin(\omega x+\varphi)$图像便能够对学生成长起到应有的价值，如果课堂教学开展的不尽如人意，学生就错过一次思维发展的关键机会。

从学生可持续发展的角度看，学生必然要经历研究为何要研究函数 $y=A\sin(\omega x+\varphi)$的图像的提出课题过程，以及如何开展研究、如何寻找研究方法、如何建立与已有知识之间的联系、如何画图像、如何发现问题、解决问题的重要思维活动。实现这些愿望，自然要求教师对这节课的预设与生成有着较高的要求。本节选用的课例用图形计算器进行数学教学，基本从上述几个方面展示了函数 $y=A\sin(\omega x+\varphi)$的图像研究的预设与生成。

6.8.1　课堂教学案例 1 及点评

课题：$y=A\sin(\omega x+\varphi)$	点　评
师：昨天我们画了一些正弦函数的图像，大家记得不？有哪些呀？有 $y=\sin\left(x+\dfrac{\pi}{3}\right)$，是吧？还有什么？ 众：$y=3\sin x$。 师：好像还有一个，$y=\sin 3x$。这是我们在课堂上画过的正弦函数图像。大家可以看到，在这些函数里，系数都是可变的，那你能不能将它一般化，写成统一的形式吗？ 【$y=\sin\left(x+\dfrac{\pi}{3}\right)$ $y=3\sin x$ $y=\sin 3x$】 生：$y=A\sin(\omega x+\varphi)$。 师：$y=A\sin(\omega x+\varphi)$，[1]可以统一写成这种形式。那你们在前面画这些图像的时候，对照 $y=\sin x$ 的图像你们对画过的函数图像有什么感觉？[2]　生：它们图像很相像。 师：很相像，是不是说它们之间有某种关系？如果有，那这种一般形式的 $y=A\sin(\omega x+\varphi)$图像与 $y=\sin x$ 图像之间是否也有某种关系？[2]如果有的话，要想作 $y=A\sin(\omega x+\varphi)$的图像，就可以利用这种关系，很方便地作出来。（板书） 【它们之间有没有关系，有什么关系呢？】[3]今天我们就来研究这个关系。（2′20″） 师：我们一起来研究一下函数 $y=A\sin(\omega x+\varphi)$的图像。通过前面的分析，大家感觉到它和 $y=\sin x$ 的图像之间应该是有关系的，我们也打算去研究它。既然想研究它，你打算怎么研究？[4](2′58″)（板书） 【**问题 1**　你打算如何研究 $y=A\sin(\omega x+\varphi)$与 $y=\sin x$ 图像之间的关系？】 生 1：在 $y=A\sin(\omega x+\varphi)$中，使两个量不变，研究另一个量，研究它与 $y=\sin x$ 之间的关系。比如说控制 A 和 φ 不变，改变 ω，观察它与 $y=\sin x$ 的图像之间的关系。 师：都是这样想的？那你是怎么想到的呢？[5] 生 1：如果几个都同时变，太复杂了，不好研究。 师：复杂问题简单化。[5]这是人类思考问题的基本方法，更是数学研究的追求。三个参数太多了，我就让它变少一点。怎么变少？控制两个，变一个。的确是不错的想法。那好，我们现在就想研究一个，比如说 φ，对 A 和 ω 应该怎么处理？[5]	**Ⅰ创设情境提出问题：** （1）师生举例后，抽象出一般表达式： $y=A\sin(\omega x+\varphi)$。 （2）提出课题问题。 （3）启发思考研究方法。 [1] 中提出 $y=A\sin(\omega x+\varphi)$表达式，以说明这节课要研究的一般表达式的由来。这是教师往往会忽略的。但是提出这个表达式可以有不同方式，这里的方式包含了抽象概括过程，这是数学的重要思维方式。 [2] 这三个问话是很关键的启发性提示，这使得下面提出本课数学问题十分自然。 [3] 提出了本课的目标问题，这是任何一节数学课中最重要的一项任务。转变成数学问题，才可能以解决数学问题的方式进行探究。这在 5.3 节已作详细论述。 [4]“你打算怎么研究？”这是启发学生先确定研究的方法。让学生不仅要研究问题，而且要学会怎么研究。教师只问不答，隐蔽暗示，学生独立思考，个人感悟，决不要“让知道的告诉不知道的”。 [5] 学生给出结果，教师向其询问背后的思维过程。教师进行一系列的追问、反诘，这种反思性教学的方式，实际上是在教学生思考。虽然学生主动地提出了让参数由三个变为一个的设想，但是怎么会想

续表

课题：$y=A\sin(\omega x+\varphi)$	点　评
师：你打算取什么样的值？[5]　　生 2：我打算都取 1。 师：都取 1，$\omega=1$，$A=1$。其他同学也认为这样吗？为什么选 1 呀。 生 2：要尽可能选得简单一点，如果取 0，就和 $y=\sin x$ 一样了。[6] 师：所以还是取 1 好。那我们只要研究 $y=\sin(x+\varphi)$ 与 $y=\sin x$ 之间的关系了。这是打算研究 φ 的情况。那如果要研究 A 呢，对 ω 和 φ 你们打算取什么值。 生 3：ω 取 1，φ 就取 0。 师：也是为了简单。　　生 3：跟原来这个 $y=\sin x$ 图像很像。 师：哦，它们很像。好，还有一个就是谁了啊？　　众：ω。 师：ω，如果研究 ω 的话，A 和 φ 怎么取值？ 生 4：A 取 1，ω 取 0。 φ 变，$\omega=1$，$A=1$，$y=\sin(x+\varphi)$——$y=\sin x$ A 变，$\omega=1$，$\varphi=0$，$y=A\sin x$——$y=\sin x$ ω 变，$A=1$，$\varphi=0$，$y=\sin\omega x$——$y=\sin x$ 师：就变成了 $y=\sin\omega x$。现在就变成来研究这三个函数图像与 $y=\sin x$ 图像之间的关系。那接下来你会怎么办呀？[7] 生 4：画图。 师：那就画图来研究。把这些全部研究完了之后，接下来这三个参数你会控制一个，变两个，还可以三个全变。当然一节课解决不了这么多问题，我们先控制两个。那接下来呢，是不是打算在整个定义域内研究它呀？[7] 生 4：不打算。 师：为什么？ 生 4：整个定义域太宽泛了，只在一个周期内就可以。 师：为什么呢？ 生 4：每个周期的函数图像是一样的。 师：这个想法好。既然是周期函数，那只要在一个周期内研究，其他周期是完全一样的，事半功倍。现在来研究问题 2。饭要一口一口地吃，我们研究的时候呢，限定 $A>0$，也限定 $\omega>0$，在这个前提下研究。[8]然后就画图，这是刚才生 4 讲的。用图形计算器。同桌两个同学一个小组，做好之后到大屏幕前面交流。(9′40″)	到的呢？多数学生未必有自觉的意识，教师这里用方法论思想进行引导，方法论思想的潜移默化在教学中非常必要。波利亚认为有方法论修养的教师才是合格的教师。 [6] 这里如果取 0 不仅“和 $y=\sin x$ 一样了”，而且 $\omega=0$，函数 y 成了定值。但教师不作纠缠，节省时间，放过去。 [7] 这是好问题。“接下来你会怎么办？”“接下来你会想什么？”是引导学生进行自然的合乎逻辑的思考，是一个好的思维习惯。培养学生良好思维习惯，是数学教学的基本任务，教师应该重视。“你打算在整个定义域内研究它吗？”这也是好问题，起暗示作用，暗示只要在一个周期内研究。 [8] 由于在自主探究中会涉及很多问题，这里加以限制，只对汇报内容作限定，这是受教学时间有限所致。教师把问题探究方法和要求提出来后，放手由学生自主探究问题 2，对研究的先后次序没有规定。课堂教学的起始阶段进行了 9′40″，自主探究实际用时 11 分多钟，让学生进行充分的探究。孰轻孰重，一目了然。教师在如何制定研究问题的方案和让学生在自主探究方面舍得花时间。

续表

课题：$y=A\sin(\omega x+\varphi)$　　　　点　评

> **问题 2**　利用图形计算器，选取数据，分别研究：
> $y=\sin(x+\varphi)$与$y=\sin x$，
> $y=A\sin x$ 与 $y=\sin x$，
> $y=\sin\omega x$ 与 $y=\sin x$
> 的图像之间有什么样的关系？

师：得到结论的时候，应该适当地干嘛？记录下来。(18′50″)
　你们到前面来把研究结果向大家汇报一下。只汇报图像之间有什么样的变化，其他的不管。把机器带着。一个同学讲，另一个同学把到的结果展示在黑板上。(21′24″)

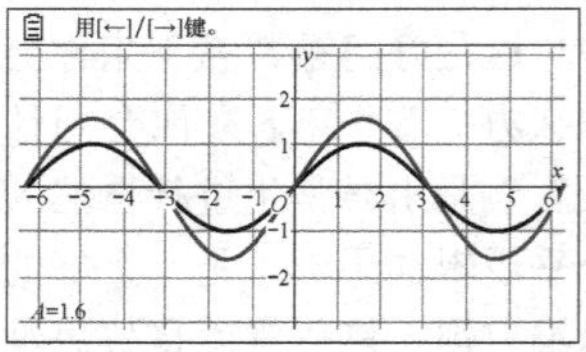

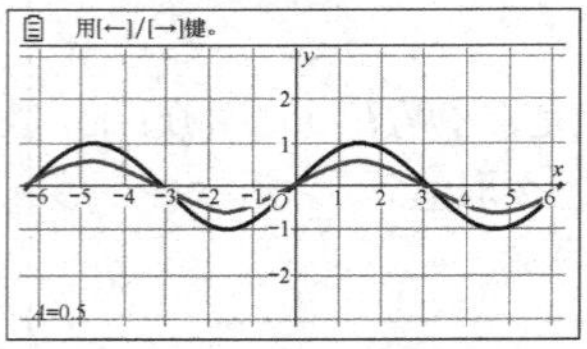

生 5：我们研究的是 $y=A\sin x$ 和 $y=\sin x$ 之间的关系。屏幕上的那个值域比较宽的是 $y=A\sin x$，这时候 A 是等于-3.5，可以看到它的值域是比 $y=\sin x$ 向 x 轴的两边拉伸了一点。[9]然后随着 A 的绝对值的不断变小，它的值域也在不断地变小。当 $A=-1$ 的时候，值域正好是和 $y=\sin x$ 相同，都是从-1 到 1。A 增大，它的值域就增大，它的图像和 $y=\sin x$ 相比是拉伸的，从图像可以看出，随着 A 的减小，它的图像也在向 x 轴，向 $y=0$ 那条直线压缩。

> $A=3.5$ 时，$y=A\sin x$ 的 y 值是 $y=\sin x$ 的 3.5 倍，A 增大，值域增大。

师：其他同学有什么问题要问的？

生：老师在黑板上写的就是 A 要大于 0。在讲图像和图像之间的关系的时候，应该讲它们是拉伸还是压缩，不要说值域。

生 5：哦！谢谢。就是随着 A 的增大，它的图像是拉伸的；随着 A 的减小，它的图像是压缩的。在这个函数中，随着 A 的数值的改变，改变的是它的 y 值，但是 x 不会变。

生 6：我觉得在讲压缩或者拉伸时，应该具体讲纵向的还是横向的。[10]

[9] 教师前面已要求 $A>0$，但学生仍然考虑 $A<0$ 情况，但教师对此不置可否，放过去了。其实在 $A>0$ 研究过以后，$A<0$ 情况就很容易搞清楚。所以现在只考虑 $A>0$。如果这节课讨论它，就容易冲淡主题。

[10] 在学生的讨论中，指出了语言表达和板书不准的问题，比如，“讲图像之间的关系”，应该是“图像纵向拉伸或压缩”；同学补充指出“$A>0$ 时，值域是$-A$ 到 A”，等等，学生发表了充分的意见，这体现了真正的探究教学。教师应该借此机会再一次明确研究的问题，强调研究两个函数“图像”之间的关系，要关注图像变化的规律。同时要求作出定量描述。避免后继讨论出现同样的问题。这也是波利亚强调的“要经常回到问题”。

续表

课题：$y=A\sin(\omega x+\varphi)$	点　评
师：那你觉得呢？　　　　生 6：我觉得应该是纵向的。 师：是这样方向的（演示）吧？其他同学同不同意她的观点？ 生 7：我觉得当 $A>0$ 时，实际上它的值域就是 $-A$ 到 A。 师：前面已经说了只考虑图像之间的变化。 生 7：毕竟 $y=\sin x$ 图像的值域肯定是从 -1 到 $+1$，所以 A 实际上就是个系数，所以最大值就是 A 的值。(25′36″) 师：那我能这样理解吗？就是说，如果 $A>0$ 情况下，随着 A 的改变，它现在横坐标不动，纵坐标就变为原来的 A 倍，是吗？第一组同学研究 A 的变化。另一组。[11]（26′05″） 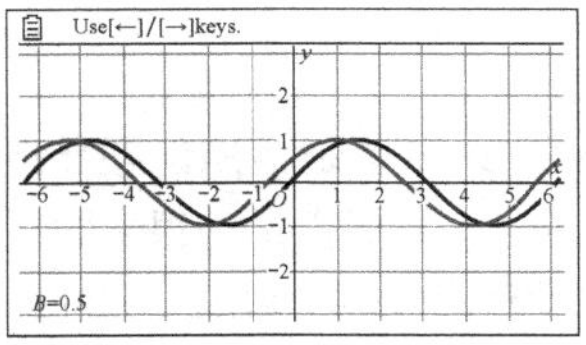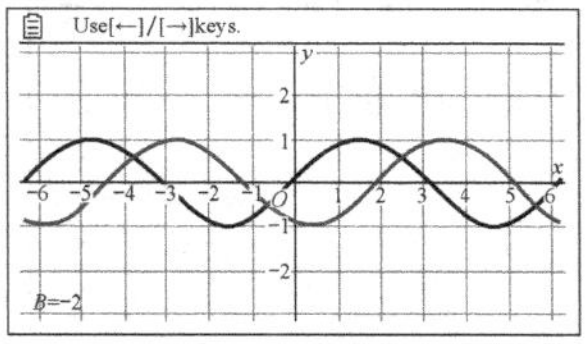 生 8：我们研究的是 $y=\sin(x+\varphi)$和 $y=\sin x$ 之间的关系。现在这条线是 $y=\sin x$ 的，当 φ 变化的时候，显而易见，新的图像是平移的，得出的结论是 $y=\sin(x+\varphi)$向左平移了 φ 个单位。如果 φ 是负的话，就是向右平移$\|\varphi\|$个单位。 图像沿 x 轴向左平移$\|\varphi\|$个单位，平移到 $y=\sin x$。 师：给我们演示一下，向左的我们看到了，向右的呢?窗口设大点。 生 9：这样子，就是当 c 的值是负的时候(c 即 φ)，这条线是 $y=\sin x$，而这个就是 $y=\sin(x+\varphi)$，所以看出就是当 c 为…φ 为负值时，$y=\sin(x+\varphi)$就是沿 x 轴向右平移$\|\varphi\|$个单位。 师：大家认不认可他们两个的结论啊？好。分两个情况。第一个当 $\varphi>0$ 的时候，图像向左平移 φ 个单位，如果 $\varphi<0$ 的话，就是向右平移$\|\varphi\|$个单位。A，φ 都研究过了，还剩下什么啊？　　　　众：ω。 师：ω，那两个男同学，你们来说说！ 生 10：我们研究 ω 对 x 的影响，可以对比 $y=\sin(B\cdot x)$(B 即 ω)和 $y=\sin x$ 的区别，一开始设的 $\omega=1$，可以看出它和 $y=\sin x$ 的图像重合，当 B 等于 2 的时候，可以明显地看到，	[11] 这时是一个阶段结束，教师应该联系学生黑板上的板书作一个研究的结论，一方面对学生的板书作概括性的小结，另一方面作出反馈，对结论不准确的地方进行必要的修正。对结论性的概括要明确地板书清楚或用 ppt 演示。这里就要明确结论：当 A 变化时，横坐标不变，新函数图像纵坐标变为 $y=\sin x$ 的 A 倍。

续表

课题：$y=A\sin(\omega x+\varphi)$	点　评

当 ω 变大时，$y=\sin(B\cdot x)$就压缩，变得比原来频率更大。当慢慢改变的时候，一个周期之间的距离越来越小，图像越来越密集。$y=\sin x$ 相比较，图像横向缩小 ω 倍，值域不变，周期为 $\frac{2\pi}{\omega}$。当 ω 大于 0 时，$y=\sin(B\cdot x)$与 $y=\sin x$ 相比较，图像横向缩小 ω 倍，值域不变，周期为 $\frac{2\pi}{\omega}$。由此可以发现当 ω 大于 0 时，ω 变大的过程就是它区间缩小的过程，而区间缩小，它的图像越来越密集，跟原来的函数图像比的话，就有点像心电图。（笑）图像随着 ω 增大，周期的距离就缩小，比如是 sin 的话就是 $\frac{2\pi}{\omega}$，这是它现在的周期，就由这个图的话可以推出以前不知道为什么的那个结论！

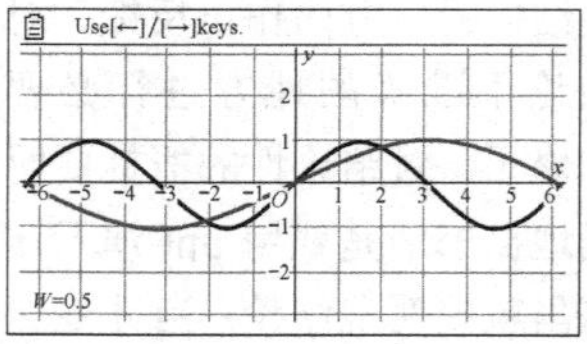

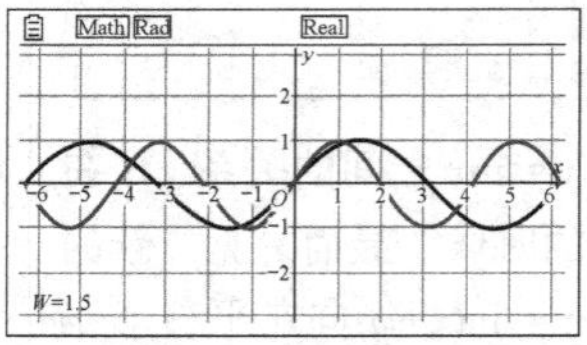

> 当 ω 大于 0 时，$y=\sin(B\cdot x)$与 $y=\sin x$ 相比较，图像横向缩小 ω 倍，值域不变，周期为 $\frac{2\pi}{\omega}$。

师：讲完了是吗？其他人想发表什么意见？

生 11：他应再讨论一下 ω 在 (0，1) 这个范围内函数之间的变化。ω 在(0，1)的话会拉伸。[12]

师：哦，拉长了！你做了吗？好，给大家看一下。

生 11：我把区间设为(1，R)，step 设为 0.1，这样就可以观察到从 0 到 1 时它的变化。这个是大于 1 时的情况，小于 1 的时候拉得越来越长了。甚至到 0.1 的时候接近于一条线了。

师：这是他做的，不错！同学分别对这三个参数做了研究，但是我有一点意见，就是没有体现出一个周期。现在，我用几何画板来给大家演示一下。[13]现在对这三个参数，比如第一个选择 0 到 2π 作为一个周期，φ 的取值没有作规定，所以是可正可负的。现在大家跟我观察，看到 φ 是

（点评）

[12] ω 取值遗漏的问题显现出来了。这时实际上很多学生还没有发现这个遗漏，教师应抓住时机向多数人启发暗示，而不是急于让知道的同学发言，这相当于让知道的告诉不知道的，结果还是直接告诉。教师应该利用这个契机，强调数学思维的严谨性特点。同样，在每一个参数研究结束时，要做概括，要对学生的回答和板书作出反馈。其实这是研究的结论，很重要，花了那么多功夫，结论不准确，不完整，知识不能得到落实，研究就失去了意义。我们是教学生通过知识的学习来学会思考，如果因为思考不周密而影响知识的学习，等于没教会学生思考。可以看到，本节课中学生对每一个参数研究板书的结论经常是不准确、不全面的，而教师并没有给予必要的注意。

续表

课题：$y=A\sin(\omega x+\varphi)$	点　评
1 上面的数，一开始是没有的。现在，φ 在变正的过程中，可以发现当 $\varphi>0$ 的时候，图像是向左移动。现在回到起点，检验一下，当 $\varphi<0$ 的时候，它是不是向右移动。仔细观察，确实是这样的。所以，在一个周期内，大家看的就更为清楚。 师：再来看第二个，大家看到了 A 的变化。我把它还原。刚才同学想说，A 只要大于 0 的话，它的纵坐标就变为原来的 A 倍。但在图像上大家却感觉到，有时候它在变长，有时在变短，大家看到这时候在变短，那么这种情况 A 的取值是什么范围呢？ 生：大于 0 小于 1。 师：现在把它还原，当 $A>1$ 的时候，感觉上是在变长，所以，虽然纵坐标都是原来的 A 倍，但是 A 大于 1 和小于 1 在视觉上是不一样的。好，接着来看 ω！ω 的变化呢，刚才这个同学他讲的非常的好。我也给大家演示了一下。这个是 ω 在(0，1)之间，好像在拉伸，变得很长，一旦当 ω 大于 1 的时候，它就在不断地变窄。(用几何画板演示)有了这样一个结论之后，你们是否想过什么问题？它这样变，那样变，那你们有什么想法？ 生：为什么这样变？[14] 师：对，凡事总要问一个为什么吧？是什么道理呀？大家考虑这个问题。 **问题 4**　这两个函数的图像之间为什么有这样的关系？ 师：我举个例子。比如说 $y=\sin x$ 与 $y=\sin 2x$，刚才已经做过了，它的变化是纵坐标不变，横坐标变为原来的一半，为什么呢[15]？ 生 12：比如说，把这两个函数固定取一个值，因为知道它的图像是在压缩或拉长，把这两个函数取一个固定的 y 值，$y_1=\sin x_1$，$y_2=\sin 2x_2$，根据我们的研究，在一个周期中有 $x_1=2x_2$，就是 $x_2=\frac{1}{2}x_1$。这样坐标 x_2 在 $\frac{1}{2}x_1$ 位置上，这就可以知道，当改变 ω 的时候，y 值不改变，x 的取值会变成原来取值的 $\frac{1}{\omega}$。	[13] 最后用几何画板动态演示，这就不仅从数量上进行了分析概括，从数学理性思考上进行了推理证明，同时又从图形上进行了直观验证，从而更加强化了三个参数对函数图像如何影响的认识和理解。最好把三个结论明确的写出来，以作为对上述不足的补充。教师在学生自己通过观察归纳探究出结论后，利用几个画板给学生同时呈现出在一个周期内，三个参数对函数图像的影响。如果图形计算器是让学生亲身体会，那么几何画板就是给尚在雾里看花的学生还原出一幅清晰的图像。教师在此时的补充演示，不仅能帮助不同层次学生认识课题，同时也使那些已经明白的学生加深印象。 [14] 这里缺少一个有方法论意义的启发：“你对这些结论有什么想法？这些结论可靠吗？是怎样得到的？是看出来的吧？”其实这只是从观察图像而得到的猜想，还需要进行证明，也就是要对自己得到的结论进一步进行理性的思考。这是一般数学研究方法不可缺少的步骤。这就是学习运用研究问题的一般方法。

续表

课题：$y=A\sin(\omega x+\varphi)$	点　评
师：因为 y 值不发生改变，那么既然 y 相同，毫无疑问，这里的 x_1 和这里的 $2x_2$ 肯定要相同，既然 x_1 等于两倍的 x_2 的话，那 x_2 当然等于 $\frac{1}{2}$ 倍的 x_1 了。所以它的横坐标变为 x_1 的一半。对 ω 变化的道理明白了。另外两个呢？都同样的道理吧？ 如果是 $y=\sin(x+\varphi)$，怎么个一样的道理？那就是 y 不变，x 在原来的基础上减 φ。如果是 $y=A\sin x$，那 x 不变，y 变成原来的 A 倍。整个过程，大家全部研究完了，我想问大家，解决完这样一个问题之后，你应该干什么呢？应该回顾反思一下。对吧！	[15] 这里可以直接对一般式进行证明，这时学生对结论已经熟悉了，但是证明过程要具体，尤其要规范地板书，实践经验已经证明，学生对这个逻辑推理是不容易搞清楚的。$y=\sin x\rightarrow y'=\sin\omega x'$，它们的纵坐标不变，用 $\omega x'$ 替换 x，即 $x=\omega x'$，得 $x'=\frac{x}{\omega}$；表示横坐标是原来的$\frac{1}{\omega}$倍。
问题 4　回顾问题的研究过程，能否总结研究此类问题的方法？[16] 生 13：我觉得就是把我们以前不是特别熟悉的函数和我们熟悉的函数建立起了一个关系，然后再研究这些函数。 师：她的意思不熟悉的是 $y=\sin(x+\varphi)$，熟悉的呢？ 众：$y=\sin x$。 师：把不熟悉的转化为熟悉的，建立起关系。其他同学呢？ 生 14：我觉得像这种题就需要控制变量，开始是三个变量，一起变的话想不过来，如果一个一个的变的话，就可以看出这个函数的变化规律。 师：嗯，复杂问题简单化，三个都在变想不过来，怎么办呢？简单点，控制两个，研究一个。然后再放宽。 生 15：先由图像建立一个形象认识，然后得出结论，再证明它。 师：先有结论，回头再理性思考，问为什么。是吧？ 生 16：在取值的时候既要有一般性的情况，同时也要考虑特殊点、特殊值和特殊的区域对它的影响。 师：怎么理解呢？ 生 16：就是像刚才例子，既要有普遍性，还有选取那个典型的值，比说在 1 到+∞范围内，它可能是一种情况，而不应该忽略(0，1)范围内的数。	[16] 这个问题过于宽泛了一些，也就是距离目标比较远，一般同学不得要领；所以学生的回答中，没有涉及研究的过程步骤，而这个过程步骤恰恰反映了数学研究的一般方法。对问题可以按照“由远及近”原则适时添加几个问题： (1) 整个研究过程按照什么程序进行？ (2) 处理参数采用了什么方法？ (3) 当参数变化时，还要考虑什么？(参数变化范围)这样学生可以比较有的放矢地回答问题，获得与教师意图一致的东西。

续表

课题：$y=A\sin(\omega x+\varphi)$	点　评
师：在研究参数的时候要取遍，是吧？不要忽略某种情况。这节课是用图形机来理解它的，那么如果使用图形机，那么你解决这类问题的时候，应该按照什么样的程序进行啊？[17] 首先要搞清楚什么？要做什么事情？接下来呢？考虑怎样研究，通过操作、观察，得到结论。最后要干什么？ 众：证明。 师：证明，理性思考，我们要想一想结论为什么是这样的。刚才我们研究了有关一个参数的情况，那么两个参数，或者是三个参数都在变呢？对图像会有什么样影响呢？你可以在机器上试试。 **思考**　如果同时改变两个或三个参数，函数又会有什么样的变化？ 今天的课后作业就是黑板上老师留给大家的思考题。明天课堂上我们交流，下课。	[17] 归纳研究程序： (1) 明确要研究的问题。 (2)思考和设计研究的方法(包括作图分析、变量控制、变量取值)。 (3) 用机器作图像并进行观察。 (4) 对观察的结果提出猜想——从定性和定量两方面。 (5) 对猜想进行理性思考——推理证明。 (6) 对结论用数学的语言作出描述。

6.8.2　课堂教学案例 2 及点评

课题：$S=A\sin(\omega x+\varphi)$	点　评
师：毕达哥拉斯曾经说过："在数学的天地里，不是我们知道了什么，而是我们怎么知道什么的。"通过今天这堂课，我希望我们大家一起来体会这句话的意思。 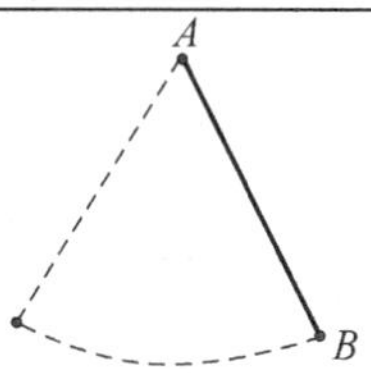 物理中，有一个问题："物体做简谐运动时，位移生和时间 t 的关系为 $S=A\sin(\omega x+\varphi)(A>0,\ \omega>0)$。单摆就是这种运动的一种方式。在一根绳上系上小球，固定一端，让球摆动，那么在这个物理的试验中，把它转换成数学问题，就得到函数（板书）$\boxed{y=A\sin(\omega x+\varphi)}$。[1] (2′00″) 这是一个函数问题。根据我们以往研究函数的经验，可以先研究这个函数的图像，再通过函数的图像研究函数的性质。你能猜想一下，这个函数图像的大致形状如何？[2]	[1] 创设的情境是物理上的简谐运动，设计意图是给出 $y=A\sin(\omega x+\varphi)$这个函数。一上课就拿出这个问题，很突然，怎么想到的？教师知道今天要研究的内容，学生知道吗？完全没有从学生的角度出发。创设情境的目的是试图从研究简谐运动函数，联想到它可能与正弦函数 $y=\sin x$ 有关，从而提出本节课要研究的问题。但是教师没有用好这个情境来提出本节课的目标问题。既然提出这个函数，那当然要从研究这

续表

课题：$S=A\sin(\omega x+\varphi)$	点　评
生 0：可能是圆锥曲线。　　生 1：我觉得这个函数有周期性。 师：有周期性，为什么？ 生 1：我观察这个图像，发现位移 S 过一段时间又会出现在相同的位置。 师：你观察这个单摆运动的情况，发现有周期运动情况，于是有周期性。　　生 2：我感觉这个图像应该跟 $y=\sin x$ 有关联。 师：你凭什么这么说？ 生 2：因为这个函数是周期性的，而 $\sin x$ 也是周期性的，它的图像是把 $\sin x$ 的图像缩小或拉伸了几倍，或者进行了平移。[2] 师：你的意思是说，这个刻画的周期运动，$y=\sin x$ 也是做周期运动的，所以它们就有关联。是不？的确，三角函数是用来刻画周期运动的一种函数，但并不代表唯一的模式。那么这个函数与 $y=\sin x$ 从形式上来说有没有关联？　　生 3：有。 师：怎么说？　　生 3：设 $t=\omega x+\varphi$。t 就是 $\sin x$ 中的 x。 师：他认为这个函数是由正弦函数和 $t=\omega x+\varphi$ 两个函数复合而成。那么在这些系数中，A 和 ω，φ 中，如果给它们取一些特殊的值，比如说 $A=1$，$\omega=1$，$\varphi=0$ 的时候，就能够得到 $y=\sin x$。(板书)　【$A=1,\omega=1,\varphi=0$ 时，得 $y=\sin x$。】 这是这个函数的系数取特殊值的一个情况。我们今天就是来研究它。 【**问题 1**　参数 A，ω，φ 对函数 $y=A\sin(\omega x+\varphi)$图像有怎样的影响？[3]】 你打算怎样研究？(5′20″) 生 4：我觉得可以使三个参数中的两个参数不变，改变另一个参数，然后把它们图像进行对比，看看参数变化对这个函数的影响。[4] 师：还有看法吗？三个量都在变，固定其中的两个量，只让一个参数发生变化，然后观察图像在这个参数变化时的情况，来得到这个参数对这个函数的影响[4]。这种想法，可以把一个复杂的问题简单化，考虑它的特殊性。那如果研究 φ 对函数的影响，那 A 和 ω 取什么值？ 生 5：$A=1$，$\omega=1$，这样函数就比较简单，描述的也比较准确。 师：这样得到 $y=\sin(x+\varphi)$，这个形式比较简单。下面就可以	个函数出发去询问：怎么研究？可以联想到什么？从函数形式上你想怎么研究？从形式上，学生很容易联想到正弦函数，看看它们之间有什么关系？课题自然就提出来了。结果教师费了很多周折，最后还是自己提出问题，没有达到启发学生提出问题的目的。 [2] 让学生来猜函数的图像形状不是好的启发，指向不明确，所以生 1 首先从简谐运动出发想到周期性。生 2 虽然提出与正弦函数关联起来，但显然是看书知道的，教师追问时，他的理由是它的图像是 $\sin x$ 的图像缩小或拉伸了几倍等，而不是形状上与正弦函数相似。所以事先让学生看书、预习并不利于探究。 [3] 教师提出的问题是“影响”，这个问题很不准确。其实 $y=A\sin(\omega x+\varphi)$作为一个完整的函数，$A$，$\omega$，$\varphi$ 就是它的本体构成，怎么叫对它的影响呢？要说有影响，是把 A，ω，φ 施加到 $y=\sin x$ 上，就对 $y=\sin x$ 图像产生了影响，到底是对哪个函数有影响，都没搞清楚。教师从头到尾都在说“影响”，说明教师对这个问题的本质存在模糊认识。

续表

课题：$S=A\sin(\omega x+\varphi)$	点　评
通过对 φ 的不同取值来研究函数图像的变化。下面我要求，两位同学一组，一个人操作，一个人记录，等会交流的时候要告诉大家这样一些事情： 1. 你怎么研究的？简单地说一说研究过程； 2. $y=\sin(x+\varphi)$图像的大致形状是怎样的？ 3. 这个函数图像和 $y=\sin x$ 图像有怎样的关系？ 4. 最后，对你的结论进行简单的说明？(7′45″～16′25″) 生 1：我们画的是动态的图像，得出 $y=\sin(x+\varphi)$大致的形状是跟 $\sin x$ 的形状一样的。它与 $\sin x$ 的关系就是，它是由 $\sin x$ 平移得来的。φ 为正，它由 $\sin x$ 向左平移得到。φ 为负，它由 $\sin x$ 向右平移得到。φ 每变动 1，它就横向平移 $\frac{\pi}{3}$ 单位长度。(17′25″) 师：下面同学有什么不同意见？ 生 2：为什么是$\frac{\pi}{3}$？ 生 1：因为，我们看到它每移动三格，就是移动了 π 的长度，就是…… 生 3：你怎么确定它是 π 的长度？ 生 1：因为 $A=0$ 时(即 φ)，它的图像过原点，这样一个弧度就是 π 的长度。 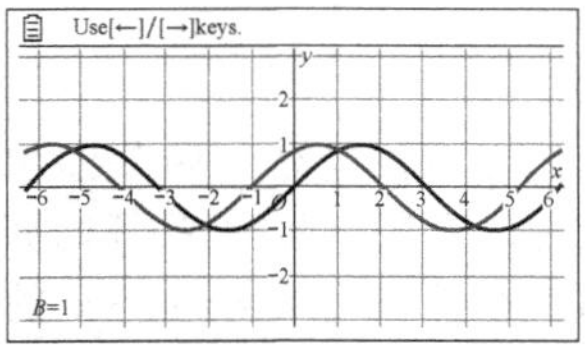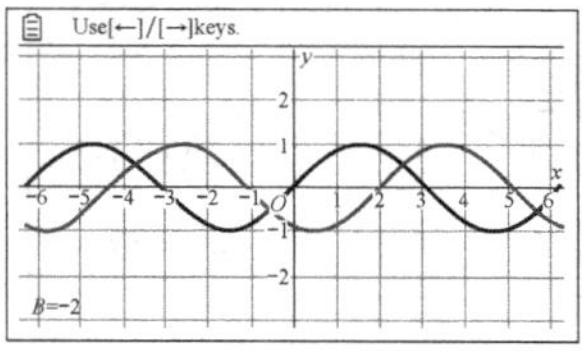 师：你们意见涉及什么，坐标的单位长度，你们质疑什么？ 生 3：函数应该是选 1，坐标取值太大，看不出来，3 和 3π 差距很小。 师：解决的方法，一是调整图形机的坐标系设置。二是你们如果能从原理上解释的话，就不需要仅靠观察，对吧？ 生 1：暂时不能解释。 师：生 3 是说 $y=\sin(x+3)$和 $y=\sin x$ 的关系，是吧？怎么解释？ 生 3：$y=\sin(x+3)$就是用 $x+3$ 代 $y=\sin x$ 里面的 x。……[5] 师：所谓代进去的意思，就是原来 x 所取的值现在 $x+3$ 来取。比如说原来 x 取 1，现在 $x+3$ 取 1，那么新的 x 就应该是	[4] 这里应该是“对函数图像”而言，不是对函数而言，但教师也跟着学生说，丝毫没觉察出来，虽然后面又改过来了，但是说明教师观念上对这个问题本质不清晰。 [5] 这里教师应该引导学生用 $y_2=\sin(x_2+3)$和 $y_1=\sin x_1$ 来表示，这样更清楚，便于多数学生的理解。这里没有抓住“变中不变”的本质来建构理解。比较两个函数可发现，y 的值域不变，即 y 不变，就是 $y_1=y_2$，也就是 $\sin(x_2+3)=\sin x_1$，那就得到 $x_1= x_2+3$，于是 $x_2=x_1-3$。3 前面的负号意味坐标 x_1 在 x 轴反向平移 3 个单位，即向左平移 3 个单位。

续表

课题：$S=A\sin(\omega x+\varphi)$	点　评
1–3，对吧？同意生 3 的解释吗？这件事情，他是用代换的方法来解释图像之间的变化。 $\boxed{y=\sin \xrightarrow{x+3代x} y=\sin\left(x+3\right)}$ 用 x+3 代替 sin$x$ 里面的 x，相应的坐标向左平移。那纵坐标怎么样？不变。所以函数图像是在 x 轴上平移。一般化的结论是什么呢？$y=\sin(x+\varphi)$和 $y=\sin x$ 的关系到底如何？(20′44″～21′00″) 生 4：就是把 $y=\sin x$ 向左平移 φ 个单位。 师：你为什么不考虑 φ 的符号呢？　　生 4：它反正是加 φ。 师：能听懂吗？我们习惯上是把 φ 按正负来讨论。如果 $\varphi>0$，就是向左移 φ 个单位。如果 $\varphi<0$，就是向右移 φ 个单位。他的意思其实是说，把 φ 本身的符号表示方向。但是我们还是希望把左右方向搞清楚。为什么呢？因为毕竟 x 轴正方向是向右，你说 φ 是正的，移 φ 个单位，这个感觉上，好像正负方向上和我们的平时常识相反，所以还是分 φ 正负来讨论更确切一点。 刚才同学们看展示的时候有没有发现，光看图像依赖于直接观察，只有一个直观的感受，更好的说明方式还是要通过数来说明。 下面一个问题是：我们前面研究过这两个函数的图像。（板书）(22′37″) $\boxed{y=\cos x,\quad y=\sin x}$ 你能解释它们的函数图像之间的关系吗？[6] (23′00″) 生 5：把 $y=\sin x$ 变成 $y=\cos\left(\frac{\pi}{2}+x\right)$，然后就是向左平移。 师：谁向左平移？　　生 5：$y=\cos\left(\frac{\pi}{2}+x\right)$。 师：把余弦函数图像向左平移 $\frac{\pi}{2}$ 个单位，就得到正弦函数图像，当然也可以反过来由正弦函数得到余弦函数。什么问题？　　生 6：应该是 $\frac{\pi}{2}-x$。 师：遇到什么问题？诱导公式用的对不对？　　生：不对。 师：$\cos\left(\frac{\pi}{2}+x\right)=-\sin x$，为了不出现负号怎么办？ 生 6：$\frac{\pi}{2}-x$。	[6] 这里讨论余弦函数图像问题，很不合理。教师开始提出的是研究 $y=A\sin(\omega x+\varphi)$的图像，现在才到中途，突然冒出余弦函数，显然是节外生枝，干扰学生思维的连贯性，这是很不明智的。应该紧接着讨论另两个参数的情况。即使讨论完了所有情况，也不必马上讨论余弦函数的问题，要把正弦函数情况研究透彻，要突出主题。其他的变化情况以后再讨论。

续表

课题：$S=A\sin(\omega x+\varphi)$	点　　评
师：$\frac{\pi}{2}-x$，但是 x 前面是负号了。　　生 6：余弦函数是偶函数。 师：余弦函数是偶函数，就得到这个结论： $y=\sin x=\cos\left(\frac{\pi}{2}-x\right)=\cos\left(x-\frac{\pi}{2}\right)$ 所以应该将余弦函数图像向右平移 $\frac{\pi}{2}$ 个单位，是吧？下面研究 A 和 ω 的情况。研究策略应该和刚才是一样的。 现在回到物理中，研究 $A>0$ 以及 $\omega>0$ 的情形。(25′00″～30′05″) 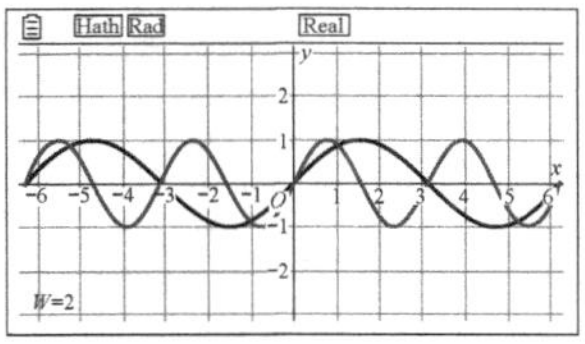 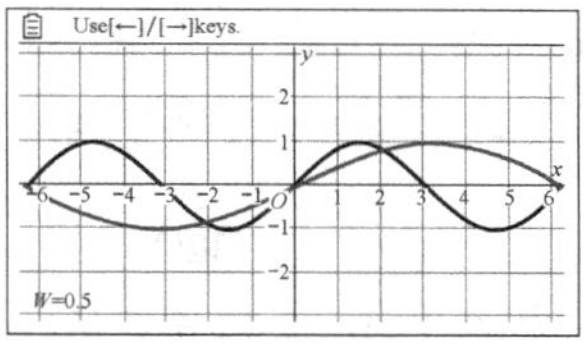 生 7：我们令 $\varphi=0$，$A=1$，然后就取不同的 ω。发现这个函数的周期发生变化，ω 取 1 的时候，它跟 $\sin x$ 的周期一样是 2π。ω 取 2，$y=\sin 2x$ 周期变成了 π。ω 取 3，周期变成了 $\frac{2\pi}{3}$。所以可以得到结论：ω 的取值，决定了函数的周期，周期是 $\frac{2\pi}{\omega}$。 师：我想知道的是这个函数与 $y=\sin x$ 图像之间的关系。 生 7：这个函数图像是 $y=\sin\ x$ 图像在水平方向上拉伸或压缩得到的。 师：具体的说呢？　　生 7：具体的说就是……，我想想看！ 生 8：(合作者)就是 ω 变大时，图像由 $y=\sin x$ 压缩得到；ω 变小时，这个图像由 $y=\sin x$ 拉伸得到。 师：有什么要补充的吗？ 生 9：要讨论 y 轴方向上变化的数量。 师：听到了吗？你再重复一遍！第一个是什么？ 生 9：第一个要定量。 师：定量，就是拉伸或压缩了多少。第二个是什么来着的？[7] 生 9：第二个是在 y 轴方向上坐标变化的多少。 师：一是拉伸或者是压缩要定量，二是方向如何？ 生 9：坐标轴方向。	[7] 意在强调不仅要从定性角度理解，还希望得到定量的描述。定性一般是观察的结果，而定量则是精确的结果，量化和精确，正是数学的特点，做数学研究就是要达到这个层次。但是在探究前，教师给出的 4 点注意事项中并没有定量描述的要求，既然现在再三强调，那就有必要在注意事项中事前说明。

续表

课题：$S=A\sin(\omega x+\varphi)$	点　评
师：坐标轴的方向应该是 x 轴方向吧？要定量的话，又涉及刚才坐标的变化，拉伸或压缩是描述性语言，应该用数学的语言描述。	
生：纵坐标不变，横坐标变成原来的 $\frac{1}{\omega}$ 倍。	
师：同意吗？你们没有定量描述，只是定性分析！现在来说明为什么？$y=\sin x$ 变到 $y=\sin 2x$，图像怎么变？为什么这么变？	
生 8：后面 $2x$ 用前面的 x 来表示，后面 x 是前面的 $\frac{1}{2}$，然后用变换解释。（板书）$\boxed{y=\sin x \xrightarrow{2x代x} y=\sin 2x}$	
师：用 $2x$ 来代替 x，原来的每个 x 的值，现在用 $2x$ 来取，现在的 x 是原来的 $\frac{1}{2}$。他们的策略是，首先在系数取值上，把 A 取到 1，φ 取到 0。函数的形式比较简单。(32′26″～34′50″)还剩下一种情况，如果 ω 和 φ 不变，系数 A 对函数图像有什么影响？　　生 10：纵向变化，它的周期没有变化。	
师：纵向的拉伸或压缩，还是回到坐标上来，具体来说。	
生 10：横坐标不变，纵坐标变为原来 A 倍。	
师：纵坐标变为原来的 A 倍。为什么呢？[8]	[8] 此时教师意识到时间不够用了，就没有让学生上前演示和讲解。正是由于想节省点时间，讨论中只考虑了 $A>1$，遗漏了 $0<A<1$ 的情况。
生 11：把 2 除到左边，就是 $\frac{y}{2}=\sin x$。（板书） $\boxed{y=\sin x \xrightarrow{y/2代y} y=2\sin x。}$ 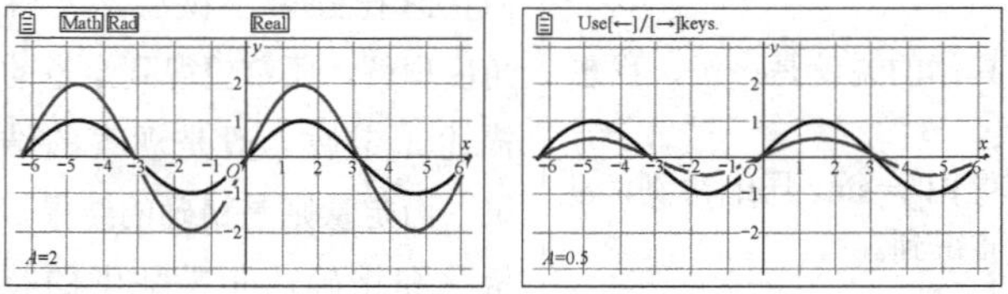	
师：等于 $\sin x$，代替原来的 y。所以原来 y 的每个值取 $\frac{y}{2}$ 才能得到，因此新的 y 应该是原来的 2 倍。对不对？以上过程中间，我们固定了两个系数，看另外一个系数的变化对函数图像的影响。(37′10″)	

续表

课题：$S=A\sin(\omega x+\varphi)$	点　评
$y=\sin x \xrightarrow{x+3代x} y=\sin(x+3)$ $y=\cos x, y=\sin x=\cos\left(\frac{\pi}{2}-x\right)=\cos\left(x-\frac{\pi}{2}\right)$ $y=\sin x \xrightarrow{2x代x} y=\sin 2x$ $y=\sin x \xrightarrow{y/2代y} y=2\sin x$ 请大家想。（1）如果 A 或 ω 取负数怎么办？(37′50″) 比如说，怎么研究 $y=\sin(-2x)$ 的图像呢？[9] 生 12：$\sin(-2x)=-\sin 2x$，先研究 $\sin 2x$，然后关于 x 轴对称。 师：先研究 $y=\sin 2x$ 图像，然后再把负号加上去，是一个对称变换。这个我们在第 1 章已经说过这样的代换方式。这一步就是 $-2x$ 来代替 x，但这个代换中间，既有系数变换，又有符号变换。因此可以把它分解成两种代换，也就是用两种变换来解释。第一个是伸缩变换，还一个是对称变换。这两个变换的顺序是可以调整的。回去大家再仔细想想。 （2）如果三个参数中两个在变，固定一个，怎么办？ 回去后，利用图形计算器，回答一个具体的问题： 怎样由 $y=\sin x$ 的图像得到 $y=\sin\left(2x+\frac{\pi}{3}\right)$ 的图像？ 再回到前面物理上的联系来。在物理实验中，位移 s 关于时间 t 的函数中的系数都有它的物理含义，其中 A 叫做振幅，是指物体离开平衡位置的最大距离；$\frac{2\pi}{\omega}$ 是周期，是指物体往返振动一次所需要的时间；而周期的倒数称为频率；$\omega t+\varphi$ 称为相位，当 $t=0$ 的时侯，相位 φ 称为是它的初相。	[9] 在这节课中讨论 A 或者 ω 取负数完全没有必要，一节课的重点是什么一定要弄清楚，把握好，不是一节课里塞的东西越多越好。要充分了解学生，事实证明，这节课的内容初学者并不容易真正理解，同化的过程在一段时间内还要继续，不要被假象迷惑，也不要以为少数人的良好表现可以代表多数人。两步做完的事情绝不要试图一步完成。教育是慢的过程。贪多的结果就是遗漏和时间不够用。 在最后阶段，教学处理比较混乱，提出的问题和研究的问题，都有点不着边际。思考的第一个、第二个问题有点像在完成预设的任务，而不是考虑学生学习和掌握情况。回到简谐运动目的就是为了解释运动函数中参数的名称，结尾回到开始的问题固然是好的，但是却与本节课的教学内容没有什么关系，反而冲淡了主题，耽误了时间。这再次证明所创设的简谐运动这个情境并不合适这节课。如要说明这个函数的实际背景，可以在最后稍作介绍。 课堂小结中，由学生提出观点是好的，教师最好做一个简短的归纳。

续表

课题：$S=A\sin(\omega x+\varphi)$	点　评
函数 $y=A\sin(\omega x+\varphi)$ $(A>0，\omega>0)$参数的实际意义：简谐运动时，位移 S 关于时间 t 的函数 $S=A\sin(\omega t+\varphi)(A>0，\omega>0)$ 中， A——振幅，物体离开平衡位置的最大距离； $\frac{2\pi}{\omega}$——周期 T，物体往复振动一次所需的时间； $\frac{1}{T}=\frac{2\pi}{\omega}$ 称为振动的频率； $\omega t+\varphi$——相位，$t=0$ 时的相位 φ 称为初相. 你能否总结一下，此类问题通常的研究思路是什么？ **问题 2**　回顾问题研究过程，说明此类问题通常的研究思路是什么？ 生 14：一般来说可以取一些值，去看它的图像，然后把它渐渐一般化。 师：就是先把一般的情况特殊化，给它取一些特殊的系数的值，得到一些具体的函数的例子，然后对它得出一个一般的结论。 生 15：在研究一个问题有多个变量的情况下，我们可以采用控制变量的方法，就是分开研究，然后再一起研究。 师：分开研究，最后再汇总。这样的话就把一个比较一般化的问题进行特殊化处理，用简单的形式来处理。 生：我觉得方法上，比如有三个变量，可以控制其中两个变量，这就是物理中的控制变量法，我觉得这种方法还是比较实用的。 师：看来这种方式不仅在数学中有，物理上也经常采用这种方法来做。 师：很多物理实验过程的设计也是这个思路。当发现有多个变量对实验有影响，就固定其中的两个变量，固定 $n-1$ 个，看一个变量的变化。 生 15：还有从特殊到一般，再从一般化得到普遍的结论。 师：先把一般化的情况特殊的研究，最后再从特殊的例子中再到一般化，得到一般化结果。请各位同学回去之后，把今天没有解决的问题好好研究，当然最后还要研究三个参数都变化的情况下，函数图像的变化情况。相关作业，等会请课代表抄在黑板上。	总体讲，对多数同学的建构情况关注和了解得少了。教师缺少这样的问话：“大家都听明白了吗？”“不明白，请你再说一遍，要把他说懂了。”“明白了，好，那请你再说一说。”要多请几个学生说。这才是面向多数学生教学。

6.8.3　两个案例的教学路线图

1．教学案例 1 的教学路线图

Ⅰ 创设情境　回顾上节课所画函数图像。　(0′00″~1′40″)

↓　$\begin{cases} y=\sin\left(x+\dfrac{\pi}{3}\right) \\ y=3\sin x \\ y=\sin 3x \end{cases} \xrightarrow{\text{一般化}} y=A\sin(\omega x+\varphi)$

Ⅱ 提出课题　$y=A\sin(\omega x+\varphi)$图像与 $y=\sin x$ 图像有什么关系？　(1′40″~2′20″)

↓

Ⅲ 构想研究方法　打算如何研究它们之间的关系？　(2′20″~10′15″)

↓

Ⅳ 探究实验　小组合作，用图形计算器作图探究关系。　(10′15″~18′47″)

↓

Ⅴ 提出猜想　建构新关系　(18′47″~37′04″)

↓　学生汇报成果

↓　第一组：$y=A\sin x \leftrightarrow y=\sin x$。

↓　第二组：$y=\sin(x+\varphi) \leftrightarrow y=\sin x$。

↓　第三组：$y=\sin\omega x \leftrightarrow y=\sin x$。

↓　教师用几何画板演示。

Ⅵ 验证猜想　对发现的结论做出数学的解释。　(37′05″~40′28″)

↓　对结论语言表述。　(40′28″~41′00″)

Ⅶ 回顾总结　怎么研究的？　(41′00″~4′50″)

↓

Ⅷ 布置作业　(44′50″~45′28″)

下课

2．教学案例 2 教学路线图

Ⅰ 提出课题　用物理学简谐运动给出函数 $y=A\sin(\omega x+\varphi)$。　(0′00″～2′00″)

↓　课题：参数 A，ω，φ 对函数 $y=A\sin(\omega x+\varphi)$图像影响。　(2′00″～5′20″)

↓　讨论研究方法：打算如何研究？　(5′20″～7′45″)

Ⅱ 探究实验　用图形计算器探究 φ 变化对图像的影响。　(7′45″～16′25″)

Ⅲ 提出猜想　学生汇报成果

↓　（1）$y=\sin(x+\varphi) \leftrightarrow y=\sin x$。　(16′25″～22′40″)

↓　验证猜想：对（1）的结论作数学解释。

↓　（2）$y=\cos(\pi/2-x) \leftrightarrow y=\sin x$。　(22′40″～25′20″)

↓　（3）$y=\sin 2x \leftrightarrow y=\sin x$。　(25′25″～35′15″)

↓　验证猜想：对（3）的结论作数学解释。

↓　（4）$y=A\sin x \leftrightarrow y=\sin x$。　(35′15″～37′08″)

↓　验证猜想：对（4）的结论作数学解释

Ⅳ 课后思考　（1）如果 A 或者 ω 取负数怎么办？　(37′08″～39′06″)

↓　（2）如果三个参数中两个变，固定一个，怎么办？(39′06″～39′55″)

Ⅴ 回到物理情境　介绍函数 $y=A\sin(\omega x+\varphi)$参数的物理意义　(39′55″～41′00″)

↓

Ⅵ 回顾总结　总结研究问题的思路是什么？　(41′00″～43′24″)

6.8.4　两个教学案例的比较

1. 函数一般形式 $y=A\sin(\omega x+\varphi)$的提出

案例 1 是在回顾上一节课已学函数 $y=\sin\left(x+\dfrac{\pi}{3}\right)$，$y=3\sin x$，$y=\sin 3x$ 的基础上引导学生将它们写成更加统一的形式，从而引出函数 $y=A\sin(\omega x+\varphi)$。

这样引出函数 $y=A\sin(\omega x+\varphi)$的方式，是在学生已有知识的基础上引入新的知识，将新的知识与学生已有的知识建立了非人为和实质性的联系，更有利于学生对新知识的掌握。

案例 2 用物理中简谐运动实验创设情境，直接引出函数 $y=A\sin(\omega x+\varphi)$。这个情境相当于直接拿出函数一般形式，只不过套上了物理的外衣，这种情境对学生来说太复杂了。从后来学生面对“这个函数的图像大致如何？”的问题，回答“是圆锥曲线”这个答案即可看出，学生把这个函数的图像理解为就是小球摆动的形状所致。虽然后来有学生回答正确，但明显这个学生已经看过书或预习过了。所以这种物理情境引入的方式对学生来说难以理解，教师难以达到目标。学生至多在最后可能体会到，所得到的结论可以用在解决物理问题上，但很难与之前的数学知识联系起来。在教学的最后，教师还不得不对这个情境做出解释，不但与本课内容毫无关联，反成了累赘。

2. 课题的提出

如何确切地引出“函数 $y=A\sin(\omega x+\varphi)$和函数 $y=\sin x$ 存在何种关系”这个问题，是本节课的第一步，也是非常重要的一步。一节课的课题首先要成为一个问题才有研究下去的必要，引出了函数的一般形式 $y=A\sin(\omega x+\varphi)$还不能算是引出了课题。那么接着怎样自然而又合乎逻辑地引出这节课的目标问题呢？

案例 1 的教师给予了适当引导，“对照 $y=\sin x$ 的图像，你们对自己画过的函数图像有什么感觉？”让学生“感觉”到很相像，自然联想 $y=A\sin(\omega x+\varphi)$与 $y=\sin x$ 图像之间应该是存在某种联系，此时教师趁热打铁，既然“感觉”到了函数图像之间应该存在某种联系，自然想到：那么究竟“它们之间有什么样的关系呢？”这就是引出了一堂课的课题。案例 1 创设情境提出问题的设计思路如下图所示：

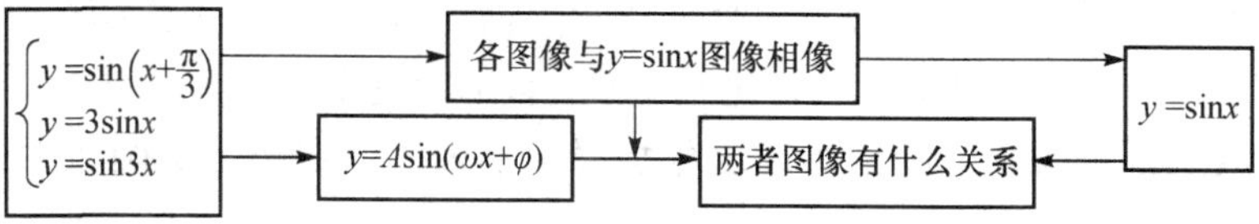

案例 1 中课题的提出，简洁明了，直截了当，更能够突出教学的重点，让学生明确学习任务。

案例 2 是教师告诉学生，研究函数问题首先要研究函数的图像，于是发问：你们猜想函数 $y=A\sin(\omega x+\varphi)$的图像大致如何？根据课堂上学生的反应，学生的回答有圆锥曲线，有周期性，有与 $y=\sin x$ 图像有关联，后来说有关联的这个学生可以看出是看过书或预习过，其实都没说到点子上。

学生之所以会天马行空地回答，显然是因为学生根本不明白老师问的什么，加上所给出的情境指向不明确，又涉及物理中比较复杂的单摆，学生只能乱猜，想到什么说什么。教师也不反思自己的提问是否不够精确，是否提问的过于宽泛？启发性提问应当遵循由远及近的原则，当学生的回答与教师的提问相差甚远时，教师应当进一步降低问题难度，接近目标，提问一些学生力所能及的问题。

案例 2 的教师任凭这种混乱的情形发展，也没有很好地处理，当有学生猜到跟正弦函数有关联时，教师又是自己说要给 A，ω，φ 赋值，接着牵强附会地引出“我们今天的任务就是来研究参数 A，ω，φ 对函数 $y=A\sin(\omega x+\varphi)$图像的影响”这样一个课题。严格来说，这并不是这节课的课题，还不知道这个函数的图像是什么，怎么会研究参数对图像的影响？应该是在研究两个函数的图像关系的过程中，才会发现这些参数对图像的影响。

一节课的课题首先一定要是一个问题，其次需要由一定的情境引出。课题可以是老师提出，但最好是创设情境启发学生提出来。创设的情境要有利于学生迅速发现和提出课题。一个好的情境，应该是：寓数学对象的本质于其中；与学生的已有知识或经验相联系；要深入浅出，简单易懂；要情境化、条件化，有利于学生迁移。

3. 研究方法的提出

如何研究它与 $y=\sin x$ 图像的关系？两个案例中的学生都很快想到了控制变量的方法，化复杂问题为简单。至此，问题由“函数 $y=A\sin(\omega x+\varphi)$与函数 $y=\sin x$ 图像之间存在何种关系”转化为“对函数 $y=\sin x$ 添加参数 A，ω，φ 后，这些参数对 $y=\sin x$ 的图像有什么样影响”。虽然对函数 $y=\sin x$ 添加参数 A，ω，φ 后，就是函数 $y=A\sin(\omega x+\varphi)$，但不能说是“参数 A，ω，φ 对 $y=A\sin(\omega x+\varphi)$图像的影响”。

案例 2 接下来未经过讨论，教师自己就选定 $A=1$，$\omega=1$ 研究 φ 的情况，直接让学生分组探究讨论。

案例 1 则在引导学生思考方法时，让学生详细讨论了：“固定两个参数不变，怎么固定？为什么这样固定？”讨论结束后，教师没有匆忙让学生进入分组讨论，而是在黑板上把将要研究的三种情况分别写了下来，并把问题明确地用 ppt 显示出来。

φ	$\omega=1$，$A=1$，$y=\sin(x+\varphi)\to y=\sin x$
A	$\omega=1$，$\varphi=0$，$y=A\sin x\to y=\sin x$
ω	$A=1$，$\varphi=0$，$y=\sin\omega x\to y=\sin x$

问题 2　两人一个小组，利用图形计算器，选取数据，分别研究下列两个函数图像之间有什么样的关系？

$y=\sin(x+\varphi)$与 $y=\sin x$。

$y=A\sin x$ 与 $y=\sin x$。

$y=\sin\omega x$ 与 $y=\sin x$。

这样，学生对本节课的研究内容和目标有了清晰的了解，学生的求知欲被激发，探求的兴趣也变得浓厚，同时学生的思维也不会处于混乱的状态。

其实本节课关键是启发学生“如何研究”函数 $y=A\sin(\omega x+\varphi)$与正弦函数图像之间的关系，方法就是控制变量，怎么控制变量，学生会说控制两个，变一个。这个时候教师不能急于让学生自己去探究。还要继续问，怎么控制呢？比如现在只想研究 φ，那其余的两个要怎么处理？为什么这样处理？学生就会想到分别取值。继续追问，你打算取什么样的值？因为尽可能取简单的值，研究起来才方便。本来控制变量的目的就是为了使复杂问题简单化，如果这里取值很复杂，等于没有简单化。

虽然会有学生提出控制变量，不排除有一些学生没有想到，尤其在生源不同的学校。因此需要启发学生想到要控制变量，而且需要与之前所学习的知识联系起来。比如，在讨论二次函数 $y=ax^2+bx+c$ 的性质的时候，就是以一个特例 $y=x^2$ 为主要的参照对象，来研究分别添加 a，b，c 的以后函数图像的变化，实际上就是先固定 b，c，给 a 以简单具体赋值来进行观察，发现 a 主要改变抛物线的开口方向和大小，同理来研究 b，c 对函数图像所引起的变化。

4．教学进程的分析

在探究过程中，面对 $y=A\sin(\omega x+\varphi)$含有三个参量，两个案例的处理有所不同。

案例 1 的教师不是把三个参数分开，一个一个分别研究，而是让学生对三个都做研究，先后次序未作规定，学生自由选择。各组汇报所得到结论之后，教师在让学生反思“为什么两个函数会有这样的关系”时，也是统一处理对结论进行理性思考的推理解释，比较符合他的学生的认识能力，整节课相对而言比较的流畅。

在推理证明环节，案例 1 只对 φ 的情况进行较详细的讨论，而对另两个参数的情况只是顺带而过，这显得不够细致，这时可能还有部分学生并没有明白这样的推理解释。如何将观察得到的关系结论做出理性论述，这原本就是学生理解的一个难点，应该把另两个参数情况也作类似的推理解释，并将推理的过程在黑板上展示出来。这样对三个参数的情况做同样的处理，更有利学生内化吸收。

案例 2 是把三个参数分开来，让学生一个一个分别探究。不过探究第一个 $y=\sin(x+\varphi)$时，学生自主探究的时间为 8 分钟；有了第一次探究的经验来探究 $y=\sin\omega x$ 时，学生自主探究的时间为 5 分钟；最后对 $y=A\sin x$ 则没有让学生经过图形计算器的探索，而直接让学生推出结论，这是一个可取的方法。案例 2 对所得结论的推理解释，比较细致，并且用带箭头的变换符号表示出来，比如 $y=\sin x \xrightarrow{x+3\text{代}x} y=\sin(x+3)$，这样学生一目了然倍感清晰。

两个案例对学生探究活动的要求有所不同，案例 1 对探究的要求是，只研究一个周期的函数图像，并只考虑函数图像之间的关系，别的不管，但没对结论进行理性思考，没做要求，到所有结论讨论完了，才要求反思为什么会有这样的关系，要学生做出推理解释，这有点像是搞突然袭击，如果探究中没有思考，这时就会面临困境。案例 2 对探究提出了 4 点要求，比较具体，但对只研究一个周期的函数图像没有提及，而只考虑一个周期图像是数学追求简单的思维体现。

案例 1 虽然要求只考虑一个周期里的图像，但在图形计算器里不容易体现出来，所以教师还用几何画板对三种情况分别演示了一遍，视觉上更清晰，使学生观察的规律更明确。讨论中教师发现学生对 $y=\sin\omega x$ 的探究，遗漏了对 $\omega\in(0,1)$ 情况的讨论，做了及时提醒，而案例 2 的教师没有注意到这个遗漏。

案例 2 在对探究的讨论过程中，增加了三个讨论，一是 $y=\cos x$ 与 $y=\sin x$ 之间关系，二是参数 A 或 ω 取负值时的图像。这两个问题应该都不是这节课的主题，是属于这节课内容的延伸，放进这节课，不仅冲淡主题，占用了时间，而且因时间仓促也研究不透，应该说是多余的。

在最后的复习总结阶段，两个案例更注重学生对研究问题一般方法的体会，以及研究时的具体方法，但都缺少知识方面的总结，研究方法固然重要，但知识也要落到实处，可以用 ppt 将研究的结论规范化展现出来，达到对学生强化本节课知识的效果。

案例 1 中学生对研究方法的概括讨论比较充分，教师除了关注学生的发言外，更是站在了一个较高的层面上引导学生以后遇到此类问题的思考策略；“首先要搞清楚做什么；接着是操作机器、观察比较、猜想结论；最后要对猜想的结论进行理性思考。”如果课堂上能经常做出这样的概括，学生学会了研究方法，还会增强反思意识，无形之中在教学生学思考。

案例 2 在课的最后提出了 3 个问题，前两个问题是留给学生思考的，既然是留给学生思考的问题，最好不要给予过多的提示，教师提出第一个问题后几乎在自问自答，失去了问题的意义。在讨论“回顾问题研究过程，说明此类问题通常的研究思路是什么？”问题时，教师只是不停地重复学生的回答，并没有进行概括。而且全课中问题的语言表达累赘、重复，表达能力有待提高。

5. 两个案例的教学特点

两个案例的教学内容，属于建构数学对象新关系的探究活动，体现了对“研究问题一般方法”原理的运用：①提出问题；②寻找研究方法；③ 实验探究；④提出猜想；⑤验证猜想；⑥语言表述结论。案例 1 在运用这个原理方面，把握的更准确，显得游刃有余。

两课的教学过程可以认为是“教师引导下学生的主动探究”，学生的主动探究为主，教师的引导为辅。讨论过程中，台上和台下学生互动，踊跃发言，各抒己见，互相质疑，教师并没多少介入，只在讨论出现“卡壳”时，才以“教学向导”的身份给予适当引导。在这样的课堂中，学生从知识被动的接受者变为建构新知识主动参与者，这与“学生是探究的主体，教师是教学的向导”的教学原理是相一致的。

教学不仅仅要关注结果，更要关注结果、结论背后产生的过程，这一点两个案例都做到了。案例 1 比较关注培养学生的“问题意识”，使学生在探索中学会将“课题问题化”，并在解决这个问题的过程中，贯穿了观察、归纳、类比、联想等一般思维方法，使学生将已有的知识形成体系。两个案例还在教学生思考方面做出了很大的努力，并有精彩展现。汇报中学生获得的结果毕竟是观察而来的猜想，只是感性上的认识，两个案例都十分关注把感性认识上升为理性认识，也就是要对猜想的结果进行推理解释，实现学知识更学思考的目标，这正是数学育人功能之所在，也正是学习数学的魅力之所在。

两个案例都采用了与图形计算器整合的教学，学生亲手操作图形计算器，观察参数变化时图像的变化，进而猜测结论，并将猜测的结论用数学语言表述出来，这正是培养学生观察能力、归纳能力、猜想能力的良好契机。两个案例都给予了足够的时间让学生自己在“做数学”中“学数学”，这有助于学生独立思考、自主探究能力的培养。

6.8.5 对现代技术应用于教学的一些分析

这两个案例都选择了图形计算器作为辅助教学的工具，案例 1 还使用了几何画板进行了补充。两个案例对现代技术的应用时机、应用设计、应用效果等几个方面的情况怎样呢？

1. 本节内容适于运用图形计算器参与教学

本节内容的重难点就是“函数 $y=A\sin(\omega x+\varphi)$的图像与函数 $y=\sin x$ 的图像有什么关系”，要突破这个重难点，需要让学生通过观察各个参数对函数图像带来的变化，归纳特点，发现规律，提出猜想，如果仅靠学生使用五点法作图，一是课堂时间内，要学生能作出的图像数量有限；二是画出的图像依然还是静态的，无法清晰地观察到动态图像的变中不变的特征。

但是图形计算器却可以弥补这样一个不足，给学生的探究提供了便利的条件。这样学生就能通过自己的亲手操作快速地画出多个图像，通过对多个图像的观察各个图像动态改变的过程，切实体会到参数变化给函数图像带来的变化，从而抽象概括出图像变换的一般性特点。

2. 图形计算器的应用时间对比

活动	案例 1	案例 2
应用图形器探究	（1）9′40″～18′47″ 集中探究三个参数变化时，两个函数图像的关系 （2）18′47″～40′28″ 汇报三个探究结果 （按照 A，φ，ω 的顺序）	（1）7′45″～25′00″ 探究和汇报 $y=\sin(x+\varphi)$与 $y=\sin x$ 图像的关系 （2）25′00″～33′26″ 探究和汇报 $y=\sin\omega x$ 与 $y=\sin x$ 图像的关系 （3）33′26″～37′10″ 探究和汇报 $y=A\sin x$ 与 $y=\sin x$ 图像的关系
操作	10′07″	17′00″
汇报	21′48″	14′47″

3. 图形计算器的应用设计与效果对比

两课都给予学生充分操作探究的时间，学生操作探究的时间案例 2 达 17′00″，案例 1 达 10′07″。由于学生有充裕的时间去操作、观察、归纳、概括，对特点的综合，对规律的发现，发挥了重要的作用。在探究过程中，学生从各种不同的角度提出对图像的猜想和认识，交流合作、相互商讨，充分体现出合作学习的精神。

两课对学生的汇报讨论也给予了较多的时间，案例 2 将 14′35″用于汇报讨论，案例 1 更是把 21′48″的时间用于汇报讨论。讨论中，同组伙伴协作配合，全体学生积极投入讨论，思维活跃，情绪高涨，气氛热烈，井然有序。讨论中还收到了一些意想不到的结果。案例 1 在讨论函数 $y=\sin\omega x$ 与 $y=\sin x$ 的图像关系时，有同学提出异议：“他应该再讨论一下 $\omega \in (0, 1)$这个范围内函数的变化。”虽然 $\omega>1$ 和 $0<\omega<1$ 时结论一致，但反映到图像的变化却是有差异，在 $0<\omega<1$ 时，函数图像是横向伸缩，与 $\omega>1$ 的状态恰恰相反。

对一个事物的认识是从各个角度不断丰富起来的，图形计算器给学生提供了另一种交流认识的平台，并且提供了多个角度，帮助学生补充对图像、函数的认识。

4. 图形计算器应用于课堂教学的作用

（1）图形计算器本身是一个很好的教学工具

利用图形计算器的优势在于：可以再现发现数学规律的过程，让学生自己动手体验，使得抽象的数学规律能够自然、高效地被学生理解掌握，能引导学生经历“观察——猜想——论证”的过程，为他们在将来工作中进行创造性地研究积累宝贵的经验。

（2）有利于培养学生的创新意识

在图形计算器技术的支持下，学生有机会学习更多的知识，有更多的动手和探索的机会，通过探究过程，形成对知识的主动理解而不是被动接受，有利于引导学生主动学习、研究新知识、吸收新思想；有利于培养学生的动手能力和实践能力，有利于培养学生相互合作的能力，有利于激发学生的创新意识和创造精神，并在教师的指导下进行创新和发现。

（3）有利于改变教的方式和学的方式

图形计算器引入课堂后，充分体现了以学生为中心的教育理念，教师从教学的主角，逐步向教学向导的角色转换，教师的作用发生了变化，教师致力于启发、引导，给学生最大的空间，学生自主探究，亲身体验，努力学技术用技术，让技术促进自己的学习。

（4）有利于“归纳先导、演绎跟进”原理的实现

曾经的数学教学缺少技术支撑，存在重演绎轻归纳现象，忽视了数学作为经验科学的一面。现在有了信息技术的有力支持，探究教学的模式可以得到推广和发展，学生可以通过技术运用，用归纳帮助自己建构数学，理解数学，甚至于创造数学，用演绎推理论证自己建构的数学，从而在教学中使“归纳先导、演绎跟进”的原理得以实现。

5. 图形计算器在教学应用中的不足

（1）教师的操作水平不够高

学生由于使用图形计算器的机会很少，因而运用的水平不高。如果在设置参数变化步长时，能有更多的同学选择修改变化量，那么在讨论参数 ω 对函数的影

响时，就会有更多的同学能够观察到 $\omega\in(0,1)$的情况；如果学生在作图时能够直接作出一个周期内的图像，那三个参数对函数的影响也就一目了然。然而在操作图形计算器方面，除了极少数教师外，其他教师运用的水平普遍落后于学生，这使期盼得到教师指导的学生大失所望。

（2）对教师驾驭课堂教学要求提高

对教师教学设计的要求更高，对教师把握课堂教学节奏的要求也更高。

因此作为对上述不足的补充，案例 1 的教师在学生自己通过观察图形计算器归纳探究出结论后，利用几何画板给学生同时呈现出在一个周期内函数图像的变化。如果图形计算器是让学生亲身体会，那么几何画板就是给尚在雾里看花的学生还原出一幅清晰的图像。教师在此时的补充演示，不仅能帮助很多学生深入认识图像的变化，同时也使那些已经明白的学生加深印象。

（3）教学目标可能会误入歧途

可能会导致少数教师偏信技术，而忽视了数学培养学生抽象思维能力的要义，也可能导致学生过分依赖图形计算器，而使自己的思维难以由感性上升到理性。

6.9　数学建模教学的案例研究

经济的全球化、数字经济时代的开启，对创造性人才、对劳动者的创新精神提出了前所未有的紧迫要求。各门课程的实施都应当有利于培养学生的创新精神和实践能力，研究性学习课程则是为了进一步加强创新精神和实践能力的培养。

《普通高中数学课程标准（实验）》就发展学生的数学应用意识指出，高中课程应提供基本内容的实际背景，反映数学的应用价值，开展“数学建模”的学习活动，设立体现数学某些重要应用的专题课程。高中数学课程应力求使学生体验数学在解决实际问题中的作用、数学与日常生活及其他学科的联系，促进学生逐步形成和发展数学应用意识，提高实践能力。①

所选本节课的教学对象是高一学生，是在结束了函数一章的教学之后开设的一节数学建模课，教学目的是使学生体验用数学建模方法解决生活中实际问题的过程，体会所学数学知识的应用价值及与其相关的数学理论，培养学生用数学的眼光看世界，用数学知识概括、抽象、解决问题的意识。本节课的课题源于生活，又贴近生活实际，对于第一次接触由实际生活中的问题抽象出数学模型的学生，这样的课题是非常适合的。②

① 中华人民共和国教育部制定．普通高中数学课程标准（实验）．北京：人民教育出版社，2003：36．

② 刘洪璐．怎样烧开水最省煤气——新课程函数应用的数学建模方案．中学数学教学，2006，（5）：6，8．

6.9.1　课堂教学案例及点评

课题：怎样烧开水最省煤气？	点　评
师：现在许多家庭都以煤气为烧水、做饭的燃料，节约用气是非常现实的问题，那么怎样才能节省煤气的用量呢？[1]今天我们就以烧一壶开水为例来研究这个问题。(板书)怎样烧开水最省煤气？ 师：首先，我来问问大家，什么叫做省煤气？ 生 1：就是煤气用量少。	**Ⅰ 提出课题** [1] 设问目的是激起学生的探究欲望，让学生体会到如何由实际问题抽象出数学问题。
师：那有没有考虑过煤气的用量和什么因素有关呢？[2]小组讨论下，派一个代表发言。(01′54″～02′54″) 师：哪个组的同学派一代表来发表一下你们这组的看法。 生 2：我觉得与煤气燃烧时的热效率有关。热效率就是它在空气中损耗的热量与对水直接加热的能量的多少。 生 3：我补充一点就是和开煤气时间的长短有关系。开煤气时间的长短就是烧水的时间，就是时间越长浪费的煤气越多。 生 4：和是否完全燃烧有关。 生 5：还和开关旋钮旋转的角度有关。 生 6：还和水壶的效率有关．就是水壶保温效果好，散热少，就节约煤气。 生 7：和水的初始温度有关。 生 8：半壶水烧开要比一壶水烧开节省。 生 9：我觉得还和当时的大气压强有关。 生 10：煤气的热量是不是全都加热到水上了。 生 11：我们组还有个意见就是煤气是否为假冒伪劣商品．所以要选择比较好的煤气，这样才可以节约煤气。	**Ⅱ 学生探究 1** [2] 这一阶段，探究方向为：煤气的用量和什么有关？ 以小组合作学习的方式进行，可以使同学们在思想的交流与交锋碰撞中擦出思维的火花。 学生踊跃参与，共有 11 位学生发表了自己的看法。
师：我现在假定一个非常理想的条件，相同的水，质量一样，都灌满一壶水，还给定一个水壶、燃气灶，水的初始温度也保证是一样的。那么剩下来是什么问题？就是咱们生 5 的问题，煤气灶的旋钮转到什么位置时烧开一壶水最省燃气？会不会在火很小的时候？有同学摇头了，为什么？[3] 生 12：因为我觉得火很小的时候它的利用率不会很高。 生 13：火太小了，加的热量还不如散的热量呢。 师：那会不会火开到最大的时候最省煤气？ 生 14：火开到最大的话利用率不高，散失的热量就多。 师：好，这个问题就转化成旋钮转到什么位置时最省煤气。光靠想象是想象不出来的，我们需要干什么？　众：实验。	**Ⅲ 课题的转化** [3] 在上一阶段的探究中，学生的看法归纳起来有以下几点：和水有关；和容器有关；和火力大小有关。 教师在归纳学生的看法之后，排除次要因素，突出主要因素，假定出一种理想的状况，于是课题转化为：煤气灶旋钮转到什么位置时最省煤气？

续表

课题：怎样烧开水最省煤气？

一、确定实验方案

师：好，下面你们准备怎么设计实验方案？小组讨论下，还是派代表来发言。(09′25″～10′50″)

师：哪个组派代表来阐述下你们组设计的方案？(11′25″)[4]

生 15：控制水的质量、初温、水壶是一样的，然后放到火上加热，然后旋转不同的角度看一下哪边先烧开。

师：他是取了两个壶在煤气灶的两边同时进行，但是刚才我们假定是给了一个水壶怎么办？

生 15：先给一个水壶里放上一定质量的水，使温度一定，然后给它加热，让它烧开，测量它的时间是多少. 然后把水壶里水倒掉，使水壶冷却回到原来温度，然后再加入同质量的水，将按钮转动不同的角度，再看烧开它的时间是多少。

生 16：我们这个组方案可能耗时比较长。因为只有一壶水，所以分三次来进行，假设每次用的煤气是相同的，然后分别控制旋钮大火、中火、小火，然后再测出当煤气全部用完时水升高的温度，然后得出效率，进行比较，然后得出什么火的时候最省煤气。

生 17：我想的不一定准确。把一些条件都控制一下，然后就剩下旋转的问题，然后旋到小火的时候就等它烧开的时候看煤气表，看它转了多少，就知道它用了多少，然后再调到中火，再看用了多少煤气。

师：你们觉得哪一种实施起来会更加方便一点？哦，大家都用后面这组，用煤气表的读数，更加方便一些。

师：那么这里我也做了一个实验，我取了五个不同的角度：18°，36°，54°，72°，90°，然后进行实验，这是我做出来的一组数据，大家先观察一下这组数据。

二、实验

燃气表读数/m^3	18°	36°	54°	72°	90°
开始时	9.080	8.958	8.819	8.670	8.498
水开时	9.210	9.080	8.958	8.819	8.670
所用燃气量	0.130	0.122	0.139	0.149	0.172

师：为了更好地把握这些数据的信息，通常是怎么做的？

众：画图。

师：好，作出一个散点图. 那么从这个图中你们发现了什么？好，小组讨论下。(16′45″～17′45″)[5]

点　评

Ⅳ 探索实验方案

[4] 这一阶段，探究的方向就是转化之后的课题：煤气灶旋钮转到什么位置时最省煤气？

有3位学生发表了小组讨论的意见，最后大家集体讨论，从实验的可操作性和本次实验目的（怎样烧开水最省煤气）出发，一致决定采用第三种实验方案，即生 17 的实验方案。

Ⅴ 探索实验结果的数学模型

[5] 开放式追问：从这个图中你们发现了什么？设问目的是让学生通过观察思考，尝试着通过这个图找到解决问题的突破口和解决方法，渗透数学化和数形结合的思想。

在学习过的函数图像中，一元二次函数图像与之最接近，故可以用一元二次函数近似地表示这种变化。于是，问题可以转化为研究二次函数。

续表

课题：怎样烧开水最省煤气？	点　评
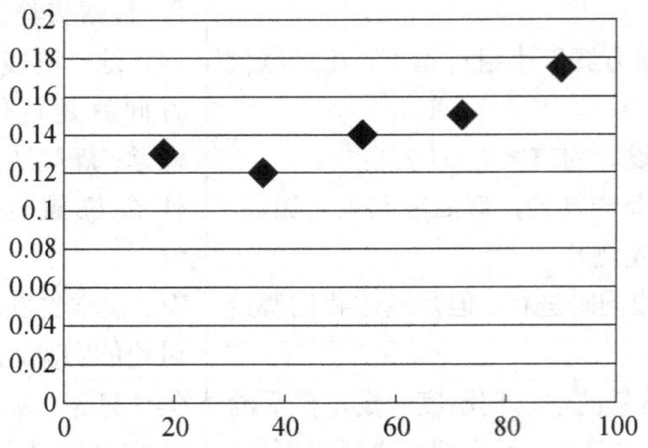 师：好，哪一组同学来告诉我们？ 生 18：我们讨论的是从趋势来看，从角度来看，36°是用量最少的。这个形状也像抛物线。 师：他说这个像抛物线，说明了什么呢？ 生 19：它形如抛物线，可以把它大约的抛物线解析式算出来．$y=ax^2+bx+c$，根据这个函数可以把它的最小 y 算出来，利用到实际中就是旋钮到多少度时用量是最少的。 师：好，那么大家想想，$y=ax^2+bx+c$ 里面 a，b，c 三个还不确定，那么要确定下来我们需要取几个点？　　众：三个。 师：那你们觉得取哪三个点会使我们的结果更加可靠、准确一些？[6] 各位可以讨论一下．(21′50″～22′15″) 生 20：我认为取最低点和最高点还有中间一点． 师：那么就是第二个、第三个还有第五个． 生 21：我觉得第三个点在函数图像中应该算是误差点．我感觉如果画出图像的话第三个点可能不在图像上． 师：你们大家觉得怎么样？　　众：嗯． 师：好，那你觉得取哪几个点可能更好一些？ 生 21：我觉得选第一个点、第二个点和第五个点。 师：这是他的看法，那么我们就算算看。(24′55″～28′25″) 师：好，你们看一下和老师的答案是否一样。	[6] 设问：你们觉得取哪三个点会使我们的结果更加可靠、准确一些？目的是培养学生对“形”的把握能力，通过“形”来处理数据，解决问题。 这里，有学生认为取 2，3，5 点，有学生认为取 1，2，5 点(认为 3 为误差点，不能取)，大家经过讨论，一致同意后一位学生的方案，即生 21 的方案。 在得到函数解析式之后，教师给予学生一个盯住目标的提示：大家得到了函数解析式，对求最小用气量有什么帮助呢？学生立刻想到只要求出顶点坐标就能知道旋钮转到什么时候时它的用气量最小。

续表

<table>
<tr><th>课题：怎样烧开水最省煤气？</th><th>点　　评</th></tr>
<tr><td>

三、拟合函数

设函数 $y=ax^2+bx+c$，取三对数值即可求出表达式的系数。不妨取(18,0.130)，(36,0.122)，(90,0.172)，

可得方程组 $\begin{cases}18^2a+18b+c=0.130,\\36^2a+36b+c=0.122,\\90^2a+90b+c=0.172。\end{cases}$

解得：$a=1.9033\times10^{-5}$；$b=-1.4722\times10^{-3}$；$c=0.15033$．则函数式为

$y=1.9033\times10^{-5}x^2-1.4722\times10^{-3}x+0.15033$。

师：你们得到了函数解析式后怎么样呢？不要忘了我们最终的目标是干什么。大家得到了函数解析式，对求最小用气量有什么帮助呢？

生 22：求它的顶点．顶点坐标就说明旋钮转到什么时候时它的用气量最小．

师：大家同不同意？　　众：同意。

师：好，这个我已经算好了，$x_0=-\dfrac{b}{2a}$，大概是在 39°左右，这个时候最小用气量大概是 0.1218m³.

四、求最小用气量

求得燃气用量最少时旋钮位置实际上是

$x_0=-\dfrac{b}{2a}=-\dfrac{1.4722\times10^{-3}}{2\times1.9033\times10^{-5}}\approx39°$

这时的用气量为 $y=\dfrac{4ac-b^2}{4a}=0.1218\text{m}^3$

师：我听见同学讲回去我也把煤气旋钮扭到 39°上。那你们做的这个实验是不是准确呢？[7]

生 23：我觉得可以试一下．就是在 39°的时候，另外取一角度 80°，烧同一壶水，再看看煤气表的用量。

生 24：我觉得他是错的．因为你比较时不能就取一个值，关键这个不能比较．就是你不一定能试到最小的．你那样比的话你不能说明就用量最小。

师：大家同意前一个同学还是后一个同学的看法？

众：后一个。

师：那么你觉得应该怎么检验呢？

</td><td>

Ⅵ 实验结果的检验

[7] 设问：你们做的这个实验是不是准确呢？目的是使学生体会到用数学模型刻画实际问题时是存在误差的，必须经过检验才能做出相应的结论，渗透严谨、求实的科学精神。

</td></tr>
</table>

续表

课题：怎样烧开水最省煤气？	点　评
五、检验分析 生 24：我就觉得代个数字进去．代你刚才取的五个量里的一个，除了刚才说误差点的那个，还剩一个。 师：刚才我们用了一个特殊的例子体会了数学建模的全过程，大家猜猜我接下来做什么？　众：一般化。[8] 师：你们能不能帮我做这件事情？好，小组可以讨论一下。(33′45″～35′30″)你们哪一组讨论出来了？ 生 25：第一步，根据实际问题提出问题．然后收集数据。然后对数据进行处理，就是列表画图．然后建立一个数学模型．然后将数据代入求出它的解。最后将解代入进行检验．检验这个模型是否准确。 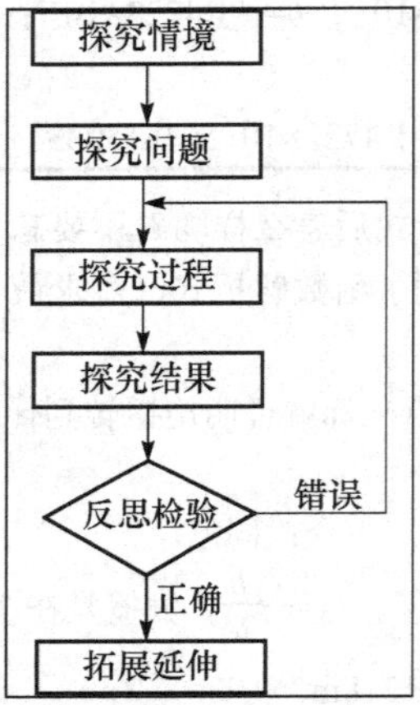 师：那么大家想一想看，要想保证我所取得的数据比较准确，咱们通常用什么方法？在物理上经常用的。 众：多次实验取一个平均值。 师：这个在物理上面已经非常熟悉了。刚才，××已经帮我们把问题一般化了，她说得非常好。这里我们也有一个流程图。大家看一下，基本上是一样的．今天是咱们这学期以来的第一次研究型学习。好好体会这个过程，今后有机会我们还会继续学习类似问题。	**Ⅶ 探究过程一般化** [8] 让学生体会“一般化”的数学思想，教师平时多次渗透从特殊到一般的思想，因此，学生对此问题并不觉得突兀。同时，希望通过对函数探究过程的回顾、整理、概括和提炼，使学生对整个过程有轮廓性的记忆，掌握一般探究问题的过程和方法。

6.9.2　本案例的教学路线图

根据课堂活动情况，概括出本课的教学路线图。

Ⅰ 提出课题　　怎样烧开水最省煤气？

↓

Ⅱ 学生探究转化课题　　探究的方向。

↓　问题：煤气的用量和什么因素有关？

↓　讨论探究转化课题。

↓　形成问题：旋钮转到什么位置烧开一壶水最省煤气？

Ⅲ 分组讨论设计方案　　学生探究实验的方案。

↓　讨论设计出三种方案。

↓　讨论选择第三种方案。

↓　选择方案：用同质量水，旋钮在不同位置把水烧开所耗煤气。

Ⅳ 实验过程　实验过程分为四个阶段。

↓　操作实验探索；

↓　搜集及处理数据；

↓　数据拟合函数；

↓　用函数解析式求最小用气量。

Ⅴ 实验结果的检验　反思性教学。

↓　问题：如何检验结论的合理性与准确性？

↓　讨论提出两种方案。

Ⅵ 探究过程一般化　讨论问题的延伸拓展。

↓　问题：能将探究活动的过程和方法一般化吗？

↓　讨论数学探究的一般过程。

下课

6.9.3 本案例的教学形式

数学研究性学习的形式是丰富多彩的，以下是几种较为常见的形式：数学建模，数学实验，数学探究学习，数学主题阅读等。

从本节课的教学路线图可以看出，教学过程分为三个阶段，第一阶段为提出课题以及课题的转化（Ⅰ–Ⅲ），第二阶段为建立数学模型的过程（Ⅳ–Ⅴ），第三阶段为实验结果的检验及探究一般化过程(Ⅵ–Ⅶ)。这是典型的数学建模学习形式，即寻求建立数学模型的方法的过程。数学建模可以看成是问题解决的一部分，它的作用对象更侧重于非数学领域，但需要数学工具来解决的问题。①

第一阶段，教师从现实生活中的问题出发："现在许多家庭都以煤气为烧水、做饭的燃料,那么怎样才能节省煤气的用量呢?今天我们就以烧一壶开水为例来研究这个问题。"提出了课题："怎样烧开水最省煤气?"在师生的共同探究下，问题又转化为："煤气灶的旋钮转到什么位置时烧开一壶水最省煤气?"。

第二阶段，学生探究上一阶段转化之后的问题，讨论这个问题的实验方案，以致得到一种最佳方案。教师根据学生得到的最佳方案设计实验，选取了旋钮和起始边的夹角分别取 18°，36°，54°，72°，90°的五个位置进行实验，并给出煤气旋钮五个不同位置相应的煤气表的一组数据，绘出这些数据的散点图，引导学生通过观察散点图找到解决问题的突破口和解决方法。学生通过观察和讨论，认为一元二次函数的图像与此散点图相似，于是问题转化为研究二次函数。在教师的启发引导下，学生求出该函数解析式，并求出最低点，即煤气用量最少的点。

① 张思明，白永潇．数学课题学习的实践与探索．北京：高等教育出版社，2003：14.

第三阶段，在实验结束之后，教师启发学生检验实验结果的准确性，目的是使学生体会到用数学模型刻画实际问题时是存在误差的，必须经过检验才能做出相应的结论，渗透严谨、求实的科学精神。最后，让学生总结出数学探究的一般过程。

6.9.4 对本教学案例的整体分析

（1）教学目的明确，课堂伊始便提出课题，让学生明确学习任务。

（2）情境创设源于生活，又贴近生活。

（3）教师善于提问，所提的问题层次清晰明了，并且能引起学生的学习兴趣。

（4）采用数学建模的学习方式，将生活中的原始性问题抽象成一个数学问题，培养了学生的数学应用意识。

（5）学生主体性充分体现，让学生主动探究，主动发现问题、提出问题、解决问题。

6.9.5 对本教学案例的局部分析

1. 对课题提出的分析

课题的提出有两种方式，一种是教师直接提出，一种是教师引导学生提出。

本课中，教师先通过现实背景提出课题：“怎样烧开水最省煤气?”这就是本节课所要解决的具体问题，也就是目标问题，这个问题也是一个“原始性问题”，是一个值得探究的问题。接着教师设问：“煤气的用量和什么因素有关呢?”学生经过小组讨论后发表观点，教师总结学生的观点，排除次要因素，突出主要因素，于是课题转化成“煤气灶的旋钮转到什么位置时烧开一壶水最省煤气?”这是细化后的课题，是在师生协作下形成的一个新的课题，这个新课题源于原初课题，又高于初课题。在以后的教学过程中，师生一直围绕这个新课题进行探究。

2. 对情境创设的分析

在进行教学时教师应善于创设问题情境，所谓问题情境是指教师有目的、有意识创设的各种情境，以促使学生去质疑问难、探索求解。因此，数学教学要以问题为载体，这样才能抓住课堂教学中的思维这个“魂”，也就抓住课堂、教学的根本。

本课的问题情境：“现在许多家庭都以煤气为烧水、做饭的燃料，节约用气是非常现实的问题，那么怎样才能节省煤气的用量呢？今天我们就以烧一壶开水为例来研究这个问题。”这是以生活实际为支撑，是基于学生的直接经验、密切联系学生自身生活和社会生活的真实的情境。以这样的生活“原型”作为情境提出问题，让学生体会到学习数学与现实生活的联系，以更加浓厚的兴趣参与到问题解决的过程中去。

3. 对教师启发和设问的分析

在数学启发式教学中，教师在创设了富有启发性的问题情境后，常常需要给出一些引导性提示语，以进一步激发学生的思考和探究活动。要使启发、提问指向学生的思维过程和思维方法，进而获得思维的结果，教师需要提炼相应的启发性认知提示语。①

本课中，教师的启发性提示语都是指向学生的思维，而不是指向知识本身的，教师主要通过以下提问驱动整个课堂教学：

问题 1：“怎样烧开水最省煤气？”

问题 2：“什么叫做省煤气？”

问题 3：“煤气的用量和什么因素有关呢？”

这样提问的目的是让学生体会到如何由实际问题抽象出数学问题，展现数学建模的完整过程。

问题 4：“我现在假定一个非常理想的条件……那么剩下来是什么问题？”

问题 5：“煤气灶的旋钮转到什么位置时烧开一壶水最省煤气？”

问题 6：“下面你们准备怎么设计实验方案？”

这样提问的目的是让学生体会对实际问题的分析、假设、抽象的数学过程。

问题 7：“为了更好地把握这些数据的信息，通常是怎么做的？”

问题 8：“他说这个像抛物线，说明了什么？”

这样提问的目的是让学生通过观察思考，尝试着通过这个图找到解决问题的突破口和解决方法，渗透数学化和数形结合的思想。

问题 9：“$y=ax^2+bx+c$ 里面 a，b，c 三个还不确定，那么要确定下来我们需要取几个点？”

问题 10：“那你们觉得取哪三个点会使我们的结果更加可靠、准确一些？”

这样提问的目的是培养学生对“形”的把握能力，通过“形”来处理数据，解决问题。

问题 11：“大家得到了函数解析式，对求最小用气量有什么帮助呢？”

问题 12：“那你们做的这个实验是不是准确呢？”

问题 13：“那么你觉得应该怎么检验呢？”

这样提问的目的是使学生体会到数学模型刻画实际问题存在误差时，必须经过检验才能做出相应的结论，渗透严谨、求是的科学精神。

问题 14：“刚才我们用了一个特殊的例子体会了数学建模的全过程，大家猜

① 韩龙淑，涂荣豹. 数学启发式教学中的偏差现象及应对策略. 中国教育学刊，2006，（10）：66-68.

猜我接下来做什么?”

这样提问的目的是使学生体会从“特殊”到“一般”的方法论原则，希望通过对函数建模过程的回顾、整理、概括和提炼，使学生对整个过程有轮廓性的记忆，掌握一般建模问题的过程和方法。

问题 15:“要想保证我所取得的数据比较准确，咱们通常用什么方法?在物理上经常用的。”

教师的这些具有梯度和层次的提问,保证了学生较大的探索余地和思考空间。这些问题，有的可能是预设好的，有的可能就是课堂生成的。这都体现了教师教学有法，有的不一定是事先准备好的，也许就是她自己的一种习惯，或者是她的一种机智。

这些发问中，有些问题的要求上水平并不高，但是需要这种铺垫。所谓发问的水平高低，就是反映学生的思维水平。有时必须要有铺垫，比如一开始“什么叫做省煤气?”“煤气的用量和什么因素有关呢?”。但有的问题学生回答起来有一定难度，就是要求能够看出一些规律性的东西来的那种问题。老师从确定方法到寻找数据，建立模型，求解等，整个过程思路都非常清晰。

当一个同学提出拟合函数是二次函数，取三个点，并取出三个点时，教师提出“取哪三个点好”，是因为学生没注意到这个点，所以在这个情况下教师要有耐心，要会启发。在这里可能有三种做法，一种教师可能希望学生能说出来，学生能说出来最好。第二种情况是教师没有耐心，不如我告诉你吧。“大家注意啊，这第三点不能取!”最好不要这样做，没有办法才这样做。第三种是教师适当的启发，让学生能够想出来。所以教师一要有耐心，二要会启发，就是能等待，会启发。

4. 对教师把握教学节奏的分析

教学节奏是教学过程中最基本的运动形式，它体现在教学内容和教学方法的各个方面，不仅体现在教师处理教材、设计课堂教学结构和采取灵活多样的教学形式方面，也体现在教师掌握学生的心理特点和学习方式方面。教学中，教师必须从学生的实际出发，充分考虑学生的心理特点和智力水平，还要考虑教学过程中学生的情绪反应，做到节奏搭配适宜，以达到最佳教学效果。

本节课的教学节奏把握得很好，该快的时候就快，该慢的时候就慢，这是一般教师不太注意或者不容易掌握好的。

比如第一阶段学生用了 1 分钟时间探究“煤气的用量和什么因素有关呢?”接着教师请了 11 名学生逐一阐述自己小组的观点。第二阶段，学生用了 1′25″的时间探究“煤气灶的旋钮转到什么位置时烧开一壶水最省煤气?”接着教师请了三位学生发表实验设计方案；在实验的过程中，学生又用了 1 分的时间讨论从散点图中观察到的信息；之后学生用了 3′30″的时间去计算拟合函数的解析式。这些都是体现教师慢的地方，给予学生足够的思考和探究的空间。

而在学生计算完函数解析式后，教师给出了自己的解析过程，提供学生对照，但不要求学生回答，在之后求最小用气量，即拟合函数的极小值点时，教师将求解过程直接告诉学生，演示一遍就完了。这就是应该快的地方要快，因为这些都是学生能够达到的。这些技能性的知识在课堂上很快过去，学生即使课堂上不明白，课后一算就行了。这就是教学有节奏感。

6.9.6 本教学案例的启示

1. 对数学建模学习方式的思考

斯托利亚尔早就作出了“数学教学是数学活动的教学”的著名论断。数学建模是促使学生“从做中学”的一种重要方式，建模活动就应立足于“做”而不是立足于“讲”，应是学生讨论、探索、自主解决问题的过程，因此，教师就可以比较多的采用小组讨论、合作学习的教学方式，让不同水平的学生都能从自己的角度出发，提出不同角度、不同层次的见解，使更多的学生愿意和渴望参与到建模过程中来，获得积极的情感体验。

2. 对数学建模教学中教师作用的思考

（1）课堂教学的组织者

在数学建模教学中，教师要能设计恰当的问题情境，这些问题可以唤起学生的活动积极性和创造性，使学生自然地生成一种问题探索活动的心向；教师要能创设一个宽松、融洽的课堂氛围，使学生渴望参与到建模活动中来；教师要能为学生搭建建模活动必要的脚手架，在他们遇到困惑时，给予适当的引导和启发，但并不代替学生做出决断；教师要能在课堂教学的组织中，渗透对学生“想用、能用、会用”数学知识的意识和求真、求实、创新的科学精神的培养。

（2）学生活动的合作者

对话、沟通、合作、交流已经成为现代数学教学方法突出的特点。传统教学中教学活动的单向性、师生交流的匮乏性对教学效果的不良影响已逐渐得到重视，课堂越来越被看成是合作、对话的融洽的学术交流场所，而数学建模课作为研究性学习的一种方式，可以给学生提供更多的展现自我的机会，因此，教师就应以学生活动的合作者身份平等地参与学生的探索、学习活动，对于有些问题，学生可能不能一次回答到位，教师应给予积极的鼓励，增强他们直面挑战、战胜困难的勇气和信心，给他们提供体验成功的机会。

6.10　数学问题解决教学的案例研究

数学问题的解决是中学数学中极为重要的一个环节，其中的数学问题既有纯数学问题，又有与数学有关的实际问题。与数学有关的实际问题，还涉及数学中重要的“数学建模”思想和方法。如何把实际问题转化为一个数学问题，这是一种必要的数学素养。形成数学问题以后，如何来解决这个数学问题，用“以寻找解题思路为核心”的解题教学原理（见 7.1 节）来教学生学解题，不失为一种较为有效的方法。

本节选取了“线性规划问题”作为案例进行相关的研究。

线性规划作为现代数学研究最优化理论的重要模型，融数与形于一体，是中学数学知识的一个交汇。教师上好线性规划的课，让学生掌握好线性规划的知识是具有重要意义的。

虽然中学所学的线性规划知识是规划论中极小的一部分，但其蕴含了线性不等式、求最值、运用解析几何知识动态的探究最优化结果，也能体现数学的工具性、应用性，同时也渗透了化归、数形结合的思想，并为学生今后解决实际问题提供了一种重要的解题方法——图解法。

6.10.1　课堂教学案例 1 及点评

课题：线性规划问题	点　评
师：请大家看屏幕[1]：(00′00″～01′30″)同学们，解决问题首先要理解题意。你怎么理解？请同学用自己的话把题目讲述一下。 **问题**　某工厂生产甲、乙两种产品，生产 1t 甲种产品需要原料 4t，产生的利润为 2 万元；生产 1t 乙种产品需要原料 1t，产生的利润为 1 万元．受生产能力限制，最多生产甲种产品和乙种产品各 2t．现库存原料 8 t.甲、乙两种产品各生产多少吨可使工厂获得最大利润？求最大利润。 生 1：……(笼统地叙述题目) 师：我们注意到题目中数据很多，能不能想个办法梳理一下数据，[2]首先明确有什么？ 生 2：原料最多 8 吨，最多甲、乙生产两种产品总共 4 吨。甲乙总共最多生产都是 2 吨。 师：我们来写成表格的形式。原料最多 8 吨。（板书）还有什么？	[1] 本课创设的情境是一个实际问题，然后转化成一个数学问题，进而提出本课的目标问题：这个题怎么解？ [2] 想个什么办法梳理题中的数据呢？往往用表格的方法梳理比较清晰，尤其解应用题时，数据往往比较多，用表格整理更有利于厘清问题。

续表

课题：线性规划问题	点　评
（见下文）	

	A 产量(t)	B 原料(t)	利润(万元)
甲产品(1t)	x	$4x$	$2x$
乙产品(1t)	y	$1y$	$1y$
限制	2	8	

总利润　=　甲利润　+　乙利润　$=2x+y$

生 2：甲产品最多生产 2 吨，乙产品最多生产 2 吨。

师：这是甲乙产品的产量。还有什么？

生 2：甲生产 1 吨产品需要原料 4 吨。乙生产 1 吨产品需要原料 1 吨。它们产品产生的利润，甲是每吨 2 万元，乙是每吨 1 万元。

师：现在已经明确了我们有什么，还要看看下面要干什么。干什么？

生 3：利润是用甲种产品的吨数乘以每吨的利润，加上乙种产品的吨数乘以它每吨的利润。把它们加起来，就是甲乙两种产品的总利润，要求总利润的最大值。

师：要求总利润的最大值。那甲种产品的产量是多少？在具体不知道的情况下，我们可以怎么样？　　生 3：可以列出方程。

师：列个方程，我现在要问，甲产品的产量是多少？

生 2：设为 x。

师：设甲的产量是 x 吨。在 x 吨产量用了多少原料啊？

生 2：$4x$。

师：利润呢？　　生 2：利润是 2 万元，利润是 $2x$。

师：乙的情况产量是 y 吨，原料是 y，利润也是 y。

师：这个工厂的总利润呢？　　生 3：是 $2x+y$。

师：总利润也给它一个字母表示 $z=2x+y$。这样的我们就知道了，题目当中有什么，题目要我们干什么。这个问题是要我们求利润最大值，也就是 $z=2x+y$ 的最大值。

师：对 x，y 有什么限制？有哪些限制条件？怎么表示？

生 4：它的限制是 $x\leqslant 2$，$y\leqslant 2$。

师：还有吗？

生 4：原料一共 8 吨，要小于 8 吨。

师：什么要小于 8 吨？用数学语言表示它。　　生 4：$4x+y\leqslant 8$。

师：还有其他限制吗？　　生 4：还要 $x\geqslant 0$，$y\geqslant 0$。

师：为什么？　　生 4：实际问题，产量不会是负的。

师：要关注实际问题中变量的含义，设的 x，y 是产量，产量不会是负的。这样我们就把一个实际问题转化为一个数学问题。(07′03″)（板书）

续表

<table>
<tr><th>课题：线性规划问题</th><th>点　评</th></tr>
<tr><td>
$$已知\begin{cases}x\leqslant 2,\\ y\leqslant 2,\\ 4x+y\leqslant 8,\\ x\geqslant 0,\\ y\geqslant 0,\end{cases}求z=2x+y的最大值$$
约束条件　　　　目标函数

回顾刚才的过程，拿到题以后，首先要理解题意，[3]然后用一个表格的方式把数据进行梳理，表格使得数据的关系清晰明了。(08′40″)
下面就要来解决它。怎么解决呢？我们还是先来看看有什么。
这儿是一个不等式组，它是一种代数表达形式，你能把它画出来吗？[4]用手上的计算器试试看。[5] (11′29″～14′10″)
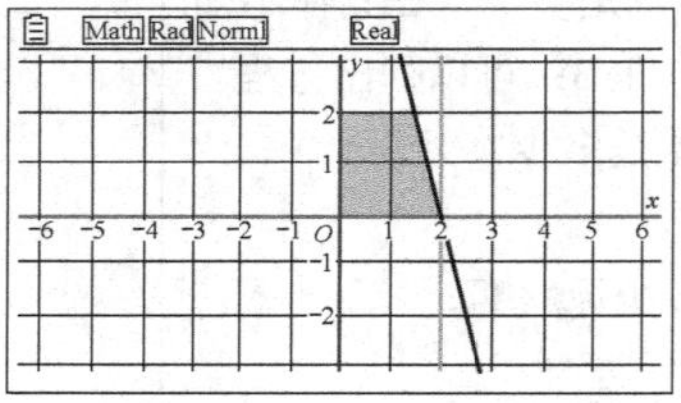

师：请一位同学到电脑前，展示一下画的什么。
生5：画出来是什么图形呀？大家和他画的一样吗？
众：一样。
师：你所画的区域中，点表示什么？
生 5：表示取值范围的公共部分。
师：谁的取值范围？　　　　　生 5：不等式组的取值范围。
师：也就是不等式中的 x，y 的取值范围。是不等式的交集部分。这个公共区域又叫做平面区域。这个不等式组给它一个名称叫做约束条件。还有一个表达式 $z=2x+y$，它又表示什么？[6]我们给这个表达式一个名称，叫做目标函数。那么这个表达式在几何图形上表示什么呢？　　　　生 5：表示一条直线。
师：斜率是多少。　　　　　生 5：斜率是−2。
师：为什么？　　　　　生 5：$y=-2x+z$，所以斜率是−2。
师：写成 $y=-2x+z$ 的函数形式，就看出斜率是−2。能把它画出来吗？请一个同学到电脑上来做。(生 6 操作) (19′12″～20′30″)
师：请问这样的直线有多少？　　　　　生 6：有无数条。
</td><td>
[3] 因为是实际问题，理解题意的过程比较复杂冗长，当把实际问题转化为数学问题以后，及时回顾小结理解题意的过程，向学生强调拿到一个题首先要理解题意，培养学生树立重视理解题意的意识，使学生养成理解题意的良好习惯。
[4] 这个解题思路是怎么想到的？为什么没想到去解不等式组？这本应该是更容易想到的。所以不妨就从解不等式组入手。若 x，y 都取最大值，则 $z=6$，但 $4x+y\leqslant 8$；若 $y=2$，代入 $4x+y\leqslant 8$ 得 $x=1.5$，则 $z=5$；若 $x=2$，代入得 $y=0$ 则 $z=4$。但 $z=5$ 就一定正确吗？有别的方法呢？这个不等式组的解集是什么(意思)？是其中各个不等式的交集吧？它们的交集除了用代数形式表示，还可以用什么形式表示？代数不行，就想什么？学生就容易想到画几何图形了。这样启发学生自己想到才是最好的。
</td></tr>
</table>

续表

课题：线性规划问题	点　　评
师：为什么是无数条？ 生 6：这条直线是动的，斜率是−2，所以互相平行。 师：直线是动的，说明有无数条，它们的斜率是−2。这个 $y=-2x+z$ 中还有一个字母 z 在哪儿？　　生 6：z 是在动的。 师：那让它动起来，然后停下，这时 z 是多少？　　生 6：是 1.5。 师：这个 1.5 是什么？ 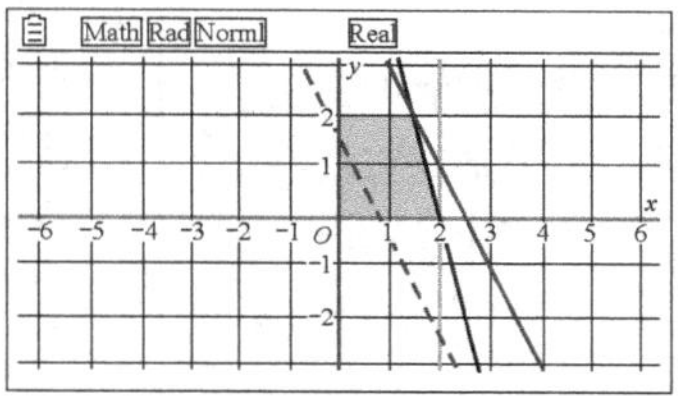 生 6：利润是 1.5 万元，是直线与 y 轴交点的值，是在 y 轴上的截距。 师：z 是直线在 y 轴上的截距，z 应该是交点的纵坐标。通过生 6 刚才的展示，通过这个过程，我们分别得到了这个不等式组的几何表示，平面区域，还找到了目标函数 $z=2x+y$ 的几何表示，平行直线，还找到了 z 在 y 轴上的截距。这是我们有的东西。再看我们要干什么？[7]要求最大值。我们把刚才画的图像和平面区域结合起来看，再观察观察，如何求 z 的最大值？(24′25″～29′45″) 请一位同学展示一下。　　生 7：就是这些动直线。 师：这些动直线有无数条，它们都是我们要找的吗？ 生 7：不是的。我们要找的是最大值。所以要找的直线一定要在我们画的区域内，但是它要离开原点最远。 师：也就是说这无数条直线与这个区域要能够怎么样？ 生 7：要有交点，要与相交的直线有交点。 师：为什么要与相交的直线有交点啊？[8]其他的直线行不行？ 生 7：不行。因为他们不能满足题目的条件。 师：那也就是说这条直线一定要在区域内来找，这是第一点。那么第二点，要最大，谁要最大？ 生 7：因为我们要求最大利润，也就是这个 z 要最大。z 要最大，那么它离开原点距离要最大。 师：与原点的距离，如果以与原点距离为基准来看的话，离原点距离很远的有很多，你指的是谁要离原点最远？　　生 7：…… 师：谁来补充一下，是要谁离开原点最远？这位女同学？ 生 8：是要这条直线在 y 轴上的截距要最长。而且还要在那个区域之内。	[5] 画出不等式的解集合图，要画 4 条直线，如果没有图形计算器是很费时间的，但有了机器 2 分 40 秒就画好了，这体现了现代信息技术的好处，学生的活动增加，有利于学生有更多的时间用于思考。 [6] 有了前面画图的经历，现在提出目标函数怎么表示，就很容易解决了。学生立刻就能想到它的图形是一条直线。接着学生画图只用了 1 分 15 秒时间。 [7] 这是提醒学生“要干什么？要求最大值”，这很重要，波利亚特别强调要“盯住目标”，别忘了要求什么。怎么求呢？需要启发，可以这样启发：这条直线是动直线，这样的运动的直线对我们求解会有什么帮助？画出了它们的图形，大家想怎么利用呢？下面大家该干什么？应该把图形好好研究一下吧？这样让学生去研究图形就很自然，实际上老师没说去观察图形，很多学生已经在那么做了。观察图形发现解法，是探究的过程，教师给了 5 分 20 秒充

续表

课题：线性规划问题	点　评
师：所以现在你找到的直线是……？　(32′02″) 生7：我找到的直线的是在 z=5 的时候，截距最大。 师：最大截距多少？　生7：是5。 师：怎么求出来的？　生7：它与两条直线是有交点的。 师；交点求出来以后，怎么来求最大值？ 生7：求出交点坐标。 师：通过交点坐标怎么才能求出利润最大值？ 生7：把交点的坐标代入 z 的表达式里，就可以求出利润的最大值。 师：当我们把这两个图像结合在一起看的时候，一个是动直线在动，但它必须满足我们的要求。[9]第一，它必须与这个区域有交点，因为它是建立在这个前提下的。第二，有交点直线当中我们要的是哪一条？是在 y 轴上的截距最大的那条。找到了这个点，这个点是在两条直线交点的位置。然后把交点的坐标代进目标函数里面去，就可以求出利润的最大值。请同学们计算一下。[10] (33′43″～34′30″)请这位同学说说看。 生8：当甲生产6吨的时候利润是3万。乙生产2吨的时候利润是2万。 师；你先说说，我们黑板上这个问题的最大值。 生8：是当 x=1.5，y=2 的时候，利润的最大值是5。 师：他刚才想回答的是什么问题呢？是开头的那个实际问题。你再说说看这个实际问题的最大利润。 生8：甲生产1.5吨，乙生产2吨的时候，利润取得最大值，是5万元。 师：这样就解决了这个数学问题，进而也解决了开头的实际问题。问题是解决了，那今天我们是用图形计算器画图，得到刚才那个数学问题的解的。如果没有图形计算器我们该怎么办呢？ 生：用手画呗。 师：他的意思是用纸和笔来画吧？那与用图形计算器做有什么区别？刚才在图形计算器上画的直线可以动起来。如果我们自己画，怎么办？[11]先画哪一条？我们无法做出那么多平行的动的直线，那么先画哪条？你准备先画哪条？(37′06″～37′36″) 生9：我准备先画出原点那条。 师：你为什么先画这条？ 生8：因为这条直线的表达式最简单，画的时候只要平移一下就好了。	足的时间，让学生自主探究。要学生探究就要舍得花时间。这里也体现了现代技术的优势，利于学生自主探究学习。 [8] 教师的这个问题是有目的地引导学生注意，找什么样的直线才是解题所需要的直线，要满足什么样的条件。在此过程中，教师不断地帮助学生完善数学语言的表达，学会数学交流是很有必要的。 [9] 教师及时地小结要找直线所必须满足的两个条件，强化学生对这个条件的认识，这是用线性规划的方法解题的最重要的环节。 [10] 让学生计算。但生8的回答不得要领，实际上他没明白要求谁的最值，说明这个学生并没有厘清思路，已经化为一个数学问题，求实际问题的最值就是求这个数学问题的最值。这与当初教师没有说清楚有关。在化为数学问题以后，要让学生明白，只要解决了这个数学问题，一开始的实际问题就解决了。下

续表

课题：线性规划问题	点　评
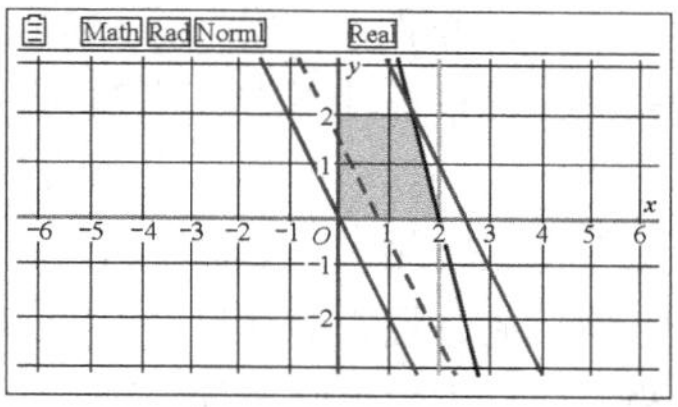 师：他选择先画过原点的斜率为–2 的直线，因为他最简单，然后只要平移就好了。(38′07″)同学们，一开头我请大家看大屏幕，提出了一个实际问题。接下来我请大家回顾一下我们解题的过程： 请回顾，如何求目标函数在约束条件下的最值？[12] 回顾一下我们刚才解决问题的整个过程。我们第一步干什么，第二步干什么？同学之间先讨论一下。(38′40″～39′51″)请一位同学归纳。　生 10：先画哪个方程组的区域。 师：不要紧张，先画出这个不等式组的平面区域。然后？ 生 9：然后再画那条直线。再找出它们的交点，再求出它们的最大值。 师：怎么找的呀？我们先画出直线，然后怎么着？ 生 9：然后让它们平移，找出它们的交点、最大交点、与 y 轴最大的截距。 师：大家还有什么补充？ 生 11：首先找出题目中给出的条件，写出它们的不等式组。然后画出不等式在平面上的图像，找出它们的交集。然后画出 $z=2x+y$ 这条直线。然后平移，找出直线在 y 轴上的最大截距。找出这时直线与平面区域交点的坐标。 （1）画平面区域，直线(画)； （2）在区域内平移直线到 z 能取得最值(移)（一能取到最值，二与区域有交点)； （3）求出该位置的点的坐标(求)； （4）将坐标代入目标函数解出 z 的值(代)。 师：我们一起来回顾一下，第一步“画”，画什么？画平面区域和直线；第二步“移”，在区域平移这条直线，平移到能够使 z 取得最值的位置；我们体会到，这条直线第一要能够取到最值，第二还要使这条直线与区域相交；第三 （1）实际问题 → 数学问题； （2）代数问题 → 几何问题； （3）利用几何意义解决问题。	面就研究这个数学问题怎么解决。也就是要学生把目标彻底搞清楚。可见还是理解题意的问题，教师不能主观地认为学生搞清楚了，对此可以多让学生讲述对问题每一步进展的认识。 [11] 这个不用图形计算器画图“怎么办”的问题很好。好让学生在没有图形计算器的时候也能用线性规划的方法解题。 [12] 这是进入全课的回顾总结的阶段，学生在教师的引导下概括出几个用线性规划求解问题的步骤，然后教师总结了整个问题解决的研究的思路和方案，点出这节课学习的主体——线性规划问题。

续表

课题：线性规划问题	点　评
步“求”，我们用求交点的方式，求出交点的坐标；第四步“代”，把坐标代入目标函数，求出函数的值。这就是在约束条件下求目标函数最值的方法。 今天，我们先拿到的是一个实际问题，然后把它转化为一个数学问题；这个数学问题先是一个代数问题，然后通过找它的几何意义，它的几何表示，转化为一个几何问题。我们用数形结合的方法解决了这个代数问题，最终也就解决了开头提出的实际问题。这就是我们这节课所要学习的内容。(板书)线性规划问题[13] 这个问题对我们来说是一个新的问题，解决的方法也是一个新的方法。我们用数形结合一块儿解决了它。这节课就上到这儿。	[13] 这节课是典型的教师引导与现代技术整合的探究式教学，学生成为探究活动的主体，教师只是启发引导，进行必要的组织，是真正的教学向导的角色。同时也要看到，数学教学中学生的探究离不开教师的向导作用，数学教学中，教师的作用是巨大的，不容忽视。

6.10.2　课堂教学案例 2 及点评

课题：线性规划问题	点　评
师：大家先来看一个问题的解法。[1]大家思考一下。(0′00″～1′30″)我们来看这个解法。①+②得③。③怎么来？同项对应相加，左边是 6，右边是 10。再由②式，怎么来的？②式各项改号，就得 $y-x$ 的取值范围，是闭区间−4 到 −2。这个式子与①式相加，就得到 y **引例**　若实数 x, y 满足 $\begin{cases}4\leqslant x+y\leqslant 6, & ①\\ 2\leqslant x-y\leqslant 4, & ②\end{cases}$ 求 $2x+y$ 的取值范围。 **解**　①+②得 $6\leqslant 2x\leqslant 10$。　③ 由②得 $-4\leqslant y-x\leqslant -2$。 将上式与①同向相加得 $0\leqslant y\leqslant 2$。　④ ③+④得 $6\leqslant 2x+y\leqslant 12$。 以上解法正确吗？为什么？	[1] 本课用一个例题的错解作为提出新课问题的情境。把错解拿出来让学生找错，进而需要寻求找别的解法，进而提出本节课的问题。 [2] 解题所发生的错误是对不等式组所做的变形不同解所造成的。当①+②得③，②×(−1)+①得④时，虽然不等式变形本身没有错，但对解不等式组而言却是不同解变形，按此变形还原不出①，②来。同解变形应该能变过来也

续表

<table>
<tr><th>课题：线性规划问题</th><th>点　评</th></tr>
<tr><td>的范围(指④)。然后把③和④同项相加，得到 $2x+y$ 的取值范围，是[6,12]。那么这种解法是否正确，要说出理由。为什么？(2′50″)大家应该都思考好了。　生 1：这种解法不对。
师：首先说这种解法是错误的。为什么？
生：如果 $2x+y$ 取得最大值 12，x 取最大值，y 取最大值，不满足第①式。
师：你先告诉我，这个解法中哪一步是错的？
生 1：第 3，哦，第 4 步。
师：前三步都是对的。第四步④式是拿这个式子和①式对应相加，我们说 $2y$ 的范围在[0, 4]，闭区间[0, 4]，那 y 的范围是[0, 2]，对不对？　生 1：对。
师：对的。你说这一步错了，那就是值错了。(板书) $\boxed{6\leqslant 2x+y\leqslant 12}$[2] 错在哪里？刚才我听你说，如果 $2x+y$ 取到 12，那必须要满足？
生 1：是 $x=5$。
师：也就是③式右边要取等号。　生 1：④式右边也要取等号。
师：要“刚好”，也就是③式右边和④式右边同时取等号，你的意思是不能同时取等号。　生 1：对。
师：如果同时取等号，会出现什么问题呢？x 就是 5，y 就是 2。$x+y=7$。
生：就不满足最上边的①式。
师：说明这两个等号不能同时取到。这种解法是错误的。说得很清楚。(2′25″)那正确解法，我们在解不等式那一章已经介绍过的，我们是把 $x+y$ 看成一个整体 u，把 $x-y$ 看成一个整体 v，然后呢，分别用 u 和 v 来表示 $2x+y$，然后根据 u 和 v 的范围，来求出 $2x+y$ 的范围。(6′50″)那这道题有没有更好的解法呢？[3] 上节课我们学过了用二元一次不等式来表示平面区域。那这道题能不能用二元一次不等式表示平面区域来解呢？我把题改一改。(板书)

变题　$z=2x+y$，变量 x，y 满足 $\begin{cases}4\leqslant x+y\leqslant 6,\\ 2\leqslant x-y\leqslant 4,\end{cases}$ 求 z 的最大值及最小值。

$z=2x+y$，x，y 是变量，满足的是一个不等式组。我们来求 z 的最大值和最小值。(8′00″)上节课学过了二元一次不等式组的平面区域，这个题中不等式组也可以来画它的平面区域，这里是由几个不等式组成的呢？　众：4 个。
(板书) $x+y\geqslant 4$，$x+y\leqslant 6$，$x-y\geqslant 2$，$x-y\leqslant 4$。</td><td>能变回去。不等式组变形只有加法肯定不同解。比如，由 $x\leqslant 3$ 且 $y\leqslant 4$，得 $x+y\leqslant 7$；但这不是等价变形，它回不去了。正确的同解变形是
$\begin{cases}(x-3)+(y-4)\leqslant 0,\\ (x-3)(y-4)\leqslant 0,\end{cases}$
还要有乘法。对不等式的操作(加、乘、除等)应该将一边变成 0，所有参加运算的对象都移到另一边。因为正负数以 0 为分界，不等式加、乘、除的符号法则都是针对正数、负数讲的。可见③+④得⑤并没有错，错在前面。
本题中不必追问哪一步错，只需一个反例即可。将③，④分别都取最大最小值代入①就出现矛盾。可见代数法要保证同解变形很困难，所以要寻求一种比较可靠的解法——“图解法”。
[3] 这个问题很好，有启发性。但教师把方法直接告诉了学生。可取的方式应该是用提示语启发：上节课……这节课能不能……呢？仔细分析一下题设的条件，看</td></tr>
</table>

续表

课题：线性规划问题	点　　评
师：哪 4 个？　　生 2：$x+y\geqslant 4$，$x+y\leqslant 6$，$x-y\geqslant 2$，$x-y\leqslant 4$。 师：我们来画这个不等式组表示的平面区域，应该有几条边界。 众：4 条。 师：先画第一个边界 $x+y=4$。这个边界还包括？　　众：包括。 师：那画出来的应该是实线。第二条 $x+y=6$，第三条，我们先看看一、二两条，这两个不等式表示的公共部分，这两个表示的平面区域的公共部分应该是？　　众：平行的。 师：第一个不等式表示直线的右边，第二个不等式表示直线的左边，公共部分是这样一个带状区域。再来看第三个，$x-y=2$ 这条边界，应该 $x=0$，$y=-2$，仍然是实线，包括边界。第四条 $x-y=4$，$x=0$，$y=-4$，$y=0$，$x=4$。那这四个不等式表示的平面区域的公共部分，能看得出来吗？应该是，中间这个正方形。(10′20″) 师：既然我们已经用图形来思考问题了，[4]那么继续思考这个式子 $z=2x+y$ 的几何意义，如果把 x，y 看作是主变量，z 看作是参数，这个式子实际上就是关于 x，y 的？　　众：二元一次方程。 师：它表示的图形应该是？　　众：直线。 师：这里 z 是参数，是变量吧？那么这个直线是不是唯一的？直线的位置是不是唯一的？　　众：不是。 师：z 取值不同，那么直线的位置也不同，应该表示的是一组直线，这组直线有没有什么共性啊？　　众：平行。 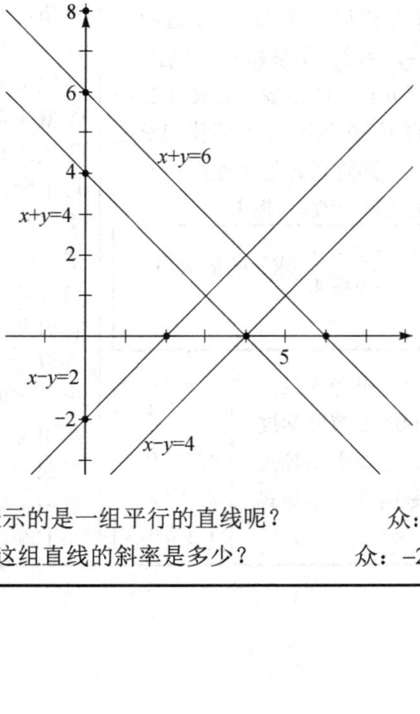 师：为什么表示的是一组平行的直线呢？　　众：斜率相同。 师：z 在变，这组直线的斜率是多少？　　众：-2。	看能否有什么发现？这个不等式组是否有点似曾相识？好像刚刚见过，在哪里见过？上一节课有没有见过？这时学生绝大部分已经自然想到用平面区域来表示了。这就是教学生解题思路的寻找。这就是由远及近地启发，每一次提示，都有一些学生感悟出来，直到所有学生都想到了。每一次提示都更靠近目标，但就是不告诉目标，非要让学生凭个人积极的努力感悟，自己去找到目标。其后的画平面区域完全可以交由学生来画，还可让学生上黑板画，给学生最多的自主活动的时间。 [4] 看上去教师的话很自然，但还是告诉学生去观察它的图形，问题是你怎么想到的？教师觉得“容易”想到，可学生未必能容易想到。一定要启发学生自己去　想。可取的方法是用提示语：接下来你怎么想？接下来你可以做什么？题中的不等式组变成

续表

课题：线性规划问题	点　评
师：斜率相同，所以表示一组平行直线。那我们要研究什么问题?求 z 的最大值及最小值。研究的是 z，那 z 的几何意义呢？[5] 众：看不出来。 师：我假设 x=0，y=？想一想，z 的几何意义是什么？(停顿 10 秒) 生 3：应该是纵截距吧？ 师：直线和 y 轴交点的纵坐标，纵截距。刚才我们提示了一点，如果说 y=0，就 $x=\frac{z}{2}$，z 也可以看成什么？　生 3：横截距。 师：横截距的一半。如果 y=0，$x=\frac{z}{2}$，z 是横截距的 2 倍。那就选一个角度，就选纵截距比较好理解一些。要求 z 的最大值和最小值，根据刚才的分析，z 的几何意义表示直线的纵截距，与 y 轴交点纵坐标。实际上这是一组平行直线，要寻找这一组平行直线中，z 最大的那条，实际上这条直线的纵截距最大，如果 z 最小的那条，就是纵截距应该？[6]　众：最小。 师：最小的。这样我们就把这个代数问题转化成了一个什么问题了？ 师：几何问题。(11′20″) 师：在这组平行直线中，寻找纵截距最大和纵截距最小的直线，那怎么找？[7]我画这组平行直线吧，这组平行直线中哪个最好画？ 众：过原点。 师：z 是在变的，过原点，就是取 z 等于 0。再选一个点，x=1，y=−2。这个原点在不在你研究的平面区域内？　众：不在。 师：很明显不在，但直线方程里 x 和 y 要满足这个不等式组，那就是这条直线与平面区域必须相交，那必须把这条直线怎么样？ 众：平移。 师：这条直线是（板书）$2x+y=0$，应该向什么方向平移？ 众：向右。 师：向右平移。平移的目的是要寻找什么？移到这儿行不行？ 众：不行。 师：继续往右移，再进来，这一条，这个位置有什么特殊的，有人说可以了。　生：这条直线和平面区域有交点。 师：刚才我们分析的。求这个最值就是寻找什么？ 生：纵截距最大的那条直线。 师：那么这条直线，你发现什么？有什么特点？ 生：与平面区域有交点。	了平面区域,其他条件呢？这个 $z=2x+y$ 是否也能换一种表示呢？换成什么表示呢？能不能用几何表示？它的图形是什么？是直线。关键是老师启发，但是是由学生自己想出的。 [5] 这个问题，前一半问得好，让学生关注问题是什么？求的是什么？ 这是一个很重要的解题思维习惯，波利亚特别看重这一点，因为这是解题的目标，解题要紧紧盯住目标。后一半直接问“z 的几何意义是什么”不可取，是在告诉学生，还是应该启发学生自己去想到研究 z 的几何意义。可以用提示语：求 z，z 是什么？(常数)还可以表示什么？它在直线方程里表示什么？……接下来该教师的发问有很好的启发性：看不出来，我设 x=0 就得 $y=z$，那么 $y=z$ 表示什么？设 y=0 就得 $x=\frac{z}{2}$，那 $x=\frac{z}{2}$ 表示什么？引导学生发现 z 的纵截距意义非

续表

课题：线性规划问题	点　评
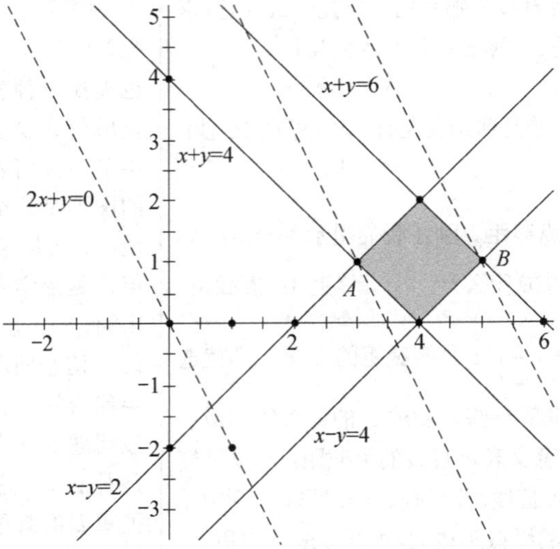 师：过公共区域了。而且再往里移好吧？要寻找纵截距最大和纵截距最小的直线。再往里面移，它的纵截距有什么趋势？ 生 4：变大。 师：看我这个移动的过程，这条纵截距应该是？　　生 4：变大。 师：越往里面，这个纵截距越大，移到这停下来吧？ 生 4：再移。 师：还可以再移一点，还能再移啦？　　生 4：不能。 师：再移就出这个公共区域了。移动到这儿，这条直线的纵截距怎么样？　　生 4：最大。(14′27″) 师：最大。我们发现如果这条直线经过这个区域的左交点 A，直线的纵截距最小。首先有个前提，直线要过公共区域。直线经过这个右交点 B，直线的纵截距最大。这个交点的坐标好不好求啊？ $\begin{cases}x+y=4,\\x-y=2,\end{cases}$ 得 $\begin{cases}x=3,\\y=1。\end{cases}$ $\begin{cases}x+y=6,\\x-y=4,\end{cases}$ 得 $\begin{cases}x=5,\\y=1。\end{cases}$ 生 4：好求。 师：那怎么求这个位置，这两个位置的纵截距呢？必须要先解决什么问题啊？前面学过了求两直线交点，拿 $x-y=2$ 和 $x+y=4$ 联立起来求出 $x=3$，$y=1$，A 点的坐标(3，1)。然后呢，这边一个点呢，拿哪两条直线呢？$x-y=4$ 和 $x+y=6$ 联立，$x=5$，$y=1$，B 点坐标就是(5,1)。那算出这两点坐标之后，再怎么算这条直线的纵截距呢？ 生：代入。	常关键，是重点，也是难点，这里的处理很得体，很准确。 [6] 这里是教师重述问题，即重新表述问题，对问题进行等价转化，转化成另一种更容易理解或解决的问题。能不能启发学生来转化？等价转化思想是一种重要的数学思想，在解题中非常重要，让学生学会自己进行等价转化对提高解题能力极有好处。简单提示：把 z 看成直线的截距，你对要求的问题有什么新的理解？要求 z 的最值就转化成什么？转化成寻找纵截距最大最小的直线。总之要不失时机地引导学生自己去想，他能出多少力就要让他出多少力，教师绝不要代替。 [7]“寻找纵截距最大最小的直线，怎么找啊？”能不能启发学生自己去寻找？可以边启发边让学生动手尝试。“首先你应该做什么？寻找直线你应该做什么？直线的截距是不是确定？不确定是什么意思？直线是

续表

课题：线性规划问题	点　评
师：代到哪里去？ 生：$z=2x+y$。 师：直线经过点，把 A 的坐标代进去，求出 z，这个位置最大、最小？ 生：最小。 师：纵截距最小。在这个位置，你把 B 点坐标代入，求出 z 的最大值。这样问题就解决了。(17′00″) （框内板书）画出 $\begin{cases}4\leqslant x+y,\\ x+y\leqslant 6,\\ 2\leqslant x-y,\\ x-y\leqslant 4\end{cases}$ 表示的平面区域。 做直线 l：$2x+y=0$ 平移直线 l。 直线经过 $A(3,1)$，z 最小。 直线经过 $B(5,1)$，z 最大。 求出 z 的最小值 7，z 的最大值 11。 那我们回想一下，刚才分析的，首先做什么事？画出这个已知条件，不等式组表示的平面区域。画完之后又做什么事情了？[8] 生：过原点作 $2x+y=0$ 的这条直线。 师：做一条直线 l：$2x+y=0$。这一条并不是最主要的，关键要拿它做什么？平移。要使它经过公共区域，平移到哪儿？ 生：取到最大值。 师：画线，平移直线，直线经过 A 点，坐标(3,1)，z 最小，纵截距最小。这条直线经过 B 点，z 最大。能不能求出 z 的最小值和最大值？怎么做？　　生：把坐标代进去。 师：代进去，$z_{min}=2\times3+1=7$。z 的最大值呢？$z_{max}=2\times5+1=11$。(19′30″) 师：我们利用画图的方法，解决这个最值问题。是不是比我们在不等式里面介绍的方法，计算量要小一些，那么看看前面的做法错在哪里？[9]也用图来看看，这式子怎么来的，最后的结果是闭区间[6,12]，它从哪来的？ ③+④，③的范围是什么？x 的范围 $3\leqslant x\leqslant 5$，y 的范围呢？$0\leqslant y\leqslant 2$。两个式子表示平面区域，理解一下。x 的范围 $3\leqslant x\leqslant 5$，B 点坐标就是(5,1)，A 点坐标就是(3,1)。x 的范围 $3\leqslant x\leqslant 5$，y 的范围 $0\leqslant y\leqslant 2$，这个位置是 2 吧？想想看，③，④两个不等式表示的区域，跟我们已知条件的区域是不是一样？ 生：不一样。 师：是扩大了还是缩小了？　　生：扩大了。 师：这时再取等号，x 是 5，y 是 2。(5，2)这个点在哪里？在这儿，在不在我们已知条件表示的平面区域内？　　生：不在。 师：不在，它把范围扩大了。所以利用 x 的最值和 y 的最值来求 $2x+y$ 的最值，不合理。像今天我们所研究的问题，叫做（板书）线性规划问题。(21′20″)什么叫线性规划？首先弄清楚几个概念，给	动的吧？那你有什么办法了？让直线动起来吧？让哪条直线动呢？总得先有一条直线吧？那先画哪一条直线？画出直线以后再怎么找？让它动起来，怎么动？往哪里动？要找截距最大最小，可以无限大，无限小吗？动到哪里为止呀？”每个提示之间留出时间给学生思考，只问不答，学生边听边想边做。如果有图形计算器，学生在前画平面区域，这里探索截距最值点就能派上用场，学生亲自动手操作要比仅仅看教师操作所建构的认识要生动丰富深刻的多。 可以注意到，该教师比较注意用问题驱动教学，常常提出问题来引领教学向纵深发展。“有没有更好的解法呢？”“能不能用平面区域来解呢？”“$z=2x+y$ 表示一组平行直线，那我们要研究的是什么问题啊？”“要寻找纵截距最大最小的直线，怎么找啊？”“怎么求这两个

续表

课题：线性规划问题	点　评
的这个条件是不等式组，我们把它叫做变量 x，y 的约束条件。而且这个约束条件关于 x，y 是一次的。一次的我们叫做线性约束条件。$z=2x+y$，是关于 x，y 的解析式，是为了让 z 取得最大值或最小值时，所设计的变量 x，y 的解析式，所以我们把它叫做一个函数，目标函数。主要是研究这个，目标就在这儿，要解决 z，目标函数。一样的道理，这关于 x，y 几次的？　生：一次。 （板书：一、几个概念 线性约束条件　线性目标函数 可行解　可行域　最优解 线性规划——研究在线形约束条件下，线性目标函数的最大值和最小值的问题。） 师：一次的，所以我们把它叫做？　生：线性。 师：线性目标函数。再来，点(x, y)在平面区域里面，满足这个不等式组，叫做线性约束条件，满足线性约束条件的解，叫做可行解。满足线性约束条件的解比较多了，所有的可行解有多少个呢？ 生：无数个。 师：无数个。所有的可行解组成的集合叫做可行域。这可行解里面有没有特殊的？ 生：可行域有一个范围，四条直线有 4 个交点。 师：对于这道题，最终目标是求最大值、最小值，哪些可行解比较合适？　生：是 $x-y=2$ 跟 $x+y=4$ 有个交点。 师：交点是哪个点？ 生：就是 A 点。满足 A 点的 z 值，是最小值。 师：最小，就是 A 点(3，1)这个解是最小，还有呢？ 生：满足 B 点的坐标，由它所得到的 z 值是最大值。 师：还有没有最值点？那这两个呢？这边还有两个呢？(指另外两个点)　生：它们不是最大值和最小值，但是它比较特殊。 师：特殊在哪里啊？这也是可行域的顶点，对这些有什么用呢？A，B 这两点能使取得最小值和最大值，这种可行解，书上给它一个名称，最优解。这么多概念，到底什么叫线性规划呀？就是在线性约束条件下，求线性目标函数的最值，这种问题我们就叫做线性规划。大家有认识吧？概念比较多，我们看看书，概念比较多，听了以后我们糊里糊涂。(23′20″)　书上 60 页有一道例题。(26′20″～26′45″) （板书：线性规划：研究在线性约束条件下的线性目标函数的最大值和最小值问题。） 师：看完了吧？刚才我提了几个问题，	位置的纵截距呢？必须先解决什么问题呀？”“那么看看前面的做法错在哪里？”“到底什么叫线性规划？”“根据刚才的思路，图解法有几个步骤啊？”这些问题大多数都提的很好，而且能抓准时机，这样教学的进程有条不紊的从一个阶段进入到下一个阶段，条理清楚，思路清晰，学生循着教师的问题，一个问题接一个问题的解决，最终达到问题的目标。学生学的轻松，学习积极性也高。 [8] 在完成了解题的全部过程以后，教师及时引导学生对解题步骤进行了初步的小结，首先画区域，再画线，平移，找最值点，代点坐标求出最大最小值。在让学生看完书后，又一次让学生归纳出图解法解线性规划问题的步骤，这一次教师把步骤板书到黑板上，力求把本节课的要学习掌握重点内容落到实处。

续表

<table>
<tr><th>课题：线性规划问题</th><th>点　评</th></tr>
<tr><td>
书上，线性目标函数，线性约束条件，这些概念都清楚了？研究线性规划问题用到了什么方法啊？
生 6：画图。
师：画图。用图形。这种方法用图形来解决问题，叫做图解法。根据刚才的思路，有几个步骤？有哪几点要说清楚的。
二、方法——图解
三、解题步骤：
1.画；　2.移；　3.求；　4.答。
生：首先画出平面区域。
师：说简单一点啊，画出平面区域，简单的说就是“画”。
生 6：平行线。
师：作一条特殊的直线，然后我们再来做什么事情啊？
生 6：平移。
师：我们简单地称为“移”。然后呢？移到什么时候为止呢?
生 6：找。
师：找什么？我们这么多概念，用专业术语来表示。
生 6：找最优解。
师：找最优解，就是“找”。用数学的语言，叫做“求”。求最优解。用“找”也行，找这个交点。求出最优解之后呢？
生：往式子里面代。
师：代，目的是解决什么？　　生：求最值。
师：求最值，就是回答你要解决的问题，问什么就答什么。做题都要这样。往里面代的目的是为了求出这个最值，答出这个问题。四个步骤。
师：看书上这道题，如果线性约束条件不变，我把目标函数改为求 $z=2x-y$，求 z 的最大最小值。[10]　(30′40″～31′55″)
变题 $\begin{cases}x-4y\leqslant -3,\\3x+5y\leqslant 25,\\x\geqslant 1,\end{cases}$
(求 z 改为)求 $z=2x-y$ 的最值。
生 7：既然线性约束条件不变，那么它的平面区域是不变的。
师：它的平面区域和书上是一样的。
生：是，先画 $2x-y=0$ 那条直线。
师：先画出平面区域。一条是 $x=1$，还有什么？
生：还有 $x-4y\leqslant -3$。
师：画出边界。还有一条边界是 $3x+5y=25$。平面区域跟书上的是一样的，目标函数呢？　　生 7：画 $2x-y=0$ 直线。
师：作 $z=0$ 的直线 $2x-y=0$，除了过原点还过哪一点？$x=1$，$y=2$，(1，2)，这条直线。接下来平移呢？　　生 7：移动到 C 点。
</td><td>
[9] 教师在完成全部解题和初步小结以后，又带领学生回到初始问题的错解中，从新的方法角度进一步认识错解的原因所在，既巩固加深了认识，又进一步体现新方法的优越性。
教师在让学生做巩固练习之前，把问题中涉及所有对象的名称一一进行了交代，并对什么是线性规划问题给出了准确的描述，并板书下来，给学生以深刻的印象。
该教师给人留下的印象是教学很规范，教学路线，板书，画图，课堂小结，例题变式的精心设计，环环相扣，语言简练准确，有较强的亲和力，给听者以享受。
[10] 该教师对例题的处理尤其给人以深刻印象。教师对例题采用变式教学的方式，对例题进行了两变：原题的目标函数是 $z=2x+y$；变 1：改求 $z=2x-y$ 的最值；变 2：改求 $z=6x+10y$ 的最值(P337)。从两个变式中得到两个结论：①z 的最大值未必在
</td></tr>
</table>

续表

课题：线性规划问题	点　评
师：C 点在哪里，书上 A 点坐标是 $(5,2)$，$B(1,1)$，$C\left(1,\dfrac{22}{5}\right)$。把这条直线平移，说移到 C，有什么特殊的？我要在平面区域里移啊。这条直线的纵截距最什么？　　生 7：最小。 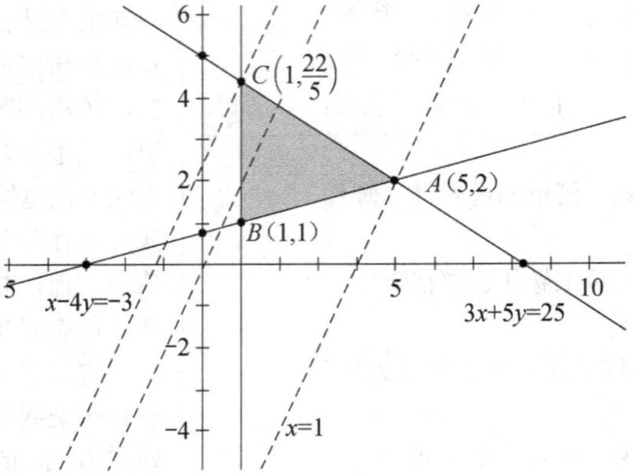 师：再看看，我平移这条直线啊，这条纵截距最什么？ 生 7：最大。 师：在平面区域内移，这条直线的纵截距最大。是不是这个位置的 z 最大？　　生 7：最小。 师：这时候 z 最小，为什么？为什么这时候纵截距最大，z 反而最小呢？　　生 8：我是把这个代进去算了。 师：代进去算了。　　生 8：因为 $x=0$ 时，y 等于 $-z$。 师：$x=0$ 时候，$y=-z$，$-z$ 是它的纵截距，也就是说纵截距最大的时候，这个位置 z 应该最小。再来移，刚才移出去了，那就要往下移，移到这儿，移到这个位置停下来，下面应找纵截距最小。要最小，还可以往下移，移到这，再移就要出去了。这个位置直线的纵截距应该最小，z 最大。那么可以求出 z 的最小值，纵截距最大位置，还能说出来？　　生：一个是 $\dfrac{22}{5}$。 师：哦，应该在这个位置，C 点坐标 $\left(1,\dfrac{22}{5}\right)$，应该是怎么求 z 的最值，这个位置叫最优解吧，$\left(1,\dfrac{22}{5}\right)$ 是最优解，怎么求出最值。 生：是代进去。$2-\dfrac{22}{5}$。 师：实际是 2×1 代，$z_{\min}=2-\dfrac{22}{5}=?$　　生：等于 $-\dfrac{12}{5}$。 师：那 z 的最大值呢？最大值呢？　　生：最大值是 $2\times5-2$。	最大纵截距处取得，最小值在最小纵截距处取得，也可以相反，要根据目标函数中相应的符号决定； ②目标函数的最优解不一定只有一个，有时可能有无穷个。这两点被学生忽略，总以为直线在最上方时 z 取最大值，在最下方时 z 取最小值。这样的变式教学，可以使学生强化对目标函数最值的认识和重视，使知识落到实处，提高课堂教学效率。 这节课是典型的讲授式教学方式，课堂结构严谨，重点、难点讲解到位，各个知识点和方法讲授清晰明确，学生接受知识很顺利，没有遇到什么挑战性的问题。但是在教学生学会思考、发展学生的认识力方面很难产生积极的作用。这反映出教师教育理念比较落后。

续表

课题：线性规划问题	点　　评
师：$z_{max}=2\times5-2=8$。所以以后我们做题啊，一定要注意目标函数表示的几何意义。(37′12″)求线性目标函数的最大值、最小值的时候，一定要注意目标函数所表示的几何意义。(板书）需要我们特别注意的，哪几个啊？你要解决的是什么？z 的最值，特别要注意哪个几何意义？z 的。这个题可以用横截距来做吧？横截距最大，z 就最大，横截距最小，z 就最小，可以看出的，反正你选择一个思路。(37′52″) 结论 （1）求线性目标函数的最值时，一定要注意目标函数所表示的几何意义。 （2）最优解的位置。 　如果线性约束条件还是它，我把 z 再来改为（板书）$z=6x+10y$。这时候 z 的几何意义，要注意这个几何意义吧？z 的几何意义是不是纵截距？　　　生：是。 师：是。那 $x=0$，y 等于多少？　　　生：$\frac{z}{10}$。 师：$\frac{z}{10}$，那这条直线纵截距最大的时候，是不是 z 最大？是。 师：$\frac{z}{10}$ 最大，z 最大。那这条直线，$\frac{z}{10}$ 最小的时候，z 应该最小。我们在这边，就用这个图，先画一条 $6x+10y=0$ 的，$x=5$，$y=-3$，是不是？这一条，换个颜色再一起画了。移到这个位置，纵截距？最大最小？　　　生：最小。 师：再移，发现什么，和 $3x+5y=25$ 这条边界重合。这时候最优解有无数个？　　　生：无数个。 师：所以这道题目，有最优解的时候在顶点处取得。最优解的位置有时候在边界。今天我们的概念比较多，这些概念，解题方法，回去好好看书。(40′12″)	

6.10.3　两个案例的教学路线图

1. 教学案例 1 的教学路线图

Ⅰ 创设情境提出问题　　提出一个实际问题，学生看题。(0′00″～1′30″)

↓　　讨论实际问题中的条件数据。(1′30″～10′03″)

↓　　得到一个代数形式的数学问题。(10′03″～11′40″)

Ⅱ 代数题转化几何题　　讨论代数问题的几何表示。

↓　用图形器画出不等式组的平面区域。(11′40″～14′10″)

↓　讨论平面区域意义和目标函数直线斜率。(14′10″～19′12″)

↓　用图形器画出目标函数的直线。(19′12″～20′30″)

↓　讨论 z 的几何意义。(20′30′～24′25″)

↓　形成一个几何问题。

Ⅲ 观察图形探究解法　探究 z 的最值。

↓　观察图形计算器动态图形，自主探究。(24′25″～29′45″)

↓　讨论动直线如何寻找 z 的最值。(29′45″～33′43″)

↓　讨论直线移动的位置，理解其与最值的关系。

↓　讨论如何求出 z 最值。(33′43″～37′06″)

Ⅳ 回顾过程总结方法

↓　讨论不用图形器如何画图求出 z 的最值(37′06″～38′07″)

↓　回顾过程，概括解题步骤。(38′07″～39′20″)

↓　回顾过程，总结思考方法。(39′20″～39′45″)

↓　点名课题：线性规划问题。(39′45″～40′07″)

下课

2. 教学案例 2 的教学路线图

Ⅰ 创设情境提出问题　提出引例，让学生判断引例解法是否正确。(0′00″～1′30″)

↓　讨论引例中解法的错误之处。(1′30″～6′50″)

↓　提出课题：这道题有没有更好的解法？

Ⅱ 改变情境转化问题　变题：对引例中问题改为，求 z 的最大最小值。

↓　画出不等式组的平面区域是一个正方形。(6′50″～10′20″)

↓　讨论目标函数的几何意义是斜率为–2 的直线。(10′20″～ 11′20″)

↓　讨论 z 的几何意义。(11′20″～13′48″)

Ⅲ 启发引导寻找解法　寻找纵截距最大和纵截距最小的直线(13′48″～19′30″)

↓　讨论直线与平面区域必须相交。

↓　讨论直线移动到什么位置，理解此位置与最值的关系。

↓　讨论如何求出最值。

Ⅳ 运用方法解决问题　提出三个问题与学生讨论解题。

↓　再讨论引例中解法的错误。(19′30″～21′20″)

↓　点名课题：线性规划问题。

Ⅴ 联系解法明晰概念　介绍和解释线性规划相关概念。(21′20″～30′40″)

↓　线性约束条件、目标函数、可行域、可行解、最优解。

↓　讨论解题的方法和步骤。

↓　（1）方法——图解法；（2）解题步骤——画、移、求、答。

Ⅵ 利用变题巩固练习　用变式题巩固练习。

↓　一改变题并讨论解题。(30′40″～31′55″)

↓　二改变题并讨论解题。(37′52″～40′12″)

下课

6.10.4　对两个案例教学过程的分析

中学教材中将简单的二元线性规划问题列入必修内容，一方面体现了数学的应用价值，另一方面也体现了数学内容的丰富多彩。

本节课的重点是线性规划问题的图解法；难点是寻找线性规划问题中的最优解；突破难点的关键是帮助学生应用数形结合的方法，弄清目标函数所表示的几何意义。

1. 创设情境引入课题的分析

数学课堂教学的情境导入是在新内容的教学活动开始之初，创设一定的问题情境，引导学生提出本节课有待研究的目标问题。它是数学课堂教学的序幕，是最为重要的环节之一。俗话说“良好的开端是成功的一半”，适当而精彩的情境导入可以引人入胜，使学生学习数学的潜能受到唤醒、激励和鼓舞。

由于线性规划的有关概念比较抽象，按照学生现有的知识和认知水平难以透彻理解，所以教师在教学中要创设合理的教学情境，激发学生的求知欲和学习兴趣，帮助学生理解和掌握线性规划这部分的知识。

（1）案例 1 的情境创设

案例 1 是新课程改革后的“线性规划”的教学案例，创设的是一个实际问题的情境。这个情境中涉及原料、产品、利润等多种工业生产的名词，还涉及这几种成分的相关数量，内容繁杂，数据众多。一个数学建模的过程就花费了 11 分 40 秒的时间，这占用了 40 分钟（一节课时）的四分之一多，应该说花费的时间太多了。即使没有数学建模，直接从纯数学问题入手，要将一个代数问题转化为一个几何问题也并非易事，何况还要用学生完全陌生的图形法解决，试想要在一节课来完成这三件困难的教学任务，谈何容易。培养学生数学建模的能力固然很重要，但是也没有必要挤到一个教学时段里，完全可以放到后面的教学时间里来完成。再说，实际问题最终是要用这节课的新方法——图解法来解决的，如果连新方法都没有学好，又如何去解决那个实际问题。应该说，教材编写存在问题，有违方法论原则，违背学生的认知规律，也不符合数学本身的科学性。

应该说案例 1 的教师对这节课处理得非常好，教学过程十分精彩，完成了既定的教学任务。但是美中不足的是，缺少对新方法深化理解的时间，缺少对图解法运用巩固的时间，缺少继续同化新知识的时间，缺少对研究方法总结的时间，这一切都是教材编写欠妥造成的。

（2）案例 2 的情境创设

案例 2 是新课改之前的“线性规划”教学案例。新老教材中“线性规划”内容主要是引入方式的差别，其他方面并无明显不同。新课改教材用实际问题引入，老教材用纯数学问题引入。案例 2 是创设了一个被错解的不等式组问题的引例，引起学生的认知冲突，进而想到能不能找到一个更稳妥更有效的方法，从而提出这节课的目标问题。但对于引例中求 $2x+y$ 的取值范围，学生很难想到将其转化成几何问题来求解。要寻找新的方法解决问题，教师注意到这个细节，把引例中的问题改为求 $2x+y$ 的最大值和最小值，巧妙地把引例的变式题作为本节课要解决的新问题：

已知变量 x，y 满足 $\begin{cases} 4 \leqslant x+y \leqslant 6, ① \\ 2 \leqslant x-y \leqslant 4, ② \end{cases}$ 求 $z=2x+y$ 的最大值和最小值。

这样就降低了学生解决问题的难度，教师才能自然地引导学生把 $z=2x+y$ 看作是一个以 x，y 作为主变量，z 作为参数的二元一次方程，使学生容易将题中的二元一次不等式组与刚学过的平面区域联系起来，从而顺利地将代数问题转化为一个几何问题。这样不仅可以使学生认识到学习新知识的必要性，而且更切合学生学习心理结构和认知水平，更能激发学生的学习兴趣和求知欲，更能引发学生的主动参与和积极的思维活动。

《简单的线性规划》是高二的教学内容，是在学生已经掌握了直线方程及二元一次不等式表示平面区域等内容的基础上，解决求线性目标函数在线性约束条件下的最大值或最小值的问题。虽然新教材安排是先教学生从实际问题中概括出数学问题，然后再讲授解决问题的方法，但是鉴于上述的分析其存在严重的不足，所以本节课的重点还是应该放在线性规划问题的图解法上，让学生学会用几何的方法解决代数问题，从而培养学生的画图、识图、数形结合能力，至于学生解决实际问题的能力和数学建模这一方法的掌握，可以放在下一节课中再去培养。

因此教师在实际教学中要遵循数学课堂教学导入情境的目的性、针对性、激励性、启发性、探究性这五大原则，创造性地使用教材，灵活地创设数学课堂教学导入情境，避免走入为了创设情境而创设情境的误区，避免让非主题冲淡主题。

2. $z=2x+y$ 的 z 的几何意义的讨论

在这节课的教学中，目标函数 $z=2x+y$ 中 z 是什么很重要，它关系到最终最值的寻找。因而怎么让学生认识到 z 就是目标函数直线在 y 轴上的截距，是本课教学的一个重点，也是难点。这两个案例在这个问题上的处理有所不同。

（1）案例 1 的处理

案例 1 在理解 z 的意义时，是如下处理的：

师：写成 $y=-2x+z$ 的函数形式，就看出斜率是 -2 。能把它画出来吗？请一个同学到电脑上来做。(19′12″～20′30″)

师：请问这样的直线有多少？　　　　生 6：有无数条。

师：为什么是无数条？

生 6：这条直线是动的，斜率是 -2 ，所以互相平行。

师：直线是动的，说明有无数条，它们的斜率是 -2 。这个 $y=-2x+z$ 中还有一个字母 z 在哪儿？　　　　生 6：z 是动的。

师：那让它动起来，然后停下，这时 z 是多少？　　　　生 6：是 1.5。

师：这个 1.5 是什么？

生 6：利润是 1.5 万元，是直线与 y 轴交点的值，是在 y 轴上的截距。

师：z 是直线在 y 轴上的截距，z 应该是交点的纵坐标。通过生 6 刚才的展示，通过这个过程，我们分别得到了这个不等式组的几何表示、平面区域，还找到了目标函数 $z=2x+y$ 的几何表示、平行直线，还找到了 z 在 y 轴上的截距。这是我们有的东西。

可以明显地感觉到，在案例 1 中，因为使用图形计算器画图，而且直线是可以动的，所以学生在直观上很容易看出 z 是直线在 y 轴上截距。学生先说“是直线与 y 轴交点的值”，说明学生先看到了直线与 y 轴的交点，然后又补充说“是在 y 轴上的截距”，这是学生进一步思考出来的。由于有了动态的图形，学生直观就比较容易发现 z 是“截距”，应该说图形计算器在一定程度上帮了忙。这也体现了使用现代技术的优越性。

（2）案例 2 的处理

案例 2 在理解 z 的意义时，是如下处理的：

师：这里 z 是参数，是变量吧？那么这个直线是不是唯一的？直线的位置是不是唯一的？　　　　众：不是。

师：z 取值不同，那么直线的位置也不同，应该表示的是一组直线，这组直线有没有什么共性啊？　　　　众：平行。

师：为什么表示的是一组平行的直线呢？　　　　众：斜率相同。

师：z 在变，这组直线的斜率是多少？　　　　众：-2。

师：斜率相同，所以表示一组平行直线。那我们要研究什么问题？求 z 的最大值及最小值。研究的是 z，那 z 的几何意义呢？　　　　众：看不出来。

师：我假设 $x=0$，$y=$？想一想，z 的几何意义是什么？(停顿 10 秒)

生 3：应该是纵截距吧？

师：是直线和 y 轴交点的纵坐标，纵截距。刚才我们提示了一点，如果说 $y=0$，就 $x=\frac{z}{2}$，z 也可以看成什么？　　　　生 3：横截距。

师：横截距的一半。如果 $y=0$，$x=\frac{z}{2}$，z 是横截距的 2 倍。那就选一个角度，就选纵截距比较好理解一些。要求 z 的最大值和最小值，根据刚才的分析，z 的几何意义表示直线的纵截距，与 y 轴交点纵坐标。

在案例 2 中，讨论 z 的几何意义时，学生先说“看不出来”，教师启发说“我假设 $x=0$，$y=$？再想一想”，停顿 10 秒以后才有学生疑疑惑惑地猜测“应该是纵截距吧”，教师顺势肯定了学生的想法。这可以看出，案例 2 中教师用“$x=0$，$y=$？”的启发起到了一定的作用，但是也只是导致少数学生的“猜测”，教师马上肯定，就过去了。对大多数学生而言，其实“z 是截距”是被教师告知的，这是讲授式教学中很普遍的现象。教师无法让直线动起来，学生缺少直观的支撑，只能被“灌输”。与案例 1 比较，案例 1 更体现出现代技术在数学教学中的意义和价值。

3. 如何求 z 的最大值

在线性规划问题的教学中，如何求 z 的最大值是解题的最重要一步，怎么找到最值点是关键。在这个方面，两课是如何处理的呢？

（1）案例 1 对这个问题的处理

师：再看我们要干什么？要求最大值。我们把刚才画的图像和平面区域结合起来看，再观察观察，如何求 z 的最大值？(24′25″～29′45″) 请一位同学展示一下。

生 7：就是这些动直线。

师：这些动直线有无数条，它们都是我们要找的吗？

生 7：不是的。我们要找的是最大值。所以要找的直线一定要在我们画的区域内，但是它要离开原点最远。

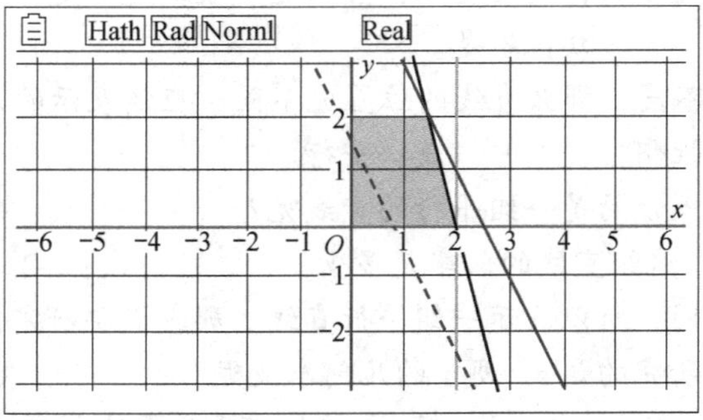

师：也就是说这无数条直线与这个区域要能够怎么样？

生 7：要有交点，要与相交的直线有交点。

师：为什么要与相交的直线有交点啊？其他的直线行不行？

生 7：不行。因为他们不能满足题目的条件。

师：那也就是说这条直线一定要在区域内来找，这是第一点。那么第二点，要最大，谁要最大？

生 7：因为我们要求最大利润，也就是这个 z 要最大。z 要最大，那么它离开原点距离要最大。

师：与原点的距离，如果以与原点距离为基准来看的话，离原点距离很远的有很多，你指的是谁要离原点最远？　　生 7：……

师：谁来补充一下，是要是谁离开原点最远？这位女同学？

生 8：是要这条直线在 y 轴上的截距要最长。而且还要在那个区域之内。

从这个教学片段中看出，学生还是借助动态的图形，在直线运动过程中观察寻找“最大截距”，这显得容易多了，学生找到最值点没有遇到什么困难，只是不会表达，或描述不够准确，学生相互补充就行了。可见直观图形，特别是动态的图形，在学生进行抽象思考时，提供了很大的帮助。数学是抽象的思维活动，学生形式运演的能力普遍还不能达到相应的水平，因而学生理解时困难很大，但是有了动态图形的直观支撑，从直观再到抽象，就帮助了学生抽象思维的完成。

（2）案例 2 对这个问题的处理

师：寻找纵截距最大和纵截距最小的直线，那怎么找？我画这组平行直线吧，这组平行直线中哪个最好画？　　众：过原点。

师：z 是在变的，过原点，就是取 z 等于 0。再选一个点，$x=1$，$y=-2$。这个原点在不在你研究的平面区域内？　　众：不在。

师：明显不在，但直线方程里 x 和 y 要满足这个不等式组，那就是这条直线与平面区域必须相交，那必须把这条直线怎么样？　　众：平移。

师：这条直线是 $2x+y=0$，应该向什么方向平移？　　众：向右。

师：向右平移。平移的目的是要寻找什么？移到这儿行不行？

众：不行。

师：继续往右移，再进来，这一条，这个位置有什么特殊的，有人说可以了。为什么？　　生：这条直线和平面区域有交点。

师：刚才我们分析的。求这个最值就是寻找什么？

生：纵截距最大的那条直线。

师：那么这条直线，你发现什么？有什么特点？

生：与平面区域有交点。

师：过公共区域了。而且再往里移好吧？要寻找纵截距最大和纵截距最小的直线。再往里面移，它的纵截距有什么趋势？　生4：变大。

师：看我这个移动的过程，这个纵截距应该是？　生4：变大。

师：越往里面，这个纵截距越大，移到这停下来吧？　生4：再移。

师：还可以再移一点，还能再移啦？　生4：不能。

师：再移就出这个公共区域了。移动到这儿，这条直线的纵截距怎么样？

生4：最大。

师：最大。我们发现如果这条直线经过这个区域的左交点 A 点，直线的纵截距最小。首先有个前提，直线要过公共区域。直线经过这个右交点 B，直线的纵截距最大。

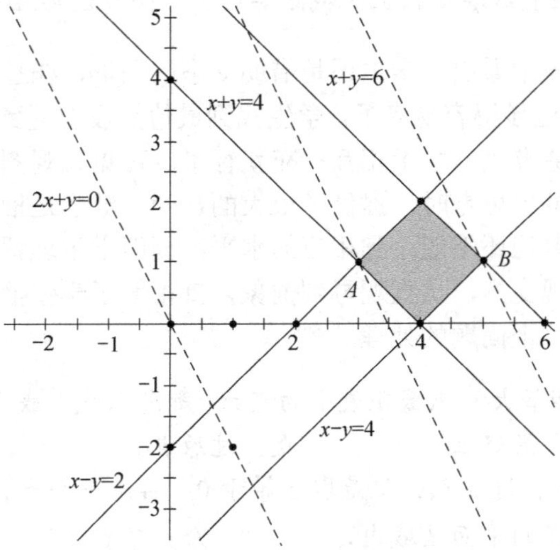

在案例 2 中，教师也是利用“运动的”图形来帮助学生理解的，应该说教师这个地方的处理是很到位的，教师耐心地移动直线，不断地询问学生是否可以了，使学生在“动态”的过程中逐步懂得，直线在什么位置时能够取到最值。但是显然案例 1 中的学生理解的更加方便、轻松。现代技术对数学教学的利弊尽显无余。

4. 案例 2 中的变式教学

“变式教学”最早是加涅在其《学习的条件》一书中提出来，不过加涅的变式教学主要是指，概念教学中用以把握概念不同属性的辨识题，即保持概念的本质属性而改变非本质属性的例子。在中国出于应试的目的，改编现成的数学题而产生了大量的实同形变或形同实变的“变式题”，用于学生的解题训练。案例 2 中的教学变式即属于这类变式题。这是现在中学教学中普遍采用的教学手段，是一种独特的教学创造。

现在来看看案例 2 中的几次变式。

（1）第一次变式

这是在引例解决之后，教师想引导学生寻找其他的解法，对引例进行了表述的转换。

师：上节课我们学过了二元一次不等式来表示平面区域，那这道题能不能用二元一次不等式来表示平面区域呢？我把引例中求 $z=2x+y$ 的取值范围，就把引例改成：

已知变量 x，y 满足 $\begin{cases}4\leqslant x+y\leqslant 6,\\2\leqslant x-y\leqslant 4,\end{cases}$ 求 $z=2x+y$ 的最大值及最小值。

教师改变了引例中问题呈现的表述方式，虽然这只是简单的重复，但是这种重复改变了原问题的非本质属性而保持其本质属性不变，强调内容不变的主要方面，改变其次要的方面，突出主要因素。使学生把 $z=2x+y$ 看作二元一次方程，而容易将此变题与已学的平面区域建立实质性的联系。

（2）第二次变式

这是在总结方法步骤以后，教师根据书本上的一道例题，保持其约束条件不变，改变目标函数的形式。教师说：

书上这道题如果线性约束条件不变，我把目标函数改为求 $z=2x-y$，求 z 的最大值最小值，线性约束条件不变。

改变目标函数的目的是为了让学生体会求目标函数的最值时，要注意目标函数的几何意义，即求 z 的最值时，可以选择横截距也可以选择纵截距，要注意 z 的符号与截距的符号有时相同有时相反。通过对问题的多层次的变式构造，不仅可以使学生对问题的解决过程及问题本身的结构有一个清晰的认识，而且也能有效地帮助学生积累问题解决的经验和提高解决其他问题的能力。

（3）第三次变式

教师依然是将书上那道例题的约束条件保持不变，再一次改变了其目标函数。教师说："如果线性约束条件还是它，我把 z 再来改为 $z=6x+10y$。那么 $z=6x+10y$ 的最优解会如何呢？"

目标函数改变以后，学生通过平移发现此时最优解有无数个，即目标函数所代表的那条直线与一条边界重合，这样学生就不会形成思维定式，认为最优解的位置一定是可行域的顶点。

经过以上三次变式以后，学生不仅对线性规划中的一些概念有了基本的认识，而且对于用图解法来解决这一类数学问题有了深刻的体验。变式训练不是简单的重复，每一次的变式，都可能有助于学习者关注问题或概念的不同的方面，都可能让他们觉得有新的念头冒出来，也有可能让他们学会从不同的角度看问题，以利于加深他们的理解。

6.10.5　错在哪里

下题的解法所得到的结果肯定不正确，用它们各自表示的平面区域可以明显看出来。但是，其错误是从其几何意义上看出来的，根源应该在代数解法中，即其中应该存在某个代数变换不是同解变形。那么我的问题是，其中哪个或哪些代数变换不是同解变形？

若实数 x，y 满足 $\begin{cases} 4 \leqslant x+y \leqslant 6, & ① \\ 2 \leqslant x-y \leqslant 4, & ② \end{cases}$

求 $2x+y$ 的取值范围。

解　①+②得

$6 \leqslant 2x \leqslant 10$。　③

由②得

$-4 \leqslant y-x \leqslant -2$。　④

将④与①同向相加得

$0 \leqslant y \leqslant 2$。　⑤

③+⑤得

$6 \leqslant 2x+y \leqslant 12$.

以上哪几步代数变换不是同解变换。

哪一步导致产生了增解？

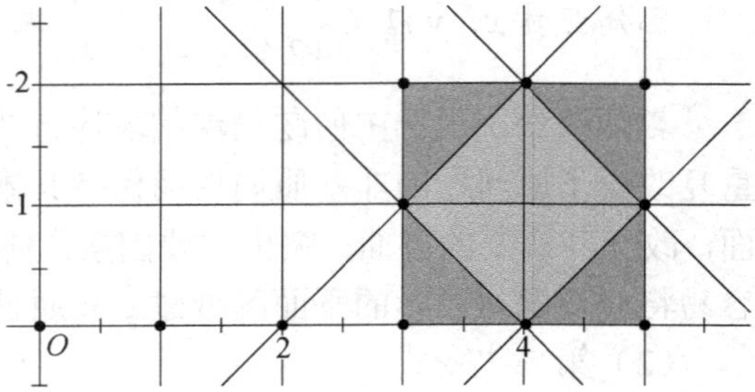

由③，右边等号成立的条件是 $x=5$；

由⑤，右边等号成立的条件是 $y=2$。

因此，$x+y=7$。　$(x+y \leqslant 7)$

这与 $x+y \leqslant 6$ 矛盾。(范围扩大了)

检查出错的方法是：检查等号是否成立。

凡是求范围的问题，只要带等号就应该检查等号是否成立。这是解题的必要步骤，也是自我保护的措施。

“以上解法中哪几步代数变换不是同解变换。是哪一步导致产生了增解？”

不等式的变形，只有“加”肯定不是同解的。

同解变形应该能变过来，就能变回去。变不回去了，就不是同解变形。

比如，由 $x \leqslant 3$，$y \leqslant 4$，可得 $x+y \leqslant 7$。但这不是等价变形，它回不去了，即由 $x+y \leqslant 7$ 得不到 $x \leqslant 3$，$y \leqslant 4$。

与 $x \leqslant 3$，$y \leqslant 4$ 同解变形的是 $x-3 \leqslant 0$，$y-4 \leqslant 0$，同解于 $\begin{cases} (x-3)+(y-4) \leqslant 0, \\ 0 \leqslant (x-3)(y-4)。 \end{cases}$

凡是求范围都应该检查等号是否成立？何时成立？

对不等式的运算操作(相加、相乘、相除等)应该将一边写成 0，所有参加运算的对象都移到另一边去。因为以 0 为分界是正负数，加法、乘法、除法的符号法则都是针对正数、负数而言的。

所以同号的两个数相加，其和与两个加数同号。

由上可见，$\begin{cases}4\leqslant x+y\leqslant 6, & ①\\ 2\leqslant x-y\leqslant 4 & ②\end{cases}$的等价变形就比较复杂。

其同解变形是$\begin{cases}(x+y-6)+(x-y-4)\leqslant 0, & ③\\ (x+y-6)(x-y-4)\geqslant 0, & ④\\ (x+y-4)+(x-y-2)\geqslant 0, & ⑤\\ (x+y-4)(x-y-2)\geqslant 0。 & ⑥\end{cases}$（或称：等价变形)

③，④保证了 $x+y-6\leqslant 0$，$x-y-4\leqslant 0$；

⑤，⑥保证了 $x+y-4\geqslant 0$，$x-y-2\geqslant 0$。

凡是求范围都应该检查等号是否成立？何时成立？

第 7 章　数学解题教学的原理及其运用

学习数学离不开解题，提高学生的数学能力在一定程度上就是提高学生的解题能力。因此数学教学不可或缺的一个重要环节是数学解题教学。数学解题教学是数学教学的重要成分，教学生学习如何解数学题也就成为数学教学的重要任务。对这个“重要成分”和“重要任务”中的核心要素、教学策略和典型案例进行研究，亦应成为数学解题教学理论与实践研究的重要内容。

数学解题教学实施的一个重要前提，是教师自身能够独立解出数学题，如此，在解题教学的过程中，才可能展现数学解题过程中思维的曲折反复、追问探究、恍然大悟与迎刃而解等，才可能为学生描绘出解题的真实而丰富的画卷，而不是“冷冰冰”的几行答案。这里说的数学题不是常规的练习题，而是对于学生来说，有一点陌生，有一些困难，需要做出积极思考、付出一定努力的问题。

“教学生学会思考”是本书的核心思想，当然在数学解题教学中首要的也是要“教学生学会思考”。那么在解题教学中怎么教学生学会思考呢？在数学的解题教学中，教学生学会思考就是教“解题思路是怎样想到的”，也就是说要“让学生自己想到”。然而，究竟解题思路是如何找到的，这一直是困扰数学解题教学的难题。

7.1　“以寻找思路为核心”的解题教学原理

数学解题教学的任务，实际上是要教学生“学解题”，而现实中的解题教学大多是“叫”学生“解题”，或者是给学生“讲”解题，并没有把解题教学落到教学生“学解题”上。其实学生的主要任务并不是解题，而是“学解题”，因此在解题教学中，教师教的重点和学生学的重点不是“解题”而是“学解题”。

以“解”为出发点，教师和学生主要关注的是解题的结果。尤其是学生特别在乎每个题的结果，一做完题就去问答案是什么，看自己做的对不对，如果对了开心得很，不过马上就束之高阁；如果不对呢，马上去看别人是怎么做的，把错误改过来，于是就以为自己也会做了。以“解题”为出发点，就会一味地以结果为出发点和归宿。而以“学解”作为出发点，关注的就不仅是解题的结果，而更关注“解题思路的寻找”。对“学解题”而言，重要的是这个解题的方法或思路是怎么找到的？所以“学解题”的核心是学思路的寻找。

不过这里有一个前提，就是所谓教“如何寻找思路”是对大多数学生而言的。

现实中，确实有一些学生解题能力很强，他们自己就知道"如何寻找思路"，虽然讲不出是怎么想到的，但并不需要老师来"教"。但是，数学学习是每一个学生的学习，数学教学是面向每一个学生的教学，不要问一问"会做吗"，听到一片"会了"的声音，就以为全体都会了，其实真正会的也就十个人左右，至多只占五分之一。所以，所谓教"如何寻找思路"是针对并非"天才"的大多数学生而言的。

7.1.1　教"从无到有"地寻求思路

既然要"教学生学寻找思路"，那么如何来教呢？从没有解题思路到找到解题思路是一个"从无到有"的过程，所以寻找思路是"从无到有"的探索过程。

实际上，所谓"从无到有"也并非真正一无所有，面对一个问题，自己手上总是有一些东西的。首先有问题和题设条件，还有所学过的与之相关的知识、概念、命题、方法，解过的题，这些都是"所有"。只不过是对眼前的这道题，它的解法不知道，这是"所无"。解题思路"所无"的原因在于，自己的"所有"蕴含的东西与眼前问题之间很难建立起"非人为和实质性联系"，处于主观层面的"无"的状态。所以寻找解题思路的过程，正是将主观层面的"无"与客观层面的"有"加以贯通，以达成主观层面之"有"的过程。

如何教学生学习"从无到有"地寻找思路？相比"思路"而言，更重要的是教"寻找"。在本书的 5.1 节中，就一再强调过数学教学中重要的是教学生学"提出"问题，学"建构"概念，学"寻找"方法，是教学生学这些动词的过程，是让学生在动态的过程中学，这些动词所代表的思维活动，在动态的过程中才能真正学会。所以教学生学寻找解题思路，关键也是在"寻找"的动态过程中来教学生学。

如何教学生"学"寻找解题思路，无疑还是要在解题中来"学"，但这时的解题是以"学寻找思路"为目的，其要义不是解题本身，而在于在解题过程中学思路的寻找。要达到这个目的，学生有必要通过一定数量的数学题的解决，来从中领会和感悟如何寻找解题思路，提升面对陌生问题时寻求思路的解题能力。必须指出，所谓一定数量的题，并不是多多益善，如果企图以题海战术来寻找解题思路，可能只会适得其反。

数学解题是按照一定的策略进行的系统化逻辑思维的过程，其过程的每一步均要求有数学概念、公式、公理、性质、定理等作为依据，步骤之间的关系符合基本逻辑要求，渐进性地靠近和达到目标。

数学解题的基本步骤包括①：

（1）理解题意，全面认识问题的条件、结论，以及与之相关的概念、定理、

① 涂荣豹．数学教学认识论．南京：南京师范大学出版社，2003：327.

公式、法则等；

（2）联系已解决的问题，提出解题的各种设想，检验这些设想，并选择最佳的设想制定解题方案；

（3）实现解题方案，完成解题过程；

（4）验证结论，回顾解题。

对于数学解题的以上步骤而言，其基本性的体现在于，可以将每次的数学解题过程划分为这四个基本步骤中的若干个，但未必全部包含四个基本步骤。在具体实施的过程中，不同步骤可能交织在一起，没有必要、也不可能将具体实施进程进行刻板的划分。其运用是指导性的、灵活性的，而非照搬照抄的简单套用。

要教学生学解题，要教学生学如何寻找解题思路，就要教学生学如何着手解题和如何理解题意的方法，那就要为学生提供一套“如何着手解题的策略”，提供一套“如何理解题意的方法”。这样，学生在学“寻找”时，才有策略可循，才有方法可依。

本书试图提供一种这样的策略和方法，当然这肯定不是唯一的方法，更不是一个万能的方法。

本书所提供的如何着手解题的策略和如何理解题意的方法，实际上是两套启发性提示语，即“如何着手解题的启发性提示语”和“如何理解题意的启发性提示语”，目的是使学生学会循着这样的提示语来寻找解题思路。这两套提示语很简单，依据大道至简的原则，作为提示语就必须简单易懂。如果复杂了就不容易达到启发的效果。所以下面给出的启发性提示语很简单，很平凡，平凡才容易掌握。

7.1.2 “如何着手解题”的启发性提示语

遇到一个陌生的问题，怎么解决？不知如何是好，如同“老虎吃天从何下口”。那么，拿到一个问题，“如何着手解题”呢？

波利亚说，“当你有了一个问题，不要只是笼统地去想你的问题。”[①]而是去想，“我应该从哪儿开始？从哪儿开始，就从问题的叙述开始，弄清问题，熟悉问题。把问题的目标牢记在脑海中。这样才能全神贯注地对待问题，也才会调动你的记忆力，做好准备去联想与问题有关的各点。”[②]

也就是说，做好了这样的准备工作，才能开始着手解题。这点应该引起解题教学的高度重视。经常可以看到，学生解题往往并没有做好这样的准备工作，就匆忙动笔了。波利亚说，应该“达到不看题就能完整清晰地叙述问题时，才开始

---

① 波利亚．数学的发现（第二卷）．刘景麟，曹之江，邹清莲，译．呼和浩特：内蒙古人民出版社，1981：118.

② 波利亚．怎样解题．北京：科学出版社，1982：34.

动笔解题”。[①]

做好了准备工作以后，就可以考虑“我应该从哪儿开始”“我能做什么”。

为了解决这个问题，可以用“着手解题的启发性提示语”来提供帮助。所谓“着手解题的启发性提示语”包括：

（1）它是一个什么问题？它要求或要证的是什么？

（2）现有哪些材料？

（3）有哪些工具？

（4）还需要哪些条件？还缺少什么材料？能否从现有材料中找到？

（5）如何运用这些条件和工具？

（6）是否还有条件没有利用？如何利用？

当然，并不是简单的知道这些提示语就行了，重要的是认识和理解这些提示语的意义。

1. 它是一个什么问题？它要求或要证的是什么？

这主要是为了明确问题所属的从宏观到微观的知识范畴，明确问题的目标并且紧盯目标。这如同骑的自行车坏了，送到车行修理，修车师傅总是首先会问，你的车哪里出了问题。

它是一个什么问题，即指它是一个什么范畴的问题？心理学的相关研究成果表明，人脑具备自动检索的功能。当明确它是一个什么范畴的问题之时，人脑检索信息的范畴就有所限定而变得清晰，基本不会跑到这个范畴以外去检索信息。这使得检索信息的范围相对集中，可以加快检索速度，提升检索效率。

接下来即是要盯着目标：要求什么，要证什么？这非常重要。波利亚说：“看清它，特别是应该问自己：你要求的是什么？未知量是什么？结论是什么？”[②]如果明确了求什么、证什么，那么检索信息的时候目标更加集中，紧紧围绕着求什么、证什么来寻找信息。所以明确问题是至关重要的。

2. 现有哪些材料？

明确问题之后，自然要明确解决问题需要哪些材料？这也如同修理自行车一样，某个地方的零件需要维修或更换，维修需要的小螺丝在哪里？更换所需的新零件有没有？

这些材料存在于哪里？当然是存在于题设当中，问题所给的前提条件就是所

---

① 波利亚. 数学的发现（第二卷）. 刘景麟，曹之江，邹清莲，译. 呼和浩特：内蒙古人民出版社，1981：118.

② 同①.

需的材料，因此所需的材料要到前提条件中去找。

波利亚说，先把问题的主要部分剖析出来，再把问题中的主要部分都弄一遍。这么做，你会准备好可能起作用的细节。并且要逐个地考虑、轮流地考虑，而且在各种组合中来考虑，同时把每个细节与其他细节联系起来，把每个细节与整个问题联系起来。[①]

3. 有哪些工具？

要寻找解题思路，仅仅掌握题设提供的材料还不够，还需要一些必要的工具。必要的工具主要是，已经学过的相关概念、命题、公式、方法，以及已经解决过的问题。因此要在已学过的知识和做过的问题中，进一步搜索相关的信息，并思考它们与当前问题的相关性到底在哪里。

4. 还需要哪些条件？还缺少什么材料？能否从现有材料中找到？

有了这些条件和工具以后，可能还解决不了问题，寻找不到思路，怎么办？再仔细看看，解决不了的原因是什么？可能还是缺少某个材料，于是进而继续寻找所缺少的材料。在数学解题中，解题者可能都有类似经验：当一个问题解决不了的时候，往往是缺少一、两个条件。有了这个（这些）条件，解决问题就好办了。

所以需要明确“还缺少什么”。只寻找“还缺少什么”，所寻找目标的范围会更加缩小，搜索的注意指向会更加集中，搜索到的概率会更高。

5. 如何运用这些条件和工具？

条件、材料、工具、缺少的东西都备齐以后，问题仍可能不知如何解决。那接下来应该很自然地想到，如何来利用它们？数学的思想方法此时就可以发挥作用了。中学数学思想方法主要有四种：函数与方程思想、数形结合思想、分类讨论思想和等价转换思想。

比如，能否运用函数与方程的思想组织这些条件和工具呢？即，能否将其中某个对象视为函数，将另外某个对象看作函数的自变量，于是就可以根据函数的某些方法来解题；或者能不能将其看作一个方程，于是就化为一个方程，解题就转变为解方程了。

面临的问题如果是一个代数题，能不能画出其对应的图形来，研究一下几何视角下可以怎么解释？能不能从几何图形上来认识？或者反过来，一个几何问题能不能找到它的代数表达形式？这样就很可能找到解题的思路。

① 波利亚．怎样解题．北京：科学出版社，1982：34.

面临的问题如果看起来比较复杂，那能不能将其分成几个部分，继而分门别类地分析各个部分，这是利用分类讨论的思想。

面临的对象能不能转化为另一种情况或另一种形式？为什么要进行这样的转化？因为一个数学题不容易解决，往往是题目所给出条件的形式不能直接用来解决问题，必须转化为另外某种形式，才能用来解题。如果不能转化为所需的形式，问题就无法解决。所谓难题往往就难在不知要转化为何种形式或不知如何转化。

所以在寻找思路的过程中，要善于用数学的思想方法来考察如何运用这些条件。

6. 是否还有条件没有利用？如何利用？

如果问题的前提条件比较多，那么在寻找解题思路的过程中往往会遗漏某个条件，以至苦苦不得其解。所以要在寻找思路的过程中，随时检查是不是所有前提条件都用上了，有没有遗漏。

这套“着手解题的启发性提示语”，是最基本的着手解题的思考策略。有了这套提示语，在开始解题的时候，就可以按照提示语按部就班、一步一步循序渐进地进行思考了。在对这些问题的综合思考之中，提示语的运用会循环往复，且顺序并不固定，可以按需调整，反复运用。随着提示语运用的熟练化，提示语的运用会更加灵活，其意义和价值就会逐步体现出来。

下面以具体问题为例来分析“着手解题”过程中如何运用启发性提示语。

例 7.1.1　已知：正数 a，b，c，且 $5c-3a\leqslant b\leqslant 4c-a$，$c\cdot\ln b\geqslant a+c\cdot\ln c$，那么$\dfrac{a}{b}$的取值范围是____。

按照着手解题的启发性提示语，着手解题时就要考虑：

“它是什么问题？”——是与不等式有关的、求参数取值范围的问题。

“要求的是什么？”——求$\dfrac{a}{b}$的取值范围。

“求$\dfrac{a}{b}$的取值范围，是什么（意思）？——求$\dfrac{a}{b}$不小于什么且不大于什么。

“怎么表示要求的对象？”——就是“？$\leqslant\dfrac{a}{b}\leqslant$？”。

实际上是要求出$\dfrac{a}{b}$取值范围的左、右端点。

通过例 7.1.1 中将前述的提示语运用于思考，就可以实现转化或重新表示，把所要求对象的意义变得更加明确，这无疑将大大有利于解题思路的寻找。在明确、转化或重新表示的过程中，逐步加深对目标的认识，实现对目标的简化尤其是理解上的简化。从某种程度上说，着手解题为理解题意作了“打前哨”的工作，是理解题意的预备工作，为理解题意的成功进行提供了基础。

必须注意的是，用上述提示语思考时，绝不是文字上的简单浏览，也不是思想上的一掠而过，而是要深究，要转换。深究，就是对题设中每一个对象的意义、性质，不同对象间的关系，都要深究！转换，就是它能不能转换为其他的意义、性质或者其他的表达形式。

7.1.3 “如何理解题意”的启发性提示语

在“如何着手解题”的思考中，最重要的是第 2 个思考——有哪些材料？而材料在问题的题设中，因而思考有哪些材料，就是理解题意。而且这种对题意的理解，是要深究，要转换。

波利亚说：“弄清了题意，问题就解决了一半。”[①]美国的《人是如何学习的》一书中甚至提到，专家解题用大部分时间理解题意，只用少部分时间来完成解答。[②]可见，理解题意是何等重要。只有实现问题的深层理解，才能产生有意义的联想，才能挖掘隐藏在深处的隐蔽条件，才有可能实现有效的转化或化归，才能选择正确的突破口，才能把握解题的方向。

寻找解题思路是以“所有”去探索“所无”，在“所有”之中，题设条件是第一所有，所以理所当然的理解题意是第一位的。理解题意是解题的第一环节。但是，这个解题第一重要的“理解题意”，往往被学生所忽视，甚至被一些老师所忽视。他们常常是匆匆读一遍题，就急忙去下手解题，这样有几个会不失败的？

根据长期的调查研究发现，学生不能很好解题的最重要原因，是没有树立重视理解题意的意识，也没有养成良好的理解题意的习惯，更没有掌握理解题意的方法。在学解题的过程中，教师首先要自己重视理解题意，然后要促使学生树立重视题意的意识，并在长期的解题教学中使学生养成良好的理解题意的习惯，当然更要教学生如何理解题意的策略和方法。

那么如何教学生理解题意？为了解决这个问题，可以用“理解题意的启发性提示语”来提供帮助。所谓“理解题意的启发性提示语”包括：

（1）它是什么（意思）？如何表示？还能如何表示？

（2）它有什么性质？如何表示？还能如何表示？

---

① 波利亚. 数学的发现(第二卷). 刘景麟，曹之江，邹清莲，译. 呼和浩特：内蒙古人民出版社，1981:118.

② 布兰思福特，等. 人是如何学习的——大脑、心理、经验及学校. 程可拉，等译. 上海：华东师范大学出版社，2002：378.

（3）它们有什么关系？如何表示？还能如何表示？

（4）由题设中的条件能够推出什么？还能推出什么？

（5）中途结论之间有什么关系？它们可以怎样利用？

（6）它是否与某个解过的题有联系？能否利用这个联系？

这些提示语中的“它”是什么？这个“它”，就是题设中的每一个对象，每一个名词，每一个句子，每一段话，每一个概念、关系、表达式，每一个符号，甚至于每一个符号的上标、下标，每一个图形，图形中的点、线、面。这些都是要如此这般的去深究、去转换的对象。

波利亚说：“要逐个地考虑、轮流地考虑，而且在各种组合中来考虑，同时把每个细节与其他细节联系起来，把每个细节与整个问题联系起来。”①笛卡儿说，解题的方法就在于按适当的顺序一个接一个地去注意全部有关联的各点。②

要寻找解题思路，就要像这两位数学家所说的，去考虑题设中的每一个细节，去注意全部有关联的各点。要达到这个目的，就可以用这套“理解题意的启发性提示语”来启发引导自己。

1. 它是什么（意思）？如何表示？还能如何表示？

“它是什么？”也即它是什么或者它是什么意思。这是苏格拉底最喜欢问的问题，是一种要求定义准确、思路清晰、分析得当的方法。对题意深究，这就是一种苏格拉底式深究。所以，首先弄清“它是什么”。

接着，来弄清“它是怎么表示的”。表示指的就是形式，数学对象是抽象的形式化的思想材料，每一个数学对象都需要用一个表达形式，也即用符号表示。因此理解题意时，一定要把对象用数学符号表示出来。“它还能怎么表示”就是换一种表示，所以“还能怎么表示”，实际上就是对表示形式进行转换。

表示和转换在数学解题中的重要意义不言而喻，没有对象的数学表示，不能把现有的表示转换到有用的形式，解题思路就难以寻找。

2. 它有什么性质？如何表示？还能如何表示？

知道了它是什么、怎么表示以及还能怎么表示以后，接着应该关心的是：“它有哪些性质？这些性质又是怎么表示的？”数学对象总是要用一个表达形式进行表征。

有了一种表示，往往不能满足于仅有的表示，还要寻求另一种表示。所以还

---

① 波利亚. 数学的发现（第二卷）. 刘景麟，曹之江，邹清莲，译. 呼和浩特：内蒙古人民出版社，1981：119.

② 同①.

要追问“这个性质还能怎么表示?”题设给出的表示往往不能直接用来解决问题，转换后的那个表示才可能用来直接解题，故而需要“换一种表示”。这就是深究，就是转换。

3. 它们有什么关系? 如何表示? 还能如何表示?

对于题目所涉及的若干对象而言，就有了这个“它是什么，怎么表示”；那个“它是什么，怎么表示”；这个“它有什么性质，怎么表示”；那个“它有什么性质，怎么表示”。把这么多的“它”放到一起，自然要去追究它们之间有什么关系? 然后，仍然要搞清楚“这些关系又该如何表示? 还能如何表示?”题设里给了这个，给了那个，除了特别要关注它怎么表示，还能怎么表示，还要关注它们之间有什么关系，这个关系的建立往往成为思路寻找的关键。

4. 由题设中的条件能够推出什么? 还能推出什么?

对“它”、“它”的性质、“它们”之间的关系及其转换探索到一定程度以后，解题思路的寻找往往有了眉目或方向。但有时可能思路还不能找到。碰到更难的问题还需要进一步思考，“根据题设的条件能推出什么? 还能推出什么?”总归是追究、深究，穷追不舍。

5. 中途结论之间有什么关系? 它们可以怎样利用?

这样深究以后就产出了很多中途结论，这些中途结论可能或多或少、或远或近地与问题的最终目标有着更为密切的关系。那么就要来思考:“中途结论之间有什么关系?”“这些关系如何利用?”“这些中途结论之间的关系又该如何利用?”

6. 它是否与某个解过的题有联系? 能否利用这个联系?

笛卡儿曾经说过，我解过的题就成为我的一个范例。即解过的题往往对当前的解题有所启发因而寻找思路时还可以考虑,“它是不是与自己解过的某个题有联系呢?”“如果有联系，能不能利用这个联系呢?”“怎么利用这个联系呢?”

相比着手解题的启发性提示语，理解题意启发性提示语的合理运用对题目的探究更为深入，相关的形式和实质的转换更为复杂和多样化，对学生头脑中已有的与当前题目有联系的概念、定理、法则、方法、题目等要求的明晰化程度更高，由此带来的对题目的理解自然也更加深入，就使思路的寻找越来越接近目标。

下面仍用例 7.1.1 为例，具体解释理解题意环节中启发性提示语的运用。

要求“$? \leqslant \dfrac{a}{b} \leqslant ?$”。

“$\frac{a}{b}$中 a 和 b 都不知道，怎么办？”

“它$\left(\frac{a}{b}\right)$还能怎么表示？”

“能找到$\frac{a}{b}$的其他表达式吗？”——到哪里去找？只能到条件里去寻找。

去分析题设中的已知条件：

“正数 a，b，c，”——三个数均为正（这给不等式的运算带来方便，尤其是不等号两边同时乘以某个非零数时不用改变不等号方向）。

“$5c-3a\leqslant b\leqslant 4c-a$，它是什么？”——含有两个不等号，实际是由三个不等式构成的不等式组。

“它还能怎么表示？”——$5c-3a\leqslant b$…①；$b\leqslant 4c-a$…②；$5c-3a\leqslant 4c-a$…③。

“由这三个不等式还能推出什么？”—经各种尝试后，由③得，$c\leqslant 2a$…④。

将④代入②，得 $b\leqslant 8a-a$，$b\leqslant 7a$，即$\frac{a}{b}\geqslant\frac{1}{7}$，得到$\frac{a}{b}$的左端点为$\frac{1}{7}$。

接下来求右端点：

“$\frac{a}{b}$还能怎么表示？”“还有条件没用上吗？”——$c\cdot\ln b\geqslant a+c\cdot\ln c$ 没用上。

由 $c\cdot\ln b\geqslant a+c\cdot\ln c$ 得，$a\leqslant c\cdot\ln\left(\frac{b}{c}\right)$……⑤。

“用⑤能表示出$\frac{a}{b}$吗？”“缺少什么？”——缺少 b。

“怎么办？”——添加 b。

“怎么添加？”——在⑤两边同时除以 b，得$\frac{a}{b}\leqslant\left(\frac{c}{b}\right)\cdot\ln\left(\frac{b}{c}\right)$……⑥。

“⑥有多个参数，可以化简吗？如何化简？”——观察发现，⑥中$\frac{c}{b}$和$\frac{b}{c}$互为倒数。

可以尝试换元，令$\frac{b}{c}=x$，则$\frac{c}{b}=\frac{1}{x}$，得$\frac{a}{b}\leqslant\frac{\ln x}{x}$（$\ln x>0$）。

“这个表达式还可以怎么表示？”——把$\frac{\ln x}{x}$视为函数　令 $y=\frac{\ln x}{x}$，则$\frac{a}{b}\leqslant y$。

问题就转化为求函数 $y=\frac{\ln x}{x}$ 的最小值。这时要用到求函数极值的方法。

对 $y=\dfrac{\ln x}{x}$ 求导，并令导数为零求得驻点 $x=\dfrac{1}{\mathrm{e}}$。

在 $x<\dfrac{1}{\mathrm{e}}$ 和 $x>\dfrac{1}{\mathrm{e}}$ 两种情形下，分别判断导数的符号，得出 $x=\dfrac{1}{\mathrm{e}}$。

即 $\ln x=-1$ 时，y 取得最小值 $\dfrac{1}{\mathrm{e}}$，即 $\dfrac{a}{b}\leqslant\dfrac{1}{\mathrm{e}}$。也就是说，$\dfrac{a}{b}$ 右端点为 $\dfrac{1}{\mathrm{e}}$。

所以 $\dfrac{a}{b}$ 的取值范围是 $\left[\dfrac{1}{7},\dfrac{1}{\mathrm{e}}\right]$。

可见，理解题意的启发性提示语如果运用得当，伴随着对题意的深入理解，问题的解决将水到渠成，后续过程只是将对题意的理解过程进行条理化、规范化书写，并把表述曲折思维过程的语言文字舍去，也即实施解题方案，整理书写解答。当然，这里表现出来的寻找思路的过程似乎未经曲折，一帆风顺，其实这只是为了写作需要，真正的寻找过程肯定要经历反复尝试、多次选择，不动脑筋、不下一番功夫，想轻而易举就找到解题思路是不可能的。

要教学生寻找解题思路，就要提供有效的指导他们思维操作的策略和方法。那么，这两套关于寻找解题思路的提示语，就提供了一种有效的指导思维操作的程序和方法。当然，这种策略和方法不是唯一的，更不是万能的。

这两套提示语的根本特点，就是它体现了一种本原的方法。仔细看看这两套提示语，里面没有什么具体的数学对象和方法，没有针对哪种题型、哪个知识。所以这是元认知提示语和方法论提示语，能让学生自然而然地去考虑各种问题。实际上是让学生学会一种元认知策略，利用这种策略可以指导自己思考，这就是教学生学会思考了。

有了这两套提示语，学生在面对陌生问题的时候，就可以从容以对，按照这样的程序按部就班地思考，一步步向前推进就行了。但是其中的每一步都伴随着思考，还得必须靠自己思考，有时也会是很艰难的思考。因为这些提示语都是问题，每一个问题的答案不是现成的，要靠学生自己深究来发现。不过这些答案的发现已经变得容易多了，只要到问题中寻找，到题设中去寻找，到已学过的相关东西里面去寻找就行了。这两套提示语的好处正是在于，它们是一个个问题，需要学生自己思考，学会了思考这些问题，就能无限接近于找到解题的思路。

那么怎么用这两套提示语来寻找解题思路呢？这两套提示语很简单，一听就明白，但究竟怎么运用一个个提示语寻找解题思路呢？一个例子胜过一打说明，也就是用具体案例来说明是最清楚不过的。前面已经列举了一个案例，接下来还要列举更多具体的实例来说明。

7.2　初中解题教学中提示语的运用

解题教学在数学教学中占有很大的比重，它是学生能否对所学数学概念和原理进行灵活运用的具体体现。一般的数学解题教学，教师更多的是带领学生解题，在如何让学生"学会解题"方面注意不够，办法很少。但是教学生学会解题的根本出路，只能是教学生学习"解题思路的寻找"。因此教师教解题的重点，学生学解题的重点，是如何运用着手解题和理解题意的启发性提示语，来进行解题思路或方法的寻找。

在实际解题教学中，教师需要根据具体问题，恰当运用这些启发性提示语。有时不一定用上所有启发性提示语，而是选择其中某几个，学生就已经受到启发，理解题意并有了解题思路。重要的是，通过解题教学，教师要让学生学会当自己独立面对一个问题时，也能运用这些提示语，去启发自己理解题意，寻找到解题的思路。

教师要让学生明白，"考虑一个问题不是对着这个问题发呆，你总得干点什么"。①

那你干点什么呢？
打算干点什么呢？
你能干点什么呢？
它是哪一个方面的问题啊？这你总可以想一想吧？
它要求（证）的是什么啊？这你总可以想一想吧？
未知量是什么啊？未知的结论是什么呀？
未知量或结论中的每个句子、名词的意思是什么呀？
它们怎么表示的呀？还能怎样表示呀？
未知量或结论中的关键点是什么呀？
需要什么样的已知量或已知条件呀？
这些已知量和已知条件到哪里去找呀？
题设中有没有啊？
题设中给的是什么已知量和已知条件呀？

随着解题过程的进展，在解题的每一阶段，都会面临新的情况和新的决断：

下面该做什么？

① 波利亚．数学的发现（第二卷）．刘景麟，曹之江，邹清莲，译．呼和浩特：内蒙古人民出版社，1981：140．

下面该怎么做?

已知条件中的每个句子是什么（意思）啊?

每个名词是什么（意思）啊? 它有什么性质啊?

它们如何表示呀? 还能如何表示呀?

题中各个对象之间有什么关系啊?

能不能从题设的条件中推出或得到什么呀?

每句话能不能用不同的方式重新表述它呀?

整个问题能不能用不同的方式重新描述它呀?

因为可能并不知道应该用具体的哪一个提示语，因此在解题的每一个阶段，都需要用各个提示语反复思考，从中去考查新的东西、新的点子、新的组合、新的观点，力求用一种新的更有希望的观点来看整个问题。

那么，究竟如何运用解题的启发性提示语，进行解题思路的寻找? 牛顿说："实例比起说教来，更容易使人学到本领。"[①]所以接下来，在一些具体的例子的说明中，来看看应该如何用解题的启发性提示语，来进行解题思路的寻找。

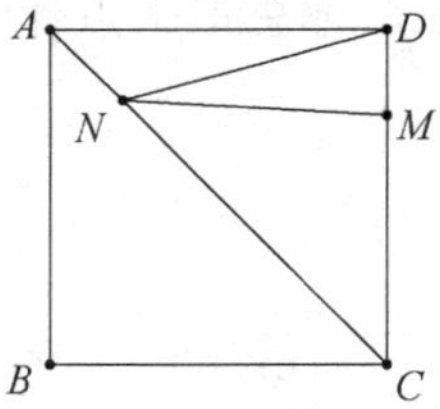

图 7.1

例 7.2.1　见图 7.1，正方形的边长为 8，M 在 CD 上，且 $DM=2$，N 为 AC 上的一动点，则 $DN+NM$ 的最小值为____。

面对一个新的问题，教师需要花一定的时间让学生来学"如何着手解题"和"如何理解题意"，寻找解题思路。教师可以提出以下一些启发性提示语，启发学生寻找解题思路。

着手解题:

[它是一个什么问题?]——是正方形内求线段的最值问题。

[要求（证）什么?]——求 $DN+MN$ 最小值。

[$DN+MN$ 是什么?]——两条线段之和。

[两线段之和何时最小?]——DN 与 MN 在一条直线（N 是公共端点）。

[D，M，N 是什么?]——看看题设中条件。D 是顶点，$MD=2$，N 是对角线 AC 上的动点。

目前状况下，它们不可能在一直线上。

[怎么办?]——必须找替代它们的线段。

[什么是它们的替代线段?]——要找一条完整的线段与原来两线段的长相等。

[怎么找这条完整的线段?]——盯住目标!

[所求的问题还能怎么表示? ①]——找直线 AC 上一点 N 到直线外两定点 D，

---

① 波利亚. 数学的发现（第二卷）. 刘景麟，曹之江，邹清莲，译. 呼和浩特：内蒙古人民出版社，1981：140.

M 距离最短。

是否见过类似问题？那个问题是怎么解决的？②——见过，解决方法是找其中一点关于直线 AC 的对称点。所以可找 D 或 M 关于 AC 的对称点。

怎么找它们的对称点？题设中有什么条件？——这是一个正方形上的问题，正方形中对称关系很多。首先顶点 B 就是顶点 D 关于 AC 的对称点。

如图 7.2 所示，连 BM 交 AC 于 N'，连 DN'，则 $BN'=DN'$。

$DN'+MN'=BN'+MN'=BN'$。

怎么求 BN'的长？——$BN'^2=BM^2+CM^2=8^2+6^2=10^2$，得 $BN'+MN'=10$。

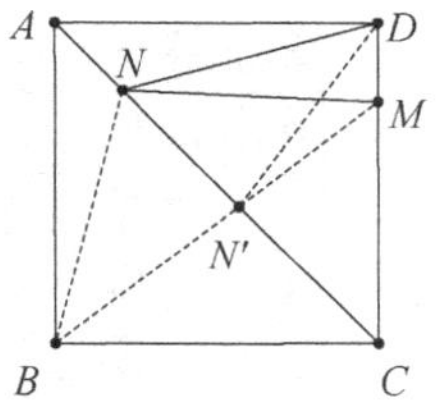

图 7.2

在这些启发性提示语中，有两个最重要，一个是①“所求问题还能怎么表示”，另一个②“是否见过类似问题，那个问题是怎么解决的”。①最为关键，能转换为“求直线上一点到直线外两点距离最短”，再用②来提示的时候才容易联系到曾经做过的题。因为做过的题很多，要与哪一个联系呢？如果不能想到要转化为另一个等价的表示，即使有后一个提示联想做过的题，也难以想到有用的做过的问题。可见对题意的理解中，对问题的理解和等价转化非常重要，所以一定要首先把“求什么”搞清楚。在此题中，解题的启发性提示语，在思路寻找上能够发挥很大的作用。

寻找解题思路，就是要用着手解题和理解题意的启发性提示语，问自己一系列相关的问题，一步一步逐个推进，回顾、反思、寻找。

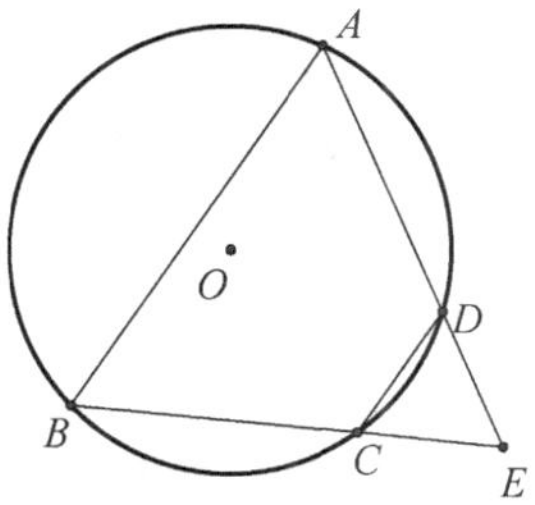

图 7.3

例 7.2.2　如图 7.3 所示，四边形 $ABCD$ 是⊙O 的内接四边形，BC 的延长线与 AD 的延长线交于点 E，且 $DC=DE$。

（1）求证：$\angle A=\angle AEB$。

（2）连接 OE，交 CD 与 F，且 $OE\perp CD$。求证：$\triangle ABE$ 是等边三角形。

（1）来证明：$\angle A=\angle AEB$;

着手解题：

这是一个什么问题？——这是与圆有关的三角形边和角的平面几何问题。

求（证）什么?——求证：$\angle A=\angle AEB$;

$\angle A$ 和 $\angle AEB$ 是什么角？——都是$\triangle ABE$ 的内角。

要证$\angle A=\angle AEB$，需要什么条件?——需证$\triangle ABE$ 是等腰三角形。

需要什么条件？——需要有两条边相等。要 $BA=BE$。感觉此路不通。

如果$\angle A$ 和$\angle AEB$ 都与另外某个角相等就好了。

这个角到哪里去找？——到题设条件中去找。

看题设中条件：已知四边形 $ABCD$ 是⊙O 的内接四边形。

*它(圆的内接四边形)有什么性质？——外角等于内对角，对角和等于 180°。

*由它能推出什么？怎么表示？——$\angle B=\angle CDE$，$\angle A=\angle DCE$…①。

于是只要证 $\angle DCE=\angle AEB$ 就行了。

需要什么条件？——$DC=DE$。它正是已知条件，这就证明了 $\triangle DCE$ 是等腰三角形。

于是 $\angle DCE=\angle DEC$，即 $\angle DCE=\angle AEB$…②。

由①，②得 $\angle A=\angle AEB$。

（2）证明：$\triangle ABE$ 是等边三角形。

着手解题

要求证什么？——证明 $\triangle ABE$ 是等边三角形。

怎么证等边三角形？——需三条边或三个角相等。

从中选择一个方向，由（1）（等角多）选证三个角相等。

需要什么条件？——$\angle A=\angle AEB=\angle B$。

由（1）知 $\angle A=\angle AEB$，还需要 $\angle B=\angle AEB$ 或 $\angle A=\angle B$。

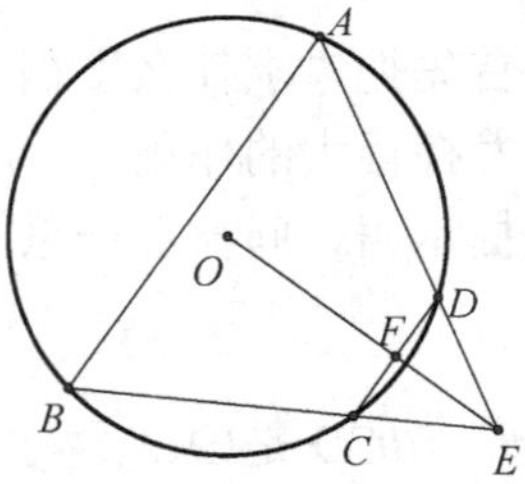

图 7.4

怎么证？——由(1)已得 $\angle B=\angle CDE$，$\angle A=\angle DCE$。只要证 $\angle CDE=\angle DCE$；或 $CE=DE$；或 $\triangle CED$ 是等腰三角形。…③

怎么证③？——证明三者之一即可。

看题设（2）条件：见图 7.4，连接 OE，交 CD 于 F，且 $OE\perp CD$。

*由 $OE\perp CD$ 可推出什么结论？——EF 是 $\triangle CED$ 的高；又 CD 是弦，所以 F 是 CD 的中点，即 EF 是 $\triangle CED$ 的中线。

由此可推出什么？——$\triangle CED$ 是等腰三角形。

这证明了③成立。即可证明 $\triangle ABE$ 是等边三角形。

上述三个打*的提示语在这题中都起到了比较重要的启发作用。对“推出什么性质？”“能推出什么结论？”这些启发，要推出尽可能多的性质或结论，以防止遗漏，这样才可能从中挑选出最有用的信息。

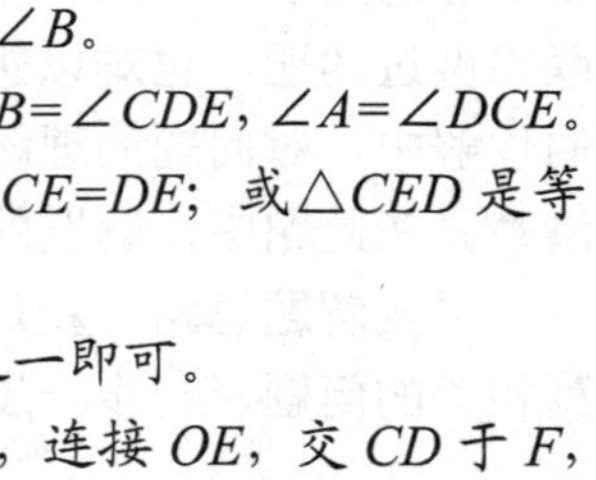

图 7.5

例 7.2.3　如图 7.5 所示，O 为正方形 $ABCD$ 中心，$\angle DBC$ 的平分线交 CD 于 E，延长 BC 到点 F，使 $CF=CE$，连接 DF 交 BE 延长线于 G，连接 OG。

（1）求证：$\triangle BCE\cong\triangle DCF$。

（2）OG 与 BF 有什么数量关系？

（3）若 $EG \cdot BG=4-2\sqrt{2}$，求正方形 $ABCD$ 的面积。

第（1），（2）题比较简单，这里就不做讨论。着重看第（3）题，如何用解题的启发性提示语启发寻找思路。

着手解题:

这是一个什么问题？——平面几何题。

求什么？——求正方形 $ABCD$ 面积。

正方形面积怎么表示？——设 $ABCD$ 边长 $BC=x$，则 $ABCD$ 面积为 x^2。

怎么求正方形边长 x？——来看题设条件。

与数据有关的条件是什么？——已知 $EG \cdot BG=4-2\sqrt{2}$。

*能不能把它与所求的边长 x 联系起来？——

如何把边长 x 与 BG，EG 建立联系？——

*BG，EG 是什么？——EG 是 $\triangle DEG$ 的一边，BG 是 $\triangle BDG$ 的一边。

*$\triangle DEG$ 与 $\triangle BDG$ 有什么关系？——都是直角三角形，且 $\mathrm{Rt}\triangle DEG \backsim \mathrm{Rt}\triangle BDG$。

相似三角形有什么性质？——对应边成比例。

怎么表示？——$\dfrac{EG}{DG}=\dfrac{DG}{BG}$，得 $DG^2=EG \cdot BG$。则 $DG^2=4-2\sqrt{2}$。

得到这个结论有什么好处？——就可算出 $DF=2DG$。

那又有什么好处？——DF，CF 和 CD（边长 x）都在 $\mathrm{Rt}\triangle DCF$ 中，如果能求出 CF，就可求出 CD（边长 x）。

能求出 CF 吗？怎么求？——在 $\mathrm{Rt}\triangle DCF$ 中，用勾股定理，可得 $CF^2+CD^2=DF^2$。这个式子中 $CD^2=x^2$。

*CF，DF 是什么？怎么表示？——$CF=BF-BC$，而 BC 是 x，由（1）知 $BF=BD$，BD 是对角线，则 $BD=\sqrt{2}x$；$DF=2DG$。得 $CF=\sqrt{2}x-x=(\sqrt{2}-1)x$，将其代入 $CF^2+CD^2=DF^2$，可得 $(\sqrt{2}-1)^2x^2-x^2=4(4-2\sqrt{2})^2$，解得 $x^2=4$。

在这个题的思路寻找过程中，打*的提示语所提供的启发很有价值，特别“能不能把它与所求的边长 x 联系起来？”最富启发性，因为 $EG \cdot BG=4-2\sqrt{2}$ 这个条件比较孤立，不容易把它用起来，由这样的提示就可以引导去联想 EG，BG 与边长 x 的关系。接着启发思考 EG 和 BG 是什么、在哪里，就很自然。从而把 EG 和 BG 纳入到直角三角形中，接下来的思路就比较顺利了。最后在勾股式中的等量代换其实也有一定难度，所以“CF，DF 是什么、怎么表示？”就可以引导去思考这两个量怎么表示。当然有了这样启发，也未必就一定能找到 CF，DF 的表示，但是已经降低了难度，增加了找到的可能性。

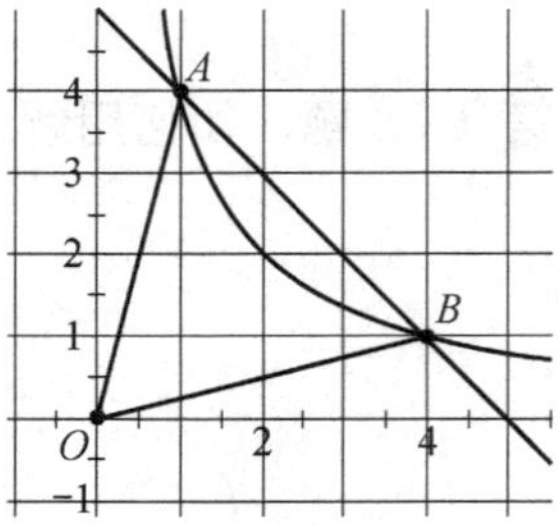

图 7.6

例 7.2.4　如图 7.6 所示，反比例函数 $y_1=\dfrac{3-k}{x}$（$x>0$）和一次函数 $y_2=kx+m$（k，m 为常数，且 $k\neq 1$）的图像交于 A，B 两点。已知 A，B 的横坐标是 1 和 4。

（1）求使 $y_2>y_1$ 的 x 的取值范围。

（2）求两函数的具体表达式。

（3）求△AOB 的面积。

着手解题：

这是一个什么问题？——函数及其图像的几何问题。

求什么？——（1）求 x 的取值范围。

有什么要求？——要使 $y_2>y_1$。

y_2，y_1 是什么？——到题设中去找：y_1，y_2 是题设中的两个函数。

$y_1=\dfrac{3-k}{x}$（$x>0$），$y_2=kx+m$（k，m 为常数，且 $k\neq 1$）。

*“使 $y_2>y_1$”是什么（意思）？——表示函数值 $y_2>y_1$。

仅凭两个函数式求不出 x 的取值范围。

*函数 y_2，y_1 还能怎么表示？——用函数图像表示。

*$y_2>y_1$，在图像上表示什么？——直线 y_2 在曲线 y_1 的上方部分，即线段 AB。

AB 这部分的 x 取值范围是什么？——在 A，B 的横坐标之间，已知 A，B 横坐标是 1 和 4。

因为是“>”，即不包含交点，所以恰好是 $1<x<4$。

（2）求函数的具体表达式，就是求 k，m。

怎么求 k，m？——联立方程。

将 $x=1$，4 分别代入 y_1，y_2，得两方程组。

解方程组可得 $m=5$，$k=-1$。

（3）求△AOB 的面积。

△AOB 的面积怎么表示？——“底乘以高再除以 2”，此路不通。

*还能怎么表示？——发现如果直线 AB 与 x 轴交于点 C，如图 7.7 所示，可表示为 $S_{\triangle AOB}=S_{\triangle AOC}-S_{\triangle BOC}$。

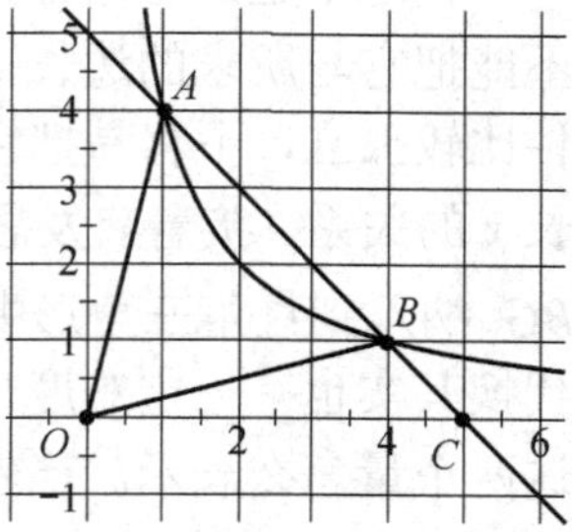

图 7.7

能求出 $S_{\triangle AOC}$ 和 $S_{\triangle BOC}$ 吗？——发现它们同底不等高。

它们的底是什么？——易知点坐标 $C(5,0)$。

它们的底和高是什么？——底是 5，高分别是 A，

B 的纵坐标 4，1。得 $S_{\triangle AOB}=\dfrac{15}{2}$。

在这道题寻找思路的过程中，打*的提示语起到很好的启发作用。其实"'使 $y_2>y_1$' 是什么（意思）？""还能怎么表示"这些提示语很重要，不仅能引导懂得它的代数意义是函数值的大小，还能引导明白它的几何意义是在给定区间内 y_2 的图像在 y_1 图像的上方；并能放弃通常求三角形面积的公式，转而从图形关系上表示两个三角形面积之差；这样才能找到 x 的取值范围的思路，以及求三角形面积的思路。

例 7.2.5　如图 7.8 所示，A, B 在第二象限，点 $C(-1,0)$，以 C 为中心作 $\triangle ABC$ 位似图形 $\triangle A'B'C$，且把边长放大 2 倍。B' 横坐标是 a，则 B 的横坐标是（　　）。

（A）$-\dfrac{1}{2}$　　（B）$-\dfrac{a+1}{2}$　　（C）$-\dfrac{a-1}{2}$　　（D）$-\dfrac{a+3}{2}$

解题初始，一定要把题多读几遍，达到不看题即能完整叙述问题，最好是用自己的语言叙述。千万不可草草看一下，就匆匆下笔。把题设中每一个句子、每一个名词、每一个符号都看明白，弄清楚。

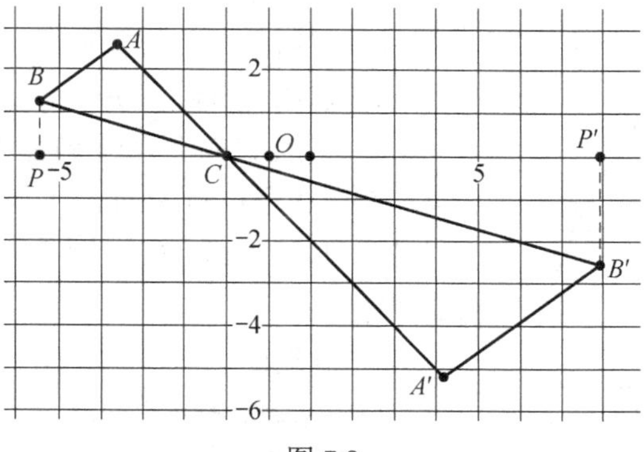

图 7.8

着手解题：

它是一个什么问题？——直角坐标系里的位似图形问题。

求什么？——求 B 点的横坐标。

B 的横坐标是什么？怎么表示？——作 B 在 x 轴上的垂足 P，则 B 的横坐标 $=-OP$。因此求出 OP 长即可。

OP 怎么表示？——$OP=OC+PC$，得 $PC=OP-OC$。

$OP=?$ $OC=?$——到题设里去找。

理解题意：A，B 在第二象限。

它是什么（意思）？——A，B 的横坐标是负的。

点 C（$-1,0$）还表示什么？——$OC=1$。

位似图形边长放大 2 倍是什么（意思）？——$CB'=2CB$。

B'点横坐标是 a 还表示什么？——设 B'点在 x 轴上的垂足是 P'，则 $OP'=a$。由 $CB'=2CB$，得 $CP'=2CP$。

OP 怎么求？——$OP=OC+CP$，由 $2CP=CP'=CO+OP'=a+1$，得 $CP=\dfrac{a+1}{2}$，则 $OP=OC+CP=1+\dfrac{a+1}{2}=\dfrac{a+3}{2}$。

从而得 $-OP=-\dfrac{a+3}{2}$，即 B 点的横坐标是（D）。

这题把图形画好，把问题和条件的意思搞明白，其思路应该并不难找。当然，这还是会者不难、难者不会的事情，但是如果能坚持用着手解题和理解题意的启发性提示语引导自己，按部就班地步步为营，层层推进，就能很快找到思路。

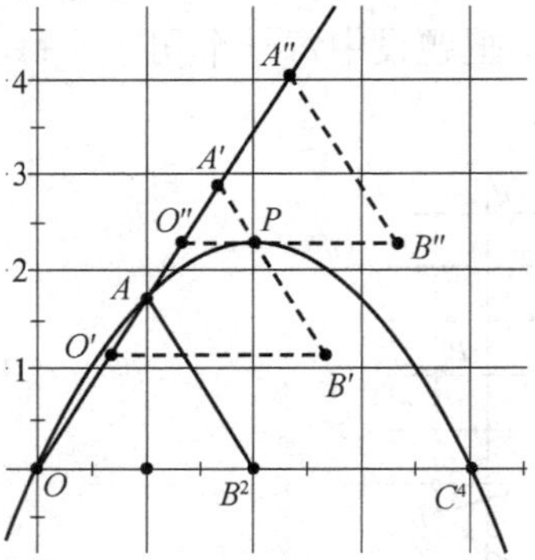

图 7.9

例 7.2.6　如图 7.9 所示，在坐标系 xOy 中，等边△AOB 的点 B 为（2,0），函数 $y=ax^2+bx$ 图像经过点 A，与 x 轴交于原点 O 和点 $C(4,0)$。

（1）求射线 OA 的函数表达式。

（2）求函数 $y=ax^2+bx$ 顶点 P 的坐标。

（3）将△AOB 延 OA 向上平移得△$A'O'B'$，当△$A'O'B'$一边经过点 P 时，求点 O'坐标。

题中的第（1），（2）题是铺垫题，主要探讨第（3）题。

着手解题：

这是一个什么问题？——二次函数与几何结合的问题。

求什么？——（1）求射线 OA 的函数表达式；

△AOB 是等边三角形，$B(2,0)$，易知 $A(1,\sqrt{3})$，得 OA 函数式 $y=\sqrt{3}x$。

（2）求二次函数顶点 P 的坐标，已知函数 $y=ax^2+bx$，经过点 O，A，C；坐标表示 $O(0,0)$和 $C(4,0)$，代入 $y=ax^2+bx$，得函数表达式 $y=-\dfrac{\sqrt{3}}{2}(x^2-4x)$。

怎么求顶点？——配方，得 $y=-\dfrac{\sqrt{3}}{3}(x-2)^2+\dfrac{4\sqrt{3}}{3}$，所以顶点 P 为 $\left(2,\dfrac{4\sqrt{3}}{3}\right)$。

（3）当△$A'O'B'$一边经过点 P 时，求点 O'坐标。

理解题意：　将△AOB 延 OA 向上平移得△$A'O'B'$。

*△$A'O'B'$一边经过点 P 是什么（意思）？——$A'B'$或 $O'B'$经过 P 点。

①若直线 $A'B'$ 经过 P 点，怎么求 O' 坐标？——*直线 $A'B'$ 怎么表示？——设为 $y=kx+m$；已知 $B(2,0)$，由（1）知 $A(1,\sqrt{3})$。

O'，A'，B' 怎么表示？——设 O' 坐标 $(t,\sqrt{3}t)$。由 O'，可知 $A'(t+1,\sqrt{3}(t+1))$，$B'(t+2,\sqrt{3}t)$。A'，B' 坐标代入 $A'B'$ 表达式，得

$$\begin{cases}\sqrt{3}t=k(t+2)+m,\\ \sqrt{3}(t+1)=k(t+1)+m\end{cases}$$

解得 $k=-\sqrt{3}$。则有直线 $A'B'$ 表达式为 $y=-\sqrt{3}x+m$。

怎么求 m？ *有什么条件还没用上？——$A'B'$ 经过 P 点，将 P 点坐标代入，得

$$\frac{4\sqrt{3}}{3}=-2\sqrt{3}+m。$$

解得 $m=-\dfrac{10\sqrt{3}}{3}$。求得直线 $A'B'$ 表达式：$y=-\sqrt{3}x+\dfrac{10\sqrt{3}}{3}$。

怎么求 O' 点坐标？——直线 $A'B'$ 经过 A',B' 点，将 A' 或 B' 点坐标代入直线 $A'B'$ 表达式，选 B' 坐标 $(t+2,\sqrt{3}t)$ 代入（B' 比 A' 坐标简单），得 $t=-\dfrac{2}{3}$。则 $O'=\left(\dfrac{2}{3},\dfrac{2\sqrt{3}}{3}\right)$。

② 若直线 $O''B''$ 经过 P 点，同理可得 O' 坐标为 $\left(\dfrac{4}{3},\dfrac{4\sqrt{3}}{3}\right)$。

这题的背景比较复杂，信息比较多，其实把信息理清楚，寻找思路并不很难，所以还是重在弄清问题，理解题意。关键是问题包括了两种情况，“*△$A'O'B'$ 一边经过点 P 是什么（意思）？”就是提示要搞清楚这点；“*直线 $A'B'$ 怎么表示？”则是引导要写出直线 $A'B'$ 的表达式，待定系数，求系数；“*有什么条件还没用上？”就是引导去寻找没用上的条件，中途结论中直线 $A'B'$ 经过的几个点的坐标没用上，把这些点的坐标用上，问题就解决了。同时也可以看到，所谓“有什么条件没有用上”，这个条件并不一定是在题设中，也可以是所得到的中途结论。

从上述的案例中可以看到，在运用启发性提示语的过程中，未必每一个提示语都会用到，但是在寻找思路的过程中，每一个提示语都需要不停地在头脑里回荡，以随时用来启发引导自己，这实际上也是一个熟悉、熟练的过程，用的时间长了就会熟能生巧，用的水平才能不断提高，最终成为一种习惯、一种意识，数学解题的能力也就能大大提高。

解题教学中，教师可以尝试通过各种启发性提示语，让学生学会如何发现问题的特点，如何挖掘不同知识之间的联系。通过解题教学，使学生不仅学会解题，

更主要的是学会研究问题的方法，学会思考，学会从不知开始，一步一步地达到问题的核心，直至最终的构建和解决。最终使学生的观察力、判断力等各种认识力得到发展和提高。

7.3　高中数学解题启发提示语的运用

波利亚说：“数学解题从来就没有万能的完善的解题方法。不过也有很多有据的策略，它们并没有一条截然分明的分界线，有时候它既不是黑，也不是白，只是一片灰色的影子，它留下了某些余地，需要做出补充思考的余地。”[①]这就是说，要关注“是否存在可在解题中起作用的表述思维方式的行为指南？”

7.1 节中所提供的数学解题的启发性提示语，就可能起到这样的作用，即可以提供一个寻找解题思路的指南。但是它留下了某些空缺的余地，需要自己去做出补充思考，而且有时还是很艰难的思考。因为只有遇到比较难的、比较陌生的题目才不会做，所以即使用提示语来帮助思考，也不是就能一蹴而就的，还是可能要费一番周折。启发性提示语的运用，一开始也要有一个学习的过程，在学的过程中用，在用的过程中学，经过一段时间以后才能够掌握用的方法。

数学解题的启发性提示语怎么用？在开始阶段，是先从不是太复杂的数学题开始，以求了解如何具体地使用这些提示语，也就是说，最开始的目的还不是真正去学寻找解题思路，而是学怎么“用”提示语。其实，解题的两套启发性提示语中的提示语并不很多，而且耳熟能详容易掌握，并不需要专门去记忆。

一般对“着手解题的提示语”，就是按部就班地按顺序逐条推进。拿到一个比较陌生的数学题，先要熟读题目，不是一读了事，而是多读几遍，能够不看题就能熟练地把题目讲述出来，然后就可以开始寻找解题思路了。

首先看，它是一个什么问题？要求或证的是什么？弄清楚这个问题究竟是什么意思？然后就考虑，要解出这个问题需要什么材料？

材料在哪里？当然在题设里。所以波利亚说：“首先，必须研究问题本身和直接属于它的那些材料。”[②]可见必须仔细研究问题本身，研究直接属于它的材料；没有对“问题本身”和“直接属于它的材料”的研究，就难以得到能够直接用于解题的“间接的材料”。所谓“间接的材料”，实际是由“本身”和“直接材料”转化而得到的材料，它是对直接材料沿着“怎么表示，还能怎么表示？”“推出什么？还能推出什么？”的思考，慢慢演变出来，推导出来的。

---

① 波利亚．数学的发现（第二卷）．刘景麟，曹之江，邹清莲，译．呼和浩特：内蒙古人民出版社，1981：136．

② 波利亚．数学的发现（第二卷）．刘景麟，曹之江，邹清莲，译．呼和浩特：内蒙古人民出版社．1981：138．

其次要尝试，尝试，再尝试。这也是波利亚所推崇的方法。尝试，是数学解题必然要经历的步骤，而且尝试一次不行，还要尝试第二次、第三次……。尝试用这个提示语没有获得进展，就继续尝试另外的提示语，有时还要反反复复尝试，第一次尝试没成效，可能第二次尝试就产生了效果。所以，解比较难的数学题，还要坚持，要锲而不舍，特别是在考察细节的时候，要紧紧抓住考察过的点子不放，不要过早放弃。

例 7.3.1　已知函数 $f(x)=\dfrac{e^x}{a}+\dfrac{a}{e^x}$（$a>0$）是偶函数，求 a。

这是一个不太复杂的问题，选用它的目的是看看在寻找解题思路时，提示语怎么用，怎么来用提示语追问，只有通过不断地追问，甚至是“穷追”，才能将那层“窗户纸”捅破。

着手解题:

【它是一个什么问题？】——是一个函数问题。

【求什么？】——求 a。这还没有结束，还要追问。

【a 是什么？】——是函数的一个参数。

【它还是什么？】——到题设中去找，发现还有 $a>0$。

【求 a 需要哪些材料？已有什么材料？材料到哪里去找？】——到题设中去找，到“问题本身”去找。

理解题意：按照理解题意的提示语，逐一搞清楚：“它”是什么？怎么表示？还能…

【$f(x)$是什么？】——$f(x)$是含有自然对数底数和分式的比较复杂的函数。

【它的定义域是什么？】——没有明确规定，应是自然定义域，即 $x\in\mathbf{R}$。

【“偶函数是什么？怎么表示？”】——$f(-x)=f(x)$。①

【$f(-x)$是什么？还能怎么表示？】——$f(-x)=\dfrac{e^{-x}}{a}+\dfrac{a}{e^{-x}}$。

由①可推出 $\dfrac{e^{-x}}{a}+\dfrac{a}{e^{-x}}=\dfrac{e^x}{a}+\dfrac{a}{e^x}$ ②。

到这里实际已经找到了解题的思路，接下来只要解这个方程就行了。

由②可得 $\left(a-\dfrac{1}{a}\right)\left(e^{-x}-\dfrac{1}{e^{-x}}\right)=0$。

【两个因式哪一个为 0，哪一个不为 0?】——根据 $f(x)$的定义域，只有 $x=0$ 时第二个因式才为 0。

所以 $a-\dfrac{1}{a}=0$，解得 $a=\pm1$；$a>0$，所以求得 $a=1$。

这道题运用提示语寻找解题思路比较清晰，在得到①前后的两个提示语其实很关键，前者引导得到①，后者引导得到②，得到②思路就找到了。后面解方程用到了函数的定义域，对于函数问题，搞清楚它的定义域总是必要的，函数问题总是要与定义域联系在一起考虑问题的。

例 7.3.2　设 $1=a_1\leqslant a_2\leqslant\cdots\leqslant a_7$，其中 a_1，a_3，a_5，a_7 成公比为 q 的等比数列，a_2，a_4，a_6 成公差为 1 的等差数列，求 q 的最小值。

着手解题：【它是一个什么问题？】——它是涉及不等式组与数列的问题。

【求什么？】——求等比数列公比 q 的最小值。

【这个等比数列是什么？】——到题设中去找。$1=a_1\leqslant a_2\leqslant\cdots\leqslant a_7\cdots$①，

【它是什么？】——是一个不减数列，又是一个不等式组，不等关系同时成立。

a_1，a_3，a_5，a_7 成等比数列，公比是 q。

【它还能怎么表示？】——$a_1=1$，$a_3=a_1q=q$，$a_5=q^2$，$a_7=q^3$②a_2，a_4，a_6 成等差数列，公差为 1。

【它还能怎么表示？】——a_2，$a_4=a_2+1$，$a_6=a_2+2$；③

【②，③这两个中途结论能利用吗？能将①换一种表示吗？】——将②，③代入①得 $1\leqslant a_2\leqslant q\leqslant a_2+1\leqslant q^2\leqslant a_2+2\leqslant q^3$。④

【还缺少什么？】——缺少 a_2 和 q。

【a_2 有什么性质？】——$1\leqslant a_2$。

【q 有什么性质？】——$1\leqslant a_2\leqslant q$。

【怎么求 q 的最小值？】——要 q 最小，就必须要 a_2 最小，则 $a_2=1$。

把 $a_2=1$ 代入④得 $q\geqslant 1, q^2\geqslant 2, q^3\geqslant 3$; 但 $q\neq 1$, 所以 $q>1$; $q\geqslant\sqrt{2}$, $q\geqslant\sqrt[3]{3}$。

【三个 q 的取值范围，选哪一个？】——要使不等式组同时成立，选最大的。

比较大小，$1<\sqrt{2}<\sqrt[3]{3}$，所以选 $\sqrt[3]{3}$。

从上述寻找解题思路的过程看，得到④是关键的一步，而这一步的得到，是因为对等比、等差数列做出了新的表示②，③，用 q 和 a_2 代换④中其他的数，才得到三个关于 q 的不等式。

例 7.3.3　若 $3^a=0.618$，$a\in[k, k+1]$，$k\in\mathbf{Z}$。则 $k=$____。

解题总是要从“如何着手解题”开始。熟读问题以后，就要开始着手解题。着手解题的第一步，总是要搞清楚究竟“求的是什么”，或“证的是什么”。这非常重要，而且有时对问题的理解，还不是一次就能完成。现在来看例 7.3.3 寻找解题思路的过程。

着手解题：【这是一个什么样的问题？】——这是一个与指数式相关的问题。

求什么？——求 k=?

k 是什么？——到题设中去找。

理解题意：k 是 $[k, k+1]$ 的左端点，$k \in \mathbf{Z}$。

求 k，有什么条件？

若 $3^a=0.618$ 是什么(意思)？——是一个指数的幂，意思是 a=? 时，$3^a=0.618$。

$[k, k+1]$ 是什么（意思）？——是相邻整数区间。

$a \in [k, k+1]$ 是什么（意思）？还能怎么表示？——$k \leqslant a \leqslant k+1$①。

①能够推出什么？——观察这个不等式，发现 a 还不明晰。

a 是什么？——a 是 3^a 的指数。

再继续观察不等式①，能联想到什么？——a 是 3^a 的指数，那么 k，$k+1$ 也可以是 3 的指数②。就有 3^k，3^{k+1}。

它们与 3^a 有什么关系？——在不等式中，当然应该是大小关系。

怎么判断它们的大小关系？——3^a 还表示什么？——可表示指数函数 $y=3^x$。

由指数函数怎么判断？——利用函数单调性。显然 $y=3^x$ 单调递增。可得 $3^k \leqslant 3^a \leqslant 3^{k+1}$③。

接下去怎么做？——这时有一个数学解题的重要策略，叫做“抽象符号具体化”。

不知道这个符号表示什么，代一个具体的数试试。

代一个什么数？——$3^a=0.618$。那就选一个数使 3^k，3^{k+1} 比 0.618，一个小，一个大的数，且 k，$k+1$ 是相邻整数。$0 \leqslant 0.618 \leqslant 1$。

即 $k=-1$，$k+1=0$。即得 $3^{-1} \leqslant 3^a \leqslant 3^0$④。

由此又可推出什么？——还是利用 $y=3^x$ 单调递增，可得 $1 \leqslant a \leqslant 0$；即 $a \in [-1, 0]$。这就求出了 $k=-1$。

这道题解题思路寻找的关键是，由①到③这一段的思考。其中②是关键，运用了“类比”的方法，把 k 与 a 类比，从而发现也可以把 k 作为 3 的指数，一旦把 k，$k+1$ 放到指数位置上，解题思路迎刃而解，问题基本解决，接下去只不过是顺势求出答案而已。从中还可见到，对 a 和 k 的理解不是一次完成的，而是在思考的进展中发现需要进一步认识理解，这才通过提示语的尝试，逐个找了②和④。这个过程其实并不容易，思考的过程应该是比较艰难的。这说明，提示语为寻找思路提供了可能，但并不能保证一定能找到思路，需要多次尝试。

在这道题寻找思路的过程中，用到一个重要策略——“抽象符号具体化”。数学难学的原因之一是，它的对象是用专门的数学抽象符号来表示，对抽象符号学生有时不能直接认识其代表的真正含义，但是一旦能够将抽象符号具体化，学生立刻就能明白。这个“抽象符号具体化”策略，在数学解题中会经常用到。

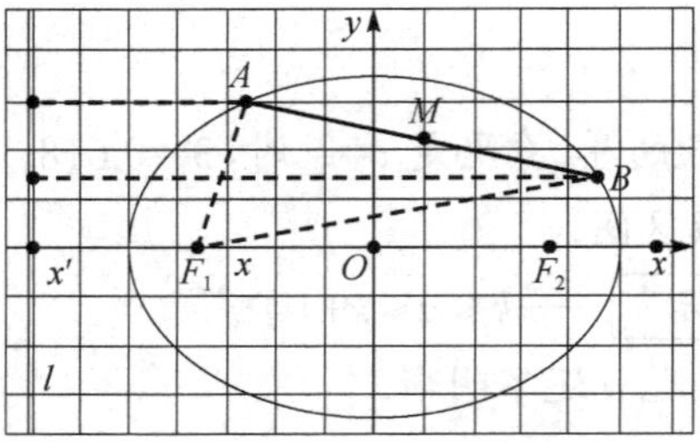

图 7.10

例 7.3.4　已知 A, B 是椭圆 $\frac{x^2}{a^2}+\frac{25y^2}{9a^2}=1$上的两点，如图 7.10 所示，$F_1$是左焦点，如果 $|AF_1|+|BF_1|=\frac{12a}{5}$ ①，AB 中点 M 到左准线的距离为$\frac{3}{2}$，求椭圆方程。

这道题中的条件比较多，要先多读几遍题，重要的是要画出图形，如果已有图形，就要把图中各个点、直线、曲线，以及相关的数据弄清楚，缺少的要补上。

着手解题：它是一个什么问题？求什么？——是一个解析几何题，要求椭圆方程。实际要求 a。

求椭圆方程现有哪些材料？——到题设中去找。

理解题意：A，B 怎么表示？——设 $A(x_1,y_1)$，$B(x_2,y_2)$。

这个椭圆有什么性质（基本量）？——a 是长半轴，短半轴 $b=\frac{3a}{5}$；可得半焦距 $C=\frac{4a}{5}$，离心率 $e=\frac{4}{5}$。

题设中①式是什么？——是点 A，B 到左焦点 F_1 的距离之和。

AB 的中点 M 怎么表示？——设中点 $M(x_0,y_0)$。还能怎么表示？用中点公式：$\frac{x_1+x_2}{2}$，$\frac{y_1+y_2}{2}$②。

左准线是什么？左准线怎么表示？——左准线 l 方程：$x'=-\frac{a^2}{c}=-\frac{5a}{4}$③。

中点M 到左准线距离还能怎么表示？——中点M 到左准线距离等于它们横坐标的差：$x_0+\frac{5a}{4}=\frac{3}{2}$；把它变形可表示中点 M 的横坐标x_0：$x_0=\frac{3}{2}-\frac{5a}{4}$④。

怎么求椭圆方程？——求椭圆方程有哪些工具？——有椭圆第一、第二定义。

怎么表示？——由椭圆第一定义得$|AF_1|+|AF_2|=2a$，$|BF_1|+|BF_2|=2a$。

用第二定义需要左准线 l 方程，前面已经得到③：$x'=-\frac{5a}{4}$；

由 A 点用第二定义得：$e=\dfrac{|AF_1|}{x_1+\dfrac{5a}{4}}=\dfrac{4}{5}$；化简得 $|AF_1|=\dfrac{4}{5}x_1+a$⑤。

由 B 点用第二定义得 $e=\dfrac{|BF_1|}{x_2+\dfrac{5a}{4}}=\dfrac{4}{5}$。化简得 $|BF_1|=\dfrac{4}{5}x_2+a$⑥。

得到了很多中途结论，能否利用？怎么利用？——由⑤，⑥可得 $|AF_1|+|BF_1=\dfrac{4}{5}(x_1+x_2)+2a$⑦。

由⑦联想到①：$|AF_1|+|BF_1|=\dfrac{12a}{5}$；代入⑦得 $\dfrac{4}{5}(x_1+x_2)+2a=\dfrac{12a}{5}$。

化简得 $x_1+x_2=\dfrac{a}{2}$。即得 $\dfrac{x_1+x_2}{2}=\dfrac{a}{4}$。⑧

前已得中点 M 横坐标 x_0 两种表示：② $x_0=\dfrac{x_1+x_2}{2}$，④ $x_0=\dfrac{3}{2}-\dfrac{5a}{4}$。

由⑧，②，④得 $\dfrac{a}{4}=\dfrac{3}{2}-\dfrac{5a}{4}$，解得 $a=1$。

将它代入题设中椭圆方程，可得所求椭圆方程：$x^2+\dfrac{25y^2}{9}=1$。

这道题信息量比较大，椭圆的基本量要全部用符号表示出来，表达式的变形比较多，得到的中途结论也很多，有些中途结论没用，但是大部分中途结论都是有用的。其中“求椭圆方程有哪些工具”的提示语，就是着手解题提示语中“有哪些工具”提示语的具体运用，各个提示语未必每题都能用上，也不知哪些提示语可能用上，所以一旦思考受阻就要把所有的提示语反复尝试运用，经过多次尝试，很可能尝试成功。好在提示语的数量并不多，寻找尝试起来也不困难。

例 7.3.5　如图 7.11 所示，为保护河上古桥 OA，规划建一座新桥 BC，同时设立一个圆形保护区。要求：新桥 BC 与河岸 AB 垂直，OC 为另一河岸；保护区的边界为⊙M，圆心 M 在 OA 上，并与 BC 相切；古桥两端 O 与 A 到该圆上任意一点的距离均不小于 80m。经测量，点 A 位于点 O 正北方向 60m 处，点 C 位于点 O 正东方向 170m，$\tan\angle BCO=\dfrac{4}{3}$。

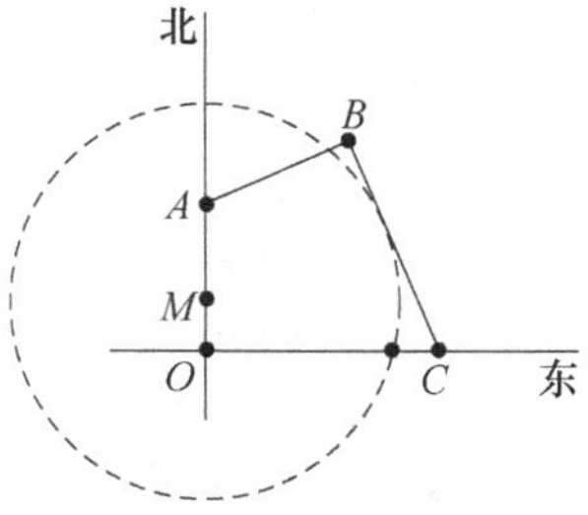

图 7.11

（1）求新桥 BC 的长；（2）当 OM 多长时，圆形保护区面积最大？

数学应用题是学生很为难的一种题型，因为应用题中的实际背景比较复杂，往往是学生陌生的，其中情境干扰的东西比较多，加上文字较长，学生理解起来感到困难，再要把实际问题进行数学建模，学生更是望而生畏。其实应用题的解题，根本还是对题意的理解，非得把题意弄得明明白白，才能把真正有用的信息提取出来。

这道题的图形有暗示方法的作用，图形已经把直角坐标系建立起来了，所以应该首先选择用解析几何的方法来建立数学模型。但是在实际解题中，很多学生仍然想用综合几何的方法来解决，造成了很多困难，而真正用这种方法完整解题的人寥寥无几。

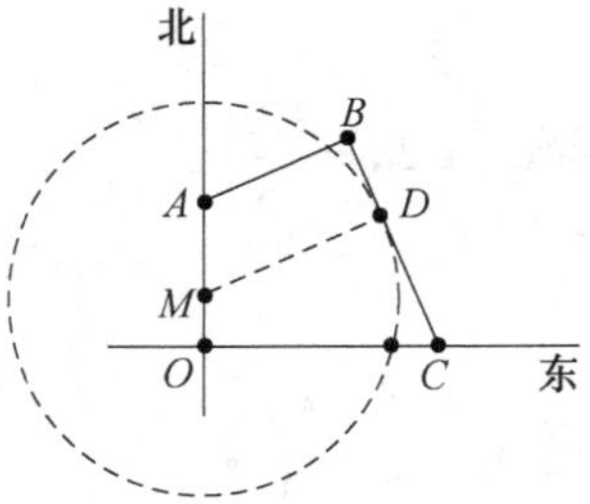

图 7.12

着手解题: 这是一个什么问题? ——是一个应用题。

求什么? ——第（1）小题是求 BC 的长。

BC 是什么? ——到题设中去找。

理解题意: 如图 7.12 所示，OA 古桥，BC 新桥，AB，OC 是河岸。$BC\perp AB$。$\odot M$ 是保护区，圆心在 OA 上，$\odot M$ 与 BC 相切。

点 O，A 到 $\odot M$ 圆周的距离 ≥80m。OA=60m，OC=170m。$\tan\angle BCO=\dfrac{4}{3}$。

点 A，C 还能怎么表示? ——用坐标表示 $A(0,60)$，$C(170,0)$。

$BC\perp AB$，还表示什么? ——表示 BC 是点 C 到直线 AB 的距离。

可知，求 BC 就是求点 C 到直线 AB 的距离。

求这个距离还缺少什么? ——缺直线 AB 的方程。

AB 的方程怎么表示? ——设 l_{AB}: $y-60=k(x-0)$。

k 还能怎么表示? ——$AB\perp BC$，因而 AB 的斜率可以用 BC 的斜率表示。$\tan\angle BCO=-\dfrac{4}{3}$ 可以表示直线 BC 的斜率，$k_{BC}=-\tan\angle BCO=-\dfrac{4}{3}$，从而得 $k=\dfrac{3}{4}$。

于是 l_{AB}: $y=-\dfrac{3}{4}x+60$。

点 C 到直线 AB 的距离: $d=\dfrac{3\times170-0+240}{5}=150$。

因此新桥 BC 的长是 150m。

（2）求什么? ——当 OM 多长时，圆形保护区面积最大?

圆形保护区面积最大是什么? ——是 $\odot M$ 的面积最大。

什么时候 $\odot M$ 的面积最大? ——$\odot M$ 的半径最大的时候。

$\odot M$ 的半径是什么? 还有什么条件没有用上? ——"$\odot M$ 与 BC 相切"还没用上。

$\odot M$ 与 BC 相切是什么（意思）? ——设 D 是切点，则 $MD\perp BC$。$\odot M$ 的半

径就是 MD。

[MD 还表示什么？]——MD 还表示 M 到直线 BC 的距离。

[怎么求？]——设 $MD=r$，$OM=d$，则有 $M(0,d)$。

[直线 BC 方程怎么表示？]——直线 BC 的斜率已知 $k_{BC}=-\dfrac{4}{3}$，

$l_{BC}: y=-\dfrac{4}{3}(x-170)$，化简得 $4x+3y-680=0$。

于是 $r=-\dfrac{|3d-680|}{5}$。

[怎么去绝对值号？]——因为 $d=OM\leqslant OA\leqslant 60$，所以 $3d\leqslant 180$。

得 $r=-\dfrac{680-3d}{5}$ ①。

[还有什么条件没有用上？]——点 O，A 到⊙M 圆周距离≥80m 还没用上。O 到⊙M 最近距离是 $MD-OM=r-d\geqslant 80$，A 到⊙M 最近距离是 $MD-AM=r-(60-d)\geqslant 80$，把它们联立成不等式组 $\begin{cases} r-d\geqslant 80, \\ r-(60-d)\geqslant 80。\end{cases}$

把①代入，得 $\begin{cases} \dfrac{680-3d}{5}-d\geqslant 80, \\ \dfrac{680-3d}{5}-(60-d)\geqslant 80。\end{cases}$ 解得 $10\leqslant d\leqslant 35$。

所以当 OM=10m 时，保护区的面积最大。

这个应用题的（1），（2）两题都要用到点到直线距离，寻找解题思路时，要把垂直关系转换理解为点到直线的距离，所以提示语“还能怎么表示？”或“还能表示什么？”就是引导将一种表示转换为另一种表示，这个引导转换的提示语，在解比较复杂的题时会经常用到。这些提示语中使用率最高的，就是“它是什么(意思)？”“它怎么表示？”“它还能怎么表示？”“能推出什么？”“还能推出什么？”可见运用提示语并不复杂，主要是需要反复尝试，不一定一次成功，总之是要尝试、尝试、再尝试。

7.4　解题启发性提示语的心理分析

数学解题的启发性提示语，实际上都是元认知提示语或方法论提示语。它没有任何具体的知识、方法的成分，是超脱于具体知识、方法这些认知活动之外的心理认识活动。那么数学解题的启发性提示语引导的是一种什么样的心理活动呢？

7.4.1　心理思维动作概述

数学的认知结构是存在于人头脑里的数学知识结构与认识结构有机结合而成的心理结构。人头脑里的认识结构，是伴随着数学知识结构的形成而同时发展起来的思维活动结构。[①]

学习的心理操作理论对教学过程的心理分析，是把思维活动划分为各个思维活动方式。思维活动有具体的活动方式，各种思维活动方式与各种思维方法密不可分。思维方法主要有两类：一类是一般思维方法，一类是特殊思维方法。这也就形成了两类思维活动方式，一类是一般思维活动方式，一类是特殊思维活动方式。也就是说，具体的思维活动方式实际是运用具体思维方法的内部心理活动，如果把看得见的外部活动方式视为动作，那么也可以把看不见的内部心理活动方式称之为“心理思维动作”。

实质上，心理思维动作（“思维动作”）是人的认识结构对来自于外部知识结构和内部知识结构的材料进行加工的思维活动的基本结构单元。

在数学的学习活动中，人的认识结构中会形成两类思维动作：一般的思维动作和数学的特殊思维动作。

一般思维动作主要是：分析与综合、比较与类比、归纳与一般化、抽象与具体化、概括与专门化、分类与整体化等。

数学的特殊思维动作主要是限于数学领域学习活动的思维动作，这种特殊的思维动作往往体现出比较明显的数学特征，带有深刻的数学烙印。数学的特殊思维动作主要有四类：策略定向性思维动作、思想观念性的思维动作、方法技巧性思维动作和心理操作性思维动作。

策略定向性思维动作，具有很高的抽象性、概括性，有很大的适用范围，主要在数学活动中起策略指导和定向的作用。通常所说的思考数学问题的策略，就属于策略方向性思维动作，例如，体现“转化”策略的思维动作，具体的就是化繁为简、化难为易、化大为小、化整为零、化生为熟、化未知为已知、化一般为特殊、化特殊为一般等这一类思维动作。

思想观念性思维动作，也有很高的抽象性、概括性，也有较大的适用范围，不过相对策略定向性思维动作要显得具体一些，定向也较明确一些。通常所说的数学思想就属于思想观念性思维动作，如等价转化的思想、数形结合的思想、分类讨论的思想、变中不变的思想、函数与方程的思想、公理化的思想、逼近的思想、随机思想等。策略定向功能往往要通过思想观念性思维动作来实现。

方法技巧性思维动作，相对而言，其抽象性、概括性层次较低一些，适用的

---

① 涂荣豹．数学教学认识论．南京：南京师范大学出版社，2003：173．

范围也要窄一些，但操作性增强，主要起具体实施的作用。例如，数形转化法（坐标法、几何图形法）、等价转化法、不等价转化法（放缩、不同解变形）、数学变换法（平移、旋转、反射、仿射、恒等、合同、相似、反演、对偶等），以及消元法、降维法、配方法、对应法、代入法、待定系数法、同一法、反证法等。通过这些思维动作的实施，才能使策略和思想加以实现。

心理操作性思维动作，其抽象性、概括性更低，可适用范围更窄，但操作性更强，往往有一定的程序或步骤，运用时只要按程序分步进行就行了。这样的动作有：归入概念、推出性质、重新理解、模式识别等。

前三类数学的特殊智力动作属于数学方法论和数学教学论的范畴，心理操作性的思维动作则属于数学教育心理学的范畴。

7.4.2　心理操作性思维动作之"归入概念"

"归入概念"这个思维动作，是用来确定一个数学对象是否隶属于某个数学概念的思维活动。它是利用概念的定义、判定定理或充要条件，检查对象是否具有概念的所有必要的本质特征。哪怕只缺少一个必要特征，它也不能隶属于这个概念。

例如，要确定一个四边形是否隶属于平行四边形，可以利用哪些定义和定理，涉及哪些必要而充分的本质特征的特征系统。实际上，具备下列四个特征系统之一的就是平行四边形。

（1）一组对边平行，且另一组对边也平行

（2）两条对边相等，且这两条对边平行。

（3）两条对边相等，且另两条对边也相等。

（4）一条对角线在交点被平分，且另一条对角线在交点也被平分。

关于平行四边形的特征系统并非仅仅这些，还可有其他的特征系统。

"归入概念"的动作步骤如下。如果特征与逻辑联系词"且""或"相关时，要确定 x 是否属于 y，应当

（1）指出 y 的种种特征系统。

（2）检查联系这些特征的逻辑连接词。

（3）如果用的连接词是：

(a)"且"。那么就去检查 x 是否具有 y 的某一特征系统的全部特征，若具有，则 $x \in y$；若 x 不全具有，则 $x \notin y$。

(b)"或"。那么就去检查 x 是否具有 y 的某一特征，若具有，则 $x \in y$；若 x 不具有，则 $x \notin y$。

例如，确定三角形中某一线段是否是三角形的中线。

三角形中线的本质特征是：中线是一条线段，这条线段连接三角形顶点和对

边中点。

确定 AD 是否是 $\triangle ABC$ 的中线的“归入概念”动作是：

（1）回忆三角形中线的所有特征。

（2）确定特征用“且”连接。

（3）检查 AD 是否同时具备这两个特征。

7.4.3 心理操作性思维动作之“推出性质”

“推出性质”这个动作在于：由对象隶属于某个概念的事实，利用定义、性质定理和其他必要条件，指出该对象所应该具有的全部特征。这是与归入概念完全相反的思维动作。

“推出性质”的动作步骤如下。

为了推得隶属于概念 A 的客体 x 应具有的性质，需要：

（1）指出概念 A 的定义中所包含的全部性质（但定义中未必包含所有本质属性）。

（2）指出概念 A 的其他全部本质特征和性质定理所给出的性质。

（3）确定以上特征和性质都是客体 x 所具有的。

例如，如果已知三角形为等腰三角形，那么它具有以下性质：

（1）它的两条边相等。

（2）顶角的平分线是该三角形的对称轴。

（3）顶角的平分线是三角形的中线。

（4）顶角的平分线是底边上的高。

（5）该三角形的两个底角相等。

（6）该三角形两等边上的中线相等。

（7）该三角形两底边角的平分线相等。

（8）该三角形两等边上的高相等。

可以看到，无论“归入概念”和“推出性质”，落实到具体某个概念上的时候，动作的步骤都有具体的差别。为了便于归入概念和推出性质的思维动作顺利进行，每一个基本概念学习结束后，最好把定义、定理中所含的本质特征进行系统的总结。中学数学中需要总结的概念有：几何基本图形、平行关系、垂直关系、相等关系、相似关系、几何变换、立体几何基本图形、初等函数的基本类型、函数的单调性、奇偶性、周期性、单调数列、复数等，以及函数图形的几何变换类型。

7.4.4 心理操作性思维动作之“重新理解”

“重新理解”这个动作，是把具有共同特征的不同对象加以联系，把具有共同本质特征的不同对象互相转化的过程。实际上是用综合贯通的认知结构在不同对象间建立实质性联系的过程。

由于数学语言符号的变化性和发展性，使得“重新理解”对数学学习活动具有非常重要的意义。例如，进入代数学习以后，字母 a 作为数学符号可以代表数，而且可以代表不同的数（正数、负数、零、有理数、无理数、某区域上的数等）；还可以代表一个数学表达式（多项式、分式、无理式、代数式），如 $(a+b)^2$ 中的 a 可代表 $(x+y)$，或代表 $\dfrac{1}{x+y}$，或代表 $\sqrt{x+y}$，……字母 a 可看作任何实数，但对 $\sqrt{a}$，其中 $a\geqslant 0$；而 $\sqrt{a}$ 在复数范围内，a 又可为任意数。

例如，在 $f(x)=x^2+2x+a$，这里 a 可为任意实数，即可变；同时 a 又表示是一个常数，是不变而确定的数。数学表达式可以进行多种变形，例如

$$\sqrt{a^2}=|a|=\begin{cases} a, & a>0, \\ 0, & a=0, \\ -a, & a<0。\end{cases}$$

又例如 $(a+b)^2=a^2+2ab+b^2$ 可写成多种形式：

$(a+b)^2=a^2+b^2+2ab$；

$(a^2+b^2)=(a+b)^2-2ab$；

$(a+b)^2=(f(x))^2+2f(x)g(x)+g^2(x)$，$(a=f(x), b=g(x))$。

在数学里，数学符号在意义是变化、发展的，这体现了数学符号学习与其他学科领域中符号的学习有很大的不同，因而导致数学难学；另一方面，因为数学符号与其代表的对象的等值关系，可以体现为恒等变换、同解变换、等价变换、换元变换，所以在数学活动中，经常要求对符号所代表的含义加以重新认识和理解，从而使得符号获得更多新的含义。

“重新理解”实际是一个要求很高的思维动作。其要求高就高在：第一，是“理解”；第二，是“重新”理解；第三，无法给出一个具体的操作步骤，或目前还没有一个较为满意的步骤。

关于“理解”，在知识的获得阶段和知识的保持阶段，一般有三个层次：了解、基本理解和深刻理解。

在新知识意义获得的最初阶段，内部的同化过程、循环往复的次数还不多，认知结构改造和重组还在进行之中，这时对新知识本质属性的理解只能是了解的水平，其表现为在解题中只能进行一些模仿性的运用，只能解决一些问题结构语言组织几乎与教材或例题完全一样的题目，即完成“模仿性练习题”的一类习题。

在学习的保持和巩固阶段，新旧意义的同化过程还在继续，认知结构逐步分化和综合贯通，新旧知识间非人为和实质性联系被辨认得更加清晰，这时对新知

识本质属性是“基本理解”的水平，其表现为能够运用新知识去解决问题结构或语言表达与教材或例题不完全相同的题目，即完成“干扰模仿性练习题”和“选择运用性练习题”的一类具有干扰性的习题。这类习题在语言表达的某一方面与例题有所不同，在结构的“关卡数”上变化不大，如果可以在不很相同的情境下辨认出新知识的本质特征，说明学生对新知识的本质属性理解的程度有一定的提高。但是这类题目仍然在某些方面与例题有较多相似之处，这些相似之处仍然给学生一定的暗示，因此这种理解只能是“基本理解”。

在“学习和保持”的最后阶段，由于多次强化和同化过程的多次循环，认知结构高度分化和综合贯通，新知识的本质特征高度清晰，分离强度达到很高的程度，以致在与例题十分不同的情况下，即在结构和语言表达都是很新的问题背景里，仍然能洞察出新知识的本质特征。即能完成“选择组合性练习题”和“综合运用性练习题”这样一类比较陌生的问题，这时可说是达到了“深刻理解”的水平。

可见，要完成“重新理解”这个思维动作，不仅要对已学过的数学某一方面的知识达到深刻理解的水平，对已学过的数学其他方面的知识也达到深刻理解的水平，而且对不同知识间的实质性联系达到综合贯通，能够对同一个数学对象用不同的知识作出不同的理解，从而把原属于某个知识领域的问题变成另一个知识领域的问题，使问题得到解决。

7.4.5　解题启发性提示语的心理分析

数学解题的启发性提示语与上述数学的操作性思维动作是密切联系的，对启发性提示语的回答，实际上要运用数学的操作性思维动作来帮助完成。也就是说，启发性提示语实际上是引导学生去运用相应的操作性思维动作，来寻找提示语的结论。

例如，对提示语“它是什么？怎么表示？”的回答，实际上是要运用“归入概念”这个思维动作，来判断面前的对象是什么数学概念，并用数学符号进行表示。

对提示语“它有什么性质？怎么表示？”的回答，就要运用“推出性质”这个思维动作，去搜索这个对象所属概念的所有属性，把这些属性找出来，并用数学符号进行表示。

对提示语“它还能怎么表示？”的回答，则要运用“重新理解”这个思维动作，对面前的对象和与之相关的其他数学对象进行联系，做出更多的理解和转换。

用具体的数学案例来分析，可能更易于理解。

例 7.4.1　$f(x)$是奇函数，在$(0,+\infty)$上是增函数，判断$f(x)$在$(-\infty,0)$上的增

减性。

（1）对问题目标运用思维动作和启发性提示语。

（a）对问题求解目标“$f(x)$在$(-\infty,0)$上的增减性”的理解。

它是什么？怎么表示？——这实际是问：何谓函数增减性？那接下来就要通过思维动作“归入概念”，用函数单调性的定义来解释：

（i）$\forall x_1$，$x_2\in(-\infty,0)$，若$x_1>x_2$，有$f(x_1)>f(x_2)$成立，则$f(x)$在$(-\infty,0)$是单调增的。

（ii）$\forall x_1$，$x_2\in(-\infty,0)$，若$x_1>x_2$，有$f(x_1)<f(x_2)$成立，则$f(x)$在$(-\infty,0)$是单调减的。

（b）对问题目标“判断$f(x)$在$(-\infty,0)$上的增减性”含义的理解。

它是什么？还能怎样表示？——这实际是问：这个问题究竟是“判断”什么？于是就要运用思维动作“重新理解”，来对这个问题目标做出另一种等价的解释：

$\forall x_1$，$x_2\in(-\infty,0)$，设$x_1>x_2$，判断$f(x_1)$与$f(x_2)$的大小。

（c）对“$\forall x_1$，$x_2\in(-\infty,0)$，且$x_1>x_2$”作进一步理解。

它还能怎么表示？——这实际是问这个数学符号能不能换一种表示形式？这就要运用思维动作“重新理解”，去搜索与之有等价意义的概念及其符号表示，做出另一种新的等价解释：任意的$x_1<0$，$x_2<0$，都有$x_1>x_2$①。

（2）对问题条件运用思维动作和元认知提示语。

（a）对“$f(x)$在$(0,+\infty)$上是增函数”的进一步理解。

它有什么性质？怎么表示？——这实际是问：$f(x)$作为增函数有什么性质，这些性质怎么用数学符号表示？那就要运用思维动作“推出性质”，按照增函数定义，把$f(x)$作为增函数所应具有的性质找出来，并用数学符号做出表示：

对任意的x_1'，$x_2'\in(0,+\infty)$，且$x_1'>x_2'$，有$f(x_1')>f(x_2')$②。

（b）将①与②进行比较。

它们之间有什么关系？能推出什么？——这实际上是引导将①与②加以比较，看能否发现什么有用的条件或信息。这就要运用一般思维动作“比较、分析、综合”和数学特殊思维动作“等价转换和逆向思维”，对两者进行思维操作：

（i）是$x_1<0$，$x_2<0$，于是$-x_1>0$，$-x_2>0$，且$-x_1<-x_2$。

（ii）是任意的x_1'，$x_2'\in(0,+\infty)$，且$x_1'>x_2'$，有$f(x_1')>f(x_2')$。

那么对两者比较综合，就可得

$f(-x_2)>f(-x_1)$③。但由$f(-x_2)>f(-x_1)$仍然不能判定$f(x_1)$与$f(x_2)$的大小，所以还必须确定$f(x_1)$与$f(-x_1)$，$f(x_2)$与$f(-x_2)$的关系。

（3）对条件“$f(x)$是奇函数”运用智力动作和启发性提示语。

（i）对“$f(x)$是奇函数”作出理解。

<u>它是什么？它有什么性质？</u>——这实际是问：奇函数有什么性质？自然是用思维动作“推出性质”，给出奇函数的本质属性，并用数学符号表示为：$f(-x)=-f(x)$。

<u>还能推出什么？</u>——这实际上是引导由这个中途结论出发，能否发现什么有用的条件或信息。这就要运用思维动作“推出性质”，推导出新的结论：

$f(-x_1)=-f(x_1)$ 和 $f(-x_2)=-f(x_2)$ ④。

(ii) 将④代入③，可得$-f(x_2)>-f(x_1)$，即 $f(x_1)>f(x_2)$⑤。

（4）对所得的这个结论“$f(x_1)>f(x_2)$”做出完整的理解。

(i) 对所得到结论⑤“$f(x_1)>f(x_2)$”做出完整的理解。

<u>它是什么（意思）？</u>——这实际是问：这个结论完整的表述是什么？这就要用思维动作“重新理解”对它重新表述：任意的 $x_1<0$，$x_2<0$，且 $x_1>x_2$，有 $f(x_1)>f(x_2)$ 成立。

(ii) 对这个表述作进一步理解。

<u>它能推出什么？</u>——这实际是问：由这个结论能得到什么新的结论？从而用思维动作“归入概念”就能发现，已经能够表明：$f(x)$在$(-\infty,0)$上是增函数。

7.4.6　心理操作性思维动作之“模式识别”

这里的“模式”主要指数学解题活动中，存在有明显特征的三种模式：视觉组合模式、概念特征模式、关系结构模式。所谓“模式识别”也是指在解题中对这三种模式的识别。

1. 视觉组合模式识别

“视觉组合模式识别”指识别数学图形中或数学表达式中，形式组合的视觉特点。

数学材料主要是抽象的形式化的思想材料，由于高度的抽象性，在数学活动中往往只能看到数学图形和数学表达式这样一些“形式化”的材料。换言之，数学所能给出人知觉（通过感官而发觉）的东西只能是它的“形式”，于是在数学图形上和数学表达式中，人们通过视觉所能观察到的在形式上组合的特点，就成为数学活动中极为重要的第一手信息资料。

例如，几何中的点、线、面、三角形、四边形、矩形、菱形、同位角，……，正方形、等腰三角形、等边三角形、顶点、边、对角线、中线、中垂线等。

又如：

（1）先给出：8×2−3×2=5×2=(8−3)×2=5×2=10，再计算

$$8\times4-6\times4 \xrightarrow[\text{重新理解}]{\text{视觉组合模式识别}} 8\times4-6\times4=(8-6)\times4=2\times4=8。$$

（2）先给出：$8\times4=5\times4+3\times4=20+12=32$，再计算 $12\times4 \xrightarrow[\text{重新理解}]{\text{视觉组合模式识别}} 12\times4=10\times4+2\times4=40+8=48$。

（3）$y=kx+b \xrightarrow[\text{归入概念}]{\text{视觉组合模式识别}} \begin{cases}\text{一次函数,}\\ \text{直线方程。}\end{cases}$

（4）$\dfrac{\sqrt{2a+1}+\sqrt{2b+1}}{\sqrt{2}} \xrightarrow[\text{重新理解}]{\text{视觉组合模式识别}}$ 点 $\left(\sqrt{2a+1},\sqrt{2b+1}\right)$ 到直线 $x+y=0$ 的距离。

2. 概念特征模式识别

“概念特征模式识别”指识别数学概念的特征和其他本质特征。虽然数学对象是抽象的形式化思想材料，但并不意味数学对象是只有形式没有内容的材料，实际上由于抽象的结果，使得数学的形式化材料脱离了作为它客观背景的实例材料的具体，却保留了一类事物的抽象本质属性，并以这些形式化的材料作为它们的代表。也就是说，数学的形式化材料完全是与一定的内容相联系的，那就是它们所代表的概念的抽象本质属性。

由于抽象的作用，使数学的概念的形式脱离了具体，但概念的形式与其所代表的本质属性的内容是不可能分离的。

如果说“视觉组合模式识别”是一种“代表学习”意义上的识别的话，那么“概念特征模式”则是“概念学习”意义上的识别。

例 7.4.2　如图 7.13 所示，若直线 l_1，l_2，l_3 的斜率分别为 k_1，k_2，k_3，则（　　）

（A）$k_3<k_2<k_1$　　（B）$k_2<k_1<k_3$　　（C）$k_1<k_2<k_3$　　（D）$k_1<k_3<k_2$

分析　如图。$\left.\begin{matrix} l_1,\\ l_2,\\ l_3 \end{matrix}\right\} \xrightarrow[\text{推出性质}]{\text{视觉组合模式识别}} \begin{cases} k_1<0,\\ k_2>0,\\ k_3>0 \end{cases}$

$$\xrightarrow[\text{归入概念}]{\text{概念特征识别}} \left\{\begin{aligned} &\begin{cases} k_1<0,\\ k_2=\tan\theta_2>0,\\ k_3=\tan\theta_3>0 \end{cases}\\ &\begin{cases} \theta_2>\theta_3,\\ 0<\theta_2<90^\circ,\\ 0<\theta_3<90^\circ \end{cases} \end{aligned}\right.$$

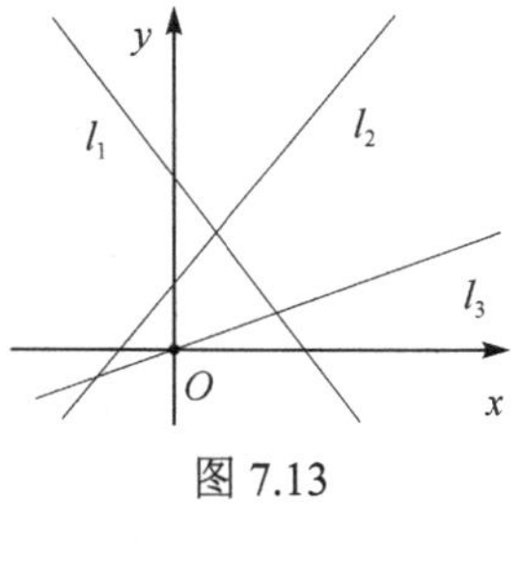

图 7.13

$$\xrightarrow[\text{推出性质}]{\text{概念特征识别}}\begin{cases}k_1<0,\\ \tan\theta_2>\tan\theta_3>0\end{cases}\xrightarrow[\text{重新理解}]{\text{概念特征识别}}k_2>k_3>k_1$$

3. 关系结构模式识别

“关系结构模式识别”指识别概念间的关系及关系结构上的特点。

数学的概念并不是孤立的对象，数学的本质是揭示各个数学概念间的关系，从而形成大量的定理、公式和法则，而且许多数学关系还形成了一定的结构关系。关系结构模式识别，就在于识别数学关系的各种模式和关系的结构模式，来达到数学问题的解决。

例 7.4.3 双曲线方程与双曲线渐近线方程具有特定关系结构模式：

若双曲线方程为 $3x^2-y^2=3$，则其渐近线方程为$\sqrt{3}x\pm y=0$。

例 7.4.4 已知直线 $l\perp$ 平面 α，直线 $m\subset$ 平面 β，则下列四个命题正确的是（A）与（B）。

（A）$\alpha/\!/\beta\Rightarrow l\perp m$　　（B）$\alpha\perp\beta\Rightarrow l/\!/m$

（C）$l/\!/m\Rightarrow\alpha\perp\beta$　　（D）$l\perp m\Rightarrow\alpha/\!/\beta$

这实际就是要进行关系结构模式识别。

7.4.7 数学操作性思维动作的案例分析

例 7.4.5 证明多项式 $x^{9999}+x^{8888}+\cdots+x^{2222}+x^{1111}+1(=A)$能被多项式 $x^9+x^8+\cdots+x^2+x+1(=B)$整除。

思考 $\xrightarrow[\text{重新理解（原命题）}]{\text{视觉组合模式识别}}$ $\left(\text{发现两式}\begin{cases}\text{形式上的相似性}\\ \text{结构上的类比性}\end{cases}\right)$

$\xrightarrow[\text{探索}]{\text{视觉组合模式识别}}$ $A-B=(x^{9999}-x^9)+(x^{8888}-x^8)+\cdots+(x^{1111}-x)$的整除性

$\xrightarrow[\text{推出性质}]{\text{关系结构模式识别}}$ $(x^{9999}-x^9)=x^9(x^{9990}-1)$，其他各个括号同理类比

$\xrightarrow[\text{推出性质}]{\text{关系结构模式识别}}$ $x^9[(x^{10})^{999}-1]$，其他各个括号同理类比

$\xrightarrow[\text{推出性质}]{\text{关系结构模式识别}}$ $(x^{10})^{999}-1=(x^{10}-1)[(x^{10})^{998}+\cdots+1]$，其他括号同理类比

$\xrightarrow[\text{推出性质}]{\text{关系结构模式识别}}$ $(A-B)$中每个括号可被$(x^{10}-1)$整除

$\xrightarrow[\text{推出性质}]{\text{关系结构模式识别}}$ $(x^{10}-1)=(x-1)(x^9+x^8+\cdots+x+1)$

$\xrightarrow[\text{推出性质}]{\text{关系结构模式识别}}$ $(A-B)$中每个括号可被$(x-1)(x^9+x^8+\cdots+x+1)$整除

$\xrightarrow[\text{推出性质}]{\text{关系结构模式识别}}$ $(A-B)$中每个括号可被$(x^9+x^8+\cdots+x+1)=B$ 整除

$\longrightarrow(A-B)$与 B 都可被 B 整除

$\longrightarrow A$ 可被 B 整除

$\longrightarrow A=x^{9999}+x^{8888}+\cdots+x^{1111}+1$ 可被 $B=x^9+x^8+\cdots+x+1$ 整除。

此题运用的数学特殊思维动作，有策略定向性思维动作——转化，有思想观念性思维动作——等价转换（$A-B$ 被 B 整除），有方法技巧性思维动作——因式分解。

例 7.4.6 求函数 $y=4\sin\left(3x+\dfrac{\pi}{4}\right)+3\cos\left(3x+\dfrac{\pi}{4}\right)$ 的最小正周期。

思考 原式 $\xrightarrow[\text{重新理解}]{\text{关系结构模式识别}}\begin{cases}y=y_1+y_2,\\ y_1=4\sin\left(3x+\dfrac{\pi}{4}\right),\\ y_2=3\cos\left(3x+\dfrac{\pi}{4}\right)\end{cases}$

$\xrightarrow[\text{归入概念}]{\text{视觉组合模式识别}}\begin{cases}y_1\text{是类正弦函数,}\\ y_2\text{是类余弦函数}\end{cases}$

$\xrightarrow[\text{推出性质}]{\text{概念特征模式识别}}\begin{cases}y_1\text{最小正周期是}\dfrac{2\pi}{3},\\ y_2\text{最小正周期是}\dfrac{2\pi}{3}\end{cases}$

$\xrightarrow[\text{推出性质}]{\text{关系结构模式识别}}\begin{cases}y=y_1+y_2\text{与}y_1,y_2\text{最小正周期一致,}\\ y\text{的最小正周期是}\dfrac{2\pi}{3}\text{。}\end{cases}$

例 7.4.7 已知 $z_1=x+\sqrt{5}+y\mathrm{i}$，$z_2=x-\sqrt{5}+y\mathrm{i}$，$x,y\in\mathbf{R}$，且$|z_1|+|z_2|=6$，求 $f(x,y)=|2x-3y-12|$的最值。

分析 $\xrightarrow[\text{归入概念}]{\text{视觉组合模式识别}}\begin{cases}z_1,\ z_2\text{是复数,}\\ |z_1|,|z_2|\text{是复数的模}\end{cases}$

$\xrightarrow[\text{推出性质}]{\text{概念特征模式识别}}\begin{cases}|z_1|=\sqrt{(x+\sqrt{5})^2+y^2},\\ |z_2|=\sqrt{(x-\sqrt{5})^2+y^2}\end{cases}$

$\xrightarrow[\text{推出性质}]{\text{视觉组合模式识别}}\begin{cases}|z_1|+|z_2|=6,\\ \sqrt{(x+\sqrt{5})^2+y^2}+\sqrt{(x-\sqrt{5})^2+y^2}=6\end{cases}$

$\xrightarrow[\text{归入概念}]{\text{视觉组合模式识别}}\begin{cases}\sqrt{(x+\sqrt{5})^2+y^2}\text{是点}(x,y)\text{到点}(-\sqrt{5},0)\text{的距离,}\\ \sqrt{(x-\sqrt{5})^2+y^2}\text{是点}(x,y)\text{到点}(\sqrt{5},0)\text{的距离}\end{cases}$

$$\xrightarrow[\text{重新理解}]{\text{视觉组合模式识别}}\begin{cases}\sqrt{(x+\sqrt{5})^2+y^2}+\sqrt{(x-\sqrt{5})^2+y^2}=6\text{表示，}\\ \text{点}(x,y)\text{到点}(-\sqrt{5},0)\text{和点}(\sqrt{5},0)\text{的距离之和为}6\end{cases}$$

$$\xrightarrow[\text{归入概念}]{\text{概念特征模式识别}}\begin{cases}\text{点}(x,y)\text{的轨迹是一个椭圆，}\\ \text{点}(-\sqrt{5},0)\text{和点}(\sqrt{5},0)\text{是椭圆的焦点}\end{cases}$$

$\xrightarrow[\text{推出性质}]{\text{关系结构模式识别}}$求出椭圆标准方程基本量：$a=3$，$c=\sqrt{5}$，$b=a^2-c^2=4$，

$\xrightarrow[\text{归入概念}]{\text{概念特征模式识别}}$写出椭圆标准方程 $\frac{x^2}{9}+\frac{y^2}{4}=1$，

$\xrightarrow[\text{归入概念}]{\text{概念特征模式识别}}$写出该椭圆参数方程 $f(x,y)=\begin{cases}x=3\cos\theta,\\ y=2\sin\theta\end{cases}$

$\xrightarrow[\text{（换元）重新理解}]{\text{关系结构模式识别}}$ $f(x,y)=|2x-3y-12|$可写成 $f(\theta)=6|\cos\theta-\sin\theta-2|$

$$\xrightarrow[\text{（恒等变形）重新理解}]{\text{关系结构模式识别}} f(\theta)=3\left|\sqrt{2}\sin\left(\frac{\pi}{4}-\theta\right)-2\right|$$

$$\xrightarrow[\text{推出性质}]{\text{概念特征模式识别}}\begin{cases}\sin\left(\frac{\pi}{4}-\theta\right)=-1\text{时，}f(\theta)\text{有最大值，}\\ \sin\left(\frac{\pi}{4}-\theta\right)=1\text{时，}f(\theta)\text{有最小值}\end{cases}$$

$$\xrightarrow[\text{（换元）重新理解}]{\text{关系结构模式识别}}\begin{cases}\text{(1)}\ \theta=\frac{3\pi}{4},\ \text{即}x=-\frac{3\sqrt{2}}{2},\ y=\sqrt{2}\text{时，}f(x,y)_{\max}=2+6\sqrt{2};\\ \text{(2)}\ \theta=-\frac{\pi}{4},\ \text{即}x=\frac{3\sqrt{2}}{2},\ y=-\sqrt{2}\text{时，}f(x,y)_{\min}=2-6\sqrt{2}\text{。}\end{cases}$$

数学的特殊思维动作总是与一般思维动作结合在一起使用的，数学的特殊思维动作不能离开一般思维动作而独立使用，上述例题中“识别”的过程就要运用一般思维动作。

例 7.4.8　求证 $\frac{|a+b|}{1+|a+b|}\leqslant\frac{|a|}{1+|a|}+\frac{|b|}{1+|b|}$。

思考　策略是转化，利用函数与方程思想来转化，利用恒等变形的技巧进行放缩。

原式 $\xrightarrow[\text{类比抽象，综合后分析}]{\text{视觉组合模式识别}}$不等式两边每一项有共同的特征：$\frac{M}{1+M}$，$M\geqslant 0$

$\xrightarrow[\text{对比抽象，综合后分析}]{\text{视觉组合模式识别}}$对不等式的每一项而言 M 又是变化的

$\xrightarrow[\text{归入概念，重新理解}]{\text{概念特征模式识别}}$设$f(x)=\frac{x}{1+x}$，$x\in[0,\infty]$,则原式中各项分别为

$x=|a|,|b|,|a+b|$时，$f(x)$的值

$\xrightarrow[\text{（变形）重新理解}]{\text{关系结构模式识别}} f(x)$可变形为$f(x)=1-\dfrac{x}{1+x}$，$x\in[0,+\infty]$

$\xrightarrow[\text{推出性质}]{\text{概念特征模式识别}}$设$\varphi(x)=\dfrac{1}{1+x}$，则$x\in[0,+\infty]$时$\varphi(x)$单调减（对函数$\varphi(x)$的概念特征识别，推出性质）

$\xrightarrow[\text{归入概念}]{\text{关系结构模式识别}} f(x)=1-\dfrac{1}{1+x}=\dfrac{x}{1+x}$，$x\in[0,+\infty]$时单调增

$\xrightarrow[\text{推出性质}]{\text{关系结构模式识别}}$由$|a+b|\leqslant|a|+|b|$，得$\dfrac{|a+b|}{1+|a+b|}\leqslant\dfrac{|a|+|b|}{1+|a|+|b|}$

$$\xrightarrow[\text{（放缩法）推出性质}]{\text{概念特征模式识别}} \frac{|a|}{1+|a|+|b|}+\frac{|b|}{1+|a|+|b|}\leqslant\frac{|a|}{1+|a|}+\frac{|b|}{1+|b|}$$

$$\xrightarrow[\text{（传递性）推出性质}]{\text{关系结构模式识别}} \frac{|a+b|}{1+|a+b|}\leqslant\frac{|a|}{1+|a|}+\frac{|b|}{1+|b|}。$$

数学解题训练是我国数学教师比较擅长的教学活动。在解题训练中，对“模仿性练习题”进行“模板匹配”训练，通过大量形式训练而形成模板，并机械地记住模板。对“干扰模仿性练习题”和“选择运用性练习题”进行“原型匹配”训练，通过一个类别问题的概括性特征，形成一类问题的解决模式原型，以寻找原型的方式解决问题。而对“选择组合性练习题”和“综合运用性练习题”有较高难度的问题，需要通过“特征识别”来提取问题的本质特征寻找解题对策。这样的解题训练，在提高学生解题能力方面能够起到很大的作用。

第 8 章　数学课堂教学评价的原理

本章所讨论的数学课堂教学的评价，不是一般意义上的终结性教学评价，不是简单地评判优劣等级，而是对课堂教学的全过程进行细致的观察、分解、综合，用科学的教育理念对课堂教学的整体和局部做出客观的分析，又以数学的视角洞察课堂教学的数学内容，还要将对课堂教学的分析材料进行抽象概括，因而这种课堂教学的评价实际是一种过程性评价、一种研究性评价。

数学课堂教学的评价，是一种有目标追求的评价，它立足于现实的课堂，精心于具体的观察，悉心于现象的剖析，潜心于特点的追寻，心系于规律的提取，致力于理论的高屋建瓴，最终在理论层面达到创新、创造和发展。当然数学教师也可以用分析性评价的方法分析、评价自己的课堂教学，进行行动性研究。

这里所述的数学课堂教学评价的原理有：数学课堂教学的分析性评价，数学课堂教学的特征判断评价和数学课堂教学的价值判断评价。

8.1　数学课堂教学的分析性评价

数学课堂教学的分析性评价，是在数学课堂教学案例研究的基础上建立起来的。数学课堂的教学案例研究，是对数学教学实践的研究，它需要对数学的课堂进行分析性研究，实际上也是对数学课堂的一种评价，只不过评价的目的与通常评价的目的不一样。数学课堂教学案例的研究，是以教学实践研究为出发点，试图在数学课堂教学规律的研究中有所建树，从而对数学教学，对数学教师给予有指导意义的帮助。

数学课堂的分析性评价的主要依据，是数学课堂案例研究的系统分析框架。

8.1.1　数学课堂教学案例研究概述

1. 实践论观点

通过实践发现真理，又通过实践证实和发展真理。这是人类认识发展的基本规律。

按照实践论的观点，人的认识运动，首先经历由实践到认识的过程，在实践的基础上从感性认识上升到理性认识，经过实践得到的理性认识还要回到实践去。

认识是一个在实践中不断发展的过程，要不断经历“实践—认识—再实践一再认识”的循环往复、螺旋上升的过程。在这个不断延续发展的过程中，实践和认识之间的每一次循环往复，都使其内容进入到相对高一级的层次。这样，认识才能不断深化，理论才能日臻完善，并用形成的真理指导实践。

实践有局部性、不全面性、不完善性的特点。仅仅依靠一时一地的、个别的、局部的具体实践获取的认识，是不充分的，如果不给予理性的抽象、概括和总结，至多是经验层面上的认知。唯有借助人类的理性思维，把全部实践从局部上升到基本，从基本上升到普遍，抽象成对教学的普遍认识，才足以证明客观事物的真理。

所以实践必须要总结，总结的过程是一个认识飞跃的过程。对数学教学实践的总结，需要找准理论与实践的结合点，在结合中升华，在结合中创新，在结合中发展。为此，要把观察与研究结合，既要弄清课堂里的实情，又要理出教学中的头绪；把实践的经验和教训结合，既要积累成功的经验，又要吸取失败的教训；把定量分析和定性分析结合，既要搜集丰富的数据材料，又要洞察纷繁材料的本质；把广泛讨论与聚合概括结合起来，既要勇于广纳见解，又要善于提炼升华。如此展开孜孜以求的探索，步步递进的深究，坚定地朝着理性高度提升，使零碎的素材变成系统的资料，朴素的见解上升为理性的见识，再让理论回到实践中运用，在实践中检验，在实践中发展。

2. *研究课堂是教学研究之“本”*

教学的过程既是实践的过程，也是认识的过程。对数学课堂教学的研究，是在由表及里全面观察的基础上，由感性到理性地了解教学的演进变化，对教学过程的科学性、合理性做出分析，对教学事件彼此间的因果关系、区别联系加以辨析，对教学的进程做出有理论依据的判断和评价。所以研究教学，既要研究教学过程的实践问题，也要研究教学过程的认识问题，更应该经历“认识—实践—再认识—再实践”的过程。

目前，数学教学认识的研究和实践的研究相脱节的现象比较突出。一方面，各种教学研究论文层出不穷，论断繁多；而另一方面，广大教师普遍感到“理论无用”，课堂上的困惑和问题得不到解决；各种层级的教师培训往往理念和名词满天飞，教学具体问题的解决和释疑却少人问津。

解决问题的唯一出路，恐怕就是深入各级数学教学的课堂，进行课堂教学的案例研究，脚踏实地地开展实践研究，使教学研究真正地扎根于实践，使教学理论真正地来源于实践，并用于实践，在实践中受到检验。教学研究离不开教学实践，课堂承载着教与学的最真实的活动，课堂蕴藏着教与学最需要的认识，课堂也渴望着得到对教与学的指导。可见，研究课堂教学就是教学研究之“本”，是教育教学研究的根基，离开课堂教学实践研究的理论，只能是空中楼阁，天马行空。

案例研究可以起到连接教学理论和实践的桥梁作用，实现培训、实践及研究的三位一体的融合，因而正在成为数学教师专业发展的一条新途径，它有利于促使教师理清自己的工作思路，有利于促进教师的自我反思，有利于教师实践经验的积累，有利于教师之间的交流，有利于提升教师的科研意识和科研水平。

3. *教学理念是案例研究的前提*

按照哲学的思想，人对任何事物的观察没有中性的观察，观察总是渗透理论，总是负载理论，总是受到理论的支配。不同的人带着不同观念，得出不同的结论，产生不同的认识。在课堂教学案例的研究中，案例在何种程度上和何种水平上成为观察的对象，案例被怎样理解和解释，被怎样改造和利用，总是与主体所持的理论和对理论的理解密不可分。

指导数学课堂案例研究的理论体系，由数学原理、教育学原理和哲学基本思想组成。

从“教与数学对应的原理”出发，数学课堂教学案例研究必须接受数学原理的指导。这些数学原理包括：F·克莱因数学思想理论，数学方法论观点，波利亚解题理论，弗赖登塔尔数学再创造理论等。

从“教与学对应的原理”出发，数学课堂教学案例研究必须接受现代教育学原理的指导。现代教育学原理包括：杜威思维教学原理，建构主义原理，有意义学习原理，累积学习原理，最近发展区理论，人本主义理论，多元智力理论，直观化原理，经验概括原理，情境化原理，发生学原理等。

理论与观察的关系不是单向的，观察的结果和认识还要受到质性研究、量化研究的分析、评价和改造，即产生新的认识和新的理论，这必然会对观察主体的原有理念产生影响，甚至导致其发生根本转变，使得观察主体对教学的认识更加趋于科学、普适的方向发展。

8.1.2　怎样“研究”数学课堂教学

数学课堂教学的分析性评价是一种研究性评价，就要把“研究”放在首要位置，以“研究”的态度、视角和方法，考察课堂教学案例的方方面面，解释课堂的过程和因素，析取优点，改进不足，既提升对数学教学的认识，又提高数学课堂的效率。

一般的教育教学的学术研究，从理论到理论，多止于文献资料的搜寻、思辨。数学课堂教学的研究则不同，它是在一定的教育教学理论和数学理论的指导下，试图在课堂教学的深刻分析和细致诊断中获得真知，在课堂的改造和再创造中获得智慧，实现认识和实践的统一发展。课堂教学案例的研究也不同于传统的教研，常见的“评课”“议课”“磨课”往往是一招一式的点评，经验直觉的议论，相对立意不高，容易就事论事，特别是虚情的颂扬，假意的批评，不能提出深层次的见解，不能揭示内在本质的认识，其所做出的评价只提供一种对教者教学能力和教学水平的印象性鉴定。对教师教学水平提高和对教育教学理论的建构和发展，作用较小，意义不大。

1. 数学课堂教学案例研究的原则[①]

数学课课堂教学案例研究需遵循以下基本原则：

（1）坚持求真求实：常言道实践出真知，要想知道一件事的真伪，必须到实践中考察一番才能明白。课堂教学案例的研究就是到教学的实践中，考查现象，搜集事实，追寻根源，探索规律，构建策略，优化课堂，发展理论。

（2）坚持数学教学二重原理：“教与学对应”和“教与数学对应”的二重原理，是把握数学课堂教学的内在规律和基本价值的指南。对数学课堂教学案例的实践研究，把对“学与教”的关系放在研究的首位，重点考查“教”如何建立在“学”的基础之上。对数学课堂教学案例的实践研究，还把“教学与数学”的关系放在同等的位置，着力考查数学课堂如何“教数学”，如何“学数学”。

（3）坚持教育理论的双向建构：数学课堂教学案例的研究，从教育教学理论和数学理论出发，自上而下地审视课堂；也从课堂实践活动本身出发，自下而上地反思课堂实践，从中寻找共同特征，抽取本质特征，为数学教育教学基本理论的构建和发展添砖加瓦。

（4）坚持可持续发展：数学课堂教学案例的研究，并不局限于某个内容同课异构的研究，而是对不同层级课堂的全面研究，是全程性跟踪的持续研究。研究的目标不限于案例的本身，而是放眼整个数学教育，放眼未来数学教育，为数学教师的可持续发展，为数学课堂教学环境的不断改善做出力所能及的贡献。

2. 数学课堂教学案例研究的方法

数学课堂教学的案例研究，一般是案例研究、定性研究和定量研究三种研究方法相结合的研究。

（1）案例研究

案例研究，是进入特定的数学课堂和教学过程，以有选择和无选择收集的课堂教学案例为素材，通过对案例的具体分析和解读，描述和解释具体的课堂现象，理解和认识每个课堂的自身条件和环境，对其阐明的理论和实践的意义，获取真实的课堂教学感受和寻求解决问题的方案。案例研究的一个最重要的前提，是要有一个案例研究的研究框架，在这个框架下进行探究。关于案例研究的框架，将在本节的后面做详细阐述。

---

① 涂荣豹，等．中学数学教学案例研究．北京：北京师范大学出版社，2011：16．

（2）质性研究

质性研究或者定性研究，是通过对课堂事件的细致观察和详细描述，根据数学原理和教育理论，对课堂的具体现象和思维要素进行深入研究，在理论上和实践上做出全面的分析和诠释，为课堂教学提出具体的微观的指导。

具体的研究方法如观察法、诠释法、结构分析法、认识论分析法等。

（3）定量研究

量化分析要有相应的量表和指标。量化分析针对研究变量或研究假设，借助测量、统计等手段，对教学事件进行分析、检验和概括。量化分析的注意力集中在对课堂事件进行归类，对课堂教学提出宏观的整体指导。

3. 数学课堂教学案例研究的过程

（1）观看教学录像

观看教学录像，了解课堂教学情况，熟悉课堂教学进程，获得初步的感性认识，提出初步的想法和疑问。

（2）整理和解读记录稿

将课堂教学录像整理成文字稿，教学录像文字稿是对课堂教学的全面记载，包括教师、学生的所有发言、投影文字、板书内容、数学图形、学生解题，以及教学进程中的重要情节、活动和时段等。关于录像视频记录的形式可以参见第 6 章。

（3）专项研究

数学课堂案例教学的专项研究，主要是按照案例研究的系统分析框架（8.1.3 节），对案例进行整体分析、局部分析和片段分析。

案例的整体分析着重于，对影响课堂整体进程和效果的基本要素进行分析；案例的局部分析着重于，对课堂教学的局部特征和基本环节做出剖析；案例的教学片段的分析着重于，对课堂教学某些阶段进行深度探讨。

（4）广泛讨论

由专家、教师、学生和其他研究者组成研究小组，根据专项研究的前期准备，各抒己见，充分讨论，广泛交流，思想交锋，求同存异，集思广益，共享研究成果。

（5）归纳总结

梳理课堂的正反面经验，概括总结课堂教学的理念、策略、方法，以及对数学知识、理论的认识和启发，整理有关的参考资料，撰写研究报告或研究论文。

8.1.3 数学课堂教学分析性评价的分析框架

数学课堂教学分析性评价的最重要的基础，是要有一个研究的分析框架。但是始于 20 世纪末的案例教学分析性研究，即使在国际上可借鉴的材料和经验也极少，一切只能白手起家。本书以下所提供的“系统分析框架”，是在 20 年来案例研究的过程中，从无到有逐步形成的。笔者 2011 年曾在《中学数学教学案例研究》一书中，提出过一个分析框架，[①]本书对原先的这个分析框架进行了进一步修改、补充和完善，从而形成了现在提出的案例研究的系统分析框架。

这个“系统分析框架”是按照研究的不同视角，把数学课堂教学分成若干个系统，每个系统聚焦数学教学的某一侧面，并对每一个侧面又做出细致分解，以便对数学课堂教学的研究可以更加准确全面。

1. 数学课堂教学目标系统的分析

（1）分析对数学教学课题的认识（数学对象的本质）；
（2）分析对数学知识目标的认识（重点，难点，切入点）；
（3）分析对数学思维、素养与能力目标的认识；
（4）分析对数学思想与方法的本体和渗透的认识；
（5）分析对课堂教学路线设计的认识。

2. 教学生“学”系统的分析

（1）对教学生“学什么”和“怎么学”的分析；
（2）对教学生学“提出”问题的分析；
（3）对教学生学“建构”概念的分析；
（4）对教学生学“寻找”方法的分析；
（5）对教学生学“从无到有的探究”的分析；
（6）对教学生学“研究问题的一般方法”的分析；
（7）对教学生学一般思维方法的分析；
（8）对教学生学数学特殊思维方法的分析。

3.“创设情境—提出问题”系统的分析

（1）对创设情境的分析；
（2）对目标问题提出过程的分析；
（3）对目标问题与教学内容的本质联系的分析；
（4）对情境创设和课题提出修改方案。

---

① 涂荣豹，宁连华，徐柏华．中学数学教学案例研究．北京：北京师范大学出版社，2011：12．

4. 问题结构系统的分析

（1）对阶段问题的形成或提出的分析；
（2）对问题间的关系结构的分析；
（3）对问题间的衔接与过渡的分析；
（4）对问题对教学推进的分析；
（5）对教学过程时间分配的分析。

5. 探究教学系统的分析

（1）对学生探究活动的分析；
（2）对师生对话解读与分析；
（3）对学生举例编题的分析；
（4）对学生答问反馈的分析；
（5）对师生对话设计做专题研究。

6. 启发引导系统的分析

（1）对教师启发引导情况的分析；
（2）对启发性提示语的分析；
（3）对学生获得启发暗示情况的分析；
（4）对教师教学向导角色的分析。

7. 教学方法系统的分析

（1）对教学内容进行教学法加工的分析；
（2）对归纳概括方法运用的分析；
（3）对数学推理教学的分析；
（4）对反思性教学的分析；
（5）对课堂教学概括总结的分析。

8. 解题教学系统的分析

（1）对变式教学运用的分析；
（2）对例习题选配的分析；
（3）对解题教学过程的分析；
（4）对一般和特殊思维方法运用的分析；
（5）对数学实验与建模的分析。

9. 学生个性特征系统的分析

（1）对学生的情感投入分析；
（2）对学生智力参与的内部心理活动分析；
（3）对学生知识、方法迁移的分析；
（4）对学生数学认知特点分析。

10. 教师教学活动系统的分析

（1）对教师教学信念与教学思维的分析；
（2）对教师数学专业基础的分析；
（3）对教师数学教学原则掌握的分析；
（4）对教师教学决策与调节的分析；
（5）对教师方法论修养的分析；
（6）对教师现代技术运用的分析；
（7）对教师数学教学技能的分析。

这个数学课堂教学研究的系统分析框架，为数学教学案例的分析性评价提供了比较详尽的研究内容、方法和目标，为数学教学案例的分析性评价得以有步骤、有计划地进行和展开提供了有利条件。本书第 6 章数学新授课教学案例的分析研究，即是利用这个系统分析框架进行分析的案例。

8.2　数学课堂教学的特征判断评价

数学课堂教学的特征判断评价，是本书提出的另一种新的数学教学评价的方式。所谓特征判断，就是根据课堂教学的特点来对一节课做出分析性评价。“课堂教学的特征判断”是一个新概念，它主要来源于医学，医生看病主要就是依据特征判断，也有很多其他领域中把“特征判断”作为一种研究分析的方法。

在数学课堂教学案例研究中，运用“特征判断”的评价方法是一种十分有意义的尝试。把“特征判断”引入到教学研究中，就使得对一节数学课教学的分析有了研究的目标和具体的依据，使得对一节课的分析更加细致、全面，使得对一节课的分析更具准确性和科学性，使得分析的结论更具借鉴意义，并对数学教育理论研究的发展产生积极的推动作用。

8.2.1　数学课堂教学特征判断的基本理论

运用“特征判断”分析、研究、评价数学课堂教学，其前提条件是必须确定数学课堂教学的各种特征，如果不知道数学课堂教学的各种特征，就无法对课堂做出特征判断。由于第 5 章“数学教学设计的原理”和 7.1 节给出了每个设计原理的各种具体特征，就为数学课堂教学进行“特征判断”提供了参考，为课堂教学的优化提供了依据，使得对数学课堂教学进行“特征判断”成为可能，并且得以初步构建起“数学课堂教学特征判断”的基本理论。

判断是逻辑思维的基本形式之一。反映课堂现象特征的判断，具有复杂的内容和形式。特征判断是反映课堂现象相对具有的稳定性特征，以及变中不变性特征的确定关系的判断。特征判断是对课堂现象由简单到复杂、由浅显到深刻的观察和分析，是由具体到抽象地揭示课堂现象联系的逻辑判断。

对课堂现象特征判断的复杂性在于，课堂现象并不是独立于主观性的客观存在，其与教师、学生的主观性密切联系，也与观察者的主观性密切联系。因为教学设计原理的特征是由实践上升到理论，又经过实践检验而获得了相对的可靠性，因而利用数学课堂教学原理进行特征判断，就会大大降低主观性而更具客观性。

在案例研究的分析性评价过程中，实际往往也需要运用特征分析，这时所利用的特征依据是前述的数学教学设计原理，也可以来自成熟的教育心理学理论。

8.2.2 数学课堂教学特征判断的依据

在笔者近 20 年的数学课堂教学案例研究的过程中，常常运用特征判断。1999 年在《数学教育学报》所发文章“数学建构主义学习的实质及其主要特征”，[①]就是当时在分析案例的教学特征过程中所提出的理论观点。在其后的长期案例研究中，又从大量案例中抽取各种特点，概括共同特征，对所有特征整理分类，不断地提炼加工形成教学设计原理，这些原理的特征就为数学课堂教学的特征判断提供了依据，其核心思想就是“教学生学会思考”。

1. *“教学生学思考”原理反映的特征判断依据*

“教学生学思考”原理的核心，在于突出教学生要通过学习知识来学会思考，其根本任务是教学生学“提出”问题，学“建构”概念，学“寻找”方法，学“研究问题”的一般方法。这是一种把过程教学放在首要位置的教学设计原理，是一种“以动词为本”为教学特征的教学设计原理，目的是强调让学生在“活动”中学思考，在“活动”中获取经验，学的是问题、概念、方法的“由来”，而不仅仅是学它们的“结果”。

那么在课堂教学中究竟是重过程还是重结果，就有了特征依据。但是这些学习都是以知识为载体，创设情境和提出的问题都揭示了本节课知识的数学本质，建构的概念和寻找的方法都体现了本节课的数学主题，“研究问题”一般方法的运

① 涂荣豹．数学建构主义学习的实质及其主要特征．数学教育学报，1999，(4)：1-6.

用解决了本节课的数学问题。这就一改过去以知识结果为终点的记忆性学习，而是通过学习数学知识，实现学生“学提问、学建构、学寻找、学一般方法”的以教学生学思考的目标，实现以提高学生能力为目的的学习。

2. “运用研究问题一般方法”原理反映的特征判断依据

数学具有抽象性或者一般性的特点，这一特点使得数学更注重研究问题的一般方法。数学课堂教学中这一特点，可以使学生经历“形成问题，构建概念，寻找方法，提出假设，验证猜想，语言表述”等研究问题的一般过程，在运用研究问题一般方法的过程中学习数学，同时学习“一般方法”，在过程中获得思维能力的培养。

运用“研究问题一般方法”，不仅其前三个阶段提供了教学生学会思考的空间，而且还进一步让学生学习猜想、学习验证反驳和语言表征，为培养学生提出问题、解决问题的能力提供了机会。研究问题一般方法的每个阶段特征明显，即每个阶段都表现为“思想的活动”，依据这些特征可以使对课堂教学过程的分析研究更趋于简便和准确。

3. “以问题结构推进教学”原理反映的特征判断依据

“问题是数学的心脏”，因而以问题推进数学课堂教学势所必然，而且要不断以新的问题推动教学进程。“以问题结构推进教学”原理的一个基本要素是：在数学课堂上，首先要提出一个目标问题，也就是实现新知识的问题化，这是数学教学的必要性反映，问题化后是解题教学化，也就是以解决新问题的教学方式推进目标问题的解决。

“以问题结构推进教学”原理的另一个基本要素是：一个问题的解决还要能导致一个新的问题产生，从而形成问题的结构化。通过解决一系列的小问题，逐步达到目标问题的最终解决。实际上，形成这些问题联系的结构是思维导向结构，教育心理学研究表明，形成思维导向结构的问题有利于促进学生形成良好的思维结构。[①]

那么问题之间形成什么样的结构，是自然联系？因果关系？逻辑关系？思想方法的联系？这些联系和关系对推进教学能够起到什么作用？这些以问题结构推进教学的特征，使得对课堂教学的分析研究有据可依。这些环环相扣形成结构性问题，在推进课堂教学进程的同时，也促进了学生思维结构的发展。

---

① 弗里德曼. 数学教学心理学原理. 北京：北京师范大学出版社，1987：68.

4.“创设情境—提出问题”原理反映的特征判断依据

数学问题的提出本不是一件容易的事情，更不用说刚学习数学不久的学生，而问题又最好由学生提出，这就形成了一个难题。这个难题的破解办法，就是由教师创设一个适当的问题情境，来帮助学生对情境产生质疑进而发现和提出问题。因而要让学生在数学课上提出问题，创设一个适当的问题情境是必不可少的。适当的问题情境不但能激发学生的思考，还能使学生认识学习本课数学内容的必要性。

创设一个适当的数学问题情境，涉及方方面面，比如教师对数学本质的理解，学生的生活经历和数学经验等等。因此创设情境需要遵循一定的标准，这个基本标准就是：直观明了，简单易懂，源于生活，贴近学生，利于揭示数学本质。教师在创造情境的时候，要用这个标准审视自己创设的情境，看一看是不是符合这样的标准。

数学问题情境类型多种多样，比如 “以旧引新”情境，“数学问题”情境，“习题评点”情境，“实际生活”情境，“经济生产”情境，“趣闻史话”情境，“假想模拟”情境，“破绽悬念”情境，“技术构造”情境等等。

这些创设情境的标准和类型，就是在进行课堂教学案例特征判断时，用以分析数学问题情境的特征依据。

5.“从无到有探究”原理反映的特征判断依据

“探究”的重要标志是“从无到有”，作为“探究教学”就要有一个“从无到有”的教学过程。所谓“从无到有”，就是“一步一步”地从不懂到懂，不会到会，不明白到明白的过程。是逐步的，不是一下子就完成的。一下子就从不懂到懂了，那是告诉；一下子从不会到会了，那是模仿；一下子从不明白到明白，实际上是记住了。要探究，必然要经过一个“逐步的”过程。

数学探究主要有两种，一种是发现式探究，是在独立活动下的学生自主探究；另一种是引导式探究，是教师引导下的学生主动探究。探究是一种探求未知的“活动”，因此“活动”是探究的关键。但是数学的探究活动大部分是思想实验、思维活动，不能以外部的操作实验代替大脑内部的思想实验，别人的内部思维活动不能代替自己的内部思维活动。

数学的探究教学大多数是引导式探究，所以要引导学生的探究活动，教师就要有引导探究的策略，学生就要有主动探究的方式。引导式探究就是一种启发式教学，引导的本质是启发，教师为学生提供寻找目标的线索，学生循着线索自己去寻找目标。引导式探究有两个重要的特点，一是教师只是启发引导，不能明确地告诉学生目标或结论；二是学生必须通过自己的主动求索，去寻找目标或结论。

这些探究数学教学的特点，为指导和分析探究教学的特征判断提供了指南。

6. “用启发性提示语引导”原理反映的特征判断依据

学习数学离不开教师的启发引导。教师启发引导的方法，就是通过启发性提示语，给学生以必要的提示和暗示；学生通过自己的思维活动获得提示和暗示。启发性提示语的特点是“发问”，就是像苏格拉底那样“问”。教师问，然后学生自己去寻找办法，寻找答案。

学生有不同的智力强项，学生在学习数学时必然存在层次差异。“由远及近”的启发性提示语，是针对不同层次的学生启发的方法。它是根据学生不同的最近发展区和思维能力，提出有不同思维挑战性的提示语，使得不同层次的学生都获得启发。

启发性提示语有三类，认知性提示语、方法论提示语、元认知提示语，不同类型的提示语具有不同的启发功能。教师就是用不同类型的提示语，发挥其不同的功能，从不同角度，用不同的方式，给学生以启发和引导。

引导式探究在很大程度上取决于启发性提示语的设计，“由远及近”的提示语需要与相应的学生有高度的切合性，因而启发性提示语是教师根据自己的学生所进行的一种创造，是教师创造性教学的体现。

启发性提示语是课堂教学研究的重点，上述的这些启发性提示语的特点，可以为分析研究提供明确的参考依据。

7. “反思性教学”原理反映的特征判断依据

数学是抽象性形式化的思想材料，这一材料的形式本身并不重要，重要的是形式背后的意义和实质，因而在数学学习中使学生获得这些意义和实质是主要的。如何促进学生获得这些意义呢？“反思性教学”的原理提供了有效的方法。

“反思性教学”作为一种教学的方式，是用反思的方法来进行教学。回顾，质疑，反诘，追问，这些穷追不舍的反思，能够帮助学生认识和理解形式符号背后的数学实质，培养学生质疑的精神，养成反思的习惯，是创新意识和创造性精神的培养。因而数学教师要在教学中经常性的引导学生进行“反思活动”，使“反思性教学”成为自己的一种教学意识，一种教学习惯。

“反思性教学”的每一种方式都有其自身的特点，而它们的共同特征则是刨根问底。这样的特征，可以为研究分析数学课堂教学设计提供不同的视角。

8. “归纳先导，演绎跟进”原理反映的特征判断依据

数学推理在数学中处于重要地位。一般地，归纳推理利于发现结论，培养创新意识，而演绎推理重在证明结论，培养理性精神。因而在数学课堂教学中应该注意两者兼顾，在归纳与演绎之间建立适当的平衡，帮助学生灵活运用这两种推

理，实现数学的最大教育价值。

在数学课堂上实现两者平衡的方法，就是“归纳先导，演绎跟进”。先归纳，然后进行演绎论证。研究问题的一般方法中，也是先猜想后验证。归纳的方式是多种多样的，可以是由特殊到一般归纳出猜想，可以由具体到抽象归纳出猜想，也可以由多到一的经验性归纳得出猜想，还可以由合情推理提出猜想。但最后，还要进行演绎推理，论证反驳，判断真伪，达到理性思维。

教学运用“归纳先导，演绎跟进”的这些特征，可以为研究分析数学课堂教学提供不同的思路。

9.“以寻找解题思路为核心”原理反映的特征判断依据

数学解题教学是数学教学的首要任务是，教学生学会如何自己寻找解题思路，教学生学思路是怎么想的。本书所提供的策略和方法是，“着手解题的启发性提示语”和“理解提议的启发性提示语”，教师坚持运用这两套提示语教学寻找解题思路，通过日积月累和潜移默化，逐渐使学生学会自己寻找解题思路。因此两套提示语的灵活运用，就成为对数学解题教学案例分析研究的特征判断的依据。

8.2.3 数学课堂教学特征判断评价的案例分析

如何对一节课进行数学课堂教学的特征判断评价呢？本节将通过案例，整体性地介绍数学课堂教学的特征判断评价方法，并做初步的分析。

案例 8.2.1 如何教“建构”新概念——圆。

有人认为“圆”这个概念，太简单了。这么简单的概念也要“建构”，怎么“建构”？小学里虽然学过了“圆”，但并没有对“圆”给出严格的数学定义。中学怎么学习“圆”？

圆是一个学生已学过的数学对象，是旧知，现在要他们学什么？首先学“提出问题”。

1. 创设情境，旧知新问

活动一 套圈游戏。

设计意图 通过“套圈游戏”的活动，产生对情境的质疑，来学“提出”问题。

套圈游戏学生几乎都玩过，很熟悉，贴近学生生活。只有一个柱子，若干人来套圈。教师启发提问：

套圈时如果站成一排，公平吗？怎样才公平？——这时学生一定是异口同声：不公平，围成圆圈才公平。这样的问题能引起学生的兴趣，因为他们有感性认识。

启发引导:

你对圆有哪些了解?——学生的回答林林总总，圆心、半径、面积、轴对称、中心对称等。

那么，有圆心就是圆吗? 有半径就是圆吗?——学生说都不是。

都不是圆，那你会有什么问题呢?——引起学生的疑惑，都不是圆? 不禁要问:“那什么是圆?”

同学们问的好，那什么是圆呢?——这就自然提出了这节课要解决的目标问题: 究竟什么是圆?

大家想不想把这个问题搞清楚?——想! 好。那我们就来研究这个问题。

评析　本课通过熟悉的“套圈游戏”创设问题情境，引导学生把“圆”这个旧知与游戏联系起来，产生疑问而提出了本课的目标问题，并引发了学生的学习兴趣和求知欲。

2. 自主画圆，抽取本质

要搞清楚什么是圆，就要找出圆的本质特征。为了找出圆的本质特征，设计一个活动：自主画圆，抽取本质。怎么活动呢?

活动二　用给定的工具画圆。

给定工具，一个工具是一根两端打结的棉线，第二个工具是一根两端打结的皮筋。然后用这两个工具来画圆。

设计意图　通过活动来教学生学“建构”新概念。

用两种工具画圆结束，教师发问:

用这两种工具画圆以后，大家有什么感受?——同学们都说，用皮筋不好画。

为什么呢? 为什么不好画圆?——皮筋它有弹性，一伸一缩，画不好。

这说明什么呢?——它一会儿长一会儿短，是半径不确定。

那么你用棉线画圆半径就确定了吗? 你怎么让它确定的呢?——我就是固定一头，把线绷直，然后另一头旋转一圈。

为什么要绷直呢? 绷直说明了什么?——绷直了，半径就固定了。

画完以后，引导学生来概括一下。怎么来引导? 由远及近启发性提问:

按照刚才画圆的方法，圆是什么样的图形呢?——（远）

把棉线绷直，在我们数学上表示什么?——（近）定线段。对，绷直就代表定线段 OA。

把棉线的一端固定是什么意思呢?——（近）固定一端代表定点 O。

把另一端旋转一周是什么呢?——（近）就是画的圆。

好，这就是我们刚才画圆的“三部曲”。第一步棉线绷直，第二步固定一端，第三步另一端旋转一周。

经过这个“三部曲”，还能知道究竟什么是圆了？——（近）

根据画圆步骤用自己的语言作一个总结。——（近）就是这个定线段绕着固定的一个端点 O 旋转一周得到的这个图形就叫做圆。这个就是圆的定义。

评析　通过不同方式的画圆活动，用由远及近的启发性提示语，引导学生发现抽取圆的本质特征，利用画圆步骤概括出“圆”的定义。

3. 变化情境，发现关系

不过，这个圆的定义是构造性定义，把画的过程描述一下就成了圆的定义。但这节课不仅仅要得到圆的构造性定义，还要得到用集合语言描述的定义，所以完成了这个环节还没结束。为了进入下一环节，就变化情境来引导学生发现内在关系。什么内在关系？数量关系。数学最终要研究数量，图形也要让它变成数量。通过内在的数量关系去构建这个集合语言的定义。集合语言的定义就要包括必要性、充分性，也就是纯粹性和完备性。

活动三　用圆规再画一个圆。

设计意图　再用圆规画圆，与之前用线段所画的圆加以比较，引导学生发现圆心、半径与圆的本质联系。

圆画好了以后，教师发问：

你现在又画了一个圆，它跟用棉线画的圆一样吗？怎么不一样呢？——大小不同，位置不同。一个由棉线的长来决定，一个由圆规脚张开的距离来决定。

那么圆的大小由谁来决定？——半径来决定。

位置呢？——由圆心来决定。用棉线画圆固定一个端点，就是由圆心确定。好，再回到一开始的游戏。

为什么围成一个圆形套圈就公平呢？——因为每个人到柱子的距离相同。

它是什么意思啊？——就是圆上所有点到圆心的距离都相等。哦，所以就公平了。

这就概括出了，“圆上所有点到圆心距离相等”这个本质特征。

相等的话，怎么用数量来表示呢？——棉线的长度，半径用 r 来表示，在圆上的点到圆心距离用 d 表示，就是 $d=r$。也就是说圆上的点到圆心的距离 d，都等于 r。这就是圆上的点与圆心的数量关系。

评析　把圆心、半径与圆的本质联系，与一开始的套圈游戏中的问题结合起来，引导学生从圆上的点与圆心位置关系，抽象出与半径的数量关系，进而建构了圆的必要条件即纯粹性：圆上所有的点到圆心距离相等，都等于圆的半径。

4. 又变情境，深究关系

如果点不在圆上，会有什么数量关系？关于圆还有什么数量关系？还要深入地探究。为此又变化情境，进行活动。

活动四　甲、乙两人站在圆 O 的 A，B 处，这时丙、丁也来参加，站在了 P，Q 两处（图 8.1）。

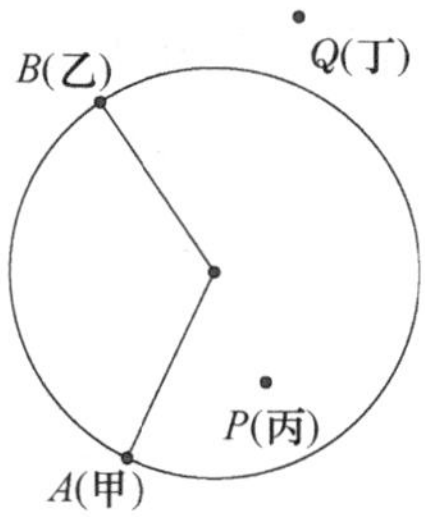

图 8.1

设计意图　引导学生对这个情境产生怀疑，将其他的点与圆的位置关系转化为数量关系。

学生普遍认为丙、丁的位置不合理。教师发问：

为什么不合理呢？——因为丙站在圆内，到圆心的距离小于半径，而丁站在圆外，到圆心的距离大于半径，一个短一个长，当然不合理了。

能用数量关系来表示这两种位置关系吗？——点在圆内，在 P 这个位置，P 到圆心的距离是小于等于半径的。Q 在圆外，到圆心的距离大于半径。

立即引导学生做一个总结：等于半径、小于半径、大于半径（定长）；从图形上看，点的位置在圆上、圆内和圆外；从数量上表示，就是 $d=r$，$d<r$，$d>r$。

评析　这个总结把平面上所有的点与圆的位置关系和数量关系都提示出来了。但这时集合语言的定义还没有产生，才找到了纯粹性：圆上的点到圆心的距离都等于定长。

还需要说明完备性，就是到圆心距离等于定长的点都在圆上。于是继续改变问题情境，进行活动。

活动五　这时李洋也来参加游戏，他站在 M 点上，但是地上画的线已经看不清楚（图 8.2）。教师发问：

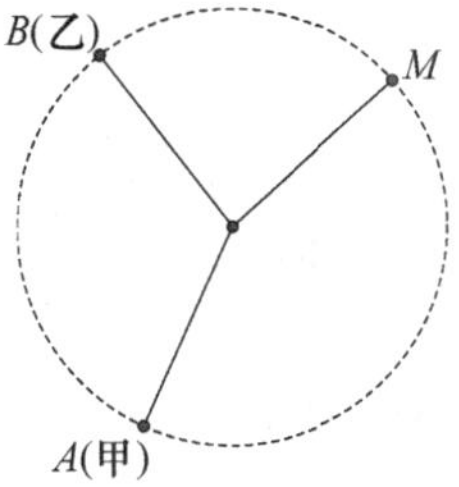

图 8.2

李洋怎样才能知道自己恰好站在圆上呢？——必须量一下，一定要 $OM=r$。

为什么呢？——因为到圆心距离为半径的点一定在圆上。

为什么到圆心距离为半径的点就一定在圆上呢？

假如不在圆上，它可能在哪里啊？——在圆内或者在圆外。

能用数量关系来表示它们吗？——如果 M 在圆内，那么 $d<r$；如果 M 在圆外，那么 $d>r$；这时 M 不可能在圆上。所以，M 要在圆上，就一定得 $OM=r$，不在圆上就不可能 $OM=r$。所以可以确认，到圆心距离等于半径的点一定在圆上。

好，把它们综合起来可以得到什么结论？——把刚才前面得到的和现在得到的，综合起来就能得出结论：圆上的点到圆心的距离等于半径；到圆心距离等于半径的点在圆上。

评析　通过这个实验活动中，教师用追问、反诘这些反思性教学的方式，引导学生建构了圆的完备性即充分性的半质特征。最后的分析实际是反证法，虽然用反问的方式进行，并没给初中学生造成不解或困难。从这里也可以看到反思性教学的益处。

5. 再变情境，准确定义

实际上，圆的这种关系学生都已经感受到了，只差准确的语言描述。为此，再一次改变情境，帮助学生用集合语言对圆进行描述。

活动六　现在全年级的学生都来参加，全校的学生都来参加这个游戏，点就越来越多。教师问到：

最终它变成了什么图形呀？——圆。

那么圆可以看作什么集合？——点的集合。

什么样的点的集合呢？——无数个点的集合。

什么样的无数个点集合？就是说满足什么样条件的点的集合？——到圆心距离等于半径，这样的点的集合。

我们能不能重新描述一下什么是圆？——圆是到圆心距离等于半径的点的集合。刚才我们构造了一个圆，现在我们换种方法来描述。

能不能换一种说法呢？——圆是到定点距离等于定长的点的集合。

为什么？哪一种说法更准确呢？为什么第二种说法就更准确呢？

为什么你要把圆心改成定点，半径换成定长呢？——定义本身就是描述圆，要确定它是圆，定义以前还没有圆，所以不能说圆心、半径，应该用定点、定长更准确。

这就得到了这样的描述：圆是到定点距离等于定长的点的集合。

评析　通过再一次变换情境的活动，由点的“无限”增加使学生终于完整地建构起圆的集合定义。实际这里的“集合”仅仅是生活意义上的概念，因为初中阶段并没有学习数学意义上集合概念。

圆的内部、圆的外部怎么定义？——圆的内部，就是到圆心距离小于半径的点的集合；圆的外部，就是到圆心距离大于半径的点的集合。这个时候可以讲圆心半径，因为这个时候已经是个圆了。

那么圆与圆的内部、外部都不同，其实圆是面还是线啊？学生举例子时，会说圆是一个面，或是篮球筐，等等。

究竟是圆面还是圆啊？圆周吗？——圆是线，不是面。所以说“圆是圆面”是不准确的，圆周才是准确的。确认圆是曲线不是面。

评析　教师趁势引导学生建构圆的内部、圆的外部的定义。并纠正学生在小学里的模糊认识，小学对圆的概念不要求那么严谨，只要认识圆的指代物就行了，你说它是月亮，对。你说它是篮球筐，对。你说它是车轮，对。……但到了中学，就一定要澄清。

这是一个以圆为知识载体，教学生“建构”新概念的教学案例，教师创造性地设计了“套圈游戏”问题情境，引起学生的疑惑而提出本课的目标问题。整个教学过程用活动情境引出问题，不断地变化活动情境，形成活动情境结构以代替问题的思维导向结构，由表及里，由浅入深，一步一步地引导学生发现和揭示“圆”的本质特征，进而建构起“圆”的数学概念。整个教学活动，始终是引导学生进行“从无到有”探究活动，用启发性提示语和反思性教学，引导学生逐步从活动蕴含的“思想实验”中发现圆的本质特征。可以说，整个教学过程充分体现了探究教学的各种基本特点。因而可以认为这节课贯彻了“教学生学思考”的核心思想，是一节典型的“教学生学会思考”的数学课堂教学案例。

8.3　数学课堂教学的价值判断评价

对数学课堂教学的价值判断评价，是本书提出的又一种新的数学教学评价的方式。所谓价值判断，是人们对各种社会现象、问题做出好与坏或应该与否的判断，是某一特定的客体对特定的主体有无价值、有什么价值、有多大价值的判断。

对一个事物的价值判断，总是与主体所在的立场，认识事物的角度和持有的价值观密切联系，因而价值判断具有强烈的主观性。因此，在对某种现象进行价值判断的时候，主体需要首先检查自己的立场、视角和价值观，是否更接近于客观性、普适性和科学性。

人们对数学教育的价值判断，往往是以人类对数学学科的一种素朴的价值观来认识的，虽然在口头上承认数学学习在培养人的思维方面的意义，但是在人们头脑中根深蒂固的还是“数学广泛的应用性”，同时由于受中国传统的实用主义思想的影响，常常更看重数学对自己眼前的或当下的实用价值。这就容易导致数学教育在实施中出现偏差，比如把数学教学等同于数学知识的灌输，把数学学习等同于平庸的解题训练，把学习数学的意义定位于考试功能，而忽视了数学教育真正的价值。

所以本书的第 1 章就论述了教育的科学发展观，其中包括了数学教育的科学发展观，目的就是为了树立起正确的教育价值观和数学教育价值观，只有在教育的科学发展观达成共识的基础上，才可能进一步探讨教育的和数学教育的方方面面的问题。

在本书中，对数学教育所持的立场则特别看重数学教育的育人功能、对思维能力的培养和对人的数学素养的形成。数学素养是人的核心素养之一，随着现代化社会的飞速发展，数学素养作为人的一种核心素养，对人的未来发展具有更为重要的意义。因此，数学教育越来越有必要把数学育人价值、思维价值在数学的课堂教学中得到最充分的体现和最大的发挥。

8.3.1　数学教育的核心价值

教育是发展和完善人的活动。数学在形成人类理性思维、促进个人智力发展、树立正确的世界观和方法论等方面，都具有独特的不可替代的作用。数学教育可以给不多的人带来从事未来专业必要的数学基础知识，但对多数人而言数学的实用性并不是最重要的，因为所学的很多数学知识在他们以后的生产生活中很少用到，而且大多数会被忘记。

对所有人而言，数学教育最重要的根本价值和长远利益是数学的精神、思想和方法，它们使人学会数学地思维和表达，拥有数学的眼光，锤炼实事求是的精神和养成锲而不舍的品格。这些是人进一步学习的基础，更是终身发展的需要。所以，从根本上讲，数学教育的最重要意义是为人的全面发展、可持续发展做出贡献。

作为教育的一个重要组成部分，数学教育的核心价值就在于要为发展人的认识力做出应有的贡献，尤其是发挥其在发展人的思维能力方面的巨大功能，用数学来培养人的认识力，使他们将来走入社会能够更聪明、更有能力。

数学课堂教学是数学教育实践的主要形式，因而肩负着落实数学教育科学发展观的主要任务。数学教育的科学发展观是评价数学教学的根本依据。数学课堂教学做得好不好，不能仅仅看知识的掌握和考试的成绩，最根本的要看能不能落实数学教育的科学发展观。那些以知识灌输为主的填鸭式课堂，为了考试成绩而热衷于题海训练的课堂，都不是好的课堂。

好的课堂应该立足学生素养的长期培养，遵循教育教学规律，为学生展示数学的核心知识、大观点和大方法，让学生经历从具体化的数学向概念化、符号化的数学转变，发展符号意识、运动变化意识、逻辑推理意识，养成勤于思考、善于思考的习惯，感受数学学习的乐趣，拥有数学学习的信心，为学生提供创造自我价值的机会，让每一个学生看得更远，飞得更高。

8.3.2　数学课堂教学的价值判断

要进行价值判断，就必然要有价值取向和价值选择。对数学课堂教学的价值取向，在本书的前 4 章中已经进行了全面详尽的阐述，特别在第 5 章里更是对数学课堂教学的价值选择提出了明确的观点，这就是：为学生的全面发展做出贡献，为学生的可持续发展做出贡献，为发展学生的认识力做出贡献，为学生学会思考做出贡献，为培养学生的创新意识和创造能力做出贡献，为培养学生的数学素养做出贡献。

这就是说，对数学课堂教学进行价值判断时候，要以这些数学教育的价值取向和价值选择作为依据。

1. 是否为学生的全面发展有所贡献

促进学生的全面发展是教育的第一要务，当然应是数学课堂教学的第一任务。全面发展观是指教育要为学生作为“人”的发展打下全面的基础。对于数学教学而言，这个基础主要体现在两个方面，一是在人格的培养方面，二是在人的知识和智力方面。

在人格培养方面，着重是在情感、态度、价值观上给予学生正面的影响，充分利用数学的高度抽象性、严谨性、确定性的特点，培养学生追求理性的精神，缜密推理的意识，处世严谨的作风，做事认真的态度，独立思考的习惯，实事求是的思想，战胜困难的勇气和百折不挠的毅力。

在人的知识获得和智力发展方面，致力于帮助学生以积极的智力活动参与数学课堂，以主动的精神经历数学知识的发生发展过程，体验数学的再发现、再创造，获得数学活动的基本经验，夯实数学知识的基础，熟练数学的基本技能，提高数学解题的能力，练就灵活处理问题的本领，在数学学习中取得良好的成绩。

2. 是否对学生的可持续发展有所贡献

使学生获得可持续发展，是教育的又一重要的目标。数学教学要为学生的可持续发展有所贡献，最重要的是培养学生爱学习、爱数学的精神，使学生保持探求世界的好奇心，充满学习的兴趣和求知欲，尽最大努力保护、培养和激励学生的学习热情。

要使学生可持续发展，还要让学生学会学习，教他们掌握学习的方法，使他们学会自己独立地获取知识；学会研究问题的方法，学会从不知开始，一步一步地达到问题的核心，直至最终的问题解决和理论构建。

也就是不仅授之以鱼，还要授之以渔，使他们离开学校以后，即使没有老师的指导，也能自己从容地学习新的知识，涉猎任何未知的领域。

3. 是否为学生学会思考有所贡献

教学生学思考，是数学教学的首要任务。要为学生学会思考有所贡献，就要运用研究问题的一般方法，进行数学的探究教学，让学生学“提出”问题，学“建构”新概念、新方法，学“寻找”解决问题的方案，学“猜想”和“验证”，学数学的“语言表达”。

要为学生学会思考有所贡献，就要教学生学“怎么寻找解题思路”，学“怎样想到的”，学方法论思想，培养元认知能力，学“反思”，学“质疑”，学“反诘”，学“追问”，学“归纳”，学“演绎”。

要为学生学会思考有所贡献，就要教学生学观察、比较、分析、综合、类比、归纳、抽象、概括这些一般思维方法，还要教学生学数学的特殊思维动作，即策略定向性思维动作，思想观念性的思维动作，方法技巧性思维动作和心理操作性思维动作（详见 7.4.1）。

4. *是否为学生认识力的发展有所贡献*

爱因斯坦说，知识是会忘记的，留下的是教育。留下的教育是什么呢？就是通过知识学习而获得的“认识力”。所以，数学教学要为学生在学习知识的过程中，发展他们的认识力做出贡献。人的认识力是想象力、洞察力、判断力、预见力和创造力形成的综合能力（1.3.3 节）。

这些能力是不能靠上一门课或读一些书获得的，最好的办法是让学生在学习和实践活动的浓厚的创新气氛中自己“悟”出来。也就是在数学课堂教学中，能够营造探究的氛围，留有自由想象的空间，给予尽情发挥的环境，任凭学生拓展思维的深度和广度，任凭学生去反思和质疑，任凭学生去验证和反驳，任凭学生在不受任何约束的思想世界里翱翔，那么就可以说为学生的认识力发展做出了贡献。

5. *是否为培养学生的数学素养有所贡献*

数学素养是人的核心素养之一，作为现代人不能没有数学素养，从全面发展观的角度，即使是从事的似乎与数学毫无关系的人，也不能没有数学素养。显而易见，培养人的数学素养，数学教育义不容辞，因而数学课堂教学必须要为学生的数学素养的培养做出贡献。

“素养”不是知识和技能的简单堆砌，素养是人的一种修养、一种意识，不是一朝一夕所能形成的，它必须通过长期的“修炼”和“养成”。这就要求每一次数学课堂教学，都要让学生获得这样的“修炼”，再通过整个基础教育阶段的长期“修炼”，逐步获得数学素养的“养成”。

素养作为人的一种修养、一种意识，也不是数学的一招一式所能练就的，它必须要通过各种数学知识的学习，在丰富的数学知识中获得营养，在形象的和抽象的数学学习中，在有限的和无限的数学学习中，在必然的和或然的数学学习中，在理论的和实践的数学学习中获得营养。

具体地说，就是在数学的课堂教学活动中，使学生获得数学抽象的基本素养，积累从具体到抽象的活动经验，通过抽象、概括去认识、理解、把握数学本质；获得数学推理的基本素养，掌握推理的基本形式，形成有论据、有条理、合乎逻辑的表述论证思维的品质；获得数学建模的基本素养，能发现和提出问题，建立数学模型，求解模型，提升应用能力，增强创新意识；获得直观想象的基本素养，发展几何直观和空间想象能力、增强运用图形和空间想象思考问题的意识；获得数学运算的基本素养，理解运算对象，掌握运算法则，探究运算方向，选择运算方法，求得运算结果；获得数据处理的基本素养，收集整理数据，提取信息，构建模型，分析推断结论，养成通过数据思考的习惯。

数学素养的培养是一个漫长的过程，是一个潜移默化的过程，是一个滴水穿石的过程，是一个积小成为大成的过程，而不是心浮气躁、急功近利、毕其功于一役所能为之的。

综上可见，数学课堂教学的价值判断，是一种理性判断，一种思辨判断，是对学生各个方面的发展是否做出了贡献，做出了什么样的贡献和是否还有什么可以改进的余地等等进行判断，这种贡献是根据具体的学生情况，具体的数学教学内容，具体的数学教学环境，具体的学校管理氛围，进行综合分析所做出的判断。因此，对数学课堂教学的价值判断，必须明确它只是一种判断，是在可行可靠的数学教育价值体系下进行的价值判断，是一种应然的、总体的分析判断。

对数学课堂教学进行价值判断切忌企图量化衡量，课堂教学的价值判断不是物质的价值判断，物质的价值判断是物质与货币的等价交换，数学课堂教学的价值判断是对教育目标有没有贡献的判断，其多少和大小又是与具体的学生不可分开的，即使在同一节课、同一个老师的教学中，对每个学生的价值和意义也是不同的。一旦用分值指标评判，就只能衡量一些的表面的、脱离实质的浮面表象，又会落入俗套的评判教学水平高低的老路上去，偏离教育教学的科学本质。

8.3.3　数学课堂教学价值判断评价的案例

对数学课堂教学的价值判断评价是一种新的尝试，需要进行更多的实践探索，还要进行抽象的理论提升。目前对数学课堂教学评价的价值判断，就是依据上面所给出的数学课堂教学的价值取向和价值选择来进行，应该说还不是成熟的价值判断。

下面这个教学案例的分析就是对数学课堂教学进行的价值判断。

案例 8.3.1　指、对数函数的关系。

课题：指、对数函数的关系	点　评
师：前面我们学习了指数函数和对数函数，今天先请同学们来回忆一下，指数函数和对数函数有哪些概念？ 生：指数函数是形如 $y=a^x$（$a>0$ 且 $a\neq1$）的函数。 师：嗯，形如 $y=a^x$（$a>0$ 且 $a\neq1$）的函数（板书）。对数函数呢？ 生：对数函数是形如 $y=\log_a x$ 的函数，$a>0$ 且 $a\neq1$。	

续表

课题：指、对数函数的关系	点　评

师：a 有两个条件。这是指数函数和对数函数的定义，那么性质呢？

生 1：指数函数的定义域是 **R**，值域是 $(0,+\infty)$，指数函数既不是奇函数也不是偶函数，当 $a>1$ 的情况下，单调性是增，当 $0<a<1$ 的情况下单调性是减，并且指数函数恒过 $(0,1)$ 点，两个指数函数当底数互为倒数的情况下是关于 y 轴对称。

师：嗯，对数函数有哪些性质？

生 2：对数函数既不是奇函数也不是偶函数，定义域是 $(0,+\infty)$，值域是 **R**，它恒过 $(1,0)$ 点，当 $0<a<1$ 情况下单调减，当 $a>1$ 的情况下单调增。（板书）

	$y=a^x(a>0$ 且 $a\neq1)$	$y=\log_a x\ (a>0$ 且 $a\neq1)$
定义域	**R**	$(0,+\infty)$
值　域	$(0,+\infty)$	**R**
增区间	$a>1$ 增	$a>1$ 增
减区间	$0<a<1$ 减	$0<a<1$ 减
不变性	恒过点$(0,1)$	恒过点$(1,0)$

师：这是我们所学的指数函数和对数函数的概念及它们的性质。[1] 那么你们觉得接下来我们应该来研究什么？[2]（停顿）学习完一些知识以后，我们要有一个习惯，就是要把这些知识横向联系起来，那么你现在有没有想法了？[3]（停顿）

生：我觉得可以研究它们之间有没有什么关系。[4]

师：哦！他觉得可以来研究指数函数和对数函数有没有什么关系？大家有没有意见？没有？那我们就来研究，它们有没有什么关系？那么你打算如何研究呢？[5]思考一下，讨论一下。（2′42″～3′38″）怎么样，有没有想法了？打算怎么研究？

生 3：我打算把这两个函数像老师写的一样，横向一行一行对比。[6]

师：哦，一行一行对比。好的，你对比以后发现了什么？[7]

生 3：我发现指数函数的定义域是对数函数的值域，指数函数的值域是对数函数的定义域。当 $a>1$ 的时候，两个函数都是增函数，当 $0<a<1$ 的时候，两个函数都是减的。在它们图像的性质方面，我觉得它们恒过的点也是有关系的。

师：有什么关系？[7]

Ⅰ.创设情境，旧知新问

[1] 带领学生仔细地回顾指数函数与对数函数的概念与性质。并把性质列成表。教师这么做是有用意的，实际是创设了一个情境，下面要用这个情境启发学生提出问题和研究方法。这是为后面的教学埋下伏笔。

[2] 启发学生提出本节课的课题。这是方法论提示语，可以引导学生在解决了一个问题以后，不断地思考接下来还可以提出什么问题，解决什么问题。这就是教学生学怎么思考。

[3] 这也是方法论提示语，教的是一般性方法，即通过横向联系进行思考，它的延伸意义就是还可纵向联系。这种启发体现了数学教育的思维价值。

Ⅱ.提出问题，思考方法

[4] 由学生提出了本节课的目标问题。使学生明确这节课学习的目标，使教学始终围绕解决这个目标问题层层推进。

续表

课题：指、对数函数的关系	点　评
生 3：我觉得第一个函数恒过的点 x 值和第二个函数值 y 是一样的。 师：哦，第一个函数恒过的点 x 值和第二个点的 y 值是一样的。 生 3：第一个函数的恒过点的 y 值和第二个函数的 x 值是一样的。 师：嗯，对不对？他是对我们罗列的性质作了一个比较。[8] 其他同学还有没有其他想法？你是怎么研究的？[9] 生 4：我觉得还可以通过做两个函数的图像来研究。[9] 师：做两个函数图像来研究，嗯，这是一个好想法。我们把指数函数和对数函数图像画出来。图像做法还记得吧？（用几何画板边作图边说步骤[10]）这是指数函数图像和对数函数图像。(5′20″～7′14′)图像做好了，这是生 4 提议的，请你接着说我们要研究它们图像的什么关系？[11] 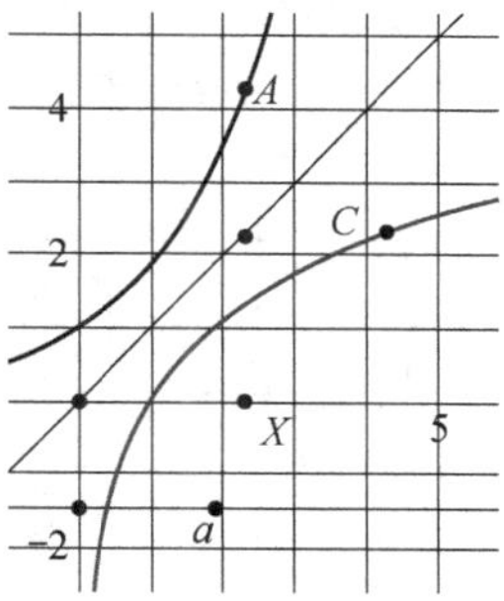 生 4：随着 a 的变化，它们的图像也在变化。 师：哦，它们的图像有变化。那它们的图像到底是什么关系？[11]（多次演示随 a 变化而变化的两函数图像[10]）此时情况表示什么？ 生 4：$0<a<1$。 师：这个是……？　　　　生：$a>1$。 师：你们觉得这两个图像成什么关系？[11] 生 4：我觉得 $y=a^x$ 的图像与 $y=\log_a x$ 的图像是关于直线 $y=x$ 对称的。 师：关于直线 $y=x$ 对称，你们同意吗？[12]　　　众：同意。 师：同意，你们能证明吗？[12]（8′25″～10′35‴） 师：生 5，你把你的想法跟大家说一下，你是怎么想的？[13]	[5]“你打算如何研究？”“有没有想法了？”这些是启发学生思考寻找研究问题的方案，也是方法论提示语，引导学生重视研究方法。 [6]“像老师写的一样，横向一行一行对比”，这时教师前面列表的作用体现出来了，实际这也向学生暗示了“列表”有利于问题的分析，是一个值得学习的方法。 [7] 追问“对比以后发现了什么？”“有什么关系？”这是引导学生主动探究，教师这里用反思性教学的追问方式加以点拨。 [8].对研究方法进行简短小结，及时小结是非常必要的，可以趁热打铁，加深印象。 III.启发引导，图像探究 [9]“有没有其他想法？”“你是怎么研究的？”“作出两个函数图像来研究。”这是营造自由想象、讨论的氛围，充分调动学生的学习积极性。 [10] 用几何画板作图，演示，这是另一种启发和暗示的方法，总之“逼着”学生自己思考。学生勤于思考，善于思考的习惯不是容易养成的，需要教师时刻提醒、引导。

续表

课题：指、对数函数的关系	点　评
生 5：我的想法是先把指数函数式 $y=a^x$ 改写成 $x=\log_a y$，然后对数函数式 $y=\log_a x$ 里面当 x 等于改写后的式子 $x=\log_a y$ 里的 y，它们这两个值应该是相等的，就是说它等于原来那个值。(学生停顿) 师：嗯，说完了？[14] 生 5：所以说点 (x,y) 与点 (y,x) 是两个函数图像中的对应点。 师：噢，她说，如果点 (x,y) 在指数函数图像上，那么相应的对数函数中那个对应的点坐标应该是什么呢？ 众：(y,x)。 师：(y,x)，没问题吧？她这个想法我觉得挺好的。因为我们本身知道图像是由什么构成的？[15]　众：点。 师：由点构成的。因此要证明图像对称，实际上是要证明什么？[15] 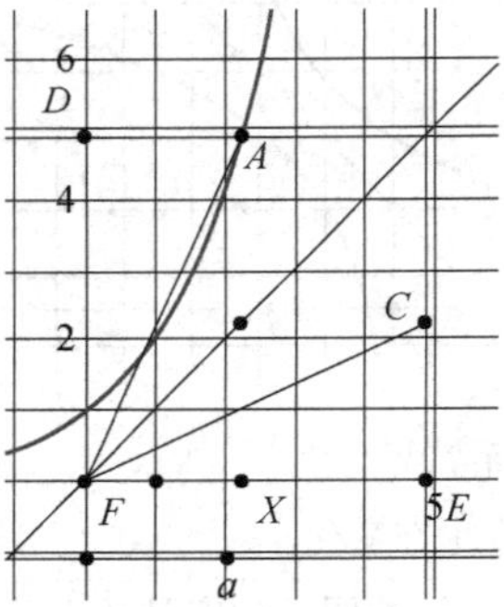 生：点对称。 师：那么现在的问题就在于，你能不能证明点 (x,y) 与点 (y,x) 关于直线 $y=x$ 对称？是不是？思考一下，怎么证？(11′50″～12′57″) 师：有没有想法了？[16] 生 6：先过点 A 作 y 轴的垂线。 师：(同步演示) 先过点 A 作 y 轴的垂线。 生 6：然后连接原点和 A 点、原点和 C 点。 师：连接原点和 A 点、原点和 C 点。 生 6：过 C 点作 x 轴的垂线。 师：再过 C 点作 x 轴的垂线。 生 6：可以证明两直角三角形全等。 师：哪两个直角三角形？　生 6：$\triangle FAD$ 和 $\triangle FEC$。 师：你们看呢？全不全等？　众：全等。 师：全等能得到什么结果？	[11] 多次重复“我们要研究它们图像的什么关系”，始终要学生盯住本课的目标问题，这是很重要的思维习惯的培养，波利亚就特别强调“盯着目标”！ [12]“两个图像关于直线 $y=x$ 对称，你们同意吗？”“你能证明吗？”体现“先归纳猜想后演绎证明”的教学原理，并始终不忘询问“你们同意吗”来保持课堂的民主气氛，让学生积极思考，畅所欲言。 [13]“你是怎么想的”，这样的问话表明教师重视学生的“思考”，而不仅仅是答案。这也给学生一个信号，要尽力思考“怎么想的”“怎么想到的”。这也是在教学生怎么思考。 [14]“说完了？”这种问话显示出教师不轻易打断学生的话，耐心倾听学生的发言，学生获得尊重，更愿意发表自己的意见，更乐意于积极思考的良性态势。 [15]“图像由什么构成的？”“实际要证明什么？”这两个认知性提示语，是启发学生要证明两图像关于 $y=x$ 对称“其实是证明对应点关于 $y=x$ 对称”，用以启发引导学生自己去实现命题的转化。

续表

课题：指、对数函数的关系	点　　评
生 6：全等可以得到 $AF=CF$，还有 $\angle CFE=\angle AFD$。因为直线 $y=x$ 与 x 轴、y 轴夹角都是 45°，45°角减去两个相等的角，中间的两个小角也是相等的，然后把 A，C 连起来，就有一个等腰三角形，所以得到直线 $y=x$ 是线段 AC 的垂直平分线。 师：因此得到这条线是线段 AC 的垂直平分线，没问题吧？等腰三角形三线合一。 生：这样就得到 A，C 关于直线 $y=x$ 对称。 师：哦，这样就可以得到 A，C 是关于直线 $y=x$ 对称的，你们觉得呢？是不是[17]？我们是通过全等三角形可以证明出 A 点和 C 点的确是关于直线 $y=x$ 对称。那么我想问一下，当 A 点运动时，C 点轨迹是不是我们所讲的对数函数图像？我们可以来验证一下。(演示）大家可以看一下，当 A 点运动时，C 点它的轨迹，看看它的形状，是不是对数函数？是的吧？[18]　　众：是。 师：好，刚才我们同学从数的方面研究了对数函数和指数函数的关系，又从形的方面也研究了它们的关系。因此，可见要研究一个问题，可能有两种方式，一个可以从纯代数的角度去做，对不对？一个可以从形的角度，是不是？[19] 　从形的角度我们发现，它们是关于直线 $y=x$ 对称的。从代数角度，刚才生 5 也提醒了我们，如果一点(x,y)满足指数函数式，那么点(y,x)也就满足对数函数式。换句话说，对于这个 $y=a^x$，如果说是已知 a, x，求 y，那么在这儿 $x=\log_a y$，相当于什么[19]？　　众：已知 a, y，求 x。 师：已知 a, y，求 x，是不是？哦，这是从代数角度讲的。那么我们把指数函数和对数函数就称为一对互为反函数。这个反函数呢，我们有一个记法，其实我们前面做的题目中已经碰到过这种记号，只是同学不清楚。如果说 $f(x)=a^x$（板书），那么我们说它的对数函数是它的反函数可以记为 $f^{-1}(x)=\log_a x$（板书），这个不是−1 次方，是 f 逆(x)，$f^{-1}(x)=\log_a x$ 表示它是它的反函数。	[16]“有没有想法了？”就是“有思路了？”实际启发学生要寻找思路，寻找思路就要想如何利用条件，把题设条件搞清楚，从而构造全等三角形完成证明。 [17]“你们觉得呢？是不是？”以征求意见、商量口气与学生交流，自然平等，使学生能无拘无束的表达自己的思想。 [18]“C 点……我们可以来验证一下。”其实前面已经进行了演绎证明，这里“验证”是想给学生一个直观认识，使学生把理性和感性认识统一起来。验证，是一种科学研究的方法，这不仅验证了结论的正确性，而且是科学研究方法的熏陶。不过这个验证并不是验证“两个对应点是关于 $y=x$ 对称”，而是验证“对应点的轨迹是对数函数图像”，这是不足之处。 [19] 概括总结——研究问题有两种方式——从“数”的角度，从“形”的角度。这是第二次阶段小结，两次小结都是对研究方法总结，表明教师对研究方法的重视，实际是对教学生学思考的重视。这个“换句话说”，通过指、对数运算是逆运算关系，巧妙地引出“反函数”的概念，而转入对

续表

课题：指、对数函数的关系	点　评
或者，记 $g(x)=\log_a x$（板书），那么它的反函数呢？应该是指数函数吧，对不对？根据我们所讲的反函数，那它应该是什么呢？$g^{-1}(x)=a^x$（板书）。我们用−1 这个记号，是“逆”的意思，而不是−1 次方。这是我们观察出来的，指数函数和对数函数有这么一个关系，这个关系呢，叫做互为反函数。 现在我有一个问题，为什么给它取个名称叫做反函数呢？你觉得这个“反”到底反在什么地方？我们前面研究所有问题的时候，比如形如 $y=a^x$，指数函数名称是大家取的，底数不变指数在变化，所以我们叫它指数函数，对不对？那么现在给它取名“反函数”，你觉得有没有道理？它“反”到底反在什么地方？[20]思考一下，讨论一下。（18′42″～19′46″）有想法的可以说说看。 生 7：因为当取其中一个函数，把 x 表示 y 改为 y 表示 x，就可以得到这个函数的反函数，首先它们的表示方法是相反的。 师：表示方法是相反的？你能不能用函数的语言来描述呀？[21] 生 7：对应法则。 师：是对应法则反了，是不是？啊，对应法则反了。 生 7：其次是它们的定义域和值域反了。 师：定义域和值域怎么样？也反了吧？是不是？我们说指数函数的定义域是对数函数的值域，对数函数的定义域是指数函数的……？ 生 7：值域。 师：所以这里反了，哦，定义域和值域反了，对应法则也反了，对不对？函数三要素是不是都涵盖了？是不是？好，第一个问题我们搞清楚了，反函数，到底什么是反函数。 我们刚才讲了，指数函数和对数函数互为反函数，那么你们接下来会想到什么问题？[22]指数函数有反函数，对数函数有反函数，那会想到什么问题？ 生：是不是所有的函数都有反函数？	“反函数”的研究。当然，如果能启发学生概括总结就更好。 Ⅳ.深入研究，“反”在何处 [20] 明确概念——指数函数与对数函数这种关系叫做“互为反函数”。借机提出“为什么取名反函数？”作为第一个问题延续，开启第二个问题“取名反函数道理何在？”“‘反’到底反在何处？”的讨论。并以“指数函数”的取名启发，寻找反函数“反”的特征。由对应法则反了，值域和定义域反了，“函数三要素”都反了，搞清楚了“什么是反函数”。 [21]“能不能用函数语言来描述呀？”这是很好的启发性提示语，数学问题解决的一个重要特点就是最终要用数学的语言来表示，这是对用数学语言交流能力的培养。 [22]“那么接下来会想到什么问题？”这是方法论提示语，启发学生从已解决的问题中寻找新的问题。这正是教学生提出问题。“是不是所有函数都有反函数呀？”这是用反问的反思性教学，启发学生寻找反例来获得问题的答案。“举反例”是数学中常用的思想方

续表

课题：指、对数函数的关系	点　评
师：是呀！是不是所有的函数都有反函数？（21′10″～21′45″） 生 8：一些二次函数，我们从图像的角度考虑，或者一些绝对值函数，如果沿 $y=x$ 作它的对称图形的话，就出现了一对多的情况，就是一个 x 值有几个 y 值和它相对应，不符合函数的定义，所以我觉得有些函数没有反函数。 师：嗯，很好。从定义上来讲，“反函数”后面两个字“函数”，它必须是一个函数，对不对？[23]因此我们想一下，用 y 来表示 x 的话，也必须满足函数定义吧？那也必须对于任意一个 y 有几个 x 和它相对应？　　生：1 个。 师：好，刚才他举了两个反例，二次函数或绝对值函数，因为它们不是对于任意一个 y 有唯一一个 x 和它相对应，所以它们没有反函数。那么什么样的函数有反函数？（22′50″～23′30″） 生 8：我认为一对一的函数才能有反函数。 师：一对一的函数。 生 8：就是说，对于 x 的一个值，只有唯一的 y 值和它相对应，那么它就有反函数，如果多个 y 值和它相对应，那么它就没有反函数。 众：他说反了[24]。 生 8：应该把 y 和 x 反过来。 师：它本身的前提应该就是函数，对不对？对于任意一个 y 有唯一一个 x 和它相对应，对吧？其实，原来的那个函数也必须是函数，所以，对于任意的 x 也有唯一的 y 和它相对应。因为函数本来就是一个对应，它是什么样的对应呀？　　众：一一对应。 师：好，也就是说，如果要想一个函数具有反函数的话，它必须怎么样的？ 众：一一对应。	法，一个反例就可以推翻一个结论，既简洁又明了。 [23] 强调用定义思考，这是数学中重要的思考方法，在数学中的任何思考都首先要“归入概念”，用概念思考是数学思考的第一选择。接下来的探究中，学生正是利用函数定义，“反例”，得到“一对一”再到“一一对应”的认识，最终探究出“一一对应的函数才有反函数”的结论。在这一阶段的教学，由“反函数反在何处？”到“是否所有函数都有反函数？”，再到“什么样的函数有反函数？”教师用这些有思维联系的问题形成问题结构，来推进教学的过程，对促进学生思维结构的发展可以做出贡献。 [24]“他说反了”，这是其他学生异口同声的提醒，反映了全体学生高度的参与性，思考的积极性和课堂氛围的和谐。

续表

课题：指、对数函数的关系	点　评
师：好，反函数的概念清楚了，也清楚什么样的函数有反函数了，下面我们来看一些题目。我想判断应该问题不会大了，关键是怎么求反函数。[25]（24′45″～31′20″） 【判断下列函数有没有反函数，若有求出其反函数，若没有说明理由： (1) $y=3x+1$　(2) $y=x^2-2(x>-1)$ (3) $y=\sqrt{x}+1$ (4) $y=2x^2+4x-1(x\leqslant 0)$】 生 9：第(1)题有反函数。 师：反函数是什么？　生：$y=\dfrac{x-1}{3}$。 师：你是怎么做的？ 生 9：用 y 来表示 x，$x=\dfrac{y-1}{3}$，然后把它换一下。 师：再把它换一下。因为我们习惯于 x 是自变量，y 是函数值，是吧？所以我们再把它换回来，$y=\dfrac{x-1}{3}$。 生 9：第（2）题没有反函数。 师：没有反函数，为什么？ 生 9：因为当 $x=0.5$ 和 $x=-0.5$ 时，它们的函数值相等。 师：函数值相等，说明什么？ 生 9：不满足一一对应。 师：不满足一一对应，没有反函数。我们来看第（3）题。$y=\sqrt{x}+1$，所以 $x\geqslant 0$，$y\geqslant 1$。这是定义域，这是原来的值域。然后呢，$\sqrt{x}=y-1$，想办法用 y 来表示 x，是吧？到了这一步能用 y 来表示 x，再把 x，y 换一下就行了，因为习惯 y 是函数值，x 是自变量，所以也就是 $f^{-1}(x)=(x-1)^2$，这里标明了定义域 $x\geqslant 1$，这是从哪来的？ 生 10：原来的值域。 师：就是原来的值域，这个第 3 题对不对？第(4)题。　众：对。 【生 10：(3) $\because y=\sqrt{x}+1$， $\therefore x\geqslant 0$，$y\geqslant 1$， $\sqrt{x}=y-1$，$x=(y-1)^2$； $\therefore f^{-1}(x)=(x-1)^2\ (x\geqslant 1)$。】	

续表

课题：指、对数函数的关系	点　评
师：因为 $y=2x^2+4x-1(x\leqslant 0)$，所以 $y=2(x-1)^2-3$，先配方，因为 $x\leqslant 0$，所以，图像在定义域上一一对应，是一一对应吧？所以它有反函数，$x=2(y-1)^2-3$，对不对呀？ 众：他已经把 x，y 换过来了。 师：他先把 x，y 换了，然后解 $\frac{x+3}{2}=(y-1)^2$，所以 $y=\sqrt{\frac{x+3}{2}}+1$，[26]最后也标明了 $-3\leqslant x\leqslant 0$，这是什么？ 众：定义域。 师：定义域，哪来的？突然求出来了？没有过程一步就出来了？从哪看出就出来的？你自己说吧。　生 11：解析式。 (4)∵ $y=2x^2+4x-1(x\leqslant 0)$，∴ $y=2(x-1)^2-3$。∴图像在定义域上一一对应，[26] $x=2(y-1)^2-3$. ∴ $\frac{x+3}{2}=(y-1)^2$，$y=\pm\sqrt{\frac{x+3}{2}}+1$，$(-3\leqslant x<0)$。 师：解析式。求出来是 $-3\leqslant x\leqslant 0$ 吗？ 生 11：不是。 师：求错了？现在还求对啦？没有，那同座位呢？ 生：$x\geqslant -1$。 师：$x\geqslant -1$，是根据上面求出来的是吧？[26]几个题做完了，我们是不是值得反思一下？[27]你觉得如果给你一个求反函数的问题，你应该怎么做？有哪些值得我们注意的地方？题目做完了，小结一下。 生 12：我觉得要求一个反函数，首先判断这个函数是不是一一对应。 师：先判断这个函数是不是一一对应，看它到底有没有反函数。 生 12：如果有反函数的话，先求原函数的值域是什么。 师：先求原函数的值域，为什么？ 生 12：因为原函数的值域是最后反函数的定义域。 师：哦，原函数的值域就是反函数的定义域，定义域对一个函数来说重要不重要？　众：重要。	**Ⅴ.课堂练习，概括方法** [25] 进入继续同化巩固练习阶段。与学生一起讨论每个题的解决方法。 [26]生 11 的解题连续出错，不顾函数定义域和值域的要求，是学生解题中的通病。求反函数，除了判断一一映射，求出原函数的值域更为重要，因为原函数的值域就是反函数的定义域。生 11 在求出反函数之前就把 x，y 交换，是出错的重要原因。二次函数用顶点式求值域及反函数表达式，顶点取不到 $x=1$，因为 $x\leqslant 0$，所以 $y=2(x-1)^2-3\geqslant -1$，原函数值域是 $y\geqslant -1$，反函数的表达式是 $y=-\sqrt{\frac{x+3}{2}}+1$，定义域 $x\geqslant -1$。 教师没意识到，即使学生提出来了，也不知道症结所在，说明备课不充分，只能搪塞过去。 [27] “几个题做完了，可否反思一下？”这是反思性教学的提示语，教师要求学生回顾反思“如何求反函数？”“应该注意些什么？”是引导学生对求反函数的步骤进行概括。对解题的反思很有必要，波利亚就极为重视解题回顾环节。其意义在，一进行了阶段小结；二

续表

课题：指、对数函数的关系	点　评
师：重要。所以我们要先求出原函数的值域，接下来怎么办？ 生 12：然后就是先根据原函数，按照一般求反函数的步骤来求。 师：什么一般求反函数的步骤？我讨论过吗？刚才怎么做的？ 生 12：就是用原函数的解析式解出 x，也就是用 y 表示 x。 师：用 y 表示 x，是不是？用原来解析式用 y 表示 x，下面呢？ 生 12：然后用 y 来替换 x，用 x 替换 y。 师：x, y 互换一下，我们习惯于 x 自变量，y 函数值，是不是？所以最后问题解决了。一般来讲，我们先判断，如果有反函数的话，就先求值域，再用 y 表示 x，是不是？哦，你有什么问题？ 生 13：那个第 4 题有个小错误，应该是 $y=-\sqrt{\frac{x+3}{2}}+1$。[28] 师：解析式错了，是吧？我还没注意到呢，这个地方应该是……？ 生 13：开方后应该取负的。 师：哦，开方有个正负的问题，应该仔细点，应该正的还是负的？ 生 13：负的。 师：好，你提醒我们做题细心点啊，我是不细心的人啊！刚才我们讨论了怎么求反函数，先判断一下，然后求出反函数表达式，原函数和反函数之间呢，用 y 表示 x，写出它的关系式，最后 x，y 互换一下，标明它的定义域。 现在遇到一个求反函数问题，我们会判断了，也会求了。那么大家有没有发现什么？[29]（停顿 10 秒）对原函数和反函数是否发现了什么关系？（停顿 10 秒）我们可以结合现在能找到的互为反函数的例子，去研究一下它们之间到底有什么关系？（停顿 25 秒）相互议论、交流一下。（38′55″～40′40″）怎么样，有什么想法了？[30]	是由学生自己概括；三是用元认知和方法论提示语的引导概括，有指导学习方法策略的作用。缺点是不应限于在口头上说一说，最好板书在黑板上，加深学生的印象。有必要让多个学生来总结概括，甚至有必要让学生讨论一下，以使更多学生经历这个总结概括过程，加深对互反函数本质的理解，与已有知识建立更多的联系。 [28] 这是有学生发现生 11 解题中的错误，教师及时承认自己的错误并提醒学生注意。这是非常好的态度，教师放下架子，使自己与学生处于平等地位，这可使课堂氛围更加民主，利于鼓励学生积极思考和表达。 **Ⅵ.开放思考，延伸拓展。** [29] “反函数会判断，也会求了。那么大家有没有发现什么？对原函数和反函数是否发现了什么关系？”这是用由远及近的元认知提示语和认知提示语引导学生深入讨论原函数与反函数的关系。并用“可以结合现在能找到的互为反函数的例子研究一下。”这些提示语教给学生研究的方法。而且，教师每提出一个启发性问题，总是留出时间让学

续表

课题：指、对数函数的关系	点　评
生 14：原函数和反函数的定义域和值域交换。 师：哦，定义域和值域反掉了，相互交换一下，还有呢？ 生 14：图像关于直线 $y=x$ 对称。 师：图像关于直线 $y=x$ 对称的。　生 14：单调性相同。 师：单调性相同。同意不同意？　众：同意。 师：那我想问一下，单调区间呢？（停顿 20 秒）我们举例子吧，比如说，刚才我们讲到互为反函数的例子，一个对数函数一个指数函数，指数函数的单调区间是什么？ 生 14：指数函数的单调区间是 **R**。 师：$(-\infty,+\infty)$，那对数函数呢？　生 14：$(0,+\infty)$。 师：$(0,+\infty)$，是不是呀？好，因此我们可以说，一般情况下，这个单调性是相同的，但这个单调区间呢？ 生 14：不同。 师：不同。为什么？　生 14：因为定义域是 y。 师：因为，一个相当于原来 x 取值范围，一个相当于原来的 y 取值范围。很好。单调性是相同的。这只是根据我们刚才所讲一些特殊函数的例子观察出来的，你能不能证明呀？　众：能。 师：能，大家课下完成这个证明好不好？好，生 14 刚才给我们讲了这些性质关系，还有没有补充的了？她谈到了定义域、值域、图像，还有刚才讲的单调性，还有没有啦？有没有其他想法？ 生 15：当两个互为反函数的图像都是直线的时候，它们的 k_1，k_2 相乘为 1。 师：哦，他这是研究的比较特殊的情况，很好。那一般情况下，对于互为反函数的两个函数之间的性质到底还有什么关系？[31] 生 16：还有它们的奇偶性相同。（很多学生：啊！） 师：奇偶性相同？有人“啊”是什么意思？你有什么需要补充的？ 生 16：当它是奇函数的时候，它的反函数也是奇函数。 师：当它是奇函数的时候，它的反函数也是奇函数。	生思考，而不是急于让学生回答，说明教师很注意营造宽松的思考问题的环境。 [30]“有什么想法了？”教师强调“想法”，并不追求结论，这是暗示学生大胆讨论交流，有想法就提出来。这显然是在鼓励学生积极思考。接下去的讨论中，学生充分展示了自己的想象力，提出了自己的发现：单调性问题、单调区间问题、奇偶性问题，这些都远远超出了课本涉及的范围。教师不断地问“还有没有补充？”“有没有其他想法？”“能够证明吗？”“大家回去继续思考。”“学了反函数有什么好处大家回去也可以思考一下。”用这些提示语来激励学生勤于思考，勇于怀疑。这些从体现数学教育价值方面是十分有意义的。 [31] 但是，可能在目前我国的教育大环境下，对教师的这些做法会有不同看法，有没有必要不停地追问“到底有什么关系”？关于互反函数的单调性、奇偶性要不要讨论？有没有必要在这节课里做这么多的延伸？更何况这些延伸出来的所谓关系都是不仅不要学生掌握，而且超出得有点

续表

课题：指、对数函数的关系	点　评
生：如果当它原函数既不是奇函数也不是偶函数，那么得到的反函数也既不是奇函数也不是偶函数。如果是偶函数的话，那么它就没有反函数。 师：偶函数没有反函数？一般情况下，偶函数没有反函数？是不是？　　生：是。 师：刚才有同学对他的提法有些怀疑，是吧？ 生 17：首先，如果它是奇函数或偶函数的话，它的定义域必须关于原点对称，它的定义域关于原点对称并不一定能保证它的值域也关于原点对称，那它反函数的定义域是原函数的值域，它原函数的值域不能保证它关于原点对称，也就不能保证它的反函数的定义域是关于原点对称的，所以它不一定符合刚才生 16 说的。 师：你们觉得呢？生 17 说了一个定义域关于原点对称，不能代表值域关于原点对称，对不对？（众说纷纭） 师：又有问题了啊？哟，下课了，那我们这个问题留给大家回去继续思考。最后我想再问一点，这个反函数学了以后你觉得有什么好处？课后是不是也把这个问题思考一下？下课。[32]	远。尤其是因为此而使得最后课堂总结都没有时间进行，是否得不偿失？这些也是可以商榷的。 [32] 总体来说，从数学教育价值判断来衡量，这节课的教学设计和教学过程是值得肯定的。

把全课里的所有问题做一个梳理，可以看出整个教学中形成了下述教学路线图：

Ⅰ. 创设情境，旧知新问

问题 1　指数函数和对数函数有哪些概念？

（1）你们觉得接下来我们应该来研究什么？

（2）学习完一些知识以后，要有一个习惯，就是要把这些知识横向联系起来，那么你现在有没有想法了？

Ⅱ. 提出问题，思考方法

问题 2　指数函数和对数函数有没有什么关系？

（1）你打算如何研究？

（2）你对比以后发现了什么？有什么关系？

Ⅲ. 图像引导，探究关系

问题 3　其他同学还有没有其他想法？你是怎么研究的？

（1）要研究它们的图像什么关系？

（2）你们觉得这两个图像呈现出什么关系？

（3）两个图像关于直线 $y=x$ 对称，你们能证明吗？

（4）图像是由什么构成的？

（5）要证明图像对称，实际上是要证明什么？

Ⅳ. 深入研究，“反”在何处

问题 4　现在给它取名“反函数”，你觉得有没有道理？它“反”到底反在什么地方？

（1）指数函数和对数函数互为反函数，那么你们接下来会想到什么问题？

（2）是不是所有的函数都有反函数？

（3）什么样的函数有反函数？

Ⅴ. 课堂练习，概括方法

问题 5　例题练习

Ⅵ. 延伸拓展，开放思考

问题 6　现在会判断了，也会求了。那么大家有没有发现什么？

可否结合互为反函数的例子，研究一下它们之间到底有什么关系？

这个教学路线图中的一系列问题实际上展示出这节课的思维导向结构。在这个问题结构中，以问题 2 为本节课主要的目标问题，其他问题成为它的子问题，每个子问题又辅以若干启发引导的小问题，这些小问题实际都是启发性提示语，这些大大小小的问题成为学生探究学习的教学向导，指导学生完成了指数函数与对数函数之间关系的探究。

这个思维导向结构也展现出这节课教学设计的价值取向，正是试图为学生的全面发展、可持续发展，为学生学会思考、获得认识力的发展，为培养学生的数学素养做出贡献。